V&R

Novum Testamentum Patristicum

Herausgegeben von
Andreas Merkt und Tobias Nicklas

Begründet von
Gerhard May †, Kurt Niederwimmer und Basil Studer

Band 9

Vandenhoeck & Ruprecht

Martin Meiser

Galater

Vandenhoeck & Ruprecht

*Dem Gedenken an
Gerhard May*

Bibliografische Information der Deutschen Nationalbibliothek

Die Deutsche Nationalbibliothek verzeichnet diese Publikation in der Deutschen Nationalbibliografie; detaillierte bibliografische Daten sind im Internet über http://dnb.d-nb.de abrufbar.

ISBN 978-3-525-53988-0

© 2007, Vandenhoeck & Ruprecht GmbH & Co. KG, Göttingen / www.v-r.de
Alle Rechte vorbehalten. Das Werk und seine Teile sind urheberrechtlich geschützt. Jede Verwertung in anderen als den gesetzlich zugelassenen Fällen bedarf der vorherigen schriftlichen Einwilligung des Verlages. Hinweis zu § 52a UrhG: Weder das Werk noch seine Teile dürfen ohne vorherige schriftliche Einwilligung des Verlages öffentlich zugänglich gemacht werden. Dies gilt auch bei einer entsprechenden Nutzung für Lehr- und Unterrichtszwecke.
Printed in Germany.

Druck- und Bindung: ⊕ Hubert & Co., Göttingen.

Gedruckt auf alterungsbeständigem Papier.

Inhalt

Hinführung zur Reihe *Novum Testamentum Patristicum* (NTP) 7

Vorwort des Verfassers 11

Der Galaterbrief in der altkirchlichen Rezeption 13
   1. Die vornizänische Zeit 14
      1.1 Nachapostolische Briefliteratur 14
      1.2 Apologetische Literatur 15
      1.3 Apokryphe nichtgnostische und gnostische Literatur 15
      1.4 Marcion 18
      1.5 Antihäretische Literatur 19
         1.5.1 Irenäus von Lyon 19
         1.5.2 Tertullian 21
         1.5.3 Clemens von Alexandrien 23
         1.5.4 Hippolyt und Novatian 24
      1.6 Origenes 25
      1.7 Cyprian 29
      1.8 Großkirchliche Autoren zwischen 250 und 325 30
      1.9 Manichäische Literatur 30
   2. Die Zeit nach 325 32
      2.1 Die dogmatischen Kontroversen 32
      2.2 Die Kommentare zum Galaterbrief 36
      2.2 Die Einleitungsfragen in der antiken Diskussion 41

Einzeldarstellung
   Gal 1,1–5: Präskript 43
      Gal 1,6–10: Proömium 51
   Gal 1,11–2,14: Die narratio des Briefes 63
      Gal 1,11–24: Berufung und frühe Missionsarbeit des Paulus 63
      Gal 2,1–10: Das Apostelkonzil 81
      Gal 2,11–14: Der antiochenische Zwischenfall 97
   Gal 2,15–5,12: Der argumentative Hauptteil des Briefes 103
      Gal 2,15–21: Die These des Briefes 103
      Gal 3,1–5:   Der Beweis aus der Erfahrung 120

Gal 3,6–18:	Der Beweis aus der Schrift	126
Gal 3,19–24:	Die Funktion des Gesetzes	152
Gal 3,25–29:	Die neue Christusbindung	165
Gal 4,1–7:	Die Gotteskindschaft der Christen	177
Gal 4,8–11:	Neue Knechtschaft?	196
Gal 4,12–20:	Erinnerung an die Vergangenheit	203
Gal 4,21–31:	Erneuter Beweis aus der Schrift	214
Gal 5,1–12:	Zusammenfassung des argumentativen Hauptteils	230
Gal 5,13–6,10:	Der paränetische Hauptteil des Briefes	255
Gal 5,13–18:	Grundlegung der Paränese	255
Gal 5,19–26:	Laster und Tugenden	275
Gal 6,1–10:	Allgemeine Mahnungen	288
Gal 6,11–18:	Briefschluss	309

Literatur 323

Register 359
  Bibelstellen 359
  Antike Autoren 363
  Frühjüdische Autoren 363
  Antike Christliche Autoren 363
  Moderne Autoren 370
  Sachregister 372

Hinführung zur Reihe *Novum Testamentum Patristicum* (*NTP*)

Mit dem vorliegenden Band wird eine Reihe eröffnet, welche die patristische Auslegung des Neuen Testamentes dokumentieren soll. Das *Novum Testamentum Patristicum* möchte in vielfältiger Hinsicht einen Dienst leisten.

Für die Patristik und Alte Kirchengeschichte

Die Auslegung der Heiligen Schrift stellt nicht irgendeine Beschäftigung der antiken Theologen neben anderen dar. Vielmehr bildete Exegese die grundlegende Form theologischen Denkens im antiken Christentum. Dies zeigt sich daran, dass nicht nur die speziell exegetischen Werke wie Kommentare und Homilien, sondern praktisch alle altkirchlichen Schriften von biblischen Zitaten und Anspielungen durchzogen sind. Deshalb kommt kein Patristiker an Fragen biblischer Auslegungsgeschichte vorbei. Das *NTP* bietet ihm bei seiner Arbeit ein wertvolles Hilfsmittel.

So sehr das *NTP*-Projekt also der Patristik selbst zugute kommt, soll es doch ebenso einen Dienst darstellen, den die Patristik der Theologie und anderen geistes- und kulturwissenschaftlichen Fächern sowie der Kirche als Ganzer leistet. An erster Stelle ist hier die Exegese zu nennen.

Für die Exegese

In der Exegese zeichnet sich ein Umbruch ab, durch den die Schriftauslegung der Kirchenväter eine neue Bedeutung erlangen kann. Die neuzeitliche Exegese wird bis in die Gegenwart hinein durch die historisch-kritische Methode bestimmt. Gegenüber dieser Methode erschien die Schriftauslegung der Väter als minderwertig, ja als nicht eigentlich „wissenschaftlich". Nun wurde jedoch gerade der theologische Wert der historisch-kritischen Methode, zumal wenn exklusiv gebraucht, seit der Mitte des 20. Jahrhunderts immer wieder und in den letzten Jahrzehnten verstärkt relativiert und in Frage gestellt. Während ein Umdenken in der wissenschaftlichen Exegese anfangs hauptsächlich von katholischen Dogmatikern gefordert wurde, wenden sich in jüngster Zeit auch Exegeten, und zwar unterschiedlicher Konfession, gegen ein Monopol der historisch-kritischen Methode. Insbesondere unter den Stichworten „Wirkungsgeschichte" und „Rezeptionsforschung" wird gerade auch von Exegeten die Schriftauslegung der Väter wieder neu ins Gespräch gebracht. Viele jüngere biblische Kommentare berücksichtigen deshalb teilweise auch die patristische Exegese. Dies geschieht freilich in der Regel so exkursartig und selektiv, dass gerade dadurch das Desiderat eines umfassenden patristischen Kommentars zum Neuen Testament deutlich wird.

Für die Theologie überhaupt

Adressaten des *NTP* sind nicht nur die Spezialisten, also die Exegeten und Patristiker. Vielmehr richtet sich ein solches Werk an alle Theologen, insofern sie auf die eine oder andere Weise mit der Auslegung der Heiligen Schrift befasst sind. Immer wieder weisen Gelehrte darauf hin, dass die Schriftauslegung der Kirchenväter die gegenwärtige Theologie vor allem an zweierlei zu erinnern vermag: an den theologischen Gehalt der Texte und an die Notwendigkeit ihrer Applikation. Freilich wird mit dem *NTP* nicht die Absicht verbunden, unhistorisch einfach die Auslegungen der Väter in unsere Zeit hineinzukopieren. Vielmehr kann die Erinnerung an die Väterauslegungen gerade zu einem historischen Bewusstsein verhelfen: Indem sie auf die historische Fülle von Auslegungen verweist, historisiert und relativiert sie die gegenwärtigen Auslegungen und beugt so exegetischen Engführungen und Monopolisierungen vor.

Für die Kirche und Ökumene

Neben der Erweiterung der wissenschaftlichen Erkenntnis kommt dem Projekt auch eine außerwissenschaftliche Bedeutung zu: In der katholischen und der orthodoxen Kirche gilt seit alters her die Regel, dass die Heilige Schrift mit Hilfe der Väter auszulegen sei. Auch die Reformatoren haben sich immer wieder auf Auslegungen der Väter berufen. Bezeichnenderweise ist das *Centre d'analyse et de documentation patristique*, das speziell der Erschließung der patristischen Bibelauslegungen gilt, eine protestantische Einrichtung. Wenn auch die konfessionellen Standpunkte zur Frage der Normativität der Alten Kirche auseinandergehen, wird doch selten bestritten, dass die gemeinsame Besinnung auf die Fülle der patristischen Schriftauslegung die Ökumene befruchten kann.

Für die Kulturwissenschaften

Die Bibel und ihre Auslegung haben nun nicht nur eine Religion, sondern einen ganzen Kulturkreis geprägt. Das *NTP* bietet deshalb ein wertvolles Referenzmittel für alle Disziplinen, die sich mit diesem Kulturkreis befassen, wie etwa die historische Literaturwissenschaft, die Kunstgeschichte oder die Mediävistik.

Insbesondere seitdem rezeptions- und wirkungsgeschichtliche Theorien in das Selbstverständnis der Kulturwissenschaften Eingang gefunden haben, muss ein Werk als Desiderat erscheinen, das umfassend das „Webmuster" – so nennt Lubac die patristische Schriftauslegung – der christlichen und das heißt weitgehend der europäischen Literatur und Kunst erschließt.

Als Kurt Niederwimmer im Jahre 1993 seine Kollegen Gerhard May, Henning Paulsen und Basil Studer für das Projekt eines patristischen Kommentars zum Neuen Testament gewann, konnte er noch nicht ahnen, welche Widrigkeiten und Rückschläge dem Unternehmen bevorstanden. Paulsen verstarb bald nach seiner Zusage. Die anderen Herausgeber der ersten Generation zogen sich nacheinander, zuletzt Basil Studer zu Beginn dieses Jahres, aus Gründen des Alters und/oder der Gesundheit zurück. Die Zentrale wanderte deshalb von Wien nach Mainz und landete schließlich im Jahre 2004 in Regensburg bei Andreas Merkt, der zuvor in den Herausgeberkreis kooptiert worden war. Mit der Aufnahme von Tobias Nicklas sind seit kurzem unter den Editoren wieder beide Disziplinen vertreten, aus deren Zusammenwirken das *NTP* seine Fruchtbarkeit gewinnen soll.

Mit dieser wechselvollen äußeren Geschichte ging ein Ringen um die Konzeption einher. Hatte Niederwimmer noch eine Art patristischer „Billerbeck" zum Neuen Testament vorgeschwebt, so zeigte sich bald, dass für das *NTP* kein geeignetes Modell zur Verfügung stand. Fest stand lediglich das Ziel, die Auslegung des Neuen Testamentes in der altkirchlichen Literatur umfassend zu dokumentieren, dabei jedoch im Unterschied zu katenenartigen Werken nicht einfach Väterzitate aneinander zu reihen. Vielmehr sollten die wesentlichen Auslegungslinien nachgezeichnet und dabei deren unterschiedliche Kontexte ausgeleuchtet werden, um so auch eine hermeneutisch sensitive Beurteilung der patristischen Auslegungen zu ermöglichen.

Martin Meiser, bereits 1997 durch Kurt Niederwimmer für den Galaterbrief angeworben und in seiner Assistenzzeit bei Gerhard May von 1999 bis 2003 Sekretär des Unternehmens, hat die mühsame Vorgeschichte des *NTP* miterlebt und mitgestaltet. Für den vorliegenden Band hat er mit bewundernswertem Fleiß die gesamte antike lateinisch-griechische Auslegung des Galaterbriefes erschlossen und seine Funde auf engstem Raum notiert. Martin Meiser gebührt Dank für seinen Eifer und sein Engagement, vor allem aber auch für den Mut, die riskante Aufgabe eines Pioniers zu übernehmen. Bis zuletzt hat er konzeptionelle Änderungen berücksichtigt.

Freilich erfordert die Entscheidung, das *Novum Testamentum Patristicum* mit diesem Band zu eröffnen, unbeschadet der Verdienste seines Autors eine Klarstellung: Der Band stellt im Gesamtwerk einen Sonderfall dar. Das liegt zum Teil darin begründet, dass mit diesem Kommentarwerk Neuland beschritten wurde und so dieser erste Band sukzessive in einer Zeit entstanden ist, in der um die Konzeption des Gesamtwerkes noch gerungen wurde. Die nun gültige Konzeption konnte sich nicht mehr zur Gänze niederschlagen, ohne dass das Werk von neuem hätte begonnen werden müssen.

Mit seiner enzyklopädischen Dichte, die eher zum Nachschlagen als zur durchgängigen Lektüre einlädt, markiert das vorliegende Werk ein Extrem. Darin waren sich die zwei Dutzend Mitglieder der *NTP*-Arbeitsgruppe einig, die auf ihrem jüngsten Treffen im Januar 2007 in Göttingen versammelt waren. Das *Novum Testamentum Patristicum* soll zwar die patristische Auslegungsgeschichte thematisch umfassend dokumentieren, zugleich aber durch Verzicht auf Vollständigkeit und Fokussierung auf zentrale Auslegungslinien einen flüssig lesbaren Kommentar bieten. Das Profil der Reihe (über deren aktuellen Stand die Homepage www-ntp.uni-r.de informiert) wird sich mit dem Erscheinen der folgenden Bände schärfen.

Es ist den Herausgebern ein Anliegen, an dieser Stelle nicht nur dem Autor des vorliegenden Bandes zu danken, sondern allen, die auf ihre Weise zum Gelingen des Projektes beigetragen haben, in erster Linie den Begründern Kurt Niederwimmer, Gerhard May und Basil Studer, ohne deren Initiative und Engagement es das *NTP* nicht gäbe. Während wir dies schreiben, erreicht uns die Nachricht, dass Gerhard May nach langen Jahren des Leidens verstorben ist. Wir werden ihm, dem das Unternehmen so viel zu verdanken hat, ein ehrenvolles Andenken bewahren. Nicht unerwähnt bleiben darf neben Henning Paulsen auch Jacob Kremer, der für eine kurze Zeit das Unternehmen mitgeleitet hat, sowie die Sekretäre Markus Öhler, Martin Meiser und jetzt Thomas Karmann.

Das *Novum Testamentum Patristicum* ist ein Gemeinschaftswerk. Zu seinem Gelingen trägt das international und interkonfessionell zusammengesetzte Team von derzeit dreißig Autoren und Autorinnen bei, die in ständigem Kontakt stehen und sich zu regelmäßigen Arbeitstreffen versammeln. Finanziell unterstützt wurden diese Treffen durch den Kardinal Erzbischof von Wien, den Erzbischof von Bamberg sowie die Bischöfe von Regensburg und Hildesheim. Auf Seiten des Verlages verdienen Frau Ruprecht und Jörg Persch mit ihren Mitarbeitern anerkennende Erwähnung.

Regensburg und Nijmegen im August 2007

Andreas Merkt und *Tobias Nicklas*

Vorwort des Verfassers

Die Frage, wie altkirchliche Schriftausleger die biblischen Texte lesen, hat mich schon lange beschäftigt. So habe ich mich gerne von der Begeisterung der Gründerväter des *Novum Testamentum Patristicum* anstecken lassen.

Im Folgenden wird die Rezeption der Aussagen aus dem Galaterbrief unter Berücksichtigung chronologischer und formgeschichtlicher Gegebenheiten jeweils thematisch gegliedert dargestellt. Grundlage sind nicht nur die altkirchlichen Kommentare, sondern auch andere Schriften dogmatischen oder ethischen Inhaltes. In ihnen stehen nicht die *verba*, sondern die *res credendae, agendae, celebrandae* im Mittelpunkt der Wahrnehmung der Heiligen Schrift. Schriftauslegung ist die Basis theologischen Denkens in altkirchlicher Zeit, aber nicht das Ganze. Eine Beschränkung auf die altkirchliche Kommentarliteratur müsste notwendig wesentliche Dimensionen ausfallen lassen.

Von dem ursprünglichen Ideal der lückenlosen Vollständigkeit habe ich jedoch Abstand genommen – das Buch wäre noch umfangreicher geworden. In zweierlei Hinsicht waren Einschränkungen vorzunehmen:

1. Gal 4,26 („Aber das obere Jerusalem, das ist die Freie; die ist unsere Mutter") lädt die altkirchlichen Autoren dazu ein, alttestamentliche Aussagen über Jerusalem und über die Mutter geistlich auf die Kirche zu deuten. Ähnlich attraktiv sind Gal 3,27 (Metaphorik der Bekleidung); Gal 5,22 (Metaphorik der „Frucht", von da aus der Ernte und der Landwirtschaft insgesamt) u.a. Man wird gerade hier auswählen müssen, in dem Wissen darum, dass in unserem Kommentarwerk diese Dimension notwendig unterrepräsentiert bleibt.

2. Ebenfalls wird sich aus Platzgründen gerade die in der Form der Anspielung liegende permanente Prägung weiter Teile der altkirchlichen Literatur durch Worte der Heiligen Schrift kaum adäquat darstellen lassen. Gemäß heutiger Intertextualitätsforschung kommt einer Anspielung im Bezug auf den einzelnen herangezogenen Text manchmal nur ein geringer Grad von Intensität zu. Doch die Fülle der biblischen Anspielungen ergibt eine Intensität des Schriftbezuges, die nicht durch die neuzeitliche Unterscheidung zwischen Subjekt und Objekt der Erkenntnis geprägt ist, sondern durch das Bewusstsein, in einem vorgegebenen, das eigene Denken übersteigenden Raum von Wahrheit zu stehen, die Erlösung verheißt wie Bewährung fordert.

Meine Hoffnung ist trotzdem, dass mein Gesamtbild der Rezeption des Galaterbriefes den Realitäten einigermaßen nahe kommt.

Die Anlage des Kommentares ist die einer modernen Katene: Versweise, in einigen Fällen auch perikopenweise, wird das relevante Material präsentiert.

Die einführende Orientierung über die verschiedenen Rezeptionslinien ist als Instrument der Leserführung gedacht, als schnelle und präzise Information darüber, was im Folgenden zu erwarten ist und was nicht.

Für die neutestamentliche Wissenschaft zeitigt die Beschäftigung mit altkirchlicher Exegese in mehrfacher Weise Gewinn:

1. Sie mahnt zur Konzentration auf die in den neutestamentlichen Schriften bezeugte Sache.

2. Sie zeugt aber auch von einem Ringen um die ursprüngliche historische Intention einer Aussage. Gerade im Bereich der Paulusforschung lässt sich dieses Ringen im Bewusstsein methodischer Differenzen zu heute doch sinnvoll in die Diskussion einführen.

3. Sie gewährt Einblick in antikes Rezeptionsverhalten. Gewiss hat die Selbstdurchsetzung der Paulusbriefe als Teil der Heiligen Schrift dieses Rezeptionsverhalten verändert. Sie rücken ein in einen literarischen Kosmos, in dem für den antiken christlichen Leser mögliche Wechselwirkungen mit anderen Texten ausdrücklich gewünscht sind.

4. Sie bewahrt vor Selbstverabsolutierung. Manche neuen Einsichten sind nicht in allem wirklich neu.

Notwendig neu ist aber der heutige Umgang mit manchen Phänomenen, denn auf dieser Zeitreise in die Formierungsphase traditionellen Christentums lernt man auch Fehlhaltungen kennen. So manche innerchristliche Polemik ist historisch unzutreffend und darum auch theologisch unhaltbar. Das im Einzelnen nachzuweisen ist aus Zeit- und Raumgründen nicht möglich. Theologisch erst recht nicht mehr nachzuvollziehen ist die pauschale Abwertung des nicht an Jesus glaubenden Judentums. Die Darstellung dieser Polemik muss aus Raumgründen zumeist ohne Wertung erfolgen; deshalb sei an dieser Stelle die generelle Distanz von solcher Polemik mit allem Nachdruck betont.

Am Ende gilt es Dank zu sagen. Geduld und Gesprächsbereitschaft haben die Gründerväter Prof. Dr. May, Prof. Dr. Niederwimmer, Prof. Dr. Studer ebenso bewiesen wie die jetzigen Herausgeber Prof. Dr. Merkt und Prof. Dr. Nicklas. Ohne ihre hilfreiche Kritik wäre das Buch nicht das, was es jetzt werden konnte. Akademische Askese haben Herr Dr. Thomas Karmann und Frau Dr. Michaela Hallermayer sich auferlegt; ihnen danke ich für alle Mühe des Korrekturlesens. Dank gebührt dem Verlag, näherhin Herrn Persch und seinen Mitarbeiterinnen und Mitarbeitern, für die Mühewaltung der Publikation.

Ein besonderer Dank gebührt Herrn Professor Dr. Gerhard May. Er hat mir fünf wissenschaftlich fruchtbare und menschlich bewegende Jahre in Mainz geschenkt. Nun ist er nach langer Leidenszeit nicht mehr unter uns. Seinem Gedenken sei daher dieses Buch gewidmet.

Möge dieses Buch in der vorliegenden Form geeignet sein, Fragen der Moderne mit den Einsichten unserer Tradition zu vermitteln.

Martin Meiser   Nürnberg, im August 2007

Der Galaterbrief in der altkirchlichen Rezeption

Der auch in der neueren Forschung fast durchgehend als authentisch anerkannte Galaterbrief wird in den frühesten Kanonverzeichnissen an unterschiedlicher Stelle eingereiht.[1] Erste Bezugnahmen auf ihn begegnen m.E. bei IGNATIUS VON ANTIOCHIEN und POLYKARP VON SMYRNA.

Kommentare zum Galaterbrief sind bekannt[2] im Osten von ORIGENES (neben Röm, 1Kor, Eph), APOLLINARIS VON LAODIZEA, ALEXANDER,[3] THEODOR VON HERAKLEA, EUSEBIUS VON EMESA und DIDYMUS VON ALEXANDRIEN (neben Röm, 1/2Kor und Eph[4]) als Einzelkommentare, von EPHRÄM DEM SYRER, JOHANNES CHRYSOSTOMUS, THEODOR VON MOPSUESTIA und THEODORET VON CYRUS als Teil einer kompletten Kommentierung des Corpus Paulinum, im Westen als Einzelkommentare von MARIUS VICTORINUS (neben Eph und Phil), HIERONYMUS (neben Phlm, Eph und Tit), AUGUSTINUS und dem Budapester Anonymus, als Teil einer kompletten Kommentierung des 13-teilgen Corpus Paulinum von AMBROSIASTER und PELAGIUS.[5] Homilien sind von JOHANNES CHRYSOSTOMUS zu Gal 2,11 und von AUGUSTINUS zu Gal 2,11–14[6] sowie zu einzelnen Texten aus Gal 5; 6 überliefert.[7]

In den folgenden Ausführungen wird von den einzelnen altkirchlichen Autoren her nach den Schwerpunkten der Rezeption des Galaterbriefes gefragt. Innerhalb der Hauptepochen (100–325 und nach 325) wird nach literaturgeschichtlichen Gesichtspunkten gegliedert. Unterschieden wird zwischen Schriftgebrauch (Applikation) und Schrifterklärung: Ersterer besteht in der Bewegung von den *res* zu den *verba*; die *res* (Glaubensbekenntnis und

---

[1] Für die Spitzenstellung des Galaterbriefes ist MARCION der früheste Zeuge, aber nicht unbedingt ihr Schöpfer (FREDE, ad Colossenses, VL 24/2, 295). Im *Canon Muratori* steht Gal an fünfter Stelle nach Kol und vor 1Thess, im Kanonverzeichnis des *Codex Claromontanus* an der heutigen Stelle, im *Decretum Gelasianum* nach 2Thess und vor Phil.

[2] Vgl. insgesamt HIERONYMUS, *ep.* 112,4 (CSEL 55, 371); ders., *in Gal.* (CCL 77A, 2f).

[3] Unklar ist, wen HIERONYMUS, *in Gal.* (CCL 77A, 2) als *ueterem hereticum* anspricht.

[4] Seine Kommentare zu Gal und Eph sind wohl verloren (NEUSCHÄFER, Art. Didymus, 169).

[5] Fragt man nach dem Stellenwert des Galaterbriefes innerhalb der Pauluskommentierung, so zeigt sich: HILARIUS VON POITIERS kommentiert 1Tim, EUSEBIUS VON CÄSAREA kommentiert Hebr, DIODOR VON TARSUS kommentiert Röm, und von CYRILL VON ALEXANDRIEN sind Fragmente zu Röm, 1/2Kor, Hebr erhalten, von den Genannten ist aber kein Galaterkommentar bekannt. VICTORINUS VON PETTAU, RETICIUS VON AUTUN, FORTUNATIANUS VON AQUILEIA, GREGOR VON ELVIRA, AMBROSIUS, JULIAN VON ECLANUM, ARNOBIUS D.J., APPONIUS und GREGOR D. GR. haben den Galaterbrief genausowenig kommentiert wie die anderen Paulinen.

[6] Vgl. DROBNER, sermo Moguntinus, passim.

[7] Vgl. die Übersicht bei SIEBEN, Kirchenväterhomilien, 155f.

Liebesgebot) werden durch biblische *verba* erläutert und bewiesen. Die Schrifterklärung geht von den *verba* aus und sucht zu den *res* zu gelangen.[8] Ferner wird ohne Wertung unterschieden zwischen Zitaten, bewussten Anspielungen und Einfluss auf die kirchliche Formelsprache; eine bewusste Anspielung kann aussagekräftiger sein als ein Zitat, und auch der Einfluss auf kirchliche Formelsprache ist ein legitimer Gegenstand der Forschung und des Nachweises.

1. Die vornizänische Zeit

1.1 Nachapostolische Briefliteratur

In der Frühzeit begegnen neben Anklängen an einzelne auch bei Paulus erscheinende Wendungen[9] möglicherweise gewichtigere Bezüge zum Galaterbrief im Brief des POLYKARP; zu anderen Texten ist ein Konsens der Forschung nicht erreicht. Innerhalb der *Ignatiusbriefe* gilt nicht einmal die Wendung οὐκ ἀφ' ἑαυτοῦ οὐδὲ δι' ἀνθρώπων (vgl. Gal 1,1) als Beweis dafür, dass IGNATIUS den Galaterbrief gekannt hat.[10] Im *Polykarpbrief* wird in Anlehnung an Gal 4,26 der Glaube, verstanden als die „Summe der christlichen Glaubens- und Sittenlehren, die im Schoß der Kirche bewahrt wird",[11] als „Mutter" bezeichnet; dieses Bild ist Bild des Nährenden und Schützenden; ein darüber hinausgehender Bezug auf Gal 4,21–31 insgesamt ist m.E. nicht gegeben.[12] Ansonsten werden im *Polykarpbrief* ethische Aussagen aus dem Galaterbrief aufgenommen; Gal 6,7 soll in EpPolyk 5,1 die ethische Mahnung verstärken, und die Erfüllung des Doppelgebotes der Liebe nach Röm 13,8–10; Gal 5,14 gilt in EpPolyk 3,3 als Erfüllung des Gebotes der Gerechtigkeit. Gal 2,2 wird in EpPolyk 9,2 eigentümlich aktualisiert: Erwies die Vollendung des Paulus im Martyrium seine Befürchtung, vergeblich gelaufen zu sein, als unbegründet, so gilt dies auch von entsprechenden Befürchtungen der angeredeten Christen. So können sie zum richtigen Wandel auch in der Verfolgungszeit gemahnt werden.

---

[8] Vgl. dazu insgesamt STUDER, Schola Christiana, 198–229.

[9] In *1Clem* 31,2 (LINDEMANN/PAULSEN 114) wird die Wendung „Segen Abrahams" (vgl. Gal 3,14) moralisch gedeutet: Gesegnet wird er, weil er Gerechtigkeit und Wahrheit durch den Glauben getan hat (vgl. DASSMANN, Stachel, 86f.). In *2Clem* 2,1 (LINDEMANN/PAULSEN 154) wird Jes 54,1, nicht Gal 4,27 zitiert (PRATSCHER, Schriftzitate, 140). Aus *Barn* 21,9 (LINDEMANN/PAULSEN 74) geht hervor, wie Gal 6,18 bzw. Phil 4,23 kirchliche Formelsprache geprägt hat; vgl. später *Laod* 19 (HARNACK 5) sowie die Aufnahme von Gal 1,3 in *Laod* 2 (HARNACK 4), und die Nähe zu Gal 1,4 im sog. Freer-Logion (JEREMIAS, in: SCHNEEMELCHER [Hg.], Apokryphen I, 204).

[10] Vgl. SCHNEEMELCHER, Paulus, 4–6; RATHKE, Ignatius, 39–41, LINDEMANN, Paulus im ältesten Christentum, 212 Anm 267, gegen LIGHTFOOT, Fathers II/2, 251; SCHOEDEL, Die Briefe des Ignatius, 310, spricht zu IGNATIUS, *Phld* 1,1 nur von „paulinischen Begriffen".

[11] MICHL, Die katholischen Briefe, 77, zu POLYKARP, *ep.* 3,3 (LINDEMANN/PAULSEN 246).

[12] So aber LINDEMANN, Paulus im ältesten Christentum, 223.

1.2 Apologetische Literatur

Innerhalb apologetischer Literatur[13] bezeichnet Gal 4,10 seit ARISTIDES und dem *Diognetbrief* den Irrtum der jüdischen Gottesauffassung,[14] Gal 4,8 den Irrtum der heidnischen Religionen.[15] Darüber hinaus formuliert der *Brief an Diognet* die Ablehnungserfahrung der Christen mit Hilfe von Gal 5,17,[16] wie er auch Gal 6,2 auf die apologetische Situation hin aktualisiert[17] und auf die geforderten Wohltaten eines Christen deutet.[18] Für JUSTIN ist in apologetischer Auseinandersetzung mit dem Judentum Gal 3,6f ein Beleg für die Kontinuität der Christen, nicht der Juden, zu dem Glauben Abrahams.[19] Der Kreuzestod Jesu ist trotz Dtn 21,23 keine Widerlegung des Christentums,[20] ihn hat Jesus gemäß dem Willen Gottes auf sich genommen. Gal 4,8.10 ist für Justin nicht von Bedeutung. MELITO VON SARDES formuliert u.a. mit Hilfe der Unterscheidung zwischen dem unteren und dem oberen Jerusalem (Gal 4,26) die Theorie der heilsgeschichtlichen Ablösung Israels durch die Kirche.[21]

1.3 Apokryphe nichtgnostische und gnostische Literatur

In der sog. apokryphen Literatur[22] werden in nichtgnostischen Schriften Aussagen des Galaterbriefes zur Soteriologie[23] und zur christlichen Ethik[24] aufge-

---

[13] Bei QUADRATUS, APOLLINARIS VON HIERAPOLIS, ATHENAGORAS, TATIAN, THEOPHILUS VON ANTIOCHIEN, PSEUDO-JUSTINUS (*Cohortatio ad Graecos*), SEXTUS, HERMIAS, MINUCIUS FELIX und MELITO VON SARDES lassen sich keine Bezüge zum Galaterbrief nachweisen.

[14] ARISTIDES, *apol.* 14,4 (GOODSPEED 19). In *Diogn.* 4,5 (LINDEMANN/PAULSEN 310) ist der Bezug zu Gal 4,10 m.E. durch die Begriffe ἡμέραι und μῆνες gegeben. Auch das *Kerygma Petri* (bei CLEMENS VON ALEXANDRIEN, *str.* 6,41,2 [GCS 15, 452]) benennt in einer möglichen Anspielung auf Gal 4,10 in der Nennung der „Monate" die unrichtige Gottesverehrung der Juden.

[15] ARISTIDES, *apol.* 3,2 (GOODSPEED 5).

[16] *Diogn.* 6,5 (LINDEMANN/PAULSEN 312): wie das Fleisch die Seele hasst, weil es gehindert wird, seinen Lüsten nachzugeben, so hasst die Welt die Christen wegen ihrer Weltdistanz.

[17] Die Anspielung auf Gal 6,2 ist aus dem Wort βαρός erschlossen.

[18] *Diogn.* 10,6 (LINDEMANN/PAULSEN 312).

[19] JUSTIN, *dial.* 119,5f (BOBICHON I, 504).

[20] Das zeigt JUSTIN, *dial.* 94,1 (BOBICHON I, 440) am Vergleich mit dem scheinbaren Widerspruch zwischen dem Bilderverbot und dem Gebot an Mose, die eherne Schlange aufzurichten.

[21] MELITO VON SARDES, *pass.*, 45 (SC 123, 84).

[22] Der Bezug auf den Galaterbrief fehlt in den *Johannes-* und den *Andreasakten*.

[23] Vgl. die Aufnahme von Gal 4,5 in *3Kor* 3,8: „Der Mensch wurde, als er verloren gegangen war, gesucht, damit er lebendig gemacht würde durch die Annahme zur Kindschaft" (HARNACK 15). U.a. Gal 3,28 prägt in *ActThom* 129 (DRIJVERS, in: SCHNEEMELCHER [Hg.], Apokryphen II 353) die Beschreibung des ersehnten jenseitigen Lebens.

[24] Vgl. die Aufnahme von Gal 2,2 in *EpAp* 27 („Jemand, der an Jesus glaubt, aber sein Gebot nicht hält, sei vergeblich gelaufen" [DUENSING 23]), von Gal 3,12 in *EpAp* 39 („jeder, der glaubt, indem er die Werke des Lichtes tut, wird in ihnen leben" [kopt. Fassung, DUENSING 32]), von Gal 5,19–23 in den *Actus Vercellenses* 1.2 (SCHNEEMELCHER [Hg.], Apokryphen II, 260) sowie Gal 5,13.16; 6,14 als Mahnung zur Sexualaskese in *EpTit.* (PLS 2, 1523.1526).

nommen, als wichtiger jedoch erscheint die Betonung der Autorität des Paulus, die textextern den Leser an die Verkündigung der jeweiligen Schrift binden will. Das gilt für den *3. Korintherbrief*[25] wie für den *Laodizenerbrief*.[26] In den antipaulinischen *Pseudoklementinen* wird Paulus u.a. das in Gal 2,11–14 geschilderte Verhalten zum Vorwurf gemacht.[27]

In gnostischem Schrifttum[28] werden u.a. mit Hilfe einiger Motive aus dem Galaterbrief der Selbstanspruch der Gnostikergruppen sowie paränetische, anthropologische und mythologische *specifica* zum Ausdruck gebracht, vornehmlich bei den Valentianern; eine einseitige Rezeption tragender Grundgedanken des Galaterbriefes begegnet vor allem im *Testimonium Veritatis*; Polemik gegen paulinische Kreuzestheologie könnte in der koptisch-gnostischen *Petrusapokalypse* vorliegen.[29]

Bei den Valentianern sind neben der allgemeinen Deutung von Gal 6,14 auf die gnostische Weltdistanz[30] einige Stellen aus dem Galaterbrief gelegentlich in mythologischen und anthropologischen Zusammenhängen verwendet. Die Wendung „Äonen der Äonen" in Gal 1,5 verweise auf die valentinianische Äonenlehre;[31] „das obere Jerusalem" von Gal 4,26 bezeichne den Wohnort der 70 Logoi,[32] der „Fluch" von Gal 3,10 ist der Fluch Gen 3,19, der über den somatischen Leib des Menschen ergeht, weshalb Jesu Auferstehung (vgl. Röm 8,11) eine psychische Leiblichkeit impliziert.[33] In allegorischer Deutung steht Röm 11,25f für die Erfüllung der Verheißung, dass das Psychische zum Glauben kommt und gleich dem Pneumatischen gerettet wird; Gal 4,23 definiert das

---

[25] Vgl. die Rezeption von Gal 1,17 in *3Kor* 3,4 (HARNACK 13); die Rezeption von Gal 6,17 in *3Kor* 3,34f (HARNACK 21) sowie die Aktualisierung von Gal 6,16 in *3Kor* 3,36 (HARNACK 21).

[26] Vgl. die Rezeption von Gal 1,1 in *Laod* 1 (HARNACK 4), von Gal 1,3 in *Laod* 2 (HARNACK 4) und von Gal 2,5 („Wahrheit des Evangeliums") sowie Gal 1,11 in *Laod* 4 (HARNACK 4).

[27] In *EpPetr.* 2,4 (GCS 42, 2) wird vor den Spaltungen durch den Antinomismus des „feindlichen Menschen" gewarnt, in *hom.* 18,17,5 (GCS 42, 239) polemisch auf Gal 1,15f angespielt (LINDEMANN, Paulus im ältesten Christentum 369), in *hom.* 18,19,4 (GCS 42, 240) dem Paulus die Apostelwürde aberkannt (DASSMANN, Stachel, 285).

[28] Vgl. insgesamt PAGELS, Paul, 101–114, deren Rekonstruktion valentinianischer Galaterbriefexegese daran hängt, dass auch die Valentinianer Paulus den anderen Aposteln gegenübergestellt und ihn allein als Kronzeugen der Wahrheit anerkannt hätten. Doch geht dies aus IRENÄUS nicht zwingend hervor und wird durch TERTULLIANS *Adversus Valentinianos* nicht unterstützt. – Bei BASILIDES, im *Evangelium Veritatis*, im *Brief an Rheginus*, in der *Hypostase der Archonten* und der *Exegese über die Seele* finden sich keine Bezüge zum Galaterbrief.

[29] In *ApkPetr* (NHC VII, 82,21.25 [GCS NF 12, 600]) wird Polemik gegen die Großkirche und deren Verwendung von Gal 3,13; 4,4 vermutet (KOSCHORKE, Polemik, 21f.39–42).

[30] *EvPhil* 53 (NHC II/111,24); vgl. auch *Das erste Buch des Jeû* 1 (GCS 45, 257).

[31] IRENÄUS, *haer.* 1,3,1 (FC 8/1, 140).

[32] HIPPOLYT VON ROM, *haer.* 6,34,3 (PTS 25, 246).

[33] HIPPOLYT VON ROM, *haer.* 6,35,6f (PTS 25, 249f). – Undeutlich ist die Funktion des μεσίτης (Gal 3,19f) bei CLEMENS VON ALEXANDRIEN, *exc. Thdot.* 53,2 (SC 23, 168). LINDEMANN, Paulus im ältesten Christentum, 304 Anm 54, erwägt einen Zusammenhang damit, dass der Demiurg bei *Ptolemäus an Flora* (EPIPHANIUS VON SALAMIS, *haer.* 33,7,4 [GCS 25, 456]) μεσότης genannt wird.

so verstandene „Israel" von Röm 11,25 als υἱὸς γνήσιος Abrahams.[34] Doch kann „Abraham" möglicherweise auch abwertend den Demiurgen bezeichnen.[35]

In dem wohl valentinianischen *Philippusevangelium*[36] benennt Gal 3,28 Kategorien, denen gemäß der wahre Christ sich nicht mehr identifizieren soll, selbst wenn er dadurch vor Verfolgung verschont bleibt. Die Gegenüberstellung zwischen „Sklaven" und „Sohn" aus Gal 4,7 wird in EvPhil 2 aufgegriffen, um mit dem Sohnesbegriff die Intensität der jeweiligen Lebenshaltung, ob dem Toten oder dem Lebenden zugewandt, zu charakterisieren. Mit Hilfe von Gal 5,13 wird in EvPhil 110 gerade der Gnostiker zur demütigen Liebe gegenüber dem Psychiker verpflichtet.[37] Gal 5,24; 6,14 bezeichnen die trennende, d.h. die Materie und das πάθος von dem Geretteten abtrennende Wirkweise des Horos, einer Emanation aus dem Urvater, die auch Stauros heißen kann.[38]

Bei den Naassenern bezeichnet „das obere Jerusalem" von Gal 4,26 bildlich das Ziel des gnostischen Strebens;[39] der oberste Gott heißt u.a. πλείων aufgrund von Gal 4,27.[40] Gal 3,28 ist in der Beschreibung des zum höheren Sein gelangenden mannweiblichen Menschen rezipiert, der mit Gal 6,15 als „neue Schöpfung bezeichnet wird.[41] Für die Naassener folgt daraus das Gebot der sexuellen Askese, ähnlich wie Gal 3,28 diese Forderung im *Thomasevangelium*[42] motiviert. Der Gnostiker JUSTIN begründet in seinem *Baruchbuch* die analog zu Gal 5,17a.b geschilderte Erfahrung des Kampfes zwischen Psyche und Pneuma mythologisch mit dem Wirken einer widergöttlichen Macht, die die Weisungen Baruchs durch die Psyche verdunkelt und die ihrigen zu Gehör bringt.[43]

In der *Paulusapokalypse* wird zweimal durch das Zitat von Gal 1,15 das paulinische Selbstverständnis anerkennend aufgenommen:[44] Der Leser soll es als Auszeichnung empfinden, dass ihm durch die *Paulusapokalypse* die im Folgenden erzählten Geheimnisse offenbar werden.[45] In der *Epistula Jacobi apocrypha* mahnt Gal 3,13 zur Demut nach dem Vorbild Christi.[46]

---

[34] CLEMENS VON ALEXANDRIEN, *exc. Thdot.* 56,5 (SC 23, 174).

[35] HIPPOLYT VON ROM, *haer.* 6,34,4 (PTS 25, 246).

[36] Ob das *Philippusevangelium* valentianischen Ursprung ist (PAGELS, Paul, 101; SCHENKE, in: SCHNEEMELCHER [Hg.], Apokryphen I, 153f.) oder nur „Berührungen" mit valentinianischem Gedankengut aufweist (RÖWEKAMP, Art. Philippus-Literatur, 502), ist umstritten.

[37] KOSCHORKE, Paulus, 194; vgl. auch NIEDERWIMMER, Die Freiheit des Gnostikers, 368; 372.

[38] Vgl. dazu WANKE, Kreuz, 16–29.

[39] HIPPOLYT VON ROM, *haer.* 5,7,39 (PTS 25, 153).

[40] HIPPOLYT VON ROM, *haer.* 5,8,36 (PTS 25, 162).

[41] HIPPOLYT VON ROM, *haer.* 5,7,15 (PTS 25, 146).

[42] *EvThom* 22 (BLATZ 102); vgl. MÉNARD, Thomas, 113. Der Gedanke ist nicht auf die Gnosis beschränkt; er begegnet auch in *2 Clem* 12,1–2!

[43] HIPPOLYT VON ROM, *haer.* 5,26,25 (PTS 25, 206).

[44] *ApkPl* (*NHC* V,2, p. 18,17f und *NHC* V,2, p. 23,3f [GCS NF 12, 402. 405]), nach LINDEMANN, Paulus im ältesten Christentum, 332.

[45] Die Wendung „Jakobus, der Bruder des Herrn" in *1ApkJak* (*NHC* V,3, p. 24,13–17 [GCS NF 12, 412) und *2ApkJak* (*NHC* V,4, p. 50,11–19 in Verbindung mit V,4, p. 51,19–22 [GCS NF 12, 427f]) hat eine ähnliche Funktion; vgl. dazu BÖHLIG/LABIB, Apokalypsen, 59; KOSCHORKE, Polemik, 197f.

[46] *EpJac* (*NHC* I,2, p.13,20–25 [GCS NF 8, 24]).

Der sog. *Tractatus Tripartitus* verwandelt Gal 3,28 in eine eschatologische Aussage zur Herstellung der kosmischen Einheit und verleiht Gal 3,28 einen kosmologisch-spekulativen Zug.[47] In dem bei PORPHYRIUS mitgeteilten Text eines unbekannten christlichen Gnostikers[48] wird Gal 5,1.13 auf die Freiheit vor allem von Speisegesetzen gedeutet, der Begriff ἐλευθερία i.S. einer Radikalisierung des Selbstanspruches zu ἐξουσία verschärft.

Im *Testimonium Veritatis* werden torabezogene Aussagen des Galaterbriefes im Sinne eines asketischen Antinomismus[49] aufgenommen. Gal 3,19 und Gen 6,1–4 sollen das Gesetz durch den Aufweis seines Ursprunges diskreditieren.[50] Das Gesetz (vor allem Gen 1,28) erweist sich als wirksam durch die Häresien;[51] wer es erfüllt, ist Häretiker, ob vermeintlicher Gnostiker oder Kirchenchrist.[52] Von dem Gesetz ist der Gnostiker dank der in diesem Leben erfolgten Auferstehung[53] frei.

1.4 Marcion

Ein erster, freilich problematischer Höhepunkt der Rezeption des Galaterbriefes ist zweifellos bei MARCION erreicht; auf dem Hintergrund seiner bekannten Zweigötterlehre[54] gewinnt erstmals eine längere Partie des – wohl z. T. tendenziös redigierten[55] – Galaterbriefes[56] in ihrem Zusammenhang eine Schlüssel-

---

[47] *TractTrip* (*NHC* I,5, p. 132,23–28 [GCS NF 8, 91]).

[48] Zitiert und übersetzt bei MARKSCHIES, Valentinus Gnosticus?, 411–413.

[49] In dem Ideal der Askese sieht KOSCHORKE, Testimonium, 94f, diesen Antinomismus begründet.

[50] So die Erwägung von KOSCHORKE, Testimonium, 97 Anm 7 zu *NHC* IX,3, p. 29,15–18.

[51] *TestVer* (*NHC* IX,3, p. 73,27f [GCS NF 12, 711]). Das kirchliche Christentum gilt als Häresie. Gal 2,2 bezieht sich in *NHC* IX,3, p. 34,10 (GCS NF 12, 703) auf den nichtigen Lauf der Kirchenchristen.

[52] So die Deutung der stark zerstörten Stelle *TestVer* (*NHC* IX,3, p. 73,1–74,4 [GCS NF 12, 711]) durch KOSCHORKE, Testimonium, 116 Anm 108. – Das auf Gal 1,8 hinführende Wort in *NHC* IX,3, p. 73,18–22 (ebd.) ist nicht lesbar. So ist umstritten, ob die Polemik der Gnostiker (KOSCHORKE, Paulus, 183) oder die der Großkirche zitiert wird (PEARSON, in: ders., Nag-Hammadi-Codices IX and X, 199).

[53] *TestVer* (*NHC* IX,3, p. 36,24ff [GCS NF 12, 703]) polemisieren gegen die Vorstellung einer zukünftigen Totenauferstehung. Gal 4,4 wird in *TestVer* (*NHC* IX,3, p. 35,6f [GCS NF 12, 703]) im Sinne einer präsentischen Eschatologie gegen „die nichtige Heilserwartung der katholischen Märtyrer" (KOSCHORKE, Polemik, 129) ins Feld geführt.

[54] Vgl. dazu ALAND, Art. Marcion/Marcioniten, 94, mit Hinweis auf TERTULLIAN, *adv. Marc.* 5,4,7 (CCL 1, 673), der die Frage *Quae ipse constituerat, ... erasit*? freilich nur kurz berührt.

[55] War ältere Marcionforschung von einer Vielzahl angeblich marcionitischer tendenzieller Änderungen ausgegangen, so hat SCHMID, Marcion, passim, gezeigt, dass viele dieser Lesarten später auch bei anderen Textzeugen begegnen und als unproblematisch empfunden worden sind. SCHMID, Marcion, 310, vermutet nur Tilgungen von Gal 3,6–9.14–18.29. Doch wären auch diese „schwerwiegende(n) Eingriffe" später so nicht mehr möglich (ALAND, Rezeption, 20 Anm 61).

[56] Die Spitzenstellung des Galaterbriefes in MARCIONS „Apostolikon" ist wohl besser chronologisch als dogmatisch zu begründen, und MARCION ist ihr frühester Zeuge, aber nicht unbedingt ihr Schöpfer (s.o.). Sie wäre dann Voraussetzung, nicht Ergebnis der Interpretation dieses Briefes durch MARCION (MAY, Streit, 40; vgl. aber auch ALAND, Art. Marcion/Marcioniten, 92).

funktion. MARCION las Gal 1; 2 „gleichsam als historische Einleitung in das Briefcorpus",[57] wobei Gal 2,14; Gal 1,6f.15f die zentralen Aussagen vorgeben: MARCION entnimmt der Wendung „Wahrheit des Evangeliums" (Gal 2,14) einen Gegensatz zwischen Paulus und den Uraposteln sowie vor allem den Falschbrüdern[58] in der Gottes- und Christusverkündigung, nicht nur im Verhalten, erschließt aus Gal 1,6f die Verfälschung[59] des ursprünglichen Evangeliums Jesu durch die Lehre von der Einheit des Schöpfergottes mit dem Vater Jesu Christi und bestimmt anhand von Gal 1,15f als den Zweck der Berufung des Paulus, dem einzig gültigen Evangelium[60] von dem fremden Gott in der Kirche wieder Gehör zu verschaffen. Theologisch ist für MARCION Gal 3,13 von Bedeutung: Wenn der Kreuzestod im Gesetz des Schöpfergottes als Fluchtod gilt, erweist Christi Tod für uns, dass er nicht der Sohn dieses Gottes ist.[61]

1.5 Antihäretische Literatur

1.5.1 *Irenäus von Lyon*

Bei IRENÄUS bestimmen charakteristische Momente seiner Theologie und die Auseinandersetzung mit der Gnosis einschließlich MARCION[62] auch die Rezeption des Galaterbriefes, der unter historischem wie theologischem Aspekt gleichermaßen für die von der Kirche verkündete Wahrheit zeugt.

Historisch entnimmt IRENÄUS gegen MARCION aus Gal 2,1f, dass Paulus den Konsens mit den anderen Aposteln gesucht[63] und im Vergleich zu ihnen kein anderes Evangelium verkündigt habe; für das Verhalten des Petrus während des antiochenischen Zwischenfalls ist die „Ehrfurcht der Apostel vor dem Gesetz des alten Bundes und die darin dokumentierte Überzeugung von der Identität des Gottes beider Testamente"[64] ausschlaggebend, die Kritik des Paulus an Petrus und Barnabas wird verschwiegen. Theologisch werden aus dem Galaterbrief heilsgeschichtliche, christologische und anthropologische Aspekte bedeutsam.

---

[57] MAY, Streit, 41.
[58] Er bezeichnet sie als ψευδαπόστολοι (2Kor 11,13), fasst also die Gegner in Korinth und in Galatien zu einer einzigen judaistischen Front zusammen (MAY, Streit, 38).
[59] MARCION, nach TERTULLIAN, *adv. Marc.* 4,3,2 (CCL 1, 548).
[60] MARCION entnimmt Gal 2,4.14 nach TERTULLIAN, *adv. Marc.* 4,3,2 (CCL 1, 548) das Recht, die Stellung der in der Kirche anerkannten Evangelien zu erschüttern. – Dass in Gal 1,6 von einer Evangelien*schrift* die Rede sei, wird erstmals durch ORIGENES (*Jo.* 5,7 [SC 120, 386–388]) den Marcioniten als Deutung der Stelle zugeschrieben.
[61] TERTULLIAN, *adv. Marc.* 5,3,9f (CCL 1, 670).
[62] Anders als heute können für IRENÄUS u.a. Marcion, Kerinth, die Ebioniten und Nikolaiten unter den Begriff der Gnosis fallen (JASCHKE, Art. Irenäus von Lyon, 260).
[63] IRENÄUS, *haer.* 3,13,3 (FC 8/3, 166); vgl. NOORMANN, Irenäus 42.
[64] NOORMANN, Irenäus 46.

Aus Gal 3 und 4 dienen die Ausführungen über den Glauben Abrahams Gal 3,5–9, über die Kreuzigung Christi Gal 3,13, über die Funktion des Gesetzes Gal 3,24 sowie über das Kommen Christi Gal 4,4 zum Beweis für die Einheit des Gottes beider Testamente. Das Zeugnis für Abraham zeigt gegen MARCION, dass der Gott Abrahams kein anderer Gott ist als der, den Paulus verkündigt;[65] Gal 3,5–9 erweist, dass „unser Glaube in Abraham vorweg dargestellt wurde";[66] Abrahams Same ist die Kirche als die Schar derer aus dem Glauben.[67] Auch bleiben die wörtlich zu verstehenden Verheißungen Gottes gültig.

Dass Christus „am Kreuze hängend" (Gal 3,13) sein werde, hat schon Mose vorausgesehen (Dtn 28,66 LXX: „Dein Leben wird vor deinen Augen hängen, und du wirst deinem Leben nicht glauben").[68] Deutet Paulus in Gal 3,24 das Gesetz als Erzieher hin auf Christus, können die Gnostiker den Unglauben gewisser Leute nicht dem Gesetz anlasten,[69] denn dieses hält nicht vom Glauben ab, sondern feuert zum Glauben an Christus an.[70] Auch Gal 4,4 bezeugt die Einheit des Heilshandelns Gottes, der eben als der in der Heiligen Schrift Israels bezeugte Gott zugleich der Vater Jesu Christi ist,[71] sowie die planvolle Ordnung in seinem Handeln.[72]

Zusätzlich bezeugt die Stelle die Wahrheit der Inkarnation[73] und ebenso wie Gal 3,13[74] die Einheit Jesu Christi, der nicht in den Menschen Jesus und den oberen, leidensunfähigen Christus unterschieden werden darf. Gegen die Ebioniten ergibt sich aus Gal 4,5, dass man bei der Lehre vom bloßen Menschen Jesus nicht stehen bleiben könne – wie könnte sonst die Annahme an Sohnes Statt von Gott erfolgen?[75] Daneben ist ein anthropologisches Motiv zu nennen. Dass das Fleisch erlösungsfähig ist, erschließt IRENÄUS aus Gal 1,12.15f: Trotz seiner Bekehrung ist Paulus in Bezug auf seine geschöpfliche Beschaffenheit derselbe Mensch geblieben.[76]

---

[65] IRENÄUS, haer. 4,8,1 (FC 8/4, 62).

[66] IRENÄUS, haer. 4,21,1 (FC 8/4, 182): *In Abraham praefigurabatur fides nostra.*

[67] IRENÄUS, haer. 5,32,2 (FC 8/5, 240), unter Bezugnahme auf Gal 3,6–9; 4,28; vgl. dazu DASSMANN, Stachel, 311: Irenäus geht es nicht um den Gegensatz zwischen „Glaubens- oder Werkgerechtigkeit"; vgl. ferner IRENÄUS, epid. 35 (FC 8/1, 57).

[68] IRENÄUS, haer. 4,10,2 (FC 8/4, 78). Die antithetische Typologie „Baum der Erkenntnis – Kreuz Christi" ist durch die Verwendung des Begriffes ξύλον in Gen 2,8.17; 3,3.6.11f.17 einerseits, Gal 3,13 andererseits ermöglicht. – Das Motiv des Fluches aus Gal 3,13 wird bei Irenäus nicht rezipiert; vgl. dazu WANKE, Kreuz, 87.

[69] IRENÄUS, haer. 4,2,7 (FC 8/4, 28).

[70] Das wird gegen die Pharisäer gewendet: Sie befassen sich mit ihren eigenen Lehren, wollen sich aber dem Gesetz Gottes nicht unterwerfen, das sie auf das Kommen Christi vorbereitete (IRENÄUS, haer. 4,12,1 [FC 8/4, 88]). Zu dieser Argumentation vgl. BROX, Juden und Heiden, 91.

[71] IRENÄUS, haer. 3,16,3 (FC 8/3, 190).

[72] IRENÄUS, haer. 3,16,7 (FC 8/3, 202), ähnlich ders., haer. 3,17,4 (FC 8/3, 216).

[73] IRENÄUS, haer. 3,22,1 (FC 8/3, 274).

[74] Bei Gal 3,13 ist für IRENÄUS, haer. 3,18,3 (FC 8/3, 224) ausschlaggebend, dass Paulus im Zusammenhang einer kreuzestheologischen Aussage den Namen „Christus" verwendet.

[75] IRENÄUS, haer. 4,33,4 (FC 8/4, 258).

[76] IRENÄUS, haer. 5,12,5 (FC 8/5, 100–102).

Als Ziel des Heilshandelns Gottes mit den Menschen wird wiederholt der Empfang der Sohnschaft gemäß Gal 4,5 angegeben,[77] dabei auch die Korrespondenz zu Eph 4,6 („ein Vater, der da ist über allem und in uns allen") vermerkt.[78]

1.5.2 *Tertullian*

Auch TERTULLIAN rezipiert den Galaterbrief zunächst vornehmlich zum Zweck der antihäretischen Polemik, dann aber auch in der Verteidigung des Montanismus.

Gerade gegen MARCION wird der Galaterbrief ins Feld geführt. Obwohl sich hier, so TERTULLIAN, die Einführung einer Zweigötterlehre am ehesten angeboten hätte, schweigt Paulus davon;[79] die in Gal 1; 2 berichteten Vorgänge[80] zeigen vielmehr, dass es einen Gegensatz zwischen Paulus und den Uraposteln bzw. den Gegnern in Galatien in der Frage der Verkündigung nicht gegeben hat; Gal 1,15f bestätigt die Wahrheit der Angabe Apg 15,10[81] und verwehrt es, mit Hinweis auf Paulus die Apostelgeschichte zu verwerfen. Den sog. „Falschbrüdern" sei es um die Beibehaltung des Gesetzes bei integrem Glauben an den Schöpfergott[82] gegangen, nicht um eine neue Christusverkündigung. Der in Gal 2,11–14 genannte Gegensatz sei nur ein Gegensatz im Verhalten.[83]

Theologisch stellt TERTULLIAN gegen MARCION klar, dass Paulus durchaus zwischen Gesetz und Evangelium unterscheidet, aber die *abolitio legis* eben in der Verfügung (*dispositio*) des Schöpfergottes begründet sieht.[84] Schon der

---

[77] IRENÄUS, *haer.* 2,11,1 (FC 8/2, 78); *epid.* 8 (FC 8/1, 37); vgl. die Anspielungen bei IRENÄUS, *haer.* 3,18,7 (FC 8/3, 234; dazu ROUSSEAU/DOUTRELEAU, SC, 338–341) sowie *haer.* 3,20,2 (FC 8/3, 248) u.ö.

[78] IRENÄUS, *haer.* 5,18,2 (FC 8/5, 148–150).

[79] TERTULLIAN, *adv. Marc.* 5,2,4 (CCL 1, 666). Deshalb ist auch Gal 1,6 nicht auf einen Gegensatz der Lehre, sondern der *conversatio* und der *disciplina* zu beziehen (a.a.O.).

[80] Im Einzelnen verweist TERTULLIAN auf Gal 1,6f (*adv. Marc.* 1,20,4 [CCL 1, 461]); Gal 1,18 (*praescr.* 23,7 [CCL 1, 205]); Gal 1,23f (*praescr.* 23,8 [CCL 1, 205]); Gal 2,1f (*adv. Marc.* 5,3,1 [CCL 1, 668] sowie *adv. Marc.* 4,2,3–5 [CCL 1,547f], wo er der Stelle ein Argument entnimmt, das Evangelium des MARCION nicht anzuerkennen: Wenn schon Paulus der Bestätigung seiner Verkündigung durch die Jerusalemer Autoritäten bedurfte, wie viel mehr gilt dies dann für den Apostelschüler Lukas!); Gal 2,5 (*adv. Marc.* 5,3,3–5 [CCL 1, 668f]: Titus wird tatsächlich beschnitten!); Gal 2,9f (TERTULLIAN, *adv. Marc.* 1,20,4; 5,3,6 [CCL 1, 461. 669]); vgl. insgesamt TERTULLIAN, *praescr.* 23,1–24,3 (CCL 1, 204–206).

[81] TERTULLIAN, *adv. Marc.* 5,2,7 (CCL 1, 667f).

[82] TERTULLIAN, *adv. Marc.* 5,3,2 (CCL 1, 668), vgl. ders., *adv. Marc.* 1,20,4 (CCL 1, 461).

[83] TERTULLIAN, *praescr.* 23,10 (CCL 1, 205); *adv. Marc.* 1,20,3; 4,3,4; 5,3,7 (CCL 1, 461. 549. 669). – Die Gegner sollten, so TERTULLIAN, *praescr.* 27,1–6 (CCL 1, 204f) nicht mit der Zurechtweisung einzelner Gemeinden durch Paulus argumentieren; auch diese standen in Kirchengemeinschaft mit anderen Gemeinden, über deren Glauben sich der Apostel gefreut habe.

[84] TERTULLIAN, *adv. Marc.* 5,2,1 (CCL 1, 665); ders., *adv. Marc.* 5,2,4 (CCL 1, 666).

Wortlaut von Gal 1,7 schließt das Vorhandensein zweier Evangelien aus,[85] und Gal 2,16.18 bezeugen den neuen Weg der Rechtfertigung *post Christum*, nicht eine neue Gottesverkündigung.[86] Nach Gal 3,6f ist Abraham Vater des Glaubens;[87] Gott ist also der Herr der Zeit, der die Offenbarung seines Sohnes in der Fülle der Zeit verfügte und verkündigte (Gal 4,4),[88] und der den Gotteskindern verheißene Geist (Gal 4,6) ist von Gott selbst ebenso zuvor angekündigt[89] wie die Ablehnung der Observanz der Festtage und des Neumondes (Gal 4,3.8–11);[90] so ist auch theologisch die in Gal 5,6.14; 6,2 bezeugte Einheit des Schöpfer- und des Erlösergottes erwiesen.[91] Dass aus dem Fluchtod Christi für uns Segen erwachsen soll, widerspricht dem nicht, sondern ist bereits in der Schrift angekündigt.[92] Selbst die von Paulus erbetene Kollekte für Jerusalem (Gal 2,10) entspricht dem Gesetz des Schöpfergottes.[93]

In der christologischen Auseinandersetzung mit MARCION und mit Gnostikern sichern Gal 3,6.18;[94] 4,4;[95] 6,17[96] die Realität der Leiblichkeit Christi, in

---

[85] TERTULLIAN, *adv. Marc.* 5,2,6 (CCL 1, 667). Auch Gal 1,8 kann, so der Nordafrikaner gegen einen vermuteten Einwand der Marcioniten, nicht auf eine zu vermutenden konkurrierende Verkündigung des Schöpfergottes gedeutet werden (*adv. Marc.* 5,2,5f. [CCL 1, 666f.]) – Das Selbstzeugnis des Paulus Gal 1,1 wäre als Erweis für die Glaubwürdigkeit der ihm unterstellten Zweigötterlehre ungenügend (*adv. Marc.* 5,1,3 [CCL 1, 664]), ebenso sein Selbstbekenntnis Gal 1,23 (*praescr.* 23,4 [CCL 1, 204f]). Hingegen wurde das Wirken des Paulus schon im Buch Genesis angekündigt, selbst seine Verfolgertätigkeit (*adv. Marc.* 5,1,4f [CCL 1, 664]); darum bekräftigt Gal 1,1 den Selbstanspruch des i.S. TERTULLIANs verstandenen Paulus.

[86] TERTULLIAN, *adv. Marc.* 5,3,8 (CCL 1, 669).

[87] TERTULLIAN, *adv. Marc.* 5,3,12 (CCL 1, 671). – Schon Paulus selbst sei der allegorischen Methode gefolgt (So TERTULLIAN, *adv. Marc.* 3,5,4 [CCL 1, 513f] gegen ihre Verwerfung durch MARCION, dazu vgl. TERTULLIAN, *adv. Marc.* 5,18,10 [CCL 1, 719]).

[88] TERTULLIAN, *adv. Marc.* 5,4,2 (CCL 1, 671f), mit Hinweis auf Jes 2,2; vgl. *adv. Marc.* 5,8,7 (CCL 1, 687). Auch TERTULLIAN bezeichnet gelegentlich das Gesetz als Vorläufer des Evangeliums (*adv. Marc.* 4,17,2 [CCL 1, 585), und verweist auf Gal 3,22 (*adv. Marc.* 5,13,11 [CCL 1, 704]). Das in Gal 4,5 benannte Geschehen kann TERTULLIAN, *adv. Marc.* 5,4,3 (CCL 1, 672) ebenfalls mit Hilfe von Jes 40,4; Jes 2,3 umschreiben.

[89] TERTULLIAN, *adv. Marc.* 5,4,4 (CCL 1, 672), mit Verweis auf Joel 2,28.

[90] TERTULLIAN, *adv. Marc.* 5,4,5f. (CCL 1, 672f): Gott habe schon durch die Propheten (Jes 1,13; Am 5,21; Hos 2,11) sein Missfallen daran kundgetan.

[91] TERTULLIAN, *adv. Marc.* 5,4,10–13 (CCL 1, 674f). MARCION könne nicht einmal Gal 5,10b für sich anführen: der gute Gott würde den angesprochenen Gegner des Paulus nicht richten; von dem Schöpfergott hätte jener als Verfechter der Beschneidung ohnehin kein Gericht zu erwarten (TERTULLIAN, *adv. Marc.* 5,4,12 [CCL 1, 674]). In Gal 6,6–9 ist ebenfalls das Gericht durch den von Paulus verkündigten Gott gelehrt (*adv. Marc.* 5,4,14 [CCL 1, 675]).

[92] TERTULLIAN, *adv. Marc.* 5,4,6 (CCL 1, 674), mit Anspielung auf Dtn 30,1.

[93] TERTULLIAN, *adv. Marc.* 5,3,6 (CCL 1, 669). Die ekklesiologische Abzweckung der Kollekte für Jerusalem bleibt außer Betracht.

[94] Aus Gal 3,8.16 folgert TERTULLIAN, *carn.* 22,5 (CCL 2, 913), dass die Substanz des Leibes Christi keine andere als die Abrahams ist.

[95] Die in *De carne Christi* angesprochenen Häretiker behaupten, Christus sei durch die Jungfrau geboren worden, nicht aus ihr. TERTULLIAN verweist dagegen auf Gal 4,4 (TERTULLIAN, *carn.* 20,2 [CCL 2, 909]). Der Ausdruck *mulier* (statt *virgo*) in Gal 4,4 belegt für TERTULLIAN zugleich auch die Ablehnung der *virginitas Mariae in partu* (TERTULLIAN, *carn.* 23,5 [CCL 2, 915]).

[96] TERTULLIAN, *adv. Marc.* 5,4,15 (CCL 1, 675).

den Auseinandersetzungen um die Eschatologie belegen Gal 5,5 und Gal 6,9.17[97] die Zukünftigkeit unserer leiblichen Auferstehung, Gal 5,19–21 gegen eine Missdeutung von 1Kor 15,50 die Erlösungsfähigkeit des Leibes: Paulus verurteilt die „Werke des Fleisches", nicht dessen Substanz.[98] In TERTULLIANs montanistischer Periode[99] dienen Aussagen aus dem Galaterbrief bisweilen dazu, das Selbstverständnis der Montanisten in Worte zu fassen[100] und gegen die „großkirchliche" Berufung auf Paulus zu verteidigen, ebenso dazu, die Eigenheiten des rigorosen[101] montanistischen Christenlebens zu begründen. Die montanistische Fastenpraxis werde durch Gal 4,10 nicht getroffen, da es hier nicht um die Einhaltung des alttestamentlichen Zeremonialgesetzes geht;[102] die Verpflichtung zur Monogamie wird mit dem Vorbild des monogamen Isaak begründet,[103] und Abraham ist Vater unseres Glaubens nur, so lange er monogam lebte; wollte man seine Digamie akzeptieren, müsste man auch seine Beschneidung als Verpflichtung auf sich nehmen.[104] Dass das in 1Kor 11,2–16 für die *mulieres* gegebene Verschleierungsgebot auch für die Asketinnen gilt, beweist TERTULLIAN daraus, dass auch Maria in Gal 4,4 *mulier*, nicht *virgo*, genannt wird.[105] Gal 3,27 bedeutet die Verpflichtung zum Martyrium,[106] Gal 3,13 wehrt der Vorstellung, man könne sich von der Verfolgung loskaufen.[107]

1.5.3 *Clemens von Alexandrien*

Bei CLEMENS VON ALEXANDRIEN sind aus dem Galaterbrief vor allem Gal 3,19–24 sprachlich wie sachlich prägend für die berühmte Konzeption der

---

[97] TERTULLIAN, *resurr.* 10,4; 23,7.10 (CCL 2, 933. 950). Generell sichert die Realität der Leiblichkeit Christi die unserer leiblichen Auferstehung (TERTULLIAN, *carn.* 25,2 [CCL 2, 917]).

[98] TERTULLIAN, *resurr.* 10,3; 49,11f. (CCL 2, 933. 991f); vgl. TERTULLIAN, *adv. Marc.* 5,10,11 (CCL 1, 694). – Bei ADAMANTIUS, *dial.*, 5,22 (BUCHHEIT 93) werden statt dessen Gal 2,20; 6,17 als Argument herangezogen.

[99] In der Zuweisung der Schriften *de corona militis, de fuga in persecutione, de virginibus velandis, de pudicitia, de ieiunio, de exhortatione castitatis, de monogamia, ad Scapulam* an TERTULLIANS montanistische Periode folge ich SCHULZ-FLÜGEL, Art. Tertullian, 670.

[100] Die „Männer des Geistes" sind die Montanisten (Gal 6,1; TERTULLIAN, *monog.* 1,2 [CCL 2, 1229]). Da „die Psychiker" (scil. die Großkirche) den Geist, den Parakleten und seine Propheten, nicht annehmen, haben sie Gefallen an den Werken des Fleisches (TERTULLIAN, *monog.* 1,3 [CCL 2, 1229], unter Verweis auf Gal 5,17).

[101] Vgl. die Auslegung von Gal 5,1 bei TERTULLIAN, *pudic.* 12,7 (CCL 2, 1303): Die Apostel haben uns von dem Joch der nicht durch Apg 15,29 gedeckten Vorschriften des Gesetzes befreit, um uns zur Vermeidung dessen, was weit schädlicher ist, zu verpflichten (scil. des Ehebruches). Gal 3,11 wird bei TERTULLIAN, *castit.* 7,4 (CCL 2,1025), darauf gedeutet, dass nicht die bloßen Hörer, sondern die Täter des Gesetzes gerechtfertigt werden; wieder wird die Digamie verboten.

[102] TERTULLIAN, *ieiun.* 14,1.2 (CCL 2, 1272f).

[103] TERTULLIAN, *monog.* 11,4 (CCL 2,1244).

[104] TERTULLIAN, *monog.* 6,1 (CCL 2, 1235f).

[105] TERTULLIAN, *virg. vel.* 6,1.3 (CCL 2, 1215f).

[106] TERTULLIAN, *fug.* 10,2 (CCL 2, 1147).

[107] TERTULLIAN, *fug.* 12,2 (CCL 2, 1150).

Heilsgeschichte,[108] der gemäß beide, die Tora und die von ihr abhängige Philosophie der Griechen,[109] auf Christus hinführen.[110] Die positive Funktion der Tora wie die Unvollkommenheit des durch sie Erreichten sind gleichermaßen zu beachten: Das uns auf Christus hin erziehende Gesetz ist gut,[111] indem wir uns durch die Furcht erziehen und auf die durch Christus gegebene Vollendung hinlenken lassen,[112] doch sind die griechischen Philosophen[113] wie die Juden[114] gleichermaßen unmündige Kinder gegenüber den erwachsenen Söhnen Gottes, den Christen, und die Erziehung mit Furcht ist das unvollkommenere gegenüber der Erziehung mit Liebe[115] und gegenüber der Erziehung zur freien Wahl, zur προαίρεσις.[116]

1.5.4 *Hippolyt und Novatian*

Bei HIPPOLYT überwiegen heilsgeschichtliche[117] und christologische[118] Interessen in der Rezeption des Galaterbriefes, bei NOVATIAN begegnen einige trini-

---

[108] Zu Gal 3,23 kennt CLEMENS sowohl die perfektische Lesart συγκεκλεισμένοι (CLEMENS VON ALEXANDRIEN, *str.* 1,167,2 [GCS 15, 104]), die diesen Zeitraum als abgeschlossenen Abschnitt der Heilsgeschichte versteht, als auch die präsentische Lesart συγκλειόμενοι (*paed.* 1,30,3 [GCS 12, 108]), die dessen lange Dauer markiert (MEES, Zitate, 149). BURI, Clemens, 69f, wirft CLEMENS vor, er habe in *paed.* 1,33,4–35,1 (GCS 12, 110); *str.* 1,167,2 (GCS 15, 104) die (von Buri gnostisch verstandene) paulinische *abrogatio legis* übersehen. Doch ist Buris Paulusdeutung kaum haltbar.

[109] CLEMENS VON ALEXANDRIEN, *str.* 1,165,1 (GCS 15, 103). Zu dieser These der Abhängigkeiten vgl. u.a. JOSEPHUS, *c. Ap.* 2,257 (TACKERAY 396); JUSTIN, 1 apol. 44,8–13 (PTS 38, 94f).

[110] Gal 3,24 wird auf Tora und Philosophie bezogen in CLEMENS VON ALEXANDRIEN, *str.* 1,28,2 (GCS 15, 17f); *str.* 7,11,2 (GCS 17, 9). – Entsprechend wird Gal 3,28 in *prot.* 112,3 (GCS 12, 79) auf den neuen Menschen bezogen, dessen Erneuerung im Heiligen Geist das theologisch Belangvollere ist gegenüber seiner Herkunft aus Juden- oder Heidentum.

[111] CLEMENS VON ALEXANDRIEN, *str.* 2,35,2; 2,91,1 (GCS 15,131.161).

[112] CLEMENS VON ALEXANDRIEN, *str.* 2,35,2 (GCS 15,131).

[113] CLEMENS VON ALEXANDRIEN, *str.* 1,53,2 (GCS 15, 34). Ihre Unmündigkeit zeigt sich u.a. bei den Vorsokratikern in deren verkehrter Auffassung von Wasser, Luft, Erde etc. als verehrungswürdigen στοιχεῖα τοῦ κόσμου (CLEMENS, *str.* 1,53,1 [GCS 15, 34] in Aktualisierung von Gal 4,3 unter dem Einfluss von Kol 2,8; CLEMENS, *prot.* 65,4 [GCS 12, 50]). – Die materiale Abhängigkeit der Theologie des CLEMENS von philosophischer Tradition ist nicht im Einzelnen zu erörtern; dass sich der Musterchrist i.S. des CLEMENS ähnlich wie der Philosophenschüler von der unwissenden Masse unterscheidet, dafür vgl. die Auslegungen von Gal 1,10 in *str.* 7,71,4 (GCS 17,51) und von Gal 5,26 in *str.* 1,41,6 (GCS 15, 28).

[114] CLEMENS VON ALEXANDRIEN, *paed.* 1,33,4 (GCS 12, 110), in Auslegung von Gal 3,29–4,7.

[115] CLEMENS VON ALEXANDRIEN, *paed.* 1,59,1 (GCS 12, 124f).

[116] CLEMENS VON ALEXANDRIEN, *paed.* 1,30,3–31,1f (GCS 12, 108); zu προαίρεσις i.S. der moralischen Wahl auch ders., *paed.* 1,33,3 (GCS 12, 110). Der genannte Begriff ist u.a. bei ARISTOTELES, *eth. Nic.* 1113 a10 (BEKKER); EPIKTET, *Diss* III 1,40 (SOUILHÉ 11) belegt. – Auch der Glaube im Sinne von Gal 3,6f (CLEMENS VON ALEXANDRIEN, *str.* 2,28,4 (GCS 15, 128) ist Entscheidung des *freien* Willens für das Gute (CLEMENS VON ALEXANDRIEN, *str.* 2,12,1 [GCS 15, 119]).

[117] Christus ist nicht vor der Erfüllung der Zeit gekommen, sondern erst nach den in Joh 19,14 verschlüsselt angedeuteten 5500 Jahren (HIPPOLYT, *Dan.* 4,24,6 [SC 14, 310]). Nach HIPPOLYT, *Antichr.* 8 (GCS Hippolyt 1, 10) ist der Hinweis auf die Auferweckung Jesu *durch Gott* in Gal 1,1b die Erfüllung von Gen 49,9. Das Nacheinander von Dan 10,8–10.16 zeigt: Daniel wurde erst durch einen Engel belehrt, dann durch Christus (HIPPOLYT, *Dan.* 4,39,4f [SC 14, 342]). Impliziert ist damit: Die Christen,

tätstheologische Auslegungen,[119] ohne dass der Galaterbrief einen wirklichen Schwerpunkt der jeweiligen Bibelbenützung bildet.

1.6 Origenes

ORIGENES ist nach bisherigem Kenntnisstand der erste, der einen – weitgehend verloren gegangenen – Kommentar über den Galaterbrief verfasst hat; die wenigen Fragmente aus PAMPHILUS' *Apologie für Origenes*[120] sind zu dem Zweck rezipiert, ORIGENES' Rechtgläubigkeit in den Fragen der Christologie und der Schriftauslegung zu erweisen.[121] Damit ist natürlich die Bandbreite seiner Rezeption des Galaterbriefes nicht abgedeckt. Sie hat ihre Schwerpunkte im Bereich exegetischer, heilsgeschichtlicher und soteriologischer Erörterungen, während für die später zur Verurteilung des Alexandriners führenden Vorstellungen von der Unräumlichkeit des Logos,[122] von der Präexistenz der Seelen und der Allversöhnung Aussagen des Galaterbriefes allenfalls mittelbar relevant sind.

Schriftauslegung, heilsgeschichtliches Selbstverständnis und Soteriologie sind bei ORIGENES unmittelbar verbunden und zugleich dem apologetischen Bedarf dienstbar gemacht. Neu ist nicht die Erfindung und Verbindung dieser

---

und nur sie, verstehen das Danielbuch richtig. Gal 5,3 führt für HIPPOLYT, *haer.* 8,18,2 (PTS 25, 338), die Berufung der Quartadezimaner auf Ex 12,18 ad absurdum: Sie müssten sich dann ja auch an die anderen Toragebote binden! – Solche Entsprechungen betreffen auch die äußerlichen zeitlichen Dimensionen (vgl. HIPPOLYT, *Dan.* 4,32,2 [SC 14, 328]), der aufgrund von Gal 3,17 auch für die Zeitspanne zwischen dem Ende des babylonischen Exils und der Geburt Christi 430 Jahre ansetzt) sowie die leidvollen Erfahrungen des Gottesvolkes unter Neidern (Gal 6,3, vgl. HIPPOLYT, *Dan.* 3,16,4 [SC 14, 232]) und Gegnern (vgl. Gal 2,4 und Sus 12 bei HIPPOLYT, *Dan.* 1,15,1 [SC 14, 98]).

[118] Gal 4,4 besagt nach HIPPOLYT, *Dan.* 4,39,5 (SC 14, 342) christologisch: Gott sandte seinen Sohn, geboren von einer Frau, damit er, nachdem er den Menschen aus einer Jungfrau angezogen hatte, als Gottes Sohn und Menschensohn erwiesen werde. Als μεσίτης zwischen Gott und den Menschen (vgl. Gal 3,20 mit 1Tim 2,5) musste Christus die οὐσία Gottes und die οὐσία des Menschen in sich haben (HIPPOLYT, *Bal.* [GCS Hippolyt 2, 82]). Doch besagt Gal 4,4b nicht, dass Christus (zu ergänzen: aufgrund eigener Sündhaftigkeit) sich der in Lk 2,22 besprochenen Reinigung unterziehen *musste* (HIPPOLYT, *Frgm.* [GCS Hippolyt 2, 267]); er tat es vielmehr, damit er die unter dem Gesetz freikaufte.

[119] Die Gegenüberstellung „nicht durch einen Menschen, sondern durch Jesus Christus" in Gal 1,1 ist für NOVATIAN, *trin.* 13,6 (CCL 4,33) wie Gal 1,12 biblischer Beleg für die Gottheit Christi. Gal 3,20 beweist die Einheit Gottes (NOVATIAN, *trin.* 30,15/176 [CCL 4, 73]), Gal 4,4 die wahre Menschheit Jesu Christi (NOVATIAN, *trin.* 11,8/60 [CCL 4, 29]); Der Heilige Geist steht in uns dem Begehren des Fleisches entgegen (NOVATIAN, *trin.* 29,18/170 [CCL 4, 71], in Aufnahme von Gal 5,17).

[120] Zusammengestellt in PG 14, 1293–1298.

[121] Die Gottheit Christi wird aus Gal 1,1.11f ersichtlich (PG 14, 1293–19295), die Menschheit Jesu aus den Aussagen über sein Essen und Trinken, die unbeschadet der Notwendigkeit einer geistlichen Deutung Vorkommnisse bezeugen, die tatsächlich stattgefunden haben (PG 14, 1295–1297); ferner zeigt die Wendung *factum ex muliere* (und nicht: *per mulierem*) in Gal 4,4, dass seine menschliche Natur uns gleich ist (PG 14, 1298).

[122] Vgl. die Aufnahme von Gal 2,20 bei ORIGENES, *princ.* 4,4,2 (GOERGEMANNS/KARPP, 788).

einzelnen Anschauungen und Verfahren,[123] doch hat ORIGENES konsequent wie kein zweiter die heilsgeschichtliche Situation der Christenheit im Gegenüber zum Judentum zur Grundlage seiner Hermeneutik gemacht. Gal 4,4 formuliert den heilsgeschichtlichen Ausgangspunkt, Gal 4,24 die hermeneutische Grundregel, Gal 5,17 den Stand der Unvollkommenheit, Gal 2,19f; 6,14 den Stand der Vollkommenheit in Erkenntnis und Lebensführung. Dabei gilt: Die Erfassung des geistlichen Sinnes einer Schriftstelle ist Signum der Selbstunterscheidung des Christentums vom Judentum und zugleich Signum der Unterscheidung zwischen vollkommener und noch unvollkommener Erkenntnis unter den Christen selbst; der defizitäre Stand der Erkenntnis bei unvollkommenen Christen und bei Juden ist faktisch gleichgesetzt, ohne dass die Heilshoffnung für die noch nicht vollkommenen Christen geleugnet werden soll.

Traditionell sind die Beanspruchung des Motivs der *adoptio filiorum* von Gal 4,7 zugunsten der Substitutionstheorie,[124] die Beanspruchung von Gal 4,27 für die numerische Überlegenheit der Kirche[125] gegenüber Israel[126] sowie die Ablehnung buchstäblicher Toraobservanz *post resurrectionem Christi*[127] bei Juden und Judenchristen aufgrund von Gal 4,4;[128] neu ist neben der heilsgeschichtlichen Ausdeutung weiterer Bibelstellen,[129] dass sich ORIGENES zugleich gegen den von CELSUS im Sinne des Altersbeweises erhobenen Vorwurf der „Neuheit" des Christentums wehren muss,[130] ohne dass er die Überlegenheit der Religion Israels gegenüber dem Heidentum leugnen will.[131] Der Tadel des Paulus Gal 4,21–24 sichert hiergegen die Kontinuität zwischen Judentum und Christentum.[132] Zwischen Gal 4,4 und den biblischen Aussagen über die Gerechten des Alten Bundes gleicht ORIGENES so aus: Die Erkenntnis der kommenden Erfüllung der Mysterien in Christus wurde in der Zeit des Alten Testamentes nur wenigen[133] zuteil. Doch schon die Erzväter haben nach den

---

[123] Zur übertragener Auslegung einzelner Bestimmungen vgl. schon *Barn.* 10,1–12 (LINDEMANN/PAULSEN 48–52).

[124] ORIGENES, *hom. in Lev.* 12,5 (SC 287, 188).

[125] Zu den dahinter stehenden Vorstellungen der Vorzeitlichkeit der Kirche und der Präexistenz aller Menschenseelen vgl. VOGT, Mattäus, Bd. II, BGL 30, 85 Anm 66.

[126] U.a. ORIGENES, *hom. in Jer.* 9,3 (SC 232, 384), dort unter Verweis auf Apg 2,41; 4,4, ohne Rücksicht darauf, dass dort von *Judenchristen* die Rede ist.

[127] Die Beschneidung war für Israel zeitlich begrenzt nötig (ORIGENES, *Cels.* 5,48 [SC 147, 138]), die Toraobservanz der Jünger vor Ostern legitim (ders., *comm. in Mt.* 11,8 [GCS 40, 46f]).

[128] ORIGENES, *Jo.* 10,85 (SC 157, 434). Umgekehrt dient Gal 4,4f als antimarcionitischer Schriftbeleg auch bei ORIGENES, *hom. in Luc.* 14 (FC 4/1, 170–172).

[129] Gal 2,18 (ORIGENES, *hom. in Ex.* 7,1 [SC 321, 206–208]); 4,9–10; 5,3 (ders., *hom. in Lev.* 10,2 [SC 287, 132.136]).

[130] ORIGENES, *Cels.* 5,32 (SC 147, 94–96), unter Hinweis auf Gal 1,4.

[131] ORIGENES, *Cels.* 5,42–45 (SC 147, 134–132).

[132] ORIGENES, *Cels.* 2,3 (SC 132, 286).

[133] Nach JOSEPHUS, *c. Ap.* 2,169.181 (THACKERAY 360. 364) unterscheidet sich das Judentum von seiner nichtjüdischen Umgebung dadurch, dass die Wahrheit über Gott allem Volk bekannt ist (im Gegensatz zur Vorstellung bei PLATO, *Tim.* 28c [WIDDRA 34]) und Frömmigkeit von allen Juden praktiziert wird, es also den Unterschied zwischen den wenigen Weisen und der urteilslosen Masse

„christlichen" Regeln Gal 2,19f; Gal 6,14 gelebt und sind darin unser Vorbild,[134] genauso wie die an sie ergangenen Verheißungen moralisch auf uns selbst zu beziehen sind.[135]

Die geistliche Auslegung der Schrift[136] ist für ORIGENES nicht mehr nur fakultativ, sondern obligatorisch, gilt es doch, nichts zu verkünden, was des ewigen Gottes unwürdig wäre.[137] Paulus teile das Gesetz des Mose in zwei Teile, in Geist und Fleisch. Nach letzterem trachten die Juden, nach ersterem die Christen.[138] Doch gilt auch für sie: Wer nicht bis zur geistlichen Auslegung vordringt, bleibt letztlich im Judentum stehen,[139] und dem sind die Erzväter durchaus überlegen![140] Der Aufweis des geistlichen Sinnes der Schrift ist gleichbedeutend mit der Entfernung des *velamen* nach 2Kor 3,16.[141] ORIGENES greift dabei nicht nur die traditionellen typologischen Deutungen Noahs und Isaaks auf Christus auf,[142] vielmehr führt die Regel, dass zwei Schriftstellen, die ein bestimmtes Lexem gemeinsam haben, sich gegenseitig erklären können,[143] zu neuen textanalytischen Aussagen[144] wie anagogischen Applikationen.[145]

---

nicht gibt. Bei ORIGENES wird also eine analoge Argumentationsfigur mit einem heilsgeschichtlichen Schema nach Eph 3,5f verbunden und gegen die Juden gekehrt.

[134] ORIGENES, *comm. in Mt.* 17,36 (GCS 40, 703), mit Verweis auch auf Lk 20,38; ders., *Jo.* 20,92 (SC 290, 204–206) in Auslegung von Joh 8,40.

[135] Wie Gott seine Verheißung erneuert, so soll sich auch der Mensch erneuern (ORIGENES, *hom. in Gen.* 9,2 [SC 7 bis, 242–244]).

[136] Die hermeneutische Maßregel Gal 4,24 gilt nicht nur für das Gesetz, sondern auch für das Evangelium, wenn ihm geistliche Lehren des Guten und nicht der Schlechtigkeit entnommen werden sollen (ORIGENES, *comm. in Mt.* 10,14 [GCS 40, 17]). Zu ORIGENES' Berufung auf Paulus für die allegorische Exegese vgl. generell DE LUBAC, Geist, 87–97. – Freilich bedeutet das nicht, dass der Alexandriner die berichteten Ereignisse nicht für tatsächlich geschehene Vorkommnisse hält; vgl. ORIGENES, *hom. in Jos.* 9,8 (SC 71, 260); ORIGENES, *hom. in Num.* 11,1,11 (SC 442, 22); PAMPHILUS, *apol. Orig.* 123 (FC 80, 340–342).

[137] ORIGENES, *hom. in Gen.* 7,2 (SC 7, 198). Zu dem Anliegen vgl. PLUTARCH, *Stoic. rep.* 1034b (POHLENZ 4); CLEMENS VON ALEXANDRIEN, *str.* 5,76,1 (GCS 15, 377) über Zenon von Soloi.

[138] ORIGENES, *comm. in Rom.* 6,12 (FC 2/3, 302), mit Verweis auf Gal 4,23.29.

[139] ORIGENES, *hom. in Gen.* 6,1 (SC 7 bis, 188) u.ö.

[140] ORIGENES, *Jo.* 1,38 (SC 120, 80).

[141] ORIGENES, *hom. in Gen.* 6,1 (SC 7 bis, 184) u.ö.

[142] Für Noah vgl. ORIGENES, *hom. in Gen.* 2,3 (SC 7 bis, 92); für Isaak vgl. ORIGENES, *hom. in Gen.* 6,2 (SC 7 bis, 188); ders., *hom. in Gen.* 14,1 (SC 7, 336), aufgrund von Gal 4,22 und Gal 3,16.

[143] Die Nähe zu der rabbinischen Auslegungsregel Gezera schawa (vgl. STEMBERGER, Einführung, 28f) und zu der hellenistischen Regel σύγκρισις πρὸς ἴσον ist nicht zu übersehen.

[144] Wir geben eine Probe: Gal 4,6 erklärt, warum Mose in Ex 14,15 gefragt werden kann „Was schreist du zu mir"?, obwohl keine Frage des Mose vorausging: Der Heilige Geist hat, für die Menschen unhörbar, gerufen (ORIGENES, *hom. in Ex.* 5,4 [SC 321, 162–164]). Methodische Voraussetzung dieser Exegese ist das Vorkommen von *clamare* in Ex 14,15 wie in Gal 4,6.

[145] Wir geben wiederum einige Proben: Den Vater im Geist verehren (Joh 4,23) heißt, die Begierden des Fleisches (Gal 5,16) nicht zu vollbringen (ORIGENES, *Jo.* 13, 109 [SC 222, 88]; beiden zitierten Stellen ist das Wort πνεῦμα gemeinsam). Das in Mt 20,30 wie Gal 3,2 begegnende Wortfeld ἀκούειν ermöglicht die Auslegung der beiden Blinden von Mt 20,29–34 auf die Heiden (ORIGENES, *comm. in Mt.*, Frgm. 405 [GCS 41, 170]).

Die Heilswirksamkeit Jesu Christi ist weniger mit Kategorien der forensischen als mit denen der effektiven Rechtfertigung zu beschreiben. Ausschlaggebend ist unsere Verwandlung zur Vollkommenheit, d.h. Selbstverleugnung. Christi Inkarnation hat ihr Ziel erst dann erreicht, wenn Christus in unsere Seele kommt,[146] und Jesu Kreuzigung hat ihre volle Bedeutung nicht in dem, was geschichtlich und im buchstäblichen Sinne an Jesus geschah, sondern in der symbolischen Bezugnahme auf uns selbst. Dabei kommt dem Kreuz eine doppelte Bedeutung zu:[147] Es ist einerseits sichtbar Kreuzigung des Gottessohnes in seiner Menschheit, andererseits unsichtbar Kreuzigung des Teufels und seiner Trabanten. Diese Ambivalenz des Kreuzes gilt auch für das Kreuz, das der Christ in der Nachfolge Jesu zu tragen hat: Der Christ ist für die Welt gekreuzigt (Kreuz des Leidens),[148] und die Welt ist für ihn gekreuzigt (Kreuz des Sieges).[149] Der Entmachtung der dämonischen Mächte (Kol 2,15) soll der Christ so entsprechen, dass er sein Fleisch kreuzigt[150] und sich des Kreuzes rühmt.[151]

Für die Ausformulierung der eigentlichen Soteriologie ist u.a. Gal 4,19 von Belang. Die Stelle beschreibt, dass Christus als das Wort Gottes in den Gläubigen Form und Gestalt annimmt.[152] Doch in welche Gestalt Christi sollen die Gläubigen hineingestaltet werden, in die göttliche Gestalt oder in die Knechtsgestalt? ORIGENES antwortet: Diejenigen, die nach der Vollkommenheit streben, in die erstere, die noch am Anfang stehen, in die letztere.[153] Damit ist ORIGENES' graduale Soteriologie angesprochen.

Bei ORIGENES korrespondieren eine trichotomische Anthropologie[154] und eine Einteilung der Menschen nach dem Grade der sittlichen Bewährung in drei Klassen miteinander: Die Seele steht in der Mitte zwischen Geist und Fleisch und vermag in völliger Willensfreiheit[155] dem Begehren des Geistes zuzustimmen oder dem des Fleisches.[156] In den ganz schlechten Menschen regiert die

---

[146] ORIGENES, *hom. in Luc.* 22,3 (FC 4/1, 242), mit Verweis auf Gal 2,20; ders., *Cels.* 2,69 (SC 132, 446), mit Verweis auf Gal 2,19; 6,14 (zur Verwendung von Gal 2,19f.; 6,14 bei ORIGENES s.u.).

[147] ORIGENES, *hom. in Jos.* 8,3 (SC 71, 222–224).

[148] ORIGENES, *comm. in Mt.* ser. 39 (GCS 38, 77), aufgrund von Mt 24,9–14.

[149] REIJNERS, Wort vom Kreuz, 28f.

[150] ORIGENES, *hom. in Gen.* 9,3 (SC 7,250), mit Verweis auf Gal 5,24.

[151] ORIGENES, *comm. in Mt.* 12,18 (GCS 40, 111), mit Verweis auf Gal 6,14.

[152] ORIGENES, *comm. in Mt.* ser. 38.43 (GCS 38, 73f. 87); ders., *hom. in Ex.* 10,3 (SC 321, 318).

[153] ORIGENES, *comm. in Rom.* 7,7 (FC 2/4, 86); vgl. ders., *comm. in Rom.* 4,7 (FC 2,2, 236).

[154] Dies ergibt sich aus der „Schlüsselstelle" 1Kor 6,16f (HEITHER, Römerbrief [FC 2/1, 98 Anm 27]) wie aus Gal 5,17; 1Thess 5,23.

[155] Auch Gal 1,1.15f widersprechen der Lehre vom freien Willen des Menschen nicht: Gott habe die Entscheidung des Paulus zum Guten vorausgewusst, aber nicht verursacht (ORIGENES, comm. *in Rom.* 1,3 [FC 2/1, 88]; vgl. auch ORIGENES, *Jo.* 20,136 [SC 290, 224], ders., *comm. in Rom.* 3,9 [FC 2/2, 136]). Zur philosophischen Unterscheidung des ORIGENES zwischen Vorherwissen und Verursachung und ihrer Problematik vgl. BENJAMINS, Eingeordnete Freiheit, 117–121.

[156] ORIGENES, *comm. in Rom.* 1,18 (FC 2/1, 148); *comm. in Rom.* 6,1 (FC 2/3, 194). Bereits PHILO VON ALEXANDRIEN, *plant.* 45–48 (COLSON/WHITAKER 32–34) deutet die Sünde Adams als Fehlentscheidung des der Belehrung noch fähigen wie bedürftigen menschlichen Geistes für das Laster gegen die Tugend und als protreptische Warnung für den intellektuellen Gläubigen (LEVISON, Portraits, 80).

Sünde uneingeschränkt, „in denen, die gegen die Sünde kämpfen, ,begehrt das Fleisch gegen den Geist und der Geist gegen das Fleisch'",[157] in den Vollendeten regiert allein der Geist; deren Wesen beschreibt Gal 5,25[158] und vor allem Gal 2,19f;[159] 6,14. Vollkommenheit bedeutet folglich vor allem Kreuzesnachfolge, die in Weltdistanz[160] als Selbstverleugnung und in Enthaltung von Sünde gelebt wird. In der Beschreibung der gradualen Soteriologie kann ORIGENES wieder auf die für Heilsgeschichte und Hermeneutik relevanten Stellen Gal 4,1–4 und Gal 4,21–24 rekurrieren: Die Fülle der Zeit (Gal 4,4) bricht für die einzelne Seele an, wenn sie zur Vollkommenheit vorangeschritten ist.[161] Gen 16 wird deshalb auch auf die Unterscheidung zwischen den Unvollkommen und den Vollkommenen gedeutet,[162] denn Gal 5,17 greift die Gegenüberstellung „Fleisch – Geist" aus Gen 16 auf. Die in Gal 4,29 von Paulus aufgegriffenen Nachstellungen sind die Nachstellungen, die das Fleisch in uns dem Geist bereitet. Sohn der Hagar sind wir, wenn wir nach dem Fleisch wandeln, Sohn der Sara, wenn wir die Frucht des Geistes nach Gal 5,22 in uns haben.

1.7. Cyprian

Bei CYPRIAN sind entsprechend dem Gesamtbild seines Wirkens auch aus dem Galaterbrief einige Stellen i.S. kirchlicher Disziplin herangezogen; Gal 1,6–9 bezeugt die Unwandelbarkeit des Evangeliums in diesen Fragen, Gal 2,11–14 den Vorrang der Vernunft vor der Gewohnheit im Ketzertaufstreit;[163] Gal 6,1f mahnt zur Milde gegen die *lapsi*.[164] Auch heilsgeschichtliche Aussagen des Galaterbriefes werden gelegentlich im Sinne der kirchlichen Disziplin aktualisiert.[165] Zentrale Aussage im Galaterbrief ist für CYPRIAN Gal 3,27, dessen vielfältig aktualisierte und oft sehr „wörtlich" gedeutete Formel „Christus anziehen" die Intensität der Christusbindung[166] bezeichnet, aus der dem Menschen vor allem Verpflichtung erwächst.[167]

---

[157] ORIGENES, *comm. in Mt.* 14,3 (GCS 40, 279); zu analoger Funktion von Gal 5,17 vgl. auch ORIGENES, *Cels.* 8,23 (SC 150, 226); ders., *comm. in Mt. ser.* 94 (GCS 38, 212).
[158] ORIGENES, *comm. in Mt.* 15,5 (GCS 40, 361).
[159] Zur Verwendung von Gal 2,20 bei ORIGENES vgl. HARL, Origène, passim.
[160] Vgl. dazu ORIGENES, *Cels.* 8,21 (SC 150, 222); ders., *comm. in Mt.* 13,21 (GCS 40, 238).
[161] ORIGENES, *comm. in Mt.* 10,9 (GCS 40, 10f).
[162] ORIGENES, *hom. in Gen.* 7,2 (SC 7 bis, 196–198).
[163] Petrus hat in dem Streit von Gal 2,11–14 nicht auf seinem Vorrang als Erstberufener bestanden (CYPRIAN, *ep.* 71,3 (CSEL 3/2, 773,10).
[164] CYPRIAN, *ep.* 55,18 (CCL 3 B, 277).
[165] Vgl. CYPRIAN, *eleem.* 8 (CCL 3 A, 60): Glaube, der nach Gal 3,6 als Gerechtigkeit angerechnet wird, besteht in der guten Tat in der Not, wie das Beispiel des Zachäus (Lk 19,9f) zeigt.
[166] CYPRIAN, *Fort.* 3 (CCL 3, 184).
[167] Für Belege s. zu Gal. 3,27.

1.8 Großkirchliche Autoren zwischen 250 und 325

Die wenigen Belege für eine Rezeption des Galaterbriefes für diesen Zeitraum[168] dienen bei den östlichen Vätern antichiliastischer[169] und antimanichäischer[170] Polemik und innergemeindlicher Paraklese;[171] im Westen sind nur antijüdische Aussagen des *Carmen adversus Marcionitas*[172] sowie einige paränetisch motivierte Anspielungen bei COMMODIANUS zu erwähnen.[173]

In den trinitätstheologischen Streitigkeiten des 3. und 4. Jahrhunderts ist der Galaterbrief kaum von Gewicht. Für PAUL VON SAMOSATA wie dann für ARIUS ist ausweislich des erhalten gebliebenen Materials Fehlanzeige zu erstatten; der in seiner Echtheit nicht unumstrittene sog. *Hymenäusbrief* oder *Brief der sechs Bischöfe gegen Paul von Samosata* verwendet die in Gal 3,19 bezeugte Mittlerschaft Christi bei der Vermittlung des Gesetzes als christologisches Argument zugunsten der Einheit Christi.[174]

1.9 Manichäische Literatur

Innerhalb originaler manichäischer Texte ist der Rekurs auf Passagen auf den Galaterbrief da offensichtlich, wo der manichäische Apologet BARAIES[175] mit Hilfe von Gal 1,1.11f; 2Kor 12,2–5[176] für die von MANI verfasste Offenbarungsliteratur die Kontinuität zu Paulus beansprucht.[177] MANI selbst hat seine

---

[168] Für PIERIUS und JULIUS AFRICANUS ist Fehlanzeige zu erstatten, ebenso für VICTORINUS VON PETTAU, ARNOBIUS d.Ä. und LAKTANZ. Dass bei GREGOR THAUMATURGOS, *pan. Or.* 192 (FC 24, 204) eine Anspielung auf Gal 5,1 vorliegen soll (KOETSCHAU, Dankrede, 49; CROUZEL, Remerciement, 176 Anm 1]), ist m.E. nicht zwingend.

[169] DIONYSIUS VON ALEXANDRIEN, *De promissionibus*, bei EUSEBIUS VON CÄSAREA, h.e. 7,25,23 (GCS 9/2, 698), zu Gal 1,12; 2,2.

[170] Archelaos habe das Gesetz analog zu antignostischer Polemik als Gabe Gottes verteidigt, diejenigen, die es halten, zu rechtfertigen vermöge; Manis Berufung auf Gal 3,13 sei einseitig. Gal 3,13 besagte: Christus vergebe unsere Unrechttaten, strafe sie nicht wie das Gesetz zu strafen gepflegt habe (*Act. Archel.* [PG 10, 1472 B; 1477 B]).

[171] Vgl. METHODIUS VON OLYMPUS, *symp.* 1,2 (SC 95, 56–58), zu Gal 3,17.24; *symp.* 3,8f,74.76 (SC 95, 37f) und *de sanguisuga* 1,6 (GCS 27, 478), zu Gal 4,19; *symp.* 10,5 (SC 95, 298), zu Gal 5,22f; *symp.* 8,14,212 (SC 95, 240), zu Gal 4,9 und *symp.* 8,17,230 (SC 95, 258), zu Gal 5,17.

[172] *Carmen adversus Marcionitas* 3,255.263 (POLLMANN 171).

[173] Gal 4,19 wird in *instr.* 1,33,3 (CCL 128, 27) im Zuge der Aufforderung an die Heiden zur Bekehrung rezipiert. In *instr.* 1,28,1 (CCL 128, 23) sind Anklänge an Gal 5,22 nur in den (in der Reihenfolge vertauschten) Wörtern *bonitas* und *pax* gegeben. In *instr.* 2,12,16 (CCL 128, 51,19f) bezeichnet die Wendung „leben nach heidnischer Weise" allgemein ein tadelnswertes Verhalten, nicht eine akzeptierte heidenchristliche Option. Ob Gal 2,14 im Blick ist, bleibt unsicher.

[174] Text bei LOOFS, Paulus von Samosata, 327.

[175] CMC 60,13–62,9. Zitiert wird nach KOENEN/RÖMER (Hg.), Der Kölner Mani-Kodex.

[176] Die Vorgänge der Berufung und der Entrückung nach 2Kor 12,2–5 sind in eins gesehen.

[177] So deutet DECRET, L'utilisation, 38, die Passage; dafür könnte CMC 47,3–12 sprechen (KOENEN/RÖMER 30). RIES, Paul, 13f bestimmt als Thema der Passage die Berufung MANIS, die in exakter Parallele zur Berufung des Paulus verstanden sei.

Berufung in einer Terminologie formuliert, die in manchem an den Galaterbrief erinnert.[178] Angeblich soll MANI Gal 3,13 nur auf das letzte Menschengeschlecht bezogen, das mosaische Gesetz insgesamt abgelehnt haben,[179] doch ist das fraglich.[180]

In den *Kephalaia* kann das paulinische Gegenüber von altem und neuem Menschen rezipiert werden,[181] ohne dass auf den Galaterbrief Bezug genommen wird. Sofern die *epistula ad Menoch* ein original manichäisches Dokument darstellt,[182] ergab Gal 5,17 die manichäische Beschreibung für den „Gegensatz zwischen von Gott stammender Seele und vom Teufel zur Versklavung der Seele genutzter Dynamik des Körpers";[183] die als gut gedachte Seele sündige nicht aus eigenem Antrieb, sondern durch die Machenschaften des Fleisches.

„Die Frontstellung gegen das kirchliche Christentum Nordafrikas"[184] kann insgesamt eine verstärkte Rezeption neutestamentlicher Aussagen bei nordafrikanischen Manichäern zur Folge haben. Das paulinische Gegenüber von altem und neuem Menschen wurde auch unter Bezugnahme auf den Galaterbrief formuliert; Joh 3,3; Gal 4,19 beschreiben die Geburt des neuen Menschen; Eph 4,22–24; Kol 3,9–11; Gal 3,27f sein Wesen.[185] Ferner beriefen sich die Manichäer Felix und Faustus AUGUSTINUS zufolge für ihre Ablehnung des Alten Testamentes auf Gal 3,13[186] und 4,9.[187]

---

[178] Vgl. die Begriffe εὐδοκέω (Gal 1,15) in CMC 19,8f; 69,10.17 (KOENEN/RÖMER 12.48) sowie ἐξαγοράζω (Gal 3,13) in CMC 69,10.17 (KOENEN/RÖMER 48) und ἀποκαλύπτω (Gal 1,16) in CMC 34,3f; 43,3f; 65,8 (KOENEN/RÖMER 20.28.44). FELDMANN, Epistula Fundamenti, 25, vermutet einen Anklang an Gal 1,1 für CMC 64,11 (οὐκ ἐξ ἀν(θρώπ)ων; KOENEN/RÖMER, 44); eine Parallele zu Gal 3,13 sieht WILLIAMS, Epiphanius, 298 Anm 386, in CMC 16,2–9 (KOENEN/RÖMER 10).

[179] *Act. Archel.* (PG 10, 1472 B; 1477 B); vgl. auch ebd. (PG 10, 1492 D – 1494 A): MANI soll sich u.a. auf Gal 2,18 berufen haben.

[180] BÖHLIG, Art. Manichäismus, passim, lässt von einer Diskussion über die Tora nichts erkennen. Die Geburt Jesu aus Maria wird in PG 10, 1512 A mit Gal 4,4 verteidigt. – Bei ALEXANDER VON LYKOPOLIS, *Tractatus de Placitis Manichaeorum*, und TITUS VON BOSTRA, *Contra Manichaeos libri tres*, werden Stellen aus dem Galaterbrief nicht diskutiert.

[181] Vgl. DRECOLL, Gnadenlehre 125f., zu *Kephalaia* 94,28–99,17 (GARDNER 99–103).

[182] STEIN, epistula ad Menoch, 28–43, favorisiert aufgrund der nur lateinisch möglichen Variante *concupiscentia* statt *cupiditas* im Zitat von 1Tim 6,10 in fr. 2,4 die Entstehung im Raum des lateinischen Manichäismus, schließt aber auch eine pelagianische Fälschung nicht aus. HARRISON/ BEDUHN, Authenticity, passim, verteidigen die Zurückführung des Textes auf MANI selbst.

[183] DRECOLL, Gnadenlehre, 189, in Kommentierung von AUGUSTINUS, *c. Iul. imp.* III 175 (CSEL 475f.) = *Frgm.* 2,4 (STEIN, epistula ad Menoch, 16). – Nach AUGUSTINUS, *c. Fort.* 21 (CSEL 25/1, 103) hat der Manichäer FORTUNATUS Gal 5,17 so verwendet. Ungesichert ist die Zuweisung des Zitates von Gal 5,17 aus Ps.-AUGUSTINUS, *ven. serp.* 5 an die *epistula fundamenti* (STEIN, epistula fundamenti, 50).

[184] HOFFMANN, Erst einsehen dann glauben, 103, von ihm auf das Thema Glaubensforderung und Unterwerfung unter die kirchliche Autorität bezogen.

[185] Vgl. AUGUSTINUS, *c. Faust.* 24,1 (CSEL 25/1, 717–720) und dazu DRECOLL, Gnadenlehre 126, Anm. 299.

[186] AUGUSTINUS, *c. Faust* 14,1 (CSEL 25/1, 404); *c. Fel.* 2,10 (CSEL 25/2, 839). – Gal 3,13 wird als manichäisches Argument auch von EPIPHANIUS VON SALAMIS benannt, vgl. EPIPHANIUS, *haer.* 66,79,1f. (GCS 37, 120), und dazu WILLIAMS, Epiphanius, 298 mit Anm 386.

[187] AUGUSTINUS, *c. Faust.* 8,1 (CSEL 25/1, 305f.). – Bei AUGUSTINUS, *util. cred.* 9 (CSEL 25/1, 12), erscheint Gal 5,4 als weiteres manichäisches, christologisch begründendes Argument.

2. Die Zeit nach 325

2.1 Die dogmatischen Kontroversen

Hier sind die trinitätstheologischen und christologischen Kontroversen dieser Epoche genauso in den Blick zu nehmen wie die Diskussion um die Gnadenlehre des PELAGIUS. In den zuerst genannten Kontroversen ist der Galaterbrief nur bedingt von Relevanz;[188] darüber sollte auch die zu den einzelnen Galaterstellen gebotene, i.w. vollständige Dokumentation der einschlägigen theologisch argumentierenden Belege nicht hinwegtäuschen.

Von ATHANASIUS wird der Galaterbrief in diesem Zusammenhang erstmals herangezogen. Später wird der Galaterbrief von den Arianern verwendet. Bei ARIUS selbst ist wie später für AETIUS ausweislich des bisher Bekannten ebenso Fehlanzeige zu erstatten wie für die westlichen Arianer AUXENTIUS VON DUROSTORUM, VALENS VON MURSA und GERMINIUS VON SIRMIUM und für die Homöer EUDOXIUS VON KONSTANTINOPEL und AUXENTIUS VON MAILAND und den Marcellianer EUGENIUS VON ANCYRA.

ATHANASIUS führt gegen die Arianer Gal 3,13; 4,4.6 an.[189] Hingegen verweist für EUNOMIUS VON CYZICUS wie für MAXIMINUS die u.a. in Gal 1,3 enthaltene Formulierung „Gott und Vater" auf den Wesensunterschied des Sohnes und des Heiligen Geistes zu Gott selbst.[190] Die Sendungsaussage Gal 4,4 impliziert nach arianischer Auslegung eine Subordination, wie auch Schriftstellen wie Joh 3,16; Mt 11,25f u.a. sich hinsichtlich der Relation von Vater und Sohn biblisch gesehen nicht umkehren lassen.[191] Ebenso wird vielleicht auch die Auferweckungsaussage Gal 1,1 fine zum Beweis der Subordination des Sohnes herangezogen.[192] Ferner ist auch Gal 3,13 arianischer Interpretation zugänglich: Nach ASTERIUS kann, da der Retter ja Geschöpf ist, nur Gott selbst den Fluch aussprechen und wieder aufheben.[193] In der Kontroverse zwischen EUSEBIUS VON CÄSAREA und MARCELL VON ANCYRA (!) nutzte vor allem EUSEBIUS die

---

[188] Vgl. dazu auch MARKSCHIES, Ambrosius, de fide I, 84 mit Anm 318. – Der Galaterbrief wird nach wie vor da herangezogen, wo Fragestellungen aus älterer Zeit weitergeführt werden. Bei EPIPHANIUS VON SALAMIS ermöglicht Gal 4,4 christologische Polemik u.a. gegen Theodot den Gerber (*haer.* 54,6,2 [GCS 31,323]), während vor allem mit Texten aus Gal 3 gegenüber Judenchristen einerseits (*haer.* 29,8,1–3 [GCS 25, 330f.]), Marcioniten (*haer.* 42,12,3, ref. 1–6 [GCS 31, 156f] u.ö.) und Manichäern andererseits (*haer.* 66,79,1f. [GCS 37, 120] u.ö.) die kirchliche Verhältnisbestimmung zwischen beiden Testamenten festgehalten wird.

[189] Belege zu Gal 3,13. Gal 4,6 beweist per Analogieschluss, dass auch durch die Menschwerdung des Sohnes wir nicht wesensgleich mit ihm werden (ATHANASIUS, *decr.* 31,4 [AW 2/1, 27]).

[190] EUNOMIUS, *apol.* 25,12; 27,13 (VAGGIONE 66.70); ähnlich Maximinus nach AUGUSTINUS, *conl. Max.* 2,23 (PL 42, 738). – Aus GREGOR VON NYSSA, *Contra Eunomium*, ist für Eunomius selbst kein Galater-Zitat zu erheben.

[191] *Fragmenta Theologica Arriana e codice Bobiensi rescripto*, Frgm. 9 (CCL 87, 242f).

[192] So jedenfalls JOHANNES CHRYSOSTOMUS, *comm. in Gal.* (PG 61, 616); Ps.-ATHANASIUS, *inc. et c. Ar.* (PG 26, 985 C).

[193] ASTERIUS DER SOPHIST, *Frgm.* 37 (VINZENT 100).

Situation des Galaterbriefes; in einer Predigt, die er in Ancyra auf der Durchreise gehalten hatte, beschwor er die Hörer zur Annahme seiner Lehre mit Hilfe von Gal 4,19, erhielt aber eine Abfuhr;[194] sodann entnahm er der in Gal 3,19 bezeugten Mittlerschaft Christi zwischen Gott und den Engeln einen Beweis für die Wahrheit der Formulierung „Gott sandte seinen Sohn" aus Gal 4,4 dergestalt, dass dem Erlöser das Sohnesprädikat zu Recht auch schon vor seiner Inkarnation zukomme, während der Gedanke der Einheit Gottes, wie er bei Paulus von der Mittlerschaft als solcher unterschieden wird (Gal 3,20), eine gemäßigte Subordination des Sohnes nach sich zieht.[195] Die Pneumatomachen haben die Subordination des Heiligen Geistes offensichtlich mit Gal 4,6,[196] vielleicht aber auch mit Gal 3,14 (ad vocem Verheißung)[197] begründet.

ATHANASIUS führt gegen die Pneumatomachen Gal 3,2; 4,6 an.[198] Im pseudathanasianischen Schrifttum wird (neben der Weiterführung des Kampfes gegen Arianer[199] und Pneumatomachen[200] sowie der Durchsetzung je verschiedener christologischer Modelle[201]) biblisch-theologisch die Wahl wichtiger

---

[194] SEIBT, Markell, 456f.

[195] EUSEBIUS VON CÄSAREA, Marcell. 1,1,7–9 (GCS 14,7f).

[196] Nach GREGOR VON NYSSA, Maced. (GNO 3/1, 90) war die Wendung „Geist seines Sohnes" ausschlaggebend, nach (Ps.?)-DIDYMUS, Trin. 3,39 (PG 39, 980 A) das Verbum ἐξαπέστειλεν sowie der Gebetsruf „Abba".

[197] GREGOR VON NAZIANZ, or. 31,30 (FC 22, 332).

[198] Gal 3,2 beweist neben anderen Bibelstellen, dass auch da, wo πνεῦμα ohne Artikel oder sonstige Näherbestimmung steht, vom Heiligen Geist die Rede sein kann, aber nur, wenn es für die Lesenden eindeutig ist, also anders als in der von den Pneumatomachen herangezogenen Stelle Am 4,13 (ATHANASIUS, ep. Serap. 1,4 [SC 15, 85]); Gal 4,6 kann gegen die Pneumatomachen beweisen, dass der Heilige Geist kein Geschöpf ist (ATHANASIUS, ep. Serap. 4,4 [SC 15, 180f]), dass vielmehr zwischen ihm und dem Sohn die selbe θεότης besteht wie zwischen dem Sohn und dem Vater (ATHANASIUS, ep. Serap. 3,6,16 [SC 15, 171f]).

[199] Dass Christus Menschen zu Söhnen Gottes machen kann, setzt die eigene Sohnschaft voraus (Ps.-ATHANASIUS, Ar. 4,22 [PG 26, 501 A]; vgl. dazu VINZENT, Pseudo-Athanasius, 355; [Ps.?]-DIDYMUS VON ALEXANDRIEN, Trin. 3,2,34 [PG 39, 800 B]).

[200] Zum Erweis der Gottheit des Heiligen Geistes wird dargetan, dass anders als bei ihm der menschliche Wille, auch der der Propheten und Apostel, nicht immer mit dem göttlichen Willen übereinstimmt, und in diesem Zusammenhang auf den Tadel des Petrus durch Paulus in Gal 2,14 verwiesen (Ps.-ATHANASIUS, dial. Trin. 1,24 [PG 28, 1153 A]; [Ps.?]-DIDYMUS VON ALEXANDRIEN, Trin. 3,19,1 [PG 39, 889 A]). – Auf die Weigerung des Pneumatomachen, den Heiligen Geist in gleicher Weise wie Gott zu verherrlichen, antwortet Ps.-Athanasius mit Gal 4,7: Wolle sein Gegenüber sich selbst, nicht aber den Heiligen Geist dieser Ehre des Erbe-Seins für würdig halten (Ps.-ATHANASIUS, Maced. Dial. 1,17 [PG 28, 1320 A])?

[201] Gal 4,4f beweist nach Ps.-ATHANASIUS, inc. (PG 28, 93 B) die christologische Formel ἡνῶσθαι τῷ σαρκὶ τὸν θεόν wohl im apollinaristischen Sinne. Hingegen ist Gal 4,4 für Ps.-ATHANASIUS, annunt. 11 (PG 28, 933 C) Schriftzeugnis für die Menschwerdung des Gottessohnes, der aus und in zwei Naturen existiert. Ebenfalls im Gegenzug gegen das apollinaristische Insistieren auf der allein schriftgemäßen Formel ἐκ γυναικός (Gal 4,4) wird von Ps.-ATHANASIUS, dial. Trin. 4,6 (PG 28, 1260 C) festgehalten, dass sich die Wendung ἐκ γυναικός auf die menschliche Natur Christi bezieht, während von der göttlichen Natur διὰ γυναικός auszusagen ist. Dass Gal 4,4 nur auf die menschliche Natur zu beziehen ist, dafür vgl. auch die expositio Symboli Quicunque (PG 28, 1599 D); weitere Belege s. zu Gal 4,4.

trinitätstheologischer Termini wie φύσις[202] und ὑπόστασις[203] gerechtfertigt, ferner die Unteilbarkeit der Trinität mehrmals begründet, teils durch das Nebeneinander verschiedener Zuordnungen wie „Geist Gottes, Geist des Sohnes" etc.,[204] teils dadurch, dass Wirkweisen in Inhalt und Modus als von allen drei Hypostasen biblisch bezeugt erwiesen werden: Weder Inhalte wie „Berufung zum geheiligten Leben"[205] oder „Gesetzgebung"[206] noch Modi wie „aus ihm, durch ihn, in ihm"[207] lassen sich biblisch einseitig einer von ihnen zuweisen.

APOLLINARIS VON LAODIZEA hat Gal 4,4 mit der bekannten Formel μία φύσις τοῦ θεοῦ λόγου σεσαρκωμένη erklärt[208] und seine christologische Konstruktion mit dem Nebeneinander von Gal 4,4 und Joh 3,13 begründet,[209] aber sonst nach Ausweis des Bekannten den Galaterbrief kaum rezipiert. Der Apollinarist TIMOTHEUS hat nochmals Gal 4,4 explizit auf die Annahme des aus Maria geborenen Fleisches bezogen,[210] ein weiterer Apollinarist in dem Singular in beiden Aussagen („Gott sandte seinen Sohn, und er ist von einer Jungfrau") wiederum die Einheit des unteilbaren Christus bezeugt gesehen.[211]

In dem bisher gezeichneten Rahmen bleibt auch die themenbezogene Rezeption des Galaterbriefes bei den Kappadoziern, bei EPIPHANIUS VON SALAMIS und im antiarianischen Schrifttum von AUGUSTINUS;[212] neu ist die antiariani-

---

[202] Ps.-ATHANASIUS, *dial. Trin.* 1,7 (PG 28, 1125 D).

[203] Ps.-ATHANASIUS, *dial. Trin.* 1,2 (PG 28, 1120 AB).

[204] U.a. Gal 4,6 dient zur Bestätigung des Satzes „*spirationem Filii in propria vita et substantia manente Spiritum esse doceamur*" bei Ps.-ATHANASIUS, *de Trinitate et Spiritu sancto* 19 (PG 26, 1212 CD); die Stelle ist ferner für Ps.-ATHANASIUS, *sermo contra omnes haereses* 5 (PG 28, 512 A) im Kampf gegen die Pneumatomachen neben Ps 32,6; Gen 1,1f; Joel 2,28; Joh 14,10 u.a. eine der Beweisstellen für die Unteilbarkeit der Trinität. (Ps.?)-DIDYMUS, *Trin.* 1,7,3 (HÖNSCHEID 14) beweist durch die Konkordanz der Wendungen „ihr wart ohne Christus" (Eph 2,11f) und „ihr kanntet Gott nicht" (Gal 4,8f) die Gottheit des Sohnes.

[205] S. die Belege zu Gal 1,1; 5,25.

[206] Ps.-ATHANASIUS, *de communi essentia Patris et Filii et Spritus Sancti* 4 (PG 28, 32 B).

[207] Ps.-ATHANASIUS, *de communi essentia Patris et Filii et Spritus Sancti* 22 (PG 28, 52 C) mit Verweis u.a. auf Gal 4,7; vgl. die Verwendung von Gal 6,8 durch BASILIUS VON CÄSAREA, *Spir.* 5,9 (FC 12, 96); AMBROSIUS, *spir.* 2,9,95 (CSEL 79, 124); (Ps.?)-DIDYMUS, *Trin.* 3,23 (PG 39, 932 A). – EUNOMIUS hatte vom Heiligen Geist nur die Wendung „in ihm" aussagen wollen.

[208] APOLLINARIS VON LAODIZEA, *ad Jouianum* 1 (LIETZMANN 251).

[209] APOLLINARIS VON LAODIZEA, *de unione* 1 (LIETZMANN 185).

[210] TIMOTHEUS, *ad Prosdocium* 4 (LIETZMANN 285).

[211] Ps.-JULIUS, *de fide* 3 (LIETZMANN 312).

[212] Gal 1,1 beweist die Gottheit Christi (GREGOR VON NYSSA, *ref. Eun.* 1, GNO 2, 312); Gal 3,13 ist für BASILIUS VON CÄSAREA und für GREGOR VON NAZIANZ, Gal 2,20 für AUGUSTINUS Ausdruck der Willenseinheit zwischen Vater und Sohn und wehrt somit der Subordination des Sohnes (BASILIUS VON CÄSAREA, *Spir.* 21 [FC 12, 134]); GREGOR VON NAZIANZ, *or.* 30,5 [FC 22, 230]; AUGUSTINUS, *c. Max.* 2,20,4 [PL 42, 790]), Gal 4,4 stellt die unverkürzte Menschheit Jesu fest (BASILIUS VON CÄSAREA, *Spir.* 12 [FC 12, 100]); Gal 1,16 neben 1Kor 2,10 v.l. bezeugt die Gottheit des Heiligen Geistes für EPIPHANIUS VON SALAMIS, *Anc.* 68,16 (GCS 25, 84), Gal 4,6 für BASILIUS VON CÄSAREA, *Spir.* 49 (FC 12, 222; Ps.-BASILIUS, *contra Eunomium* 5 (PG 29, 728 AB) mit zusätzlichem Verweis auf Gal 6,15; Gal 4,8 rechtfertigt nach AUGUSTINUS die Anwendung des Naturbegriffes auch auf Gott Vater (AUGUSTINUS, *c. Max.* 2,15,2 [PL 42, 778]). Gal 3,28 erweist, dass *unum* im Gegensatz zu *unus* (1Kor 6,17) die Gleichheit der Substanz voraussetzt (AUGUSTINUS, *c. Max.* 2,22,2 [PL 42, 794]).

sche Sicherstellung der richtigen Interpretation auch einiger Galaterstellen;[213] erweitert wird für die Ketzerpolemik das Spektrum der Galaterbelege über die von ATHANASIUS herangezogenen Stellen Gal 1,8f hinaus.[214] Endlich wird bei mehreren Autoren der Sachgehalt der Formel *opera Trinitatis ad extra sunt indivisa* u.a. (!) mit Hilfe von Belegen aus dem Galaterbrief aufgewiesen und daraus die Homousie der drei göttlichen Hypostasen abgeleitet. Bei DIDYMUS VON ALEXANDRIEN sind zu nennen das Motiv der Liebe als der Frucht göttlichen Wirkens (Gal 5,22 neben Joh 14,21), das Motiv der Berufung zum besonderen Dienst (Apg 13,2; Gal 2,8) und das Motiv der Einwohnung in den Gläubigen (Gal 2,20; 1Kor 3,16).[215]

Ps.-DIDYMUS zieht die Motive „Offenbarung" (durch Gott bzw. den Geist),[216] „Gesetz" (Christi bzw. Gottes bzw. des Geistes),[217] „Heil"[218], „Freiheit" (durch Christus oder den Geist),[219] Gaben[220], Friede und Freude,[221] Leben für Gott bzw. für Christus bzw. für den Heiligen Geist[222], Berufung zum besonderen Dienst;[223] schließlich die Selbstbezeichnung der Christen „Menschen Gottes, Christen, geistliche Menschen"[224] heran; ferner widerlegt Gal 1,4 die arianische (?) Theorie, Christus habe keine menschliche Seele besessen.[225] Endlich belegen Gal 3,20; Röm 3,30; 1Kor 8,4.6, dass man innerhalb der Trinität keine Abstufung der Hypostasen untereinander treffen soll,[226] und auch ihre

---

[213] Die Aussage seiner Auslieferung Gal 2,20 bezieht sich auf das Leidensfähige in ihm, nicht auf seine göttliche Natur (GREGOR VON NAZIANZ, *or.* 30,16 [FC 22, 256]). Das Stichwort „Verheißung" (Gal 3,14) rechtfertigt keine Subordination des Heiligen Geistes (GREGOR VON NAZIANZ, or. 31,30 [FC 22, 332]). Die Redeweise von der „neuen Schöpfung" in Gal 6,15 berechtigt nicht dazu, auch Christus auf die Seite der Geschöpflichkeit zu stellen (GREGOR VON NYSSA, *Eun.* 3,1,53f., GNO 2, 22]).

[214] Gal 4,5 wird gegen Apollinaris von Laodizea (GREGOR VON NAZIANZ, *ep.* 101,18 [SC 208,44]), Gal 4,8 bei BASILIUS VON CÄSAREA, *Eun.* 2,19 (SC 305, 76) im Sinne allgemeiner Ketzerpolemik rezipiert. *Inhaltlich* mit Gal 4,8 und Gal 5,13 operiert GREGOR VON NYSSA: Diejenigen, die denen dienen, die von Natur aus nicht Götter sind (was Eunomius von Jesus Christus behauptet), dienen überhaupt nicht dem wahren Gott, sondern sind den Heiden gleichzuachten (GREGOR VON NYSSA, *ref. Eun.* 30 [GNO 2, 323f.]); wer Christus einseitig das Menschsein, damit die Natur des Sklaven zuschreibt, muss sich selbst ebenfalls als Sklaven betrachten. Davon aber hat uns Christus befreit (GREGOR VON NYSSA, *Eun.* 3,8,54 [GNO 2, 259]).

[215] DIDYMUS DER BLINDE, *Spir.* 78; 98; 107 (SC 386, 216.236.244).

[216] (Ps.?)-DIDYMUS, *Trin.* 2,5,15 (SEILER 88) zitiert Gal 1,15 neben 1Kor 2,10.

[217] (Ps.?)-DIDYMUS, *Trin.* 1,23,1–5 (HÖNSCHEID 146), zitiert u.a. Gal 6,2; Ps 36,31; Röm 8,2.

[218] (Ps.?)-DIDYMUS, *Trin.* 2,12,1 (PG 39, 677 A) verweist u.a. auf Gal 3,27 neben Gal 4,7.

[219] (Ps.?)-DIDYMUS, *Trin.* 2,6,10 (SEILER 152) verweist u.a. auf Gal 5,1 neben 2Kor 3,17.

[220] (Ps.?)-DIDYMUS, *Trin.* 2,8,1 (PG 39, 613 B) verweist u.a. auf Gal 3,5; 5,18.22f; die Gaben des Geistes werden unter Billigung des Vaters und des Sohnes gegeben.

[221] (Ps.?)-DIDYMUS, *Trin.* 2,6,8 (SEILER 151) verweist u.a. auf Gal 5,22 neben Röm 14,17.

[222] (Ps.?)-DIDYMUS, *Trin.* 1,22,1f (HÖNSCHEID 144) verweist auf Gal 5,25 neben Röm 6,11; 2Kor 5,15; (Ps.?)-DIDYMUS, *Trin.* 1,25,3 (HÖNSCHEID 152) verweist u.a. auf Gal 5,24 neben Mk 12,17; 1Kor 2,14.

[223] (Ps.?)-DIDYMUS, *Trin.* 2,8,2 (PG 39, 625 A) verweist auf Gal 1,15 neben Joh 15,16.19.

[224] (Ps.?)-DIDYMUS, *Trin.* 1,24,9 (HÖNSCHEID 150) verweist u.a. auf Gal 6,1 neben 1Kön 17,18; 2Tim 3,17; Apg 11,26.

[225] (Ps.?)-DIDYMUS, *Trin.* 3,21 (PG 39, 793 D).

[226] (Ps.?)-DIDYMUS, *Trin.* 1,18,25 (HÖNSCHEID 112).

in den Kombinationen wechselnden Erwähnungen beweisen ihre Homousie.[227] AMBROSIUS erweist anhand von Gal 3,28 („in Christus") per Analogieschluss die Wendung „im Heiligen Geist", aus Gal 4,7 die Wendung *per Deum* sowie anhand von Gal 6,8 die Redeweise *de Spiritu* als biblisch und jeder Subordinationsvorstellung abhold,[228] ebenso mit Hilfe von Gal 4,8 den Begriff *natura*[229]. Schließlich wird die Einheit der Trinität an ihrem Wirken z.B. im göttlichen Schaffen,[230] in der Passion Jesu[231] sowie in der Verleihung der Gnadengaben[232] und in der Berufung[233] aufgewiesen. Die Selbsthingabe des Sohnes (Gal 1,4) widerspricht jeglicher Subordinationsvorstellung.[234] Die Verleihung der Sohnschaft durch den Geist (Gal 4,6f) zeigt, dass der Heilige Geist nicht von der Natur der unsichtbaren Kreaturen ist, die ihn ihrerseits (Kol 1,16) erwarten.[235]

In der Auseinandersetzung mit PELAGIUS und seinen Anhängern werden einzelne Galatertexte von HIERONYMUS[236] und AUGUSTINUS rezipiert.

2.2 Die Kommentare zum Galaterbrief

Unter dieser Überschrift ist i.f. eine kurze Charakteristik der erhaltenen Galaterkommentare zu versuchen, die diese gleichzeitig in Beziehung setzt zu der anderweitigen Rezeption des Galaterbriefes durch die jeweiligen Autoren. Die hier zu verhandelnden Kommentare zum Galaterbrief entsprechen formal dem üblichen Schema: Im *argumentum* oder der *summa* wird die Hauptidee des zu kommentierenden Textes entfaltet und werden zumeist auch die „Einleitungsfragen" thematisiert; dann folgt die Einzelerklärung, zumeist versweise erfolgend. Die Aufgabe eines Kommentators formuliert HIERONYMUS mit den Worten *obscura disserere, manifesta perstringere, in dubiis immorari* (Dunkles zu erklären, Offensichtliches schnell abzuhandeln, beim Zweifelhaften zu verweilen).[237] Gerade die zuerst genannte Herausforderung wird zumeist mit Fragestel-

---

[227] (Ps.?)-DIDYMUS, *Trin.* 1,18.56 (HÖNSCHEID 122), mit Verweis u.a. auf Gal 3,27, und *Trin.* 1,18,69 (HÖNSCHEID 126), mit Verweis u.a. auf Gal 1,1.

[228] AMBROSIUS, *spir.* 2,8/74; 2,9/97; 2,9/95 (CSEL 79, 115f. 124).

[229] AMBROSIUS, *incarn.* 8/82.86 (CSEL 78, 264–267).

[230] AMBROSIUS, *spir.* 2,6/59 (CSEL 79, 109), mit Verweis u.a. auf Gal 4,4.

[231] AMBROSIUS, *spir.* 1,12/129 (CSEL 79, 70f), mit Verweis auf Gal 2,20.

[232] AMBROSIUS, *spir.* 1,5/69; 1,12/126; 1,12/130 (CSEL 79,44.69.71), mit Verweis u.a. auf Gal. 5,22.

[233] AMBROSIUS, *spir.* 2,13/146 (CSEL 79, 144).

[234] AMBROSIUS, *spir.* 3,2/9 (CSEL 79, 159f).

[235] AMBROSIUS, *spir.* 1,5/62 (CSEL 79, 41).

[236] Gal 2,16.21; 3,10.13.21–24; 5,4 beweisen, dass das Gesetz von niemandem in seinem vollen Umfang befolgt worden ist (HIERONYMUS, *adv. Pelag.* 2,9 [CCL 80, 65f.]). Gal 3,22 beweist wie Spr 18,17 LXX; Jes 43,26 LXX, dass die höchste Gerechtigkeit des Menschen darin besteht, dass er in seinem Tugendschatz nicht etwas von ihm selbst Erworbenes, sondern Gottes Geschenk erblickt (HIERONYMUS, *adv. Pelag.* 1,13 [CCL 80, 16]).

[237] HIERONYMUS, *in Gal.* (CCL 77 A, 158).

lungen aufgenommen, die der im Hellenismus entwickelten und im frühen Judentum adaptierten sog. Quästionenliteratur entnommen sind: Einander widersprechende Schriftstellen sollen ausgeglichen werden. Für die Blüte altkirchlicher Kommentarliteratur ist auf das zeitgleiche Anwachsen philosophischer Kommentarliteratur zu Werken von Platon und Aristoteles zu verweisen. Gerade für den modernen bibelwissenschaftlichen Exegeten ist zu bedenken: Altkirchliche Kommentare entstehen nicht als Abschluss mehrjähriger Forschungsarbeit eines auf die Exegese spezialisierten Universitätsangehörigen, sondern als Werk eines Theologen im Kirchendienst, der im Horizont der je eigenen aktuellen, an den *res credendae, agendae et celebrandae* orientierten Problemstellungen das Ganze dessen bearbeitet, was heute in die einzelnen theologischen Disziplinen unterteilt ist. Doch schließt das keineswegs eine genaue Erfassung der Funktion einer paulinischen Aussage im Argumentationszusammenhang gegenüber den Erstlesern aus – vorliegendes Werk wird diese Einsicht auf Schritt und Tritt bestätigen.[238]

Dass gerade ab dem vierten Jahrhundert mehrere Pauluskommentare erscheinen, mag mit dem Anwachsen der volkstümlichen Paulusverehrung zusammenhängen.[239]

Über den zehnbändigen Kommentar des EUSEBIUS VON EMESA zu berichten, ist angesichts der fragmentarischen Überlieferung nur mit Vorbehalt möglich. Erkennbar ist sein Interesse an logischen und philologischen Fragen. Das theologische Zentrum ist offensichtlich Gal 4,5: Schon in Gal 1,1 weist der Vatertitel auf die Sohnschaft in Freiheit voraus, ähnlich wie durch Christus, der in mir lebt (Gal 2,20), ich zum freien Sohn werde.[240]

EPHRÄM bietet einen paraphrasierenden Kurzkommentar, in dem die Ich-Form der Paulusrede durchgehalten wird.[241] Neben Aktualisierung in kirchlichen Belangen[242] ist auch über Gal 2,21 hinaus immer wieder die Orientierung an der Kommunikationssituation zwischen Paulus und den Galatern zu beobachten, etwa anhand von Gal 3,18; 5,15; 6,18.

---

[238] Zwar lesen die altkirchlichen Theologen den Galaterbrief auch als Dokument der Selbstabgrenzung des Paulus vom Judentum und der Selbstabgrenzung von dem behaupteten „Judaisieren" der Arianer und speziell der Anhomöer (vgl. nur JOHANNES CHRYSOSTOMUS, *Jud.* 1,1 [PG 48, 845]). Doch werden auch andere Paulusbriefe ohne diese spezielle Aktualität auf die historische Situation des Apostels ausgelegt, vgl. THEODORET VON CYRUS, *in 1Cor.* (PG 82, 228 D – 229 C); JOHANNES VON DAMASKUS, *in 1Cor.* (PG 95, 572 A).

[239] WILES, Divine Apostle, 24; VICIANO VIVES, Bild, 145, der damit bei THEODORET VON CYRUS die Präsentation des Apostels als Vorbild motiviert.

[240] EUSEBIUS VON EMESA, *in Gal.* (BUYTAERT 145*.147*).

[241] Die *editio princeps* von 1899 ist nur unter Hinzunahme der Verbesserungen durch MOLITOR, Paulustext, passim, und KERSCHENSTEINER, Paulustext, passim, zu benutzen. Die dort genannten Textänderungen sind ohne weitere Kennzeichnungen in die EPHRÄM-Referate dieser Arbeit eingegangen. Als Ausgabe wird daher „MMK" (für MECHITARISTEN/MOLITOR/ KERSCHENSTEINER) zitiert.

[242] Gal 1,1 fine ist gegen ungenannt bleibende Häretiker gerichtet, die Jesu Auferstehung leugnen (EPHRÄM, *in Gal.* [MMK 129]).

JOHANNES CHRYSOSTOMUS[243] bietet antihäretische Polemik[244] genauso wie Bezüge auf die damalige Situation in Galatien. Die relative formgeschichtliche Nähe seines Kommentars zu den Homilien bedingt vielfältige Verweise auf Paulus als Vorbild,[245] ebenso aber Polemik gegen aktuelle Missstände in seiner Gemeinde, in seinen Augen vor allem gegen die Übernahme jüdischer Sabbat- und Fastenobservanz durch Christen.[246] In den acht Reden gegen die Juden bestimmen Aussagen des Galaterbriefes mit der einen Ausnahme der „Galaterkrankheit"[247] nicht die z.T. maßlose Polemik, wohl aber in der zweiten Rede deren theologische Basis: Es gab eine Zeit, da war das Gesetz notwendig, uns durch die Erkenntnis unserer Sündhaftigkeit zu Christus und seiner μείζων φιλοσοφία zu führen,[248] und es war insofern der von Christus selbst gegebene παιδαγωγός,[249] doch wer sich nach dem Kommen Christi daran hält, bringt sich freiwillig um sein Geschenk (Gal 5,4) und zeigt seine φιλονεικία.[250]

Im Zuge der Paulusrenaissance der 2. Hälfte des 4. Jhdt. in der westlichen Kirche wird auch der Galaterbrief von mehreren Autoren kommentiert. MARIUS VICTORINUS[251] sieht in seinem zwischen 363 und 365[252] verfassten Kommentar den in Ephesus geschriebenen Brief durch die Agitation von Gegnern des Apostels veranlasst, die von den Galatern die wörtliche Observanz auch des Ritualgesetzes forderten. Paulus antworte, indem er auf den Glauben einzig an Christus verweise; aus Werken des Gesetzes werde kein Fleisch gerecht. Eine aktuelle polemische Frontstellung wird von MARIUS VICTORINUS im Prolog nicht benannt, unbeschadet dessen kann man wie LOHSE im Einzelnen z.B. nach antiarianischen Auslegungen fragen.[253]

AMBROSIASTER schreibt seinen Kommentar mit Blick auf die Symmachianer, bei denen der christologische Irrtum (Jesus ist bloßer Mensch) den heilsgeschichtlichen Irrtum hinsichtlich des Gesetzes umfasst: sie verstehen die Schrift

---

[243] Zu seinem Kommentar vgl. ZINCONE, Giovanni Crisostomo; MITCHELL, Reading rhetoric; HEATH, John Chrysostom; RIZZERIO, Robert Grosseteste, Jean Chrysostome et l'expositor graecus.

[244] Sie richtet sich gegen MARCION (zu Gal 3,4), gegen die Novatianer (zu Gal 3,4), Manichäer (zu Gal 1,4; 5,12.17), Anhomöer (zu Gal 1,1.3; 3,20) und Pneumatomachen (zu Gal 1,1).

[245] Paulus ist Vorbild der pädagogischen Weisheit (zu Gal 1,1–10 u.ö.), der Klugheit (Gal 1,8), der Demut (zu Gal 1,24), der Strenge der Lebensführung (zu Gal 2,20), der Mäßigung seines Tadels (zu Gal 4,13). Auch widerspricht er in Gal 3,1 dem Wort Jesu Mt 5,22 keineswegs, und seine Kritik an Petrus (Gal 2,11–14) war keineswegs eine unziemliche Rüge, sondern ein zuvor vereinbartes Scheingefecht zum geistlichen Nutzen der Anhänger des Petrus.

[246] Vgl. zu Gal 1,7; 2,17, daneben die Polemik gegen die Juden (zu Gal 1,6.17; 6,18).

[247] JOHANNES CHRYSOSTOMUS, Jud. 2,2: οἱ τὰ Γαλατῶν νοσοῦντες (PG 48, 859).

[248] JOHANNES CHRYSOSTOMUS, Jud. 2,1 (PG 48, 858).

[249] JOHANNES CHRYSOSTOMUS, Jud. 2,2 (PG 48, 859f).

[250] JOHANNES CHRYSOSTOMUS, Jud. 2,1 (PG 48, 858).

[251] Vgl. HADOT, Porphyre, ERDT, Pauluskommentator; COOPER, Narratio; WISCHMEYER, Bemerkungen. In der Textüberlieferung bestehen Lücken zwischen Gal 3,9 und Gal 3,20 sowie zwischen Gal 5,17 und Gal 6,1.

[252] Vgl. GORI, Marius Victorinus, VIIf.

[253] LOHSE, Beobachtungen, passim. Zur Polemik gegen die Symmachianer vgl. MARIUS VICTORINUS, in Gal. 1,19 (CSEL 83/2, 110).

nicht, die doch schon im Alten Testament auf die Trinität und auf die Überwindung des Todes verweist sowie die Beschneidung der Herzen fordert (Jer 4,4; Dtn 10,16). Auch mehrere seiner anderweitig veröffentlichten Quaestiones sind unter Zuhilfenahme von Texten aus dem Galaterbrief formuliert bzw. diesen gewidmet.[254]

HIERONYMUS stellt in seinem im Sommer 386 verfassten und als Frühwerk einzustufenden,[255] von ORIGENES beeinflussten[256] umfangreichen Werk den Galaterbrief in den Gesamtkontext der paulinischen Briefe: Das Thema ist das selbe wie im Römerbrief, nur der Fassungskraft der Galater (Gal 3,1) gemäß dargeboten und auf ihre Situation bezogen. Schon im Prolog nimmt der Gelehrte auf Gal 2,11–14 Bezug, benennt die Grundsätze seiner Auslegung[257] und polemisiert gegen PORPHYRIUS. Im weiteren Verlauf hält er gegen MARCION an der Identität des allegorisch auszulegenden alttestamentlichen Gesetzes fest,[258] wie es auch in Gal 4,4 *ex muliere* und nicht *per mulierem* heißt.[259] Der Kommentar zeugt von Belesenheit in der Bibel, aber auch in der pagan-antiken Literatur und ist wertvoll nicht nur für die damalige textkritische Situation.

Im sonstigen Schrifttum des Stridoniers wird der Galaterbrief im Zusammenhang textkritischer,[260] biblisch-philologischer,[261] antihäretischer und ethischer Kontexte zitiert. Antihäretische Aussagen sind gerichtet gegen ORIGENES,[262] PAULUS VON SAMOSATA und PHOTINUS,[263] Juden und judaisierende Christen sowie zuletzt gegen PELAGIUS.[264]

---

[254] Vgl. z.B. AMBROSIASTER, *qu. nov. test. app.* 66 (CSEL 50, 459f): „Wenn die Menschen aus Glauben gerechtfertigt werden und nicht durch das Gesetz, warum ist dann jemand verflucht, der das Gesetz nicht erfüllt hat, wenn es zur Gerechtigkeit nicht hilft?"

[255] RASPANTI, *opus intemptatum*, 199f.

[256] Vgl. dazu SCHASKIN, Influence, passim.

[257] HIERONYMUS, *in Gal.* (CCL 77 A, 3), in Abgrenzung zu MARIUS VICTORINUS und seiner Konzentration auf weltliche Bildung und zu AMBROSIASTER, demgegenüber er die größere Bandbreite der Deutungsmöglichkeiten sichtbar machen wolle (vgl. RASPANTI, *opus intemptatum*, 198f).

[258] HIERONYMUS, *in Gal.* (CCL 77 A, 142). MARCIONS Berufung auf Gal 3,13 scheitere schon daran, dass es *redimere* heißt, nicht einfach *emere* (HIERONYMUS, *in Gal.* [CCL 77 A, 87]).

[259] HIERONYMUS, *in Gal.* (CCL 77 A, 108).

[260] Gal 3,28 begründet, warum HIERONYMUS in Jes 56,6f, den LXX-Zusatz *et ancillas* mit einem *obelos* versieht: *Neque enim fieri potest, ut in spiritalibus donis sit sexus ulla diuersitas, cum in Christo Iesu non sit uir et mulier* (HIERONYMUS, *in Is.*, 15,56,6f [CCL 73 A 632f]).

[261] Biblisch-philologische Anmerkungen ergehen zu den Begriffen „Sohn", vom Christen gebraucht, und „Geist": Gal 4,19 gehört mit Joh 1,12; Mt 3,9; 11,19 zu den positiv konnotierten Belegen für *filius* im religiösen Bereich (HIERONYMUS, *in Mal.* 1,6f [CCL 76 A, 907]); u.a. Gal 5,16.22; 6,8 dienen HIERONYMUS als Beleg für die These, das Wort *spiritus* ohne Näherbestimmung sei stets positiv gemeint und auf den Heiligen Geist bezogen (HIERONYMUS, *in Mich.*, 1,2,11–13 [CCL 76, 452]; *in Hab.* 1,2,19f. [CCL 76, 616]).

[262] Dessen Lehre von der Präexistenz der Seelen im Himmel hält HIERONYMUS entgegen: Wenn Gal 5,17 richtig ist, wie soll dann die körper*lose* Seele im Himmel gesündigt haben (HIERONYMUS, *tract. in psalm.* 88,3 [CCL 78, 407f])?

[263] Gal 1,1f beweist die Gottheit Christi, vgl. HIERONYMUS, *in Ier.*, 3,72,3 (CCL 74, 163f, gegen PAUL VON SAMOSATA und PHOTINUS); ders., *in Gal.* (CCL 77 A, 12f, gegen EBION und PHOTINUS).

[264] Gegen PELAGIUS wird das *posse non peccare* bestritten (s.o.).

AUGUSTINUS beschreibt in seinem Kommentar von 394/395, einem Frühwerk, ebenfalls die situationsbedingte Differenz zum Römerbrief.[265] Er verzichtet auf explizite[266] Ketzerpolemik, allerdings nicht auf antijüdische Polemik,[267] bietet immer wieder weitergreifende biblische und theologische Bezüge und verweist wiederholt auf Paulus als Vorbild rechten Verhaltens.[268]

PELAGIUS[269] bietet sehr knappe Ausführungen mit gelungenen Formulierungen; die umstrittene Gnadenlehre ist in diesem Werk aber nicht präsent.

THEODOR VON MOPSUESTIA[270] betont die Unsterblichkeit als Heilshoffnung der Christen. Beispiele finden sich zu Gal 2,16; 3,3.13.27f; 4,4–7; 5,13 u.ö.

THEODORET[271] fragt in seinem straff gehaltenen Kommentar[272] nach der jeweiligen Funktion einer Aussage in der galatischen Situation und erfasst diese durchaus präzise.[273] Traditionelle[274] oder aktuelle Polemik[275] tritt nur selten

---

[265] AUGUSTINUS, *exp. Gal.* 1,5f (CSEL 84, 56). – Vgl. FUHRER, Form, 148–152; GEERLINGS, Augustinus, 156 (Lit.!).

[266] Ein Beispiel für implizite Polemik: AUGUSTINUS, *exp. Gal.* 3,3 (CSEL 84, 58) zu Gal 1,4 gegen MANI mit der Bemerkung, die Welt werde aufgrund der menschlichen Sünde schlecht genannt.

[267] Ein Beispiel: Den Vorwurf der jüdischen *superbia* erhebt AUGUSTINUS in der Kommentierung zu Gal 2,15 und Gal 3,19–23 (AUGUSTINUS, *exp. Gal.*, 16,1 [CSEL 84, 71f]; ders., *exp. Gal.* 24,8; 25,1 [CSEL 84, 87.89]).

[268] Paulus ist Vorbild der Demut (AUGUSTINUS, *exp. Gal.* 3,6 [CSEL 84, 58, zu Gal 1,5]).

[269] Vgl. TAUER, Orientierungen; ders., Bedeutung.

[270] Zu seiner Exegese vgl. allgemein BULTMANN, Exegese. – Zur Bedeutung der genannten Unsterblichkeitshoffnung für die Galaterexegese vgl. zu Gal 2,16.

[271] Vgl. VIVIANO VIVES, Bild; ders., Theodoret; COCCHINI, L'esegesi paolina; HILL, Theodoret's commentary.

[272] Die Kommentierung von Gal 2,6–14 ist nicht mehr erhalten.

[273] Jenseits von Gal 2,21 sind folgende Auslegungen zu erwähnen: Gal 3,1 markiert den Übergang zur direkten Argumentation (THEODORET VON CYRUS, *in Gal.* [PG 82, 476 B]); Gal 3,2–5 ist auf Unwiderleglichkeit berechnet (476 C); Gal 3,15–18 legt dar, dass das Gesetz der göttlichen Verheißung nicht im Wege steht (480 B); Gal 3,19–24 antwortet auf den Einwand, das Gesetz sei angesichts des in 3,14–18 erwiesenen höheren Alters des Glaubens überflüssig gewesen (481 A.; 483 B); Gal 4,21 richtet sich unmittelbar an die Gegner in Galatien (489 C); Gal 4,6 ist ein unwiderlegbarer Verweis auf die eigenen pneumatischen Erfahrungen der Galater (488 A). Der Glaube, der nach Gal 5,6 durch die Liebe wirkt, erfüllt damit – dem ἐραστής des Gesetzes ist dies gesagt – zugleich das, was notwendig ist vom Gesetz (493 C). Auch der paränetische Teil Gal 6,13–6,10 spielt auf die Situation in Galatien an, in der vor allem diejenigen, die im Glauben festgeblieben sind, zur ἀγάπη gemahnt (495 CD, zu Gal 5,15) und vor Fehlverhalten gewarnt werden (497 D – 498 A, zu Gal 5,25). Gal 5,13 stellt klar, dass die christliche Freiheit sich weiterhin an das, was notwendig ist im Gesetz (das ist das, was auch die Natur lehrt, 473 A), gewiesen weiß, nämlich an die alttestamentliche Ethik (495 B). Die Erwähnung des Geistes in Gal 6,18 soll den Galatern die Gabe in Erinnerung rufen, die sie nicht durch das Gesetz, sondern durch den Glauben erlangt haben (503 C). – Gal 3,6–14 gilt hingegen nur als κεφαλαίον dessen, was Paulus im Römerbrief ausführlicher gelehrt habe (477 AB).

[274] THEODORET bietet trinitätstheologische und christologische Polemik zu 1,1.16 (THEODORET VON CYRUS, *in Gal.* [PG 82, 461 BC; 468 A]), implizite antimarcionitische Polemik zu 3,20 (ebd. 481 C), explizite Polemik gegen die Novatianer zu 4,19 (ebd. 489 B). Eine implizite, unberechtigte Polemik gegen ORIGENES liegt zu Gal 4,21–24 in dem Satz beschlossen, Paulus hebe die Geschichte nicht auf (ebd., 489 D).

[275] THEODORET lässt zu Gal 4,4 indirekte Polemik gegen eine einseitige Betonung der Göttlichkeit in Christus erkennen (THEODORET VON CYRUS, *in Gal.* [PG 82, 485 CD]).

zutage. THEODORET beschließt das Werk homilienartig mit der Mahnung zum Tun des Guten und mit einer Schlussdoxologie.[276]

Völlig auf aktuelle Applikation verzichtet CASSIODOR,[277] s. E. ist der Brief gegen Falschlehrer gerichtet, die den Getauften zusätzlich die Beschneidung anempfehlen. ISIDOR VON SEVILLA benennt als *argumentum* des Galaterbriefes: *per gratiam fidei excludit* (scil. *Paulus*) *opera legis*.[278]

2.3 Die Einleitungsfragen in der antiken Diskussion

Ein Überblick über die Auskünfte altkirchlicher Exegese zu den klassischen Einleitungsfragen gibt hinsichtlich der Datierung des Briefes sowie der Lokalisierung der Adressaten ein disparates Bild; als Gegner gelten Judenchristen.

Als Ort der Abfassung des Briefes gelten Ephesus,[279] ein Ort während der vorrömischen Zeit des Apostels im Allgemeinen[280] oder auch Rom.[281] Zur neuzeitlich umstrittenen Lokalisierung der Adressaten des Galaterbriefes finden sich Angaben nur bei EUSEBIUS VON CÄSAREA (indirekt), dann bei HIERONYMUS, THEODOR VON MOPSUESTIA und THEODORET VON CYRUS; doch tragen diese Angaben nur bei EUSEBIUS etwas aus. Die geographische Situierung MARCELLS VON ANCYRA in Galatien veranlasst ihn dazu, in seiner Kampfschrift gegen Marcell Gal 1,6–9 aufzugreifen.[282] HIERONYMUS spricht zu Gal 1,2; 3,1 von der *provincia*, zu Gal 3,1 von der *regio Galatarum*[283], JOHANNES CHRYSOSTOMUS von der χώρα (Γαλάτων)[284], THEODOR VON MOPSUESTIA von der *gens Galatarum*, THEODORET von dem γένος bzw. dem ἔθνος Γαλατῶν.[285] Als HIERONYMUS schrieb, lag die letzte Neugliederung der südlichen Hälfte Kleinasiens gerade erst ca. 14 Jahre zurück;[286] welche Verhält-

---

[276] THEODORET VON CYRUS, *in Gal.* (PG 82, 503 CD).
[277] CASSIODOR, *compl.* (PL 70, 1343 C – 1346 C). An seiner Gliederung sind die Zäsuren in Gal 2,6; 3,24; 4,19; 5,10 auffällig, lassen sich jedoch begründen: in Gal 2,6 kommt der Ertrag der Jerusalemer Verhandlungen, in Gal 3,24 der Zielpunkt der Erörterung seit Gal 3,6 in den Blick. Gal 4,19–5,9 ist Beweis für die Überlegenheit der Gnade; Gal 5,10 ist Vertrauensäußerung des Paulus; in Gal 5,14 wird der entscheidende Grund für die Galater benannt, an der Predigt des Apostels festzuhalten.
[278] ISIDOR VON SEVILLA, *praef. test.* 93 (PL 83, 176 C).
[279] MARIUS VICTORINUS, *in Gal.* (CSEL 83/2, 95).
[280] JOHANNES CHRYSOSTOMUS, *hom. in Rom.* 1 (PG 60, 393): Der Galaterbrief ist vor dem Römerbrief entstanden.
[281] THEODORET VON CYRUS, *praef. in epist. S. Pauli* (PG 82, 41BC): der Galaterbrief ist der erste Brief der römischen Zeit des Apostels.
[282] EUSEBIUS VON CÄSAREA, *Marcell.* 1,1 (GCS 14, 2).
[283] HIEROYNMUS, *in Gal.* (CCL 77 A, 13. 65).
[284] JOHANNES CHRYSOSTOMUS, *comm. in Gal.* (PG 61, 648).
[285] THEODORET VON CYRUS, *in Gal.* (PG 82, 460 B bzw. 461 C).
[286] Die Provinz Galatia umfaßte bis 370/373 n.Chr. auch Teile des nördlichen Lykaonien, wobei die Grenze nach Süd-Lykaonien, bis 370/373 zur Provinz Kilikien gehörend, nördlich oder südlich von Pitnissos/Kozanli verläuft. Ab 370/373 waren Ikonion, Lystra und Derbe Bestandteil der neu geschaffenen Provinz Lykaonien.

nisse er vor Augen hatte, ob die vermuteten zur Zeit des Paulus oder die vor oder nach 370/373, können wir nicht mehr feststellen. Nur wenig weiter helfen Kommentierungen und zusammenfassende Paraphrasen zu Apg 13; 14 bzw. Apg 16. ASTERIUS VON AMASEA identifiziert „das galatische Land und Phrygien" von Apg 18,23 als „Lykaonien und die Städte Phrygiens";[287] EUTHALIUS DIACONUS gebraucht das Stichwort *galatica regio* erst bei der Zusammenfassung von Apg 16.[288] Ausschlaggebend ist für ihn wohl, dass der Verweis auf das „galatische Land" erst in Apg 16,6 begegnet, nicht schon in Apg 13; 14.[289] Dass Lukas einem anderen Sprachgebrauch folgt als Paulus, käme ihm wie aber auch anderen damaligen Auslegern nicht in den Sinn. Das schränkt aber auch die historische Verwertbarkeit ihrer Aussagen ein.

Die Beschreibung der Gegner des Paulus seitens der altkirchlichen Kommentatoren ähnelt in vielem der heutigen Auffassung. Sie gelten zumeist als Judenchristen, bei AMBROSIASTER jedoch als Juden.[290] Sie fordern, dass sich die Galater der Beschneidung unterziehen und die Festtage einhalten.[291] Sie suchen auf mehrfache Weise die Position des Paulus zu schwächen: Die Urapostel waren Augenzeugen des irdischen Jesus, Paulus nur ihr Schüler,[292] der mit seiner Position allein steht.[293] Auch Paulus selbst habe andernorts die Beschneidung gelehrt.[294] EPHRÄM und MARIUS VICTORINUS zufolge wollen sie die Galater nicht dem von Paulus verkündigten Evangelium abspenstig machen, sondern ihm die wörtliche Beobachtung der im Alten Testament gebotenen Ritualvorschriften hinzufügen.[295] Nach HIERONYMUS vertraten die Gegner die Ansicht, die Galater würden vergeblich an das Kreuz glauben, wenn sie sich nicht an die Praxis der ersten Apostel Petrus und Jakobus hielten, die das Evangelium mit dem Gesetz vermischt hatten. Paulus selbst verhalte sich in Judäa anders als unter den Heiden.[296] Auch die gelegentliche neuzeitliche Tendenz, die Gegner des Galaterbriefes mit den Gegnern des Zweiten Korintherbriefes in eine Linie zu stellen, hat Vorläufer in altkirchlicher Schriftauslegung, nämlich bei THEODOR VON MOPSUESTIA und THEODORET VON CYRUS.[297]

---

[287] ASTERIUS VON AMASEA, *hom.* 8 (PG 40, 293 D).
[288] EUTHALIUS DIACONUS, *Ac.* (PG 85, 649 C).
[289] Entsprechend vermutet z.B. THEODORET VON CYRUS, *praef. in epist. Pauli* (PG 82, 41 C) als Adressaten des Galaterbriefes die Christen der in Apg 16,6 benannten Gebiete.
[290] AMBROSIASTER, *in Gal.* 1,1,1 (CSEL 81/3, 5).
[291] JOHANNES VON DAMASKUS, *in Gal.* (PG 95, 776 D – 777 A).
[292] JOHANNES VON DAMASKUS, *in Gal.* (PG 95, 781 A (μαθητῶν μαθητής); vgl. schon THEODOR VON MOPSUESTIA, *in Gal.* (SWETE 4). THEODOR stellt fest, dass Paulus um des willen von seiner gewöhnlichen Formel „Paulus Apostel Jesu Christi" abweiche.
[293] THEODORET VON CYRUS, *in Gal.* (PG 82, 460 B); PELAGIUS, *in Gal.* (SOUTER 306).
[294] PELAGIUS, *in Gal.*, (SOUTER 306).
[295] EPHRÄM, *in Gal.* (MMK 125); MARIUS VICTORINUS, *in Gal.* (CSEL 83/2, 96 u.ö.).
[296] THEODOR VON MOPSUESTIA, *in Gal.* (SWETE 2); HIERONYMUS, *in Gal.* (CCL 77 A, 8).
[297] THEODOR VON MOPSUESTIA, *in Gal.* (SWETE 1); THEODORET VON CYRUS, *in 2Cor.* (PG 82, 376 B).

Einzeldarstellung

Gal 1,1–5: Präskript

THEODORET VON CYRUS bemerkt, dass dieses „Proömium" (προοίμιον) insgesamt zielgerichtet auf die damalige Situation der Galater hin formuliert ist[1] und die Intention des gesamten Briefes in Worte fasst.[2]

Gal 1,1

Paulus, (zum) Apostel (berufen) nicht von Menschen oder durch einen Menschen, sondern durch Jesus Christus und durch Gott, den Vater, der ihn von den Toten auferweckt hat,

Sekundärliteratur: BULTMANN, Exegese, 122–125; LOHSE, Beobachtungen, passim.

Ausschlaggebend für die Rezeption sind zunächst 1. der von den Anfangsworten ausgehende Autoritätsaufweis zugunsten des Paulus, sodann 2. seit TERTULLIAN und ORIGENES in antihäretischer Literatur die auf die Gegenüberstellung „nicht von Menschen / von Christus" gestützten dogmatischen Interessen, 3. dann die Schlussaussage, die wiederum trinitätstheologischen Interessen dienstbar gemacht wird. 4. In den Kommentaren wird die Funktion von Gal 1,1 bzw. Gal 1,1–5 insgesamt besprochen.

1. Aktualisiert wird das Anliegen des Autoritätsaufweises in Gal 1,1 erstmals bei IRENÄUS VON LYON, wohl im antimarcionitischen Sinne zugunsten des Petrus,[3] dann bei TERTULLIAN zugunsten der kanonischen Geltung der von Marcion verworfenen Apostelgeschichte,[4] bei ORIGENES zugunsten des Paulus.[5] Schließlich will die Aufnahme von Gal 1,1 im Präskript des Laodizenerbriefes wohl kaum auf dessen marcionitischen Ursprung verweisen,[6] sondern den fol-

---

[1] THEODORET VON CYRUS, in Gal. (PG 82, 461 A). Als προοίμιον wird Gal 1,1–5 auch bei JOHANNES CHRYSOSTOMUS, exp. in Ps. 134, 13 (PG 55, 396f) bezeichnet.

[2] THEODORET VON CYRUS, in Gal. (PG 82, 464 B).

[3] IRENÄUS VON LYON, haer. 3,13,2 (FC 8/3, 164). Hier klafft eine Lücke im Text. Die o.a. Interpretation ist aus der antimarcionitischen Polemik erschlossen.

[4] TERTULLIAN, adv. Marc. 5,1,6 (CCL 1, 664f).

[5] PAMPHILUS VON CÄSAREA, apol. Orig. 31 (FC 80, 258). Zu ORIGENES' Exegese von Gal 1,1–5 vgl. insgesamt TREVIJANO ETCHEVERRÍA, Gal 1,1–5 en Orígenes, 483–505.

[6] SCHNEEMELCHER, Der Laodicenerbrief, in: ders., Apokryphen II, 42f, zu EpLaod 1 (HARNACK 4).

genden Worten des Briefes Autorität verleihen. BASILIUS VON CÄSAREA kann dem Gegensatz „nicht durch einen Menschen ..., sondern ..." zugunsten der Berufung z.B. eines Märtyrers als „von oben" aktualisieren und so die Martyriumsbereitschaft fordern.[7] JOHANNES CLIMACUS nimmt die Wendung als Mahnung wahr: Wer als Abt die unter ihm Stehenden belehren will, soll seinerseits lernen, nämlich ἄνωθεν ἐκ τοῦ ὑψός.[8]

2. Christologisch kann Gal 1,1 bei TERTULLIAN gegen die patripassianischen Anschauungen des Praxeas die Notwendigkeit der Unterscheidung zwischen Christus und Gott dem Vater begründen,[9] vor allem aber ist der Vers Zeugnis für die Gottheit Christi[10] und seine Homousie mit Gott Vater.[11] Diese Applikation findet sich auch in einigen Galaterkommentaren,[12] in denen Gal 1,1.15f am ehesten zur aktuellen Ketzerpolemik verwendet werden. Im Falle von Gal 1,1 richtet sich dies u.a. gegen die (angeblichen?) Versuche des EUNOMIUS VON CYZICUS, bestimmte Präpositionalwendungen einzelnen Personen der Trinität zu reservieren, um deren Wirken deutlicher voneinander zu unterscheiden und daraus die Inferiorität des Sohnes und des Heiligen Geistes gegenüber dem einzig ungezeugten Gott Vater abzuleiten. Im strikten Gegensatz dazu legen einige Ausleger Wert darauf, die Präposition διά auf beide göttliche Personen zu beziehen:[13] Es gibt keinen Unterschied der Natur bei ihnen. AMBROSIASTER führt die Formel Christus *qui deus et homo est* in die Auslegung ein, gegen die Manichäer, die Christi Gottheit, und gegen die Photiner, die Christi Menschheit leugnen.[14] FAUSTUS VON RIEZ tritt u.a. mit 1Kor 12,3 der auf 1Kor 1,1 und Gal 1,1 gestützten These entgegen, Paulus habe sich nur zu Gott Vater und Sohn, aber nicht zum Heiligen Geist bekannt.[15] CASSIODOR nennt Joh 1,1 und Gal 1,1 als Gegenbeispiel für die angebliche arianische These, es werde bei der Aufzäh-

---

[7] BASILIUS VON CÄSAREA, *hom.* 19 (quadrag. mart.),7 (PG 31, 521 A).

[8] JOHANNES CLIMACUS, *past.* 1 (PG 88, 1105 D). Die Wendung ἄνωθεν ἐκ τοῦ ὑψός deute ich als Umschreibung des göttlichen Bereiches, nicht der irdischen Vorgesetzten.

[9] TERTULLIAN, *adv. Prax.* 28,6 (CCL 2, 1201).

[10] ORIGENES, nach PAMPHILUS, *apol. Orig.* 109–110 (FC 80, 324–326); NOVATIAN, *trin.* 13,6 (CCL 4,33); AMBROSIUS, *fid.* 5,3,48 (FC 47/3, 626); HIERONYMUS, *in Jer.* 3,72,3 (CCL 74, 163f) gegen Paul von Samosata und Photinus; Ps.-ATHANASIUS, *Trin. et Spir.* 10 (PG 26, 1200 C); AMBROSIASTER, *quaest. test.* 91,7 (CSEL 50, 156) gegen Photinus. Gegnerische Subordinationsvorstellungen notieren auch JOHANNES CHRYSOSTOMUS, *comm. in Gal.* (PG 61, 616); Ps.-ATHANASIUS, *inc. et c. Ar.* 1 (PG 26, 985 C).

[11] (Ps.?)-DIDYMUS, *Trin.* 1,18,69 (HÖNSCHEID 126). Für Ps.-ATHANASIUS, *trin. et spir.* 10 (PG 26, 1200 C), ergibt sich das aus dem Nebeneinander von Gal 1,1 (Berufung durch Christus) und Apg 13,1–4 (Berufung durch den Geist); vgl. die Zusammenordnung von Gal 1,15; Röm 1,1 und Apg 13,1–4 bei Ps.-ATHANASIUS, *dial. Trin.* 3,25 (PG 28, 1241 BC). JOBIUS MONACHUS, *inc.* 33 (PG 103, 789 AB), zitiert 1Kor 12,24 und Gal 1,1.

[12] Polemik gegen Ebion und Photinus findet sich bei HIERONYMUS, *in Gal.* (CCL 77 A, 12f). Zur antiarianischen Rezeption des Verses vgl. auch MARIUS VICTORINUS, *in Gal.* 1,1 (CSEL 83/2, 97); ähnlich AMBROSIASTER (s.u.); PELAGIUS, *in Gal.* (SOUTER 307).

[13] THEODOR VON MOPSUESTIA, *in Gal.* (SWETE 4); THEODORET, *in Gal.* (PG 82, 461 B).

[14] AMBROSIASTER, *in Gal.* 1,1,2 (CSEL 81/3, 5).

[15] FAUSTUS VON RIEZ, *spir.* 2,4 (CSEL 21, 141f).

lung der Personen der göttlichen Trinität in der Bibel stets zuerst Gott Vater und dann erst Jesus Christus genannt.[16] Schließlich belegt Gal 1,1 gegen die Pneumatomachen wie Apg 13,2 die Auffassung des Heiligen Geistes als eines Geschöpfes,[17] nochmals später wehrt die in Gal 1,1.11f bezeugte Gottheit Christi jeder (angeblichen) nestorianischen Trennungschristologie.[18]

3. Auch der den Vers abschließende Verweis auf die Auferweckung Jesu durch Gott,[19] bei POLYKARP als Verweis auf eine grundlegende Heilstatsache und als Autoritätsaufweis zugunsten Christi verstanden,[20] dient später christologischen Interessen. Dass der Vater den Sohn auferweckt, impliziert gegen arianische Theologie keineswegs eine Unterlegenheit des Sohnes[21] und macht eine nestorianische Trennungschristologie unmöglich, die die Auferweckung Jesu als Werk der gesamten Trinität benennt.[22] Doch auch in solchen Kontexten ist eine Rezeption im Sinne einer Mahnung zu verbuchen, nämlich bei JOHANNES CASSIAN: Die biblisch bezeugte Willenseinheit Christi mit dem Vater ist Vorbild dafür, dass auch wir jedes Gebet abschließen sollen mit dem Satz „doch nicht wie ich will, sondern wie du willst" (Mt 26,39).[23]

4. In der exegetischen Arbeit am Text wird vor allem die in der genannten Gegenüberstellung liegende Selbstunterscheidung des Paulus von seinen Gegnern erschlossen. Diese hätten den Apostolat des Paulus mit dem Hinweis in Zweifel gezogen, er sei ja nicht durch den irdischen Jesus berufen worden, und nur als μαθητῶν μαθητής (Jünger der Jünger)[24] anzusprechen, sowie ihren Konsens mit den Aposteln in Jerusalem herausgestellt. Nach Meinung mehrerer westlicher Ausleger will Paulus mit dem Verweis auf die Berufung durch den Erhöhten die Gleichwertigkeit seines Apostolates mit dem der anderen Apostel klarstellen;[25] die Worte sprechen aber auch den Gegnern ab, von Gott zu sein.[26]

---

[16] CASSIODOR, *in psalm.* 116,2 (CCL 98,1047).

[17] JOHANNES CHRYSOSTOMUS, *hom. in Ac.* 27,1 (PG 60, 205); (Ps.?)-NICETAS VON REMESIANA, *spir.* 15 (PL 52, 860 B); BEDA VENERABILIS, *Act.* 21,11 (CCL 121, 84).

[18] JOHANNES CASSIAN, *c. Nest.* 3,4,1–33,4,2 (CSEL 17, 265f.); JOHANNES MAXENTIUS, *c. Nest.* 2,18, (CCL 85 A, 100); JOHANNES VON DAMASKUS, *haer. Nest.* 28 (KOTTER IV 273). Hatte Nestorius 1Kor 15,21b zugunsten seiner Trennungschristologie angeführt, so hält JOHANNES CASSIAN, *c. Nest.* 7,7,2 (CSEL 17, 363) Gal 1,1 entgegen: Paulus nenne ein- und denselben Christus Gott und Mensch.

[19] Nach HARNACK, Marcion, 123, 67** habe Marcion geändert: „durch Jesus Christus, der sich selbst auferweckt hat von den Toten". Zur Kritik vgl. BAARDA, Text, 236–256.

[20] POLYKARP, *ep.* 12,2 (LINDEMANN/PAULSEN 254).

[21] JOHANNES CHRYSOSTOMUS, *comm. in Gal.* (PG 61, 616); THEODORET VON CYRUS, *in Gal.* (PG 82, 461 B).

[22] JOHANNES MAXENTIUS, *c. Nest.* 2,18 (CCL 85 A, 100).

[23] JOHANNES CASSIANUS, *conl.* 9,34,11–13 (CSEL 13, 281f.). Er exemplifiziert die Willenseinheit mit Joh 3,16 und Gal 1,4 (Hingabe durch den Vater / Selbsthingabe) sowie mit Gal 1,1 und Joh 2,19 (Auferweckung Jesu als Tat Gottes / als Tat Jesu selbst).

[24] JOHANNES VON DAMASKUS, *in Gal.* (PG 95, 781 A). Nach THEODOR VON MOPSUESTIA, *in Gal.* (SWETE 4), weicht Paulus deshalb von der Formel „Paulus Apostel Jesu Christi" ab.

[25] MARIUS VICTORINUS, *in Gal.* 1,1–2 (CSEL 83/2, 97); HIERONYMUS, *in Gal.* (CCL 77 A, 12); AUGUSTINUS, *exp. Gal.* 2,3–6 (CSEL 84, 57f.).

[26] AUGUSTINUS, *exp. Gal.* 1,8 (CSEL 84, 57).

Die Gottesprädikation „Vater" weist für EUSEBIUS VON EMESA[27] auf die Sohnschaft in Freiheit voraus, zu der die Kirche von der Knechtschaft unter dem Gesetz gekommen ist. Durch Apg 13,2 ist der paulinische Selbstanspruch für JOHANNES CHRYSOSTOMUS und für den Budapester Anonymus bestätigt.[28]

Auch die Auferweckungsaussage am Schluss des Verses wird auf ihre Funktion für die Galater bedacht. JOHANNES CHRYSOSTOMUS fragt, warum Paulus nicht auf Schöpfungsmittlerschaft, Präexistenz etc. verwiesen hat. Seine Antwort: Diese theologischen Topoi hätten für den galatischen Konflikt nichts ausgetragen. Gesagt werden musste ja, warum das Gesetz als Heilsweg ausgeschlossen ist: aufgrund der durch Kreuz und Auferstehung vermittelten Wohltaten des Herrn.[29] THEODOR VON MOPSUESTIA begründet die Erwähnung der Auferweckung Jesu anders: Sie ist der Erstling des zukünftigen Lebens, in der die Beobachtung des Gesetzes keinen Ort mehr hat.[30] THEODORET VON CYRUS sieht in der genannten Wendung den Verweis des Apostels darauf, dass auch Gott Vater, den die Gegner des Paulus durch die Beobachtung des Gesetzes zu ehren gedachten, als Urheber und Mittler des Neuen Bundes zu betrachten ist.[31]

JOHANNES VON DAMASKUS fragt, warum Paulus nicht sofort auf die Ehrenstellung Christi kommt, sondern auf seine Leiden: weil er hiermit die Ursache benennt, aufgrund deren das Gesetz außer Gebrauch steht, nämlich Kreuz und Auferweckung als αἰτία σωτηρίας.[32]

Gal 1,2

und alle Brüder, die bei mir sind, an die Gemeinden in Galatien:

Beachtung findet dieser Vers naturgemäß in der kommentierenden Literatur, wiederum als Autoritätsaufweis zugunsten des Paulus verstanden: Die Erwähnung „aller Brüder mit mir" soll den Vorwurf der Gegner entschärfen, Paulus stehe mit seiner Meinung allein,[33] bzw. soll den Galatern die Schwere ihres

---

[27] EUSEB VON EMESA, *in Gal.* (BUYTAERT 145*).

[28] JOHANNES CHRYSOSTOMUS, *comm. in Gal.* (PG 61, 614); BUDAPESTER ANONYMUS, *Gal.* 01(a), (FREDE II 218). Beide ziehen in diesem Zusammenhang auch trinitätstheologische Konsequenzen: die Kraft des Sohnes und die Kraft des Heiligen Geistes ist eine (JOHANNES CHRYSOSTOMUS, *comm. in Gal.* [PG 61, 614]); Die wechselnde Reihenfolge der Erwähnung der göttlichen Personen durch Paulus zeigt an, dass es zwischen ihnen keinen Unterschied des Ranges gibt, *sed una est gloria eademque substantia* (ANONYMUS, *Gal.* 01 [b], [FREDE II, 218]).

[29] JOHANNES CHRYSOSTOMUS, *comm. in Gal.* (PG 61, 615).

[30] THEODOR VON MOPSUESTIA, *in Gal.* (SWETE 4). Hier kündigt sich das Leitthema der Auslegung THEODORS an, die Betrachtung unserer zukünftigen Auferstehungswirklichkeit.

[31] THEODORET VON CYRUS, *in Gal.* (PG 82, 461 BC).

[32] JOHANNES VON DAMASKUS, *in Gal.* (PG 95, 777 B).

[33] EUSEBIUS VON EMESA, *in Gal.* (BUYTAERT 145*); JOHANNES CHRYSOSTOMUS, *comm. in Gal.*, 1,13,4 (PG 61, 616); THEODOR VON MOPSUESTIA, *in Gal.* (SWETE 4); PELAGIUS, *in Gal.* (SOUTER 307):

Falles klarmachen[34] und ihnen verdeutlichen, dass sie ihrerseits mit ihrer Position allein stehen.[35] JOHANNES CHRYSOSTOMUS zufolge belegt der Plural „den Gemeinden"[36] die Notwendigkeit des Briefes: Nicht nur eine Gemeinde ist betroffen, sondern viele.[37] Ihm fällt auf, dass jegliche rühmenden oder die emotionale Verbundenheit des Apostels signalisierenden Prädikate fehlen.[38]

Gal 1,3

Gnade sei mit euch und Friede von Gott, unserem Vater, und dem Herrn Jesus Christus,

Mit dieser *salutatio* verbinden sich eigentlich erst im 4. Jahrhundert spezifisch theologische Interessen.[39] Antihäretisch wird der Schluss des Verses aufgenommen; die Auslegung der Stelle als Argument gegenüber den Galatern nimmt auf das Stichwort „Gnade" Bezug.
Nach ATHANASIUS erweist die typisch paulinische Grußformel „Gnade sei Euch ... von Gott unserem Vater und von dem Herrn Jesus Christus" die Wesenseinheit zwischen Gott Vater und Gott Sohn.[40] Für einige Arianer hingegen verweist die u.a. in Gal 1,3 enthaltene Formulierung „Gott und Vater" auf den Wesensunterschied des Sohnes und des Heiligen Geistes zu Gott selbst.[41] AMBROSIASTER verbindet trinitätstheologische und textpragmatische Deutung: Paulus benennt Gott Vater und Gott Sohn gleichermaßen als Geber der Gnade und verweist dadurch auf ihre trinitarische Gleichrangigkeit. Verkehrt ist es deshalb, dem Sohn das Gesetz als gleichrangig zu erachten, denn der Menschensohn ist auch der Herr über den Sabbat.[42]

Während THEODOR VON MOPSUESTIA noch nicht Gal 1,3, sondern erst Gal 1,4 eine polemische Funktion zuerkennen will,[43] so erinnert nach anderen Auslegern bereits der Gnadenwunsch daran, dass die Galater allein durch den Glauben gerechtfertigt sind, hat also schon polemische Funktion.[44] Die Galater

---

Deshalb führt er nicht wie in anderen Briefen lediglich sich selbst oder nur auch einzelne seiner Mitarbeiter als Wahrheitszeugen an; ähnlich zuvor HIERONYMUS, *in Gal.* (CCL 77 A, 13).

[34] AMBROSIASTER, *in Gal.* 1,2 (CSEL 81/3, 6).
[35] MARIUS VICTORINUS, *in Gal.* 1,1–2 (CSEL 83/2, 96f).
[36] MARIUS VICTORINUS, *in Gal.* 1,1–2 (CSEL 83/2, 96) liest den Singular: *ecclesiae Galatiae*.
[37] JOHANNES CHRYSOSTOMUS, *comm. in Gal.* (PG 61, 616).
[38] JOHANNES CHRYSOSTOMUS, *comm. in Gal.* (PG 61, 616).
[39] Für die Zeit zuvor ist nur die Imitation in EpLaod 2 (HARNACK 4) zu erwähnen. Das ἡμῶν nach πατρός fällt weg.
[40] ATHANASIUS, *c. Ar.* 3,11,5 (AW I/1/3, 319).
[41] EUNOMIUS VON CYZICUS, *apol.* 25; 27 (VAGGIONE 66.70); ähnlich auch MAXIMINUS nach AUGUSTINUS, *conl. Max.* 2,23 (PL 42, 738).
[42] AMBROSIASTER, *in Gal.* 1,3 (CSEL 81/3, 6f), mit Verweis auf Mk 2,28.
[43] THEODOR VON MOPSUESTIA, *in Gal.* (SWETE 5), interpretiert Gal 1,3 als übliche Grußformel.
[44] HIERONYMUS, *in Gal.* (CCL 77 A, 14); PELAGIUS, *in Gal.* (SOUTER 307).

stehen im Begriffe, aus der Gnade zu fallen (Gal 5,4), wenn sie sich beschneiden lassen.[45] Ohne solchen polemischen Bezug interpretiert den Vers AUGUSTINUS, der zwischen „Gnade" und „Friede" unterscheidet und „Gnade" auf die Sündenvergebung, „Friede" auf die Versöhnung bezieht.[46]

Gal 1,4

der sich selbst für unsere Sünden hingegeben hat, um uns aus der gegenwärtigen bösen Welt zu befreien, nach dem Willen unseres Gottes und Vaters.

Die Wendung „dieser böse Äon" hat zunächst 1.1. zur Rezeption in ethischen und apologetischen Zusammenhängen, 1.2. zu dogmatisch kontroversen Festlegungen innerhalb verschiedener polemischer Kontexte geführt. 2. In der Schriftauslegung wird die Verbindung zum Gesamtthema des Galaterbriefes betont,[47] der Abrogation des Gesetzes als Heilsweg.

1.1. TERTULLIAN und BASILIUS VON CÄSAREA[48] aktualisieren Gal 1,4 aufgrund der genannten Wendung als Aufforderung zur Weltdistanz; ORIGENES sieht damit die christliche Erfahrung, immer wieder von der Versuchung zur Sünde heimgesucht zu sein, zur Sprache gebracht.[49]

Gal 1,4b wird wie 1Kor 2,6 auch Bestandteil christlicher Apologetik. Celsus hatte gegen das Christentum vorgebracht, es sei nicht gottgefällig, „die Gebräuche abzuschaffen, die an den verschiedenen Orten von Anfang an eingeführt worden sind". ORIGENES antwortet: Gottlos ist nicht die Abschaffung, vielmehr die Beibehaltung der einst bei den Völkern eingeführten Bräuche, wenn doch Christus uns bessere Gesetze gegeben und uns von diesem bösen Äon und von den Herrschern dieser Welt befreit hat.[50]

1.2 Hatten umgekehrt die Manichäer Gal 1,4b als Beleg für die grundsätzliche Schlechtigkeit der Welt verwendet,[51] betonen großkirchliche Autoren, dieser Äon sei aufgrund der menschlichen Sünde schlecht.[52]

---

[45] JOHANNES CHRYSOSTOMUS, comm. in Gal. (PG 61, 616f).
[46] AUGUSTINUS, exp. Gal. 3,2 (CSEL 84, 58).
[47] Deutlich formuliert es MARIUS VICTORINUS, in Gal. 1,4 (CSEL 83/2, 98): *Memores simus quid in hac epistola agat apostolus*.
[48] TERTULLIAN, cult. fem. 2,6,4 (CCL 1, 360); BASILIUS VON CÄSAREA, reg. fus., prooem 1 (PG 31, 889 B).
[49] ORIGENES, hom. in Iud. 1,1 (SC 389, 60).
[50] ORIGENES, Cels. 5,32 (SC 147, 94–96). Das Argument des Celsus beruht auf dem gemeinantiken Motiv des πρεσβύτερον κρεῖττον (das Ältere ist das Bessere).
[51] Verweise dazu bei JOHANNES CHRYSOSTOMUS, comm. in Gal., 1,13,5 (PG 61, 618); THEODOR VON MOPSUESTIA, in Gal. (SWETE 5).
[52] AUGUSTINUS, exp. Gal. 3,3 (CSEL 84, 58); THEODOR VON MOPSUESTIA, in Gal. (SWETE 5); THEODORET VON CYRUS, in Gal. (PG 82, 646 A); JOHANNES VON DAMASKUS, in Gal. (PG 95, 777 D); BUDAPESTER ANONYMUS, Gal. 03 (FREDE 219).

Gegen die pelagianische Infragestellung der Notwendigkeit der Kindertaufe zitiert AUGUSTINUS in seiner frühesten antipelagianischen Schrift innerhalb einer großen Schriftkatene Gal 1,3f. aufgrund von Gal 1,4 sowie Gal 3,21f als biblische Belege für die These, dass alle Menschen nur durch Christus der Erlösung teilhaftig werden könnten.[53]

Das Nebeneinander von Röm 8,32 (Hingabe des Sohnes durch den Vater) und Gal 1,4 (Selbsthingabe des Sohnes) ist nach AMBROSIUS und nach Ps.-VIGILIUS VON THAPSUS Beweis für die Gottgleichheit Christi gegen jede Subordinationsvorstellung.[54] Gal 1,4; Gal 3,13 und 2Kor 5,21 beschreiben bei GREGOR VON NYSSA gelegentlich ganz allgemein das Heilswerk Christi, das zu verachten faktisch Kennzeichen des Häretikers ist.[55]

2. Gal 1,4a erweist nach AMBROSIASTER und JOHANNES VON DAMASKUS, dass das Gesetz nicht zum Heil führen kann.[56] AMBROSIASTER erinnert an die Höllenfahrt Christi, deren Ergebnis, das *trofaeum animarum* zu Gott dem Vater zu bringen, dem Gesetz nicht möglich war (Röm 8,3), das nur töten, nicht aber lebendig machen kann. Er fährt fort:[57]

Christus aber hat uns, indem er uns die Vergehen erließ, nicht nur lebendig gemacht, sondern sich verbunden, so dass wir Söhne Gottes genannt werden, gemacht (dazu) durch den Glauben. Welcher Irrtum ist es also nach der Gnade wieder unter das Gesetz zurückzukehren, nach empfangener Freiheit dienen zu wollen, so dass der, der vor dem Schwert herausgerissen wurde, der Wohltat uneingedenk sich von neuem dem Zerstörer verkauft.

Auf die tiefe Kluft zwischen Gott und Mensch als Ausgangssituation verweist auch JOHANNES VON DAMASKUS:[58]

In viele Übel, sagt er (scil. der Apostel) waren wir verstrickt, und wir waren der letzten Bestrafung schuldig. Das Gesetz hat uns nicht nur nicht versöhnt, sondern hat uns verurteilt, denn es kann zwar die Sünde offenbar machen, aber nicht davon befreien, und auch nicht den Zorn Gottes beenden. Der Sohn Gottes aber hat das Unmögliche möglich gemacht, indem er die Sünden tilgte und die Feinde in den Rang von Freunden versetzte.

Nach MARIUS VICTORINUS ist über das Befreiungswerk Christi hinaus nichts mehr zu fordern, und hinfällig ist das, was diesem die Galater hinzufügen, der *Iudaismus*, d.h. die Beachtung des Zeremonialgesetzes.[59]

---

[53] AUGUSTINUS, *pecc. mer.* 1,27/45 (CSEL 60, 44).
[54] AMBROSIUS, *spir.* 3,2/9 (CSEL 79, 153f); ders., *fid.* 1,17,108f (FC 47/1, 226); Ps.-VIGILIUS VON THAPSUS, *c. Varimad.* 1,27 (CCL 90, 39); ähnlich Ps.-AUGUSTINUS, *haer. obiect.* 74 (CCL 90, 206). Natürlich ist es, so FULGENTIUS VON RUSPE, *inc.* 15 (CCL 91, 325), unsinnig, die Aussagen von der Selbsthingabe etwa auf Gott den Vater zu beziehen.
[55] GREGOR VON NYSSA, *Eun.* 3,9,9 (GNO 2,267).
[56] Auch nach CYRILL VON ALEXANDRIEN, *hom. pasch.* 30,4 (PG 77, 977 BC) leistet die in Gal 1,4 benannte Selbsthingabe Christi das, was dem Kult nach dem wörtlich verstandenen Ritualgesetz nicht möglich war (es enthält ja nur die Schatten auf das Zukünftige), die Rechtfertigung.
[57] AMBROSIASTER, *in Gal.* 1,4,2 (CSEL 81/3, 7).
[58] JOHANNES VON DAMASKUS, *in Gal.* (PG 95, 777 D).
[59] MARIUS VICTORINUS, *in Gal.* 1,5 (CSEL 83/2, 99).

JOHANNES CHRYSOSTOMUS achtet auf Christus als das Subjekt sowie auf die Schlusswendung „nach dem Willen Gottes und unseres Vaters". Der Sohn handelt nicht aus Zwang durch den Vater, sondern in der Einheit des Willens mit ihm.[60] Die Abrogation des Gesetzes ist entgegen der Angst der Galater kein Ungehorsam gegenüber dem Willen Gottes, der es gegeben hatte.[61] Auch das Possessivpronomen „unseres" steht bewusst: Paulus will zeigen, dass Christus seinen Vater zu unserem Vater gemacht hat.[62]

Die Auslegung der Schlussworte bei THEODOR VON MOPSUESTIA lässt ein immer wieder auftretendes Lieblingsmotiv des Antiocheners erkennen. Zunächst weist er zunächst die manichäisch missdeutbare Erklärung φύσις ἐν ὑποστάσει γνωριζομένη (die Natur, die als eigenständige Größe erkannt werden kann) ab, die auf die These zielt, diese Welt sei von Natur aus schlecht. Für diesen Äon bestimmt THEODOR den Unterschied zwischen den Menschen unter dem Gesetz und denen unter der Gnade so, dass die Menschen unter dem Gesetz durch das Gesetz nicht wirklich von der Sündenmacht befreit würden, während Christus uns die Hoffnung auf Unsterblichkeit geschenkt und uns von dem Leben dieses Äons befreit habe (sic!). In diesem Leben in der Hoffnung auf die Unsterblichkeit bedürfen wir des Gesetzes nicht mehr.[63] Der explizite Verweis auf den Willen Gottes (als Ursache des die Gesetzesabrogation einschließenden Heilsgeschehens) ist an die Adresse derer gerichtet, die das Gesetz als Heilsweg propagierten mit dem Verweis auf seine göttliche Herkunft.

Gal 1,5

Ihm sei Ehre in alle Ewigkeit. Amen.

1. Der Vers wurde vielleicht in der Gnosis benutzt. Jedenfalls hat er kirchliche Formelsprache beeinflusst. 2. In der Schriftauslegung wird er im Sinne der ethischen Mahnung und auf die Funktion im Briefganzen hin bedacht.

1. Die Wendung „Äonen der Äonen" soll nach IRENÄUS von den Valentinianern als Hinweis auf ihre Äonenlehre verstanden worden sein.[64] Eine Gal 1,5, vielleicht aber auch 1Tim 1,17; 2Tim 4,18 nachgebildete Doxologie bildet den Schluss vieler Homilien bei ORIGENES.[65]

---

[60] JOHANNES CHRYSOSTOMUS, *comm. in Gal.* (PG 61, 619).
[61] Vgl. auch AMBROSIASTER, *in Gal.* 1,5 (CSEL 81/3, 8).
[62] JOHANNES CHRYSOSTOMUS, *comm. in Gal.* (PG 61, 619).
[63] THEODOR VON MOPSUESTIA, *in Gal.* (SWETE 5–9, griech. Fragment). Die Hoffnung auf Unsterblichkeit ist für ihn die entscheidende Triebkraft zur Vermeidung der Sünde, weil die Sterblichkeit der Grund für unsere Begehrlichkeit ist, die zur Sünde führt (s.u. zu Gal 2,16).
[64] IRENÄUS, *haer.* 1,3,1 (FC 8/1, 140).
[65] Nur als Beispiele seien genannt: ORIGENES, *hom. in Gen.* 3,7; 16,7 (SC 7, 142. 392); *hom. in Num.* 10,3,5 (SC 415, 288); *hom. in Num.* 11,9,3 (SC 442, 66); *hom. in Jos.* 1,7 (SC 71, 114).

2. AUGUSTINUS legt die Doxologie als Mahnung an den Menschen aus, das, was sie an Gutem tun, sich nicht selbst zuzuschreiben, gleichwie Christus nicht die eigene Ehre suchte, sondern den Willen Gottes tat.[66]

JOHANNES CHRYSOSTOMUS erschließt im Nachdenken über die auffällige Stellung dieses „Amen" im Briefganzen, eigentlich könnte Paulus die Auseinandersetzung bereits abschließen, ergänzt aber die andere Deutung des Amen als Zusammenfassung des Überwältigenden, das nicht mehr in Worte gefasst werden kann.[67] Auch PELAGIUS gibt mit impliziten Rückgriff auf Gal 1,4 den Grund dafür an, dass hier eine auf die Ewigkeit bezogene Doxologie eingefügt ist: *Infinitis beneficiis infinita gloria debetur.*[68]

Für THEODORET VON CYRUS sind Trinitätstheologie und christliche Selbstunterscheidung vom Judentum eng verbunden: Paulus ordne überall den Vater mit Christus zusammen, um uns zu lehren, dass wir nicht nach dem Gesetz, sondern nach dem Evangelium wandeln sollen.[69]

Gal 1,6–10: Proömium

Dem Abschnitt wurden in der Frühzeit Motive und Argumente zur Häretikerbekämpfung wie hinsichtlich der kirchlichen Disziplin entnommen. Das Fehlen der Danksagung ist ORIGENES aufgefallen[70] und wird literarisch im sog. Dritten Korintherbrief nachgeahmt, der angesichts von Irrlehren ebenfalls ohne Danksagung auskommt. In der Kommentarliteratur wird der Abschnitt wiederum hinsichtlich der Bedeutung für die Galater befragt.

Gal 1,6

Ich wundere mich, dass ihr euch so schnell von dem abwenden lasst, der euch durch die Gnade Christi[71] berufen hat, zu einem anderen Evangelium,

1. Die Rezeptionsgeschichte beginnt mit Applikationen des ganzen Verses oder auch einzelner Wendungen vor allem im Sinne der Ketzerpolemik. 2. Schrift-

---

[66] AUGUSTINUS, *exp. Gal.* 3,6 (CSEL 84, 58) mit Anspielungen auf Joh 8,38.50.
[67] JOHANNES CHRYSOSTOMUS, *comm. in Gal.* (PG 61, 620).
[68] PELAGIUS, *in Gal.* (SOUTER 307).
[69] THEODORET VON CYRUS, *in Gal.* (PG 82, 464 B).
[70] ORIGENES, *comm. in Rom.* 1,9 (FC 2/1, 110–112, zu Röm 1,8). Diese Erkenntnis wird aber von den lateinischen Kommentatoren des 4. Jahrhunderts nicht aufgegriffen.
[71] Ohne Χριστοῦ lesen TERTULLIAN, *praescr.* 27,3 (CCL 1, 208); CYPRIAN, *ep.* 63,10,3 (CCL 3 C, 402f); AMBROSIASTER, *in Gal.* 1,6,1 (CSEL 81/3, 8); PELAGIUS, *in Gal.* (SOUTER 307), ἐν χάριτι θεοῦ bietet u. a. THEODORET VON CYRUS, *in Gal.* (PG 82, 464 B), im Lemma, aber auch im Kommentar.

auslegung bezieht sich vor allem auf den Begriff „Evangelium" und fragt nach dessen Inhalt.

1. Im Sinne des Schriftgebrauchs ist der Vers vor allem[72] in der Ketzerpolemik rezipiert worden. Zunächst tritt der Vorgang als ganzer in den Blick: Dass Paulus Kirchen zurechtweist wie hier in Gal 1,6; 3,1; 5,7, wird nach TERTULLIAN von Häretikern zu Unrecht als Argument für das hohe Alter der Häresie gegenüber der Großkirche eingebracht. Paulus halte den Hinweis auf die Besserung dieser Gemeinden und auf die Treue anderer Gemeinden entgegen.[73] Dann aber werden auch einzelne Wendungen zum Anlass der Bezugnahme, zunächst das Motiv der Verwunderung. So wird Gal 1,6 *e contrario* im Dritten Korintherbrief literarisch nachempfunden: „Während ich in vielen Bedrängnissen bin, wundere ich mich nicht, wenn so schnell die Meinungen des Bösen Boden gewinnen".[74] Das Motiv der Unwandelbarkeit des Evangeliums tritt in den Vordergrund, wenn CYPRIAN VON KARTHAGO Gal 1,6–9 hinsichtlich der kirchlichen Disziplin aktualisiert: Er verwendet die Stelle gleichermaßen gegen die Praxis einiger afrikanischer Gemeinden, Wasser statt Wein für die Eucharistie zu verwenden,[75] wie gegen den Usus einiger *Confessores*, der nach Schonung der *lapsi* verlangenden Menge zu schnell entgegenzukommen.[76] AUGUSTINUS verwendet die Stelle zur Abgrenzung gegenüber den Donatisten; leitend sind die Worte *aliud euangelium* aus Gal 1,6.[77] VINZENZ VON LÉRINS entnimmt der Stelle eine allgemeine Warnung vor Häresie.[78]

2. In der Schriftauslegung werden näherhin 2.1 die Begriffe μετατίθεσθε und ταχέως (in dieser Reihenfolge) bedacht, ferner wird 2.2 die Wendung „ein anderes Evangelium" meist aus dem Gegenüber zur paulinischen Verkündigung, diese wiederum zumeist mit Bezug auf die paulinische Selbstunterscheidung von der Verkündigung seiner Gegner erklärt. 2.3 Eigene Beachtung verdient die Frage nach dem Subjekt der Berufung.

2.1 Den Begriff *transferimini* (= μετατίθεσθε) bedenken HIERONYMUS und PELAGIUS, um textintern die Verwunderung des Paulus zu begründen, textextern das Schändliche des Verhaltens der Galater zu beleuchten. HIERONYMUS unterscheidet zwischen der von Gott und der vom Teufel gewirkten Verwandlung; erstere (z.B. die in Gen 5,24 genannte Verwandlung Henochs) macht den

---

[72] Erst spät und auch nur vereinzelt ist die Rezeption des Verses als allgemeine Mahnung zu belegen. Das von Paulus abgelehnte μετατίθεσθαι der Galater veranlasst BASILIUS VON CÄSAREA, *moral.* 39,1 (PG 31, 760 B), Gal 1,6 als Mahnung zur Festigkeit im Glauben zu interpretieren.

[73] TERTULLIAN, *praescr.* 27,3 (CCL 1, 208).

[74] *3Kor 3,2*, Übersetzung durch W. SCHNEEMELCHER in: ders., (Hg.), Apokryphen II, 232. – Die Verneinung ist wohl darauf zurückzuführen, dass man sich zur Zeit der Abfassung dieses Apocryphons eine wirkliche Verwunderung des Apostels (und damit das Eingeständnis seiner momentanen Unwissenheit) nicht mehr vorstellen konnte.

[75] CYPRIAN VON KARTHAGO, *ep.* 63,10,3 (CCL 3 C, 402f).

[76] CYPRIAN VON KARTHAGO, *ep.* 27,3,3 (CCL 3 B, 130f).

[77] AUGUSTINUS, *cath. fr.* 12/32 (CSEL 52, 273).

[78] VINZENZ VON LÉRINS, *comm.* 7,5 (CCL 64, 155).

Menschen für den Feind unsichtbar, letztere Verwandlung führe zu dem, was zu sein scheint, aber nicht wirklich ist. Eine negative Konnotation des genannten Begriffes ist auch im profanen Bereich bekannt, wie das Beispiel des Dionysius Metathemenus beweist.[79] JOHANNES CHRYSOSTOMUS entnimmt der Präsensform μετατίθεσθε die auch in Gal 5,10 bezeugte Hoffnung des Apostels, dass die Verführung noch nicht zum endgültigen Abfall der Galater geführt habe;[80] THEODOR VON MOPSUESTIA grenzt μετατίθεσθε von μετάγεσθε ab; in Gal 1,6 (μετατίθεσθε) sei wie über leblose Wesen geredet.[81]

Dass die Abwendung bei den Galatern so schnell (ταχέως) gehen konnte, gilt den altkirchlichen Kommentatoren ebenfalls als schändlich,[82] ähnlich wie – so HIERONYMUS – im Fall des geforderten Martyriums derjenige, der ohne Folter sofort dem Glauben abschwört, mit einer anderen (göttlichen) Strafe rechnen muss als derjenige, der unter Folterqualen zur Verleugnung gezwungen wurde.[83] Nach MARIUS VICTORINUS zeigt allein schon die Tatsache, dass diese Abwendung schnell vor sich ging, dass sie nicht zureichend begründet ist.[84]

2.2 Bei AUGUSTINUS, PELAGIUS und bei THEODORET VON CYRUS wird der Begriff „Evangelium" inhaltlich nicht näher beleuchtet. MARIUS VICTORINUS beschreibt den Inhalt des paulinischen Evangeliums zunächst mit den Worten aus Röm 1,16f und Einzelelementen des Glaubensbekenntnisses,[85] bevor er mit Hilfe der Gegenüberstellung *carnaliter – spiritualiter* das Christentum von der jüdischen wörtlichen Toraobservanz distanziert.[86] AMBROSIASTER nimmt die Worte „wo es doch kein anderes gibt" aus Gal 1,7 in die Auslegung von Gal 1,6 hinein. Das Evangelium als Ruf der Sünder zu Gottes Nachsicht umfasst auch das Alte Testament mit Ausnahme des Zeremonialgesetzes.[87] Die Gegner[88] des Paulus hatten die Übereinstimmung ihres Evangeliums mit dem Gesetz und den Widerspruch des paulinischen Evangeliums zur *ratio salvatoris* behauptet.[89]

---

[79] HIERONYMUS, *in Gal.* (CCL 77 A, 18). Dionysius Metathemenus sei zunächst Stoiker, dann Kyniker gewesen (nach DIOGENES LAERTIUS 7,167 [HICKS II, 270] Kyrenaiker; das Bild bei DIOGENES LAERTIOS 7,166f [HICKS II, 270] ist ebenfalls negativ gezeichnet).

[80] JOHANNES CHRYSOSTOMUS, *comm. in Gal.* (PG 61, 621).

[81] THEODOR VON MOPSUESTIA, *in Gal.*, (SWETE 9; griech. Fragment: ὡς ἐπὶ ἀψύχων).

[82] JOHANNES CHRYSOSTOMUS, *comm. in Gal.* (PG 61, 620); THEODOR VON MOPSUESTIA, *in Gal.*, (SWETE 9; griech. Fragment); JOHANNES VON DAMASKUS, *in Gal.* (PG 95, 780 A).

[83] HIERONYMUS, *in Gal.*, CCL 77 A, 19; ähnlich PELAGIUS, *in Gal.* (SOUTER 307f).

[84] MARIUS VICTORINUS, *in Gal.* 1,6 (CSEL 83/2, 100).

[85] MARIUS VICTORINUS, *in Gal.* 1,6 (CSEL 83/2, 99).

[86] MARIUS VICTORINUS, *in Gal.* 1,7 (CSEL 83/2, 100). Als Beispiele der wörtlichen Toraobservanz nennt er (vgl. Gal 4,10) das Halten des Sabbats und der Neumondstage sowie die leibliche Beschneidung, der er die Beschneidung des Herzens gegenüberstellt.

[87] AMBROSIASTER, *in Gal.* 1,6,1 (CSEL 81/3, 8): *excepta lege factorum*. Den Begriff *lex factorum* erklärt er hier mit dem Verweis auf die Beschneidung, im *argumentum* mit dem Verweis auf Neumond, Sabbat, Beschneidung und Unterscheidung der Speisen. Die Wendung *lex factorum* hat AMBROSIASTER offensichtlich in der ihm vorliegenden Handschrift in Gal 3,19α vorgefunden (*quid ergo lex factorum*); sie begegnet dort im Lemma wie im Kommentar (AMBROSIASTER, *in Gal.* 3,19 [CSEL 81/3, 38]).

[88] Die Gegner seien die Kontrahenten des Paulus und Barnabas in Apg 15,1.

[89] AMBROSIASTER, *in Gal.* 1,7,3 (CSEL 81/3, 9).

EPHRÄM hatte offenbar die Bezugnahme auf die Verkündigung des Petrus erwogen, den Gedanken aber aufgegeben.[90] Ohne explizite (!) textbezogene Aktualisierung zitiert JOHANNES VON DAMASKUS Apg 4,12 („Es ist kein anderer Name unter dem Himmel ... gegeben, in dem wir selig werden sollen").[91]

2.3 Höchst unterschiedlich gehen die altkirchlichen Kommentatoren mit der Frage nach dem Subjekt zu καλέσας[92] um. Bei einigen wird eine Entscheidung nicht sichtbar. Bei EPHRÄM wird so viel deutlich, dass Paulus sich nicht selbst damit gemeint hat.[93] Westliche Exegeten benennen Christus als Subjekt der Berufung,[94] hingegen verbinden griechischsprachige Ausleger mit der Bezugnahme auf Gott einen polemischen Bezug auf die galatische Situation: Die Galater stehen in Gefahr, nicht nur von Christus, sondern auch von Gott abzufallen, der ja selbst das Gesetz gegeben hatte.[95] THEODORET formuliert:[96]

Mit viel Weisheit hat er (scil. Paulus) die Anklage formuliert. Er zeigt nämlich, dass die Bewahrung des Gesetzes eine Verleugnung des Gesetzgebers darstellt. Er sagte nämlich nicht „ihr habt euch von der einen Lehre zu einer anderen abwenden lassen", sondern „von dem, der euch berufen hat (habt ihr euch abwenden lassen)". Wer aber derjenige ist, der (euch) berufen hat, lehrt er im Folgenden, in dem Ausdruck „in der Gnade Gottes". Er selbst, sagt er, der Vater, der das Gesetz gegeben hat, hat euch zu diesem Evangelium berufen. Wenn ihr also dieses (das Evangelium) verlasst und wieder zum Gesetz zurückkehrt, dann seid ihr von dem abgefallen, der euch berufen hat. Wenn ihr nun aber dieses Evangelium verlasst, werdet ihr kein anderes finden. Denn der Herr verkündigt nicht etwas anders durch uns, etwas anderes aber durch die anderen Apostel, sondern wir alle verkünden das selbe, die wir Liebhaber der Wahrheit sind.

AUGUSTINUS nimmt wie AMBROSIASTER die Worte ὅ οὐκ ἔστιν ἄλλο aus Gal 1,7 in die Auslegung von Gal 1,6 hinein und liest in Gal 1,6 *qui vos vocavit in gloriam Christi*. Mit Bedacht habe Paulus diese Worte gesetzt: Christus wäre umsonst gekommen, wenn schon Gesetzeswerke rechtfertigen könnten.[97] GREGOR d. Gr. begründet, warum Paulus gegen die Galater anders vorgehe als

---

[90] EPHRÄM, *in Gal.* (MMK 126): *Etsi enim ego putavi, quod de praedicatione Simoni sit sermo*.

[91] JOHANNES VON DAMASKUS, *in Gal.* (PG 95, 780 A).

[92] Eine Seitenlinie der Rezeption von Gal 1,6 sei ebenfalls mitgeteilt: Das Stichwort *vocari* in Gal 1,6 führt PETRUS CHRYSOLOGUS zur genauen Wahrnehmung von Lk 15,19b (*iam non sum dignus vocari filius tuus*): Es steht nicht *Non sum dignus esse*, denn dies bezieht sich auf die Natur, *vocari*, hingegen, so auch Paulus in Gal 1,6, auf die Gnade. Weil der jüngere Sohn den natürlichen Sohnesstatus verloren hatte, urteilt er, dass er den gnadenhaften Sohnesstatus nicht verdiene (PETRUS CHRYSOLOGUS, *serm.* 2,4 [CCL 24, 23]).

[93] EPHRÄM, *in Gal.* (MMK 126).

[94] MARIUS VICTORINUS, *in Gal.* 1,6 (CSEL 83/2, 100); HIERONYMUS, *in Gal.* (CCL 77 A, 19).

[95] JOHANNES CHRYSOSTOMUS, *comm. in Gal.* (PG 61, 620f); THEODOR VON MOPSUESTIA, *in Gal.* (SWETE 10); THEODORET VON CYRUS, *in Gal.* (PG 82, 464 BC). Dass Paulus das Präsens, nicht ein Vergangenheitstempus gebraucht, ist nach JOHANNES CHRYSOSTOMUS, *comm. in Gal.* (PG 61, 621) Anzeichen dessen, dass Paulus die Hoffnung noch nicht aufgegeben hat.

[96] THEODORET VON CYRUS, *in Gal.* (PG 82, 464 BC).

[97] AUGUSTINUS, *exp. Gal.* 4,3 (CSEL 84, 59).

gegen die Korinther: Die verhärteten Sinne der Galater hätten ohne diese Schelte das von ihnen begangene Übel nicht erkannt.[98]

Gal 1,7

Doch es gibt kein anderes Evangelium, es gibt nur einige Leute, die euch verwirren und die das Evangelium Christi verfälschen wollen.

Der Schriftgebrauch ist vornehmlich an dem Satzanfang ὅ οὐκ ἔστιν ἄλλο orientiert.

TERTULLIAN zitiert Gal 1,7 gegen die Zweigötterlehre Marcions: Paulus bestätigt, dass es das Evangelium des Schöpfergottes ist, das er verteidigt.[99] Wenn dieser Gott das Evangelium durch die Propheten ankündigt, es dann aber das Evangelium eines fremden Gottes ist, hätte Paulus mit Gal 1,7 gelogen.[100]

JOHANNES CHRYSOSTOMUS sieht seine aktuelle Auseinandersetzung mit den Häretikern durch biblische Beispiele gerechtfertigt, wenn schon Paulus das Beschneidungsgebot als Verfremdung des Evangeliums ansieht und der Sabbatschänder von Num 15,36 oder auch Usa, der die Bundeslade stützen wollte, sich dabei aber ein fremdes Amt angemaßt habe (2 Sam 6,6f), den Tod als Strafe erleiden.[101] Gerechtfertigt sieht er ebenfalls sein Vorgehen gegen jüdische Sabbatobservanz und vor allem gegen heidnisches Brauchtum in christlichen Familien, und letzteres sei das weitaus Schlimmere: Wenn Paulus schon die immerhin von Gott selbst gebotene Beschneidung als nicht mehr zeitgemäß (ἀκαίρως) bewertet, sollte dem Prediger in Antiochia nicht erst recht erlaubt sein, gegen Vogelschau und die Beachtung von Unglückstagen und Zauberei zu Felde zu ziehen?[102]

AMBROSIASTER beschreibt als geplante Veränderung des Evangeliums Christi durch die Paulusgegner, Traditionen so zu verändern, dass die Galater unter dem Namen Christi Juden wären; „das heißt das Evangelium Christi in Gesetz zu verwandeln".[103] Ps.-HIERONYMUS macht auf das Widersinnige der antipaulinischen Agitation aufmerksam:[104]

„Dum Lex ad Evangelium profecerit: illi (scil. die Gegner des Paulus in Galatien), perverso ordine, Evangelium ad Legem provocare nituntur".

---

[98] GREGOR d. Gr., in Ezech. 1,11,20 (SC 327, 472).
[99] TERTULLIAN, adv. Marc. 5,2,5 (CCL 1,666).
[100] TERTULLIAN, adv. Marc. 5,2,5 (CCL 1,667); vgl. HIERONYMUS, in Gal. (CCL 77 A, 19).
[101] JOHANNES CHRYSOSTOMUS, comm. in Gal. (PG 61, 622).
[102] JOHANNES CHRYSOSTOMUS, comm. in Gal. (PG 61, 623).
[103] AMBROSIASTER, in Gal. 1,7 (CSEL 81/3, 9).
[104] Ps.-HIERONYMUS, in Gal. (PL 30, 807 B).

Gal 1,8

Aber auch wenn wir selbst oder ein Engel vom Himmel euch ein anderes Evangelium verkündigt, als wir euch verkündigt haben, der sei verflucht.

Die Stelle wird vor allem um des παρ' ὅ ... ἀνάθεμα willen rezipiert und wird als allgemeine Warnung vor Häresie[105] ebenso aktualisiert wie als Warnung vor bestimmten Häretikern[106] oder als Mahnung, bei dem jetzt zu empfangenden Glaubensbekenntnis auch zu verbleiben.[107] Man bedient sich der Stelle, um die Unabänderlichkeit des kirchlichen Glaubens gegenüber häretischer Neuerung zu betonen.[108] Nur in der Gnosis, nicht aber in den später als häretisch ausgegrenzten Gruppen wird als Problematik von Gal 1,8 empfunden, dass Paulus damit das „Suchen" der Menschen unterbinde;[109] spätere „Häretiker" wie die verschiedensten Gruppierungen der Arianer mochten sich selbst soweit als auf dem Boden der Schrift stehend finden, dass sie ihrerseits sich nicht mehr als „Suchende" verstanden. Daneben wird der Vers auch auf die Unterscheidung des Christentums von aller Philosophie bezogen; ihren Lehren soll man nicht folgen.[110] Schließlich kann die Stelle zur Unterscheidung der Zeit des Christentums von der Zeit vor der Verkündigung des Evangeliums rezipiert werden: in jener Zeit galten „Ruhm und Ehre jedem, der Gutes tut, dem Juden zuerst und dem Griechen" (Röm 2,10), nunmehr gilt auf Grund von Gal 1,8 die Bejahung der Evangeliumsverkündigung als heilsentscheidend.[111] Einen Appell zum Maßhalten gewinnt FLAVIAN VON ANTIOCHIEN der Stelle ab: Paulus hat nicht konkrete Personen verflucht; diese Zurückhaltung sollte auch uns Vorbild sein.[112]

Aber auch das auf den Apostel bezogene ἡμεῖς wird in solcher Rezeption bedacht: Gal 1,8f mahnt die Gläubigen zur kritischen Prüfung dessen, was

---

[105] TERTULLIAN, *praescr.* 29,5 (CCL 1, 210); DIONYSIOS VON ALEXANDRIEN, *Brief ep. 1.6.1; 1.7.1* (BGL 2, 42.44); (Ps.?)-MAXIMINUS ARIANUS, *haer.* (PLS 1, 729); BASILIUS VON CÄSAREA, *fid.* 5 (PG 31, 689 B).

[106] Auf eine Aufzählung der Belege wird aus Raumgründen verzichtet. – Nicht ohne Hintersinn dient AUGUSTINUS die Stelle zur Polemik gegen die Donatisten, als ein donatistischer Priester den Adressaten eines vorangegangenen AUGUSTINUS-Briefes mit Hinweis auf eine Engelsoffenbarung den Beitritt zur Gruppe der Donatisten zumuten wollte (AUGUSTINUS, *ep.* 53,1 (CSEL 34, 152).

[107] CYRILL VON JERUSALEM, *catech.* 5,12 (REISCHL 150); als Selbstvergewisserung auch bei PHOEBADIUS, *c. Ar.* 27,6 (FC 38, 154) gegen die Homöer; als Kritik an der doppelten, durch das Urteil der jeweils regierenden Kaiser bestimmten Kehrtwende einiger Bischöfe vom rechten Glauben zur Häresie und zurück bei MARCELLINUS und FAUSTINUS, *lib. prec.* 54 (CCL 69, 373).

[108] PACIANUS, *ep.* 3,1,5 (SC 410, 208); HIERONYMUS, *adv. Rufin.* 3,12; 3,18 (SC 303, 246. 262); PROCLUS VON KONSTANTINOPEL, *ep.* 2,4 (PG 65, 860 B); als Mahnung bereits bei TERTULLIAN, *praescr.* 6,5 (CCL 1,191). MAXIMUS CONFESSOR verteidigt mit Gal 1,8 seine unbeugsame Haltung im monotheletischen Streit (MAXIMUS CONFESSOR, *relatio monitionis*, CCG 39, 37).

[109] *TestVer* (*NHC* IX,3, 73,18–22 [NHS 15, 198]).

[110] AUGUSTINUS, *en. Ps.* 103, s. 3,6 (CCL 40, 1505).

[111] ANASTASIUS SINAITA, *qu.* 80 (PG 89, 709 B).

[112] FLAVIAN VON ANTIOCHIEN, *anath.* 3 (PG 48, 948).

ihnen durch die Amtsträger verkündigt wird,[113] und warnt die Amtsträger davor, Irrlehren zu verbreiten.[114] Die Stelle zeigt, dass der von Christus nach Mt 5,41 wie von dem Apostel in Eph 5,21 geforderte Gehorsam darin seine Grenze hat, wenn etwas von uns gefordert wird, das dem Gebot Gottes widerspricht.[115] Auf der Linie dieser Rezeption liegen auch die in der Schriftauslegung gegebenen Antworten auf die Frage, warum Paulus an dieser Stelle auch auf die Möglichkeit zu sprechen kommt, er selbst, der Apostel, könnte der Urheber einer solchen anderen Verkündigung sein.

Im Speziellen wurde um den Sinn des παρ' ő in der Auseinandersetzung mit den Marcioniten[116] gerungen. Diese wollten nach ADAMANTIUS und JOHANNES CHRYSOSTOMUS[117] mit Hilfe des παρ' ő erweisen, dass es nur eine einzige Evangelienschrift geben könne, nicht deren vier. Beide großkirchliche Autoren machen demgegenüber geltend: es sind viele Evangelisten, aber es ist das eine Evangelium, das von ihnen gemeinsam verkündigt wird. Das *Carmen adversus Marcionitas* hält fest:[118] Das von Paulus verkündigte eine Evangelium ist nicht eines der vier Evangelien als Buch, sondern der in die Welt gesandte Christus selbst, dessen Taten die Evangelisten unverfälscht bezeugen.[119]

Die Schriftauslegung fragt nach den Gründen für den scharfen Ton, für den Verweis des Paulus auf eine mögliche Verfluchung seiner selbst oder eines Engels und für den Umstand, warum Paulus nicht auf die anderen Apostel zu sprechen kommt. Der scharfe Ton des Apostels zeigt, welch schwere Sünde es ist, nach dem Empfang des Glaubens wieder zur Toraobservanz zurückzukehren.[120] JOHANNES CHRYSOSTOMUS betont oft genug die Klugheit des Paulus in der Frage, wann er streng werden und wann er den Ton eines Schutzflehenden anschlagen müsse, nämlich in Fragen einer Spaltung, die nicht das Dogma betreffen.[121] Der Verweis des Paulus auf eine mögliche Verfluchung seiner selbst oder eines Engels[122] ist entweder allgemein die Mahnung, die Wahrheit

---

[113] BASILIUS VON CÄSAREA, *moral.* 72,1 (PG 31, 848 A). Schon nach EUSEBIUS VON CÄSAREA soll man darauf keine Rücksicht nehmen, ob der Irrlehrer Bischof oder Gemeindeleiter ist (EUSEBIUS VON CÄSAREA, *Marcell.* 1,1,4 (GCS 14, 3)).

[114] BASILIUS VON CÄSAREA, *moral.* 70,5 (PG 31, 821 C).

[115] BASILIUS VON CÄSAREA, *regulae brevius tractatae* 114; 303 (PG 31, 1160 C; 1297 D).

[116] Erstmals ORIGENES, *Jo.* 5,7 (SC 120, 386–388) schreibt den Marcioniten die Deutung von Gal 1,8 im Sinne einer Evangelienschrift zu. Fraglich ist also, ob Marcion selbst schon so gedacht hat. „Sein exklusiver Paulinismus muss ihn jedoch genötigt haben, das eine authentische Evangelienbuch historisch mit Paulus in Verbindung zu bringen" (MAY, Streit, 40 Anm. 25).

[117] ADAMANTIUS, *dial.* 1,6 (BUCHHEIT 6); JOHANNES CHRYSOSTOMUS, *comm. in Gal.*, 1,13,7 (PG 61, 621f). Den Plural εὐαγγελισάμεθα versteht der großkirchliche Gegner im Adamantiusdialog als auf das Subjekt aller Apostel bezogen (ebd. [BUCHHEIT 7]).

[118] *Carmen adversus Marcionitas* 2,45–63 (POLLMANN 72).

[119] *Carmen adversus Marcionitas* 2,55f (POLLMANN 72).

[120] AMBROSIASTER, *i57 Gal.* 1,9,1 (CSEL 81/3, 10).

[121] JOHANNES CHRYSOSTOMUS, *hom. in 1Cor.* 27,2 (PG 61, 226). Als Beispiel für den Ton des Schutzflehenden zitiert er 1Kor 11,21f!

[122] Gelegentlich wird von Gal 1,8 auf die Willensfreiheit der Engel geschlossen (vgl. SWETE, Theodori commentarii 11, Anm. zu Z. 9).

über die Person zu stellen,[123] oder eine *conclusio a maiore ad minus*[124] oder der Versuch des Paulus, den Anschein jeglichen Neides[125] oder jeglicher Ruhmsucht[126] zu vermeiden. SEVERIANUS VON GABALA erklärt, warum auch eine durch den Apostel selbst erfolgende abweichende Verkündigung zu verurteilen wäre: Die Erstverkündigung sei durch den Heiligen Geist erfolgt, doch dieser hat nichts zu bereuen.[127] AMMONIUS VON ALEXANDRIEN kommentiert Apg 16,4 mit Hilfe von Gal 1,8: Bei seiner Erstverkündigung hatte Paulus den Gemeinden von Lystra und Derbe Geheimnisse mitgeteilt, auf die sich Gal 1,8 bezieht;[128] nun, bei dem zweiten Besuch (Apg 16,4) werden diese Geheimnisse nicht mehr erörtert, vielmehr die Satzungen der Apostel (Apg 15) übergeben.

Gelegentlich wird Gal 1,8 zur Auslegung anderer Paulusstellen herangezogen. JOHANNES CHRYSOSTOMUS zufolge ist in 1Kor 11,19a in dem Halbsatz δεῖ δὲ καὶ αἱρέσεις εἶναι („es müssen ja Spaltungen sein") das δεῖ nicht der Ausdruck einer ethischen Notwendigkeit, sondern einer Zukunftsvoraussage.[129] Nach THEODORET zeigt Gal 1,8, dass der Apostel die in Röm 14,5 gewährte Freiheit der Speisen nicht verallgemeinert wissen wollte.[130]

Gal 1,9

Wie wir schon gesagt haben, das sage ich noch einmal: Wer euch ein anderes Evangelium verkündigt, als ihr angenommen habt, der sei verflucht.

Gal 1,9 wird gelegentlich in der Ketzerbekämpfung[131] rezipiert. In der Schriftauslegung steht die Frage nach dem Grund für die inhaltliche Wiederholung

---

[123] AUGUSTINUS, *exp. Gal.* 4,6 (CSEL 84, 59); ders., *serm.* 197,4 (PL 38, 1023); THEODOR VON MOPSUESTIA, *in Gal.*, (SWETE 10, griech. Fragment); VINZENZ VON LÉRINS, *comm.* 8,2 (CCL 64, 156). THEODORET, *in 1Cor.* (PG 82, 333 AB), sieht in diesem Anliegen begründet, dass Paulus zu hyperbolischer Redeweise greift.

[124] Die Figur begegnet in zwei Varianten: Entweder werden Engel und Apostel zusammen anderen Menschen gegenübergestellt: Wenn schon eine abweichende Lehre selbst eines Engels oder Apostels nicht akzeptabel ist, um wie viel weniger dann die eines gewöhnlichen Menschen (AMBROSIASTER, *in Gal.* 1,9,3 [CSEL 81/3, 10]), oder es treten Engel den in Gal 1,8 nicht erwähnten Aposteln gegenüber: Weil die Galater sich auf die Autorität der Apostel beriefen, will Paulus dieser Argumentation durch Verweis auf die höherrangigen Engel den Boden entziehen, während er die Apostel gar nicht erwähnt (JOHANNES CHRYSOSTOMUS, *comm. in Gal.* [PG 61, 624]).

[125] THEODORET VON CYRUS, *in Gal.* (PG 82, 464 D – 465 A).

[126] JOHANNES CHRYSOSTOMUS, *comm. in Gal.* (PG 61, 624).

[127] SEVERIANUS VON GABALA, *Gal.* (STAAB, 299). Zum Schlusssatz vgl. 1 Sam 15,29 LXX.

[128] AMMONIUS VON ALEXANDRIEN, *Ac.* 16,4 (PG 85, 1553 D – 1556 A). Der Vergleich zwischen Apg 9; 11; 15 und Gal 1; 2 findet sich bei ihm nicht (dazu s.u. zu Gal 1,17).

[129] JOHANNES CHRYSOSTOMUS, *hom. in 1Cor 11,19*, 1 (PG 51, 253).

[130] THEODORET VON CYRUS, *Rom.* (PG 82, 200 D).

[131] Die beiden Teilsynoden von Serdika 342 beziehen sich in ihren Verdammungsurteilen auf Gal 1,9, vgl. HILARIUS VON POITIERS, *Coll. antiar. Par.* A IV,1,2,4 (Ost) bzw. B II,1,8,3 (West) (CSEL 65, 51.124f) und dazu ULRICH, *Anfänge*, 27 Anm 8; vgl. ferner AMPHILOCHIUS VON IKONIUM, *c. haer.* 9,

von Gal 1,8 im Vordergrund. Als Antworten werden gegeben: Gal 1,9 verstärkt die vorangegangene Aussage[132] oder nimmt ihr den Charakter eines nur gelegentlichen Zornesausbruches[133] oder der Androhung in unbestimmter Ferne.[134] MARIUS VICTORINUS bezieht das Wort προειρήκαμεν auf eine Äußerung des Paulus, die dem Brief vorausgegangen war.[135] AUGUSTINUS hält fest, dass Gal 1,9 dem Herrenwort Joh 16,13 („Ich habe euch noch viel zu sagen, aber ihr könnt es jetzt nicht ertragen") nicht widerspricht, denn Paulus lehnt nicht eine quantitative Steigerung ab, sondern eine inhaltliche Veränderung.[136] Eine Mahnung hinsichtlich der unbedingten Gültigkeit der Heiligen Schrift entnimmt JOHANNES CHRYSOSTOMUS: Sie verdient nicht nur größeren Glauben als selbst Tote, die zur Mahnung der Lebenden wieder auferstehen sollen (Lk 16,29.31), sondern auch größeren Glauben als die Engel des Himmels. Der Konditionalsatz Gal 1,9b zeigt, dass es Paulus nicht darum zu tun war, die anderen Apostel anzuschuldigen, er will vielmehr nur zeigen, dass kein Ansehen der Person gilt, wo es sich um die Wahrheit handelt.[137]

Gal 1,10

Geht es mir denn um die Zustimmung der Menschen, oder geht es mir um Gott? Suche ich etwa Menschen zu gefallen? Wollte ich noch den Menschen gefallen, dann wäre ich kein Knecht Christi.

Die Stelle wird zumeist wegen der durch den Nachsatz negativ konnotierten Formel „Menschen gefallen" rezipiert, in der Regel als allgemeine Warnung, seltener als aktuelle Abgrenzung in der Ketzerpolemik. 1. Zunächst steht die Abgrenzung vom nichtchristlichen Verhalten im Vordergrund, 2. dann aber tritt schon bald die Klage über innerkirchliche Sitten- und Disziplinlosigkeit in den Blick; später wird auch allgemein über Recht und Grenze des Lobes durch Menschen nachgedacht. 3. gelegentlich gewinnt Gal 1,10 polemische Funktion

---

CCG 3, 193); APOLLINARIS VON LAODIZEA, *ep. Jov.* 3 (LIETZMANN 253); AUGUSTINUS, *c. Faust* 12,5; 13,18 (CSEL 25/1, 334.401), gegen die Manichäer. Andernorts dient sie für AUGUSTINUS neben Phil 1,15–18 u.a. zum Beweis dafür, dass es kaum ein größeres Sakrileg gibt als das Schisma (AUGUSTINUS, *c. ep. Parm.* 2,11/24 [CSEL 51, 75]).

[132] AMBROSIASTER, *in Gal.* 1,9,3 (CSEL 81/3, 10); AUGUSTINUS, *exp. Gal.* 4,7 (CSEL 84, 59); PELAGIUS, *in Gal.* (SOUTER 308); JOHANNES CHRYSOSTOMUS, *comm. in Gal.* (PG 61, 625).

[133] JOHANNES CHRYSOSTOMUS, *comm. in Gal.* (PG 61, 624); THEODORET VON CYRUS, *in Gal.* (PG 82, 465 A); VINZENZ VON LÉRINS, *comm.* 8,4 (CCL 64, 157). Die Vorstellung, Gal 1,8f gelte nur den Galatern, wird dann ausdrücklich ausgeschlossen, ohne dass an dieser Stelle des Werkes explizit eine hermeneutische Reflexion entfaltet wird (VINZENZ VON LÉRINS, *comm.* 9,1–4 [CCL 64, 157]).

[134] THEODOR VON MOPSUESTIA, *in Gal.* 1,9 (SWETE 11).

[135] MARIUS VICTORINUS, *in Gal.* 1,9 (CSEL 83/2, 102): *nuper*.

[136] AUGUSTINUS, *Io. ev. tr.* 98,7 (CCL 36, 581).

[137] JOHANNES CHRYSOSTOMUS, *comm. in Gal.* (PG 61, 624). Der antiocheneische Gelehrte rechnet damit, dass Paulus die Evangelien gekannt hat.

in verschiedenen Kontexten. 4. In der kommentierenden Literatur wird daneben wiederum die Funktion in der Auseinandersetzung mit den Galatern bedacht.

1. CLEMENS VON ALEXANDRIEN deutet Gal 1,10 in der Topik der Abgrenzung des Gebildeten von der unverständigen Volksmasse:[138] Wer sich dafür entscheidet, den Menschen zu gefallen, kann Gott nicht gefallen, denn nicht das Nützliche, sondern das Ergötzende wählen die Vielen; wer aber Gott gefällt, wird den Ernsthaften unter den Menschen wohlgefällig.[139] Für TERTULLIAN mahnt Gal 1,10 zur Abgrenzung von heidnischer Moral. Auch angesichts der Sorge, die mangelnde Konformität der Christen gegenüber gesellschaftlichen Konventionen könne zur Lästerung des Namens Christi führen, sind die Grenzen der Anpassung strikt einzuhalten.[140] In der Frage der Verschleierung der Jungfrauen gilt der Grundsatz, dass man sein Verhalten nicht nach menschlichen Maßstäben, sondern den Richtlinien der Schrift, der Natur und der kirchlichen Glaubensregel richten muss: Gott ist nichts widerlicher als das Verlangen, den Menschen zu gefallen.[141]

2. CYPRIAN VON KARTHAGO aktualisiert den Vers gegen innerkirchliche Sittenlosigkeit[142] und Disziplinlosigkeit,[143] aber auch als generelle christliche Lebensregel.[144] Für BASILIUS VON CÄSAREA warnt der Vers die Verkündiger davor, durch die Anpassung an das, was den Hörern gefällt, aus der Verpflichtung gegenüber Christus herauszufallen;[145] ferner warnt die Stelle vor Prunk bei Gastmählern[146], verbietet, Ehre bei den Menschen zu suchen,[147] und warnt wie 1Kor 13,1–3 davor, nicht mit der richtigen Einstellung zu handeln.[148] Andere

---

[138] CLEMENS VON ALEXANDRIEN, *str.* 7,71,4 (GCS 17, 51). Zu dieser Topik gehören die Wendung οἱ πολλοί und der Gegensatz der σπουδαῖοι. Zur paganen Verwendung dieser Topik vgl. VOIGTLÄNDER, Philosoph, passim.

[139] Ps.-HIERONYMUS, *in Gal.* (PL 30, 807 C), greift die Auslegung wieder auf. Für ihn fungieren die Heiligen und die, die Gott lieben, als solche Elite. In derselben Topik deutet BEDA VENERABILIS, *Prov.* 22,1 (CCL 119 B, 111), die Stelle: Paulus wünschte nur von den Guten gelobt zu werden, d.h. von den wenigen Gläubigen im Unterschied zu der Masse des unerfahrenen Volkes.

[140] TERTULLIAN, *idol.* 14,3 (CCL 2, 1114). Den Ausgleich zu 1Kor 10,33; 9,22 formuliert er so: Es ist das Zusammenleben zugestanden, aber das gemeinschaftliche Sündigen ist nicht erlaubt. Ähnlich gleichen Ps.-CYPRIAN, *singul. cler.* 8 (CSEL 3/3, 181), und ORIGENES, *comm. in Rom.* 9,20 (FC 2/5, 80–82), aus, ferner ORIGENES, *comm. in Rom.* 10,6 (FC 2/5, 186, zu Röm 15,2).

[141] TERTULLIAN, *virg. vel.* 16,2 (CCL 2, 1225). Die Verschleierung soll der Begehrlichkeit der Jungfrauen wie der Männer einen Riegel vorschieben.

[142] In *ep.* 4,5,2 (CCL 3 B, 26), ist die Stelle Trostwort für einen gegen Sittenlosigkeit einschreitenden Bischof Pomponius von Dionysiana (?) für den Fall, dass ihm die Betreffenden den Gehorsam verweigern. Bei CYPRIAN, *hab. virg.* 5 (CSEL 3/1, 190f) wird das „den Menschen gefallen" auf das äußere Gefallen durch irdischen Putz und Schmuck bezogen.

[143] CYPRIAN, *ep.* 63,15,2 (CCL 3 C, 412) richtet sich gegen die Praxis einiger afrikanischer Gemeinden, bei der Eucharistie Wasser statt Wein zu verwenden.

[144] (Ps.?)-CYPRIAN, *testim.* 3,55 (CCL 3, 142).

[145] BASILIUS VON CÄSAREA, *moral.* 70,30 (PG 31, 841 A).

[146] BASILIUS VON CÄSAREA, *reg. fus.* 20,1 (PG 31, 969 C).

[147] BASILIUS VON CÄSAREA, *reg. brev.* 36 (PG 31, 1105 C). Auch CYRILL VON ALEXANDRIEN, *Lc.* (PG 72, 716 BC) weiß, dass das Problem nicht nur bei den Pharisäern besteht.

[148] BASILIUS VON CÄSAREA, *bapt.* 2,8,8 (SC 357, 264).

Autoren verstehen die Stelle als Warnung davor, nach außen hin als guter Mensch erscheinen zu wollen, es in Wirklichkeit aber nicht zu sein.[149] Bei anderen Autoren ist die Stelle als Warnung vor Ruhmsucht rezipiert.[150]

HIERONYMUS zitiert Gal 1,10 als Grundregel für die Mönche, aktualisiert in Bezug auf Pammachius, dem ersten Mönch aus patrizischem Stande.[151] SALVIAN VON MARSEILLE erachtet die potentiellen (christlichen!) Verächter seiner scharfen reichtumskritischen Mahnschrift *de ecclesia* den Heiden gleich, sie sind Weltkinder, nach deren Urteil man sich nicht richten soll.[152] Trostfunktion gewinnt die Stelle hingegen für JOHANNES CHRYSOSTOMUS angesichts eines mit seiner Exilierung einhergehenden Besitzverlustes.[153]

Mehrfach kommt AUGUSTINUS auf Gal 1,10 im Rahmen der Frage nach Recht und Grenze des Lobes durch Menschen zu sprechen. Zwar habe Paulus ein solches Lob nicht grundsätzlich als problematisch angesehen,[154] doch ist es nur dann mit Gal 1,10 vereinbar, wenn nach Mt 6,1 klar ist, dass der Endzweck unserer Taten nicht in der Anerkennung durch andere besteht.[155] Ein Lob durch Menschen nützt weniger denen, die gelobt werden, denn ihnen genügt ihre Gerechtigkeit; doch ist es nützlich, sich den, der gelobt wird, als Vorbild zum Guten zu nehmen.[156] Auch soll man hinsichtlich der eigenen Lebensführung auf seinen Ruf bedacht sein, damit nicht andere am Christentum Anstoß nehmen.[157]

GREGOR d. Gr. zitiert Gal 1,10 und 1Kor 10,33 („gleichwie auch ich allen in allem zu Gefallen bin") als Schriftbeleg für die Mahnung, der Seelsorger solle den Menschen nicht um seiner eigenen Person willen gefallen, sondern damit sie seinetwegen die Wahrheit gerne hören.[158]

3. Die aktuell-polemische Deutung kann sich gegen Juden[159] ebenso richten wie gegen Häretiker,[160] speziell gegen Arianer: Die Gegenüberstellung „den Menschen gefallen / Knecht Christi sein" beweist die Gottheit Christi.[161]

---

[149] CYRILL VON ALEXANDRIEN, *ador.* 7 (PG 68, 524 C – 525 D). Auf Gal 1,10 hin wird das Verbot ausgelegt, ein aus zwei verschiedenen Stoffen gewirktes Gewand zu tragen (Lev 19,17).

[150] EUTROPIUS, *ep.* 2 (PL 80, 17 C); ANTIOCHUS IM SABASKLOSTER, *serm.* 43 (PG 89, 1568 C). ANTIOCHUS erinnert an die Vergänglichkeit menschlichen Ruhmes.

[151] HIERONYMUS, *ep.* 66,6 (CSEL 54, 654).

[152] SALVIAN VON MARSEILLE, *eccl.* 4,2 (SC 176, 310).

[153] JOHANNES CHRYSOSTOMUS, *ep.* 125 (PG 52, 683).

[154] AUGUSTINUS, *b. vid.* 27 (CSEL 41, 340), mit Verweis auf 1Kor 4,3; 2Kor 1,12.

[155] AUGUSTINUS, *s. dom. m.* 2,1,3 (CCL 35, 93). Auch Mt 5,16; 9,8; Gal 1,23f zeigen, dass Lob nur Gott gebührt (AUGUSTINUS, *s. dom. m.* 1,7,18 [CCL 35, 18f], ders., serm. 149, 13/14 [PL 38, 805]).

[156] AUGUSTINUS, *ep.* 231,4 (CSEL 57, 506).

[157] AUGUSTINUS, *b. vid.* 27 (CSEL 41, 340).

[158] GREGOR d. Gr., *past.* 2,8 (SC 381, 236), zitiert bei TAJO VON SARAGOSSA, sent. 2, 33 (PL 80, 826 C).

[159] ORIGENES, *comm. in Rom.* 10,6 (FC 2/5, 186); ähnlich ARNOBIUS d. J., *in psalm.* (PL 53, 399 CD), zu Ps 52,6 (*Deus dissipavit ossa eorum qui hominibus placent*). Die *plebs mea* in Ps 52,5 ist das Volk Israel. Gal 1,10 wird dort auf die Bekehrung des Paulus bezogen.

[160] HIERONYMUS, *ep.* 127,9 (CSEL 56, 152), gegen RUFIN; HIERONYMUS, *in Ier.* 4,1,7 (CCL 74, 175), gegen JOHANNES VON JERUSALEM. Diese Verwendung fehlt im Galaterkommentar.

4. Den Kommentatoren zufolge fordert Gal 1,10 zur Weltdistanz auf[162] oder mahnt dazu, die Wahrheit über die Person zu stellen;[163] neben philologischen Bemerkungen[164] wird wieder nach der Funktion der Aussage für Paulus gegenüber den Galatern gefragt.

Nach AMBROSIASTER hält Paulus den Gegnern vor, sie hätten von den Galatern die Toraobservanz gefordert, um sich die Juden nicht durch die Verkündigung des wahren Evangeliums zu Feinden zu machen. Doch wie kann die Verkündigung des Gesetzes, das ja Gott selbst gegeben hat, unter das Verdikt von Gal 1,10 fallen? Der Ausleger antwortet: Vor dem Kommen Christi war die Verkündigung des Gesetzes dem Willen Gottes gemäß; als aber der im Gesetz verheißene Herr kam, musste es weichen. Wer ihm also jetzt noch dient, gehorcht nicht mehr dem Willen Gottes, sondern widersteht ihm.[165]

Fast das gesamte Panorama der griechischsprachigen Kommentarliteratur zu Gal 1,10 scheint im Kommentar des JOHANNES CHRYSOSTOMUS auf.[166] Seine Auslegung ist insgesamt von dem Gegensatz „Mensch – Gott" geprägt: Menschen lassen sich täuschen und durch Lügen gewinnen; Gott steht jenseits jeder Täuschung, und ihm muss man mit aufrichtigem Herzen nahen; sein Urteil ist ausschlaggebend, nicht das der Menschen (1Kor 4,3) – selbst wenn die Galater in Verkehrung der rechten Ordnung meinen, über Paulus zu Gericht sitzen zu müssen. Paulus ist keineswegs gewillt, vor den Galatern Rechenschaft abzulegen, er beansprucht die Wahrheit für sich.[167] Zu Gal 1,10b verweist der Ausleger auf die Leiden, die Paulus nicht auf sich nehmen würde,[168] wäre er noch bei den Juden geblieben und hätte die Kirche verfolgt.[169] Doch Paulus führe dies nicht aus, denn er hat es nicht mit Lügenaposteln zu tun – im Vergleich zu ihnen betont er seine Standhaftigkeit im Ertragen der Leiden (2Kor 11,23) –, sondern mit wirklichen Aposteln, mit denen er verglichen wird.[170]

---

[161] GREGOR VON NAZIANZ, *or.* 40,42 (SC 358, 296). In *or.* 37,17 (SC 358, 304–306) wird „Christi Diener" sein mit „Christ sein" gleichgesetzt und aufgrund der o.a. Gegenüberstellung mit Hilfe von Gal 1,10 die Gottheit des Heiligen Geistes verteidigt.

[162] MARIUS VICTORINUS, *in Gal.* 1,10 (CSEL 83/2, 103).

[163] AUGUSTINUS, *exp. Gal.* 5,2 (CSEL 84, 60) folgt der zu Gal 1,8 eingeschlagenen Linie.

[164] PELAGIUS, *in Gal.* (SOUTER 308f), begründet u.a. mit Mk 8,27; 1Kor 3,3 die These, der Begriff „Mensch" sei in der Bibel, wenn ohne Zusatz gebraucht, stets negativ konnotiert; ebenso Ps.-HIERONYMUS, *in Gal.* (PL 30, 807 C).

[165] AMBROSIASTER, *in Gal.* 1,10,2 (CSEL 81/3, 10f), mit Hinweis auf Lk 16,16.

[166] Die Erklärungen durch THEODOR VON MOPSUESTIA, THEODORET VON CYRUS und JOHANNES VON DAMASKUS sind deshalb der Kürze wegen lediglich in den Fußnoten zu notieren.

[167] JOHANNES CHRYSOSTOMUS, *comm. in Gal.* (PG 61, 625). Er wie auch THEODOR VON MOPSUESTIA, *in Gal.* (SWETE 11) erfassen Gal 1,10 als Übergang zum Folgenden, doch spricht THEODOR, hierin anders als CHRYSOSTOMUS, von der Selbstverteidigung des Apostels.

[168] JOHANNES CHRYSOSTOMUS, *hom. in Ac.* 9,1, 1,6 (PG 51, 122). THEODORET VON CYRUS, *in Gal.* (PG 82, 465 B), verbindet Gal 1,10 mit Gal 5,11: Wenn Paulus den Menschen zu gefallen suchte, müsste er keine Verfolgung leiden; ähnlich JOHANNES VON DAMASKUS, *in Gal.* (PG 95, 780 D).

[169] Auch THEODOR VON MOPSUESTIA, *in Gal.* (SWETE 11) deutet die Stelle auf den Wechsel zwischen vorchristlicher Vergangenheit und christlicher Gegenwart des Völkerapostels.

[170] JOHANNES CHRYSOSTOMUS, *comm. in Gal.* (PG 61, 625f).

Gal 1,11–2,14: Die narratio des Briefes

In den Kommentaren wird der Abschnitt hinsichtlich seiner argumentativen Kraft in der Situation in Galatien gewürdigt. Nach MARIUS VICTORINUS will Paulus dartun, dass er das Evangelium nicht von Menschen gelernt hat und dass die Galater es nicht mit der Toraobservanz verknüpfen sollen.[1] Die Tatsache, dass Paulus auf seine Person zu sprechen kommt und sich als glaubwürdigen Lehrer[2] präsentiert, bedeutet, dass die Galater zu Zeugen seiner eigenen Biographie werden;[3] das dient der Selbstverteidigung des Apostels[4] oder zum Beweis dafür, dass die Wahrheit auf seiner Seite steht.[5]

Gal 1,11–24: Berufung und frühe Missionsarbeit des Paulus

Gal 1,11f

Ich lasse euch nämlich wissen, Brüder: Das Evangelium, das ich verkündigt habe, ist nicht nach Menschenweise; ich habe es ja nicht von einem Menschen übernommen oder gelehrt bekommen, sondern durch die Offenbarung Jesu Christi.

Wahrgenommen wird der Gegensatz zwischen menschlicher und göttlicher Vermittlung, dann das Faktum der Offenbarung als solcher. Der genannte Gegensatz wird 1. zunächst allgemein als Autoritätsaufweis zugunsten der Apostel verwendet, dient dann aber auch trinitätstheologischen Interessen. 2. Das Faktum der Offenbarung wird zu „historisch-kritischer" Erkenntnis ebenso wie zur Rechtfertigung bzw. Bestreitung bestimmter Ansprüche herangezogen. 3. In der Schriftauslegung wird die Funktion der Stelle als textinterner Autoritätsaufweis zugunsten des Paulus erkannt.

---

[1] MARIUS VICTORINUS, *in Gal.* 1,13f (CSEL 83/2, 105). Der Begriff *narratio*/διήγησις ist unter rhetorischer Analyse der neutestamentlichen Briefe wieder neu zu Ehren gekommen, vgl. BETZ, Galaterbrief, 1988.

[2] JOHANNES CHRYSOSTOMUS, *comm. in Gal.* (PG 61, 647).

[3] JOHANNES CHRYSOSTOMUS, *comm. in Gal.* (PG 61, 616); ähnlich THEODORET VON CYRUS, *in Gal.* (PG 82, 465 D).

[4] THEODOR VON MOPSUESTIA, *in Gal.* (SWETE 12).

[5] JOHANNES CHRYSOSTOMUS, *comm. in Gal.* (PG 61, 625), mit zusätzlichem Verweis auf 2Kor 5,12; 1Kor 4,3: Paulus unterwirft sich nicht dem Urteil seiner Adressaten.

1. TERTULLIAN erweist unter Anspielung auf Gal 1,11f, dass die Lehre der Apostel von diesen nicht nach eigenem Gutdünken ausgewählt wurde.[6] In der Folgezeit belegt Gal 1,11f mehrfach die Gottheit Christi,[7] speziell gegen Manichäer[8] und Arianer.[9]

2. DIONYSIUS VON ALEXANDRIEN entnimmt Gal 1,11f und Gal 2,2 „historisch-kritische" Erkenntnis: Paulus erwähnt Offenbarungen, die er nicht gesondert aufgeschrieben hat; hingegen verweisen Johannesevangelium und Johannesoffenbarung überhaupt nicht aufeinander und stimmen fast nirgends überein, stammen u.a. deshalb nicht von demselben Verfasser.[10]

MANI hat Gal 1,1.11f wie 2Kor 12,2–5 als Beweis dafür angeführt, dass auch Paulus andeutend über seine Entrückungen schrieb, und sich selbst in diese Tradition hineingestellt.[11] Nach AUGUSTINUS können sich die Manichäer für ihre Ablehnung des Alten Testamentes nicht auf die Wendung *in lege vestra* im Munde Jesu (Joh 8,17) berufen: Paulus bezeichnet in Gal 1,11 das Evangelium ebenfalls als „sein Evangelium", wiewohl er es durch eine Offenbarung Christi empfangen hat.[12] Beweiskräftig ist die Analogie, dass in beiden Fällen der Verkündiger der Botschaft nicht ihr Autor ist.

3. In der Schriftauslegung wird die Leistungskraft der Stelle für die Argumentation gegenüber den Galatern herausgehoben.

Der Autoritätsaufweis für Paulus liegt beschlossen in dem Gegensatz zwischen menschlicher und göttlicher Vermittlung sowie in der Tatsache der Offenbarung. Der Umstand, wie plötzlich es zu der Bekehrung kam, zeigt das unmittelbare Handeln Gottes. Eine rein menschlich gewonnene Überzeugung lässt sich so schnell nicht ändern![13] Klargestellt werden soll, dass Paulus nicht aufgrund seiner erst nachösterlich erfolgten Berufung den anderen Aposteln unterlegen sei, sondern Autorität beanspruchen dürfe.[14]

Andere Autoren nehmen Bezug auf die antipaulinische Agitation: Sie kann nicht als Evangelium gelten.[15] JOHANNES VON DAMASKUS sieht die Argumentation in Gal 1,11f mit dem Inhalt dieser Agitation begründet:[16]

---

[6] TERTULLIAN, *praescr.* 6,4 (CCL 1, 191).
[7] NOVATIAN, *trin.* 13,6 (CCL 4,33); ORIGENES nach PAMPHILUS, *apol. Orig.*, 111 (FC 80, 326).
[8] MARIUS VICTORINUS, *in Gal.* 1,11 (CSEL 83/2, 103).
[9] EUSEBIUS VON CÄSAREA, *Marcell.* 1,1,7 (GCS 14, 6); Ps.-VIGILIUS VON THAPSUS, *c. Varimad.* 3,33 (CCL 90, 112).
[10] DIONYSIUS VON ALEXANDRIEN, *prom.* (BGL 2, 63 = EUSEBIUS VON CÄSAREA, *h.e.* 7,25,23 (GCS 9, 698). Gegen die chiliastische Verwertung der Johannesoffenbarung hält DIONYSIUS sie nicht für kanonisch.
[11] *CMC* 60,13–62,9 (KOENEN/RÖMER, 40–43).
[12] AUGUSTINUS, *c. Faust.* 16,13 (CSEL 25/1, 452).
[13] JOHANNES CHRYSOSTOMUS, *comm. in Gal.* (PG 61, 626).
[14] THEODORET VON CYRUS, *in Gal.* (PG 82, 465 C).
[15] AUGUSTINUS, *exp. Gal.* 6,2f (CSEL 84, 61), mit Verweis auf Ps 115,11: Jeder Mensch ist ein Lügner.
[16] JOHANNES VON DAMASKUS, *in Gal.* (PG 95, 781 A).

Nimm wahr, wie er [...] bekräftigt, dass er Schüler Gottes geworden sei. Diejenigen, die die Galater zur Beschneidung zwingen wollten, sagten nämlich: Jene, die unmittelbar Schüler Christi geworden sind, Petrus und Jakobus und Johannes, ließen die Beschneidung zu, dieser aber (scil. Paulus) ist nur ein Schüler von Schülern: Sollte man nicht eher sich nach jenen richten statt nach diesem?

Die Gegenüberstellung „geistlich – fleischlich" wird zu antimanichäischer Polemik verwendet,[17] vor allem aber zur Abgrenzung gegen die jüdische wörtliche Befolgung des Zeremonialgesetzes.[18] Die Verkündigung des Paulus hat, so AMBROSIASTER, *spiritalia* enthalten, deren Einhaltung ein Verdienst vor Gott bewirkt.[19] Hingegen wird jetzt das, was vor der Zeit Christi gegolten hat, fleischlich, denn 1. Wer es nicht hält, ist verflucht, 2. Wer es hält, wird dadurch nicht gerechtfertigt, denn der Gerechte wird durch Glauben leben (Hab 2,4).[20]

Gal 1,13f

Ihr habt doch gehört, wie ich früher als gesetzestreuer Jude gelebt habe, (und wisst), wie maßlos ich die Kirche Gottes verfolgte und zu vernichten suchte. In der Treue zum jüdischen Gesetz übertraf ich die meisten Altersgenossen in meinem Volk, und mit dem größten Eifer setzte ich mich für die Überlieferungen meiner Väter ein.

In verschiedener Richtung aktualisiert wird die Aussage über die Verfolgertätigkeit des Paulus. 1. In der Ketzerpolemik wird hervorgehoben, dass sie in der Schrift geweissagt ist und als freie Entscheidung des Paulus zu gelten hat. 2. Im Zuge sittlicher Ermahnung wird vor einer Nachahmung des Lebenswandels des vorchristlichen Paulus gewarnt. 3. In den Kommentaren wird die Stelle zusätzlich kontextbezogen ausgelegt.

1. Gal 1,13f kann gegen Marcion, gegen die Gnosis und gegen Mani gleichermaßen gewendet werden. Ist nach TERTULLIAN die Verfolgertätigkeit des Paulus in der Hl. Schrift (in Gen 49,27: Benjamin ist ein reißender Wolf) geweissagt – Paulus stammt nach Phil 3,5 aus dem Stamm Benjamin –, so kann Paulus nicht einen anderen Gott als den verkündigen, der durch die Heilige Schrift zu den Menschen spricht.[21] Nach ORIGENES war die Verfolgertätigkeit des Paulus Ergebnis seiner eigenen Entscheidung; von daher ist die gnostische

---

[17] MARIUS VICTORINUS, *in Gal.* 1,11 (CSEL 83/2, 103).
[18] MARIUS VICTORINUS, *in Gal.* 1,8 (CSEL 83/2, 101). Hintergrund dieser Verknüpfung fleischlich/geistlich mit ritueller/ethischer Toraobservanz ist u.a. Gal 3,3.
[19] AMBROSIASTER, *in Gal.* 1,12,2 (CSEL 81/3, 12).
[20] AMBROSIASTER, *in Gal.* 1,12,2 (CSEL 81/3, 12). Vorweggenommen ist damit auch das neuzeitlich diskutierte Nebeneinander der faktischen und der apriorischen Antwort auf die Frage, warum die „Werke des Gesetzes" nicht rechtfertigen (zur Terminologie vgl. zu Gal 2,16).
[21] TERTULLIAN, *adv. Marc.* 5,1,5 (CCL 1, 664).

These der Wesensverschiedenheit der vernünftigen Geschöpfe verfehlt.[22] Die Lebenswende des Apostels zeigt für EPIPHANIUS VON SALAMIS gegen MANI, dass Jesu Wort von dem guten und dem schlechten Baum Mt 7,18–20 nicht auf Gott und den Teufel gedeutet werden kann.[23] Nach EUSEBIUS VON EMESA ist es der Eifer des Paulus, der es möglich werden lässt, dass Gott ihn, nach Korrektur der falschen Zielrichtung dieses Eifers, zur Verkündigung des Evangeliums beruft. So wird die Lehre von der Willensfreiheit des Menschen verteidigt.[24]

2. Zur Stärkung der Autorität des Paulus[25] wird in der *Epistula Apostolorum* sein Auftreten von dem auferstandenen Christus u.a. wie folgt gewürdigt: „dafür, dass er mich verfolgt und gehasst hatte, wird er zu mir bekehren und predigen und lehren, und er wird unter meinen Auserwählten sein, ein auserwähltes Rüstzeug".[26] Rezipientenorientiert ist folgende Ankündigung des Damaskusgeschehens als Stärkung des Gottvertrauens in Verfolgungszeiten auszulegen:[27]

Jenen Mann (scil. den Christenverfolger Paulus) aber werde ich abwenden, dass er nicht hingeht und den bösen Plan vollbringt, und durch ihn wird Ehre meines Vaters eintreten. Denn nachdem ich fortgegangen bin und bei meinem Vater weile, werde ich vom Himmel her mit ihm reden, und es wird alles geschehen, wie ich es euch über ihn vorhergesagt habe.

Bei ORIGENES wird Gal 1,13f antignostisch ausgelegt, um die These der menschlichen Willensfreiheit der sittlichen Mahnung nutzbar zu machen. Zu Röm 5,19 wird unterschieden zwischen „viele" und „alle", zwischen „Sündigen" und „Sünder sein": Wenn ein Gerechter einmal sündigt, ist er immer noch von einem Sünder zu unterscheiden, der durch viele Sünden die Gewohnheit zu sündigen angenommen hat. Der von Gal 1,13f her mögliche Einwand, Paulus hätte sich selbst als Sünder bezeichnen können, verfängt nicht: Es ist ein Unterschied, ob die Schrift oder ein Prophet oder der Herr jemanden als Sünder bezeichnet oder ob ein Gerechter sein eigener Ankläger wird.[28] In der Auslegung zu *ordinate in me caritatem* (Hld 2,4) rechtfertigt das Beispiel des unterschiedlichen Maßes der Liebe Gottes zu Paulus vor und nach dessen Bekehrung die Unterscheidung zwischen der generellen, dem Mitmenschen als Menschen geltenden Nächstenliebe und der *caritas specialis* gegenüber demjenigen, der in seiner Lebensführung oder seiner Arbeitsleistung sich positiv hervortut.[29]

---

[22] ORIGENES, *princ.* 1,8,2 (GÖRGEMANNS/KARPP, 254); ders., *Jo.* 20, 135–138 (SC 290, 224–226).

[23] EPIPHANIUS VON SALAMIS, *haer.* 66,62,6 (GCS 37, 100).

[24] EUSEBIUS VON EMESA, *hom.* 1,1.7 (BUYTAERT 13.17f), gegen ein Missverständnis von Joh 6,65 gerichtet; ders., *hom.* 14,10 (BUYTAERT 330).

[25] MÜLLER, Epistula Apostolorum, in: SCHNEEMELCHER, Apokryphen I, 207.

[26] *EpAp* 31/42 (SCHNEEMELCHER I 223).

[27] *EpAp* 33/44 (SCHNEEMELCHER I 224).

[28] ORIGENES, *comm. in Rom.* 5,5 (FC 2/3, 116).

[29] ORIGENES, *comm. in Cant.* 3,7,8–11 (SC 376, 552), mit Verweis auf 1Thess 5,13.

Die Verfolgertätigkeit des Paulus gilt bei Ps.-CYPRIAN als Beispiel für die weltliche Lebensweise, der ein Märtyrer nicht wieder verfallen soll,[30] der Eifer für die väterlichen Satzungen fungiert bei TERTULLIAN als Beispiel für das von dem Fortschritt in der Tugend überwundene Verhalten.[31]

Aber auch im einzelnen hat die Beschreibung seiner vorchristlichen Vergangenheit, so HIERONYMUS, Bezüge zum rechten christlichen Verhalten: Dass Paulus viele, nicht alle, die Altersgenossen, nicht die Älteren übertroffen habe, schreibe er, um den Anschein des Selbstruhmes zu vermeiden.[32]

3. In den Kommentaren wird die Tatsache, dass Paulus auf seine Person zu sprechen kommt, in mehrfacher Richtung ausgewertet. Die Galater werden zu Zeugen seiner Biographie;[33] auch wird die durch göttliche Intervention[34] überwundene jüdische Vergangenheit des Paulus zur Mahnung an die Galater, an ihrer christlichen Gegenwart festzuhalten.[35] Wenn schon der durch seine Ausbildung bei dem hervorragenden Gamaliel qualifizierte Jude Paulus die Toraobservanz hinter sich ließ, sollen die Galater sich ihr erst recht nicht unterstellen,[36] zumal das Gesetz nicht zur Vollkommenheit führen kann.[37] Wenn Paulus im Geiste der „väterlichen Satzungen" die Christen verfolgt hat, sei daran nicht das Gesetz schuld, sondern dessen jüdisches fleischliches Missverständnis.[38] Nach JOHANNES CHRYSOSTOMUS will Paulus in Gal 1,14 die Motivation seines Handelns auch gegenüber den Galatern vor Missdeutung sicherstellen:[39]

Wenn ich gegen die Kirche arbeitete nicht aus menschlichen Beweggründen, sondern aus Eifer für Gott, einem zwar irregeleiteten, aber doch wahren Eifer, wie sollte ich jetzt, wo ich für die Kirche eintrete, nachdem ich die Wahrheit erkannt, dieses aus eitler Ruhmsucht tun?

Andernorts ist die Berufung des Christenverfolgers dem Patriarchen Beweis für die Macht Gottes ebenso wie die Berufung des Zöllners Matthäus, der, anders als die Fischer Petrus, Jakobus und Johannes, einen Beruf ausgeübt hat, der

---

[30] Ps.-CYPRIAN, *centesima* (REITZENSTEIN 87f). Vorausgesetzt ist dabei, dass die Wendung „besprach ich mich nicht mit Fleisch und Blut" aus Gal 1,16 vom Kontext isoliert und nicht auf die menschlichen Autoritäten, sondern auf die Sündhaftigkeit der σάρξ bezogen wird.

[31] TERTULLIAN, *pudic.* 1,13 (CCL 2, 1282). Die Aussage ist auf das Werden der persönlichen Vollkommenheit bezogen, nicht eine Abgrenzung von den „Satzungen" der Großkirche.

[32] HIERONYMUS, *in Gal.* (CCL 77 A, 29); ähnlich PELAGIUS, *in Gal.* (SOUTER 309f).

[33] Bei der Bekehrung seien sie nicht dabei gewesen, wohl aber wüssten sie um sein Wirken als Verfolger, trotz der Entfernung zwischen Palästina und Galatien (JOHANNES CHRYSOSTOMUS, *comm. in Gal.* (PG 61, 626), ähnlich THEODORET VON CYRUS, *in Gal.* (PG 82, 465 D)!

[34] Sie war nötig angesichts des Eifers (PELAGIUS, *in Gal.* [SOUTER 309]), der sogar den seiner (jugendlichen) Altersgenossen übertraf; so THEODOR VON MOPSUESTIA, *in Gal.* (SWETE 12).

[35] HIERONYMUS, *in Gal.* (CCL 77 A, 27f).

[36] AMBROSIASTER, *in Gal.* 1,14,3 (CSEL 81/3, 13).

[37] HIERONYMUS, *in Gal.* (CCL 77 A, 29); JOHANNES VON DAMASKUS, *in Gal.* (PG 95, 781 B).

[38] AUGUSTINUS, *exp. Gal.* 7,2-4 (CSEL 84, 61f).

[39] JOHANNES CHRYSOSTOMUS, *comm. in Gal.* (PG 61, 627). Die Worte καθ' ὑπερβολήν (über die Maßen) zeigen, dass der Apostel die Kirche gänzlich zu zerstören trachtete.

mit Unrecht verbunden war.⁴⁰ Ähnlich fragt MARIUS VICTORINUS: Was ist so großartig wie überwunden zu werden in seiner Denkweise und die gegenteilige anzunehmen?⁴¹ Für THEODOR VON MOPSUESTIA impliziert Gal 1,12f, dass Paulus nicht das Gesetz verachtet, sondern das, was dem Gesetz überlegen ist, erwählt hat.⁴²

Einzelne Wendungen in diesem Text werden bei HIERONYMUS einer eigenen Auslegung gewürdigt: Die väterlichen Gesetze unterscheidet Paulus als Menschensatzungen von den Geboten Gottes; wenn Paulus von der Gemeinde Gottes, nicht von der Gemeinde Christi spricht, dann will er entweder die Gottheit Christi bezeugen oder betonen, dass die Gemeinde die Gemeinde eben des Gottes ist, der auch das Gesetz gegeben hatte.⁴³

Gal 1,15

Als aber Gott, der mich schon im Mutterleib auserwählt und durch seine Gnade berufen hat, mir in seiner Güte

1. Gal 1,15 erscheint textintern als Autoritätsaufweis zugunsten des Paulus, textextern als Bekräftigung des eigenen Wahrheitsanspruches. 2. Der Stelle werden in antignostischer Polemik anthropologische Aussagen entnommen. 3. In trinitätstheologischen Auseinandersetzungen veranlasst das Verbum „berufen" wegen der Subjektsangabe, dass durch den Vergleich zu anderen Aussagen über „Berufung" Gal 1,15 indirekt dazu verhilft, die Gottheit des Heiligen Geistes oder auch des Sohnes zu beweisen. 4. In den Kommentaren wird gefragt, warum Paulus überhaupt berufen werden konnte; ebenso wird die Funktion der Aussagen gegenüber den Galatern geklärt.

1. Marcion bestimmt anhand von Gal 1,15f als den Zweck der Berufung des Paulus, dem Evangelium von dem fremden Gott in der Kirche wieder Gehör zu verschaffen. In der koptisch-gnostischen *Paulusapokalypse* wird durch das variierte Zitat von Gal 1,15 („gesegnet von Mutterleib an") das paulinische Selbstverständnis anerkennend aufgenommen.⁴⁴ Schließlich hat der manichäische Apologet BARAIES die Berufung Manis in exakter Parallele zur Berufung des Paulus verstanden.⁴⁵

2. In antignostischer Polemik erweist die Stelle für IRENÄUS aufgrund der Wendung „vom Mutterschoß an" die Erlösungsfähigkeit des menschlichen

---

⁴⁰ JOHANNES CHRYSOSTOMUS, *hom. in Mt.* 30,1 (PG 57, 362).
⁴¹ MARIUS VICTORINUS, *in Gal.* 1,24 (CSEL 83/2, 111), ähnlich EPHRÄM, *in Gal.* (MMK 126).
⁴² THEODOR VON MOPSUESTIA, *in Gal.* (SWETE 12).
⁴³ HIERONYMUS, *in Gal.* (CCL 77 A, 28).
⁴⁴ *ApkPl* (*NHC* V,2, 18,17f; 23,3f [NHS 11,50.60]); dazu s.o.
⁴⁵ RIES, Paul, 13f. Das trifft wohl Manis Selbstverständnis (s. die Einleitung). – Die angebliche Parallele zwischen *CMC* 69,1–20 und Gal 3,1–5 (RIES, Paul, 21) sehe ich nicht.

Leibes,⁴⁶ für ORIGENES und HIERONYMUS aufgrund der Tatsache der Berufung des ehemaligen Christenfeindes die menschliche Willensfreiheit.⁴⁷ Die menschliche Willensfreiheit und das ebenfalls bei ORIGENES grundgelegte Interpretationsmotiv der *praescientia Dei* werden später auch unabhängig von dem antignostischen Kontext zur Auslegung herangezogen.

Dass es Gott gefallen hat, seinen Sohn dem Paulus zu offenbaren (Gal 1,15), verwendet (Ps.)-DIDYMUS gegen NOVATIAN als Schriftbeweis für die Möglichkeit der Buße auch für die Christen.⁴⁸

3. Gal 1,15 und Joh 15,16.19 beweisen, dass die Berufung zu einem besonderen Dienst von Gott Vater und Gott Sohn ausgehen kann;⁴⁹ das Nebeneinander von Gal 1,15f (Berufung des Paulus durch Gott) und Röm 1,6 (Berufung der Römer durch Jesus Christus) ist Beweis für die Gottheit Christi.⁵⁰ Später kann die Wendung „seinen Sohn in mir zu offenbaren" als Autoritätsaufweis zugunsten des Paulus und seiner Christologie verbucht werden, die Jesus Christus als Gott nicht *per progressionem*, sondern von Anfang an und zugleich als wahrhaft Mensch Gewordenen bestimmt.⁵¹

4. In der Schriftauslegung wird bei feststehendem Vorauswissen Gottes⁵² gefragt, was auf Seiten des Paulus die Erwählung begünstigt haben kann. Verwiesen wird auf seinen Eifer, der nur in die richtigen Bahnen gelenkt werden musste,⁵³ oder, so JOHANNES CHRYSOSTOMUS, auf seinen Gehorsam, den Gott vorausgesehen habe. Dieser Vorsehung Gottes soll man trauen und deshalb nicht fragen, warum die Bekehrung des Paulus nicht schon vor seiner Zeit als Christenverfolger erfolgt ist,⁵⁴ ähnlich wie auch bei den Arbeitern im Gleichnis vom Weinberg Mt 20,1–16 der verschiedene Zeitpunkt ihrer Berufung auf die von Gott vorausgesehenen Bereitschaft zum Gehorsam und nicht auf Gottes Willkür

---

⁴⁶ IRENÄUS VON LYON, *haer.* 5,12,5 (FC 8/5, 100–102); vgl. auch *haer.* 5,15,3 (FC 8/5, 130–132). NOORMANN, Irenäus, 319 mit Anm 322, hinterfragt die Überzeugungskraft des Argumentes mit Hinweis auf die valentinianische Interpretation von Gal 1,15: Die Stelle wird auf die Güte der „Natur" des Paulus gedeutet, die sich von der „Natur" der Sünde unterscheide.

⁴⁷ ORIGENES, *comm. in Rom.* (frgm. 1 RAMSBOTHAM; FC 2/6, 34–42); ders., *comm. in Rom.* 1,3 (FC 2/1, 86), mit Bezug auf 1Kor 15,10; 2Kor 11,27; 1Kor 9,26f: Gott habe Paulus aufgrund der im Voraus ersehenen Verdienste berufen, nicht aufgrund einer besseren Natur. Auch wisse Paulus wohl, dass er dem Gericht unterworfen ist. Genauso wenig kann Gal 1,15 die These belegen, angesichts der Präszienz Gottes sei das Gebet unnötig (ORIGENES, *or.* 5,4 [GCS 2, 310]).

⁴⁸ (Ps.?)-DIDYMUS DER BLINDE, *Trin.* 1,30,19–23 (HÖNSCHEID 206), mit zusätzlichem Verweis auf Kol 1,12–14; 1Kor 1,9; Eph 2,17f.

⁴⁹ (Ps.?)-DIDYMUS DER BLINDE, *Trin.* 2,8,2 (PG 39, 625 A).

⁵⁰ Ps.-ATHANASIUS, *inc. et c. Ar.* 17 (PG 26, 1013 A). Bei Ps.-ATHANASIUS, *trin. et spir.* 10 (PG 26, 1200 BC), treten Gal 1,1 (Berufung des Paulus durch Christus) sowie Apg 13,1–4 hinzu (Berufung des Barnabas und des Paulus durch den Heiligen Geist), ähnlich bei Ps.-EUSEBIUS VON VERCELLI, *trin.* 12, 63–65 (CCL 9, 178f).

⁵¹ PROCLUS VON KONSTANTINOPEL, *ep.* 2,14 (PG 65, 872 BC).

⁵² PELAGIUS, *in Gal.* (SOUTER 310); BUDAPESTER ANOYMUS, *Gal.* (FREDE 220).

⁵³ AMBROSIASTER, *in Gal.* 1,16,1 (CSEL 81/3, 14).

⁵⁴ JOHANNES CHRYSOSTOMUS, *laud. Paul.* 4 (PG 50, 487f).

oder Ungerechtigkeit verweist.[55] In seinem Galaterkommentar interpretiert der Kirchenlehrer Gal 1,15 aber auch als sittliche Mahnung unter Bezugnahme auf Apg 9,15 und 1Tim 1,16: Gott selbst gibt als Grund an, Paulus sei um seiner ἀρετή willen erwählt (Apg 9,15), während Paulus selbst alles der göttlichen unaussprechlichen Menschenliebe und der Gnade zuschreibt.[56] Der Leser soll die Demut des Paulus bemerken. Mit ähnlicher Stoßrichtung zieht JULIAN VON ECLANUM eine Parallele zwischen der Berufung des Paulus und der des Amos (Am 7,10–17): Paulus hat nicht ein Amt oder einen Vorteil erstrebt, sondern sei gehorsam sogleich seinem Auftrag nahegekommen, so wie Amos nicht aus eigenem Ehrgeiz, sondern nur durch die Erwählung dessen, der ihn berufen hat, an diese Aufgabe gekommen sei.[57]

AUGUSTINUS kommt zu Gal 1,15 weder auf die Berufung zum Heidenapostel zu sprechen noch auf Jer 1,5[58], er legt vielmehr die *segregatio de uentre matris* auf die „Lösung von der blinden Gewohnheit der fleischlichen Eltern" aus.[59] Ein ähnliches ethisches Verständnis bietet er im Kommentar zu Psalm 139,13:[60]

Der Paulus von Mutterleib an ausgesondert hat, hat auch uns ausgesondert vom Leib unserer Mutter Babylon, weshalb wir, wiedergeboren in ein neues Leben, uns der neuen Hoffnung, der neuen Verlockungen, des neuen Lichtes erfreuen. Denn weder macht uns zeitliches Glück selig noch zeitliches Unglück bedauernswert, wenn wir das wahre Gute und das Bleibende lieben.

Die intendierte Wirkung dieser Worte auf die Galater bedenkt THEODOR VON MOPSUESTIA. Der Verweis auf Gottes Vorherwissen soll ausschließen, dass man die Verkündigung des Apostels leichtfertig als irgendeine Neuigkeit oder als eine menschliche Erfindung einschätze. JOHANNES VON DAMASKUS fragt mit Bezug auf 1Tim 1,16: Wenn Gott Paulus von Mutterleib an ausgesondert hat zum Apostelamt, wie ist er dann ein Verfolger geworden? Paulus selbst, so der Exeget, beantwortet diese Frage mit dem Hinweis auf Christi Langmut zum Vorbild der zukünftig Glaubenden.[61]

Die Wendung „durch seine Gnade" deutet MARIUS VICTORINUS als Gnade, dass man überhaupt der Gotteserkenntnis teilhaftig werden kann,[62] Ps.-HIERONYMUS als Gegensatz zu den eigenen Verdiensten.[63]

---

[55] JOHANNES CHRYSOSTOMUS, *hom. in Mt.* 64,3 (PG 58, 613).
[56] JOHANNES CHRYSOSTOMUS, *comm. in Gal.* (PG 61, 627f). Für die Betonung der χάρις vgl. PELAGIUS, *in Gal.* (SOUTER 310): *Non meis meritis*.
[57] JULIAN VON ECLANUM, *Am.* 2,7,14–16 (CCL 88, 310).
[58] Auf die Nähe zu Jer 1,5 verweist POLYCHRONIUS (?), *comm. in Jer.* (PG 64, 748 C).
[59] AUGUSTINUS, *exp. Gal.* 8,2 (CSEL 84, 62).
[60] AUGUSTINUS, *en. Ps.* 138, 18 (CCL 40, 2002f); PROSPER VON AQUITANIEN, *in psalm.* 138,13 (CCL 68 A, 170).
[61] JOHANNES VON DAMASKUS, *in Gal.* (PG 95, 781 C).
[62] MARIUS VICTORINUS, *in Gal.* 1,15 (CSEL 83/2, 108).
[63] Ps.-HIERONYMUS, *in Gal.* (PL 30, 808 A).

Gal 1,16

seinen Sohn offenbarte, damit ich ihn unter den Heiden verkündige, da zog ich keinen Menschen zu Rate (wörtl.: besprach ich mich nicht mit Fleisch und Blut);

Sekundärliteratur: LINDEMANN, Paulus im ältesten Christentum.

1. In der Frühzeit wird der Verweis auf die Offenbarung Gal 1,16aα im Dienst der Häretikerbekämpfung rezipiert. 2. In den Kommentaren wird dann auch Gal 1,16aβ.b bedacht. 3. Die Frage nach dem Verhältnis zwischen Gal 1; 2 und Apg 9; 11,25–30; 13,1f; 15 soll in einem eigenen Exkurs erörtert werden.

1. Die Spitzenaussagen des Galaterbriefes, so auch Gal 1,15f, sind Anlass für judenchristliche antipaulinische Gruppen, Paulus abzulehnen. Gal 1,16aα wird in den Pseudoklementinen so angesprochen: Die Wahrheit erkennt man nicht durch einen Traum, sondern durch den Verstand, und die Offenbarung der Wahrheit ist auch dem Petrus zuteil geworden, aber durch die Belehrung seitens des Irdischen![64] Umgekehrt dient Gal 1,13–16 auch zu antijüdischer Polemik: JULIAN VON TOLEDO deutet die Berufung des Paulus als Loslösung vom Gesetz, dessen Zeitalter damit gegen jüdische Anschauung abgelaufen ist.[65]

Ist das Stichwort ἀποκαλύπτειν in Gal 1,16 von Gott Vater, in 1Kor 2,10 vom Heiligen Geist ausgesagt, so ergibt sich für Ps.-DIDYMUS und EPIPHANIUS u.a. daraus die Gottgleichheit des Heiligen Geistes.[66] Eine ähnliche trinitätstheologische Deutung begegnet bei JOHANNES CHRYSOSTOMUS.[67]

2. In der Kommentarliteratur hat der Verweis auf die Offenbarung nur geringes Interesse auf sich gezogen. THEODOR VON MOPSUESTIA spielt nur kurz auf Apg 9 an.[68] JOHANNES CHRYSOSTOMUS bedenkt zweierlei: 1. Der Vergleich mit Lk 10,22 zeigt, dass der Sohn den Vater und der Vater den Sohn offenbart,[69] und das impliziert: Zu einer arianischen Subordination des Sohnes besteht kein biblisches Recht. 2. Warum heißt es in Gal 1,16 nicht „mir", sondern „in mir"? Paulus hat den Glauben nicht nur durch Worte kennengelernt, sondern dadurch, dass ihn der Heilige Geist erfüllt; die Offenbarung erleuchtet seine Seele und er hatte Christus in sich reden.[70]

---

[64] *hom.* 18,17,5–18,1 (GCS 42, 239).
[65] JULIAN VON TOLEDO, *comprob.* 2,8 (CCL 115, 186).
[66] Ps.-DIDYMUS, *Trin.* 2,5 (PG 39, 497 B); EPIPHANIUS VON SALAMIS, *Anc.* 68,16 (GCS 25, 84), bei veränderter Lesart von 1Kor 2,10.
[67] JOHANNES CHRYSOSTOMUS, *comm. in Gal.* (PG 61, 628).
[68] THEODOR VON MOPSUESTIA, *in Gal.* (SWETE 13): *de caelo* verweist auf Apg 9,3. Von AMBROSIASTER und AUGUSTINUS wird er nicht näher bedacht.
[69] Ohne diesen Querbezug deutet FILASTRIUS, *Diversarum hereseon liber* 155,6 (CCL 9, 319), die „Offenbarung" auf den Aufweis Christi aus dem Gesetz und den Propheten.
[70] JOHANNES CHRYSOSTOMUS, *comm. in Gal.* (PG 61, 628).

Die Auslegung von Gal 1,16aβ („damit ich ihn unter den Heiden verkündigte") kann entfallen: Der Heidenapostel ist der Traditionsträger für die eigene Kirche schlechthin. THEODOR VON MOPSUESTIA erkennt in dem Zusammenhang von V. 16aα und V. 16aβ, dass Paulus den Galatern gegenüber wiederum die Legitimität seiner Verkündigung betont, die eben nicht als menschliche Erfindung abzuqualifizieren sei.[71]

Gal 1,16b wurde von antichristlicher Polemik in Beschlag genommen. Die Worte „besprach ich mich nicht mit Fleisch und Blut" hatte PORPHYRIUS auf die Urapostel gedeutet, „die dadurch als kompromittiert erscheinen".[72] Christliche Autoren suchten das Verhalten des Paulus zu rechtfertigen. Nach GREGOR VON NYSSA und JOHANNES CHRYSOSTOMUS ist in Gal 1,16b gesagt, dass Paulus nach der göttlichen Offenbarung des Sohnes in ihm keinen Menschen gebraucht hat, der ihn in den göttlichen Mysterien hätte unterweisen müssen.[73] THEODOR VON MOPSUESTIA sieht in der genannten Wendung den Versuch des Paulus, mit der geschuldeten Vorsicht der Wortwahl (d.h. ohne die Apostel zu kompromittieren) seinen Besuch in Jerusalem als eigentlich unnötig hinzustellen; die Worte „Apostel" oder „Menschen" wären eher kompromittierend gewesen.[74] Eine ethische Applikation entnimmt (Ps.)-BASILIUS VON CÄSAREA der Stelle: Vorbildlich ist der unverzügliche Gehorsam des Apostels.[75]

Ohne Berücksichtigung der hebräischen geprägten Wendung „Fleisch und Blut" wird Gal 1,16 gelegentlich zur Klärung der Semantik des Begriffes „Fleisch" herangezogen. Erstaunlicherweise verweist u.a. gerade HIERONYMUS auf Gal 1,16 zu der (sonst natürlich richtigen) Behauptung, mit dem Begriff „Fleisch" könne auch auf die Sündhaftigkeit bezogen werden; die Wendung in Gal 1,16 deutet er auf die *prava doctrina et opera Iudaeorum*.[76] Als Warnung vor den sündlichen Neigungen dient die Stelle bei PRISCILLIAN und bei BEDA VENERABILIS.[77] CYRILL VON ALEXANDRIEN verweist auf Lk 3,6 und Gal 1,16 zugunsten seiner Behauptung, der Begriff „Fleisch" stehe manchmal von dem Lebewesen als ganzes, ja bisweilen allein von der Seele. Er benötigt das zur

---

[71] THEODOR VON MOPSUESTIA, in Gal. (SWETE 13), ähnlich zuvor JOHANNES CHRYSOSTOMUS, comm. in Gal. (PG 61, 628).

[72] HARNACK, Porphyrius, 52, zu PORPHYRIUS, *Frgm.* 21 (= Frgm. 102 BERCHMAN, S. 169), der den Dissens zwischen den Evangelisten und Paulus betont. – Schon TERTULLIAN hatte die Wendung „Fleisch und Blut" auf das Judentum gedeutet (TERTULLIAN, *resurr.* 50,7 [CCL 2, 993]).

[73] GREGOR VON NYSSA, *Cant.* 14 (GNO 6,403); JOHANNES CHRYSOSTOMUS, *comm. in Gal.* (PG 61, 629). Dass der Apostel später doch nach Jerusalem hinaufgegangen sei, ist in den Worten εὐθέως οὐ (statt der bloßen Verneinung οὐ) angedeutet (ders., *comm. in Gal.* [PG 61, 630]).

[74] THEODOR VON MOPSUESTIA, *in Gal.* (SWETE 14). JOHANNES CHRYSOSTOMUS, *comm. in Gal.* (PG 61, 628), sieht in der Wendung „Fleisch und Blut" die Apostel nach ihrer (menschlichen) Natur benannt; man könne diese Wendung auch aber auf die Menschen überhaupt beziehen.

[75] Ps.-BASILIUS VON CÄSAREA, *in Jes.* 22 (PG 30, 508 B).

[76] HIERONYMUS, *c. Joh.* 28 (CCL 79 A, 51): *de prava doctrina et opere Iudaeorum*.

[77] PRISCILLIAN, *tract.* 1,24 (CSEL 18,20); BEDA VENERABILIS, *princ. Gen.* 2,9,4 (CCL 118 A, 132), auf der Grundlage der Vulgata-Lesart *continuo non acquieui carni et sanguini*. Die Deutung wird schon bei JOHANNES CHRYSOSTOMUS, *hom. in Ac.* 21,1 (PG 60, 163) erwogen.

Auslegung von Joh 1,14a: Christus ist ganzer Mensch geworden, aus einer Seele und einem Leib entstanden.[78] Solche Applikation bietet aber auch sein Gegner THEODORET VON CYRUS: Für ihn zeigt die Wendung „Fleisch und Blut", dass „Fleisch" im biblischen Sprachgebrauch nicht ausschließlich negativ konnotiert ist. Insofern ist auch die Bezeichnung „Mensch" neben „Gott" für Christus angemessen.[79]

3. In welches historische Verhältnis die Texte Gal 1; 2 einerseits, Apg 9; 11,25–30; 13,1f; 15 andererseits gesetzt werden, ist nunmehr i.w. anhand der Kommentare zu beiden biblischen Büchern darzustellen.

In mehreren Galaterkommentaren[80] wird auf die o.a. Vergleichstexte nicht Bezug genommen. AMBROSIASTER und THEODORET setzen die in Gal 1,18f erwähnte Reise mit keiner der in Apg 9; 11 berichteten Jerusalemreisen in Beziehung; die in Gal 2 erwähnte Reise entspricht für sie wie schon für IRENÄUS und TERTULLIAN[81] dem Geschehen von Apg 15.[82]

HIERONYMUS vermerkt die Spannungen zwischen Apg 9,26–28 (Besuch des Paulus in Jerusalem bald nach der Berufung) und Gal 1,17–19 (Besuch erst nach drei Jahren)[83] und erwägt die äußere Gleichsetzung der in Gal 2 und Apg 15 geschilderten Ereignisse.[84] Für die erstgenannte Schwierigkeit nennt er verschiedene Möglichkeiten des Ausgleichs:

1. Paulus sei ein erstes Mal nach Jerusalem hinaufgegangen, um vor den Verfolgungen in Damaskus auszuweichen, ohne spezielles Interesse an der Heiligen Stadt. Als auch dort Verfolgungen drohten, sei er in die Arabia gegangen und habe nach drei Jahren Petrus besucht.

2. Lukas verschweige den Aufenthalt in der Arabia aufgrund des Misserfolges des Apostels. Das bedeutet aber nicht, dass Paulus umsonst in der Arabia gewesen wäre; vielleicht war ihm aufgrund einer göttlichen Intervention (so Apg 16,6), eine missionarische Arbeit verwehrt.

3. Auf der Ebene wörtlichen Verstehens ist Gal 1,17 kein Nutzen zu entnehmen, da der Leser von der Arabienreise, nicht aber von deren Zweck und Erfolg erfährt. Deshalb, so HIERONYMUS unter Berufung auf Gal 4,24f, könne die Stelle auch allegorisch ausgelegt werden: Ist das Alte Testament in der Arabia übermittelt, so habe Paulus dort in Wahrheit das Alte Testament auf Christus hin studiert, sei dann nach Damaskus, d.h. zur Betrachtung des Leidens Christi zurückgekehrt und von dort aus, gestärkt durch die prophetische Lektion, nach

---

[78] CYRILL VON ALEXANDRIEN, *schol. inc.* 25 (PG 75, 1396 C – 1397 A).

[79] THEODORET VON CYRUS, *eran.* 2 (ETTLINGER, 115).

[80] Zu nennen sind MARIUS VICTORINUS, PELAGIUS, AUGUSTINUS, EPHRÄM, THEODOR VON MOPSUESTIA und JOHANNES VON DAMASKUS.

[81] IRENÄUS VON LYON, *haer.* 3,13,3 (FC 8/3, 166); TERTULLIAN, *adv. Marc.* 5,2,7 (CCL 1, 667f). Beide polemisieren damit gegen die marcionitische Verwerfung der Apostelgeschichte.

[82] AMBROSIASTER, *in Gal.* 2,2,2–4 (CSEL 81/3, 18); THEODORET VON CYRUS, *in Gal.* (PG 82, 469 AB). HIERONYMUS, *in Gal.* (CCL 77 A, 42), referiert diese These ohne Stellungnahme.

[83] HIERONYMUS, *in Gal.* (CCL 77 A, 33–36).

[84] HIERONYMUS, *in Gal.* (CCL 77 A, 42).

Jerusalem gezogen, den Ort der Schau und des Friedens, um sein Evangelium mit dem der anderen Apostel zu vergleichen.

Bei JOHANNES CHRYSOSTOMUS ist das Bild angesichts seiner sonstigen Bibelkenntnis erstaunlich unklar. Die in Gal 15,2 angesprochene Reise[85] findet er in Gal 1,17 (sic!) wieder; die Negation in Gal 1,17 bezieht er darauf, dass Paulus nicht freiwillig reiste. Dem Apostel habe während all seiner Besuche in Jerusalem eine Haltung der Skepsis entgegengeschlagen (vgl. Apg 21,21).[86] Die Ereignisse in Damaskus unmittelbar nach seiner Berufung (Apg 9,23–25; 2Kor 11,32f) würden von Paulus in Gal 1,17 aus Demut heraus nicht beschrieben.[87]

Die Frage nach dem historischen Bild dieser Epoche in altkirchlicher Literatur lässt sich gelegentlich auch anhand der Galater-Rezeption außerhalb der eigentlichen Kommentarliteratur aufhellen: ALEXANDER VON ZYPERN bringt Gal 2,1–10 mit der in Apg 11,28–30 geschilderten Jerusalemreise in Verbindung, Apg 15 stelle ein späteres Ereignis dar.[88]

In den Kommentaren zur Apostelgeschichte ist das Bild unterschiedlich, wobei der fragmentarische Erhaltungszustand einiger wichtiger Werke[89] keine definitiven Aussagen erlaubt. Darzustellen sind Aussagen von JOHANNES CHRYSOSTOMUS und von BEDA VENERABILIS.

JOHANNES CHRYSOSTOMUS, der seine Homilien zur Apostelgeschichte später verfasst hat als den Kommentar zum Galaterbrief, erörtert das Verhältnis zwischen beiden Textgruppen in seinen Homilien nur zu Apg 9,26. Für die genannten Spannungen zwischen Apg 9,26 und Gal 1,17–19 diskutiert er fünf verschiedene Möglichkeiten,[90] ohne sich selbst festzulegen:

1. Paulus habe nach Gal 1,17 nicht in Jerusalem *bleiben* wollen, denn, so Gal 1,16, er besprach sich nicht mit Fleisch und Blut.

2. Er ging nicht hinauf zu den Aposteln, sondern wollte sich zu den Schülern halten, er, der ja noch kein Lehrender, sondern erst Schüler war. Aber er ging nicht dazu hinauf, von den anderen Aposteln zu lernen.

3. Er verschweigt in Gal 1,17 den Besuch in Jerusalem, so dass sich die Sache so verhält: Er ging nach Arabien, dann kam er nach Damaskus, dann nach Jerusalem, dann nach Syrien.

---

[85] JOHANNES CHRYSOSTOMUS, *comm. in Gal.* (PG 61, 630). Irrtümlich hält er Silas für den Begleiter der in Apg 15,2 genannten Reise des Paulus.

[86] JOHANNES CHRYSOSTOMUS, *comm. in Gal.* (PG 61, 634). Unsere o.a. Darstellung interpretiert in seiner Zitateinleitung Διὸ καὶ ἔλεγε, Θεωρεῖ, ἀδελφέ ... (Apg 21,20f) das διό im allgemeinen Sinne. Ein Gedächtnisfehler liegt vor, wenn JOHANNES CHRYSOSTOMUS, *comm. in Gal.* (PG 61, 631) den Vorgang von Apg 21,17–26 in den Zusammenhang der Jerusalemreise Apg 15 einstellt.

[87] JOHANNES CHRYSOSTOMUS, *comm. in Gal.* (PG 61, 630f).

[88] ALEXANDER VON ZYPERN, *Barn.* (PG 87/3, 4095 B – 4096 A).

[89] Bei EUSEBIUS VON EMESA, THEODOR VON MOPSUESTIA und CYRILL VON ALEXANDRIEN sind zu den genannten Stellen keine Fragmente erhalten; CASSIODOR kommt in deren Kommentierung nicht auf den Galaterbrief zu sprechen. Von DIDYMUS DEM BLINDEN sind Fragmente zu Apg 9 erhalten, in denen er auf den Galaterbrief ebenfalls nicht eingeht. AMMONIUS VON ALEXANDRIEN, *Ac.* (PG 85, 1523 D – 1608 A) bietet keine Ausführungen zu Apg 9,26; im Kommentar zu Apg 15 erwähnt er Gal 2 nicht.

[90] JOHANNES CHRYSOSTOMUS, *hom. in Ac.* 21,1 (PG 60, 163).

4. Er geht nach Jerusalem, wird von dort nach Damaskus, dann nach Syrien, dann wieder nach Damaskus, dann nach Cäsarea geschickt, und dann nach 14 Jahren, geht er mit Barnabas hinauf.

5. Die Ausführungen des Lukas beziehen sich auf eine andere Zeit.

Anlässlich der in Apg 11,29 genannten Hilfeleistung der Jünger erinnert der Kirchenlehrer an Gal 2,10, ohne dass der hinführende Text eindeutig hinsichtlich der Alternative historische Einordnung vs. theologische Aussage zu interpretieren wäre.[91] In seinen Homilien zu Apg 15 gleicht er nirgends zu Gal 2 aus und vermerkt lediglich: Es gab kein Zerwürfnis, vielmehr reichten die Apostel einander die Hand.[92] In Gal 2,6 erklärt er den Teilsatz „sie haben mir nichts auferlegt" mit den Worten „sie haben mich nicht belehrt, nicht korrigiert"; das lässt die Frage nach einem Ausgleich zu Apg 15,29 erst gar nicht aufkommen.[93]

BEDA VENERABILIS erörtert in seinen beiden Acta-Kommentaren das Verhältnis zwischen Gal 1 und Apg 9 unterschiedlich intensiv. In der *expositio Actuum Apostolorum* vermerkt er nur, die Angabe *cum autem uenisset in Hierusalem* in Apg 9,26 impliziere nicht notwendig einen baldigen Besuch.[94] Umfangreicher ist die Erörterung in der *retractatio in Actus apostolorum*: Die in Gal 1,12.15–17 benannte Offenbarung über das *mysterium euangelicae dispensationis* sei in den drei Tagen der Blindheit des Paulus erfolgt.[95] Der in Gal 1,18f beschriebene Besuch sei mit dem Geschehen von Apg 9,27 ineinszusetzen,[96] das Geschehen von Gal 1,21 (Aufenthalt in Syrien und Kilikien) mit dem von Apg 9,29f[97] Die u.a. in Gal 2,10 angesprochene Kollekte werde auch in Apg 24,17 erwähnt.[98] Die Berufung des Paulus sei gegen apokryphe Traditionen nicht bereits gemeinsam mit der des Barnabas in das zweite Jahr nach der Passion Jesu zu datieren.[99]

Im Chronicon Paschale (7. Jh.) wird die Berufung des Paulus auf das Jahr 42, die mit Apg 9,26–28 identifizierte Reise des Paulus nach Gal 1,18f auf das Jahr 43 gelegt; der „Zeitraum von drei Jahren" bezieht sich auf den Regierungsantritt des Herodes Agrippa I. 41 n.Chr.[100]

---

[91] JOHANNES CHRYSOSTOMUS, *hom. in Ac.* 25,2 (PG 60, 193).

[92] JOHANNES CHRYSOSTOMUS, *hom. in Ac.* 33,3 (PG 60, 243), mit Verweis auf Gal 2,6.9. Auch in *hom. in Ac.* 34 (PG 60, 245–248) wird Gal 2,11–14 mit Apg 15,36–41 nicht kritisch verglichen.

[93] JOHANNES CHRYSOSTOMUS, *comm. in Gal.* (PG 61, 637): οὐκ ἐδίδαξαν, οὐ διώρθωσαν; ähnlich MARIUS VICTORINUS, *in Gal.* (CSEL 83/2, 116); AMBROSIASTER, *in Gal.* (CSEL 81/3, 23).

[94] BEDA VENERABILIS, *Act.* 9,26 (CCL 121, 45). Ermöglicht ist ihm diese Exegese deshalb, weil Apg 9,26 „keinen konkreten Zeitraum" nennt (MÜLLER-ABELS, Umgang, 369).

[95] BEDA VENERABILIS, *retract. in Act.* 9,11–12 (CCL 121, 137).

[96] BEDA VENERABILIS, *retract. in Act.* 9,27 (CCL 121, 138).

[97] BEDA VENERABILIS, *retract. in Act.* 9,29f (CCL 121, 138). Tarsus liegt in Kilikien, Cäsarea Philippi in Syrien.

[98] BEDA VENERABILIS, *retract. in Act.* 24,17 (CCL 121, 160).

[99] BEDA VENERABILIS, *retract. in Act.* 9,29–30 (CCL 121, 139). In *retract. in Act.* 13,2 (CCL 121, 144) spezifiziert er die „apokryphen Bücher": es handelt sich um den *liber de obitu sanctae Mariae*.

[100] *Chron. Pasch.* (PG 92, 561 BC).

Gal 1,17

ich ging auch nicht sogleich nach Jerusalem hinauf zu denen, die vor mir Apostel waren, sondern zog nach Arabien und kehrte dann wieder nach Damaskus zurück.

Die Stelle wird mit der einen Ausnahme der apokryphen Paulusakten erst in der Kommentarliteratur bedacht.

Der Hinweis auf die, die „vor Paulus" Apostel waren, wird in 3Kor 3,4 textintern als Legitimation des Paulus, textextern als Aufforderung an die Leser zur Treue gegenüber der in diesem Brief gebotenen Belehrung eingebracht. In den Kommentaren wird die Stelle teilweise als Hinweis darauf verstanden, dass Paulus keine Notwendigkeit sah, in Jerusalem von den anderen Aposteln zu lernen, da ihm das Wesentliche durch Gott selbst offenbar geworden ist.[101] EPHRÄM legt Gal 1,17b als Äußerung des Gehorsams aus: Der Apostel wolle nicht irgendwohin gehen, wohin ihn Gott nicht geschickt habe.[102] JOHANNES CHRYSOSTOMUS betont, dass Paulus nicht in eigensinniger Torheit (Spr 26,12; Jes 5,21; Röm 12,16) handelt.[103] THEODORET sieht die Vorhaltungen der Gegner widerlegt, Paulus habe sein Evangelium von den Aposteln empfangen, sich an die gemeinsame Verkündigung jedoch nicht gehalten.[104] Für AMBROSIASTER ergibt sich, dass die Lehre der Gegner des Paulus nicht von Gott ist.[105]

Gal 1,18

Dann ging ich drei Jahre später nach Jerusalem hinauf, um Kephas kennenzulernen, und blieb fünfzehn Tage bei ihm.

Die Stelle findet, wie kaum anders zu erwarten, am ehesten in der Kommentarliteratur ihre Resonanz. Gefragt wird, warum Paulus Kephas kennenlernen will und warum er nur so kurze Zeit bleibt.

1. Dass Paulus nicht zu dem Zweck kam, um von Kephas etwas zu lernen, ist Konsens. In der positiven Antwort differieren die Auslegungen. Für die östlichen Ausleger stellt Gal 1,18 klar, dass nicht Verachtung, sondern Ehrerbietung

---

[101] MARIUS VICTORINUS, *in Gal.* 1,17 (CSEL 83/2, 109); AMBROSIASTER, *in Gal.* 1,17,1 (CSEL 81/3, 14); PELAGIUS, *in Gal.* (SOUTER 310).

[102] EPHRÄM, *in Gal.* (MMK 126f).

[103] JOHANNES CHRYSOSTOMUS, *comm. in Gal.* (PG 61, 629).

[104] THEODORET VON CYRUS, *in Gal.* (PG 82, 468 B). Die Erwähnung der „Arabia" ermöglicht die allegorische Auslegung von Jes 11,14b („Nach Edom und Moab werden sie ihre Hände ausstrecken; die Ammoniter werden ihnen gehorsam sein"): Diese Ankündigung sei verwirklicht, denn in Arabien wohnen Moabiter und Ammoniter (THEODORET VON CYRUS, *Jes.* [SC 295, 56]).

[105] AMBROSIASTER, *in Gal.* 1,17 (CSEL 81/3, 14f).

Petrus gegenüber das leitende Motiv des Völkerapostels war.[106] Die „Stadtrömer" MARIUS VICTORINUS und AMBROSIASTER verweisen der Sache nach auf Mt 16,18f,[107] letzterer auch auf einen Legitimationseffekt zugunsten des Paulus: Petrus solle wissen, dass dem Paulus diese *licentia* gegeben sei, die er selbst empfangen habe, und auch im Hinblick auf die falschen Apostel, die Paulus verleumden, soll die Aussage seine Autorität unterstützen.[108] EPHRÄM und AUGUSTINUS stellen keinen Bezug zu Mt 16,18 her. Paulus sei gekommen, um die brüderliche Liebe auch durch die persönliche Bekanntschaft zu vertiefen.[109]

Die Zeitspanne der 15 Tage wird als relativ kurze Zeitspanne gewertet, zu kurz, als dass Paulus damals alles von Petrus habe lernen können.[110]

Gal 1,19

Von den anderen Aposteln aber habe ich keinen gesehen, nur Jakobus, den Bruder des Herrn.

Lit: VICIANO VIVES, Exégesis; ders., Exegese.

Gal 1,19 wird vornehmlich wegen der Thematik des „Herrenbruders"[111] rezipiert, 1. zunächst mit mariologischen Interessen, 2. dann unter trinitätstheologischen und christologischen Problemstellungen.

Aufgrund der Vorstellung der immerwährenden Virginität Mariens erwächst das Problem, wie die biblischen Aussagen über die „Brüder Jesu" verstanden werden sollen. Doch der Begriff ἀδελφός kann, so HIERONYMUS, den wirklichen Bruder bezeichnen, aber auch die Zugehörigkeit zu demselben Volk, die weitere Verwandtschaft oder gar ein auf Zuneigung gründendes Verhältnis; der Titel „Herrenbruder" bezeichne die weitere Verwandtschaft.[112] So gilt Jakobus entweder als Sohn Josephs aus einer früheren Ehe[113] oder als Sohn des Klopas

---

[106] JOHANNES CHRYSOSTOMUS, *comm. in Gal.* (PG 61, 632); THEODOR VON MOPSUESTIA, *in Gal.* (SWETE 14); THEODORET VON CYRUS, *in Gal.* (PG 82, 468 C); (Ps.?)-JOHANNES CHRYSOSTOMUS, *enc. Paul.* (PG 63, 848).

[107] MARIUS VICTORINUS, *in Gal.* 1,18 (CSEL 83/2, 109): Petrus ist das *fundamentum ecclesiae*; AMBROSIASTER, *in Gal.* (CSEL 81/3, 15): ihm hatte der Herr die Sorge um die Kirche anvertraut.

[108] AMBROSIASTER, *in Gal.* 1,18 (CSEL 81/3, 15).

[109] AUGUSTINUS, *exp. Gal.* 8,4 (CSEL 84, 63). Singulär ist die Benutzung der Schlusswendung „bei ihm" bei FULGENTIUS VON RUSPE, *ad Monim.* 7,1 (CCL 91, 62f). zur Abgrenzung von Joh 1,1 (*Verbum erat apud Deum*): Bei dem Menschen ist ein Verständnis von *apud* im Sinne des *in ipso substantialiter esse* ausgeschlossen, nicht aber bei Gott: So ist die Homousie Christi bewiesen.

[110] MARIUS VICTORINUS, *in Gal.* 1,18 (CSEL 83/2, 109); HIERONYMUS, *in Gal.* (CCL 77 A, 36).

[111] Bloße Bezugnahmen auf den Terminus „Herrenbruder" werden i.F. nicht aufgeführt.

[112] HIERONYMUS, *virg. Mar.* 14 (PL 23, 183–206).

[113] EUSEBIUS VON CÄSAREA, *h.e.* 2,1,2 (GCS 9/1, 104); EPIPHANIUS, *haer.* 66,19,7; 78,7,6 (GCS 37, 44.457); AMBROSIASTER, *in Gal.* 1,19 (γ-Rezension) (CSEL 81/3, 16) polemisch gegen einige, die die Brüder Jesu als leibliche Söhne Mariens, aber nicht des Joseph ansehen.

bzw. des Alphäus und der Maria, der Schwester der Herrenmutter.[114] Gelegentlich werden beide Möglichkeiten erwogen.[115] Häufig wird auf die gemeinsame Erziehung verwiesen, die den Namen „Herrenbruder" rechtfertige.[116]

2. MARIUS VICTORINUS spricht dem von den Symmachianern vereinnahmten Jakobus die Apostelwürde ab.[117] Paulus erwähne die Begegnung, damit die Galater ihm nicht seine Unkenntnis der Verkündigung des Jakobus vorhalten und seinen Tadel zurückweisen können.[118]

Häufiger wird auf den Terminus „Herrenbruder" in christologischen Diskussionen Bezug genommen. Nach THEODORET ist die Tatsache, dass der Herr irdische Verwandtschaft hat, christologisch analog der Tatsache seiner Leiden zu bewerten; wenn Paulus den Gekreuzigten als den Herrn der Herrlichkeit anspricht (1Kor 2,8), deutet das nicht auf eine Ununterschiedenheit der Naturen, sondern auf die Einswerdung Gottes und des Menschen in Christus.[119] NESTORIUS erschließt u.a. aus Gal 1,19, dass der Titel „*Dominus*" auch den Menschen Jesus bezeichnen kann.[120] Nestorianer haben angeblich die Bezeichnung *frater Domini* ins Feld geführt zugunsten ihrer Trennungschristologie: *frater dei* wäre ja wohl doch blasphemisch. JOHANNES MAXENTIUS hingegen sieht diesen Sprachgebrauch *secundum carnem* als möglich an.[121]

Gal 1,20

Was ich euch aber schreibe – siehe, vor Gott (ist es offenbar), dass ich nicht lüge.

DIONYSIUS VON ALEXANDRIEN rechtfertigt mit Gal 1,20 gegenüber Germanus sein Verhalten während der valerianischen Christenverfolgung.[122]

---

[114] JOHANNES CHRYSOSTOMUS, *comm. in Gal.* (PG 61, 632); THEODORET VON CYRUS, *in Gal.* (PG 82, 468 CD): Jakobus ist Sohn des Klopas; BEDA VENERABILIS, *Mc.* 1,3,18 (CCL 120, 472): Jakobus ist Sohn des Alphäus und wird in Mk 3,18 erwähnt. Die Schwester der Herrenmutter war nacheinander mit Alphäus und mit Klopas verheiratet. Die Herkunft der Brüder Jesu aus der weiteren Verwandtschaft Marias vermutet auch HIERONYMUS, *virg. Mar.* 14 (PL 23, 183–206).

[115] AUGUSTINUS, *exp. Gal.* 8,5 (CSEL 84, 63).

[116] EPIPHANIUS, *haer.* 78,7,9 (GCS 37, 458); als Erklärung vorausgesetzt bereits bei ORIGENES, *Cels.* 1,47 (SC 132, 198–200): Jakobus verdient den Namen „Herrenbruder" nicht nur wegen der Blutsverwandtschaft und der gemeinsamen Erziehung, sondern auch wegen des Charakters und Geistes.

[117] MARIUS VICTORINUS, *in Gal.* 1,19 (CSEL 83/2, 110).

[118] MARIUS VICTORINUS, *in Gal.* 1,19 (CSEL 83/2, 110); vgl. THEODOR VON MOPSUESTIA, *in Gal.* (SWETE 15). Für JOHANNES CHRYSOSTOMUS, *comm. in Gal.* (PG 61, 632), ist die Bezeichnung „Herrenbruder" statt „Sohn des Klopas" Anzeichen für die Hochachtung gegenüber Jakobus.

[119] THEODORET VON CYRUS, *eran.* 3 (ETTLINGER 224–226).

[120] NESTORIUS, *serm.* 7,42 (Übersetzung MARIUS MERCATOR), (PL 48, 799 B).

[121] JOHANNES MAXENTIUS, *c. Nest.* 2,8 (CCL 85 A, 86).

[122] Bei EUSEBIUS VON CÄSAREA, *h.e.* 6,40,1 (GCS 9, 596).

Gal 1,21–24

AUGUSTINUS betrachtet Gal 1,20 als Schwur; den Ausgleich zu Jesu Schwurverbot Mt 5,33–37 vollzieht er mit dem Gedanken, der Apostel habe deshalb schwören müssen, weil er dem Unglauben der Galater nicht anders beigekommen wäre.[123] Der Schwur ist kein Gut, das man um seiner selbst willen erstrebt; man leistet ihn nur im Falle einer Notwendigkeit.[124] Später wird Gal 1,20 zu einem zusätzlichen Argument gegen HIERONYMUS' Interpretation von Gal 2,11–14 als eines verabredeten Scheingefechtes: Das dem Apostel Paulus zu unterstellen hieße ihm nicht nur Lüge, sondern auch Meineid unterstellen, da er doch von sich sagt: Gott weiß, dass ich nicht lüge.[125]

Gal 1,21–24

Danach ging ich in das Gebiet von Syrien und Zilizien. Den Gemeinden Christi in Judäa aber blieb ich persönlich unbekannt, sie hörten nur: Er, der uns einst verfolgte, verkündigt jetzt den Glauben, den er früher vernichten wollte, und sie lobten Gott um meinetwillen.

Der Text wurde zunächst in der Schriftauslegung in seinem Gesamtzusammenhang rezipiert, dann erst setzt die Rezeption einzelner Motive ein. 1. Im Bezug auf die Auseinandersetzung von Galatien gewinnen diese Verse ihr Profil daraus, dass Paulus den judäischen Gemeinden unbekannt ist und sie dennoch über seine Wende vom Verfolger zum Prediger zum Lob Gottes finden. 2. An einzelnen Motiven sind wahrzunehmen 2.1 die Erklärung, warum Paulus nach Syrien und Kilikien geht, 2.2 antijüdische Polemik zu der Tatsache der judenchristlichen Gemeinden in Judäa,[126] 2.3 Betrachtungen zur Lebenswende des Paulus als Autoritätsaufweis zugunsten seiner Person und als Gegenstand der Mahnung und der Polemik, 2.4 schließlich der Verweis auf das Lob Gottes als Mahnung zur Demut.

1. In der galatischen Situation fungiert das Lob der judäischen Gemeinden über die Lebenswende des Paulus als Autoritätsaufweises zugunsten des Paulus. Wenn das Evangelium des Paulus diese Gemeinden überzeugt hat, obwohl er ihnen nicht persönlich bekannt war, sollte dies auch die Galater daran binden, keiner anderen Lehre zu folgen.[127] Wiederum mit antijüdischem Einschlag

---

[123] AUGUSTINUS, *exp. Gal.* 9,2–6 (CSEL 84, 63f); weitere Belege zum Problem des Schwörens bei RING, Gnade, 336f; AUGUSTINUS, *serm.* 180, 5/5 (PL 38, 975) mit der Lesart *ecce coram Deo* in der Mitte des Verses.
[124] AUGUSTINUS, *s. dom. m.* 1,17,51 (CCL 35, 57f).
[125] AUGUSTINUS, *mend.* 43 (CSEL 41, 465).
[126] EPHRÄM, *in Gal.* (MMK 127) versteht die Wendung τῆς Ἰουδαίας nicht als geographische Angabe, sondern bezieht sie generell auf Judenchristen.
[127] MARIUS VICTORINUS, *in Gal.* 1,21–24 (CSEL 83/2, 111f). Ähnlich HIERONYMUS: Die galatischen Gegner können sich deshalb nicht auf die judäischen Gemeinden berufen. Außerdem zeigt Paulus

formuliert AMBROSIASTER: Haben die judäischen Gemeinden Gott dafür gedankt, dass Paulus, vom Verfolger zum Prediger des Evangeliums verwandelt, sich vom Judentum losgesagt hat, dann sollen die Galater wissen, dass sie von den Gegnern des Paulus täuschend umgarnt werden, damit sie unter dem Namen Christi sich als Juden bekennen.[128]

2.1 JOHANNES CHRYSOSTOMUS fragt, warum Paulus zur Missionsarbeit nach Syrien und Kilikien gegangen ist, nicht nach Judäa, und verweist zur Antwort auf den Auftrag der Heidenmission sowie auf den Beweggrund des Paulus, nicht auf fremdem Fundament bauen zu wollen (Röm 15,20).[129]

2.2 Gal 1,22 veranlasst AUGUSTINUS zu folgender „kirchengeschichtlicher Bemerkung": Immerhin habe es bereits in Judäa, nicht nur in Jerusalem, so viele Christen aus den Juden gegeben, dass aus ihnen eigenständig lebensfähige Gemeinden werden konnten.[130] Andernorts verwendet er die Stelle in antijüdischer Polemik: Die „Söhne der Verheißung" (Röm 9,8) sind das geistliche Zion, von dem Paulus in Gal 1,22 spricht,[131] und angesichts der im Neuen Testament erwähnten an Jesus glaubenden Israeliten kann das nicht an Jesus glaubende Israel nicht die *hereditas Dei* von Ps 78,1 sein, sich die Klage von Ps 79 nicht prophetisch auf die Zerstörung Jerusalems i.J. 70 n.Chr. beziehen.[132] Hingegen verwirklicht sich die in 1Sam 15,29 LXX angekündigte Teilung Israels in der Teilung zwischen dem nicht an Jesus glaubenden und dem an Jesus glaubenden Israel.[133] Andernorts dient ihm der zu seiner Zeit nicht mehr gegebene judenchristliche Charakter der in Gal 1,22–24 genannten Gemeinden dazu, die in Ps 77,71 erwähnte Indienstnahme Davids weg von seinen Schafen als Hirte für das Volk Jakob, das Erbe Israel, geistlich auf den Übergang der Kirche vom Juden- zum Heidenchristentum hin zu beziehen, das nach Gal 3,29 als Samen Abrahams und Erbe gemäß der Verheißung gilt.[134]

2.3 Gal 1,21–24 half der vormarcionitischen Alten Kirche, dem Problem zu begegnen, dass Paulus „dem Idealbild des Jesus von Anfang an begleitenden Jüngers und Apostels nicht entsprach: Paulus ist Beispiel für Gottes Gnade, die selbst den Verfolger zum Verkündiger macht".[135] In der allegorischen Auslegung des ORIGENES zu Hld 1,6b („die Söhne meiner Mutter kämpften mit mir.

---

aufs Neue seine Unabhängigkeit von den anderen Aposteln: nur Christus hatte er als Lehrer (HIERONYMUS, *in Gal.* [CCL 77 A, 40f]).

[128] AMBROSIASTER, *in Gal.* 1,24 (CSEL 81/3, 17).
[129] JOHANNES CHRYSOSTOMUS, *comm. in Gal.* (PG 61, 632).
[130] AUGUSTINUS, *exp. Gal.* 9,7 (CSEL 84, 64).
[131] AUGUSTINUS, *adv. Iud.* 5,6 (PL 42, 55).
[132] AUGUSTINUS, *en. Ps.* 78,2 (CCL 39, 1098f).
[133] AUGUSTINUS, *civ.* 17,7 (CSEL 40/2, 230).
[134] AUGUSTINUS, *en. Ps.* 77,44 (CCL 39, 1095f). AUGUSTINUS bemüht sich, Ps 77,71 trotz des unpassenden Bildes (der Übergang der Kirche von Israel zu den Heiden ist, wie AUGUSTINUS vermerkt, nicht völlig mit dem Übergang des Hirtendienstes Davids von Schafen zu Menschen zu vergleichen) hinsichtlich des *tollere / transferre* christologisch zu deuten.
[135] LINDEMANN, Paulus im Ältesten Christentum, 113.

Sie haben mich zur Hüterin in den Weinbergen eingesetzt, doch meinen Weinberg habe ich nicht behütet") gilt der Verfolger Paulus als in den „Söhnen" vorabgebildet; seine Lebenswende wird mit Hilfe von Gal 1,23 beschrieben; der Schlusssatz „meinen Weinberg habe ich nicht behütet", wird nicht negativ, sondern positiv gedeutet und auf seine in 1Kor 9,19–22 beschriebene Selbstlosigkeit bezogen.[136]

Die Lebenswende des Paulus ist Anlass zur Mahnung zum Gebet für schlechte Menschen um deren Besserung,[137] ist Erweis für die Macht Gottes,[138] *exemplum* zugunsten der These, dass die Gnade dem menschlichen Willen zuvorkommt,[139] ist Modell dessen, wie Gott den Menschen als sein Ebenbild sucht und erneuert.[140] THEODORET bringt sie in das schöne Bild, dass nunmehr der Wolf die Tätigkeit des Hirten übernimmt.[141]

2.4 Der Lobpreis Gottes angesichts der Lebenswende des Paulus wird einmal im Sinne antimarcionitischer Polemik[142] rezipiert, zum anderen als Mahnung zur Demut. Rühmenswert ist die Bescheidenheit des Paulus: Nicht er selbst will gepriesen sein, vielmehr erklärt er alles als Werk der Gnade.[143] Andernorts werden Querbezüge zu Gal 1,10 und Mt 5,16 hergestellt: Paulus suche nicht den Menschen seiner selbst wegen zu gefallen, sondern, dass in ihm Gott verherrlicht würde.[144]

Gal 2,1–10: Das Apostelkonzil

Es gilt, sich zwei grundlegende Tatsachen vor Augen zu halten:

1. Erfolgt in heutiger Exegese die Auslegung von Gal 2 und Apg 15 nicht ohne Seitenblicke auf das jeweilige Gegenstück, so ist dies in altkirchlicher Rezeption zumeist anders;[145] vgl. die Ausführungen zu Gal 1,17.

2. Vorausgesetzt ist meist ein bestimmtes historisches Bild der Verhandlungen in Jerusalem, das in den Hauptzügen dem heutigen Bild gleicht: Die von den „Säulen" vertretene Position, die eine Zustimmung zu den Anliegen des

---

[136] ORIGENES, *hom. in Cant.* 1,7 (SC 37, 94).
[137] AUGUSTINUS, *serm.* 56,3/3 (PL 38, 378); *serm.* 168, 6/6 (PL 38, 914): Wie hätten die Gemeinden in Judäa für die Bekehrung des Paulus gedankt, wenn sie nicht zuvor darum gebetet hätten?
[138] PELAGIUS, *in Gal.* (SOUTER 311).
[139] AUGUSTINUS, *ep.* 217,6/24 (CSEL 57, 420).
[140] (Ps.?)-PROSPER VON AQUITANIEN, *vocat. gent.* 1,9 (PL 51, 657 A).
[141] THEODORET VON CYRUS, *in Gal.* (PG 82, 469 A).
[142] Für TERTULLIAN, *praescr.* 23,8 (CCL 1, 205) setzt dieser Lobpreis die Übereinstimmung des Glaubens und der Predigt zwischen Paulus und den anderen Aposteln voraus.
[143] JOHANNES CHRYSOSTOMUS, *comm. in Gal.* (PG 61, 634).
[144] AUGUSTINUS, *exp. Gal.* 9,9 (CSEL 84, 64); FULGENTIUS VON RUSPE, *ep.* 2,35 (CCL 91, 210).
[145] So geht z.B. IRENÄUS auf beide Berichte getrennt und mit unterschiedlicher Fragestellung ein: Das Referat über Apg 15 in *haer.* 3,12,14 (FC 8/3, 156–160) ist an dem Gottesbild interessiert, das Referat über Gal 2,1–10 in *haer.* 3,13,3 (FC 8/3, 166) an der Anerkennung der übrigen Apostel durch Paulus (NOORMANN, Irenäus, 55 mit Anm 94).

Barnabas und Paulus ermöglicht, wird nicht von allen Gemeindegliedern in Jerusalem geteilt. Teilweise wird vermutet, dass Paulus Gal 2,2 fine und Gal 2,6 fine im Hinblick auf diese Gruppe formuliert hat.

Gal 2,1

Vierzehn Jahre später ging ich wieder nach Jerusalem hinauf, zusammen mit Barnabas; ich nahm auch Titus mit.

IRENÄUS folgert aus der Übereinstimmung von Gal 2 und Apg 15 über den Zeitpunkt der zweiten Jerusalemreise des Paulus die Zuverlässigkeit des Lukas gegen die marcionitische Verwerfung der Apostelgeschichte.[146]

Die neuzeitliche Streitfrage, ob die 14 Jahre den Zeitraum seit dem in Gal 1,18 erwähnten Jerusalembesuch oder auch die Zeit davor betreffen, wird schon in altkirchlicher Schriftauslegung unterschiedlich beantwortet: HIERONYMUS addiert die Zahlenangaben von Gal 1,18 und Gal 2,1; im *Chronicon Paschale* hingegen ist der Bezugspunkt der 14 Jahre nicht die in Gal 1,18f geschilderte Jerusalemreise des Paulus, sondern die Himmelfahrt Jesu 32 n.Chr., die Berufung des Paulus wird auf 42 n.Chr., seine in Gal 2,1f geschilderte Jerusalemreise auf 46 n.Chr. datiert.[147]

Ist die Zeitspanne der 14 Jahre für MARIUS VICTORINUS nur die Bekräftigung dessen, dass Paulus sein Evangelium nicht durch menschliche Vermittlung erhalten hat,[148] so wird ansonsten doch gefragt, warum Paulus erst nach 14 Jahren auf die Idee kommt, ob er nicht etwa ins Leere gelaufen sei? In den Antworten wird sowohl auf die Gnade des Heiligen Geistes[149] als auch auf den Verdacht der Juden hinsichtlich möglicher Lehrdifferenzen zwischen Paulus und den Uraposteln verwiesen[150] oder auch auf die Uneinigkeit zwischen den Gefolgsleuten des Petrus und Paulus[151] – diese Erklärungen müssen sich in der damaligen Zeit keineswegs ausschließen. Unter Einfluss von Apg 15,1f rekonstruiert THEODORET die Ereignisse.[152]

---

[146] IRENÄUS VON LYON, *haer.* 3,13,3 (FC 8/3, 166).

[147] *Chron. Pasch.* (PG 92, 565 A), ähnlich ALEXANDER VON ZYPERN, *Barn.* 14 (PG 87/3, 4095 C).

[148] MARIUS VICTORINUS, *in Gal.* 2,1 (CSEL 83/2, 112).

[149] JOHANNES CHRYSOSTOMUS, *comm. in Gal.* (PG 61, 633). Auch AUGUSTINUS, *exp. Gal.* 10,2 (CSEL 84, 64) sieht durch den Verweis auf die Offenbarung diese Frage beantwortet.

[150] AMBROSIASTER, *in Gal.* 2,2,1f (CSEL 81/3, 17f).

[151] JOHANNES VON DAMASKUS, *in Gal.* (PG 95, 784 B).

[152] THEODORET VON CYRUS, *in Gal.* (PG 82, 469 A–B). Wie THEODORET den Ausgleich findet zu Gal 2,6, wird nicht deutlich, weil seine Auslegung von Gal 2,6–14 nicht erhalten ist.

Gal 2,2

Ich ging hinauf aufgrund einer Offenbarung, legte der Gemeinde und im Besonderen den „Angesehenen" das Evangelium vor, das ich unter den Heiden verkündige; ich wollte sicher sein, dass ich nicht vergeblich laufe oder gelaufen bin.

1. Der Schriftgebrauch richtet sich zunächst auf das Bild des vergeblichen Laufes, das den ethisch verfehlten Wandel ebenso bezeichnen kann wie die Häresie. Daneben stehen Bezugnahmen auf die Tatsache, dass Paulus überhaupt diese Offenbarung erwähnt, sowie die Mahnungen, den Hass zu zügeln bzw. das Gespräch mit anderen zu suchen. 2. Das Interesse der Schrifterklärung richtet sich vor allem auf die letzten zwei Teilstücke des Verses.

1. Die Befürchtung des Paulus, er sei „vergeblich gelaufen", wird zunächst als Mahnung zum ethischen Wohlverhalten wahrgenommen.[153] HIERONYMUS betont, dass Paulus bei allem Dissens zu Petrus keinen tödlichen Hass gegen ihn hege, wie er es von seiten Rufins erlebt.[154] Im monastischen Kontext wird vermerkt: Auch Paulus, der Christus in sich reden hatte (2Kor 13,3), verzichtete nicht auf die Beratung mit den anderen, ähnlich wie Mose den Rat Jethros nicht verschmähte (Ex 18,24) – so soll man nicht allein der eigenen Unterscheidungsgabe vertrauen.[155]

2. Die Schriftauslegung richtet sich i.w. auf die Wendung κατ' ἰδίαν und den Schlussteil des Satzes. Der Verweis auf die Offenbarung wird nur im Zusammenhang der Frage bedacht, warum Paulus erst nach 14 Jahren die Reise nach Jerusalem angetreten habe (Gal 2,1). Zu Apg 15,2 (Beschluss der Gemeindeversammlung in Antiochia) wird nicht ausgeglichen.

Die Angabe „speziell vor den Angesehenen"[156] wird mehrfach auf die allgemeinen Verdächtigungen gegen Paulus bezogen, zu deren Illustration die Äußerung des Jakobus Apg 21,20f (sic!) herangezogen werden kann; die Übereinstimmung des Paulus mit den anderen Aposteln sollte der Jerusalemer Öffentlichkeit die Haltlosigkeit ihrer Verdächtigungen dartun.[157]

Ansonsten zieht vor allem die Schlusswendung „dass ich nicht vergeblich liefe oder gelaufen wäre" die Aufmerksamkeit auf sich; sie wird kontextgemäß auf die Frage der Übereinstimmung des paulinischen Evangeliums mit dem der

---

[153] *EpAp* 27 (DUENSING 23); POLYKARP, *ep.* 9,2 (LINDEMANN/ PAULSEN, 252)

[154] HIERONYMUS, *adv. Rufin.* 3,2 (SC 303, 216). Umgekehrt vermisst Rufin bei seinem Gegner die in Gal. 6,1 geforderte *spiritalis mansuetudo* (RUFIN, *apol. adv. Hier.* 2,41 [CCL 20, 116]).

[155] ANTIOCHUS IM SABASKLOSTER, *serm.* 83 (PG 89, 1685 D – 1688 A); JOHANNES CASSIAN, *conl.* 16,12 (CSEL 13, 447f), *conl.* 2,15,1–3 (CSEL 13,58f).

[156] JOHANNES CHRYSOSTOMUS, *comm. in Gal.* (PG 61, 634) bemerkt zur Doppelbedeutung des Verbums δοκοῦσιν: Paulus wolle den anderen Aposteln nicht ihre wahre Bedeutung absprechen, da er auch von sich feststellt „es scheint, dass auch ich Gottes Geist besitze" (1Kor 7,40).

[157] JOHANNES CHRYSOSTOMUS, *comm. in Gal.* (PG 61, 634); THEODORET VON CYRUS, *in Gal.* (PG 82, 469 B).

anderen Apostel[158] bezogen, nicht etwa auf seinen missionarischen Erfolg. Lassen die Ausführungen bei MARIUS VICTORINUS die Bereitschaft des Paulus zur Selbstkorrektur, EPHRÄMS Worte *scrupulose verebar* gar die Möglichkeit gewisser Selbstzweifel des Apostels offen,[159] wird diese Auslegung von anderen Kommentatoren zumeist abgelehnt: Gal 2,2 fine zeige nicht eine Schwäche des Paulus, sondern wolle der Unwissenheit der Jerusalemer Öffentlichkeit[160] oder der Vermutung der anderen Apostel wehren.[161] Doch nach AUGUSTINUS gilt diese Bemerkung weniger den Jerusalemern als vielmehr den Galatern: Paulus weicht, wie die übrigen (Apostel) bescheinigen, in nichts von der Wahrheit des Evangeliums ab.[162]

Gal 2,3

Doch nicht einmal mein Begleiter Titus, der Grieche ist, wurde gezwungen, sich beschneiden zu lassen.

Zum Problem der Beschneidung des Titus s.u.

THEODOR VON MOPSUESTIA zufolge hat Paulus den Textteil Gal 2,3–5 in die *factorum sequentia* eingeschoben, die in V. 6 ihre Fortsetzung findet.[163] AMBROSIASTER erfasst, unbeschadet seiner Stellung in der textkritischen Frage zu Gal 2,4f (s.u.), deutlich die Funktion der Aussage Gal 2,3 gegenüber den Galatern:[164]

Was ist es, dass ihr euch beschneiden lasst, wenn Titus von den Aposteln, die etwas zu sein schienen, nicht gezwungen wurde, sich zu beschneiden, sondern als Unbeschnittener akzeptiert wurde?

Einige östliche Ausleger werten die Tatsache, dass Titus nicht zur Beschneidung gezwungen wurde, als den stärksten Beweis dafür, dass die Apostel den Heidenchristen nicht die Toraobservanz auferlegen wollten.[165] Nach MARIUS VICTORINUS ist die Hinzufügung der „Neuerung" der Toraobservanz seitens der Galater eine Versündigung.[166]

---

[158] MARIUS VICTORINUS, *in Gal.* 2,2 (CSEL 83/2, 113); ebenfalls AMBROSIASTER, *in Gal.* 2,2,2 (CSEL 81/3, 18), der auf Apg 15,19f verweist.
[159] MARIUS VICTORINUS, *in Gal.*2,2 (CSEL 83/2, 112); EPHRÄM, *in Gal.* (MMK 127).
[160] HIERONYMUS, *in Gal.* (CCL 77 A, 42).
[161] JOHANNES CHRYSOSTOMUS, *comm. in Gal.* (PG 61, 633f); THEODOR VON MOPSUESTIA, *in Gal.* (SWETE 16); PELAGIUS, *in Gal.* (SOUTER 312).
[162] AUGUSTINUS, *exp. Gal.* 10,6 (CSEL 84, 65).
[163] THEODOR VON MOPSUESTIA, *in Gal.* (SWETE I 16).
[164] AMBROSIASTER, *in Gal.* (CSEL 81/3, 19).
[165] THEODORET VON CYRUS, *in Gal.* (PG 82, 469 C).
[166] MARIUS VICTORINUS, *in Gal.* 2,3 (CSEL 83/2, 113).

Gal 2,4

Denn was die falschen Brüder betrifft, jene Eindringlinge, die sich eingeschlichen hatten, um die Freiheit, die wir in Christus Jesus haben, argwöhnisch zu beobachten und uns zu Sklaven zu machen,

1. Im Schriftgebrauch zieht vor allem der Begriff „Falschbrüder" die Aufmerksamkeit auf sich, 2. in der Schriftauslegung werden auch andere Textteile bedacht, ohne dass ein besonderes Interesse an dem Realitätsgehalt der metaphorisch schillernden Sprache des Apostels feststellbar wäre.

1. Gegen Marcion stellt TERTULLIAN die Position der Falschbrüder wie folgt dar: Sie wollten nicht durch eine Interpolation in die Schrift die Lehre von den zwei Göttern umbiegen, sondern durch das Festhalten an der alten Zucht das Gesetz des Schöpfers nicht für ungültig erklärt wissen.[167]

Die Motivation der „falschen Brüder" ist für HIPPOLYT Erfahrungstatsache in der Geschichte des Gottesvolkes.[168] AUGUSTINUS zufolge leidet die Kirche nach Mt 10,24 das, was der Herr gelitten hat; die „falschen Brüder" sind Heuchler, die sich *ficta caritate* an die Kirche hängen.[169] In der Ketzerpolemik begegnet der Begriff „falsche Brüder" bei EPIPHANIUS VON SALAMIS und THEODOT VON ANCYRA.[170]

2. In der Schriftauslegung wird ebenfalls der Begriff der „Falschbrüder" näher bedacht, dann auch die Begriffe „auskundschaften" und „Freiheit".

JOHANNES CHRYSOSTOMUS stellt sich die Frage, warum Paulus in Gal 2,4 von falschen Brüdern spricht, wenn diese doch lediglich die auch von den Aposteln zugelassene Beschneidung für verbindlich erklären wollten. Zur Antwort verweist er auf den Unterschied zwischen zulassen und befehlen; ferner hätten die „falschen Brüder" die Beschneidungsforderung nicht nur für die Judenchristen, sondern auch für die Heidenchristen erhoben.[171]

Das „Auskundschaften" wird auf die Legitimität des paulinischen Apostolates gedeutet[172] oder auch auf den Versuch zu ermitteln, wer von den Heidenchristen noch nicht beschnitten sei.[173] Die „Freiheit" gilt als die Freiheit vom Gesetz des Mose.[174] Ausschlaggebend dürfte neben allgemeinen Erwägungen

---

[167] TERTULLIAN, *adv. Marc.* 5,3,2 (CCL 1, 668).
[168] HIPPOLYT VON ROM, *Dan.* 1,15,1 (SC 14, 98) unter Hinweis auf Sus 12.
[169] AUGUSTINUS, *en. Ps.* 40,8 (CCL 38, 434) zu Ps 40,6f.
[170] EPIPHANIUS VON SALAMIS, *haer.* 28,4,1–6 (GCS 25, 316f), gegen Kerinth; *haer.* 41,3,6 (GCS 31, 93), gegen Kerdon; THEODOT VON ANCYRA, *hom.* 4,5 (PG 77, 1394 B), gegen die Bestreiter des Theotokos-Titels für Maria, die zusätzlich als παρεισάκτοι beschimpft werden.
[171] JOHANNES CHRYSOSTOMUS, *comm. in Gal.* (PG 61, 635f).
[172] MARIUS VICTORINUS, *in Gal.* 2,5 (CSEL 83/2, 114).
[173] JOHANNES CHRYSOSTOMUS, *comm. in Gal.* (PG 61, 636).
[174] Das ist *communis opinio* seit ORIGENES, *comm. in Rom.* (SCHERER 170; FC 2/6, 110).

die idiomatische Konkordanz zwischen καταδουλεύειν in Gal 2,4 und der Wendung ζύγον δουλείας in Gal 5,1 sein.[175]

Gal 2,5

so haben wir uns (keinen Augenblick) unterworfen; wir haben ihnen (nicht) nachgegeben, damit euch die Wahrheit des Evangeliums erhalten bleibe.

Bekanntlich ist die Texttradition der Stelle gespalten: Die Lesart ohne die Verneinung οὐδέ besagt, dass Paulus nachgegeben und (so das Verständnis zumeist) Titus beschnitten hat, die Lesart mit Verneinung impliziert, dass Titus unbeschnitten blieb. 1. Beide Lesarten werden im Schriftgebrauch verwendet, zunächst zur antihäretischen Polemik. 2. In der Schriftauslegung wird auch nach der Funktion der Stelle (mit und ohne Verneinung) in der Auseinandersetzung mit den Galatern gefragt; hier kommt es dann auch zur explizit textkritischen Diskussion.

1. Dass Paulus nachgab und Titus beschneiden ließ, zeigt gegen die Marcioniten den Willen des Paulus zum Konsens mit den anderen Aposteln; von daher ist der exklusive marcionitische Paulinismus falsch.[176] Die gegenteilige Aussage ist bei ORIGENES Autoritätsaufweis zugunsten des Paulus und damit zugunsten des Christentums[177], bei EPIPHANIUS VON SALAMIS Empfehlung für den Umgang mit Häretikern und Schismatikern.[178]

2. Auch in der Kommentarliteratur ist die Antwort auf die Frage, ob Titus beim Apostelkonzil beschnitten wurde, gespalten; dies gilt unabhängig davon, ob eine textkritische Diskussion geboten wird oder nicht.

Lässt es zugunsten einer bejahenden Antwort PELAGIUS in seinem generell knappen Kommentar mit dem Argument bewenden, durch die Beschneidung des Titus solle ein drohendes Ärgernis vermieden werden,[179] bieten MARIUS

---

[175] So erscheint diese Wendung in der Kommentierung von Gal 2,4 durch EPHRÄM, *in Gal.* (MMK 127); JOHANNES CHRYSOSTOMUS, *comm. in Gal.* (PG 61, 635); PELAGIUS, *in Gal.* (SOUTER 312).

[176] IRENÄUS VON LYON, *haer.* 3,13,3 (FC 8/3, 166); TERTULLIAN, *adv. Marc.* 5,3,3–5 (CCL 1, 668f), mit Verweis auf Apg 16,3; vgl. dazu NOORMANN, Irenäus, 45 Anm 39, gegen KIEFFER, Foi, 84: „Von Konzessionen des Paulus in der Sache … berichtet Irenäus nicht".

[177] ORIGENES, *Cels.* 7,21 (SC 150, 64).

[178] EPIPHANIUS VON SALAMIS, *haer.* 70,3,5 (GCS 37, 235).

[179] PELAGIUS, *in Gal.* (SOUTER 312). Vorausgesetzt ist bei ihm eine andere Interpunktion innerhalb von Gal 2,2f: PELAGIUS hatte die Worte *sed neque Titus, qui mecum erat* noch an das Ende von Gal 2,2 gezogen und ausgelegt mit den Worten *in uacuum cucurrit*, sodann die Worte *Cum esset Graecus conpulsus est circumcisi, sed propter falsos fratres subintroductos* zu einer Sinneinheit verbunden und mit dem Gedanken gedeutet, Paulus gebe hier die Gründe für die Beschneidung des Titus an: er wolle drohendes Ärgernis vermeiden.

VICTORINUS und AMBROSIASTER eine ausführliche Diskussion, wobei Argumente der äußeren Textkritik keine Rolle spielen.

Nach MARIUS VICTORINUS widerspricht die Lesart einiger, die mit Verneinung lesen, dem vorigen nicht, denn tatsächlich wurde Titus nicht zur Beschneidung *gezwungen*.[180] Die s.E. von den meisten lateinischen wie griechischen Codices gebotene und von ihm selbst favorisierte Wendung *ad horam cessimus subiectioni* interpretiert er im Sinne eines befristeten Nachgebens, und die Lesart lasse sich sachlich rechtfertigen: 1. Paulus hat Timotheus beschnitten (Apg 16,3). 2. Die Formulierung *ad horam* wäre sinnlos, wenn es darum ginge, dass Paulus überhaupt nicht zurückgewichen sei. 1Kor 9,20 rechtfertige ein momentanes Zurückweichen selbst in der Wahrheitsfrage.[181] Doch ist diese Freiheit nicht jedem zugestanden! Paulus hat von ihr Gebrauch gemacht,[182] wenn er Menschen zur wahren Regel hinführen wollte – den Galatern, die bereits in ihr stehen, ist sie nicht zugestanden. So lässt auch MARIUS VICTORINUS deutlich erkennen, dass er um die Problematik dieser Lesart im Kontext des Galaterbriefes weiß, wenn er Gal 2,5 abschließend in die folgenden Worte des Apostels an die Galater umgießt:[183]

Wir haben nicht zu dem Zweck nachgegeben, damit ihr genau so handelt, sondern damit jenen Genugtuung geschehe und sie zur wahren Regel geführt werden, damit aber bei euch die Wahrheit des Evangeliums bestehen bliebe.

AMBROSIASTER kennt die Lesart mit Verneinung als Lesart griechischer Exegeten, begründet aber ausführlich das Recht der Lesart ohne Verneinung. Freilich zwingt ihn der gesuchte Ausgleich zwischen Gal 2,3 (Titus wurde nicht gezwungen, sich beschneiden zu lassen), und dem mit „aber"[184] angeschlossenen Gal 2,5 („denen gaben wir für eine Stunde nach") dazu, dieses „Nachgeben" auf die Beschneidung des Timotheus (!)[185] zu beziehen. Paulus wolle einerseits durch den Hinweis auf Titus (Gal 2,3) denjenigen wehren, die trotz ihrer nichtjüdischen Herkunft die Beschneidung bei sich selbst zuließen; andererseits will

---

[180] MARIUS VICTORINUS, *in Gal.* 2,5 (CSEL 83/2, 113). Anders interpretiert HIERONYMUS, *in Gal.* (CCL 77 A, 42.44f) die von ihm abgelehnte Lesart: Nachgegeben hätten Barnabas und Paulus, weil sie überhaupt die Reise nach Jerusalem angetreten hätten.

[181] MARIUS VICTORINUS, *in Gal.* 2,5 (CSEL 83/2, 114).

[182] MARIUS VICTORINUS, *in Gal.* 2,5 (CSEL 83/2, 115). Als Beispiele nennt er die Frage der zweiten Ehe (1Kor 7,9.39; vgl. 1Tim 5,14) und den Genuss des Götzenopferfleisches (1Kor 8).

[183] MARIUS VICTORINUS, *in Gal.* 2,5 (CSEL 83/2, 115).

[184] Zur Problematik des „aber" s.u.

[185] AMBROSIASTER spricht zunächst davon, dass Titus nicht beschnitten werden musste, und fährt dann fort: *sed ne forte obponeretur ei, quia ipse circumciderat Timotheum, nunc causas exponit cur fecerit quod faciendum negabat dicens: propter subinductos* ... (AMBROSIASTER, *in Gal.* 2,5,1 [CSEL 81/3, 19f]). Als Objekt zu *cur fecerit quod faciendum negabat* betrachte ich die Beschneidung des Timotheus (nicht die Beschneidung des Titus, die als freiwillig erfolgt betrachtet werden kann, s.o.), denn auch die Beschneidung des Timotheus nach Apg 16,3 kommentiert AMBROSIASTER mit den Worten *tunc subiectoni se summisit ad horam et accipiens circumcidit eum* (AMBROSIASTER, *qu. nov. test. app.* 60,1 [CSEL 50, 454]).

er mit Gal 2,4f gegen den möglichen Einwand, er habe ja selbst Timotheus beschnitten, die Gründe darlegen, warum er die Beschneidung vollzogen hat, deren Heilsnotwendigkeit er ansonsten leugnete: Er wollte den Anfeindungen der Juden begegnen, die einen Aufruhr verursacht hätten, wenn er den unbeschnittenen Sohn einer jüdischen Mutter in den Missionsdienst hätte nehmen wollen.[186] Dieses Nachgeben aber war (nur) ein Nachgeben *ad horam* (d.h. sachlich eingeschränkt und zeitlich befristet),[187] damit die Wahrheit des Evangeliums bei den Heiden bestehen bleibe, sich nicht der Beschneidung zu unterwerfen. Die Lesart mit Verneinung ist, so AMBROSIASTER in einer reichlich gewundenen Argumentation, hingegen absurd und falsch: Wie sollte Paulus von sich behaupten können, nicht eine Stunde gewichen zu sein, wenn er doch Timotheus beschnitten hat (Apg 16,3) und gemäß dem Gesetz gereinigt zum Tempel hinaufgegangen ist (Apg 21,26)?[188]

Nach Ansicht anderer Autoren hat Paulus seinen Gefährten Titus nicht beschnitten: Paulus sei für die Wahrheit eingestanden,[189] und es sollte der Eindruck vermieden werden, die Tat des Paulus unterscheide sich von seinem Wort.[190] Fehlt bei den meisten Vertretern dieser Lesart[191] jegliche textkritische Diskussion, so liegt der Fall bei HIERONYMUS anders. Er gibt nicht nur einen möglichen Selbstwiderspruch des Paulus im Hinblick auf Phil 3,7f zu bedenken, sondern bietet, an der konkreten Auseinandersetzung des Paulus mit den Galatern orientiert, den bis heute entscheidenden Einwand: Hätte Paulus seinen Reisebegleiter Titus damals beschnitten, hätte dies seine Argumentation im Galaterbrief unterlaufen, die ja darauf ausgerichtet war, die Galater von der Beschneidung abzuhalten.[192] Ohne textkritische Diskussion erfasst EPHRÄM

---

[186] Auf diese Problematik bezieht AMBROSIASTER *in Gal.* 2,5,5 (CSEL 81/3, 21) auch das Auskundschaften der „Falschbrüder". Er weiß offensichtlich, dass nach jüdischer Vorstellung der Sohn einer jüdischen Mutter als Jude gilt und deshalb zu beschneiden ist. GEERLINGS, Ambrosiaster, 18, bescheinigt ihm „bemerkenswerte Kenntnisse des Judentums". Doch fragt Ambrosiaster nicht, warum Timotheus nicht schon als Kind beschnitten wurde.

[187] Die eingeklammerten Worte sind Zusätze meinerseits, die den Sinn des schwer verständlichen Ambrosiastertextes erhellen sollen.

[188] AMBROSIASTER, *in Gal.* 2,5,9 (CSEL 81/3, 22). Ich lese den Satz *quomodo enim ad horam negaret ...* als Fragesatz.

[189] JOHANNES CHRYSOSTOMUS, *comm. in Gal.* (PG 61, 636). Die Nachgiebigkeit der anderen Apostel, den Judenchristen weiterhin die Beschneidung zu belassen, sei Klugheit, um sie nicht von vornherein zu verprellen.

[190] THEODOR VON MOPSUESTIA, *in Gal.* (SWETE 17); JOHANNES VON DAMASKUS, *in Gal.* (PG 95, 784 D). THEODOR stellt wie auch THEODORET VON CYRUS, *in Gal.* (PG 82, 469 D), und HIERONYMUS, *in Gal.* (CCL 77 A, 45) fest, das δέ in V. 4 sei eigentlich überflüssig, nur, so THEODOR, Paulus sei in seinem Partikelgebrauch nicht konsequent.

[191] Zu nennen sind THEODOR VON MOPSUESTIA, THEODORET VON CYRUS, JOHANNES VON DAMASKUS und AUGUSTINUS.

[192] HIERONYMUS, *in Gal.* (CCL 77 A, 44). Zuvor bietet er ein anderes bemerkenswertes Argument: Hätte Paulus damals tatsächlich nachgegeben, wäre der spätere Hass gegen ihn (nach Apg 23,14) nicht erklärbar (HIERONYMUS, *in Gal.* [CCL 77 A, 43]).

prägnant den Sinn der verneinten Lesart Gal 2,5 (die Anrede „ihr" im folgenden Zitat meint die Galater):[193]

Damit ihr unsere Nachahmer seid und nicht abweicht.

Auf die Absichten der „falschen Brüder" in Jerusalem nimmt AUGUSTINUS Bezug. Paulus hätte die Beschneidung des Titus sehr wohl zulassen können, da er, wie 1Kor 7,19 zeigt, die Beschneidung für das Heil als unnötig, aber nicht als schädlich erachtete. Doch wollten die „falschen Brüder" die Beschneidung des Titus zu dem Zweck durchsetzen, dass sie die Beschneidung *ipsius Pauli attestatione et consensione* als heilsnotwendig predigen könnten; Paulus hat sich dem widersetzt.[194]

Die Wendung „Wahrheit des Evangeliums" wird, wenn überhaupt bedacht, mit 2Kor 5,17;[195] Gal 5,1;[196] Gal 5,2;[197] Gal 5,6[198] konkretisiert.

Gal 2,6–10

In der Kommentarliteratur wird durchaus adäquat die argumentative Funktion des Abschnittes in der Auseinandersetzung mit den Galatern benannt: Des Paulus Verkündigung ist Christus wohlgefällig und von den anderen Aposteln per Handschlag anerkannt.[199] HIERONYMUS erkennt, dass das Schwergewicht der Stelle in den Aussagen Gal 2,6.9 liegt.[200]

Gal 2,6

Aber auch von denen, die Ansehen genießen – was sie früher waren, kümmert mich nicht, Gott schaut nicht auf die Person –, auch von den „Angesehenen" wurde mir nichts auferlegt.

1. Im Schriftgebrauch hat aus Gal 2,6 einerseits die Zwischenbemerkung „Gott achtet nicht das Ansehen der Person" Aufmerksamkeit gefunden, andererseits die Schlusswendung „haben sie nichts auferlegt". 2. Auf dieselben Wendungen richtet sich i.W. die Aufmerksamkeit in der Schrifterklärung, zumeist unter Bezugnahme auf das Ganze des Galaterbriefes.

---

[193] EPHRÄM, *in Gal.* (MMK 127).
[194] AUGUSTINUS, *exp. Gal.*, 11,1–4 (CSEL 84, 66); vgl. ders., *mend.* 8 (CSEL 41, 423f).
[195] JOHANNES CHRYSOSTOMUS, *comm. in Gal.* (PG 61, 636).
[196] JOHANNES VON DAMASKUS, *in Gal.* (PG 95, 785 A).
[197] JOHANNES CHRYSOSTOMUS, *comm. in Gal.* (PG 61, 636).
[198] AMBROSIASTER, *in Gal.* 2,5,6 (CSEL 81/3, 21).
[199] AMBROSIASTER, *in Gal.* 2,10,3 (CSEL 81/3, 25).
[200] HIERONYMUS, *in Gal.* (CCL 77 A, 47).

1. Mit Hilfe einer Anspielung auf die Parenthese „Gott achtet nicht das Ansehen der Person" beschreibt EUSEBIUS VON CÄSAREA in der Auslegung zu Jes 11,3b–4 die παρρησία Jesu im Umgang mit seinen Gegnern; als Beispiele gelten ihm Mt 21,43 sowie die Reaktion Jesu in Mt 22,18 auf die in Mt 22,16 geschilderte Heuchelei der Gegner.[201]

„Man soll aber nicht unter Berufung auf die Gewohnheit eine Vorschrift erteilen, sondern durch Vernunftgründe überzeugen."[202] Dieser für den Ketzertaufstreit wichtige Satz wurde von CYPRIAN mit Gal 2,2–10 begründet: Petrus hat nicht auf seinem Vorrang als Erstberufener bestanden, als Paulus mit ihm über die Beschneidung rechtete. Später dient Gal 2,6 der biblischen Begründung christlicher Ethik, sei es im Sinne einer Warnung davor, das Ansehen der Person zu achten,[203] sei es als Schriftbeleg für die Unausweichlichkeit des göttlichen Gerichtes.[204]

2. In der Schrifterklärung hat vor allem die Parenthese in beiden Teilen das Interesse auf sich gezogen, des Weiteren die Schlussbemerkung.

AUGUSTINUS wird in der Auslegung zu Gal 2,6 durch die Wendung *videntur esse aliquid* auf den Gegensatz geistlicher zu fleischlicher Beurteilungsweise geführt;[205] die Wendung *quales aliquando fuerint* bezieht er auf die Neider, die den Völkerapostel wegen seiner früheren Verfolgungstätigkeit verdächtigten. Die Wendung *quales aliquando fuerint* wird auf das durch Christus überwundene Sündersein der Apostel bezogen; dass Gott nicht auf die Person sieht, bedeutet, dass Gott alle zum Heil ruft, indem er ihnen ihre Sünden nicht anrechnet.[206] Die Parenthese solle keineswegs die Vorgänger des Paulus beschämen, denn auch sie freuten sich als geistliche Menschen, dass sie aus Sündern zu Gerechten gemacht worden waren.[207]

Doch wird, blickt man auf das Ganze der altkirchlichen Schriftauslegung, die Wendung *quales aliquando fuerint* recht verschieden interpretiert. MARIUS VICTORINUS erwägt den Übergang einiger von der Position der Falschapostel zur Position der „Säulen",[208] AMBROSIASTER den Umstand, dass die Apostel einmal ungebildet waren,[209] JOHANNES CHRYSOSTOMUS den Übergang der

---

[201] EUSEBIUS VON CÄSAREA, *Is*. 1,62 (GCS 56, 82).

[202] CYPRIAN, *ep*. 71,3,1 (CCL 3 C, 519): *Non est autem de consuetudine praescribendum, sed ratione vincendum*. Zur Nachwirkung dieser Stelle vgl. HAENDLER, Auslegung, 564–568

[203] DEFENSOR VON LIGUGÉ, *lib. Scint*. 59,4 (SC 86, 176) mit Verweis auf Apg 10,34f.

[204] BACHIARIUS, *repar. laps*. 5 (PL 20, 1041 B).

[205] Das Urteil, die in Gal 2,6 Gemeinten schienen *etwas zu sein*, ist fleischlich. Sie sind nicht selbst etwas, sondern nur durch Christus (AUGUSTINUS, *exp. Gal*. 12,1f [CSEL 84, 66]).

[206] AUGUSTINUS, *exp. Gal*. 12,3 (CSEL 84, 66). RING, Gnade, 336f, verweist auf das Problem des Ausgleichs zu AUGUSTINUS, *exp. Gal*. 24,13 (CSEL 84,87f): Nur eine Minderheit der Menschen kommt zum Heil. Ist AUGUSTINUS die Unvereinbarkeit beider Aussagen „noch nicht voll aufgegangen" (RING, ebd., 337)? Oder soll man zwischen Berufung und endgültiger Begnadung unterscheiden?

[207] AUGUSTINUS, *exp. Gal*. 13,1–3 (CSEL 84, 67).

[208] MARIUS VICTORINUS, *in Gal*. 2,6 (CSEL 83/2, 115).

[209] AMBROSIASTER, *in Gal*. 2,6,1 (CSEL 81/3, 23), mit Anspielung an Apg 4,13; vgl. auch AUGUSTINUS, *exp. Gal*. 12,4f (CSEL 84, 66f).

Apostel selbst zur rechten Lehre.[210] PELAGIUS schlägt den Bogen zu seinem *argumentum* zurück: Die antipaulinischen falschen Apostel hatten dem Völkerapostel die Legitimität seines Apostolats u.a. mit dem Hinweis darauf abgesprochen, Paulus sei im Gegensatz zu den anderen Aposteln dem irdischen Jesus nicht nachgefolgt; doch werde dies durch die Wendung *quales aliquando fuerint* in Gal 2,6 relativiert.[211]

Der zweite Teil der Parenthese zielt nach THEODOR VON MOPSUESTIA auf die Gegner, die überall auf das Vorbild der anderen Apostel verweisen; entscheidend für Paulus war jedoch die Wahrheit, nicht die Person.[212] Nach MARIUS VICTORINUS bedeutet die Parenthese, dass Gott nicht auf die Herkunft des betreffenden Menschen aus dem Judentum oder dem Heidentum achtet, sondern auf seine Gesinnung, seinen Glauben.[213] HIERONYMUS sieht bereits in dieser Wendung, dass Paulus mit aller Vorsicht zwischen Lob und Tadel des Petrus hindurchsteuert, so dass er sowohl dem Vorgängerapostel das von ihm gepredigte Evangelium vorlegt[214] als auch den Widerspruch ins Angesicht (Gal 2,11) wagt. Der verhaltene Tadel in Gal 2,6 liege darin, dass Paulus dem Apostelfürsten Petrus eben dessen eigene Worte (Apg 10,34f) entgegenhält, dass Gott die Person nicht ansieht.[215]

Der Schlusssatz wird grundsätzlich auf die vorbehaltlose Anerkennung des paulinischen Evangeliums durch die anderen Apostel bezogen, die sich zu Ergänzungen oder Korrekturen nicht genötigt sahen. MARIUS VICTORINUS erkennt die Funktion des Satzes gegenüber den Galatern: Auch sie sind nicht dazu berechtigt, das paulinische Evangelium eigenmächtig zu ergänzen.[216] Nach AMBROSIASTER kann sich der gesetzeskundige Paulus als *in dispensatione evangelii praecipuus administer*[217] empfehlen.

Die Auslegung des JOHANNES CHRYSOSTOMUS zu Gal 2,6b steht unter dem Eindruck der zeitweiligen faktischen Differenz zwischen Paulus und den anderen Aposteln bei Verbindlichkeit der Abmachungen in V. 2 und V. 9. Die anderen Apostel haben zeitweise die Beschneidung gebilligt und werden dafür Gott Rechenschaft ablegen müssen, haben dem Paulus jedoch keine Auflagen hinsichtlich seines gesetzesfreien Evangeliums auferlegt. Paulus lasse auch hier die

---

[210] JOHANNES CHRYSOSTOMUS, *comm. in Gal.* (PG 61, 637). Dem Imperfekt ἦσαν entnimmt er die Auskunft, mittlerweile seien die Apostel selbst von ihrer Konzession hinsichtlich der Beschneidung abgegangen (ebd.).
[211] PELAGIUS, *in Gal.* (SOUTER 206. 313).
[212] THEODOR VON MOPSUESTIA, *in Gal.* (SWETE I 17).
[213] MARIUS VICTORINUS, *in Gal.* 2,6 (CSEL 83/2, 115).
[214] So, mit Bezug auf Gal 2,2, deute ich das *deferre* bei HIERONYMUS, *in Gal.* (CCL 77 A, 46), das aufgrund des folgenden kontrastierenden *et nihilominus audacter ei resistat* positiv gemeint sein muss.
[215] HIERONYMUS, *in Gal.* (CCL 77 A, 46).
[216] MARIUS VICTORINUS, *in Gal.* 2,6 (CSEL 83/2, 115f).
[217] AMBROSIASTER, *in Gal.* 2,6,1 (CSEL 81/3, 23).

Motive des Handelns der anderen Apostel in der Schwebe, um die Judenchristen nicht vorzeitig zu verprellen.[218]

Gal 2,7

Im Gegenteil, sie sahen, daß mir das Evangelium für die Unbeschnittenen anvertraut ist wie dem Petrus für die Beschnittenen –

Die Anfangsworte „im Gegenteil" bestätigen in der Sicht der meisten Ausleger, dass die anderen Apostel keineswegs die Verkündigung des Paulus ergänzen oder kritisieren wollten. JOHANNES CHRYSOSTOMUS will aber einem anderen möglichen Missverständnis dieser Wendung wehren, als seien die Urapostel ihrerseits durch Paulus belehrt worden: Die Worte zeigen nur an, dass die anderen Apostel dem Paulus Lob gespendet hatten.[219]

Dass Paulus hier nur auf Petrus zu sprechen kommt, nicht aber auf alle drei „Säulen" (Gal 2,9), ist nur dem „Stadtrömer" AMBROSIASTER eine Bemerkung wert: Paulus erwähnt Petrus, weil er dessen Primat anerkennt, die Kirche zu gründen; doch sei er, Paulus, in der gleichen Weise erwählt hinsichtlich seines Primates der Gründung heidenchristlicher Kirchen.[220]

Gal 2,8

denn Gott, der Petrus die Kraft zum Aposteldienst unter den Beschnittenen gegeben hat, gab sie mir zum Dienst unter den Heiden –,

1. Der Schriftgebrauch der Stelle ist vor allem auf das göttliche Subjekt gerichtet, 2. dann aber auch, wie die Schrifterklärung generell, auf das Verhältnis der beiden Dienste der Apostel.

1. Gegen den marcionitischen exklusiven Paulinismus führt IRENÄUS ins Feld, dass Paulus selbst in Gal 2,8 von dem Wirken des einen Gottes in seinem und in des Petrus Dienst gesprochen hatte.[221]

In den trinitätstheologischen Diskussionen wird Gal 2,8 in anderer Weise aufgrund seiner Subjektangabe herangezogen. Die Stelle kann die Formel *una [...] operatio patris et filii et spiritus sancti*[222] ebenso belegen wie den Sachge-

---

[218] JOHANNES CHRYSOSTOMUS, *comm. in Gal.* (PG 61, 636–638).
[219] JOHANNES CHRYSOSTOMUS, *comm. in Gal.* (PG 61, 638).
[220] AMBROSIASTER, *in Gal.* 2,8 (CSEL 81/3, 23f).
[221] IRENÄUS VON LYON, *haer.* 3,13,1 (FC 8/3, 162).
[222] AMBROSIUS, *Spir.* 2,13/146f (CSEL 79, 144, die Formel in 2,13/147), mit zusätzlichem Verweis auf Apg 9,15;13,2; 15,7; vgl. DIDYMUS DER BLINDE, *Spir.* 98 (SC 386, 236). Im 4. Jh. wird es üblich,

halt der Formel *opera Trinitatis ad extra sunt indivisa*.[223] Sie ergibt schließlich zusammen mit 1Kor 12,6 einen Beweis für die Gottheit des Heiligen Geistes; zwischen den verschiedenen Termini für dessen Wirkweisen (χάρισμα sowie διακονία und ἐνέργημα) besteht kein sachlicher Unterschied.[224]

2. In der *Epistula Apostolorum* wird aufgrund von Gal 1,16; 2,8f; Apg 26,27 festgehalten, dass Paulus Prediger für die Heiden sein wird; die im fiktiven Dialog angeredeten Jünger sollen ihn „lehren und erinnern, was in den Schriften über mich (scil. den redenden Jesus) gesagt und erfüllt worden ist."[225] In den Kommentaren bestätigt Gal 2,8 die Gleichrangigkeit des Paulus mit Petrus[226] und widerlegt die Behauptung der Gegner, Paulus sei nur von Menschen zu seinem Dienst berufen,[227] wie umgekehrt die Wendung ἐνεργήσας Πέτρῳ dem Eindruck wehren will, als wolle Paulus dem Petrus die Legitimation seines Apostolates absprechen.[228] Die Parenthese Gal 2,8 soll nur dies eine zeigen: Es ist derselbe Gott, der beiden Aposteln ihren jeweiligen Dienst auferlegt.[229] Nach SOPHRONIUS VON JERUSALEM (ca. 550–638) mahnt uns die in Gal 2,8 bezeugte Wirksamkeit Christi sowohl in Petrus als auch in Paulus zur Einheit des Glaubens und der Liebe.[230]

Gal 2,9

und sie erkannten die Gnade, die mir verliehen ist. Deshalb gaben Jakobus, Kephas und Johannes, die als die „Säulen" Ansehen genießen, mir und Barnabas die Hand zum Zeichen der Gemeinschaft: Wir sollten zu den Heiden gehen, sie zu den Beschnittenen.

Die Rezeption von Gal 2,9 richtet sich 1. auf den Begriff στῦλοι, 2. auf die Tatsache der Einigung der Apostelfürsten, die allerdings in verschiedene Richtungen hin ausgewertet wird. 3. In der Schriftauslegung begegnen die für antike Exegese typischen Fragestellungen; auch wird wiederum die Funktion des Textes in der Auseinandersetzung mit den Galatern bedacht.

---

die Bezeichnung *deus* auch auf Christus bzw. den Heiligen Geist anzuwenden oder auf die Trinität insgesamt.

[223] DIDYMUS DER BLINDE, *Spir.* 78; 98; 107 (SC 386, 216. 236. 244) mit Verweis auf Apg 13,2 und Gal 2,8 für das Motiv der Berufung zum besonderen Dienst.
[224] JOHANNES CHRYSOSTOMUS, *hom. in 1Cor.* 29,3 (PG 61, 243f).
[225] *EpAp 31* (DUENSING 27). Zu den möglichen Hintergründen dieser Paulusrezeption vgl. MÜLLER, Epistula Apostolorum in: W. SCHNEEMELCHER, Apokryphen I, 207.
[226] MARIUS VICTORINUS, *in Gal.* 2,8 (CSEL 83/2, 116); PELAGIUS, *in Gal.* (SOUTER 313).
[227] JOHANNES VON DAMASKUS, *in Gal.* (PG 95, 785 C).
[228] HIERONYMUS, *in Gal.* (CCL 77 A, 49).
[229] THEODOR VON MOPSUESTIA, *in Gal.* (SWETE 19).
[230] SOPHRONIUS VON JERUSALEM, *hom.* 8,2f (PG 87, 3357 BC).

1. Als Säulen benannt werden Märtyrer,[231] allgemein verdiente Männer[232] oder die Apostel[233] oder auch die Gläubigen, die den Widersacher besiegen, schließlich die Kirche selbst.[234] Petrus, Jakobus, Johannes tragen sie, wie Säulen ein Gebäude tragen,[235] und führen sie vom Niederen zum Höheren, wo Christus ist.[236] Sie werden *firmitatis causa* so genannt.[237]

2. Der Tatsache der Einigung werden antihäretische, mahnende, apologetische, christologische und soteriologische Implikationen entnommen.

TERTULLIAN aktualisiert Gal 2,9f antimarcionitisch.[238] Bei ORIGENES ist Gal 2,9 Vorbild dafür, wie durch die Einigkeit der Lehrer in der Kirche diese geheiligt wird.[239] Gegen die Behauptung des Celsus, die Judenchristen hätten, von Jesus verführt, ihr von den Vätern vererbtes Gesetz verlassen,[240] verweist ORIGENES auf die in Apg 10,14; Gal 2,11–14 bezeugte Lebensführung des Petrus, deren Bewertung jedoch ambivalent ist: einerseits konstatiert ORIGENES, Petrus habe noch nicht gelernt, sich vom buchstäblichen zum geistigen Verständnis des Gesetzes zu erheben, andererseits hält er dies Verhalten für natürlich, war doch Petrus (Gal 2,9) zu den Juden gesandt.[241]

Dass der Apostelfürst dem Paulus die Hand zur Gemeinschaft reicht, unterstützt dessen Autorität. So kann sich EPIPHANIUS VON SALAMIS der ebionitischen Verunglimpfung des Völkerapostels genauso wehren[242] wie im anderen Kontext Worte des Paulus gegen die Pneumatomachen anführen.[243]

---

[231] DIONYSIOS VON ALEXANDRIEN, Brief an Fabius, bei EUSEBIUS VON CÄSAREA, h.e. 6,41,14 (GCS 9, 604); APRINGIUS VON BEJA, in Apoc. 3,12 (PLS 4, 1240). – Ob *1Clem* 5,2 auf Gal 2,9 anspielt, ist umstritten (LINDEMANN, Paulus im ältesten Christentum, 75 Anm 23).

[232] BASILIUS VON CÄSAREA, Spir. 75 (FC 12, 306) sowie, auf Athanasius bezogen, GREGOR VON NAZIANZ, or. 21,26 (SC 270, 164). Als Kriterien solcher Verdienste werden glänzendes Leben, gesunde Lehre sowie vollkommener und ungeteilter Gottes- und Nächstenliebe benannt bei GREGOR VON NYSSA, hom. in Cant. 14 (GNO 6, 419) mit Verweis auf Mt 22,37–39.

[233] Die „Säulen" von Hld 3,10 werden gerne auf die Apostel gedeutet, vgl. GREGOR VON NYSSA, Cant. 14 (GNO 6, 417); JUSTUS VON URGEL, in Cant. 65 (PL 67, 975 D); PHILO VON CARPASIA, Cant. (PG 40, 84 C) und selbst THEODORET VON CYRUS, Cant. (PG 81, 125 A).

[234] HIERONYMUS, in Gal. (CCL 77 A, 50) mit Verweis auf Offb 3,12 und 1Tim 3,15: Zwischen Leib und Gliedern wird in der Anwendung des Bildes „Säule" nicht unterschieden.

[235] MARIUS VICTORINUS, in Gal. 2,9 (CSEL 83/2, 116); PELAGIUS, in Gal. (SOUTER 313) sowie QUODVULTDEUS, prom. 2,2/4 (CCL 60, 73) in Auslegung der „Säulen" der Stiftshütte (Ex 27,10).

[236] Coll. Veron. LI, 28r (CCL 87, 33).

[237] AMBROSIASTER, in Gal. 2,10,1 (CSEL 81/3, 24); vgl. die Auslegung bei EUCHERIUS VON LYON: *firmamentum vel stabilitas spiritalis* (EUCHERIUS VON LYON, form. 9 [CSEL 31, 56]). – Die Apostel, die während der Passion Jesu ins Schwanken gerieten, wurden durch Christus gestärkt; so AUGUSTINUS, en. Ps. 74,6 (CCL 39, 1029), zu Ps 74,4: *Ego confirmaui columnas eius*.

[238] TERTULLIAN, adv. Marc. 1,20,4; 5,3,6 (CCL 1, 461.669).

[239] ORIGENES, hom. in Ex. 9,3 (SC 321, 290).

[240] Das Judenchristentum des Paulus widerlegt als solches diese Behauptung (ORIGENES, Cels. 2,3 [GCS 2, 129f]).

[241] ORIGENES, Cels. 2,1 (GCS 2, 127). Selbst Paulus war den Juden ein Jude geworden.

[242] EPIPHANIUS VON SALAMIS, haer. 30,25,5 (GCS 25, 366) gegen die ebionitische These der Herkunft des Paulus aus dem Heidentum (sic!).

[243] EPIPHANIUS VON SALAMIS, Anc. 11,4 (GCS 25, 19).

HIERONYMUS rühmt die *providentia Dei*: Sie sorgt dafür, dass weder aus der Beschneidung noch aus dem Unbeschnittensein ein Hindernis erwächst, zum Glauben zu kommen. Petrus habe keineswegs die Erkenntnis von Apg 10,34f vergessen, um nunmehr Toraobservanz zu fordern; mit seinem Verhalten wolle er die Juden allmählich von ihrer althergebrachten Lebensweise lösen. Der Handschlag sollte nicht die Teilung des Evangeliums Christi bekräftigen, sondern die Gemeinschaft der Beschnittenen und der Unbeschnittenen.[244]

2. In der Schriftauslegung werden die für antike christliche Exegese typischen, von hellenistischer Homerexegese und frühjüdischer Bibelauslegung bekannten Fragehorizonte sichtbar, die Erklärung von Unklarheiten und der Ausgleich innerbiblischer Widersprüche. Deshalb wird etwa gefragt: 1. Woher rührt gerade die Autorität dieser drei genannten Jerusalemer „Säulen"? Warum wird nicht auch Titus die Hand gegeben? Warum heißt es „sie schienen Säulen zu sein" und „als sie erkannt hatten"? 2. Besteht nicht ein Widerspruch zu Apg 10,48 (Petrus hat den Heiden Kornelius bekehrt) und Apg 9,20; 17,1 (Paulus predigt in der Synagoge)? 3. Auch die Funktion im argumentativen Kontext gegenüber den Galatern wird bedacht.

2.1 Nach AMBROSIASTER und AUGUSTINUS sind die drei genannten die Angeseheneren unter den Aposteln, weil Jesus sich ihnen am Berg der Verklärung offenbart hat.[245] Dass die Jerusalemer Apostel dem Antiochener Titus nicht die Hand gaben, hängt daran, dass er an Rang und Verantwortung weder den „Säulen" noch Paulus und Barnabas gleichkam.[246]

Der Ausdruck „sie schienen Säulen zu sein" wird unterschiedlich erklärt. JOHANNES CHRYSOSTOMUS sieht darin nur gesagt, dass Paulus die Meinung der anderen Leute zum Ausdruck bringen, aber keinesfalls die anderen Apostel herabsetzen wollte.[247] Für AUGUSTINUS erklärt sich dieser Ausdruck aus dem Widerspruch der Dreizahl Gal 2,9 und der Siebenzahl der Säulen nach Spr 9,1; Offb 1,4 und der der Geistesgaben nach Jes 11,2f.[248]

2.2 Um Widersprüche zu Apg 10,48 sowie Apg 9,20; 17,1 zu vermeiden, wird die in Gal 2,9 erwähnte Arbeitsaufteilung nicht als strikte Einschränkung, sondern als Schwerpunktsetzung interpretiert.[249] Verschieden bestimmt wird die positive Sinngebung: AMBROSIASTER zufolge will Paulus zeigen, dass jeder

---

[244] HIERONYMUS, *in Gal.* (CCL 77 A, 48). Diese Angabe über die Motivation des Petrus kehrt in der Bewertung des Apostelstreites von Gal 2,11–14 als οἰκονομία wieder bei JOHANNES CHRYSOSTOMUS, *comm. in Gal.* (PG 61, 641).
[245] AMBROSIASTER, *in Gal.* 2,10,1 (CSEL 81/3, 24); AUGUSTINUS, *exp. Gal.* 13,4 (CSEL 84, 67f). Hier werden der Herrenbruder Jakobus und der Zebedaide Jakobus verwechselt.
[246] HIERONYMUS, *in Gal.* (CCL 77 A, 50).
[247] JOHANNES CHRYSOSTOMUS, *comm. in Gal.* (PG 61, 638). Er beobachtet ferner, dass es nicht „nachdem sie gehört hatten" heißt, sondern „nachdem sie erkannt hatten", d.h. aus den Tatsachen selbst gelernt hatten.
[248] AUGUSTINUS, *exp. Gal.* 13,5 (CSEL 84, 68).
[249] THEODOR VON MOPSUESTIA, *in Gal.* (SWETE 20); AMBROSIASTER, *in Gal.* 2,8 (CSEL 81/3, 23f); HIERONYMUS, *in Gal.* (CCL 77 A, 49).

seinen Arbeitsauftrag nach seinen Kräften bekommen habe;[250] Nach THEODOR VON MOPSUESTIA haben man auf die Judenchristen Rücksicht genommen, die sich nicht mit den Heiden vermischen wollten.[251]

2.3 In den Kommentaren wird die Stelle ansonsten teilweise wieder in Bezug auf die galatische Situation ausgelegt. MARIUS VICTORINUS lässt der das „Ich" des Paulus zu den Galatern sprechen:[252]

„ihr also, ihr Galater, sündigt und folgt weder meinem Evangelium, noch dem des Petrus, Jakobus und Johannes, die Säulen der Kirche sind, solange ihr das ergänzt, was von keinem gebilligt ist [...] die Beachtung des jüdischen Gesetztes und des Sabbats und der Beschneidung".

Barnabas wird erwähnt, weil Paulus den Eindruck vermeiden will, die Galater sollten nur ihm persönlich glauben.[253] Auch nach AMBROSIASTER soll der Bericht über das Apostelkonzil den Galatern die kirchliche Anerkennung der paulinischen Verkündigung bestätigen.[254]

Gal 2,10

Nur sollten wir an ihre Armen denken; und das zu tun, habe ich mich eifrig bemüht.

Bei ORIGENES warnt Gal 2,10 kirchliche Würdenträger vor Hochmut im Umgang mit den Armen[255] und vor unrechtmäßiger Bereicherung.[256] Später bezeichnet Gal 2,10 gelegentlich das Vorbild für die eigene Bereitschaft zur Armenfürsorge[257] oder den von dem Mönch geforderten Besitzverzicht.[258]

In den Kommentaren wird als Ursache der Armut der Jerusalemer Gemeinde gelegentlich eine Verfolgung mit Vermögensverlust angenommen, die auch aus Hebr 10,34 und 1Thess 2,14 erschlossen wird.[259] Die Kollekte ist nicht eine

---

[250] AMBROSIASTER, in Gal. 2,8 (CSEL 81/3, 23f): diejenigen, die fern von Gott waren, zum Glauben zu führen, war schwieriger als die, die Gott schon von jeher nahe standen.
[251] THEODOR VON MOPSUESTIA, in Gal. (SWETE 19f).
[252] MARIUS VICTORINUS, in Gal. 2,9 (CSEL 83/2, 116f).
[253] MARIUS VICTORINUS, in Gal. 2,9 (CSEL 83/2, 117).
[254] AMBROSIASTER, in Gal. 2,10,3 (CSEL 81/3, 25).
[255] ORIGENES, comm. in Mt. 16,8 (GCS 40, 494), in Auslegung von Mt 20,25–28.
[256] ORIGENES, comm. in Mt. ser. 61 (GCS 12, 141). Die Warnung richtet sich insbesondere an die Adresse der Verwalter von Kirchengütern.
[257] GREGOR VON NAZIANZ, or. 14,39 (PG 35, 909 A); JOHANNES CHRYSOSTOMUS, hom. in Ac. 25,3 (PG 60, 196); JOHANNES VON DAMASKUS, parall. 5,8 (PG 95, 1461 C).
[258] JOHANNES CASSIAN, inst. 7,17,2–5 (CSEL 17, 141f). – Die heute herausgestellte israeltheologische Komponente von Gal 2,10 bleibt außer Betracht.
[259] JOHANNES CHRYSOSTOMUS, comm. in Gal. (PG 61, 639); ders., eleem. 2 (PG 51, 263); THEODOR VON MOPSUESTIA, in Gal. (SWETE 20). Auch PELAGIUS, in Gal. (SOUTER 313) verweist auf Hebr 10,34 als möglichen Anhaltspunkt. HIERONYMUS, in Gal. (CCL 77 A, 51) verweist auf zwei mögliche Ursachen der Armut: 1. die freiwillige Hingabe des Besitzes, 2. die Erfahrung gesellschaftlicher Ausgren-

materielle Hilfeleistung, sondern auch Ausdruck für den Konsens zwischen den Verhandlungspartnern am Apostelkonzil;[260] sie hat aber für die Heidenchristen auch eine andere Dimension:[261]

Sie sollten die Barmherzigkeit verehren, durch die sie von Gott erlöst wurden.

Gal 2,11–14: Der antiochenische Zwischenfall

Als Kephas aber nach Antiochia gekommen war, bin ich ihm offen entgegengetreten, weil er sich ins Unrecht gesetzt hatte. [12] Bevor nämlich Leute aus dem Kreis um Jakobus eintrafen, pflegte er zusammen mit den Heiden zu essen. Nach ihrer Ankunft aber zog er sich von den Heiden zurück und trennte sich von ihnen, weil er die Beschnittenen fürchtete. [13]Ebenso unaufrichtig wie er verhielten sich die anderen Juden, so daß auch Barnabas durch ihre Heuchelei verführt wurde. [14]Als ich aber sah, dass sie von der Wahrheit des Evangeliums abwichen, sagte ich zu Kephas in Gegenwart aller: Wenn du als Jude nach Art der Heiden und nicht nach Art der Juden lebst, wie kannst du dann die Heiden zwingen, wie Juden zu leben?

Sekundärliteratur: OVERBECK, Auffassung; HAENDLER, Auslegung; MUSSNER, Galaterbrief, 146–167; LOCHER, probleem; MAY, Streit, HENNINGS, Briefwechsel, bes. 219 Anm 6; WECHSLER, Geschichtsbild; WEHR, Petrus; BRÄNDLE, Συγκατάβασις, 302–305; FÜRST, Briefwechsel.

Für Gal 2,11–14 lässt sich festhalten: Die Rezeption der Perikope als ganzer[262] geht der Rezeption einzelner ihrer Motive zeitlich voraus. Davon ist die Gliederung unserer Ausführungen bestimmt.

Für die erste Zeit gilt: wo die Person des Paulus in ihrer theologischen und theologiegeschichtlichen Stellung strittig ist, ist Gal 2,11–14 berührt, in judenchristlichen genauso wie in (anti-)marcionitischen Äußerungen. Zugleich ist Gal 2,11–14 ein Text, der für Christentumskritiker die Fragwürdigkeit der neuen Religion und ihrer führenden Figuren der Anfangszeit bestätigt.[263] Das zieht einige Zeit später innerchristlich die Kontroverse zwischen HIERONYMUS

---

zung durch die nicht ebenfalls zum Glauben an Jesus gekommenen Angehörigen (HIERONYMUS, in Gal. [CCL 77 A, 51f]).

[260] THEODOR VON MOPSUESTIA, in Gal. (SWETE 20).
[261] AMBROSIASTER, in Gal., 2,10,3 (CSEL 81/3, 25).
[262] Die Abgrenzung bei V. 14 ist zu rechtfertigen. Zwar fassen die altkirchlichen Kommentatoren Gal 2,15–21 zumeist als Bestandteil der Rede des Paulus an Petrus in Antiochia auf; vgl. JOHANNES CHRYSOSTOMUS, comm. in Gal. (PG 61, 643); HIERONYMUS, in Gal. (CCL 77 A, 65); ferner Ps.-OECUMENIUS VON TRIKKA, in Gal. (PG 118, 1112 D), doch spielt die Tatsache des Dissenses zwischen beiden Kirchenhäuptern in der Exegese von Gal 2,15–21 zumeist keine Rolle mehr. AUGUSTINUS, exp. Gal. 15,14 (CSEL 84, 71) legt Gal 2,15–21 auf die galatische Situation hin aus.
[263] PORPHRYIUS, Frgm. 21 c HARNACK (S. 52) = Frgm. 103 BERCHMAN (S. 169).

und AUGUSTINUS um die rechte Auslegung der Stelle nach sich, die vor allem um die Frage nach dem Recht der Lüge kreist.

In den judenchristlichen *Pseudo-Clementinen* wird im „Brief des Petrus" „Jakobus" vor Spaltungen gewarnt und „Paulus" beschuldigt, er habe Petrus im Bezug auf τὴν τοῦ νόμου κατάλυσιν verleumdet und sei der Urheber des Antinomismus.[264] Offensichtlich soll die Berufung des Paulus auf die Autorität des Petrus als irreführend aufgewiesen, den Lesern „die ‚richtige' Deutung"[265] von Gal 2 vor Augen geführt werden. In den Homilien wird Paulus das Verhalten von Gal 2,11 zum Vorwurf gemacht.[266]

Umgekehrt deckte Gal 2,11–14 für Marcion den Gegensatz zwischen Paulus und den Uraposteln und den Falschbrüdern in der Gottes- und Christusverkündigung auf.[267] Paulus gilt als der einzig legitime Apostel der Wahrheit, der marcionitischen Zweigötterlehre.

IRENÄUS kann in antignostischer[268] und antimarcionitischer Frontstellung[269] das Verhalten des Petrus und des Barnabas als positiven Beweis dafür werten, dass der von ihnen gepredigte Vater Jesu Christi kein anderer Gott sei als der, der das mosaische Gesetz erlassen hatte. Ausschlaggebend für ihr Verhalten sei ihre Ehrfurcht „vor dem Gesetz des alten Bundes und die darin dokumentierte Überzeugung von der Identität des Gottes beider Testamente".[270] Die Kritik des Paulus wird verschwiegen. TERTULLIAN verschweigt diese Kritik nicht, aber schwächt sie ab: Gal 2,11–14 bezeichnet nicht einen Gegensatz in der Lehre, sondern im Verhalten.[271] Eine Abschwächung liegt auch vor, wenn CLEMENS VON ALEXANDRIEN den in Gal 2,11 genannten Kephas als Namensvetter des Apostelfürsten bezeichnet und als Mitglied des Kreises der 70 (Lk 10,1);[272] freilich zieht diese Erklärung schon in altkirchlicher Exegese Kritik auf sich.[273]

---

[264] LINDEMANN, Paulus im ältesten Christentum, 105, zu EpPetr 2,4 (GCS 42, 2).
[265] LINDEMANN, Paulus im ältesten Christentum, 369.
[266] *Hom.* 18,19,4 (GCS 42, 240).
[267] MAY, Streit, 39.
[268] IRENÄUS VON LYON, *haer.* 3,12,15 (FC 8/3, 160–162).
[269] IRENÄUS VON LYON, *haer.* 3,13,1 (FC 8/3, 162–164).
[270] NOORMANN, Irenäus, 46.
[271] TERTULLIAN, *praescr.* 23,10f (CCL 1, 205). Auf Gal 2,11 haben nach TERTULLIAN, *praescr.* 23,1 (CCL 1, 204) Häretiker ihre Theorie des partiellen Nichtwissens der Apostel gestützt, um so die Berechtigung für ihre neuen Lehren zu untermauern.
[272] CLEMENS VON ALEXANDRIEN, *hyp.* 5 (GCS 17, 196), bei EUSEBIUS VON CÄSAREA, h.e. 1,12,2 (GCS 9/1, 82); für später vgl. das *Chron. Pasch.* (PG 92, 521 B).
[273] Vgl. vor allem HIERONYMUS, *in Gal.* (CCL 77 A, 55–57); GREGOR d. Gr., *in Ezech.* 2,6,10 (SC 360, 290). OECUMENIUS VON TRIKKA, *in Gal.* (STAAB 446) rechtfertigt Clemens' Erklärung u.a. mit dem Hinweis auf die Konflikte des Petrus nach Apg 11,1–18. Gal 2,11–14 gibt auch sonst Anlass, den Mut des Petrus zu rühmen (JOHANNES CHRYSOSTOMUS, *comm. in Gal.* [PG 61, 640]). Petrus, der erste Osterzeuge in einer feindseligen Öffentlichkeit (Apg 2,14ff), habe doch gar nicht heucheln können! Sein Verhalten wird zweifach motiviert: er wollte den Judenchristen kein Ärgernis bereiten, und er wollte Paulus die Gelegenheit geben, ihn zurechtzuweisen. Des Paulus Worte sind nicht an die Person des Petrus gerichtet, sondern an seine Schüler, und die Redeeinleitung Gal 2,14a ist auf die Wirkung bei den Zuhörern der Rede in Antiochia berechnet.

Noch anders ORIGENES: Gegen die Behauptung des CELSUS, die Judenchristen hätten, von Jesus verführt, ihr von den Vätern vererbtes Gesetz verlassen, verweist er auf die in Apg 10,14; Gal 2,11–14 bezeugte Lebensführung des Petrus.[274] ORIGENES ist aber wohl auch der Ahnherr einer in den griechischen Kirchen[275] begegnenden, vor allem von HIERONYMUS aufgenommenen Auslegungstradition, dergemäß der Apostelstreit nur als vereinbartes Scheingefecht zu bezeichnen ist, das jeweils den Abfall der Juden- wie der Heidenchristen vom Glauben verhindern sollte. Diese Auslegungstradition enthält im Wesentlichen folgende Motive: 1. die Behauptung, Paulus habe dem Petrus nicht wirklich widerstanden,[276] 2. die Bezeichnung des Apostelstreites als οἰκονομία[277] bzw. *dispensatio*, als zeitweise Verstellung, die von den Heidenchristen freilich nicht als Verstellung durchschaut worden war,[278] 3. die schweigende Zustimmung des Petrus zu dem ihn tadelnden Paulus, durch die die Judenchristen dazu bewogen werden sollen, die Worte des Paulus als wahr anzuerkennen,[279] 4. die Betonung der σύνεσις[280] und der Bewunderungswürdigkeit[281] *beider* Apostel, 5. das Motiv der zu wahrenden Einheit der Kirche.[282] Den Charakter des Scheingefechts verteidigt HIERONYMUS mit dem Hinweis, auch Paulus habe um der Rettung der Juden willen (1Kor 9,20) gelegentlich Dinge getan, die der Freiheit des Evangeliums zuwiderliefen,[283] und auch sonst biete die Bibel Beispiele für die *utilis simulatio*.[284] Doch führte just diese Auslegung des HIERONYMUS zu einem Streit bemerkenswerteise innerhalb der Großkirche, nun aber nicht mehr um die Person des Paulus, sondern – bei der feststehenden Autorität beider Apostel – um den kirchlichen Umgang mit der Heiligen Schrift. In AUGUSTINS Augen läuft die Auslegung des HIERONYMUS auf ein *patrocinium*

---

[274] ORIGENES, *Cels.* 2,1 (GCS 2,127); s.o. zu Gal 2,9.

[275] Nachweisen lässt sich die Tradition vor allem aus Texten von JOHANNES CHRYSOSTOMUS (*comm. in Gal,*. ders., *hom. in Gal. 2,11–14* (PG 51,371–388) und HIERONYMUS. Dieser verweist in *ep.* 112,4 (CSEL 55, 371) auf ORIGENES, DIDYMUS VON LAODIZEA, EUSEBIUS VON EMESA, THEODOR VON HERAKLEA, JOHANNES CHRYSOSTOMUS. Diese Auslegungslinie ist auch THEODOR VON MOPSUESTIA bekannt, doch bezieht er nicht eindeutig Stellung.

[276] JOHANNES CHRYSOSTOMUS, *comm. in Gal.* (PG 61, 640); HIERONYMUS, *in Gal.* (CCL 77 A, 53).

[277] JOHANNES CHRYSOSTOMUS, *comm. in Gal.* (PG 61, 641).

[278] HIERONYMUS, *in Gal.* (CCL 77 A, 52); ders., *ep.* 112,11 (CSEL 55, 380); EUSEBIUS VON EMESA, *hom.* 13,35 (BUYTAERT I 317). Hierher gehört auch die allegorische Auslegung von Hld 1,6 („meiner Mutter Söhne zürnten mit mir") als eines „friedlichen Kampfes", die die Apostel als die Söhne der Kirche kämpften, bei PHILO VON CARPASIA, *Cant.* (PG 40, 48 B).

[279] ORIGENES, *Jo.* 32, 63 (SC 385, 212–214); JOHANNES CHRYSOSTOMUS, *comm. in Gal.* (PG 61, 642); HIERONYMUS, *in Gal.* (CCL 77 A, 53).

[280] JOHANNES CHRYSOSTOMUS, *comm. in Gal.* (PG 61, 639).

[281] HIERONYMUS, *in Gal.* (CCL 77 A, 55).

[282] HIERONYMUS, *in Gal.* (CCL 77 A, 55).

[283] HIERONYMUS, *in Gal.* (CCL 77 A, 53), verweist auf das Gelübde in Kenchrae nach Apg 18,18; 24,11 und die Beschneidung des Timotheus Apg 16,3 sowie auf den Grundsatz, um der Rettung aller willen den Juden und der Kirche Gottes keinen Anstoß zu bieten, in 1Kor 10,32f.

[284] HIERONYMUS, *in Gal.* (CCL 77 A, 54), verweist auf 2Kön 10,18 und 1Sam 21,13.

mendacii[285] hinaus, das hinfort eine antihäretische Berufung auf die Heilige Schrift unmöglich macht.[286] Der subjektiven Willkür dessen, was man glaubt, wäre Tür und Tor geöffnet. HIERONYMUS müsste Regeln angeben, wann man lügen darf und wann nicht.[287] Der Streit musste zunächst ergebnislos enden, weil weder AUGUSTINUS von dem Stichwort des *mendacium* ablassen wollte[288] noch HIERONYMUS seinem Kontrahenten das treibende Motiv der griechischen Ausleger plausibel machen konnte.[289] Man wird die Motive der beiden Kontrahenten so summieren können: Ging es HIERONYMUS in apologetischer Situation um die Einigkeit der Kirche, so AUGUSTINUS in der Auseinandersetzung mit Häretikern, aber auch in der Belehrung der einfachen Gläubigen[290] um die Zuverlässigkeit und Eindeutigkeit der Aussagen der Heiligen Schrift. Darum beurteilt AUGUSTINUS die Auslegung des HIERONYMUS unter dem Stichwort des *mendacium* anders, als dieser selbst sie sehen konnte. Freilich schwenkt HIERONYMUS gegen Ende seines Lebens insofern auf AUGUSTINS Auslegung von Gal 2,14 ein, als er der Stelle gegen die Pelagianer einen Schluss *a maiore ad minus* entnimmt: Wenn selbst Petrus getadelt wird, wie will man dann für sich selbst die uneingeschränkte Vollkommenheit in Anspruch nehmen?[291]

Spätere Ausleger auf AUGUSTINS Linie bewundern Petrus für seine Demut, weil er sich die Kritik gefallen ließ[292] und nicht auf seinen Apostelprimat pochte, vielmehr anerkennende Worte für Paulus fand.[293]

---

[285] Der Sache nach AUGUSTINUS, *ep.* 82,3 (CSEL 34/2, 354). Natürlich musste von beiden Kontrahenten das Verhalten des Petrus mit Apg 10; 11, das Verhalten des Paulus mit Apg 16,3; 18,18; 21,26f ausgeglichen werden. Nach griechischer Auslegungstradition stellt das Verhalten des Petrus in Gal 2,11 nur eine zeitweilige *simulatio* dar (HIERONYMUS, *in Gal.* [CCL 77 A, 52f]) oder soll überhaupt nur den Widerspruch des Paulus herauslocken (JOHANNES CHRYSOSTOMUS, *comm. in Gal.* [PG 61, 640f]); THEODOR VON MOPSUESTIA, *in Gal.* [SWETE 22]), nach westlicher Auslegungstradition wurde Petrus hingegen zu Recht getadelt; vgl. MARIUS VICTORINUS, *in Gal.* 2,14 (CSEL 83/2, 121); AUGUSTINUS, *ep.* 40,5 (CSEL 34/2, 74f). Das in Apg 16,3; 18,18; 21,26f geschilderte Verhalten des Apostels Paulus ist für HIERONYMUS ein Beweis der Richtigkeit seiner These der *simulatio* (HIERONYMUS, *ep.* 112,9 [CSEL 55, 377f]), während es nach AUGUSTINUS zeigt, dass Paulus in der Verwirklichung des Grundsatzes 1Kor 9,20 differenziert: Götzendienst lehnt er ab, nicht aber das, was Gott im Voraus als Schatten zukünftiger Dinge angeordnet habe (AUGUSTINUS, *ep.* 82,8 [CSEL 34/2, 358]; ders. *s. Dolbeau* 6 [DROBNER 234]).
[286] AUGUSTINUS, *ep.* 28,4 (CSEL 34/1, 109f); vgl. ders., *mend.* 43 (CSEL 41, 465).
[287] AUGUSTINUS, *ep.* 28,5 (CSEL 34/1, 111). Gegen den Versuch einer neutestamentlichen Rechtfertigung der Lüge hält AUGUSTINUS, *mend.* 8 (CSEL 41, 422–424) fest: Die *simulatio* des Petrus und des Barnabas seien zurechtgerückt worden; die Beschneidung des Timotheus (Apg 16,3) sei kein Verstoß gegen die in Gal. 5,2 geäußerte Überzeugung, sondern ein Akt der Freiheit; er hätte sogar Titus beschnitten (Gal 2,4), wenn das nicht missdeutbar gewesen wäre.
[288] AUGUSTINUS, *ep.* 82,7 (CSEL 34/2, 356f), mit Verweis auf Gal 1,20.
[289] Angedeutet ist es in *ep.* 112,11 (CSEL 55, 380f): Motiv der griechischen Ausleger war die Antwort auf die Kritik des PORPHYRIUS; s.o., vgl. HIERONYMUS, *in Is.* 53,12 (CCL 73 A, 597).
[290] AUGUSTINUS, *s. Dolbeau* 4 (DROBNER 233).
[291] HIERONYMUS, *adv. Pelag.* 1,23 (CCL 80, 29), und dazu HENNINGS, Briefwechsel, 264. AUGUSTINUS war dies Faktum bekannt, vgl. *ep.* 180,5 (CSEL 44, 700), vom Jahre 420.
[292] CASSIODOR, *compl.* (PL 70, 1344 C); GREGOR d. Gr., *past.* 2,8 (SC 381, 234).
[293] GREGOR d. Gr., *in Ezech.* 2,6,9 (SC 360, 286–290), mit Verweis auf 2 Petr 3,15f.

Nun die allgemein gehaltenen Applikationen:

Gal 2,11: Vermutlich einen Seitenhieb auf die ihm als Rhetor wohl nur allzubekannte Art der verdeckten Auseinandersetzung mit dem politischen Gegner landet MARIUS VICTORINUS, wenn er die Worte *in faciem illi restiti* kommentiert: Ich habe nicht vermittels der Volksversammlung und bei der Volksmenge das Wort ergriffen, sondern offen mit ihm selbst geredet.[294]

Nach AMBROSIASTER und AUGUSTINUS ist nicht schon der Rückzug des Petrus tadelnswert, vielmehr erst sein Versuch, Heidenchristen die jüdische Lebensweise aufzuzwingen.[295] Für AUGUSTINUS bedeutet Gal 2,11–14 gegen die Luziferianer: Die katholische Kirche muss reuigen Sündern und Schismatikern verzeihen, ebenso wie dem Petrus verziehen worden ist trotz seines Unglaubens (Mt 14,28–31), seiner fleischlichen Gesinnung hinsichtlich des Leidens Jesu (Mt 16,22), seines Schwertstreiches (Joh 18,10), seiner Verleugnung (Mt 26,69–75) und seiner Heuchelei (Gal 2,12f).[296]

Gal 2,12: Paulus hätte die Auseinandersetzung mit Petrus verschwiegen, wäre sie nicht für den Argumentationsgang des Briefes nützlich und notwendig.[297]

Gal 2,13: Eine vom Kontext Gal 2,11–14 unabhängige Rezeption begegnet erst im 4. Jahrhundert; der Vorwurf der „Heuchelei" ist Element der Ketzerpolemik.[298]

Gal 2,14: Für die Applikationen von Gal 2,14 außerhalb der Diskussion um die Perikope insgesamt lassen sich kaum Linien durchziehen. Neben der Verwendung des Stichwortes ἰουδαΐζειν zur Bezeichnung einer im Vollzug der äußeren Riten sich am Judentum orientierenden Frömmigkeitspraxis[299] begegnen paränetische und polemische Applikationen.

ORIGENES will mit Hilfe seiner theologischen Arbeit zugunsten der Wahrheit des Evangeliums die Gläubigen durch Vernunftgründe stärken.[300] AGAPETUS I. entnimmt dem Widerstand des Paulus gegenüber dem Apostelfürsten die Mahnung, dass man nicht deshalb, weil man möglichst viele Menschen zum christlichen Glauben führen will, an der Wahrheit Abstriche machen darf.[301]

Ansonsten wird Gal 2,14 in Konfliktsituationen appliziert, und zwar im Sinne der Mäßigung der Kontrahenten: Paulus habe Petrus ungeachtet des Konfliktes als Säule der Kirche bezeichnet.[302] Petrus habe den Tadel des Paulus

---

[294] MARIUS VICTORINUS, *in Gal.* 2,11 (CSEL 83/2, 118).
[295] AMBROSIASTER, *qu. nov. test. app.* 60,2 (CSEL 50, 454); AUGUSTINUS, *exp. Gal.*, 15,6 (CSEL 84, 69f); ders., s. *Dolbeau* 7f (DROBNER 236).
[296] AUGUSTINUS, *agon.* 32 (CSEL 41,135.)
[297] MARIUS VICTORINUS, *in Gal.*, 2,13 (CSEL 83/2, 119).
[298] HILARIUS VON POITIERS, *coll. Antiar. Par.*, Ser. B 7,2,6 (CSEL 65, 167) gegen Vinzenz von Capua. Zu Zweifeln an der Echtheit s. BRENNECKE, Hilarius, 317.
[299] ORIGENES, *Jo.*, frgm. 114 (GCS 10, 565).
[300] ORIGENES, *comm. in Mt.* ser. 134 (GCS 38, 274).
[301] AGAPETUS I., *ep.* 4,9 = JUSTINIAN, *ep.* 88,9 (CSEL 35/1, 336).
[302] HIERONYMUS, *adv. Rufin.* 3,2 (SC 303, 216); s. auch zu Gal 2,2.

schweigend ertragen. Wie THEODOR VON MOPSUESTIA sollten sich, so fordert FACUNDUS VON HERMIANE, auch seine Gegner daran orientieren.[303]

Des Weiteren begegnet Gal 2,14 in allgemeiner wie in spezieller Ketzerpolemik wie auch in der Abgrenzung vom Judentum.

Die Wendung „Wahrheit des Evangeliums" begegnet in der Verteidigung der eigenen Position,[304] umgekehrt wird auf Häretiker sowohl die Wendung „im Blick auf die Wahrheit des Evangeliums nicht richtig wandeln" aus Gal 2,14a[305] als auch das Wort ἰουδαΐζειν (im NT nur in Gal 2,14 belegt) angewandt. Letzteres wird später nicht mehr nur gegen Judenchristen gerichtet, sondern (auch) gegen Häretiker wie z.B. Arianer,[306] die aufgrund ihrer Betonung der Einheit Gottes allgemein als „Juden" bezeichnet werden. Innerhalb spezieller Ketzerpolemik begegnet die Stelle in der Diskussion um die Gottheit des Heiligen Geistes: Diese wird durch die Einsicht in die Irrtumsfähigkeit der Apostel[307] wie durch die gelegentlich fehlende Übereinstimmung ihres Willens mit dem Willen Gottes erwiesen.[308]

Gegen den donatistischen Traditionsbeweis, der sich auf CYPRIAN und auf das Konzil von 256 beruft, stellt AUGUSTINUS, ebenfalls von CYPRIAN ausgehend,[309] das Beispiel des Petrus: „Trotz seiner überragenden Autorität befand sich Petrus nach Gal 2 kurzfristig in einem Irrtum, der jedoch wegen der nie verletzten *caritas* keinen Schaden anrichtete und die Belehrung durch Paulus ermöglichte [...] Wie viel weniger konnte der Irrtum [...] Cyprians und seiner Kollegen schaden, da sie ja immer die Einheit der Kirche [...] wahrten und die Existenz abweichender Meinungen gelten ließen". Das mündet in den Vorwurf an die Donatisten: „Warum nehmt ihr die Autorität Cyprians für euer Schisma in Anspruch und verschmäht sein Beispiel für den Frieden der Kirche?"[310]

In der Abgrenzung vom Judentum belegt Gal 2,14–16 für AUGUSTINUS, dass die Christen aus den Heiden nicht nach jüdischer Weise leben sollen.[311]

---

[303] FACUNDUS VON HERMIANE, *defens.* 10,2,14 (CCL 90 A, 304).

[304] MAXIMINUS, *Commentaria in Aquileiense*, Paris, B. N., lat. 8907, 300v (SC 267, 216).

[305] BASILIUS VON CÄSAREA, *ep.* 204 (COURTONNE 2, 179); 250 (COURTONNE 3, 89).

[306] GREGOR VON NYSSA, *fid.* (GNO 3/1, 62).

[307] (Ps.?)-DIDYMUS DER BLINDE, *Trin.* 3,19,1 (PG 39, 889 A).

[308] Ps.-ATHANASIUS, *dial. Trin.* 1,24 (PG 28, 1153 A).

[309] Ausgangspunkt ist CYPRIAN, *ep.* 71,3. Zur Nachwirkung dieser Cyprianstelle s.o.

[310] SCHINDLER, art. Baptismo (De-), 578, mit Verweis auf AUGUSTINUS, *bapt.* 2,3/4 (CSEL 51, 178); vgl. AUGUSTINUS, *bapt.* 2,1/2 (CSEL 51, 175f). Das von Paulus getadelte Fehlverhalten gibt ihm die Freiheit, sich von CYPRIANS Fehlurteil zu distanzieren, trotz seiner Unterlegenheit dem Märtyrer gegenüber (AUGUSTINUS, *Cresc.* 2,32/40 [CSEL 52, 400]).

[311] AUGUSTINUS, *ep.* 196 1/2 (CCL 57, 216f). Zum Galaterbrief als Dokument der Selbstabgrenzung vom Judentum vgl. auch AUGUSTINUS, *ep.* 196, 10–12 (CSEL 57, 222–224), dort werden u.a. Gal 3,6–9.15–18.28f; 4,21–5,1 zitiert.

Gal 2,15–5,12: Der argumentative Hauptteil des Briefes

Gal 2,15–21: Die These des Briefes

Schon damals divergieren die Urteile darüber, ob die Rede des Paulus an Petrus in Antiochia nur den Tadel V. 14 umfasst[1] oder auch V. 15f[2] oder den gesamten Rest des zweiten Kapitels,[3] ohne dass wirklich ein Klärungsbedarf empfunden würde.[4] THEODOR VON MOPSUESTIA betrachtet Gal 2,15–21 als Beginn der eigentlichen Beweisführung, den Paulus seinen damaligen Reden (sic!) an Petrus entnommen habe.[5] Nach JOHANNES CHRYSOSTOMUS zielt Gal 2,15–21 nur scheinbar auf Petrus ab, gilt aber auch nicht nur den Galatern, sondern auch denen, die an der „galatischen Krankheit" leiden, denjenigen Christen in Antiochia, die mit den Juden fasten und Sabbat halten.[6]

Gal 2,15

Wir sind zwar von Geburt Juden und nicht Sünder wie die Heiden.

Die Stelle gibt zu exegetischen Bemerkungen wie zu antihäretischen Invektiven Anlass, führt aber auch zu antijüdischer Polemik.

ORIGENES gleicht den Widerspruch zu Röm 5,8, wo sich Paulus unter die Sünder einrechnet, mit dem Hinweis auf die Demut des Apostels aus, der hier nur die Demut Christi (nach 2Kor 5,21; Phil 2,7) nachahme.[7]

In den Kommentaren wird manchmal der Begriff „Jude" neutral erklärt,[8] daneben wird die Stelle antignostisch wie antijüdisch aktualisiert: HIERONYMUS fragt, wie sich die gnostische These, die Natur des Geistesmenschen sei unfähig zur Sünde,[9] mit dem Lebensgang des Paulus vereinbaren lasse. AUGUSTINUS

---

[1] THEODOR VON MOPSUESTIA, *in Gal.* (SWETE 24); JOHANNES VON DAMASKUS, *in Gal.* (PG 95, 789 A).
[2] MARIUS VICTORINUS, *in Gal.* (CSEL 83/2, 122. 125).
[3] EPHRÄM, *in Gal.* (MMK 130); THEODORET, *in Gal.* (PG 82, 476 B); HIERONYMUS, *in Gal.* (CCL 77 A, 65) abschließend zu Gal 2,21: *Hucusque contra Petrum, nunc ad Galatas revertitur.*
[4] Nicht erkennbar wird die Entscheidung bei AMBROSIASTER, AUGUSTINUS und PELAGIUS.
[5] THEODOR VON MOPSUESTIA, *in Gal.* (SWETE 24).
[6] JOHANNES CHRYSOSTOMUS, *comm. in Gal.* (PG 61, 643f).
[7] ORIGENES, *comm. in Rom.* 4,11 (FC 2/2, 288).
[8] HIERONYMUS, *in Gal.* (CCL 77 A, 58); JOHANNES CHRYSOSTOMUS, *comm. in Gal.* (PG 61, 643).
[9] HIERONYMUS, *in Gal.* (CCL 77 A, 58).

polemisiert: Die Disqualifizierung der Heiden als Sünder sei der typisch jüdische Hochmut der Selbstgerechtigkeit.[10]

Für AMBROSIUS hilft Gal 2,15 e negativo, das Selbstverständnis der heidenchristlichen Gemeinde zu formulieren: „Wir waren Sünder aus den Heiden, sind aber den prophetischen Worten gläubig geworden".[11]

Gal 2,16

Weil wir aber erkannt haben, daß der Mensch nicht durch Werke des Gesetzes gerecht wird, sondern durch den Glauben an Jesus Christus, sind auch wir dazu gekommen, an Christus Jesus zu glauben, damit wir gerecht werden durch den Glauben an Christus, und nicht durch Werke des Gesetzes; denn durch Werke des Gesetzes wird niemand gerecht.

1. Bestimmend für die Rezeption der Stelle sind zunächst antihäretische, dann heilsgeschichtliche Reflexionen. 2. Später treten exegetische Reflexionen hinzu, das Schicksal der Gerechten des Alten Bundes, die Geltung des Alten Testamentes sowie die Unterscheidung zwischen Ethos und Zeremonialgesetz betreffend. 3. Die heute bewegende Frage, ob die faktische Nichterfüllung des Gesetzes oder das Unvermögen des Menschen dazu oder aber die heilsgeschichtliche Neusetzung Gottes der Grund dafür sind, dass man aus den Werken des Gesetzes nicht gerechtfertigt wird (i.f. wird zwischen faktischer, anthropologischer und thetischer Unmöglichkeit unterschieden), wird in altkirchlicher Zeit nicht immer eindeutig beantwortet.

1. Antihäretische Bezüge ergeben sich zunächst aus den Stichworten πίστις und σάρξ. TERTULLIAN richtet Gal 2,16 gegen Marcion: Der rechtfertigende Glaube richtet sich auf den Gott, der auch das Gesetz gegeben hat.[12] Für METHODIUS VON OLYMPUS erweist die Stelle *ad vocem* σάρξ gegen ORIGENES, dass Jes 40,5 („alles Fleisch wird es sehen") die These der Auferstehung auch der nichtmenschlichen Kreatur nicht belegen kann.[13]

In der Folgezeit dient die Gegenüberstellung „Glaube / Werke des Gesetzes" sowohl der Selbstunterscheidung des Christentums vom Judentum als auch innerchristlicher Auseinandersetzung.

In der Abgrenzung vom Judentum fließen faktische und thetische Verneinung der Rechtfertigung aus den Gesetzeswerken zusammen: Gesetzeswerke

---

[10] AUGUSTINUS, *exp. Gal.* 16,1 (CSEL 84, 71f) mit Anspielung auf Mt 7,3.
[11] AMBROSIUS, *spir.* 2,10/112 (CSEL 79, 130).
[12] TERTULLIAN, *adv. Marc.* 5,3,8 (CCL 1, 669f) unter Verweis auf Ps 2,1–3; Hab 2,4.
[13] METHODIUS VON OLYMPUS, *res.* 3,20,2 (GCS 27, 417f).

rechtfertigen nicht, und mit Christus hat Gott etwas Neues gesetzt;[14] demgegenüber sind Heidentum und Judentum veraltet. Nach PELAGIUS jedoch hatten die Werke des Zeremonalgesetzes noch nie den Zweck der Rechtfertigung, denn sie waren dazu gegeben, die Hartnäckigkeit des Volkes zu bändigen.[15] FAUSTUS VON RIEZ nimmt teilweise moderne Positionen vorweg, indem er im Zuge des Ausgleichs zwischen Röm 4,4f und Jak 2,17f daran festhält, dass Gal 2,16 nur die Negation der Werke des Gesetzes festhält, soweit diese einen soteriologischen Sonderstatus der Juden begründen könnten; dass die Christen gute Werke tun sollen, ist in Gal 6,10 und 1Kor 15,58 sowie Mt 5,16 deutlich bezeugt.[16]

Mehrfach dient Gal 2,16 auch der antipelagianischen Polemik. Niemand, so HIERONYMUS, wird aus dem Gesetz gerechtfertigt, denn niemand hat es erfüllt. Gott ist es, der in uns das Wollen und das Vollbringen wirkt, und so sucht der Apostel nicht die Gerechtigkeit aus dem Gesetz, sondern die aus dem Glauben an Christus.[17] AUGUSTINUS zufolge zeigt die Verwendung der Formel διὰ πίστεως in Gal 2,16 einerseits, der Formel ἐκ πίστεως in Gal 3,8 andererseits, dass auch in Röm 3,30 beide Formulierungen *promiscue* gebraucht werden. Juden wie Heiden sind auf die Gnade angewiesen. Bestätigt wird Joh 15,5: „Getrennt von mir könnt ihr nichts tun", d.h. nicht die von Gott geforderte Gerechtigkeit wirken.[18]

2. HIERONYMUS muss sich mit der These auseinandersetzen, dass aufgrund von Gal 2,15–21 die Gerechten des Alten Bundes vom Heil ausgeschlossen wären. Sie waren aber, so der Stridonier, durch den Glauben an Christus gerechtfertigt.[19] Gegen den Einwand, sie hätten ebenfalls die Werke des Gesetzes getan, verweist er auf 1Tim 1,9f („Dem Gerechten ist kein Gesetz gegeben") und 1Thess 4,9 („wer von Gott gelehrt ist, bedarf des Gesetzes nicht").[20]

Die allgemeine Position, dass das Alte Testament in seinem Ethos weiterhin verbindlich ist, nicht aber in seinem Zeremonialgesetz, wird auch für die Auslegung von Gal 2,16 wirksam. Ethos und Zeremonialgesetz werden entweder dahingehend unterschieden, dass eine ethische Verfehlung eine Schädigung des Nächsten impliziert,[21] oder mit dem allgemeineren Gedanken, dass das Ethos

---

[14] ORIGENES, *comm. in Mt.* 17,31 (GCS 40, 676) in Auslegung von Dtn 25,5 (Schwagerehe) als heilsgeschichtlicher Allegorie; (Ps.?)-DIDYMUS DER BLINDE, *Trin.* 1,7,11–14 (HÖNSCHEID 18); AMBROSIUS, *Abr.* 1,4,28 (CSEL 32/1, 523).
[15] PELAGIUS, *in Gal.* (SOUTER 315).
[16] FAUSTUS VON RIEZ, *grat.* 1,4 (CSEL 21, 17–19).
[17] HIERONYMUS, *adv. Pelag.* 2,9 (CCL 80, 65f). Er verweist auf Gal 2,16.21; 3,10.13.21–24; 5,4 neben 1Kor 15,9f und 2Kor 3,4–6.
[18] AUGUSTINUS, *spir. et litt.* 29/50 (CSEL 60, 205). Auf den terminologischen Wechsel *in Gal.* 2,16 selbst kommt AUGUSTINUS nicht zu sprechen.
[19] HIERONYMUS, *in Gal.* (CCL 77 A, 59f) mit Verweis auf Joh 8,36 für Abraham, auf Hebr 11,26 für Mose, auf Joh 12,41 für Jesaja, auf Jud 5 generell für die Frommen des Alten Bundes.
[20] HIERONYMUS, *in Gal.* (CCL 77 A, 60f). Man könne jedoch *iuxta humiliorem intellectum* auch anders deuten: Die Möglichkeit der Rechtfertigung aus dem Gesetz bestand für die Menschen in Palästina, die Rechtfertigung aus dem Glauben gilt für die Menschen aus dem ganzen Erdkreis.
[21] THEODOR VON MOPSUESTIA, *in Gal.* (SWETE 30).

des alttestamentlichen Gesetzes, verdichtet im Dekalog, auch von der Natur gelehrt wird, während die Zeremonialgesetzgebung, die Paulus bei der Wendung „Werke des Gesetzes" im Auge hat, dem Alten Testament eigentümlich ist.[22] Zwar ist deren Übertretung Sünde, doch ist deren Bewahrung nicht das Werk der vollkommenen Gerechtigkeit.

AMBROSIASTER versucht auszugleichen zwischen Gal 2,16 und Dtn 27,26: Warum steht der Übertreter des Gesetzes unter den Fluch, wenn man aus Werken des Gesetzes nicht gerechtfertigt wird? Nach AMBROSIASTER thematisiert Dtn 27,26 eine irdische Gerechtigkeit, dergemäß wir gerecht sind, wenn wir keinem anderen Schaden zufügen, während vor Gott allein die Gerechtigkeit aus dem Glauben rechtfertigt, der im trinitarischen Bekenntnis seinen Ausdruck findet und sich in guten Werken äußert. Die Gerechten des Alten Bundes sind vor Gott gerechtfertigt aufgrund ihrer Liebe zu Gott. Für die Christen gilt die Mahnung Mt 5,20.[23]

3. Warum die Werke des Gesetzes nicht rechtfertigen können, wird teils faktisch mit Anspielung an Gal 3,10,[24] teils anthropologisch entweder allgemein[25] oder unter Anspielung an Röm 8,3 beantwortet.[26] HIERONYMUS nimmt in seinem Galaterkommentar seine Position im antipelagianischen Streit vorweg: Nicht die Gesetzeswerke werden verworfen, sondern diejenigen, die davon die Rechtfertigung erhoffen.[27] Warum die Werke des Gesetzes nicht rechtfertigen, begründet THEODOR VON MOPSUESTIA anthropologisch und theologisch näher: Die menschliche Rationalität ist zur Entscheidung für das Gute fähig und geneigt; die Sterblichkeit des Menschen ist jedoch die geheime Triebfeder für seine Begehrlichkeit, und es kommt zu der in Röm 7,19.21–23 geschilderten Situation, der wir nicht aus eigener Kraft entkommen. Für das Leben nach dem Tod ist uns jedoch die vollkommene Rechtfertigung verheißen, die durch die Auferstehung Christi bekräftigt wird, und wir stehen als Glaubende schon zwischen diesem sterblichen und jenem zukünftigen vollendeten Leben.[28]

---

[22] THEODORET VON CYRUS, in Gal. (PG 82, 473 A); vgl. Ps.-OECUMENIUS VON TRIKKA, in Gal. (PG 118, 1116 B). Die Wendung „Werke des Gesetzes" wird zumeist mit Reihenbildungen „Beschneidung, Sabbat, Speise- und Reinheitsgebote" (THEODORET VON CYRUS, in Gal. [PG 82, 473 A]) o.ä. umschrieben, ohne dass die von DUNN, Paulus-Perspektive, 34–45, betonte soziologische Funktion dieser Gebote, die Abgrenzung Israels von den Völkern, immer expliziert würde.

[23] AMBROSIASTER, qu. nov. test. app. 66 (CSEL 50, 460). Den Verweis auf Mt 5,20 bietet auch HIERONYMUS, in Gal. (CCL 77 A, 60).

[24] AMBROSIUS, in psalm. 43,68 (CSEL 64, 310): *nemo ex operibus legis iustificari potest, quia sub maledicto sunt omnes qui sub littera sunt.*

[25] CYRILL VON ALEXANDRIEN, Is. 4/1 (PG 70, 912 BC); glaph. Lev. (PG 69, 588 C), sowie hom. pasch. 29,1 (PG 77, 961 D – 964 A) mit zusätzlichem Verweis auf Gal 3,11; Mt 5,20.

[26] JOHANNES CHRYSOSTOMUS, comm. in Gal. (PG 61,643). In der Fortsetzung bemerkt er, die Beschneidung sei nicht nur unnütz, sondern auch gefährlich.

[27] HIERONYMUS, in Gal. (CCL 77 A, 60).

[28] THEODOR VON MOPSUESTIA, in Gal. (SWETE 25–31).

Gal 2,17

Wenn nun auch wir, die wir in Christus gerecht zu werden suchen, als Sünder gelten, ist dann Christus etwa Diener der Sünde? Das ist unmöglich!

Der Vers wird erst in der exegetischen Literatur näher bedacht. Seine formale Logik bereitet wie heute Schwierigkeiten.[29] Ausgangspunkt unserer Darbietung ist die Unterscheidung zwischen dem realen und dem irrealen Verständnis des Hauptverbums εὑρέθημεν in Gal 2,17a.

Innerhalb des zuerst genannten Verständnisses gilt als Sünde meist die erneute Hinwendung zur jüdischen Denk- und Lebensweise. Warum sie zur Sünde wird, lässt sich wieder anhand der zu Gal 2,16 getroffenen Unterscheidung in thetische und faktische Unmöglichkeit der Rechtfertigung differenzieren: Sünder sind wir entweder, weil wir das von Paulus abgelehnte Rechtfertigungsverständnis vertreten,[30] oder aber, weil diejenigen, die unter dem Gesetz sind, unter dem Fluch sind.[31]

Ein irreales Verständnis des Hauptverbums in Gal 2,17a vertreten JOHANNES CHRYSOSTOMUS, HIERONYMUS, PELAGIUS und THEODORET. Der Erstgenannte legt so aus: Wenn der Glaube nicht rechtfertigen könnte, sondern wir dennoch das Gesetz als Heilsweg beibehalten müssten, wären wir um Christi willen als Sünder verurteilt, um dessentwillen wir das Gesetz preisgegeben haben.[32] Nach HIERONYMUS wäre der Glaube an Christus Sünde, weil er die Beschneidung beseitigt und so den Menschen verunreinigt.[33] PELAGIUS bindet an Gal 2,16 zurück: Wenn der Glaube allein die Völker nicht rettet, dann auch uns (die Judenchristen Petrus und Paulus) nicht, weil aus Werken niemand gerechtfertigt wird. Also sind wir bis jetzt Sünder, und Christus ist der Sünde Diener, wie er nicht die Sündenvergebung der Sünden bewirken kann.[34] Noch anders erklärt THEODORET: Wenn unsere Sünde darin bestünde, nach der Rechtfertigung durch Christus zu trachten, dann wäre er in der Tat ein Diener der Sünde.[35]

Nicht auf die Verkündigung des Paulus, sondern auf seinen Lebensweg hin zu Christus bezieht GREGOR d. Gr. die Wendung *uolentes in Christo iustificari* in seiner allegorischen Auslegung zu Hld 1,6: Wer die Rechtfertigung in Christus erstrebe, werde seiner Sündhaftigkeit inne.[36]

---

[29] THEODOR VON MOPSUESTIA, *in Gal.* (SWETE 32) gesteht: *est quidem obscuritate inuolutus intellectus apostolicus, a multa atque compendiosa prosecutione.*

[30] MARIUS VICTORINUS, *in Gal.* 2,17 (CSEL 83/2, 122f); AUGUSTINUS, *exp. Gal.* 16,4 (CSEL 84, 72).

[31] AMBROSIASTER, *in Gal.* 2,17 (CSEL 81/3, 28); THEODOR VON MOPSUESTIA, *in Gal.* (SWETE 32).

[32] JOHANNES CHRYSOSTOMUS, *comm. in Gal.* (PG 61, 643).

[33] HIERONYMUS, *in Gal.* (CCL 77 A, 59) deutet das Partizip ζητοῦντες als vorzeitig.

[34] PELAGIUS, *in Gal.* (SOUTER 316).

[35] THEODORET VON CYRUS, *in Gal.* (PG 82, 473 BC).

[36] GREGOR d. Gr., *in Cant.* 33 (CCL 144, 34).

Gal 2,18

Wenn ich allerdings das, was ich niedergerissen habe, wieder aufbaue, dann stelle ich mich selbst als Übertreter hin.

Das positiv gewertete κατέλυσα ermöglicht eine heilsgeschichtliche[37] wie eine ethische Rezeption der Stelle; antike Christentumskritik fasst die Polemik gegen Paulus hinsichtlich des Selbstwiderspruches zwischen seiner Ablehnung der Beschneidungsforderung und seinem eigenen Verhalten nach Apg 16,3 in Worte.[38] Die sinntragenden Verben von Gal 2,18a können allgemein eine in sich widersprüchliche Haltung benennen,[39] konkret die Warnung vor der Rückwendung zur Sünde[40] oder, an die Adresse des Mönches gerichtet, vor der Rückwendung zu den weltlichen Begierden.[41] In der Ketzerpolemik markiert Gal 2,18 die Selbstwidersprüche der Häretiker[42] oder warnt vor dem Selbstwiderspruch in ihrer Beurteilung[43] sowie vor Opportunismus[44], mahnt aber auch dazu, Bischöfe, die in Häresie gefallen, dann aber den Weg zur Großkirche gefunden haben, nicht erneut mit kirchlichen Ehrenstellen zu bekleiden.[45]

In altkirchlicher Schriftauslegung werden als Objekt zu „niederreißen / aufbauen" zumeist das Gesetz oder die Werke des Gesetzes bestimmt,[46] manchmal deren göttliche Außerkraftsetzung.[47] Ob die παράβασις in der anfänglichen Zerstörung oder im erneuten Wiederaufbau besteht, wird nicht immer deutlich.

---

[37] Gal 2,18 bezeugt die Ablösung der wörtlichen durch die geistliche Auslegung des Zeremonialgesetzes (ORIGENES, *hom. in Ex.* 7,1 [SC 321, 206]) oder dessen völlige Abrogation (EUSEBIUS VON EMESA, *in Gal.* [BUYTAERT 147*]).

[38] PORPHYRIUS, *Frgm.* 27 HARNACK (S. 57) = Frgm. 188 BERCHMAN (S. 206). Zur Frage der Zuweisung der bei Macarius Magnes aufbewahrten Christentumskritik an Porphryius vgl. BIERMANN, Macarius Magnes, 468f.

[39] AMBROSIUS, *paenit.* 2,2,7 (SC 179, 136); LEO I. VON ROM, *ep.* 162 (PL 54, 1444); PELAGIUS I. VON ROM, *defens.* (PLS 4, 1356). – PELAGIUS I. ändert dann aber später selbst seine Position!

[40] BASILIUS VON CÄSAREA, *reg. fus.* 20 (PG 31, 972 D); PRISCILLIAN, *tract.* 10/128 (CSEL 18, 95). Speziell vor der Reintensivierung z.B. der verwandtschaftlichen Bindungen warnt die Stelle wie Mt 10,37 bei BASILIUS VON CÄSAREA, *ep.* 42 (COURTONNE 1, 103).

[41] JOHANNES CASSIAN, *inst.* 4,36,2 (CSEL 17,73, mit Hinweis auf Lk 9,62).

[42] EPIPHANIUS VON SALAMIS, *haer.* 66,50,1 (GCS 37, 87), gegen Manichäer; Ps.-AUGUSTINUS, *c. Fulg.* 7 (CSEL 53, 295), gegen die donatistische Berufung auf Eph 4,5 zum Erweis der Notwendigkeit der Ketzertaufe.

[43] EUTHERIUS VON TYANA, *ep.* (PG 84, 682 B) an Johannes von Antiochien.

[44] MARCELLINUS und FAUSTINUS, *lib. prec.* 52–54 (CCL 69, 372f), in der Kritik an der doppelten, durch das Urteil des jeweils regierenden Kaiser bestimmten Kehrtwende einiger Bischöfe vom rechten Glauben zur Häresie und wieder zurück.

[45] AGAPETUS I., *ep.* 4,7 = JUSTINIAN, *ep.* 88,7 (CSEL 35/1, 335).

[46] TERTULLIAN, *adv. Marc.* 5,3,8 (CCL 1, 669f); EUSEBIUS VON EMESA, *in Gal.* [BUYTAERT 147*]), EPHRÄM, *in Gal.* (MMK 130); HIERONYMUS, *in Gal.* (CCL 77 A, 59); MARIUS VICTORINUS, *in Gal.* (CSEL 83/2, 123); AUGUSTINUS, *exp. Gal.* 16,7–10 (CSEL 84, 72f), wie schon AMBROSIASTER, *in Gal.* 2,18 (CSEL 81/3, 28); faktisch auch THEODORET, der lediglich die Begriffe „niederreißen" und „aufbauen" in umgekehrter Reihenfolge anordnet (THEODORET VON CYRUS, *in Gal.* [PG 82,473 C]).

[47] JOHANNES CHRYSOSTOMUS, *comm. in Gal.* (PG 61, 644f).

Im ersteren Sinne entscheidet THEODOR VON MOPSUESTIA. Für ihn besagt Gal 2,19a folgerichtig, dass Paulus nicht als Übertreter des Gesetzes sich von ihm losgesagt habe, sondern aufgrund des Gesetzes selbst. Anders MARIUS VICTORINUS: Man ist Übertreter der Gebote Christi, wenn man sich zur jüdischen Lebensweise hinwendet.[48]

Gal 2,19

Ich aber bin durch das Gesetz dem Gesetz gestorben, damit ich für Gott lebe. Ich bin mit Christus gekreuzigt;

Sekundärliteratur: REIJNERS, Wort, 80–89.

Das Schwergewicht der Rezeption von Gal 2,19f liegt in Gal 2,19b.20a. Diesen Aussagen werden christologische und heilsgeschichtliche Aussagen entnommen, zumeist aber, gerade in isolierender Verwendung, dienen sie der Mahnung zur Weltdistanz (s.u.). Diese Auslegungstendenz macht sich auch in der Kommentarliteratur bemerkbar, und zwar selbst dann, wenn bis Gal 2,19a in Entsprechung zum Gesamtkontext des Galaterbriefes das Thema der Rechtfertigung die Interpretation der Sinneinheit Gal 2,15ff bestimmt.[49] Weitaus seltener wird Gal 2,19aβ („damit ich Gott lebe") rezipiert; die als dunkel empfundene Wendung „ich bin durch das Gesetz dem Gesetz gestorben" (Gal 2,19aα) wird erst in den Kommentaren und dann bei JOHANNES CASSIAN näher bedacht. So wird i.f. zunächst 1.1 die Rezeption von Gal 2,19aβ und 1.2 die Rezeption von Gal 2,19aα, 2. dann die Rezeption von Gal 2,19b dargestellt.

1.1 „Leben für Gott" kann Wirklichkeit werden am Tage des Martyriums,[50] aber auch schon durch ein Leben κατὰ θεόν, also in Weltdistanz[51] und im Absterben gegenüber der Sünde.[52] MAXIMUS CONFESSOR begründet mit Gal 2,19b das Verbot des Blutgenusses Gen 9,3–5 als für den Christen verpflichtend: Mit θηρία (Gen 9,5) werden nicht nur die wilden, sondern auch die zahmen, aber

---

[48] MARIUS VICTORINUS, *in Gal.* 2,18 (CSEL 83/2, 123); ferner AUGUSTINUS, *exp. Gal.* 16,7–10 (CSEL 84, 72f).

[49] Mit Christus gekreuzigt sein, heißt der Begierde der Welt nicht mehr erliegen. Diese Aussage zu Gal 2,19b stellt sich für AMBROSIASTER bruchlos neben die Aussage Gal 2,19a, wo es um das Gesetz Mose ging (AMBROSIASTER, *in Gal.* [CSEL 81/3, 28]). Bei MARIUS VICTORINUS, *in Gal.* (CSEL 83/2, 122–124) lässt sich dasselbe zum Begriff *caro* beobachten: Er steht in der Auslegung zu Gal 2,16 zunächst als Äquivalent für „Mensch" und fasst Juden und Griechen zusammen, sodann tritt er in begrifflichen Gegensatz zu *spiritualis sensus legis*, *in Gal.* 2,19b.20 wird *caro* verdeutlicht als *omnis homo vetus et desideria carnis* im Sinne allgemeiner Weltdistanz.

[50] (Ps.?)-MAXIMINUS ARIANUS, *serm.* 10.13.14 (PLS 1,751.756.758).

[51] GREGOR VON NAZIANZ, *or.* 21,1 (SC 270, 110).

[52] HILARIUS VON POITIERS, *in psalm.* 138 (CSEL 22, 774); CASSIODOR, *in psalm.* 138,20 (CCL 98, 1251) in der Auslegung der Aussage, dass Gott den Sünder tötet. Man müsse Ps 138,19 geistlich deuten, um einen Widerspruch zu Mt 9,13 („Barmherzigkeit will ich") zu vermeiden.

nach Lev 11 unreinen Tiere bezeichnet, deren schlechte Eigenschaften man nicht in sich aufnehmen soll.[53]

1.2 Die Auslegungen der Kommentarliteratur zu Gal 2,19a, vor allem zu der Wendung διὰ νόμου in Gal 2,19aα ist dreigeteilt, und die Autoren erwähnen nicht selten mehrere Möglichkeiten des Verstehens. Eine Auslegungslinie setzt eine Äquivokation des νόμος-Begriffes voraus, als sei Paulus durch das Gesetz Christi[54] bzw. des Glaubens[55] bzw. der Gnade[56] dem Gesetz Moses oder dem fleischlich verstandenen durch das geistlich verstandene Gesetz[57] gestorben. Gemäß dem *usus* des idiomatisch konkordanten Hörens[58] hat diese Auslegung implizit oder explizit den paulinischen Sprachgebrauch in Röm 8,2 bzw. Röm 7,6 oder Röm 3,27 vor Augen.[59] Ohne solche Äquivokationen kann auf der theologischen Basis von Gal 3,23f in einer zweiten Linie betont werden, das Gesetz selbst sage seine Außerkraftsetzung voraus; implizit oder explizit steht Dtn 18,15.18[60] oder Gen 15,6[61] dahinter. In einer dritten Linie wird Gal 2,19 auf das Todesurteil des Gesetzes über die stets unvollkommene Gesetzeserfüllung des Menschen bezogen;[62] ausschlaggebend hierfür ist die Gleichartigkeit der Wendung διὰ νόμου in Gal 2,19 und Röm 2,12; 3,20. Nur bei JOHANNES CHRYSOSTOMUS begegnet der Verweis auf die κατάρα nach Gal 3,10,[63] während auf Gal 3,13 nicht rekurriert wird (dort fehlt die Wendung διὰ νόμου).

2. Nur vereinzelt bezieht sich die in Gal 2,19b.20 bezeichnete Neuheit des christlichen Lebens auf den Unterschied zum Judentum.[64] Zumeist aber wird

---

[53] MAXIMUS CONFESSOR, *qu. dub.* 23 (CCG 10, 20f). Diese allegorisch-ethische Interpretation von Lev 11 begegnet schon im frühen Judentum, vgl. etwa *Arist* 128–171 (PELLETIER 166–182).

[54] HIERONYMUS, *in Gal.* (CCL 77 A, 61f); JOHANNES CHRYSOSTOMUS, *comm. in Gal.* (PG 61,645), mit Verweis auf Röm 8,2 als Beispiel für den äquivoken Gebrauch des νόμος-Begriffes; ferner der BUDAPESTER ANONYMUS, *Gal.* (FREDE II 223, Nr. 08); MARIUS VICTORINUS, *in Gal.* 2,19 (CSEL 83/2, 123f), und PELAGIUS, *in Gal.* (SOUTER 316), jeweils als eine Möglichkeit.

[55] AMBROSIASTER, *in Gal.* (CSEL 81/3, 28).

[56] JOHANNES CHRYSOSTOMUS, *comm. in Gal.* (PG 61, 645), als eine der drei Möglichkeiten.

[57] MARIUS VICTORINUS, *in Gal.* 2,19 (CSEL 83/2, 123f); AUGUSTINUS, *exp. Gal.* 17,1–3 (CSEL 84, 73), mit Verweis auf Gal 4,21f; HIERONYMUS, *in Gal.* (CCL 77 A, 62). Auf das geistliche Gesetz bezieht er Röm 7,12.14; Ez 20,11, auf das Gesetz, das den Zorn bewirkt, Ez 20,25.

[58] Altkirchliche Autoren hören bei einem in spezifischer Weise verwendeten Begriff deren biblische Parallelen mit, ähnlich wie in paganer Exegese Homer aus Homer erklärt wird.

[59] Dass Paulus, obwohl dem Gesetz gestorben, die vier Nasiräer auslöst (Apg 21,23f), dient JOHANNES CASSIAN zur Rechtfertigung einer *simulatio* zugunsten des Nutzens für die uns anvertrauten Menschen. Gal 2,18 stellt dabei klar, dass es sich nicht um einen wirklichen Gesinnungswandel des Apostels handelt (JOHANNES CASSIAN, *conl.* 17,20,1–10 [CSEL 13, 481–485]).

[60] Explizit zitiert wird Dtn 18,15.18 bei JOHANNES CHRYSOSTOMUS, *comm. in Gal.* (PG 61, 645) als Möglichkeit der Auslegung, und bei JOHANNES VON DAMASKUS, *in Gal.* (PG 95, 789 D); implizit sein dürfte die Stelle bei THEODOR VON MOPSUESTIA, *in Gal.* (SWETE 33: *in ipsa lege praedicatum inueniens Christum*) und bei THEODORET VON CYRUS, *in Gal.* (PG 82, 473 D).

[61] BUDAPESTER ANONYMUS (FREDE II 223, Nr. 08).

[62] JOHANNES CHRYSOSTOMUS, *comm. in Gal.* (PG 61, 645), als favorisierte Möglichkeit.

[63] JOHANNES CHRYSOSTOMUS, *comm. in Gal.* (PG 61, 645).

[64] ORIGENES, *hom. in Jos.* 5,4 (SC 71, 168); BASILIUS VON CÄSAREA, *bapt.* 1,2,12 (SC 357, 140). Der griechische Lebensvollzug, als βίος κοσμικός gewertet, wird unter das Verdikt von Gal 6,14

Gal 2,19b, vor allem, wenn dieser Halbvers isoliert zitiert wird, als Mahnung zur Welt- und Selbstdistanz verstanden. Nach ORIGENES konnte Jesus nicht, wie Celsus ironisch meinte, zum Beweis seiner Göttlichkeit vom Kreuz verschwinden, sondern musste den Todesweg bis zu Ende gehen, denn seine Kreuzigung wird erst im vollen Sinne verstanden, wenn man ihr als symbolische Bezugnahme auf uns selbst[65] die Absage an die Sünde entnimmt.[66] Erstmals bei ORIGENES nachweisbar ist die seither oft wiederholte Kombination von Gal 2,19f;[67] 6,14 als Formulierung christlichen Lebensideals[68] sowie die Aneignung dieser Stellen als adäquater Applikation des Rufes Jesu zur Selbstverleugnung Mt 16,24.[69] Allgemein bezeichnen diese Stellen das *signum* christlicher Existenz,[70] die sich in Selbstverleugnung und Absage an die Sünde[71] vollzieht. Mit Christus gekreuzigt sein heißt mit ihm leiden.[72] ORIGENES kann auch Einzelheiten des Todes Jesu auf Gal 2,19 hin auslegen, die spezielle Todesart[73] wie die Begegnung mit dem reuigen Schächer: Er kann geheimnisvolles Zeichen sein für diejenigen, die nach vielen Untaten zum Glauben kamen.[74] HIERONYMUS gibt eine an biblischen Anspielungen reiche Auslegung:[75]

Weil er gesagt hatte, er sei durch das Gesetz dem Gesetz gestorben, zeigt er nunmehr an, wie er gestorben ist – „Ich bin mit Christus gekreuzigt" –, indem er sein Kreuz auf sich nimmt und Christus folgt (vgl. Mt 16,24), und in jenem Leiden (ihn) anfleht: „Gedenke meiner, wenn du in dein Reich kommst" und sofort hört: „Heute wirst du mit mir im Paradiese sein" (Lk 23,42f). Wenn jemand mit ertöteten Gliedern auf Erden (Kol 3,5) und der Welt gestorben (vgl. Gal 6,14), gleichgestaltet ist dem Tod Jesu Christi (vgl. Röm 6,5), wird er mit Christus gekreuzigt, und heftet die Siegestrophäe seiner Abtötung an das Holz des Leidens des Herrn.

---

gestellt, der jüdische mit der Antithese Mt 5,38–41 erfasst. Der christliche βίος ist, so Gal 5,24; 6,14, für jeden Getauften verpflichtend, so BASILIUS VON CÄSAREA, *bapt.* 2,1,2 (SC 357, 206).

[65] ORIGENES, *Cels.* 2,69 (SC 132, 446), mit Bezügen u.a. auf Gal 2,19b; 6,14; Röm 6,4.
[66] ORIGENES, *comm. in Mt.* 12,24 (GCS 40, 124f); ders., *comm. in Rom.* 4,12 (FC 2/2, 298); AMBROSIUS, *sacr.* 2,7/23 (FC 3, 112–114); ders., *parad.* 9/45 (CSEL 32/1, 302).
[67] Die Kombination von Gal 2,20 und 6,14 begegnet schon bei CLEMENS VON ALEXANDRIEN, s.u.
[68] Vgl. ORIGENES, *Cels.* 2,69 (SC 132, 446); *comm. in Mt.* 12,27 (GCS 40, 129) u.ö.; DIDYMUS DER BLINDE, *Zach.* 3,321, (SC 84, 786); BASILIUS VON CÄSAREA, *bapt.* 1,2,19 (SC 357, 166); AMBROSIUS, *in Luc.* 10,7 (CCL 14, 347) mit zusätzlichem Verweis auf Gal 6,14.
[69] Vgl. ORIGENES, *comm. in Mt.*, Frgm. 350 (GCS 12, 151); HIERONYMUS, *ep.* 121,3 (CSEL 56, 14); LEONTIUS VON KONSTANTINOPEL, *hom.* 14 (CCG 17, 436).
[70] ORIGENES, *comm. in Mt.* 12,27 (GCS 40, 129); ders., *hom. in Gen.* 3,7 (SC 7, 142).
[71] Zum Gewicht von Gal 2,19f; 6,14 für ORIGENES vgl. REIJNERS, Wort, 87. Die moralische und asketische Deutung der Stelle legt sich für altkirchliche Hermeneutik nahe: Das Verbum σταυρόω hat bei Paulus auch ethische Implikationen, nämlich in Gal 5,24; Röm 6,6.
[72] ORIGENES, *comm. in Rom.* 7,3 (FC 2/4, 40), zu Röm 8,16–17.
[73] Obwohl es viele Todesarten gibt, wurde der Sohn Gottes an das Holz (Gal 3,13) gehängt und gekreuzigt, damit alle, die der Sünde absterben, ihr nichts anders absterben als so, dass sie mit Christus mitgekreuzigt werden und ihnen (Gal 6,14) die Welt gekreuzigt ist (ORIGENES, *comm. in Mt.* 12,25 [GCS 40, 126]). – Dass hier ein Zirkelschluß vorliegt, merkt ORIGENES nicht.
[74] ORIGENES, *comm. in Mt.* ser. 133 (GCS 38, 271).
[75] HIERONYMUS, *in Gal.* (CCL 77 A, 62f).

In der Literatur nach ORIGENES wird das in Gal 2,19b.20 genannte Ideal unterschiedlich charakterisiert, konkret als Sexualverzicht außerhalb der Ehe[76] wie als Sexualverzicht überhaupt,[77] als Absage an die Begierde und die Habsucht[78] und als Herrschaft der in Gottesfurcht lebenden Seele über die Glieder des Leibes,[79] allgemein als vollkommene Hingabe an Gott[80], als Gottesfurcht,[81] als bestmögliche Gegenliebe,[82] als Selbstverleugnung[83] und Weltdistanz,[84] als Absage an die Sünde[85] und an fleischliche Gedanken.[86] Ein Lasterkatalog, etwa Kol 3,5, kann Gal 2,19 illustrieren,[87] die Stelle kann mit Mt 10,38[88] oder Gal 5,24[89] kombiniert werden.

Gal 2,20

nicht mehr ich lebe, sondern Christus lebt in mir. Soweit ich aber jetzt noch in dieser Welt lebe, lebe ich im Glauben an den Sohn Gottes, der mich geliebt[90] und sich für mich hingegeben hat.

Die Geschichte der Rezeption von Gal 2,20 legt es nahe, die beiden Versteile Gal 2,20a und Gal 2,20b gesondert zu behandeln. 1. Gal 2,20aβ wird gelegentlich in dogmatischen Kontroversen rezipiert, 2. regt aber auch zu Betrachtungen

---

[76] CLEMENS VON ALEXANDRIEN, *str.* 3,106,4 (GCS 15, 245).

[77] EUSEBIUS VON CÄSAREA, *theoph.*, Frgm. 17,8 (PG 24, 676 A); ähnlich dann bei GREGOR VON NYSSA, *virg.* 23,7 (GNO 8/1, 343); er zitiert Gal 2,19b.

[78] AMBROSIUS, *in psalm.* 118, 15,37 (CSEL 62, 350); SOPHRONIUS VON JERUSALEM, *hom.* 4 (PG 87, 3308 B): Absage an die Leidenschaften und Begierden.

[79] THEODORET VON CYRUS, *Ps.* (PG 80, 1860 A).

[80] ATHANASIUS, *ep. fest* 5,3; 7,3 (PG 26, 1381C.1391 C); ders., *ep. Serap.* 1,19 (SC 15, 117); CYRILL VON ALEXANDRIEN, *ador.* 12 (PG 68, 828 C).

[81] GREGOR VON NYSSA, *v. Macr.* 24 (GNO 8/1, 398) mit Verweis auf Ps 118,120.

[82] THEODORET VON CYRUS, *Cant.* (PG 81, 109 A – C). Die menschliche Gegenliebe zur Liebe Gottes ist eine Liebe κατὰ τὸ δύνατον. Angesprochen ist damit ein Grundsatz, der seit PLATO, *Tht* 176b (STAUDACHER 106) die ὁμοίωσις θεῷ als nach dem Maß des dem Menschen Möglichen spezifiziert.

[83] GREGOR d. Gr., *in evang.* 32,2 (FC 28/2, 598) in der Auslegung zu Lk 9,23 par. Mt 16,24; LEONTIUS VON KONSTANTINOPEL, *hom.* 14 (CCG 17, 436), wieder mit Verweis auf Mt 16,24.

[84] AMBROSIUS, *in psalm.* 118, 11,15 (CSEL 62, 243); CYRILL VON ALEXANDRIEN, *ador.* 11 (PG 68, 777 A); vgl. ders., *hom. pasch.* 14,2 (PG 77, 713 C).

[85] AMBROSIUS, *sacr.* 2,7/23 (FC 3, 112–114), in einer Taufansprache; *parad.* 9,45 (CSEL 32/1, 302); BASILIUS VON CÄSAREA, *hom.* 13,7 (PG 31, 440 B). Leitend dürfte der Querbezug zu Röm 6,3f sein, den THEODOR VON MOPSUESTIA, *in Gal.* (SWETE 34) explizit namhaft macht.

[86] Ps.-ATHANASIUS, *renunt.* 9 (PG 28, 1417 CD) mit zusätzlichem Verweis auf Gal 5,24; CHROMATIUS VON AQUILEIA, *serm.* 19,6 (SC 164, 28).

[87] CYRILL VON ALEXANDRIEN, *hom. pasch.* 22,3 (PG 77, 865 D).

[88] BASILIUS VON CÄSAREA, *bapt.* 1,1,3 (SC 357, 94).

[89] Ps.-ATHANASIUS, *renunt.* 9 (PG 28, 1417 C); JOHANNES CHRYSOSTOMUS, *hom. in Gen.* 34,5 (PG 53, 319f); ISAIAS ABBAS, *or.* 17,11 (PG 40, 1132 B).

[90] Die angeblich marcionitische Lesart ἀγοράσαντος für ἀγαπήσαντος hält SCHMID, Marcion, 232f, für eine bloße Verschreibung.

über die Singularität, die Autorität und die Vollkommenheit der Person des Paulus an. 3. Vor allem aber wird die Stelle im Sinne der Mahnung zur Weltdistanz wahrgenommen. 4. Gefragt wird auch, wie der durch Gal 2,20a geforderte rechte Wandel möglich ist. 5. Gelegentlich wird Gal 2,20bα rezipiert, 6. vor allem aber die Aussage über die Selbsthingabe Jesu Gal 2,20bβ in 6.1 christologischen und 6.2 liturgischen Zusammenhängen. 7. Einzelfragen der Schriftauslegung sind gesondert darzustellen.

1. Einmal verwendet ORIGENES Gal 2,20aβ zum Erweis der Unräumlichkeit der Gottheit Christi: Wenn Christus in Paulus war, wie soll er dann in den Erzengeln Michael und Gabriel nicht gewesen sein? So kann aber die Göttlichkeit des Sohnes nicht in irgendeinem Raum eingeschlossen sein.[91]

In seiner Homilie über 1Kor 15,28 will GREGOR VON NYSSA gegen die Arianer beweisen, dass die Unterwerfung des Sohnes sich auf die Erkenntnis und die Rettung der Menschen in der „eschatologische(n) Einigung ... mit Gott in einem Leibe"[92] bezieht, dem Leib Christi, die Kirche. Gal 2,20aβ ist ihm einer der Hauptbelege dafür: Paulus bezieht alles, was von ihm an Gutem getan und gesagt wird, auf Christus; das gilt auch für die eigene Bekehrung.[93] DIDYMUS VON ALEXANDRIEN belegt Den Sachgehalt der Formel *opera Trinitatis ad extra sunt indivisa* für das Motiv der Einwohnung in den Gläubigen mit Gal 2,20aβ (Einwohnung Christi) und 1Kor 3,16 (Einwohnung des Heiligen Geistes).[94]

2. In paganer Polemik wird Gal 2,20a kritisch gegen Paulus gewendet, der durch seine Invektive Gal 5,12 gegen Jesu Weisung (Mt 5,44) und gegen die eigenen Mahnungen Röm 12,14; 1Kor 6,10 verstoße.[95] Auch unabhängig von dieser Polemik begegnen in christlicher Literatur Betrachtungen über die Autorität und die Vollkommenheit der Person des Paulus; die Bibel wird dabei *auch* als eine Sammlung von *exempla* begriffen und kann dadurch eine Funktion erfüllen, wie sie für den Nichtchristen ungeachtet aller paganen Mythenkritik die Mythen Homers erfüllen.[96]

Bei ORIGENES betont Gal 2,20 wie 2Kor 13,3 die Christusverbundenheit des Apostels. Das mahnt dazu, die Intention seiner Schriften adäquat aufzunehmen.[97] Gal 2,20a als Ausdruck seiner Vollkommenheit relativiert dessen Selbstbekenntnis Röm 7,14: Hier nimmt Paulus „gleichsam als Lehrer der Kirche selbst die Rolle der Schwachen an",[98] im Sinne von 1Kor 9,22.

---

[91] ORIGENES, *princ.* 4,4,2 (GOERGEMANNS/KARPP 788).
[92] HÜBNER, Einheit, 41, zu GREGOR VON NYSSA, *hom. in 1Cor 15,28* (GNO 3/2, 23f).
[93] GREGOR VON NYSSA, *hom. in* 1Cor 15,28 (GNO 3/2, 23–25).
[94] DIDYMUS DER BLINDE, *spir.* 107 (FC 78, 154).
[95] HARNACK, Porphyrius, 63, zitiert aus HIERONYMUS, *comm. in Gal.*, zu Gal 5,12 (CCL 77 A, 168) einen entsprechenden Text als PORPHYRIUS, *Frgm.* 37, lässt aber die wahre Herkunft des Textes offen. Bei BERCHMAN, Porphyry, 170, ist der Text nicht als Porphyriusfragment gewertet.
[96] MEISER, Mythosdiskussion, 146.160–164.
[97] ORIGENES, *comm. in Mt.*, frgm. 218 (GCS 12, 104).
[98] ORIGENES, *comm. in Rom.* 6,9 (FC 2/3, 270); vgl. *Praedestinatus* 3,14 (PL 53, 652 C – 653 B).

Ferner regt Gal 2,20a immer wieder zu der Frage an, ob Paulus dem normalen Christen Vorbild sein könne. Die Antworten fallen je länger je mehr durchaus unterschiedlich aus. Einerseits dient Paulus beispielsweise GREGOR VON NYSSA in den *Canticum-Homilien* „immer wieder .... – neben Mose und anderen biblischen Gestalten – als illustrierendes Beispiel für die spirituellen Höhen, zu denen das Canticum führen will",[99] u.a. für die Paradoxie der Fassbarkeit des Unfassbaren, das sich in Gal 2,20 ausspricht.[100] Durch die Nachahmung Christi wurde das εἶδος der Seele des Apostels umgewandelt πρὸς τὸ πρωτότυπον hin, so dass Christus in ihm lebt; daher ist Paulus der verlässlichste Führer zur Vollkommenheit des Christen.[101] Andererseits kann nicht jeder das von sich sagen, was Paulus hier sagt.[102] So mahnt GREGOR VON NAZIANZ: Wenn schon Paulus, der niemandem anders als Christus lebt, von sich bekennen muss, dass er nur stückweise erkennt (1Kor 13,12), umwieviel mehr sind wir zur Demut gerufen.[103] ANASTASIUS SINAITA erinnert mit demselben Gedanken gegen Häretiker wie NESTORIUS daran, dass das Reden über Gott keineswegs gefahrlos ist.[104]

3. Erstmals bei CLEMENS VON ALEXANDRIEN findet sich die ethische Deutung von Gal 2,20 und zugleich die Verbindung der Stelle mit Gal 6,14. Die allgemeine Weltdistanz bedeutet hier die Bereitschaft des „Philosophen", sich lebenslang auf seinen Tod vorzubereiten.[105] Maßgebend für die ethische Interpretation der Stelle wurde ORIGENES, bei dem Allgemeingut der Auslegung dieser Stelle gebündelt erscheint.[106] Die Kreuzigung des sichtbaren Leibes Christi ist Urbild und Vorbild für das Sein der Kirche als seines Leibes.[107] Gal 2,20a wird im Sinne der Selbstverleugnung nach Mt 16,24[108] verstanden und als Bereitschaft zum Martyrium aktualisiert;[109] die Aussage bezeichnet die erst

---

[99] DÜNZL, Canticum, Bd. 1, 58; vgl. auch GREGOR VON NYSSA, *perf.* 2 (s.u). Die Sättigung durch das Ersehnte, die Gerechtigkeit, spricht Paulus mit Gal 2,20aβ aus, den Hunger nach dem, was noch vor ihm liegt, durch Phil 3,12 (GREGOR VON NYSSA, *beat.* 4,7 [GNO 7/2, 122f], in Auslegung der Seligpreisung der Hungernden Mt 5,6). – Daneben steht auch bei ihm die Deutung von Gal 2,19b.20 auf die Weltdistanz (GREGOR VON NYSSA, *hom. in Cant.* 15 [GNO 6, 440]; zur philologischen Problematik der Stelle vgl. DÜNZL, Canticum, Bd. 3, 782 Anm 26).

[100] GREGOR VON NYSSA, *hom. in Cant.* 3 (GNO 6, 88).

[101] GREGOR VON NYSSA, *perf.* 2 (GNO 8/1, 175), mit Verweis auf 2Kor 13,3; Gal 2,20.

[102] BASILIUS VON CÄSAREA, *hom.* 4, 2 (PG 31, 221 A); HILARIUS VON POITIERS, *in psalm.* 118, 12,12 (SC 347, 90). Ähnlich JOHANNES CHRYSOSTOMUS, *hom. in Ac.* 52,4 (PG 60, 364): Wir sind von der paulinischen Weltentsagung soweit weg wie die Erde vom Himmel.

[103] GREGOR VON NAZIANZ, *or.* 32,15 (SC 318, 118).

[104] ANASTASIUS SINAITA, *Hod.* 3,1 (CCG 8, 78f).

[105] CLEMENS VON ALEXANDRIEN, *str.* 4,12,5f (GCS 15, 254).

[106] Im Folgenden wird die spätere Literatur nur bei erheblicher Abweichung von ORIGENES mit eigener Fußnote zitiert.

[107] ORIGENES, *Jo.* 10, 230f (SC 157, 520–522), mit Verweis auf Gal 2,20a; Gal 6,14 und Röm 6,4. Leitend ist paradigmatische Terminologie: ὥσπερ ... οὕτως.

[108] ORIGENES, *comm. in Mt.* 12,25 (GCS 40, 126); HIERONYMUS, *ep.* 121,3 (CSEL 56, 14); ders., *in Mt.* 3,178 (CCL 77, 145); LEONTIUS VON KONSTANTINOPEL, *hom.* 14 (CCG 17, 436); vgl. BEDA VENERABILIS, *Mc.* 2,8,34 (CCL 120, 538).

[109] ORIGENES, *mart.* 12 (GCS 1,12).

eigentlich relevante *causa finalis*[110] des Heilswirkens Christi, die sich in der Hingabe an Gott[111] in einem neuen ethischen Wandel, vornehmlich in der Weltdistanz[112] und in der Absage an die Sünde[113] konkretisiert, und kann insofern geradezu als Inbegriff christlicher Vollkommenheit gelten.[114]

Mehrfach in der Literatur nach ORIGENES wird Gal 2,20a i.S. der christlichen Heiligung[115] und der Absage an das Fleisch[116] gedeutet. Gal 2,20 kann durch Röm 13,13,[117] durch den Lasterkatalog Kol 3,5 und Röm 6,6[118] oder durch einen Tugendkatalog illustriert werden;[119] biblische Beispiele sind Paulus[120] und Johannes der Täufer.[121] Die Stelle wird als Distanzierung vom „Wahnsinn" der Häresie,[122] als Lobpreis der Virginität,[123] als Absage an Habsucht und Luxus,[124] schließlich als Ideal monastischer Lebenshaltung aktualisiert,[125] als Inbegriff

---

[110] ORIGENES, *hom. in Lc.* 22,3 (FC 4/1, 242): „Was hätte es dir denn genutzt, daß Christus einst im Fleisch kam, wenn er nicht bis in deine Seele gekommen wäre? Laßt uns darum beten, daß er täglich zu uns komme und daß wir sagen können: ‚Ich lebe, aber nicht mehr ich, sondern Christus lebt in mir'" (Übersetzung SIEBEN, FC 4/1, 243). Ähnlich CYRILL VON ALEXANDRIEN, *glaph. Ex.* 2 (PG 69, 437 B).

[111] ORIGENES, *hom. in Num.* 24,2,7 (SC 461, 174); ATHANASIUS, *ep. fest* 5,3; 7,3 (PG 26, 1381 C.1391 C) unter Einschluß von Gal 2,19b; s.o.

[112] ORIGENES, *hom. in Num.* 7,3,3 (SC 415, 182), als Auslegung zu Koh 4,2; *Eusebius von Cäsarea*, *Ps.* 62,1–3 (PG 23, 604 D; 637 D) zu Ps 64,6; BASILIUS VON CÄSAREA, *hom. in psalm.* 7, 3 (PG 29, 236 A); HILARIUS VON POITIERS, *in psalm.* 118, 8,5 (SC 344, 262); ders., *in psalm.* 138,37 (CSEL 22, 771). Auf Gal 6,14 verweisen AMBROSIUS, *in Luc.* 10,7 (CCL 14, 347); PETRUS CHRYSOLOGUS, *serm.* 140 ter (CCL 24 B, 857).

[113] ORIGENES, *comm. in Rom.* 5,8 (FC 2/3, 146). Aus späterer Zeit vgl. HIERONYMUS, *in Am.* 2,4,10 (CCL 76, 267); *in Is.* 12,41 (CCL 73 A, 472), zu Jes 41,8–16 (zu *mortuus* aus Jes 41,14).

[114] ORIGENES, *Jo.* 1, 23 (SC 120, 72); ders., *hom. in Lev.* 7,2 (SC 286, 320).

[115] ATHANASIUS, *ep. Serap.* 1,19 (SC 15, 117), unter Einschluss von Gal 2,19b; BASILIUS, *bapt.* 1,2,15 (SC 357, 152); AMBROSIUS, *parad.* 15,76 (CSEL 32/1, 335); Ps.-ATHANASIUS, *qu. Script.* 89 (PG 28, 749 D).

[116] HILARIUS VON POITIERS, *in psalm.* 60,2; 64,11 (CSEL 22, 204.243); AMBROSIUS, *paenit.* 1,13,61 (SC 179, 104); Ps.-ATHANASIUS, *renunt.* 9 (PG 28, 1417 C), mit Verweis auf Gal 5,24; (Ps.?)-BASILIUS VON ANCYRA, *virg.* 52 (PG 30, 773 A).

[117] DIDYMUS DER BLINDE, *Gen.* 41 (SC 233, 108).

[118] JOHANNES CHRYSOSTOMUS, *comm. in Gal.* (PG 61, 645f).

[119] HIERONYMUS, *in Gal.* (CCL 77 A, 63).

[120] AUGUSTINUS, *en. Ps.* 149,13 (CCL 40, 2187). Der Christenverfolger Paulus kommt bildlich gesprochen zu Tode und wird in Christus zu einem neuen Leben gebracht.

[121] PETRUS CHRYSOLOGUS, *serm.* 91,7 (CCL 24 A, 567). Der Täufer war vom Mutterleib an mit dem Heiligen Geist erfüllt (Lk 1,15).

[122] GREGOR VON NAZIANZ, *or.* 20,5 (SC 270, 66).

[123] EUSEBIUS VON EMESA, *hom.* 7,14 (BUYTAERT I, 185). Virginität verleiht dem Menschen einen engelgleichen Status (als biblische Grundlage vgl. Lk 20,35f).

[124] AMBROSIUS, *in psalm. 118*, 14,37 (CSEL 62, 323).

[125] JOHANNES CASSIAN, *inst.* 1,4; 4,34 (CSEL 17,12. 72): Der Mönch verwirklicht das in Gal 2,20; 6,14 und Mt 10,38 geforderte Verhalten in seiner *abrenuntiatio* der Welt gegenüber. Dabei meint Gal 2,20a nicht nur die Abtötung aller schädlichen Begierden, sondern überhaupt den Verzicht darauf, Herr über sich selbst zu sein (JOHANNES CASSIAN, *conl.* 24,23,1 [CSEL 13, 698]; ähnlich ANTIOCHUS IM SABASKLOSTER, *serm.* 112 [PG 89, 1784 B]). – Der Einsiedler Salamanes fiel durch Schweigsamkeit und Willigkeit im Dulden auf und zeigte so, dass er der Welt abgestorben war. So verwirklichte er das in Gal 2,20a genannte Ideal (THEODORET VON CYRUS, *h. rel.* 19 [PG 82, 1429 A]).

des „Lebens des Geistes" angesprochen[126] und als biblischer Beleg für die vollkommene Gottesliebe verwendet, in welcher der Mensch nicht mehr sich selbst, sondern Gott gehören will.[127] Für JOHANNES CLIMACUS (ca. 575–650) ist Gal 2,20a – er zitiert die Stelle im 29. *Gradus* seiner 30 *Gradus* umfassenden *Scala Paradisi* – das Selbstbekenntnis dessen, der auf dem Weg zur geistlichen Vollkommenheit das Höchstmaß an Seelenruhe erreicht hat.[128] Zuvor schon hatte JOHANNES CHRYSOSTOMUS Gal 2,20aβ so zusammengefasst:[129]

Nichts geschieht meinerseits gegen Christi Willen. Wie er (scil. Paulus) nämlich unter Tod nicht den gewöhnlichen Tod versteht, sondern den der Sünde, so versteht er auch unter Leben die Befreiung von ihr. Gott leben kann nur, wer der Sünde abgestorben ist. Wie er (scil. Christus) also dem Tode des Leibes sich unterzog, so ich mich dem Tod hinsichtlich der Sünde.

AUGUSTINUS aktualisiert Gal 2,20a als Absage an jeden Versuch, die eigene Gerechtigkeit aufzurichten.[130] So kann er auch der Inanspruchnahme der Stelle durch PELAGIUS nichts abgewinnen, der behauptet hatte, die Abtötung der eigenen *voluntas* sei das Ergebnis einer guten Nutzung der *arbitrii libertas*.[131] THEODOR VON MOPSUESTIA folgt wieder der ihm eigentümlichen Exegese des Galaterbriefes, wenn er auch Gal 2,20 im Lichte der Tauftypologie Röm 6,3f auf die Auferstehungswirklichkeit bezieht, dergemäß wir schon das irdische sterbliche Leben im Glauben an die Auferstehung führen.[132]

4. Das Wirken Christi im Christen wird manchmal auch bewusst als Ergebnis göttlichen Handelns reflektiert. Christus ist nach ORIGENES *causa efficiens* und Vorbild[133] des Christenstandes. EUSEBIUS VON CÄSAREA zufolge kann der Beter von Ps 34,3, insofern er das Heil nicht von sich selbst erwartet, sondern von Gott erbittet, in die Aussage Gal 2,20a einstimmen.[134] AMBROSIUS betont, dass die Kirche nicht aus ihrem eigenen Glanz heraus lebt, sondern aus dem

---

[126] MAXIMUS CONFESSOR, *cap*. 2, 92 (PG 90, 1169 A): im Gegensatz zu einem Leben gemäß der Natur der Seele und des Leibes.

[127] EUSEBIUS VON EMESA, *hom*. 26,16–18 (BUYTAERT II, 184f), mit Verweis auf Gal 6,14a und Gal 3,27; DIONYSIUS AREOPAGITA, *d. n*. 4,13 (PTS 33, 158f).

[128] JOHANNES CLIMACUS, *scal*. 29 (PG 88, 1149 D).

[129] JOHANNES CHRYSOSTOMUS, *comm. in Gal*. (PG 61, 645).

[130] AUGUSTINUS, *virg*. 41 (CSEL 41, 284). – Das kann AUGUSTINUS auch antijüdisch wenden, vgl. *en. Ps*. 70, serm. 1,19 (CCL 39, 958): Die Christen sind nicht mehr die, die sich des Gesetzes und des Buchstabens rühmen. Das Stichwort „Rühmen" ist durch Gal 6,14 veranlasst.

[131] AUGUSTINUS, *gr. et pecc. or*. 24/23 (CSEL 42, 144). – JULIAN VON ECLANUM, *ad Turb*. 4, 317 (CCL 88, 394), hält fest, dass zwischen Gal 2,20a und Röm 7,18 kein Widerspruch besteht. Damit will er die Behauptung des Johannes von Konstantinopel entkräften, in den kleinen Kindern sei noch keine Erbsünde.

[132] THEODOR VON MOPSUESTIA, *in Gal*. (SWETE 34f).

[133] „Er (Christus) lebt für Gott, heißt es, damit auch wir nicht für uns und unser Wollen, sondern für Gott leben [...] und so wirklich durch sein Leben erlöst sein können wie der, der sagte: Nicht mehr ich lebe [...]" (ORIGENES, *comm. in Rom*. 4,12 [FC 2/2, 298]; vgl. dazu HARL, Origène, 292–296).

[134] EUSEBIUS VON CÄSAREA, *Ps*. (PG 23, 297 B).

Glanz Christi.[135] Wichtiger, als dass ich im Bewusstsein meiner Sünden den Tag des Jüngsten Gerichtes weiß, ist, dass Christus zu mir kommt, in mir lebt.[136] Gal 2,20a verweist nach AUGUSTINUS auf den Ursprung des guten Lebens, das nicht mehr nach dem Eigenwillen des Menschen, böse, sündhaft und ungerecht ist.[137] Für HIERONYMUS ist u.a. Gal 2,20aβ ein Hilfsargument gegen die Auslegung von Jer 13,23 zugunsten der These der Unveränderlichkeit der menschlichen Natur hin zum Guten oder zum Bösen. Selbst wenn der Mensch seine diesbezügliche Neigung nicht ändern könnte, müsste gelten: Was ihm unmöglich ist, ist möglich durch Christus, der im Menschen wirkt.[138]

5. Für ADAMANTIUS[139] erweisen u.a. Gal 2,20bα; 6,17, dass in 1Kor 15,50a nicht die Substanz des Fleisches gemeint ist, die das Reich Gottes nicht erben kann, sondern der fleischliche Wandel.

6.1 Christologisch ist nach GREGOR VON NAZIANZ im arianischen Streit die Selbsthingabe Christi Sache seiner leidensfähigen menschlichen, nicht seiner göttlichen Natur.[140] Sie ist Sache seiner ἐξουσία, das Preisgegebenwerden durch Gott erfolgt hingegen aufgrund der εὐδοκία des Vaters, die in der Sendung Christi besteht. Aus Gal 2,20 ist deshalb keine Verkürzung der Gottheit Christi zu entnehmen.[141] Gal 2,20b und Röm 8,32 beweisen, dass Jesu Passion dem Wirken der ganzen Dreieinigkeit entspringt,[142] und wehren der Subordination des Sohnes.[143] Doch kommen Aussagen über die Jungfrauengeburt und das Leiden nur dem Sohn, nicht auch dem Vater zu.[144]

6.2. In der sog. *Göttlichen Liturgie des Hl. Johannes Chrysostomus* kommt in der Einleitung der Einsetzungsworte das Nebeneinander der Auslieferung durch Menschen und der Selbsthingabe Christi zum Tragen: „In der Nacht, da er überliefert wurde, oder vielmehr, da er sich selbst überlieferte für das Leben

---

[135] AMBROSIUS, *hex.* 4,8,32 (CSEL 32/1, 138).

[136] AMBROSIUS, *in Lc.* 10,7 (CCL 14, 347).

[137] AUGUSTINUS, *Io. ev. tr.* 22,9 (CCL 36, 228) innerhalb einer präsentisch-eschatologischen Auslegung von Joh 5,25 in AUGUSTINUS, *Io. ev. tr.*, 22,8 (CCL 36, 227f).

[138] HIERONYMUS, *in Jer.* 3,22,3 (CCL 74, 134) mit Verweis auf Phil 4,13; 1Kor 15,10; Gal 2,20. – Hauptargument ist: Jer 13,23bβ bezieht sich auf den freien Willen.

[139] ADAMANTIUS, *dial.* 5,22 (BUCHHEIT 93). TERTULLIAN, *resurr.* 10,3; 49,11 (CCL 2, 933.992) hatte den Gedanken mit Gal 5,17.21 begründet. Auch der Exeget HADRIAN verweist u.a. auf Gal 2,20 zugunsten der These, in der Bibel bezeichne der Begriff „Fleisch" manchmal nur die φύσις selbst, ohne negative Nuancierung (HADRIAN, *introd.* 39 [PG 98, 1293 D – 1296 A]).

[140] GREGOR VON NAZIANZ, *or.* 30,16 (FC 22, 256).

[141] GREGOR VON NAZIANZ, *or.* 38,15 (SC 358, 138); ähnlich FULGENTIUS VON RUSPE, *ad Tras.* 3,27,1 (CCL 91, 171).

[142] AMBROSIUS, *Spir.* 1,12/129 (CSEL 79, 70f).

[143] AUGUSTINUS, *trin.* 2,5,9; 13,11,15 (CCL 50, 90f; CCL 50 A, 402); ders., *c. Max.* 2,20,4 (PL 42, 790); ders., *serm.* 52,14 (PL 38, 358f); Ps.-VIGILIUS VON THAPSUS, *c. Varimad.* 1,27 (CCL 90, 39); FULGENTIUS VON RUSPE, *ad Tras.* 3,32,2 (CCL 91, 178). Für Ps.-VIGILIUS beweist Gal 2,20bα aber auch aufgrund des Stichwortes *fides* die Konsubstantialität der Trinität: Die Formel „Glaube an den Sohn" (Gal 2,20) steht biblisch neben den Formeln „Glaube an den Vater" (Röm 3,3) und (2Kor 4,13) „Glaube an den Geist" (Ps.-VIGILIUS VON THAPSUS, *c. Varimad.* 3,79 [CCL 90, 127]).

[144] FULGENTIUS VON RUSPE, *inc.* 15 (CCL 91, 325).

der Welt [...]".[145] Zentrale Deutekategorie der Passion Jesu wird die Selbsthingabetradition in den Priestergebeten der *Basiliusliturgie* im zweiten Teil der Anaphora in der Einleitung zu den Einsetzungsworten: „Denn als er im Begriff war, zu seinem freiwilligen, unvergesslichen und lebendigmachenden Tode hinauszugehen, in der Nacht, da er sich selbst für das Leben der Welt überlieferte, nahm er das Brot in seine heiligen und makellosen Hände".[146] Diese Erinnerung an die Selbsthingabe will wohl die Dankbarkeit der Gläubigen fördern.

7. Einzelfragen[147] der Schriftauslegung beziehen sich vor allem auf das Verbum παραδιδόναι. Hinsichtlich der verschiedenen biblisch bezeugten Subjekte wird unterschieden: Die Hingabe durch Gott bzw. die Selbsthingabe Christi entspringt göttlicher Liebe,[148] die Hingabe durch menschliche Subjekte deren Fehlverhalten.[149] So soll der Rechtfertigung einer bösen Tat unter Berufung auf Gen 50,20 Vg (*deus vertit in bonum*) gewehrt werden.[150]

Die Verbindung von Gal 2,20b mit Gal 6,17 ergibt für Adamantius, dass Paulus die Begriffe *caro* und *corpus* gelegentlich *promiscue* gebrauchen kann. Daher ist die auf 1Kor 15,50 basierende marcionitische These verkehrt, der menschliche Leib sei der Erlösung nicht fähig.[151]

Gal 2,21

Ich missachte die Gnade Gottes in keiner Weise; denn käme die Gerechtigkeit durch das Gesetz, so wäre Christus vergeblich gestorben.

Unverkennbar liegt bei der Rezeption der Stelle ein gewisser Schwerpunkt auf Gal 2,21a. Dieser Teilvers wurde 1. seit IRENÄUS antihäretisch, 2. seit

---

[145] Übersetzung aus: VON LILIENFELD, Liturgie, 131.

[146] Übersetzung aus: VON LILIENFELD, Liturgie, 211.

[147] Gelegentlich bekommt Gal 2,20a für AUGUSTINUS grundsätzliche hermeneutische Relevanz, bei der These nämlich, Jesus Christus als das Haupt und zugleich der Leib der Kirche spreche einmal aus der Person seiner Glieder, das andere Mal aus der eigenen Person. Die in Kol 1,24 genannten Leiden Christi sind die Leiden der Verfolgungserfahrung, wie ja auch Saulus nicht den im Himmel thronenden Christus, sondern seinen Leib, nämlich die Kirche (vgl. Apg 9,4: „Saul, was verfolgst du mich?") verfolgt hatte (AUGUSTINUS, en. Ps. 152,3 [CCL 40, 2061]). Dem Gedanken werden dann auch Gal 3,27.39 dienstbar gemacht (s.u).

[148] AUGUSTINUS zitiert Gal 2,20b in der Auslegung von Joh 15,13: Die Lebenshingabe für die Freunde ist Tat der Liebe Christi (AUGUSTINUS, Io. ev. tr. 84,2 [CCL 36, 558]). Die Wortfelder „Liebe" und „Selbsthingabe" stehen bei beiden Texten zusammen.

[149] HIERONYMUS, in Gal. (CCL 77 A, 63f); AUGUSTINUS, serm. 301,5 (PL 38, 1383); ders., en. Ps. 65,7 (CCL 39, 846). Auch zeigt Gal 2,20, dass Christus mit dem Wort an Judas Joh 13,27 („Was du tust, das tue bald") nicht dessen Verderben, sondern das Heil der Treuen im Auge hatte (AUGUSTINUS, Io. ev. tr., 62,4 [CCL 36, 484]).

[150] Daneben ermöglicht Gal 2,20b, in der Selbsthingabe des Sohnes seine scheinbare *imprudentia* von Ps 68,6 Vg (*tu scisti imprudentiam meam*) zu motivieren und so den traditionellen Leidenspsalm durchgehend christologisch zu deuten (AUGUSTINUS, en. Ps. 68,10 [CCL 39, 911]).

[151] ADAMANTIUS, dial. 5,22 (BUCHHEIT 93).

CLEMENS VON ALEXANDRIEN paränetisch, 3. seit EUSEBIUS VON EMESA und MARIUS VICTORINUS heilsgeschichtlich rezipiert, bei HIERONYMUS werden die heilsgeschichtliche und die paränetische Interpretation aufgenommen.[152] Gal 2,21b ist bei GREGOR VON NAZIANZ ein polemisches Motiv, das den Andersdenkenden faktisch das Stehen im Heil abspricht.[153]

1. Nach IRENÄUS besteht die Verachtung der Gnade Gottes darin, nicht zu glauben, dass Christus bei seiner Höllenfahrt auch den Gerechten, Propheten und Patriarchen die Sündenvergebung angeboten habe, und ihnen ihre Sünde *ante Christum* anzurechnen.[154] ORIGENES zufolge besteht diese Verachtung im Sündigen nach empfangener Vergebung. So ist gegen die Gnosis an der Freiheit und Verantwortung des Menschen festgehalten.[155]

In dem Brief der fünf nordafrikanischen Bischöfe an Innozenz I. wird Gal 2,21a ebenso wie Gal 2,21b bei AUGUSTINUS schließlich antipelagianisch rezipiert: der Vers beziehe sich nicht auf unser Menschsein im Allgemeinen, sondern auf die Rechtfertigung im Besonderen.[156] Die Lehre von der Suffizienz der natürlichen Veranlagung zur heilsrelevanten Erkenntnis richtet die eigene Gerechtigkeit auf[157] und entwertet das Kreuz Christi.[158] Wenn ein Mensch aus eigener Kraft ohne Sünde sein,[159] gar die Gebote Gottes vollkommen erfüllen kann,[160] ist Christus umsonst gestorben. PROSPER VON AQUITANIEN und in seinem Gefolge das Konzil von Orange richten unter Aufnahme AUGUSTINS Gal 2,21b gegen die These, der Mensch könne aus eigener Kraft zur heilswirksamen Erkenntnis gelangen, und gegen die Gleichsetzung der vom Glauben empfangenen Gnade mit der Natur(-ausstattung des Menschen).[161]

2. CLEMENS VON ALEXANDRIEN trägt mit Hilfe von Joh 1,17 und Gal 2,21 in die Auslegung von Mk 10,17–22 den Gedanken ein, dass Christus den reichen Jüngling dazu ermahnt, zuerst Gott selbst zu erkennen, dann aber auch „das Neue zu erfassen, das in seiner Gnade besteht",[162] nämlich die Reinigung der

---

[152] HIERONYMUS, *in Gal.* (CCL 77 A, 64f).
[153] GREGOR VON NAZIANZ, *or.* 38,14 (SC 358, 134).
[154] IRENÄUS VON LYON, *haer.* 4,27,2 (FC 8/4, 218).
[155] ORIGENES, *comm. in Rom.* 3,9 (FC 2/2, 136) zu Röm 3,27f.
[156] INNOZENZ I., *ep.* 28,2.8 (PL 20, 573 A. 576 B); AUGUSTINUS, *gr. et lib. arb.* 13/25 (PL 44, 896); ders., *ep.* 177,2 (CSEL 44, 671); *ep.* 186,1/2 (CSEL 57, 46); *serm.* 131, 9/9 (PL 38, 734).
[157] Aufgrund von Gal 2,21; Röm 7,12f ist die Gnade auch nicht mit der Gesetzeskenntnis durch den Menschen gleichzusetzen (AUGUSTINUS, *gest. Pel.* 20 [CSEL 42, 72f], gegen Pelagius).
[158] AUGUSTINUS, *nat. et gr.* 40,47 (CSEL 60, 268); vgl. ders., *ep.* 177,3 (CSEL 44, 671); *ep.* 177,8 (CSEL 44, 677) zitiert Gal 2,21; 5,4; *ep.* 177,9 (CSEL 44, 678) zitiert Gal 5,11; 2,21.
[159] AUGUSTINUS, *perf. iust.* 7,16 (CSEL 42, 14); ders., *nat. et gr.* 40/47 (CSEL 60, 268).
[160] AUGUSTINUS, *ep.* 177,8f (CSEL 44, 677f) mit Verweis auf Gal 2,21; 5,4.11; Röm 11,6 und Röm 4,4. Antipelagianisch wird Gal 2,21 auch verwendet bei HIERONYMUS, *adv. Pelag.* 2,9 (CCL 80, 66), vgl. zu Gal 2,16; JOHANNES MAXENTIUS, *adv. Horm.* 59 (CCL 85 A, 152); QUODVULTDEUS, *prom.* 2,6 (11) (CCL 60, 81).
[161] PROSPER VON AQUITANIEN, *sent.* 260; 317 (CCL 68 A, 317f.336); *Conc. Arausicanum II,* can. 16.21 (CCL 148 A, 59f).
[162] CLEMENS VON ALEXANDRIEN, *q. d. s.* 8,1f (GCS 17, 164).

Seele von den Begierden u.a. nach Reichtum.[163] Später kann die „Verachtung der Gnade" mehrfach generell das Fehlverhalten gegenüber Gott bezeichnen.[164] AMBROSIUS entnimmt Gal 2,21 die Warnung vor der Illusion der Gerechtigkeit aus dem Gesetz unter Absehung von Christus,[165] Gal 2,21b die Aufmunterung an den Büßer, auf die Intervention Christi zu vertrauen.[166]

3. EUSEBIUS VON EMESA legt Gal 2,21 heilsgeschichtlich aus: Nach dem Leiden Christi ist die Orientierung an dem Ritualgesetz nicht mehr angezeigt.[167] Er kennt aber auch die Deutung als Mahnung an die Getauften: Die Möglichkeit der Sündenvergebung bedeute keinen Freibrief zum ungestraften Sündigen.[168] JOHANNES CHRYSOSTOMUS aktualisiert die Stelle wiederum gegen judaisierende Tendenzen in der christlichen Gemeinde.[169]

In historischer Perspektive hält EPHRÄM fest: Die Wendung „wenn durch das Gesetz die Gerechtigkeit kommt" gibt die galatische These wieder.[170]

Gal 3,1–5: Der Beweis aus der Erfahrung

Gal 3,1

Ihr unvernünftigen Galater, wer hat euch verblendet? Ist euch Jesus Christus nicht deutlich als der Gekreuzigte vor Augen gestellt worden?

1. Die Schelte des Paulus wird manchmal i.S. der Ketzerpolemik imitiert; doch 2. wird angesichts von Mt 5,22 auch nach ihrem Recht gefragt. 3. Die Ausdrücke ἐβάσκανεν und προεγράφη werden eigens bedacht, gelegentlich auch ἐσταυρωμένος, vor allem mit dem textkritischen Zusatz ἐν ὑμῖν.

1. Die Anrede „ihr törichten Galater" in Gal 3,1 wird nicht selten zur Beschimpfung von Häretikern verwendet,[171] kann aber auch (wie Gal 3,3) zur Schelte von Christen dienen, die die Israel gegebene Landverheißung im wört-

---

[163] CLEMENS VON ALEXANDRIEN, q.d.s. 12,1 (GCS 17, 167).
[164] EUSEBIUS VON CÄSAREA, Is., 2,54.56.58 (GCS. E 9, 388.395.410) vom Fehlverhalten des Gottesvolkes; EPIPHANIUS VON SALAMIS, Anc. 55,6 (GCS 25, 65) vom Fehlverhalten seitens der Ungläubigen; ders., haer. 70,2,7 (GCS 37, 234) als Warnung vor eigenem Fehlverhalten.
[165] AMBROSIUS, in Lc. 5,21 (CCL 14, 142).
[166] AMBROSIUS, in Lc. 7,225 (CCL 14, 292); vgl. dazu GRAUMANN, Christus, 403f.
[167] EUSEBIUS VON EMESA, in Gal. [BUYTAERT 147*]), ähnlich MARIUS VICTORINUS, in Gal. 2,21 (CSEL 83/2, 125); AMBROSIASTER, in Gal. (CSEL 81/3, 29); AUGUSTINUS, exp. in Gal., 17,13f (CSEL 84, 75); ILDEFONS VON TOLEDO, bapt. 11 (PL 96, 115f).
[168] EUSEBIUS VON EMESA, poenit. 17 (BUYTAERT II, 159).
[169] JOHANNES CHRYSOSTOMUS, comm. in Gal. (PG 61, 648).
[170] EPHRÄM, in Gal. (MMK 130).
[171] Act. Archel. (PG 10,1512 C) gegen Mani; die Mitglieder der östlichen Teilsynode von Serdika 342/343 nach HILARIUS VON POITIERS, coll. antiar. Par. A IV 1–3 (CSEL 65, 50): Marcell von Ancyra wird als imprudens Galata gescholten; LUCIFER VON CAGLIARI, non parc. 34 (CCL 8, 258), gegen Constantius II; EPIPHANIUS VON SALAMIS, Anc. 77,2 (GCS 25, 96), gegen Apollinaris von Laodizea.

lichen Sinne verstehen wollen.[172] Umgekehrt wird Paulus wegen des Widerspruches dieser Schelte zu seiner eigenen früheren Erziehung im väterlichen Gesetz (Apg 22,3) von Christentumsgegnern getadelt.[173]

2. Diese Anrede wirft aber auch die Frage auf, ob nicht Paulus dem Verbot Jesu widerspricht, den Bruder einen Toren zu schelten (Mt 5,22). Doch bezieht sich dieses Verbot nur auf die unbegründete Schelte.[174] Positiv gewürdigt wird die Anrede da, wo sie, verglichen mit anderen, ebenfalls situationsgerechten Anreden die Weisheit des Seelsorgers Paulus sichtbar macht.[175] So muss der Ton der Mahnung bei verschiedenen Menschen verschieden sein,[176] wie auch gefolgert wird, dass die Forderung, der Bischof solle „nicht gewalttätig" sein (1Tim 3,3), tadelnde Worte im Bedarfsfall nicht ausschließt.[177]

3. PELAGIUS hält den Satzteil „wer hat euch bezaubert" für eine sprichwörtliche Wendung und erinnert an Weish 4,12.[178] Als Motiv der Verführer benennt JOHANNES CHRYSOSTOMUS den Neid. Lob und Tadel sind insofern vermischt, als Paulus die Galater an ihre frühere Frömmigkeit erinnert.[179]

Anders als heute divergieren die Aussagen darüber, wer oder was als das logische Subjekt des Begriffs προεγράφη zu gelten hat: Die Verkündigung durch Paulus[180] oder durch das Alte Testament[181] können gemeint sein. Für einige der lateinischen Kommentatoren lässt die Übersetzung *proscriptus* die aus der römischen Geschichte bekannten Proskriptionen (Ächtung politischer Gegner und Konfiszierung ihres Vermögens) assoziieren.[182] Nach AMBROSIASTER gilt: Nur in den Augen der Toren ist Christus verurteilt; in Wahrheit hat er durch sein Kreuz den Tod besiegt.[183] AUGUSTINUS sieht als Subjekt dieser Proskription Christi diejenigen, die die Galater vom wahren Glauben abbringen und Christus um diesen Besitz berauben wollen.[184]

---

[172] ORIGENES, *hom. in Num.* 26,7,1 (SC 461, 260).
[173] PORPHYRIUS, *Frgm.* 30 HARNACK, (S. 59) = *Frgm.* 191 BERCHMAN (S. 208).
[174] JOHANNES CHRYSOSTOMUS, *comm. in Gal.* (PG 61, 647); ähnlich AUGUSTINUS, *s. dom. m.* 1,9,25 (CCL 35, 26). Beide übertragen die nach heutiger Textkritik sekundäre Zufügung εἰκῇ in Mt 5,22a explizit auch auf Mt 5,22b.
[175] GREGOR VON NAZIANZ, *or.* 2,54 (SC 247, 162); JOHANNES CHRYSOSTOMUS, *hom. in Phil.* 10,1 (PG 62, 257); GREGOR d. Gr., *in Ezech.* 1,11,20 (SC 327, 472).
[176] GREGOR d. Gr., *past.* 3,7 (SC 382, 288–290) im Vergleich zu Phil 4,10.
[177] THEODORET VON CYRUS, *in 1Tim.* (PG 82, 805 D).
[178] PELAGIUS, *in Gal.* (SOUTER 317).
[179] JOHANNES CHRYSOSTOMUS, *comm. in Gal.* (PG 61, 648); THEODORET VON CYRUS, *in Gal.* (PG 82, 476 B); JOHANNES VON DAMASKUS, *in Gal.* (PG 95, 792 C).
[180] JOHANNES CHRYSOSTOMUS, *comm. in Gal.* (PG 61, 649). – Aufgrund des Begriffs προεγράφη diente Gal 3,1 später im Bilderstreit als ein Schriftargument zugunsten bildlicher Darstellung bei Ps.-ATHANASIUS, *proph.* 8 (PG 28, 1071 D).
[181] EPHRÄM, *in Gal.* (MMK 130).
[182] MARIUS VICTORINUS, *in Gal.* 3,1 (CSEL 83/2, 126): *bona eius distracta et vendita sunt* (Seine Güter sind zerteilt und verkauft worden). Er erklärt nicht näher, was gemeint ist.
[183] AMBROSIASTER, *in Gal.* 3,1,2 (CSEL 81/3, 30).
[184] AUGUSTINUS, *exp. Gal.* 18,2; 42,2 (CSEL 84, 75.113).

Für den textkritisch breit bezeugten Zusatz „*in vobis*" (*crucifixus*)[185] kennt PELAGIUS sowohl die Deutung, Christus sei so verkündigt worden, als hätten die Galater die Kreuzigung quasi vor Ort miterlebt, als auch eine andere Interpretation: Christus wurde in ihnen gekreuzigt, wenn er für so wohlfeil galt, dass sie glaubten, er genüge nicht zum Heil.[186]

Aus Gal 3,1 wird bisweilen die Vorankündigung des Kreuzes Christi durch das Alte Testament erschlossen, doch wird sie unterschiedlich ausgewertet: Nach EPHRÄM sollen die Galater daraus die Legitimität der paulinischen Verkündigung erkennen.[187] HIERONYMUS polemisiert implizit gegen Marcion.[188] JOHANNES CHRYSOSTOMUS zieht die Worte ἐν ἡμῖν zu ἐσταυρωμένος und fragt, warum Paulus dies schreiben könne, wenn Christus doch nicht im Lande der Galater, sondern in Jerusalem gekreuzigt wurde, und antwortet:[189]

Er schildert die Kraft des Glaubens, die auch das längst Vergangene zu schauen vermag: Auch sagt er nicht: „er wurde gekreuzigt", sondern: „er wurde (vor Augen) gezeichnet, (als wäre er) gekreuzigt", um anzudeuten, sie hätten mit den Augen des Glaubens besser gesehen als manche, die zugegen waren und wirklich zuschauten. Denn viele der letzteren schauten ihn wohl, hatten aber keinen Nutzen davon. Jene dagegen sahen ihn zwar nicht mit leiblichen Augen, dafür desto klarer mit den Augen des Glaubens.

In manchen Kommentaren wird Gal 3,1 als Übergang zur eigentlichen theologischen Beweisführung, Glaube und Gesetz betreffend, bedacht.[190]

Gal 3,2

Dies eine möchte ich von euch erfahren: Habt ihr den Geist durch die Werke des Gesetzes oder durch die Botschaft des Glaubens empfangen?

Die Aufmerksamkeit richtet sich 1. auf die Formel „Werke des Gesetzes", 2. auf die Frage nach den Kennzeichen des Geistempfangs (die Frage wird nur in den Kommentaren verhandelt) und 3. auf den Inhalt des Glaubens.

1. AUGUSTINUS differenziert innerhalb der Werke des Gesetzes: die Gnade des Glaubens reicht zur Rechtfertigung ohne die *sacramenta* des Gesetzes (d.h.

---

[185] Er erscheint im Lemma bei THEODORET VON CYRUS, *in Gal.* (PG 82, 476 B); JOHANNES VON DAMASKUS, *in Gal.* (PG 95, 792 B); HIERONYMUS, *in Gal.* (CCL 77 A, 67), wird aber nicht kommentiert. HIERONYMUS kennt ferner die Ergänzung *non credere veritati*, kommentiert sie aber nicht, da sie in den Handschriften des ADAMANTIUS nicht geboten werde (HIERONYMUS, *in Gal.* [CCL 77 A, 68]).
[186] PELAGIUS, *in Gal.* (SOUTER 317).
[187] EPHRÄM, *in Gal.* (MMK 130).
[188] HIERONYMUS, *in Gal.* (CCL 77 A, 67).
[189] JOHANNES CHRYSOSTOMUS, *comm. in Gal.* (PG 61, 648f).
[190] JOHANNES CHRYSOSTOMUS, *comm. in Gal.* (PG 61, 647); AUGUSTINUS, *exp. Gal.* 19,1 (CSEL 84, 76).

körperliche Beschneidung, Sabbatobservanz etc.), die *mores*, wie sie der Dekalog zitiert, sind dem Christen weiterhin aufgegeben.[191]

2. Zumeist gelten ekstatische Phänomene als Kennzeichen des Geistempfanges,[192] aber auch Gotteserkenntnis und Nachfolge,[193] Tugenden und gute Werke[194]. THEODOR erfasst die Funktion der Argumentation: Den Geist hatten die Galater erhalten, als sie noch nichts vom Gesetz gewusst haben – es gibt nichts Größeres, was man mit dessen Hilfe erreichen könnte.[195] Mehrfach wird die Unwiderlegbarkeit der Argumentation betont.[196] Zitiert sei EPHRÄM:[197]

Wenn ihr unvollkommen wart, weil ihr die Observanzen des Gesetzes nicht eingehalten habt, wie seid ihr nunmehr der Gaben des Geistes würdig geworden? Wenn ihr aber vollkommen wart, dann seht, wie töricht ihr seid, dass ihr, als die Juden das Gesetz verließen und zu diesem neuen (scil. Gesetz Christi) kamen, nunmehr, als ihr den Geist durch das Evangelium erhalten hattet, nun durch das Gesetz im Fleisch enden wollt?

3. Der in Gal 3,2 genannte Glaube wird von EPIPHANIUS mit dem orthodoxen Glauben im Sinne einer antiarianischen Trinitätstheologie identifiziert.[198] Für ATHANASIUS beweist u.a. Gal 3,2 im Kampf gegen die Pneumatomachen, dass auch da, wo πνεῦμα ohne Artikel oder sonstige Näherbestimmung steht, vom Heiligen Geist die Rede sein kann, aber nur, wenn es für die Lesenden eindeutig ist, also anders als in Am 4,13.[199]

Gal 3,3

Seid ihr so unvernünftig? Am Anfang habt ihr auf den Geist vertraut, und jetzt erwartet ihr vom Fleisch die Vollendung.

---

[191] AUGUSTINUS, *exp. Gal.* 19,1–10 (CSEL 84,76f). Ist der wahre Sinn der *sacramenta* einsichtig, der Bezug auf die Betrachtung der Wahrheit oder auf die guten Sitten, braucht die wörtliche Observanz nicht mehr verlangt zu werden. Diese war jedoch nützlich, solange dieses Verständnis noch nicht gegeben war: *nihil enim tam pie terret animam* (*exp. Gal.* 19,8 [CSEL 84, 77]). Zu dieser Funktionalisierung von Religion vgl. aus der paganen Antike POLYBIUS 6,56.

[192] EPHRÄM, *in Gal.* (MMK 130); JOHANNES CHRYSOSTOMUS, *comm. in Gal.* (PG 61, 649); THEODOR VON MOPSUESTIA, *in Gal.* (SWETE 37); THEODORET VON CYRUS, *in Gal.* (PG 82, 476 B); AMBROSIASTER, *in Gal.* 3,3,3 (CSEL 81/3, 31).

[193] MARIUS VICTORINUS, *in Gal.* 3,2 (CSEL 83/2, 126f).

[194] HIERONYMUS, *in Gal.* (CCL 77 A, 68f). Er fragt, warum Paulus die *opera legis* nennt und nicht nur die *opera*, und antwortet: auch Cornelius (Apg 10,47) hatte den Geist aufgrund der Werke empfangen, aber nicht aufgrund der Werke des Gesetzes, das er ja nicht kannte. Der Stridonier kennt aber auch die Deutung auf die ekstatischen Phänomene (HIERONYMUS, *in Gal.* [CCL 77 A, 73]).

[195] THEODOR VON MOPSUESTIA, *in Gal.* (SWETE 37).

[196] AMBROSIASTER, *in Gal.* 3,3,2 (CSEL 81/3, 31); HIERONYMUS, *in Gal.* (CCL 77 A, 68); THEODOR VON MOPSUESTIA, *in Gal.* (SWETE 36); THEODORET, *in Gal.* (PG 82, 476 C).

[197] EPHRÄM, *in Gal.* (MMK 130).

[198] EPIPHANIUS VON SALAMIS, *Anc.* 67,2f (GCS 25, 81).

[199] ATHANASIUS, *ep. Serap.* 1,4 (SC 15, 85). Einer ähnlichen Argumentation dient Gal 4,6 bei Ps.-ATHANASIUS, *de communi essentia Patris et Filii et Spiritus Sancti* 20 (PG 28, 49 C).

1. Rezipiert wird die Stelle in der Frühzeit aufgrund der Schlusswendung sowie hinsichtlich der Bedeutung des Wortes πνεῦμα. 2. In den Kommentaren wird die zweite Vershälfte, dem Briefkontext gemäß, als Warnung vor der Übernahme der rituellen Gebote der Tora verstanden.

1. Die Gegenüberstellung „Geist – Fleisch", verbunden mit dem Motiv des Übergangs vom Besseren zum Schwächeren führt dazu, dass die Stelle als Warnung vor einem Rückfall aktualisiert wird, vor dem Rückfall in die Sünde,[200] zur fleischlichen Deutung der Heiligen Schrift[201] oder zur wörtlichen Toraobservanz,[202] oder als Mahnung zur Loslösung von aller Unreinheit (Jes 52,11), von aller jüdischen ἀμαθία.[203] OLYMPIODOR VON ALEXANDRIEN greift die Stelle in der Kommentierung zu Klgl 4,5a auf („die früher feine Speise aßen, verschmachten jetzt auf den Gassen"). Zunächst bezieht er Klgl 4,5a auf die Veränderung der Vorsätze zum Schlechteren, dann aber stellt er fest:[204]

Mit der Tugend zu beginnen, ist Sache der Vielen: dies aber zu vollenden, Sache der Wenigen.

2. In den Kommentaren wird das Verhalten der Galater als Verkehrung des geforderten Fortschrittes vom Fleischlichen zum Geistlichen verstanden.[205] Auf das Fleisch seien die unnötigen Ritualvorschriften des Alten Testamentes bezogen.[206] THEODOR legt die Stelle wieder unter der schon zu Gal 2,16 referierten Alternative Sterblichkeit – durch den Geist verheißene Unsterblichkeit aus: Die Galater kehren von der Hoffnung auf Unsterblichkeit zur Bindung an dieses sterbliche Leben zurück.[207] AMBROSIASTER hält fest, dass der Tonfall des Paulus gegen die Galater noch schärfer sei als gegen die Korinther, denn diese hätten nicht nach der Beschneidung getrachtet.[208] PELAGIUS fragt: Wenn schon

---

[200] CLEMENS VON ALEXANDRIEN, *str.* 3,104,5 (GCS 15, 244). Vorausgesetzt ist die Deutung von Gal 5,17 mit Bezug des Begriffes πνεῦμα auf den Menschen, nicht auf den Heiligen Geist, und die antignostische ethische, nicht ontologische Interpretation von 1Kor 15,50 („Fleisch und Blut können das Reich Gottes nicht erben"). – So kann ANTIOCHUS IM SABASKLOSTER, *serm.* 74 (PG 89, 1648 D) Gal 3,3 ohne Bezug auf 1Kor 15,50 als Warnung vor fleischlicher Begierde rezipieren.

[201] ORIGENES, *in psalm.* 36,1,2 (SC 411, 68); vgl. ders., *comm. in Rom.* 6,7 (FC 2/3, 238). Zu Röm 7 gleicht ORIGENES nicht aus, denn Paulus rede in Röm 7,7–13 nicht vom Gesetz des Mose, sondern vom natürlichen Gesetz: Die Tora war ja noch gar nicht gegeben, als Adam, Kain und der Pharao ihre Sünde erkannten (ORIGENES, *comm. in Rom.* 6,8 [FC 2/3, 254–256]). Daneben beweist Gal 3,3baα wie Gal 5,22, dass überall da, wo vom „Geist" ohne Näherbestimmung die Rede sei, der Heilige Geist gemeint ist (ORIGENES, *princ.* 1,3,4 (GOERGEMANNS/KARPP 164).

[202] CYRILL VON ALEXANDRIEN, *Is.* 1,5 (PG 70, 236 D); ders., *glaph. Dt.* (PG 69, 672 BC).

[203] CYRILL VON ALEXANDRIEN, *Is.* 5/1 (PG 70, 1161 D – 1164 A), mit Aufnahme von Gal 2,1–3.

[204] OLYMPIODOR, *Frgm. in Jer. lament.* 4,5 (PG 93, 751 A): Τὸ μὲν γὰρ ἀρετῆς ἄρξασθαι, πολλῶν· τὸ δὲ ἐπιτελέσαι, ὀλίγων.

[205] JOHANNES CHRYSOSTOMUS, *comm. in Gal.* (PG 61, 649); AUGUSTINUS, *exp. Gal.* 20,5 (CSEL 84, 78). Auf Röm 7,14 wird in der Kommentarliteratur zu Gal 3,3 nicht verwiesen.

[206] THEODORET VON CYRUS, *in Gal.* (PG 82, 476 D).

[207] THEODOR VON MOPSUESTIA, *in Gal.* (SWETE 37f).

[208] AMBROSIASTER, *in Gal.* 3,3,1 (CSEL 81/3, 30f). Die consummatio bedeutet hier die perditio; AMBROSIASTER, *in Gal.* 3,3,4 (CSEL 81/3, 32).

die Juden den Geist nicht anders als durch den Glauben empfangen, sollten dann die Galater denken, dass ihnen der Geist nicht ohne das Gesetz genüge?[209]

Gal 3,4

Habt ihr denn so Großes vergeblich erfahren? Sollte es wirklich vergeblich gewesen sein?

Hier ziehen die Ausdrücke εἰκῇ und ἐπάθετε die Aufmerksamkeit auf sich.

1. Gal 3,4 bezeugt, dass die religiöse Praxis der Häretiker umsonst ist.[210] Wird der Begriff εἰκῇ hier im Sinne einer unabänderliche Tatsache gedeutet, so verweist er in historischer Fragerichtung darauf, dass der Abfall der Galater noch nicht als fertige Tatsache gilt[211] oder Paulus zumindest nicht den Eindruck erwecken wolle, als habe er alle Hoffnung aufgegeben.[212] Aktualisiert wird diese Deutung gegen die „Gegner der Buße", d.h. Donatisten und Novatianer.[213]

2. In den Kommentaren wird ἐπάθετε nicht auf die Bekehrung der Galater zum Christentum bezogen, sondern negativ konnotiert auf ihre daraus resultierenden Leidenserfahrungen.[214] In der lateinischen Literatur werden deshalb die *virtutes* (Gal 3,5) manchmal nicht als Machttaten i.S. von Wundertaten, sondern als Tugenden gedeutet. Auch Abrahams Glaube bestand in seiner Tugend.[215]

Gal 3,5

Warum gibt euch denn Gott den Geist und bewirkt unter euch Wundertaten (δυνάμεις)? Weil ihr das Gesetz befolgt oder weil ihr die Botschaft des Glaubens angenommen habt?

Die δυνάμεις werden gelegentlich als „Frucht des Geistes"[216] oder Tugenden[217] interpretiert. So können sie auch Gaben bezeichnen, die der Geist genauso wie der Sohn unter Billigung des Vaters zukommen lässt.[218]

---

[209] PELAGIUS, *in Gal.* (SOUTER 318), mit Rückbezug auf Gal 2,15f.
[210] HIERONYMUS, *in Agg.* 1,11 (CCL 76 A, 725), bezogen auf ihr Fasten.
[211] MARIUS VICTORINUS, *in Gal.* 3,4 (CSEL 83/2, 127).
[212] THEODOR VON MOPSUESTIA, *in Gal.* (SWETE 38).
[213] JOHANNES CHRYSOSTOMUS, *comm. in Gal.* (PG 61, 650).
[214] EPHRÄM, *in Gal.* (MMK 130); MARIUS VICTORINUS, *in Gal.* 3,4 (CSEL 83/2, 127); AMBROSIASTER, *in Gal.* 3,4 (CSEL 81/3, 32); JOHANNES CHRYSOSTOMUS, *comm. in Gal.* (PG 61, 650).
[215] MARIUS VICTORINUS, *in Gal.* 3,6 (CSEL 83/2, 128f).
[216] THEODORET VON CYRUS, *in Gal.* (PG 82, 477 A). Zu Gal 3,2 gleicht er nicht aus.
[217] MARIUS VICTORINUS, *in Gal.* 3,5 (CSEL 83/2, 128): *tolerantia* (wegen Gal 3,4). – Die Zäsur zwischen Gal 3,5 und Gal 3,6 wird von den altkirchlichen Autoren seltener betont als heute.
[218] (Ps.?)-DIDYMUS DER BLINDE, *Trin.* 2,8,1 (PG 39, 613 B) erweist so die Gottheit des Geistes.

HIERONYMUS interpretiert die Verbform *tribuit* nicht als Perfekt, sondern als Präsens: Über einzelne Stunden und Momente hin verteilt der Heilige Geist stets seine Gaben an diejenigen, die dessen würdig sind; und je mehr einer im Werk Gottes und in der Liebe Fortschritte macht, desto mehr hat er dessen Kräfte in sich. Das Wirken der Geistesgaben bei Häretikern (Mk 9,37) erweist, gegen ihre eigene Selbstwahrnehmung, nicht ihre Rechtgläubigkeit; ihnen gilt im Jüngsten Gericht das Wort Jesu „Ich kenne euch nicht" (Mt 7,23).[219]

Im Kontext des Galaterbriefes wird die Funktion von Gal 3,5 verschieden bestimmt. MARIUS VICTORINUS erachtet sie als Beweis dafür, dass die Galater tatsächlich den Geist empfangen haben,[220] während PELAGIUS umgekehrt von der Gewissheit des *sola fide* erfolgten Geistempfanges auf die tatsächlich gegebene Gerechtigkeit ohne die Lasten des Gesetzes schließt.[221] Nach THEODORET VON CYRUS erinnert Paulus die Galater in lobender Absicht an ihre Vergangenheit,[222] nach JOHANNES CHRYSOSTOMUS soll die Erinnerung an die empfangenen Geistesgaben die Galater beschämen;[223] er erkennt zusätzlich die Spiegelung der gegnerischen These, der Glaube habe ohne das Gesetz keine Kraft.[224] AUGUSTINUS beachtet das Präsens *operatur*; der Heilige Geist wirkt noch in ihnen; sie sind noch nicht gänzlich abgefallen, doch sind sie gefährdet.[225]

Gal 3,6–18: Der Beweis aus der Schrift

Gal 3,6–9

Von Abraham wird gesagt: Er glaubte Gott, und das wurde ihm als Gerechtigkeit angerechnet. Daran erkennt ihr, dass nur die, die glauben, Abrahams Söhne sind. Und da die Schrift vorhersah, dass Gott die Heiden aufgrund des Glaubens gerecht macht, hat sie dem Abraham im Voraus verkündet: Durch dich sollen alle Völker Segen erlangen. Also gehören alle, die glauben, zu dem glaubenden Abraham und werden wie er gesegnet.

Applikationen und Kommentierungen dieser Verse sind zweckmäßigerweise im Zusammenhang darzustellen; andernfalls müssten sich zu den verschiedenen Versen einzelne Motive der Rezeption wiederholen.

---

[219] HIERONYMUS, *in Gal.* (CCL 77 A, 73f).
[220] MARIUS VICTORINUS, *in Gal.* 3,5 (CSEL 83/2, 128).
[221] PELAGIUS, *in Gal.* (SOUTER 318).
[222] THEODORET VON CYRUS, *in Gal.* (PG 82, 477 A).
[223] JOHANNES CHRYSOSTOMUS, *comm. in Gal.* (PG 61, 650).
[224] JOHANNES CHRYSOSTOMUS, *comm. in Gal.* (PG 61, 650).
[225] AUGUSTINUS, *exp. Gal.* 20,10 (CSEL 84, 79).

1. Wahrgenommen wurde an diesen Versen die Tatsache des Schriftbezuges 1.1 in anitmarcionitischer, antignostischer und antimanichäischer, 1.2 dann in antijüdischer Hinsicht, 1.3 schließlich hinsichtlich der argumentativen Funktion gegenüber den Galatern. 2. Das Stichwort Glaube veranlasst Äußerungen 2.1 über die ihm inhärente Haltung wie 2.2 zur Frage, wann in seinem Leben Abraham Glauben bewährt hat. 3. Festgestellt wird, wer die in Gal 3,7 genannten Söhne Abrahams sind und wie sie es sind. 4. Die Eigenart des rechtfertigenden Glaubens wird näher bedacht. 5. Gefragt wird, warum sich Paulus zu diesen Ausführungen veranlasst sieht.

1.1 Antimarcionitisch wird durch Gal 3,6 bei TERTULLIAN und durch Gal 3,6.9 bei IRENÄUS die Einheit des Gottes beider Testamente,[226] antignostisch bei IRENÄUS[227] die Einheit beider Testamente[228] bezeugt. Nach ORIGENES ergibt Gal 3,8 neben Mt 22,31, dass auch den Gerechten des Alten Bundes die Kenntnis der Mysterien Christi zuzuschreiben ist.[229] Auch AUGUSTINUS verwendet Gal 3,8 polemisch gegen diejenigen, die von Christus aus das Alte Testament abwerten, zunächst gegen den Manichäer Faustus im untergeordneten Vergleich,[230] dann in direkter Auseinandersetzung gegen einen unbekannten marcionitischen oder manichäischen Gegner.[231]

1.2 Die Entsprechung zwischen Gen 15,6 und Gal 3,6–9 ist für CYPRIAN einer der Beweise dafür, dass die Juden die Schrift nicht verstehen können, wenn sie nicht zuerst an Christus glauben.[232] Nach CYRILL VON ALEXANDRIEN hat sich die Aussage „Siehe, ich und meine Kinder, die mir der Herr gegeben hat" (Gen 48,9) erst in Christus erfüllt, der die Heidenvölker herzuführte als „Söhne Abrahams aus dem Glauben, nicht aus den Werken des Gesetzes".[233]

---

[226] TERTULLIAN fragt ironisch: Wenn der noch unbeschnittene Abraham an denselben Gott glaubt, durch den wir ohne Beschneidung gerechtfertigt werden, wo sollte da ein Platz für die Unterscheidung zwischen zwei Göttern sein? (TERTULLIAN, adv Marc. 5,3,12 [CCL 1, 671]). Bei IRENÄUS, haer. 4,8,1 (FC 8/4, 60–62), liegt „der Clou der Aussage ... darin, dass Marcions Autorität (Paulus) mit einem atl. Vers (Gen 15,6) einer atl. Gestalt (Abraham) Gerechtigkeit vor Gott attestiert" (DÜNZL, Pneuma, 325 Anm 46; Kursivierung durch DÜNZL. Er betont jedoch: Gal 3,6–9 war für die Marcioniten nicht Bestandteil des Galaterbriefes, darum lief die Argumentation ins Leere).

[227] IRENÄUS VON LYON, haer. 4,21,1 (FC 8/4, 182); ders., haer. 4,7,2 (FC 8/4, 58). – Die Kirche als die Schar derer aus dem Glauben ist der Same Abrahams (IRENÄUS VON LYON, haer. 5,32,2 (FC 8/5, 240), in Kombination von Gal 3,6–9 und Gal 3,16; 4,8).

[228] CYPRIAN funktionalisiert den Gedanken kirchenrechtlich: Erkennt die Kirche auch in dem mit Brot und Wein vollzogenen Opfer Melchisedeks die Vorabbildung der Eucharistie, so ist bei ihr, anders als es einige afrikanische Gemeinden eingeführt haben, Wein zu verwenden, nicht Wasser (CYPRIAN, ep. 63,4,2–3 [CCL 3 C, 393f]).

[229] ORIGENES, Jo. 6,18 (SC 157, 144).

[230] AUGUSTINUS, c. Faust. 16,24 (CSEL 25/1, 468f).

[231] AUGUSTINUS, c. adv. leg. 2,4,13 (CCL 49, 101).

[232] (Ps.?)-CYPRIAN, testim. 1,5 (CCL 3, 10f). – Zum Galaterbrief als Dokument der Selbstabgrenzung vom Judentum vgl. AUGUSTINUS, ep. 196, 10–12 (CSEL 57, 222–224), dort werden u.a. Gal 3,6–9.15–18.28f; 4,21–5,1 zitiert.

[233] CYRILL VON ALEXANDRIEN, hom. pasch. 5,5 (PG 77, 488 A–D); ders., glaph. Gen. 3 (PG 69, 153 D – 156 A): Dass Abraham „Vater vieler Völker" werde, ist in den Christen verwirklicht.

1.3 Nach THEODOR VON MOPSUESTIA hat Paulus auf die Schrift verwiesen, damit das Folgende nicht als nur gewaltsam eingetragen erscheine.[234]

2. Der Begriff des Glaubens

2.1 Der Glaube und die ihm inhärente Haltung

Aus Gal 3,6f wird bei CLEMENS VON ALEXANDRIEN über den Gedanken, dass wir infolge der Predigt der Same Abrahams sind, die Notwendigkeit zum Glauben auch für uns Christen abgeleitet,[235] der im antignostischen Kampf verstanden wird als Entscheidung des freien Willens für das Gute.[236] Für JUSTIN ist Gal 3,6 in Auseinandersetzung mit dem Judentum ein Beleg für die Kontinuität der Christen, nicht der Juden, zu dem Glauben Abrahams: Die Christen glauben Gottes Wort und wissen sich zur Weltdistanz gerufen wie Abraham glaubend dem Ruf Gottes zum Auszug aus Ur entsprochen hat.[237] In der weiteren Adversus-Iudaeos-Literatur wird den Juden die abrahamitisch-christliche Gesinnung entgegengehalten, sich mit aller Einfalt bereitwillig auf den Glauben einzulassen, und ihnen die Hartnäckigkeit ihrer ungläubigen Gesinnung zum Vorwurf gemacht.[238]

2.2 Bei welchen Gelegenheiten hat Abraham seinen Glauben bewährt?

Als Bezugspunkte dessen, dass Abraham Glaube zugeschrieben wird, gelten i.w. die an ihn ergangenen Verheißungen wie die Prüfungen, anlässlich derer er seinen Glauben bewähren musste.

Die erstgenannte Linie beginnt bei IRENÄUS und ist bei ihm in einen chiliastischen Rahmen gestellt: Abrahams Glaube richtet sich auf die Verheißungen; ähnlich halten wir Ausschau nach dem Erbe im Reich.[239] Im Bezugspunkt ähnlich, aber ohne chiliastischen Rahmen kann ORIGENES das Verhalten der Christen als Hoffnung gegen alle Hoffnung beschreiben, als Hoffnung auf die Totenauferstehung oder das Erben des Himmelreiches.[240]

Die andere Rezeptionslinie beginnt bei TERTULLIAN: Der Glaube Abrahams hat seine Bewährung erst durch Ausharren bis hin zu Isaaks Opferung erfahren, wie auch der Same Abrahams, Christus (Gal 3,16), das Gebot der Feindesliebe gab.[241] Dann sind bei TERTULLIAN noch gewisse Nebenlinien der Rezeption zu beobachten, die sich nicht mehr wiederholen: Abraham ist unser Lehrmeister, z.B. in der Frage der Leiblichkeit der Totenauferstehung.[242] In seiner montanistischen Streitschrift *de monogamia* schränkt der Nordafrikaner ein: Abraham

---

[234] THEODOR VON MOPSUESTIA, in Gal. (SWETE 39).
[235] CLEMENS VON ALEXANDRIEN, str. 2,28,4 (GCS 15, 128).
[236] CLEMENS VON ALEXANDRIEN, str. 2,12,1 (GCS 15, 119).
[237] JUSTIN, dial. 119,5f (BOBICHON I 504).
[238] Ps.-CYPRIAN, ad Vigilium 7 (CSEL 3/3, 127); HIERONYMUS, in Gal. (CCL 77 A, 74f).
[239] IRENÄUS VON LYON, haer. 4,21,1 (FC 8/4, 182).
[240] ORIGENES, comm. in Rom. (SCHERER 212; FC 2/6, 148–150).
[241] TERTULLIAN, patient. 6,1.3 (CCL 1, 306); MARIUS VICTORINUS, in Gal. 3,6 (CSEL 83/2, 129), der Gal 3,6 als Erläuterung zu Gal 3,4f kommentiert. So wie Abraham haben auch die Galater so vieles ertragen, und Gott bewirkt bei ihnen die Tugenden, weil sie *per auditum fidei* Gott geglaubt haben.
[242] TERTULLIAN, resurr. 18,12 (CCL 2, 943f).

ist nur in der Zeit Vater für uns, als er noch monogam lebte und noch nicht beschnitten war.[243] Auch Isaak lebte monogam,[244] und sein Beispiel ist für uns verpflichtend.[245] Bei CYPRIAN bewährt sich der Glaube in der Mildtätigkeit.[246]

Bei HIERONYMUS fließen beide genannten Auslegungen zusammen. Gal 3,6 impliziert eine Aussage zur Eigenart der Gottesbeziehung des Christen, die ihn einerseits von den Juden abhebt, andererseits ihn auch verpflichtet: Abraham hat seinen Glauben bewährt[247] beim Auszug ins verheißene Land, in seinem Vertrauen auf die Sohnesverheißung sowie bei Isaaks Opferung. Einem solchen Menschen werde zu Recht die Gerechtigkeit angerechnet, da er die Gesetzeswerke übertroffen hat, denn er hat nicht aus Furcht, sondern aus Liebe sich Gottes würdig gemacht.[248]

3. Zur Wendung „Söhne Abrahams" stellen sich zwei Fragen: 1. Wer sind „die Söhne Abrahams"? 2. Wodurch sind sie es?

3.1 Als Söhne Abrahams werden generell die Christen gegenüber den Juden benannt.[249] Die Unterscheidung zwischen der natürlichen und der geistlichen Nachkommenschaft[250] oder der Gedanke der Sohnschaft durch Nachahmung[251] spezifizieren, was gemeint ist. Nach PELAGIUS betont Gal 3,8f die Ausweitung des Heils auch an die Heiden, die, weil sie unbeschnitten sind, nicht aus Werken gesegnet werden können.[252] THEODOR VON MOPSUESTIA sieht die Bezeichnung der Glaubenden als Söhne Abrahams gegen die jüdische Behauptung einer soteriologischen Statusdifferenz gegenüber den Heiden gerichtet.[253] Beide Theologen nehmen damit, wie gelegentlich auch andere Autoren,[254] Einsichten der *new perspective on Paul* voraus. Nach JOHANNES VON DAMASKUS haben Juden nur das Siegel der Beschneidung, nicht den Glauben als die Sache, die wertvoller ist als das Siegel, das auf sie verweist.[255]

---

[243] TERTULLIAN, *monog.* 6,1 (CCL 2, 1236).

[244] TERTULLIAN, *monog.* 6,3 (CCL 2, 1236).

[245] So die Rezeption von Gal 4,28 bei TERTULLIAN, *monog.* 11,4 (CCL 2, 1244).

[246] CYPRIAN, *eleem.* 8 (CCL 3 A, 60), anlässlich der verheerenden Epidemie von 252. Möglich ist ihm diese Auslegung aufgrund Lk 19,9: Jesus hatte Zachäus als „Sohn Abrahams" bezeichnet, nachdem dieser versprochen hatte, von seinem Vermögen den Armen abzugeben.

[247] HIERONYMUS stellt sich angesichts der Reihe alttestamentlicher Frommer die Frage, warum es erstmals von Abraham heiße, er habe Gott geglaubt. Das ungewöhnliche Maß des Glaubens rechtfertige dies ebenso wie es deshalb erstmals von Enosch, nicht bereits von Abel heiße, er habe Gott als Herrn angerufen (HIERONYMUS, *in Gal.* [CCL 77 A, 77]).

[248] HIERONYMUS, *in Gal.* (CCL 77 A, 74).

[249] ORIGENES, *comm. in Rom.* 7,13, (FC 2/4, 138).

[250] Letzterer gelten die Worte Gal 6,16 (HIERONYMUS, *in Is.* 18,65,15f [CCL 73 A, 758]).

[251] AUGUSTINUS, *c. Adim.* 5 (CSEL 25/1, 124); ders., *cat. rud.* 19,33; 22,39 (CCL 46, 157; 163).

[252] PELAGIUS, *in Gal.* (SOUTER 318f). Bei ihm wie bei AMBROSIASTER, *in Gal.* 3,7 (CSEL 81/3, 33) wird wenigstens prinzipiell offen gehalten, dass auch Juden, sofern sie an Christus glauben, zu den Söhnen Abrahams gehören.

[253] THEODOR VON MOPSUESTIA, *in Gal.* (SWETE 39).

[254] Vgl. etwa AUGUSTINUS, *div. qu.* 76,1f (CCL 44 A, 218–221); THEODORET VON CYRUS, *in Rom.* (PG 82, 85 B); BEDA VENERABILIS, *in Iac.* 2,20 (CCL 121, 199).

[255] JOHANNES VON DAMASKUS, *in Gal.* (PG 95, 793 C).

3.2 Nach IRENÄUS sind der Glaube Abrahams als Vertrauen auf das Eintreffen der Verheißungen Gottes und unser Glaube ein und dasselbe.[256] Später wird das Verhältnis des Glaubens der Christen zu dem Glauben Abrahams mit den Verben ζηλοῦν,[257] *sequi*[258] oder μιμεῖσθαι[259] bzw. *imitari*[260] oder mit den Ausdrücken *similis*[261] oder *hac mente*[262] beschrieben.

4. Die rechtfertigende Wirkung des Glaubens wird gegenüber dem Judentum als Freiheit von der Knechtschaft des Gesetzes erfasst;[263] gegenüber PELAGIUS wird betont, dass der Mensch nur durch Glauben gerechtfertigt wird, nicht durch seine Bewährung kraft seiner Menschennatur.[264] BEDA VENERABILIS hingegen legt Wert darauf, dass nicht der untätige Glaube zur Gerechtigkeit angerechnet wird, sondern der Glaube, der durch die Liebe tätig ist (Gal 5,6) oder der Glaube, der wenigstens den vollkommenen Willen zum Werk zeigt, auch wenn er zur Ausführung nicht mehr imstande ist, wie der Glaube des Schächers von Lk 23,43.[265]

5. Die rhetorische Eigenart des Abschnittes wird unterschiedlich bestimmt. Manchmal gilt der Rekurs auf Abraham als Mittel, an einem Beispiel die Rechtfertigung aus den Glauben zu erörtern.[266] Gefragt wird, warum Paulus auf das in Gal 3,6–9 Explizierte überhaupt zu sprechen kommt: Der Apostel wolle die Galater davon abhalten, sich wieder dem Gesetz zu unterwerfen[267] bzw. zur Rechtfertigung in Christus die Gesetzesobservanz hinzuzufügen.[268] JOHANNES CHRYSOSTOMUS vermutet, dass Paulus aufgrund der Wertschätzung des Abraham seitens der Galater bzw. der antipaulinischen Agitatoren den Abschnitt verfasst.[269] Der nachmalige Patriarch sieht in Gal 3,6–9 in Vorwegnahme moderner Fragen eine Reihe möglicher Einwände gegen Paulus angesprochen:

---

[256] IRENÄUS VON LYON, *haer.* 4,21,1 (FC 8/4, 182).

[257] THEODORET VON CYRUS, *in Gal.* (PG 82, 477 B).

[258] AMBROSIASTER, *in Gal.* 3,8 (CSEL 81/3, 33); AUGUSTINUS, *en. Ps.* 73,1 (CCL 39, 1005).

[259] JOHANNES CHRYSOSTOMUS, *comm. in Gal.* (PG 61, 651).

[260] AUGUSTINUS, *exp. Gal.* 20,12 (CSEL 84, 79); ders., *c. Adim.* 5 (CSEL 25/1, 124).

[261] IRENÄUS VON LYON, *haer.* 4,7,2 (FC 8/4, 58); EPHRÄM, *in Gal.* (MMK 131); THEODOR VON MOPSUESTIA, *in Gal.* (SWETE 40); vgl. JOHANNES VON DAMASKUS, *in Gal.* (PG 95, 793 D).

[262] HIERONYMUS, *in Gal.* (CCL 77 A, 75). – Und doch hatte die Beschneidung ihren Sinn in der Geschichte Israels (HIERONYMUS, *in Gal.* [CCL 77 A, 75f]): Sie sollte das jüdische Volk, aus welchem Christus hervorgehen sollte, von anderen Völkern unterscheiden; deswegen unterblieb sie während der Wüstenwanderung, wo die Gefahr einer Vermischung nicht gegeben war.

[263] MARIUS VICTORINUS, *in Gal.* 3,7.10 (CSEL 83/2, 129f); AMBROSIASTER, *in Gal.* 3,6 (CSEL 81/3, 32).

[264] FAUSTUS VON RIEZ, *grat.* 1,6 (CSEL 21,21).

[265] BEDA VENERABILIS, *princ. Gen.* 4,15,6 (CCL 118 A, 195f).

[266] AMBROSIASTER, *in Gal.* 3,6 (CSEL 81/3, 32); AUGUSTINUS, *exp. Gal.* 20,11 (CSEL 84, 79); MARIUS VICTORINUS, *in Gal.* 3,6 (CSEL 83/2, 129).

[267] AMBROSIASTER, *in Gal.* 3,6 (CSEL 81/3, 32).

[268] MARIUS VICTORINUS, *in Gal.* 3,10 (CSEL 83/2, 130). Er nimmt mit dem Stichwort *adiungere* neuzeitliche Auslegungen vorweg.

[269] Sie sind Übergang vom Argument der Erfahrung zu dem der Geschichte (JOHANNES CHRYSOSTOMUS, *comm. in Gal.* [PG 61, 650]).

1. Ein erster Einwand befristet die Gültigkeit der Aussage Gen 15,6 auf die Zeit vor der Offenbarung der Tora: Der Glaube galt nur deshalb bei Abraham als Mittel der Rechtfertigung, weil es damals noch kein Gesetz gab. JOHANNES CHRYSOSTOMUS antwortet: Wie das Gesetz damals noch nicht gegeben war, so hat das gegebene jetzt aufgehört zu bestehen.[270]

2. Ein zweiter Einwand besagt, durch Abfall vom Gesetz gehe man der Abrahamskindschaft verlustig. Doch, so der Kirchenlehrer, gerade der Glaube bewirkt die größte Annäherung an Abraham.[271]

3. Ein dritter Einwand greift die gemeinantike, gegen das Christentum aktualisierte Vorstellung auf, das Ältere sei das Bessere:[272] Das Gesetz ist älter, der Glaube erst durch Christus gekommen. Demgegenüber suche Paulus zu erweisen, dass der Glaube nicht jünger ist als das Gesetz, sondern älter, und dass, noch bevor das Gesetz kam, der Gesetzgeber bestimmt hat, dass die Heiden aus dem Glauben gerechtfertigt werden sollen.[273]

4. Ein vierter Einwand resultiert aus Dtn 27,26: „Verflucht ist, wer nicht bleibt bei den Worten dieses Buches, so dass er sie tut." Der Ausleger antwortet: Nicht wer es übertritt, sondern wer es hält, steht unter dem Fluch.[274]

Gal 3,10

Alle aber, die nach dem Gesetz leben, stehen unter dem Fluch. Denn in der Schrift heißt es: Verflucht ist jeder, der sich nicht an alles hält, was zu tun das Buch des Gesetzes vorschreibt.

Sekundärliteratur: SCHRECKENBERG, Adversus-Judaeos-Texte.

1. Veranlasst durch das Stichwort „Fluch" wird die Stelle innerhalb gnostischer Literatur der Auslegung von Gen 3,19 dienstbar gemacht, in großkirchlicher Literatur der antijüdischen, antimarcionitischen und antipelagianischen Polemik, wie umgekehrt PORPHYRIUS gegen Paulus polemisiert. 2. In den Kommentaren wird nach der Reichweite des Zusammenhanges zwischen dem Sein unter dem Gesetz und dem Sein unter dem Fluch gefragt.

---

[270] JOHANNES CHRYSOSTOMUS, *comm. in Gal.* (PG 61, 650). – JOHANNES VON DAMASKUS betont, dass Abraham aufgrund des Glaubens, nicht aufgrund seiner Beschneidung Gottes Freund genannt wird (JOHANNES VON DAMASKUS, *in Gal.* [PG 95, 793 BC]); in Gen 17 fehlt der Begriff φίλος.

[271] JOHANNES CHRYSOSTOMUS, *comm. in Gal.* (PG 61, 650f).

[272] Vgl. CELSUS, nach ORIGENES, *Cels.* 2,1; 5,25 (SC 132, 280); *Cels.* 5,47 (SC 147, 74–76) u.a. und dazu PILHOFER, PRESBUTERON KREITTON.

[273] JOHANNES CHRYSOSTOMUS, *comm. in Gal.* (PG 61, 651). Nach THEODORET, *in Gal.* (PG 82, 477 C), wird dies durch das Gesetz selbst bezeugt, eben weil es die Geschichte Abrahams erzählt. Auch EPHRÄM, *in Gal.* (MMK 131), betont das Vorauswissen der Schrift (Die Lesart *praesciebat* ist aufgrund eines Itazismus erwachsen: Vorausgesetzt ist προειδοῦσα statt προϊδοῦσα).

[274] JOHANNES CHRYSOSTOMUS, *comm. in Gal.* (PG 61, 651).

1. In einem innergnostisch umstrittenen christologischen Zusammenhang hat der italische Zweig der Valentinianer Gen 3,19 („Erde nämlich bist du und wirst zur Erde werden") mit Hilfe von Gal 3,10 ausgelegt: Die Leiblichkeit der Auferstehung Jesu steht aufgrund von Röm 8,11 fest, doch war der Leib Christi ein psychischer Leib, nicht der somatische Leib, denn der Lehm, aus dem dieser gebildet war (Gen 2,7), kam unter den Fluch von Gen 3,19.[275]

Gal 3,10 führt zur Polemik gegen Judenchristen und Juden. Die Nazoräer stehen unter dem Fluch, denn sie können z.B. das Gebot der drei jährlichen Wallfahrten nach Jerusalem nicht einhalten.[276] Gegen die Juden wird gefragt: Wer schon verflucht ist, weil er nur in einem Gebot versagt, wie oft ist er verflucht, der kein Gebot wirklich gehalten hat?[277] Antichristliche Polemik findet sich bei PORPHYRIUS; er hat Paulus wegen des Widerspruches zwischen Gal 3,10 und Röm 7,12 getadelt.[278]

2. Fragen der Schrifterklärung beziehen sich auf die Funktion des Verses im Ganzen der Argumentation, auf die unterschiedliche Gültigkeit der einzelnen Teile der Tora ebenso wie auf das Verhältnis zu anderen paulinischen Aussagen wie Gal 2,16, schließlich auf die Textkritik zur Stelle.

2.1 Als Funktion des Verses kann die Widerlegung eines möglichen Einwandes gelten,[279] aber auch der Versuch, den Unterschied zwischen dem Gesetz und dem Glauben zu verdeutlichen,[280] oder der Aufweis dessen, wie die Gesetzesanhänger zu Verfluchten werden.[281]

2.2 Der Zusammenhang des Lebens aus den Werken des Gesetzes und des Stehens unter dem Fluch gilt nach MARIUS VICTORINUS nur für die *opera legis* wie Opfer- und Speisevorschriften, nicht aber für die weiterhin geforderten *opera christianitatis*.[282] PELAGIUS weitet in der Durchführung aus:[283]

Man fragt in der Tat an dieser Stelle: Wenn allein der Glaube dem Christen genügt, ist dann derjenige nicht verflucht, der die evangelischen Vorschriften verachtet? Doch nützt der Glaube dazu, dass er denjenigen, der in den Anfangsgründen seines Weges zum

---

[275] HIPPOLYT VON ROM, *haer.* 6,35,6 (PTS 25, 249).

[276] EPIPHANIUS VON SALAMIS, *haer.* 29,8,1–3 (GCS 25, 330f). Den Juden war seit 135 n.Chr. das Betreten der Stadt Jerusalem bei Todesstrafe verboten. – Gegen die Marcioniten betont er: Der Fluch von Gal 3,10 ist der Fluch, der seit Adams Fall über der Menschheit lag, und den Christus in eine εὐλογία verwandelt hat (EPIPHANIUS VON SALAMIS, *haer.* 42,12,3 [GCS 31, 156]).

[277] PETRUS CHRYSOLOGUS, *serm.* 114,2 (CCL 24 A, 694f). – Gal 3,10 kennzeichnet manchmal allgemein die Situation des Volkes Israel, sofern es nicht zum Glauben an Christus findet, vgl. AUGUSTINUS, *c. Faust.* 12,11 (CSEL 25/1, 339); GREGOR VON ELVIRA, *tract.* 6,48–50 (CCL 69, 53).

[278] PORPHYRIUS, *Frgm.* 30 HARNACK (S. 59) = *Frgm.* 191 BERCHMAN (S. 208).

[279] JOHANNES CHRYSOSTOMUS, *comm. in Gal.* (PG 61, 651). Der Einwand lautet: das von der Rechtfertigung durch den Glauben Gesagte gelte nur, solange das Gesetz noch nicht gegeben war.

[280] THEODORET VON CYRUS, *in Gal.* (PG 82, 477 C).

[281] JOHANNES VON DAMASKUS, *in Gal.* (PG 95, 796 A).

[282] MARIUS VICTORINUS, *in Gal.* 3,10 (CSEL 83/2, 130).

[283] PELAGIUS, *in Gal.* (SOUTER 319); ähnlich zunächst HIERONYMUS, *in Gal.* (CCL 77 A, 88). Doch, so der Stridonier, Christus reißt uns aus diesem Fluch heraus. MARIUS MERCATOR, *comm.* 4,5 (PL 48, 105 AB) missbilligt Pelagius' These.

Christentum herzutritt, bei Gott rechtfertigt, sofern er hernach in der Rechtfertigung verbleibt. Im übrigen ist ohne Werke des Glaubens – nicht des Gesetzes – der Glaube tot: wer nämlich Gott glaubt, achtet auf seine Gebote (Sir 35,24), und dass diejenigen, die die Vorschriften des Evangeliums verachten, verflucht sind, lehrt der Erlöser mit den Worten „Weichet von mir, ihr Verfluchten, in das ewige Feuer" (Mt 25,41); und der Apostel Jakobus, der den Übertreter eines einzigen Gebotes als Angeklagten in Bezug auf alle Gebote aufgewiesen hat (Jak 2,10).

Das Stichwort „Fluch" führt zu Assoziationen, die nicht immer durch Gal 3,10 gedeckt sind. AMBROSIUS stellt Gal 3,10 und Gal 2,16 unter die Alternative *littera – spiritus legis*: Niemand kann aus Werken des Gesetzes gerechtfertigt werden, weil alle unter dem Fluch stehen, die unter dem Buchstaben stehen.[284] AUGUSTINUS bringt das Begriffspaar „Furcht" / „Freiheit" ein sowie das andere für ihn zentrale Motiv, dass Gott um seiner selbst willen geliebt werden will, nicht weil man von ihm etwas anderes außer ihm selbst zu erlangen hofft.[285] Näher am Text bleiben AMBROSIASTER und THEODORET VON CYRUS: Der Fluch betrifft jeden, der auch nur ein einziges Gebot übertritt[286] – beide Autoren verkennen jedoch die Möglichkeit einer heilvollen Buße im Judentum.

2.3 HIERONYMUS stellt zur Textkritik von Dtn 27,26 fest, die Wendung *in omnibus* sei in der Septuaginta und im Samaritanischen Pentateuch, aber nicht in den ihm zur Verfügung stehenden hebräischen Codices bezeugt. Paulus hätte die Stelle ohne diese Worte nicht brauchen können. Der Stridonier vermutet eine polemisch motivierte Textveränderung seitens der Juden: Sie hätten die Worte *in omnibus* getilgt, um nicht als verflucht zu erscheinen, wenn sie nicht alle Gebote halten könnten.[287] Auf den Einwand, dass dann auch Mose und Jesaja unter den Verdammten wären, antwortet er: Allein Christus hat durch sein Sterben alle erlöst; alle ermangeln der Gnade (Röm 3,23), kein Mensch auf Erden ist gerecht (Koh 7,21). Deswegen schließe Paulus auch Gal 3,11f an.[288]

Gal 3,11

Dass durch das Gesetz niemand vor Gott gerecht wird, ist offenkundig; denn: Der aus Glauben Gerechte wird leben.

1. Zu Gal 3,11 sind nur einzelne Applikationen zu verzeichnen, die sich auf die unterschiedlichen Lexeme des Verses beziehen; durchgehende Linien werden

---

[284] AMBROSIUS, *in psalm.* 43,68 (CSEL 64, 310).
[285] AUGUSTINUS, *exp. Gal.* 21,2 (CSEL 84, 79f).
[286] AMBROSIASTER, *in Gal.* (CSEL 81/3, 33); THEODORET VON CYRUS, *in Gal.* (PG 82, 477 C).
[287] HIERONYMUS, *in Gal.* (CCL 77 A, 83f): Niemand könne das Gesetz erfüllen (Röm 8,3!). Ohne Religionspolemik wird an Röm 8,3 erinnert auch bei THEODOR VON MOPSUESTIA, *in Gal.* (SWETE 41).
[288] HIERONYMUS, *in Gal.* (CCL 77 A, 84f). Zur Verwendung von Gal 3,10.13 zur antipelagianischen Polemik bei HIERONYMUS, *adv. Pelag.* (CCL 80, 66) vgl. zu Gal. 2,16.

nicht erkennbar. 2. Die heute lebhaft diskutierte Frage, warum die Werke des Gesetzes nicht rechtfertigen, wird erst in der Kommentarliteratur aufgenommen und meist nur kurz gestreift.

1. Das Verständnis der *fides* i.S. von „Treue" ermöglicht TERTULLIAN den Einbezug der Stelle in den Kampf für die einmalige Ehe. Gal 3,11 führt auf Röm 2,13: Nicht die bloßen Hörer, sondern die Täter des Gesetzes werden gerechtfertigt; deshalb: Wenn nun schon ein Priester nicht zweimal verheiratet sein darf, dann ist dies auch einem Laien verboten, da dieser das Recht hat, im Notfall priesterliche Tätigkeiten auszuüben.[289] Das Stichwort Glaube wird gelegentlich näher ausgeführt und mit den wesentlichen Glaubensinhalten aus der Sicht des jeweiligen Autors assoziiert. So nennt etwa PETRUS CHRYSOLOGUS als Inhalte den Glauben an die Trinität und die wahre Gottheit und Menschheit Jesu Christi, die Vergebung der Sünden und die Auferstehung der Toten.[290] LEO I. erläutert den Begriff durch das Streben nach Heiligung und durch den Gehorsam gegenüber den Geboten des Herrn, „denn ohne Gaube ist es unmöglich, Gott zu gefallen" (Hebr 11,6).[291]

Nach EPIPHANIUS widerstreiten Gal 3,10–12 der marcionitischen Verwerfung des Alten Testamentes,[292] denn Paulus zitiert eben aus Gesetz und Propheten.[293] AUGUSTINUS verwendet u.a. Gal 3,11f gegen die pelagianische These, bereits die Gerechten des Alten Bundes hätten die Rechtfertigung erlangen können, eben aus dem Gesetz, und bedürften darum der Gnade Christi nicht.[294] CYRILL VON ALEXANDRIEN versucht in der Auslegung zu Ez 20,25 („Gebote, die nicht gut waren") den Ausgleich zwischen Gal 3,11 und Röm 7,12 („So ist … das Gebot heilig und gerecht und gut"): Insoweit sich das Gesetz auf die θεωρία πνευματική bezieht, gilt Röm 7,12. Was sich aber auf den schattenhaften Kult bezieht, da sind die Gebote nicht gut, denn niemand wird gerechtfertigt durch das Gesetz (Gal 3,11).[295]

2. Dass das Gesetz nicht rechtfertigt, kann begründet werden mit der Vielzahl seiner Vorschriften,[296] mit der Schwäche der menschlichen Natur,[297] mit seiner faktischen Nichterfüllung.[298] Andernorts werden unter Anspielungen auf Röm 3,23a („alle haben gesündigt") und Röm 8,3 („Schwäche des Fleisches")

---

[289] TERTULLIAN, *castit.* 7,4 (CCL 2, 1025).
[290] PETRUS CHRYSOLOGUS, *serm.* 83,4 (CCL 24 A, 514f).
[291] LEO I. VON ROM, *tract.* 24,6 (CCL 138, 116).
[292] EPIPHANIUS VON SALAMIS, *haer.* 42,11,8 (GCS 31, 120) vermeldet die Tilgung von Gal 3,11–13 durch Marcion; das ist aber nicht wirklich zu sichern. SCHMID, Marcion 310, vermutet für Marcion nur Tilgungen von Gal 3,6–9.14–18.29.
[293] EPIPHANIUS VON SALAMIS, *haer.* 42,12,3 (GCS 31, 156).
[294] AUGUSTINUS, *c. ep. Pel.* 4,5/10 (CSEL 60, 531).
[295] CYRILL VON ALEXANDRIEN, *fr. Ez.* (PG 70, 1460 BC).
[296] AMBROSIASTER, *in Gal.* 3,10 (CSEL 81/3, 33) mit Verweis auf das Wort des Petrus von dem Joch, „das weder wir noch unsere Väter tragen konnten" (Apg 15,10).
[297] THEODOR VON MOPSUESTIA, *in Gal.* (SWETE 41); JOHANNES VON DAMASKUS, *in Gal.* (PG 95, 796 A).
[298] EPHRÄM, *in Gal.* (MMK 131); THEODORET VON CYRUS, *in Gal.* (PG 82, 480 A).

die faktische sowie die anthropologische Unwirksamkeit und die heilsgeschichtliche Neusetzung verknüpft.[299] Zu Phil 3,6 wird nur[300] von HIERONYMUS ausgeglichen, und zwar unbefriedigend.[301] Angemessener bemerkt er zum Begriff *iustus*, es stehe nicht „*homo aut vir*", damit zur Verachtung der Tugendwerke kein Anlass geboten werde.[302]

Gal 3,11b wird von THEODOR VON MOPSUESTIA so umschrieben: Die Gerechtigkeit aus den Werken wird durch das eigene Tun hervorgebracht, die Gerechtigkeit aus dem Glauben dadurch, dass sie von Gott das Heil erhofft.[303] Die Andersartigkeit der Argumentation in Gal 3,11 gegenüber Gal 3,10 haben AMBROSIASTER wie THEODOR durchaus bemerkt.[304]

Gal 3,12

Das Gesetz aber hat nichts mit dem Glauben zu tun, sondern es gilt: Wer die Gebote erfüllt, wird durch sie leben.

Gal 3,12 wird zunächst paränetisch, dann auch antijüdisch rezipiert.

Als Mahnung wird Gal 3,12 in der *Epistula Apostolorum* verstanden: „Jeder, der glaubt, indem er die Werke des Lichtes tut, wird in ihnen leben".[305]

HIERONYMUS vermerkt mit antijüdischer Tendenz, jüdisches Verständnis der Lebensverheißung der Tora sei rein irdisch ausgerichtet, auf langes Leben oder auf die irdische Strafe für den Gesetzesübertreter.[306] Die Wendung *vivere autem in illis* seien wahrscheinlich Worte des Ezechiel (Ez 20,10f), dessen Wertung der Gebote als „nicht gut" (Ez 20,25) aber wohl zu beachten ist.[307]

AMBROSIASTER hält zunächst den Unterschied zwischen Gesetz und Glauben fest: Das Gesetz verlangt nicht den Glauben an irgendetwas, sondern befiehlt das Tun.[308] Doch warum wird, wenn durch das Gesetz niemand gerechtfertigt wird, jeder verflucht, der eine seiner Vorschriften übertritt? Unbefriedigend ist AMBROSIASTERS Antwort: Vor Gott rechtfertigt nicht das Gesetz,

---

[299] HIERONYMUS, *in Gal.* (CCL 77 A, 84); ferner JOHANNES CHRYSOSTOMUS, *comm. in Gal.* (PG 61, 652): Schon Habakuk habe in der Einsicht, dass niemand das Gesetz gehalten habe, vielmehr alle deshalb unter dem Fluch standen, einen leichteren Weg ausfindig gemacht (Hab 2,4).
[300] Zu TYCONIUS s. u. zu Gal 3,19.
[301] HIERONYMUS, *in Gal.* (CCL 77 A, 86): Die Gesetzesgerechtigkeit des Paulus war noch kein „Leben", weil Christus nicht in ihm war (Gal 2,20) und sagte „Ich bin das Leben" (Joh 11,25).
[302] HIERONYMUS, *in Gal.* (CCL 77 A, 86). Zu Röm 3,28 gleicht er nicht aus.
[303] THEODOR VON MOPSUESTIA, *in Gal.* (SWETE 41).
[304] AMBROSIASTER, *in Gal.* 3,11 (CSEL 81/3, 34); THEODOR VON MOPSUESTIA, *in Gal.* (SWETE 41).
[305] *EpAp* 39, kopt. Fassung (DUENSING 32).
[306] HIERONYMUS, *in Gal.* (CCL 77 A, 86f), ebenso ders., *in Ez.* 1,4,15 (CCL 75,52).
[307] HIERONYMUS, *in Gal.* (CCL 77 A, 87).
[308] Soweit auch THEODORET VON CYRUS, *in Gal.* 3,12 (PG 82, 477 D).

sondern der Glaube. Das Gesetz rechtfertigt in der Welt; in Form der zehn Gebote ist es von Nutzen, das andere ist nur Last.[309]

JOHANNES CHRYSOSTOMUS fragt, warum im Gegensatz zum Gesetz der Glaube die Kraft zu rechtfertigen habe, bestimmt aber dessen Wesen hier nicht näher, argumentiert vielmehr von dem Zusammenhang zwischen Gen 15,6 und Hab 2,4 aus: Hab 2,4 wird durch Gen 15,6 als zutreffend erwiesen, die rechtfertigende Kraft des Glaubens ist also offensichtlich.[310]

Gal 3,13

Christus hat uns vom Fluch des Gesetzes freigekauft, indem er für uns zum Fluch geworden ist; denn es steht in der Schrift: Verflucht ist jeder, der am Pfahl hängt.

Auf Gal 3,13 nehmen altkirchliche Autoren 1. zunächst um des Stichwortes „Fluch" willen Bezug, in 1.1 Apologetik und Polemik gegenüber dem Judentum, 1.2 zum Zweck der Mahnung. 2. Die Subjektsangabe „Christus" wird antignostisch ausgewertet. 3. Das Stichwort „Freikauf" veranlasst 3.1 zur Frage nach dem möglichen Ausgleich zu anderen Texten, wird 3.2 in der Auseinandersetzung mit Marcioniten und Manichäern und mit dem Judentum bedacht. 4. Das Verständnis des Terminus γενόμενος wird in der trinitätstheologischen Debatte i.S. des *accipere* bestimmt. Eine erneute Diskussion um diesen Begriff bricht in den christologischen Streitigkeiten des 5. Jahrhunderts auf. 5. Dass durch die Übernahme des Kreuzestodes der Freikauf möglich ist, wird mit Jesu Sündlosigkeit begründet. 6. Verschiedene Antworten werden gegeben auf die Frage, warum Christus speziell den Kreuzestod sterben musste.

1.1. Nach JUSTIN wurde Dtn 21,23 jüdischerseits als Argument gegen die Messianität Jesu verwendet – der Menschensohn, so zitiert JUSTIN seinen Gesprächspartner Tryphon, werde jüdischerseits in Herrlichkeit und Größe erwartet.[311] Im Fortgang des Gespräches zeigt sich Tryphon angeblich zu dem Zugeständnis bereit, dass in der Tat in Jes 53 ein leidender Messias verkündigt wird, doch ist damit die Messianität des gekreuzigten Jesus noch nicht bewiesen:[312]

Das ist zwar klar, dass die Schrift einen leidenden Christus verkündet. Wissen möchten wir aber, ob du auch das beweisen kannst, dass Christus ein im Gesetz verfluchtes Martyrium erleidet.

JUSTIN erweist im Gegenzug zunächst das Kreuzesleiden als schriftgemäß mit Hilfe der Typologien Ex 17,8–13; Dtn 33,13–17; Num 21,4–9 und stellt dann

---

[309] AMBROSIASTER, *in Gal.* 3,12 (CSEL 81/3, 34). Röm 8,3 stand ihm nicht vor Augen.
[310] JOHANNES CHRYSOSTOMUS, *comm. in Gal.* (PG 61, 652).
[311] JUSTIN, *dial.* 32,1 (BOBICHON 1, 260).
[312] JUSTIN, *dial.* 89,2 (BOBICHON 1, 430).

die Gegenfrage: Wenn nun Gottes Willen gemäß Christus für das Menschengeschlecht den Fluch auf sich nahm, warum reden dann die Juden so, als wäre er von Gott verflucht worden, und klagen nicht vielmehr über ihre eigene Sünde der Kreuzigung Jesu?[313]

Mehrfach dient das Motiv des „Fluches" zur antijüdischen Polemik. Diejenigen, die Jesus Christus mit dem Ruf „Kreuzige, kreuzige ihn" dem Fluch anheim stellten, würden selbst von Gott verflucht und haben auf ewig Verderben empfangen.[314] HIERONYMUS bezieht den „Fluch" aus Gal 3,13 in der Auslegung zu Jer 26,4–6 unmittelbar auf das Geschick Jerusalems im jüdischen Krieg.[315] Im Galaterkommentar betreibt HIERONYMUS nach Anführung anderer Lesarten zu Dtn 21,23[316] wiederum alttestamentliche Textkritik unter dem Vorzeichen aktueller Religionspolemik. Die Worte *a Deo* seien von der Septuaginta, aber nicht von den ihm jetzt vorliegenden hebräischen Handschriften bezeugt. Sie seien wohl nachträglich getilgt worden, um den Christen eine Verfälschung der Schrift vorwerfen zu können. In Fluchtexten wie Gen 3,14.17; 4,11 werde nie auf Gott verwiesen.[317] Christus wurde nicht als Fluch geboren, sondern zum Fluch gemacht.[318] Auch jenseits der Textkritik beherrscht aktuelle Polemik das Feld: Der Kreuzestod Christi widerlegt den christlichen Selbstanspruch keineswegs, denn man an ist nicht deshalb verflucht, weil man am Kreuz hängt, sondern weil man gesündigt hat; die jüdischen Märtyrer sind nicht verflucht, sondern seligzupreisen.[319] Nach AUGUSTINUS erweist die Auferstehung, dass die jüdische Einschätzung Jesu als eines Verfluchten eine Fehleinschätzung war.[320]

1.2 Im Sinne einer Mahnung wird das in Gal 3,13 genannte Verhalten Christi in der gnostischen *Epistula Jacobi apocrypha* als Vorbild begriffen:[321]

---

[313] JUSTIN, *dial.* 90–96 (BOBICHON 1, 430–446). Er zitiert Dtn 21,23 nach dem Wortlaut von Gal 3,13, während die LXX liest: κεκαταραμένος ὑπὸ Θεοῦ πᾶς κρεμάμενος ἐπὶ ξύλου. – Weitaus heftiger fällt die Polemik bei EUSEBIUS VON ALEXANDRIEN, *serm.* 18 (PG 61, 735), aus: „Wehe euch Juden, die ihr euch einen bösen Plan ausgedacht habt, den Unsterblichen zu töten. Er lebt in Ewigkeit, und ihr seid im Unglauben gestorben und habt nicht dem Wort des Apostels geglaubt, dass uns Christus freigekauft hat von dem Fluch des Gesetzes".

[314] EUSEBIUS VON CÄSAREA, *ecl. proph.* 1,13 (PG 22, 1072 AB); AMBROSIASTER, *in Gal.* 3,13,3 (CSEL 81/3, 35). Der Beginn des Zusatzes der γ-Rezension bei AMBROSIASTER (*quantum tamen ad Iudaeos pertinet*) soll nicht die Juden dem römischen Statthalter gegenüber stellen, sondern ihr Schicksal in der Kreuzigung Jesu begründen.

[315] HIERONYMUS, *in Jer.*, 5,37,4 (CCL 74, 255); vgl. AMBROSIASTER, *in Gal.* 3,13,2 (CSEL 81/3, 35).

[316] HIERONYMUS, *in Gal.* (CCL 77 A, 89f): Er nennt die Septuaginta, Aquila, Symmachus, Theodotion, dann die auf Aquila und Theodotion aufbauende Lesart Ebions (ὕβρις Θεοῦ ὁ κρεμάμενος) und die in der *altercatio Jasonis et Papisci* begegnete Lesart λοιδορία Θεοῦ ὁ κρεμάμενος und teilt abschließend die Interpretation eines seiner jüdischen Lehrer mit: *quia contumeliose Deus supensus est*. Diese Lesarten werden nicht im Einzelnen kommentiert.

[317] HIERONYMUS, *in Gal.* (CCL 77 A, 92).

[318] HIERONYMUS, *in Gal.* (CCL 77 A, 93).

[319] HIERONYMUS, *in Gal.* (CCL 77 A, 90f). Ähnlich argumentiert PELAGIUS, *in Gal.* (SOUTER 320): *non ideo maledictus quia pendet, sed ideo pendet quia maledictus*, zu Dtn 21,23.

[320] AUGUSTINUS, *en. Ps.* 58, serm. 2,5 (CCL 39, 750).

[321] *EpJac* (*NHC* 1,2, p.13,20–25 [GCS 8, 24]).

Seid (scil. nicht hochmütig, sondern) vielmehr so zu einander, wie ich selbst zu euch war! Ich habe mich für euch unter den Fluch begeben, damit ihr erlöst werdet.

Doch auch großkirchlich findet sich eine ethische Auslegung, nämlich bei TERTULLIAN, i.S. der Mahnung zur Geduld:[322]

Der Herr selbst ist vor dem Gesetz zum Verfluchten geworden, und doch ist er allein der Gesegnete. Folgen wir mithin als Knechte dem Herrn und lassen wir uns geduldig verfluchen, um Gesegnete zu werden!

Ähnlich kann der in Röm 9,3 geäußerte Wunsch des Paulus, um der Israeliten willen verflucht zu sein, damit sie zum Heil gelangen, mehrfach mit Hinweis auf Gal 3,13 gerechtfertigt werden.[323]

Besteht nach AUGUSTINUS der „Fluch" in der Straffolge für Adams Sünde,[324] so nach MAXIMUS CONFESSOR in der Frucht meiner eigenen προαίρεσις, die in der Sünde besteht, aber auch in dem physischen Tod, der mir wegen dieser meiner προαίρεσις erwächst.[325]

Der Fluchtod Christi bringt die Schwere seines Leidens zum Ausdruck. Daraus kann in der Martyriumsparänese die Mahnung erwachsen, sich nicht vor der Verfolgung freizukaufen,[326] im Zuge antiarianischer Polemik die Warnung davor, Christi Gottheit zu leugnen,[327] allgemein die Mahnung zur Dankbarkeit,[328] die Warnung vor Leichtfertigkeit,[329] endlich die Mahnung, um das Heil des anderen und seinen Weg zur Tugend besorgt zu sein.[330]

2. Dass Paulus den Namen „Christus" und nicht „Jesus" hier zur Bezeichnung des Gekreuzigten verwendet, hat für IRENÄUS im antignostischen Kampf Bedeutung: Es geht nicht an, mit den Gnostikern einen oberen leidensunfähigen Christus von dem unteren Jesus zu unterscheiden.[331]

3.1 ORIGENES bemüht sich um den Ausgleich zwischen Gal 3,13; 1Kor 6,20 sowie Gal 2,20 einerseits und Röm 7,14 andererseits: Wie kann Paulus darüber klagen, er sei unter die Sünde verkauft, wenn er doch durch Christus freigekauft ist und dieser in ihm lebt? Der Alexandriner antwortet: Das in Röm 7,14 be-

---

[322] TERTULLIAN, *patient.* 8,3 (CCL 1,308)
[323] ORIGENES, *comm. in Rom.* 7,13 (FC 2/4, 134); GREGOR VON NAZIANZ, *or.* 2,55 (SC 247, 164); ders., *or.* 37,1 (SC 318, 272); MAXIMUS CONFESSOR, *qu. dub.* I,4 (CCG 10, 139). Gerade GREGOR VON NAZIANZ betont: Das Verhalten des Paulus in Röm 9,3 ist vorbildlich.
[324] AUGUSTINUS, *exp. Gal.* 22,7 (CSEL 84, 82).
[325] MAXIMUS CONFESSOR, *qu. Thal.* 62 (CCG 22, 123).
[326] TERTULLIAN, *fug.* 12,2 (CCL 2, 1150).
[327] EPIPHANIUS VON SALAMIS, *haer.* 69,31,4 (GCS 37, 180).
[328] *Mortuus est, ut occideret mortem; condemnatus est ut condemnaret corruptelam; coronatus spinis est, ut nos non haberemus spinas; suscepit maledictum per crucem, ut nos susciperemus benedictionem mundam*; EUSEBIUS VON EMESA, *hom.* 3,36 (BUYTAERT I, 101); als Mahnung zur Dankbarkeit wird Gal 3,13 aufgenommen bei BASILIUS VON SELEUKIA, *hom.* 32,1 (PG 85, 349 C); ähnlich bei ANTIOCHUS IM SABASKLOSTER, *serm.* 117 (PG 89, 1800 C).
[329] JOHANNES CHRYSOSTOMUS, *hom. in Jo.* 14 (13),4 (PG 59, 96).
[330] JOHANNES CHRYSOSTOMUS, *hom. in Gen.* 3,4 (PG 53, 36f).
[331] IRENÄUS VON LYON, *haer.* 3,18,3 (FC 8/3, 224).

schriebene Handeln der φαῦλοι – Paulus nimmt in Röm 7,14–25 selbst deren Rolle an – ist als Handeln gegen ihren eigenen Vorsatz zu begreifen: Sie erkennen die Gebote als gut, fallen aber dennoch der Sünde anheim.[332]

Gal 3,13 ermöglicht ORIGENES auch eine christologische Deutung von Ps 68,6 („Gott, du kennst meine Torheit, und meine Schuld ist dir nicht verborgen"): „meine Schuld" ist die Schuld, die Christus für die Menschen auf sich genommen hat.[333] Der Fluch von Gal 3,13 ist nach EUSEBIUS die von Jes 53,5 Aq vorausgesagte „Entweihung" des Gottesknechtes.[334] Das Stichwort des Freikaufs ergibt für GREGOR VON NYSSA einen Bezug zum Judasverrat: Dadurch, dass Christus um 30 Silberlinge feilgeboten wird, kauft er diejenigen zurück, die unter die Sünde verkauft waren.[335] Gal 3,13 wehrt neben Joh 1,29 und 2Kor 5,21 für THEODORET der christologischen Deutung der Worte „weit weg von meiner Rettung sind die Worte meiner Verfehlungen" aus Ps 21,2; sie gelten allgemein von der menschlichen Natur.[336]

3.2 Mit Hilfe von Gal 3,13 wollten nach Auskunft großkirchlicher Polemiker MARCION und MANI ihre Zweigötterlehre erweisen: Wenn der Kreuzestod im Gesetz des Schöpfergottes als Fluchtod gilt, erweist Christi Tod für uns, dass er nicht der Sohn dieses Schöpfergottes ist;[337] derjenige, unter dem wir gefangen gehalten wurden, kann nicht der Gott sein, der Jesus Christus gesandt hat.[338] Gal 3,13 ist dem Manichäer Faustus ein Schriftbeweis für die Antinomie beider Testamente.[339] Doch schon IRENÄUS erweist umgekehrt aus Gal 3,13 die Herkunft beider Testamente *ab uno et eodem ... patre*. Den Kreuzestod Christi habe schon Mose vorausgesehen: „Dein Leben wird vor deinen Augen hängen, und du wirst deinem Leben nicht glauben" (Dtn 28,66 LXX).[340] EPIPHANIUS hält gegen Marcion fest: Christus wurde nicht der Fluch, sondern dessen Lösung.[341]

---

[332] ORIGENES, *comm. in Rom.* (Frgm. 41 RAMSBOTHAM; FC 2/6, 204). In der Wahl des Begriffes φαῦλοι (statt Röm 7,14 σάρκινος) macht sich philosophische Terminologie bemerkbar.

[333] Ps.-ORIGENES, *sel. in Ps.* (PG 12, 1513 A). Dabei ist „kennen" positiv verstanden. Denn „kennen" kann biblisch in engerem und in weiterem Sinn gebraucht werden: Im engeren Sinn „kennt" Gott nur die Guten, denn von den Sündern gilt: „Ich kenne euch nicht" (Mt 25,12); vgl. AUGUSTINUS, *c. adv. leg.* 1,20,41 (CCL 49, 72f). Im weiteren Sinne weiß Gott um alles, um Gutes wie Böses; vgl. EUSEBIUS VON CÄSAREA, *ecl. proph.* 2,9 (PG 22, 1104 A–C).

[334] EUSEBIUS VON CÄSAREA, *Is.* 2,42 (GCS 56, 336).

[335] GREGOR VON NYSSA, *Pss. titt.* 2,8 (GNO 5,99).

[336] THEODORET VON CYRUS, *Ps.* (PG 80, 1012 A).

[337] Für Marcion vgl. TERTULLIAN, *adv. Marc.* 5,3,9f (CCL 1, 670); EPIPHANIUS VON SALAMIS, *haer.* 42,8,1 (GCS 31, 103); für den Marcioniten Megethius vgl. ADAMANTIUS, *dial.* 1,27 (BUCHHEIT 24); für Mani bzw. die Manichäer vgl. EPIPHANIUS VON SALAMIS, *haer.* 66,79,1f (GCS 37, 120); AUGUSTINUS, *c. Fel.* 2,10 (CSEL 25/2, 839).

[338] AUGUSTINUS, *c. Fel.* 2,10 (CSEL 25/2, 839).

[339] Der Fluch von Dtn 21,23 trifft auch Christus (AUGUSTINUS, *c. Faust.* 14,1 [CSEL 25/1, 401]). Zwischen „aufgehängt" und „gekreuzigt" bestehe kein Unterschied (ebd. [CSEL 25/1, 404]).

[340] IRENÄUS VON LYON, *haer.* 4,10,2 (FC 8/4, 78). In späterer Adersus-Judaeos-Literatur (so z.B. *dial. anon.* 9 [CCG 30, 79]) wird diese Kombination mit Dtn 28,66 LXX antijüdisch rezipiert.

[341] EPIPHANIUS VON SALAMIS, *haer.* 42,8,3 (GCS 31, 104). Die Wendung „unter dem Fluch" bezieht sich auf die Drohung Gen 2,16f (EPIPHANIUS VON SALAMIS, *haer.* 42,12,3 [GCS 31, 156]).

Auch heißt es in Gal 3,13 ἐξηγόρησεν („er kaufte zurück"), nicht einfach nur ἠγόρεσεν,[342] denn es geht nicht einfach um den Wechsel des Besitzverhältnisses.[343] Dasselbe Argument verwendet EPIPHANIUS auch gegen Mani bzw. die Manichäer: Den in Dtn 21,23 ausgesprochenen Fluch des Gesetzes über den Übertreter hat Christus im Kreuz, in seiner Selbsthingabe (Gal 1,4) auf sich genommen.[344] In anderer Weise ist alttestamentliche Hermeneutik bei EUSEBIUS VON CÄSAREA berührt: Einerseits ist die u.a. anhand der typologischen Beziehung zwischen Sach 3,1–10 und Gal 3,13 erwiesene Einheit beider Testamente[345] Voraussetzung für die Würdigung der Menschheitsgeschichte als der Geschichte der göttlichen Erziehung von Juden und Heiden hin auf Christus, andererseits wird bei EUSEBIUS wie schon bei ORIGENES und dann bei AUGUSTINUS Gal 3,13 auch im Rahmen der Abgrenzung des Christentums vom Judentum verwendet, wenn aus dem „Loskauf" vom Fluch des Gesetzes die Abrogation seiner wörtlichen Befolgung geschlossen wird.[346]

4. In neuer Weise kann Gal 3,13 in den trinitarischen und christologischen Streitigkeiten ab dem 4. Jahrhundert rezipiert werden.

Im Sinne der Homousie verwenden ATHANASIUS VON ALEXANDRIEN und GREGOR VON NAZIANZ die Stelle *ad vocem* γενέσθαι als Stütze für ihre Auslegung von Joh 1,14: Wie Christus nicht im Sinne einer Wesensverwandlung zum Fluch wurde, sondern den Fluch auf sich nahm, so wandelte sich der Λόγος nicht in das Fleisch, sondern nahm es an.[347] Anders die Rezeption der Stelle bei

---

[342] Marcioniten konnten in Gal. 3,13 *redimere* i.S. v. *emere* verstehen; vgl. ADAMANTIUS, *dial.* 1,27 (BUCHHEIT 24).

[343] EPIPHANIUS VON SALAMIS, *haer.* 42,8,4f (GCS 31, 104); ebenso HIERONYMUS, *in Gal.* (CCL 77 A, 87). Die alttestamentlichen Fluchworte sind nicht Veranlassung, sondern prophetische Voraussage der Straffolge gegen die Sünder (HIERONYMUS, *in Gal.* [CCL 77 A, 88]). HIERONYMUS stellt die Fangfrage, ob auch diejenigen, die unter dem Evangelium Christi stehen, seine Gebote nicht tun, unter dem Fluch stehen, und weist auf Inkonsistenzen Marcions hin: Wenn er sie verflucht nennt, wird er das im Evangelium haben, was wir im Gesetz haben; wenn er verleugnet, dass sie verflucht sind, dann sind die Gebote des Evangeliums umsonst gegeben (ebd).

[344] EPIPHANIUS VON SALAMIS, *haer.* 66,79,1f (GCS 37, 120); vgl. dazu WILLIAMS, Panarion, 298 mit Anm 386.

[345] EUSEBIUS VON CÄSAREA, *d.e.* 4,17,18 (GCS 23, 199).

[346] ORIGENES, *hom. in Num.* 11,2,4 (SC 442, 26), sowie ders., *comm. in Rom.* (SCHERER 190; FC 2/6, 130); ders., *comm. in Mt.* 17,32 (GCS 40, 684); EUSEBIUS VON CÄSAREA, *d.e.* 1,10,20.23 (GCS 23, 46.47); AUGUSTINUS, *exp. Gal.* 22,5 (CSEL 84, 82). Er flicht zentrale Motive seiner Theologie ein: Christus hat uns vom Fluch des Gesetzes befreit, damit wir nicht mehr durch Furcht in den Werken des Gesetztes gerechtgemacht werden, sondern bei Gott durch den Glauben, der nicht durch die Furcht, sondern durch die Liebe wirkt.

[347] ATHANASIUS, *c. Ar.* 2,47,2 (AW I/1,2,223f), beifällig zitiert bei THEODORET VON CYRUS, *eran.* 1 (ETTLINGER 91.94); ATHANASIUS, *ep. Epict.* 8, bei EPIPHANIUS VON SALAMIS, *haer.* 77,10,3 (GCS 37, 424), ebenso GREGOR VON NAZIANZ, *ep.* 101,61 (SC 208, 62), sowie GREGOR VON NYSSA, *Eun.* 3,8,54 (GNO 2, 259). Er stellt andernorts klar: „Fluch" ist Christus nicht aufgrund seiner Natur, sondern aufgrund göttlicher Heilsökonomie *geworden* (GREGOR VON NYSSA, *fid.* [GNO 3/1, 62f]; ähnlich ders., *ref. Eun.* 134 [GNO 2, 370]). – Bei AUGUSTINUS ist Gal 3,13 Bestandteil einer *concessio* an den Arianer Maximinus (*Nec enim ad omnia obstinati esse debemus, ut non quae bene dicis laudemus*), dass Christus tatsächlich Mensch geworden ist (AUGUSTINUS, *conl. Max.* 2,5 [PL 42, 725]).

den Arianern: Nach ASTERIUS kann, da der Retter ja Geschöpf ist, nur Gott selbst den Fluch aussprechen und wieder aufheben.[348] Auch der Arianer MAXIMINUS folgert aus Gal 3,13 die Wesensverschiedenheit zwischen Vater und Sohn.[349] Doch wurde dieser Deutung widersprochen: Die Unterwerfung Christi ist, so die Kappadokier, als Erfüllung des väterlichen Willens ein Akt der Freiheit Christi; so ist Gal 3,13 kein Beweis für die arianische These.[350] Nach AMBROSIUS bezieht sich Gal 3,13 auf die menschliche Natur Jesu, hebt also die Gottgleichheit Christi nicht auf.[351]

Auch in der Auseinandersetzung mit APOLLINARIS VON LAODIZEA wird Gal 3,13 rezipiert: Mit Hilfe u.a. von Gal 3,13; 2Kor 5,21; Lk 4,1–13; Mt 2,23–25; Lk 22,43 widerlegt ANTIPATER VON BOSTRA APOLLINARIS' Auslegung der Worte „aber nicht mein Wille geschehe" (Lk 22,42), der u.a. aufgrund dieser Aussage das νοερὸν der Seele Christi geleugnet hatte.[352]

Eine ganz andere Konsequenz für die Auslegung von Joh 1,14 zogen die Nestorianer[353] (nach JOHANNES VON DAMASKUS) aus Gal 3,13, indem sie der Stelle einen Schriftbeweis für ihre sog. Trennungschristologie entnahmen: So wie Christus zur Sünde und zum Fluch wurde, so wurde er Fleisch. Johannes hält entgegen: die Begriffe „Sünde" und „Fluch" sind keine Wesensbegriffe und bezeichnen nicht Gottes Geschöpf, wohl aber bezieht sich der Begriff „Fleisch" auf ein Geschöpf Gottes.[354] Noch deutlicher wird bei ANASTASIUS SINAITA, dass die Bezugnahme auf die anderen genannten Bibelstellen das Verständnis von Gal 3,13 als Ausdruck der *oboedientia activa* eines freien Willens Jesu Christi auch in seiner menschlichen Natur nach sich zieht[355] und, da der „Fluch" nicht auf die göttliche Natur bezogen werden kann, die Redeweise von den zwei Naturen in Christus verlangt.[356]

5. Nach JOHANNES CHRYSOSTOMUS beantwortet Gal 3,13 die Frage, wie es möglich ist, dass der Fluch des Gesetzes uns auch jetzt nicht mehr gilt – Abra-

---

[348] ASTERIUS, *Frgm.* 37 (VINZENT 100).

[349] Nach AUGUSTINUS, *conl. Max.* 2,5 (PL 42, 725).

[350] GREGOR VON NAZIANZ, *or.* 30,5 (FC 22, 230); GREGOR VON NYSSA, *ref. Eun.* 141 (GNO 2, 373).

[351] AMBROSIUS, *fid.* 2,11/94 (FC 47/2, 310).

[352] ANTIPATER VON BOSTRA, *In crucem*, Frgm. 2 (PG 85, 1796 CD), zitiert bei ANASTASIUS SINAITA, *serm.* 4,2 (CCG 12, 92).

[353] Noch ohne Bezug auf Joh 1,14 hatte NESTORIUS formuliert: Das *factus* zeigt nicht die Verwandlung der Gottheit Christi in die Menschheit an, sondern die Übernahme der Sünde der Menschen (NESTORIUS, *serm.* 12,26 [PL48, 860 A]).

[354] JOHANNES VON DAMASKUS, *haer. Nest.* 3,1 (KOTTER IV 265). Dieses Verständnis ist auch in *hom.* 4,20 (KOTTER V 130) leitend: οὐκ ὢν αὐτὸς κατάρα, εὐλογία δὲ μᾶλλον καὶ ἁγιασμός, ἀλλὰ τὴν ἡμῶν κατάραν ἀναδεξόμενος. Gal 3,13 benennt das Wesentliche des Heilswerkes.

[355] ANASTASIUS SINAITA, *serm.* 6,3 (CCG 12, 112); ders., *hod.* 13,10 (CCG 8, 254). Wenn APOLLINARIS VON LAODIZEA aus dem Wort Jesu „Nicht mein Wille geschehe" (Mt 26,42) die Leugnung des Verstandesteiles der Menschheit Jesu folgert, um wieviel hybrider wäre dann Gal 3,13 formuliert! (ANASTASIUS SINAITA, *monoph.* 4,2 [CCG 12, 92]).

[356] ANASTASIUS SINAITA, *hod.* 10,2,4 (CCG 8, 170). – Andernorts (*hod.* 15 [CCG 8, 267]) unterstellt Anastasius den Anhänger des gemäßigten Monophysiten SEVERUS VON ANTIOCHIEN, sie bezögen den „Fluch" auf die ganze Dreieinigkeit.

ham lebte ja vor dem Gesetz. Antwort: Jesus erlöste uns von dem in Dtn 27,26 genannten Fluch, indem er, der Sündlose (Jes 53,9), den anderen Fluch, den von Dtn 21,23, auf sich nahm. Die Auflösung des einen durch die Übernahme eines anderen Fluches ist die Tat des stellvertretend leidenden Christus.[357] Bei THEODOR VON MOPSUESTIA erscheint die Dienstbarkeit unter dem Gesetz selbst schon als Fluch. THEODOR zielt nicht auf aktuelle antijüdische Polemik, sondern auf den in Gal 3,10 explizierten Gedanken: Die Dienstbarkeit unter dem Gesetz ist Fluch, weil der Mensch kraft seiner Natur das Gesetz nicht in Gänze einhalten kann.[358] Als Fluch, von dem uns Christus erlöst, wird bei CYRILL VON ALEXANDRIEN und bei AUGUSTINUS der Fluch über Adam Gen 3,19 bestimmt.[359]

THEODORET VON CYRUS lässt die Struktur des Argumentes erkennen: 1. Jeder, der nicht das Gesetz in allem einhält, steht nach Dtn 27,26 unter dem Fluch; 2. Niemand kann nach dem Gesetz gerechtfertigt werden, 3. Alle stehen daher unter dem Fluch des Gesetzes. Christus nimmt den nach dem Gesetz vorgesehenen Fluchtod auf sich, um uns zu befreien.[360]

Das Motiv der Sündlosigkeit Christi fließt (ohne expliziten Verweis auf 2Kor 5,21) als selbstverständliche Wahrheit in die Exegese ein. Entsprechend wird bei AMBROSIASTER und bei THEODOR VON MOPSUESTIA der Gedanke der Sündlosigkeit Jesu thematisiert. Nach AMBROSIASTER heißt es *maledictum*, nicht *maledictus*, weil Christus nicht um der eigenen Sünde willen starb;[361] nach THEODOR VON MOPSUESTIA ermöglicht Jesu Sündlosigkeit seine Auferstehung, mit der er uns die Hoffnung auf Auferstehung mitteilt, als deren Angeld er uns den Heiligen Geist gegeben hat.[362] AUGUSTINUS deutet Jesu Fluchtod i.w. als Überwindung unseres alten Menschen, als Überwindung der Sünde und des Todes.[363] Auch PELAGIUS legt den in Gal 3,13 angesprochenen Kreuzestod Christi als Übernahme unseres Fluches aus: Christus hat das Gesetz vollkommen gehalten und keine Sünde getan; wir waren verflucht, weil wir nicht in allem geblieben sind, was im Gesetz geschrieben steht (Gal 3,10).[364]

6. Zum Zweck der Apologetik nimmt ATHANASIUS die Stelle auf in der Antwort auf die Frage eines wissbegierigen Christen, warum Jesus gerade den

---

[357] JOHANNES CHRYSOSTOMUS, *comm. in Gal.* (PG 61, 652f).

[358] THEODOR VON MOPSUESTIA, *in Gal.* (SWETE 42).

[359] CYRILL VON ALEXANDRIEN, *hom. pasch.* 21,2 (PG 77, 852 B); AUGUSTINUS, *exp. Gal.* 22,7 (CSEL 84, 82f).

[360] THEODORET VON CYRUS, *in Gal.* (PG 82, 480 A).

[361] AMBROSIASTER, *in Gal.* 3,13,2 (CSEL 81/3, 34f).

[362] Das zukünftige Leben wird ein Leben ohne Gesetz sein, weil wir dort nichts mehr mit dem gegenwärtigen Leben gemein haben (THEODOR VON MOPSUESTIA, *in Gal.* [SWETE 43]). Der Verweis auf den Heiligen Geist greift Gal 3,14b mit der Lesart ἐπαγγελία auf.

[363] AUGUSTINUS, *exp. Gal.* 22,8–10 (CSEL 84, 83).

[364] PELAGIUS, *in Gal.* (SOUTER 320).

Kreuzestod sterben musste und nicht einen ehrenvollen Tod sterben konnte: Nur der Kreuzestod ließ Jesu Tod als Erfüllung des Fluchwortes Dtn 21,23 verständlich werden.[365] Auch AUGUSTINUS verteidigt gegen den Manichäer Adimantus das Verständnis von Gal 3,13 im Sinne des stellvertretenden Fluchtodes Christi als Erweis seiner Liebe: Mit dem Kreuzestod habe er die schändlichste Todesart auf sich genommen.[366] GREGOR VON NYSSA nimmt allgemein auf die Schwere des Leidens Bezug;[367] andernorts sieht er durch Gal 3,13 verdeutlicht, wie sehr Christus uns ähnlich wurde.[368]

Gal 3,14

(Jesus Christus hat uns freigekauft), damit den Heiden durch ihn der Segen Abrahams zuteil wird und wir so aufgrund des Glaubens den verheißenen Geist empfangen.

Die Stelle wird außerhalb der Kommentare selten aufgegriffen; Schwerpunkte wie Entwicklungslinien der Rezeption lassen sich nicht benennen.

Bei ORIGENES beschreibt Gal 3,14b die Haltung derer, die das Gesetz nicht fleischlich, sondern geistlich verstehen.[369]

In den Kommentaren wirkt sich zu Gal 3,14b die schwankende Textkritik (εὐλογίαν [Segnung] oder ἐπαγγελίαν [Verheißung]) aus. So werden beide Wortstämme in der Auslegung häufig kombiniert.[370] AUGUSTINUS setzt *annuntiatio* statt *promissio* voraus. Schließlich ist bei JOHANNES CHRYSOSTOMUS die Lesart λάβωσιν statt λάβωμεν zu beachten.

Die Lesart εὐλογία ist zumeist gekoppelt mit dem Verständnis des Verses als Abgrenzung vom Judentum bzw. von einem judaisierenden Christentum, als Wort des Übergangs der Abrahamsverheißung von Israel auf die Völker.[371] EPHRÄM verlässt den üblichen Kommentarstil und fragt:[372]

Nun aber, da zu den Völkern die Segnung Abrahams durch das Evangelium Christi gelangt ist, warum streben wir nicht eilends danach, die Segnung des Geistes zu erlangen,

---

[365] ATHANASIUS, *inc.* 25,2 (SC 199, 356).
[366] AUGUSTINUS, *c. Adim.* 21 (CSEL 25/1, 181). Das Motiv der Schande wendet er gelegentlich auch in antijüdischer Polemik an: In Verkennung des Herrn der Herrlichkeit (vgl. 1Kor 2,8) meinten sie, über ihm, dem sie die schändlichste Todesart zugedacht hatten, sei der Zorn Gottes nicht nur erregt, sondern bekräftigt (AUGUSTINUS, *en. Ps.* 87,7 [CCL 39, 1212]).
[367] GREGOR VON NYSSA, *v. Macr.* 24 (GNO 8/1, 397) im Sterbegebet der Makrina.
[368] GREGOR VON NYSSA, *Thphl.* (GNO 3/1, 126).
[369] ORIGENES, *comm. in Rom.* 6,12 (FC 2/3, 302).
[370] THEODORET VON CYRUS, *in Gal.* (PG 82, 480 AB); AMBROSIASTER, *in Gal.* 3,14 (CSEL 81/3, 36), dort ohne Kommentierung (auch zu Gal 3,17, ders., *in Gal.* 3,17 [CSEL 81/3, 37]).
[371] AMBROSIASTER, *in Gal.* 3,14 (CSEL 81/3, 35f). Vergleichbares Jesuswort ist ihm Mt 21,43.
[372] EPHRÄM, *in Gal.* (MMK 131).

die er (Gott) Abraham durch den Glauben versprochen hat, die vorher Abraham gerechtfertigt hat?

Im selben Sinne beweist Gal 3,14 mit dieser Lesart auch die Konsubstantialität des Heiligen Geistes: Von ihm geht Segen aus wie von Gott Vater (Eph 1,3) und Gott Sohn (Spr 10,6a; Ps 83,7b.8).[373]

Die Lesart ἐπαγγελία („Verheißung") wird verschieden interpretiert:

1. HIERONYMUS und AUGUSTIN deuten die Wendung anthropologisch. Nach HIERONYMUS gilt es, die Verheißung des Geistes auf zweierlei Weise zu empfangen, in geistlichen Gaben der Tugenden oder in einem geistlichen Verständnis der Heiligen Schriften.[374] Für AUGUSTINUS ist der in Gal 3,14 genannte Geist der Geist, mit dem wir Menschen im Glauben lieben. Der Gegensatz zur Liebe ist die Furcht des Unerlösten.[375]

2. JOHANNES CHRYSOSTOMUS exegesiert Gal 3,14 antijüdisch: Von den Juden kann der Segen Abrahams nicht auf die Heiden übertragen werden, denn die Juden sind wegen der Übertretung des Gesetzes dem Fluch verfallen und können keinen Segen wirken.[376] Der Kirchenlehrer bündelt den Vers unter Voraussetzung der Lesart λάβωσιν in Gal 3,14b in folgende Konklusion: Die Gnade des Geistes wird den Völkern zuteil, nachdem der Fluch von ihnen weggenommen wurde und sie dann durch den Glauben gerechtfertigt sind.[377] So hat das Kreuz den Fluch aufgelöst, der Glaube die Gerechtigkeit eingeführt, die Gerechtigkeit die Gnade des Geistes an sich gezogen.[378]

3. Eine pneumatologische, auf den Hl. Geist als Subjekt der Verheißung bezogene Deutung bieten einige östliche Väter. GREGOR VON NAZIANZ hält daran fest, dass das Stichwort „Verheißung" keine Subordination des Heiligen Geistes rechtfertigt.[379] THEODOR VON MOPSUESTIA deutet Gal 3,14 auf die Verheißung des Heiligen Geistes als Angeld auf die zukünftige Auferstehung. Er interpretiert ἵνα konsekutiv, nicht final.[380] Nach THEODORET VON CYRUS ist es die Gnade des Heiligen Geistes, die den Glaubenden die durch Abraham verheißene, den Völker geltende Segnung zuteil werden lässt.[381]

---

[373] Ps.-VIGILIUS VON THAPSUS, *c. Varimad.* 3,34 (CCL 90, 112); ähnlich ANONYMUS, *Testimonia de patre et filio et spiritu sancto* 8,4 (CCL 90, 232); ANONYMUS, *lib. Trin.* 9 (CCL 90, 254).
[374] HIERONYMUS, *in Gal.* (CCL 77 A, 94).
[375] AUGUSTINUS, *exp. Gal.* 22,18 (CSEL 84, 84).
[376] So auch JOHANNES VON DAMASKUS, *in Gal.* (PG 95, 797 CD).
[377] Heilsgeschichtlich, aber ohne aktuelle Religionspolemik, deutet die Stelle auch PELAGIUS, *in Gal.* (SOUTER 321): Gemeint ist die Verheißung von Joel 3,1–5.
[378] JOHANNES CHRYSOSTOMUS, *comm. in Gal.* (PG 61, 653).
[379] GREGOR VON NAZIANZ, *or.* 31,30 (FC 22, 332).
[380] THEODOR VON MOPSUESTIA, *in Gal.* (SWETE 44).
[381] THEODORET VON CYRUS, *in Gal.*, (PG 82, 480 AB).

Gal 3,15–18

Die Funktion dieser *conclusio a minore ad maius*[382] wird verschieden bestimmt. Nach AMBROSIASTER will Paulus die *ratio* der göttlichen Verheißung dartun, die nur in Christus bekräftigt wird. Das Gesetz entkräftet sie nicht, sondern zeigt, dass sie zukünftig ist und wann sie kommen wird.[383] Nach JOHANNES CHRYSOSTOMUS will Paulus zeigen, dass der Glaube älter war, das Gesetz aber zu dem Zweck gegeben wurde, für den Glauben Bahn zu schaffen.[384] THEODOR VON MOPSUESTIA und JOHANNES VON DAMASKUS erkennen wiederum die Unwiderleglichkeit der Argumentation.[385]

Gal 3,15

Brüder, ich rede nach Menschenweise: Niemand setzt das rechtsgültig festgelegte Testament eines Menschen außer Kraft oder versieht es mit einem Zusatz.

1. Anlass zur Applikation bieten die Worte ἀθετεῖ ἢ ἐπιδιατάσσεται am Ende; 2. in der Auslegung werden die einleitenden Worte näher bedacht.

1. Gal 3,15 kann bei BASILIUS VON CÄSAREA im Sinne der Kanonformel (Dtn 4,2; 13,1) als Verbot des Apostels rezipiert werden, irgendetwas den göttlichen Schriften hinzuzusetzen oder wegzunehmen.[386] PACIANUS zieht die Stelle in einer exegetischen Kontroverse um Mt 18,18 heran. Die Novatianer hatten die Reichweite der bischöflichen Schüsselgewalt, die Sünden zu vergeben, auf die Katechumenen eingeschränkt und so ihre Forderung bekräftigt, dass schwere Sünden getaufter Christen nicht mehr vergeben werden können. Ihrer Ansicht nach wurde der hierin undeutliche Taufbefehl Mt 28,19 durch die Aussage des nachösterlichen Christus zum Binden und Lösen nach Joh 20,23 vervollständigt. PACIANUS hält diese Argumentation für unzulässig: Wenn schon das Testament eines Menschen nicht geändert wird – sollte Gott in seiner Willensäußerung undeutlich sein?[387]

2. In der Schriftauslegung ist vor allem die Anfangswendung berücksichtigt worden. Sichtbar wird die Weisheit des Apostels durch die Anrede „Brüder", mit der Paulus trotz der Schelte Gal 3,1 seine Verbundenheit mit den Galatern

---

[382] JOHANNES CHRYSOSTOMUS, *comm. in Gal.* (PG 61, 654); AUGUSTINUS, *exp. Gal.* 23,1 (CSEL 84, 85); JOHANNES VON DAMASKUS, *in Gal.* (PG 95, 797 B).
[383] AMBROSIASTER, *in Gal.* 3,15–3,17 (CSEL 81/3, 36f). Dass das Gesetz nicht gegen die Verheißung gerichtet ist, stellt auch THEODORET VON CYRUS, *in Gal.* (PG 82, 196 B) heraus.
[384] JOHANNES CHRYSOSTOMUS, *comm. in Gal.* (PG 61, 654).
[385] THEODOR VON MOPSUESTIA, *in Gal.* (SWETE 44).
[386] BASILIUS VON CÄSAREA, *fid.* 1 (PG 31, 680 B).
[387] PACIANUS, *ep.* 3,11,1–5 (SC 410, 232–234). Die Evangelisten gelten ihm als inspiriert.

betont.[388] Die Worte „ich rede nach Menschenweise" sind gewählt, weil Paulus den Bund Gottes mit einem menschlichen Testament vergleicht[389] bzw. weil das Folgende in Anpassung an die Fassungskraft der Galater formuliert ist.[390] HIERONYMUS verweist auf das analoge Vorgehen des Apostels den Korinthern gegenüber (1Kor 3,2): Er spricht sie nicht auf die Autorität des Herrn an, sondern auf seine eigene (1Kor 7,12;[391] 2Kor 11,17). PELAGIUS hält fest: Vergleichen kann man die menschlichen Dinge mit den göttlichen Dingen um der besseren Einsichtigkeit willen; gleichsetzen kann man sie nicht.[392]

Gal 3,16

Abraham und seinem Nachkommen wurden die Verheißungen zugesprochen. Es heißt nicht: „und den Nachkommen", als wären viele gemeint, sondern es wird nur von einem gesprochen: und deinem Nachkommen; das aber ist Christus.

Die Stelle wird vor allem um der Wendung „Samen Abrahams" und dem Gegensatz zwischen den Vielen und dem Einen willen rezipiert. 1. Dabei wird zunächst der „Same" christologisch und von da aus ekklesiologisch gedeutet, um die Einschränkung der Abrahamsverheißung auf Christus und seine Gemeinde zu begründen. 2. Weitere ausschließlich christologische Deutungen sollen teilweise typologische Erklärungen stützen, werden teilweise aber in die Schrifterklärung eingebracht; 3. doch begegnet bei AUGUSTINUS eine Linie, in der der ekklesiologische Aspekt den christologischen zumindest von der Gewichtung her überlagert.

1. Gal 3,16 legt bei ORIGENES[393] auch für Röm 4,13 die Deutung der Worte τῷ σπέρματι auf Christus fest, ebenso für Röm 9,29.[394] Ein „Rest" i.S. von Röm 11,1 ist für ihn nicht im Blick. Auch später wird in Auslegung alttestamentli-

---

[388] JOHANNES CHRYSOSTOMUS, *comm. in Gal.* (PG 61, 654).
[389] AMBROSIASTER, *in Gal.* (CSEL 81/3, 36); THEODORET VON CYRUS, *in Gal.* (PG 82, 480 B); HIERONYMUS, *in Gal.* (CCL 77 A, 94f). Die Einleitung ist aber, so der Stridonier, auch deshalb vonnöten, weil Paulus in V. 16 die Abgrenzung „*non seminibus*" in Anbetracht des biblischen stets singularischen Gebrauch eigens rechtfertigen müsse. Von dem Bemühen des Paulus um Verständlichkeit ist seine Terminologie auch im Einzelnen geprägt. Der hebräische Begriff ברית müsste eigentlich mit *pactum* übersetzt werden. Bei der sinnverschiebenden Übersetzung *testamentum* greife Paulus keinen verborgenen, sondern einen alltäglichen Sinn des Begriffes auf (HIERONYMUS, *in Gal.* [CCL 77 A, 95]).
[390] PELAGIUS, *in Gal.* (SOUTER 321); JOHANNES CHRYSOSTOMUS, *comm. in Gal.* (PG 61, 654). Letzterer hält jedoch fest: Die Redeweise signalisiert auch, dass das Beispiel nicht in allem auf die gemeinte Sache übertragen werden darf, soll die Majestät Gottes gewahrt bleiben.
[391] Dass Paulus zuvor in 1Kor 7,10f ein Herrenwort zitiert, hat HIERONYMUS hier übersehen.
[392] PELAGIUS, *in Gal.* (SOUTER 321).
[393] ORIGENES, *comm. in Rom.* 4,6, zu Röm 4,18–22 (FC 2/2, 234).
[394] ORIGENES, *comm. in Rom.* 7,19, zu Röm 9,27–33 (FC 2/4, 180).

cher Aussagen[395] sowie in antijüdischer Literatur[396] Gal 3,16 gelegentlich zum Beweis der Einschränkung der Verheißungen auf Christus und seine Gemeinde verwendet.[397] Als die *promissio* in Gal 3,16 wird im Allgemeinen die Mehrungsverheißung Gen 22,18 verstanden.[398] Sie ist in Christus erfüllt und bekräftigt, denn allein durch ihn werden die Heidenvölker durch den Glauben seliggepriesen.[399] So gewinnt für AMBROSIASTER der Vers polemische Funktion gegenüber den Galatern: Paulus erklärt durch Gal 3,16 diejenigen als wegen eines gefälschten Testamentes angeklagt,[400]

die, obwohl sie an Christus glauben, doch auch von dem Gesetz etwas erhoffen, so dass das Heil nicht nur in Christus versprochen sei, sondern zusätzlich im Gesetz. Darum beweist er, dass die Verheißung des Segens allein in Christus ergangen [...] und bekräftigt ist.

Gelegentlich wird mit der Vorstellung ausgeglichen, auch die Frommen des Alten Bundes würden der Rechtfertigung teilhaftig. Sie sind nicht der Same, durch den die Heidenvölker gesegnet werden sollen, gelten aber gleichwohl als Same Abrahams κατὰ φύσιν.[401] Für LEO I. VON ROM ermöglicht Gal 3,16 zusammen mit Mt 1,1–16 und Lk 3,23–38 die These, dass auch die Heiligen vor Christus an der Segnung Abrahams und seines Samens teilhaben.[402]

2. Die durch den Text nahegelegte schwerpunktmäßige christologische Deutung begegnet erstmals vermutlich ebenfalls bei ORIGENES, und zwar in einem apologetischen Kontext, wenn man dem Zeugnis des PAMPHILUS Glauben schenken darf: Hat ORIGENES die Wendung „Christus als ‚Same Abrahams'" wörtlich verstanden, so ist er zu Unrecht dessen angeklagt, durch allegorische Auslegung alles wegzunehmen, was von dem Erlöser als leiblich geschehen in der Schrift berichtet wird.[403]

Mehrfach ermöglicht diese wörtlich verstandene Wendung eine Isaak-Christus-Typologie.[404] Die Bezeichnung Christi als „Same" (Gal 3,16.19) veranlasst GREGOR VON ELVIRA dazu, Aussagen wie Gen 49,10 (*donec veniat*

---

[395] Vgl. PS.-BASILIUS VON CÄSAREA, in Jes. 22 (PG 30, 160 A); HIERONYMUS, in Jer. 6,1,3 (CCL 74, 290); ders., in Is. 15,55,4f (CCL 73 A, 621); ders., in Gal. (CCL 77 A, 95f); AUGUSTINUS, en. Ps. 135,9 (CCL 40, 1963); PROSPER VON AQUITANIEN, in psalm. 135,21f (CCL 68 A, 161).
[396] Coll. Veron. LI, 86 v (CCL 87, 103).
[397] Dass Gal 3,16 auch auf die christliche Gemeinde bezogen werden darf, ergibt sich für AUGUSTINUS aus Gal 3,28 (AUGUSTINUS, div. qu. 69,10 [CCL 44 A, 195]); ferner werden von altkirchlichen Auslegern mehrfach der Zusammenhang zwischen Gal 3,16 und Gal 3,29 betont.
[398] AMBROSIASTER, in Gal. (CSEL 81/3, 36); HIERONYMUS, in Gal. (CCL 77 A, 95); THEODORET, in Gal. (PG 82, 481 A); JOHANNES VON DAMASKUS, in Gal. (PG 95, 796 C).
[399] AMBROSIASTER, in Gal. (CSEL 81/3, 36).
[400] AMBROSIASTER, in Gal. 3,16 (CSEL 81/3, 36).
[401] THEODORET VON CYRUS, in Gal. (PG 82, 480 CD).
[402] LEO I. VON ROM, tract. 30,7 (CCL 138, 158f).
[403] ORIGENES, in Gal. (lib. 1), nach PAMPHILUS VON CÄSAREA, apol. Orig. 113 (FC 80, 328).
[404] EUSEBIUS VON CÄSAREA, ecl. proph. 1,6 (PG 22, 1040 B); HILARIUS VON POITIERS, myst. 17 (SC 19/2, 106).

semen) auf Christus zu beziehen.[405] An dem wörtlichen Verständnis der Wendung hält auch THEODOR VON MOPSUESTIA fest, ohne Bezug auf den Streit um die allegorische Methode: der Bezug der Wendung auf Christus ist sachgemäß, denn er stammte κατὰ φύσιν von Abraham ab. Doch indem wir an Christus glauben, erkennen wir Abraham als unseren Vater an und haben dadurch an dem Segen seiner Verheißung teil; deshalb sieht sich Paulus angesichts dessen, dass σπέρμα ein Kollektivnomen ist, zu der Klarstellung Gal 3,16b (nicht den vielen, sondern dem einen) genötigt; gleichwohl kann die Wendung „sondern dem einen" sachgemäß auf die Vielen bezogen werden.[406]

Gal 3,16 wird gelegentlich in den trinitätstheologischen und christologischen Streitigkeiten des vierten und fünften Jahrhunderts herangezogen. FULGENTIUS VON RUSPE nimmt die Stelle in Beschlag, um der arianischen Subordination des Sohnes eine ihrer Stützen, nämlich Gen 12,7f (Abraham opfert Gott dem Vater, nicht auch dem Sohn) zu entwinden.[407] Nach FERRANDUS VON KARTHAGO beweist Gal 3,16 die unverkürzte Menschheit Christi: Christus ist Abrahams Same auf dieselbe Weise, auf die er durch seine Geburt aus Maria Davids Same ist (2Tim 2,8).[408]

3. Auch AUGUSTINUS kennt die übliche Deutung der Stelle als Hauptbeleg für die Einschränkung der Abrahamsverheißung auf die Christen[409] und versteht Jesus Christus im leiblichen Sinne als Nachkommen Abrahams.[410] Daneben verwendet er Gal 3,16 in verschiedener Weise in antidonatistischem Kontext: In Gal 3,16 ist Christus als Same Abrahams angesprochen, und er überlebe nicht nur dann, wenn er Donatus als Miterben habe.[411] AUGUSTINUS hält dem Donatisten Cresconius vor, die auf Christus und die Kirche zu beziehende Abrahamsverheißung, als Mehrungsverheißung gedeutet, zu missachten zugunsten seiner These „häufig ist die Wahrheit nur bei wenigen zu finden; die meisten leben vielmehr im Irrtum".[412] Der unter allen bekannten Völkern verbreiteten Kirche als dem Samen Abrahams gilt die Mehrungsverheißung Gen

---

[405] GREGOR VON ELVIRA, *tract.* 6,41 (CCL 69, 51).

[406] THEODOR VON MOPSUESTIA, *in Gal.*, (SWETE 45f).

[407] FULGENTIUS VON RUSPE, *ad Monim.* 2,3,2 (CCL 91, 35).

[408] FERRANDUS VON KARTHAGO, *ep.* 3,3 (PL 67, 891 C). Die Grundlinie dieser Auslegung bietet bereits LEO, *ep.* 11 (ACO 2/1/1, 12).

[409] AUGUSTINUS, *c. ep. Parm.* 1,2/2 (CSEL 51, 21); ders., *en. Ps.* 148,17 (CCL 40, 2177). – In seinem Galaterkommentar hatte er die Einzahl der Stelle noch damit begründet, dass es nur einen rechtfertigenden Glauben gebe, nämlich den Glauben an Christus, nicht daneben noch die Rechtfertigung aus den Werken (AUGUSTINUS, *exp. Gal.* 23,3 [CSEL 84, 85]).

[410] Vgl. MAYER, Abraham IV., 14. – Natürlich unterstützt die zu Gen 12,3 analoge Aussage in Ps 71,17b (von AUGUSTINUS wiederum mit Hilfe von Gal 3,16 und Gen 22,18 interpretiert; AUGUSTINUS, *en. Ps.* 71,19 [CCL 39, 984f]) die christologische Auslegung des ganzen Psalms.

[411] AUGUSTINUS, *cath. fr.* (CSEL 52, 243). – Die „Ungeschuldetheit der Abrahamszugehörigkeit" (MAYER, Abraham IV., 16) kann AUGUSTINUS gegen die Pelagianer betonen: Die Christen sind nicht deshalb Abrahams Nachkommen, weil sie seine Werke tun.

[412] AUGUSTINUS, *Cresc.* 4,53/63 (CSEL 52, 560); ders., *cath. fr.* 7,18 (CSEL 52, 251f).

22,18, während die donatistische Bewegung nur in Afrika zu finden sei.[413] Diese ekklesiologische Deutung von Gal 3,16 wird in der Auslegung zu Joh 3,13 durch Verweis auf die Wendung ὡς ἐφ' ἑνός (Gal 3,16) exegetisch fundiert, Gal 3,16 nunmehr auf die Warnung vor Parteiungen innerhalb der Kirche bezogen.[414] So findet AUGUSTINUS schließlich zur unmittelbaren Aufforderung an die Donatisten, zur Einheit in der katholischen Kirche zurückzukehren.[415]

Gal 3,17

Damit meine ich: Das Testament, dem Gott einst Gültigkeit verliehen hat, wird durch das vierhundertdreißig Jahre später erlassene Gesetz nicht ungültig, so dass die Verheißung aufgehoben wäre.

Die Stelle diente aufgrund des Nacheinanders von Verheißung und Gesetz 1. den Zwecken der Polemik wie der Mahnung, 2. manchmal unter Aufnahme der Zahlenangabe „430 Jahre" auch der Rekonstruktion der Geschichte Israels bzw. der Entscheidung über den Urtext der einschlägigen Aussage Ex 12,40.

1. In der Adversus-Iudaeos-Literatur wird aus Gal 3,17 gelegentlich entnommen, die Sinai-Tora sei nicht die erste, dann aber auch nicht die letzte, d.h. für die Christen verbindliche Willensoffenbarung Gottes.[416]

Das „späte" Kommen des Gesetzes kann auch dazu dienen, die Lebenspraxis der Erzväter von der christlichen Praxis abzusetzen: Im Zuge der zunehmenden Erdbevölkerung konnten die Sexualvorschriften immer rigider werden, auch durch die Gabe des Gesetzes, das die früher übliche Geschwisterehe und Polygamie verbot und uns vorbereitet hat, dass wir heute (scil. unter Christus) der Jungfräulichkeit fähig werden.[417]

In seinem Kontext gelesen belegt der Vers bei einigen Autoren nur, dass das später gegebene Gesetz die früher gegebene Verheißung nicht hinfällig macht. Andere Autoren fragen hingegen genauer nach der Funktion der Aussage. Bei AMBROSIASTER ist Gal 3,17 unter Einschluss der auch anderweitig bezeugten[418] Lesart *in Christo* (nach *a Deo*) Teil des zu Gal 3,16 notierten durchgehenden Beweisganges gegen diejenigen, die sich neben der Hoffnung auf Christus auch

---

[413] AUGUSTINUS, *c. litt. Pet.* (CSEL 52, 214); ders., *cath. fr.* 19/51 (CSEL 52, 299); ders., *cath. fr.* 24/70 (CSEL 52, 316), mit zusätzlichem Verweis auf Jes 54,1 und Gal 4,26f; ähnlich AUGUSTINUS, *en. Ps.* 54,21 (CCL 39, 672): die Beschränkung der Donatisten auf Afrika macht die Anwendung der Verheißung Gen 12,3 („alle Völker") auf die Donatisten unmöglich.
[414] AUGUSTINUS, *Io. ev. tr.*, 12,9 (CCL 36, 125).
[415] AUGUSTINUS, *ep.* 76,1 (CSEL 34, 324f); ders., *ep.* 105, 4/14 (CSEL 34, 605).
[416] TERTULLIAN, *adv. Iud.* 2,8 (CCL 2, 1342f).
[417] METHODIUS VON OLYMPUS, *symp.* 1,2 (SC 95, 56–58).
[418] Die Worte *in Christo* lesen auch d e g syr^utr, sie erscheinen auch bei JOHANNES CHRYSOSTOMUS, *comm. in Gal.* (PG 61, 654), in der Form εἰς Χριστόν.

am Gesetz orientieren wollen.[419] CYRILL VON ALEXANDRIEN sieht in Gal 3,17f vorläufig den Einwand abgewehrt, das Erscheinen des Gesetzes mache die Verheißung hinfällig.[420]

Die singuläre Schärfe der Aussagen Gal 3,15–19a ist auch AUGUSTINUS aufgefallen, als er sich gegen einen Unbekannten zur Wehr setzt, der das Alte Testament insgesamt verwarf. Allerdings gibt der Kirchenlehrer das Feld nicht kampflos preis und empfiehlt ironisch: Wenn diese Gegner das Gesetz hassen, sollen sie Abraham lieben (weil an ihn die Verheißung nach Gal 3,17 noch vor der Erteilung des Gesetzes ergangen war).[421]

2. Die Angabe „430 Jahre" wird gern zur Rekonstruktion der Geschichte Israels benutzt. Berechnet werden damit die Zeitspanne zwischen der in Gen 12,7 gegebenen Landverheißung bzw. dem Auszug Abrahams aus Haran und dem Auszug der Juden aus Ägypten[422] oder die Zeitspanne zwischen der Segensverheißung Gen 22,18 und der Sinaioffenbarung.[423] Auf der Basis von Gal 3,17 iinterpretiert Ps.-EUSTATHIUS VON ANTIOCHIEN Gen 15,13 (er setzt dort ebenfalls 430 statt 400 Jahre voraus): Diese Zeitspanne bezieht sich nicht auf den Aufenthalt in Ägypten, denn in Gen 15,13 ist nicht von Ägypten, sondern von einem fremden Lande die Rede; und fremd waren die Nachkommen Abrahams sowohl in Ägypten als auch in Kanaan; dort hielten sie sich jeweils 215 Jahre auf.[424] BEDA VENERABILIS nimmt von Gal 3,17 Stellung hinsichtlich der richtigen Lesart von Ex 12,40. Im MT beziehen sich die dort genannten 430 Jahre auf den Aufenthalt Israels in Ägypten; damit harmonieren aber nicht die Altersangaben zu Kehat, dem Enkel Jakobs (Ex 6,18) und seinem Sohn Amram (Ex 6,20), dem Vater Moses. Deshalb ist die Lesart Ex 12,40 LXX zu bevorzugen, die den Aufenthalt Israels in Kanaan (seit dem Auszug Abrahams in seinem 75. Lebensjahr nach Gen 12,4b) mit einbezieht und mit Gal 3,17 übereinstimmt.[425]

Aber auch für die Rekonstruktion späterer Epochen der Geschichte Israels wird die Stelle verwendet: HIPPOLYT erschließt aus dieser Angabe, dass auch die Zeitspanne zwischen der Rückkehr des Volkes aus Babylon und der Geburt Jesu Christi 430 Jahre betrug.[426] Schließlich dient die Stelle auch der Rekon-

---

[419] AMBROSIASTER, in Gal. 3,16 (CSEL 81/3, 36).
[420] CYRILL VON ALEXANDRIEN, ador. 2 (PG 68, 220 BC). Genaueres biete Gal 3,21–26.
[421] AUGUSTINUS, c. adv. leg. 2,8,31 (CCL 49, 116f).
[422] EUSEBIUS VON CÄSAREA, chron. (GCS 47, 23b); ders., chron. (arm) (GCS 20, 46); ihm folgend AUGUSTINUS, civ. 16,16 (CSEL 40/2, 158). Von JULIUS AFRICANUS sind keine Zitate von Gal 3,17 erhalten, aber auch keine Fragmente zu den eine solche Zitation nahe legenden Epochen.
[423] HIERONYMUS, in Gal. (CCL 77 A, 95f); JOHANNES CHRYSOSTOMUS, comm. in Gal. (PG 61, 654). – Die 430 Jahre werden ansonsten in den altkirchlichen Galaterkommentaren nicht näher bestimmt, die Verbindung mit Ex 12,40 nirgends vollzogen, auch nicht bei HIERONYMUS. Er vermerkt hingegen, er sei seines Wissens nach als erster auf die Spannung zwischen Gal 3,17 und Gen 15,13 (400 Jahre) aufmerksam geworden (HIERONYMUS, in Gal. [CCL 77 A, 96]).
[424] Ps.-EUSTATHIUS VON ANTIOCHIEN, hex. (PG 18, 789 C – 792 A).
[425] BEDA VENERABILIS, temp. rat. 66,46 (CCL 123 B, 471).
[426] HIPPOLYT VON ROM, Dan. 4,32,2 (SC 14, 328).

Gal 3,18

struktion der Kirchengeschichte: Nach Gal 3,17 sind die Häretiker 110 Jahre nach dem Kommen Christi aufgetreten.[427]

Gal 3,18

Würde sich das Erbe nämlich aus dem Gesetz herleiten, dann eben nicht mehr aus der Verheißung. Gott hat aber durch die Verheißung Abraham Gnade erwiesen.

EPHRÄM sieht in Gal 3,18aα wieder eine These der Irrlehrer angesprochen.[428]

Der Begriff Verheißung wird verschieden gedeutet. Erben der Verheißung Abrahams sind nach AMBROSIASTER diejenigen, die in seiner Nachfolge den Glauben ergreifen, in dem er gesegnet und gerechtfertigt wurde.[429] AUGUSTINUS richtet Gal 3,18a, Gal 2,21 und Gal 3,11f gegen die pelagianische These, das Gesetz habe den Propheten, Patriarchen und allen Heiligen, die seine Gebote beobachteten, das ewige Leben vermitteln können.[430]

Auch das Stichwort νόμος lässt unterschiedliche Bezüge aufscheinen, etwa zu Gal 3,15 und Gal 3,21: Wenn Leben und Gerechtigkeit durch das Gesetz zuteil würden, wäre die Abrahamsverheißung kraftlos; doch es wäre unvernünftig, wenn Gottes Verheißung außer Kraft gesetzt würde, während eine menschliche Verfügung unangetastet bliebe.[431] THEODOR VON MOPSUESTIA greift Gal 3,11f auf: Das Gesetz verlangt uneingeschränkten Gehorsam; wenn aber die Verheißung ergangen ist, dann lässt uns sie, nicht der Gesetzesgehorsam der Güter des göttlichen Segens teilhaftig werden.[432] THEODORET erinnert an Gal 3,10: Das Gesetz bringt den Fluch über diejenigen, die ihm unterliegen, und schreckt durch Drohungen, um so zum pflichtgemäßen Handeln zu führen, die Verheißung jedoch bringt den Segen für die Völker.[433]

Der Verweis auf Abraham evoziert inhaltlich den Rückgriff auf Gal 3,6–9 und veranlasst AMBROSIASTER und AUGUSTINUS zu antijüdischer Polemik. Die Juden, so AMBROSIASTER, legen sich zwei einander widersprechende Argumente zu ihrer Verteidigung fest. Einerseits werde in der Tat die Abrahamsverheißung nicht durch das Gesetz annulliert, andererseits ist ihre Behauptung voreilig, die Rechtfertigung könne ohne die Werke des Gesetzes nicht erfolgen, denn Abraham wurde *per solam fidem* gerechtfertigt. Aber in ihrer Verblendung sähen die Juden nicht ein, dass die Rechtfertigung durch das Gesetz die

---

[427] EUSEBIUS VON EMESA, *in Gal.* (BUYTAERT 148*).
[428] EPHRÄM, *in Gal.* (MMK 132).
[429] AMBROSIASTER, *in Gal.* 3,18,3 (CSEL 81/3, 37).
[430] AUGUSTINUS, *c. ep. Pel.* 3,4/7 (CSEL 60, 493); ders., *c. ep. Pel.* 4,5/10 (CSEL 60, 531).
[431] JOHANNES CHRYSOSTOMUS, *comm. in Gal.* (PG 61, 654).
[432] THEODOR VON MOPSUESTIA, *in Gal.* (SWETE 45).
[433] THEODORET VON CYRUS, *in Gal.* (PG 82, 481 A).

Verheißung ausschließt und den Glauben Abrahams für nichtig erklärt.[434] Ähnlich argumentiert AUGUSTINUS: Wenn nur das Gesetz gerecht macht, ist Abraham, der lange vor dem Gesetz gelebt hat, nicht gerecht gemacht worden.[435] Da dies die Juden nicht behaupten können, müssten sie eigentlich bekennen, dass der Mensch nicht gerecht werde durch die Werke des Gesetzes, sondern durch den Glauben. Ferner zeigt Paulus, dass auch die Gerechten des Alten Bundes durch den Glauben gerechtfertigt worden sind, durch den Glauben an das zweifache Kommen des Herrn.[436] HIERONYMUS und PELAGIUS sehen die Beweiskraft von Gal 3,18 darin, dass das Spätere das Frühere nicht aufheben könne.[437]

Gal 3,19–24: Die Funktion des Gesetzes

Gal 3,19

Warum gibt es dann das Gesetz [Variante: Gesetz der Werke]? Wegen der Übertretungen [Variante: Wegen der Übertreter] wurde es hinzugefügt [Variante: gegeben], bis der Nachkomme käme, dem die Verheißung gilt. Es wurde durch Engel erlassen und durch einen Mittler bekanntgegeben.

Hier ist es angebracht, die einzelnen Versteile gesondert zu besprechen: a) worumwillen wurde das Gesetz gegeben,[438] b) wie ist der Verweis auf den „Samen" altkirchlich verstanden worden, c) wie der Verweis auf die Engel, d) wie der Verweis auf den Mittler?

a) 1. Applikationen von Gal 3,19a richten sich zunächst auf das „dass", dann auf das „was"; 2. Die Schriftauslegung thematisiert die argumentative Funktion des Verses und den Gehalt der Formel τῶν παραβάσεων χάριν.

---

[434] AMBROSIASTER, *in Gal.* 3,18,1f (CSEL 81/3, 37).
[435] Darauf verweist auch PELAGIUS, *in Gal.* (SOUTER 321).
[436] AUGUSTINUS, *exp. Gal.* 23,4–7 (CSEL 84, 85f). Mittelbar wird diese Erwartung in Joh 8,56 bezeugt: „Abraham begehrte, meinen Tag zu sehen."
[437] HIERONYMUS, *in Gal.* (CCL 77 A, 96).
[438] Zu beachten ist die Textkritik zu Gal 3,19a. Es lesen: Τί οὖν ὁ νόμος: τῶν παραδόσεων χαριν ἐτέθη D*; Τί οὖν ὁ νόμος τῶν πράξεων; ἐτέθη F G it; Ir^lat Ambst Spec; Τί οὖν ὁ νόμος τῶν πράξεων P^46; EPHRÄM, *in Gal.* (MMK 132): *propter transgressores*! Nach ZAHN, Galater, 173 Anm 31, ist die Lesart νόμος τῶν πράξεων aus Röm 3,27 lat. (*factorum*) erwachsen; die Abänderung von προσετέθη zu ἐτέθη hat dogmatische Gründe: προσετέθη „schien mit v. 15 unverträglich und schmeckte nach der Lehre Marcions oder doch Valentins". προσετέθη ist bei JOHANNES CHRYSOSTOMUS, *comm. in Gal.* (PG 61, 654), durch das *verbum simplex* διδόναι ersetzt, im Lemma aktivisch (ἔδωκε), in der Auslegung passivisch gebraucht, ebenso bei AMBROSIASTER, *in Gal.* 3,19,1 (CSEL 81/3, 38: *posita*), und HIERONYMUS, *in Gal.* (CCL 77 A, 97: im Lemma *posita*, in der Auslegung *data*). Die Wendung *lex factorum* bezieht sich auf die wörtlich zu verstehenden Ritualvorschriften (AMBROSIASTER, *in Gal.* 3,19,1, γ-Rezension [CSEL 81/3, 38]).

1. Gal 3,19.23f werden bei CLEMENS VON ALEXANDRIEN als Beweis für die positive Funktion des mosaischen Gesetzes in Gottes Heilsplan verwendet,[439] Gal 3,19 auch bei ORIGENES, u.a. da, wo er die Stelle als Erfüllung von Hld 1,11 auffasst („goldene Ketten wollen wir dir bereiten"), dessen Subjekt „wir" geistlich auf die Engel, Propheten und Patriarchen zu deuten ist.[440] Dass Gott dem jüdischen Volk das Gesetz um seiner Sünde willen auferlegt hat, ist die Überzeugung des *Carmen adversus Marcionitas*.[441] Anders und in Manchem geradezu modern urteilt KOSMAS DER INDIENFAHRER: Das Gesetz sollte das jüdische Volk vor der Vermischung mit anderen Völkern bewahren, bis der zur Verfügung stehe, der, aus Israel kommend, den Heilsplan Gottes erfüllt.[442]

TYCONIUS versucht den Ausgleich zwischen Gal 2,16; 3,21f einerseits und Phil 3,6; Joh 1,47; Lk 1,6; Mt 9,13 andererseits mit Hilfe von 1Tim 1,1 und Gal 5,18:[443] Für diejenigen, die nach dem Fleisch leben, gelten die Aussagen von Gal 2,16 etc., für diejenigen, die im Geist leben, die Aussagen von Phil 3,6.[444] Doch stellt sich TYCONIUS den beiden Fragen, inwiefern die in Phil 3,6 etc. anvisierte Gerechtigkeit aus dem Gesetz überhaupt möglich ist, wenn das Gesetz die Sünde vermehren soll (Röm 5,20), und warum das Gesetz gegeben ist, wenn schon die geistliche Nachkommenschaft Abrahams vor dem Gesetz Wirklichkeit gewesen ist (beginnend mit Isaak) und nicht aus den Werken des Gesetzes gerechtfertigt wird, sondern (Hab 2,4) aus dem Glauben. Seine Antwort setzt bei der unklaren Bedeutung des *uiuere ex fide* ein: Gott hat das Gesetz gegeben; der Mensch verwirklicht es jedoch nicht, weil in ihm die Sünde sofort Widerspruch hervorruft. Aus dieser Gefangenschaft kann der Mensch nicht befreit werden *nisi sola gratia per fidem*. Die Gerechten sollten aus Glauben leben in der Einsicht, dass das Werk des Gesetzes nicht aufgrund eigener menschlicher Kraft, sondern aufgrund der Gabe Gottes geschehen kann.[445]

Neue Funktion gewinnt Gal 3,19 in der antimanichäischen und der antipelagianischen Polemik: Gegen die manichäische Verachtung des Gesetzes wird dessen positive Funktion herausgestellt,[446] gegen die pelagianische These von

---

[439] CLEMENS VON ALEXANDRIEN, *str.* 1,167,2 (GCS 15, 104).

[440] ORIGENES, *comm. in cant.* 2,8,2 (SC 375, 406) mit Verweis auf Hebr 2,2 (*si enim qui per angelos habitus est sermo, factus est firmus*). Diese Hochschätzung des Gesetzes gilt aufgrund von Gal 3,24 und Gal 4,4 unbeschadet dessen, dass es nur den Schatten der zukünftigen Güter enthält. Eine ähnlich dialektische Wertung des Gesetzes zeigt ORIGENES, *hom.* in *Is.* 7,4 (GCS 33, 285).

[441] *Carmen adversus Marcionitas* 3,263 (POLLMANN 171). Die von POLLMANN, Carmen, 171, für V. 255 festgestellte antijüdische Tendenz trifft auch für V. 263 zu: Beide Verse sind durch das Wort *plebs* verbunden, dessen Gegenbegriff die Wendung *populus domini* (V. 257) darstellt. Das Verhältnis von Juden und Christen wird hier als Gegensatz der unwissenden Masse zu den Verständigen gezeichnet. Zu diesem antiken Topos vgl. VOIGTLÄNDER, Philosoph; MEISER, Reaktion, 32–34.

[442] COSMAS, *top.* 5,57 (SC 159, 93).

[443] TYCONIUS, *reg.* 3,1–3,2,2 (SC 488, 166–168).

[444] TYCONIUS setzt die von ihm in *reg.* 2,1 (SC 488, 154) eingeführte Beschreibung des *corpus bipertitum* der Kirche voraus: Sie besteht aus Gerechten und Sündern.

[445] TYCONIUS, *reg.* 3,6f (SC 488, 174–178).

[446] AUGUSTINUS, *c. Faust.* 15,8 (CSEL 25/1, 432), mit Verweis auch auf Röm 5,20; 4,15; 7,7f.

der möglichen Sündlosigkeit des Menschen seine Zweckbestimmung, Sünde zu provozieren und so zum Tod zu führen[447] oder Sünde als solche kenntlich zu machen und die Anklage gegen die Sünder zu vermehren.[448]

2. Zumeist gleichlaufend wird die argumentative Funktion des Verses bestimmt: Hier formuliert Paulus einen Einwand, den ihm auch ein anderer hätte machen können.[449] AMBROSIASTER erkennt, dass die Tora das Volk Gottes von den Völkern scheidet: Sie sollte das Gottesvolk erziehen und auf den Empfang der Verheißung vorbereiten.[450] Allgemein heißt es: Das Gesetz soll Sünden sichtbar machen[451] oder eindämmen. Nicht alle, aber wenigstens einige Gebotsübertretungen soll es verhindern.[452] Nach JOHANNES VON DAMASKUS ist es um der ἐπιμέλεια, der göttlichen Fürsorge willen gegeben.[453] Hinsichtlich der Wendung τῶν παραβάσεων χάριν[454] wiederholt sich die antijüdische Attitude des *Carmen adversus Marcionitas* nicht.

b) Der Same wird in Analogie zu Gal 3,16 auf Christus gedeutet.[455]

Aus dem Wort ἄχρις lesen manche Autoren die zeitlich beschränkte Gültigkeit einiger alttestamentlicher Gegebenheiten heraus,[456] z.B. der Polygamie bei den Patriarchen. Doch warum war diese anfangs überhaupt möglich? Nach TERTULLIAN war es notwendig, Dinge einzuführen, die später durch das Gesetz wieder beseitigt werden sollten, es mussten ja die Notwendigkeit gegeben sein, das Gesetz zu vervollkommnen.[457] Nach METHODIUS VON OLYMPUS war die Polygamie nur ein zeitweiliges Zugeständnis, erforderlich aufgrund der geringen Erdbevölkerung; hingegen hat uns die Gabe des Gesetzes daraufhin vorbereitet, dass wir unter Christus der Jungfräulichkeit fähig werden.[458]

---

[447] AUGUSTINUS, *perf. iust.* 19/42 (CSEL 42, 45); ders., *c. ep. Pel.* 3,4/7 (CSEL 60, 493), mit Verweis auf die Parallelen Röm 4,15; 5,20; AUGUSTINUS, *spir. et litt.* 18/31 (CSEL 60, 184), mit Verweis auf 2Kor 3,6. Der Zusammenhang wird von AUGUSTINUS durch Röm 7,12f erklärt (AUGUSTINUS, *c. ep. Pel.* 3,22 [CSEL 60, 487]). Ähnlich fasst AUGUSTINUS Gal 3,22a auf (AUGUSTINUS, *pecc. mer.* 3,11/20 [CSEL 60, 148], mit Verweis auf 1Kor 15,56 und Röm 5,20).

[448] FULGENTIUS VON RUSPE, *ep.* 17,33 (CCL 91, 588).

[449] THEODOR VON MOPSUESTIA, *in Gal.* (SWETE I 46); HIERONYMUS, *in Gal.* (CCL 77 A, 96); AUGUSTINUS, *c. ep. Pel.* 3,4/7 (CSEL 60, 493); THEODORET VON CYRUS, *in Gal.* (PG 82, 481 A).

[450] AMBROSIASTER, *in Gal.* 3,19,1 (CSEL 81/3, 38).

[451] CYRILL VON ALEXANDRIEN, *hom. pasch.* 29,2 (PG 77, 965 A), mit Verweis auf Röm 5,20; ähnlich ders., *glaph. Gen.* 3 (PG 69, 156 D – 157 A).

[452] PELAGIUS, *in Gal.* (SOUTER 321); JOHANNES CHRYSOSTOMUS, *comm. in Gal.* (PG 61, 654); THEODOR VON MOPSUESTIA, *in Gal.*, (SWETE 47); THEODORET VON CYRUS, *in Gal.* (PG 82, 797 C).

[453] JOHANNES VON DAMASKUS, *in Rom.* (PG 95, 481 B).

[454] Die Wendung fehlt bei AMBROSIASTER, *in Gal.* (CSEL 81/3, 38, in Lemma und Kommentar). Bei MARIUS VICTORINUS fehlt insgesamt die Auslegung von Gal 3,10–3,20.

[455] IRENÄUS VON LYON, *haer.* 3,23,7 (FC 8/3, 290); Ps.-BASILIUS VON CÄESAREA, *in Jes.* 200 (PG 30, 464 A).

[456] JOHANNES CHRYSOSTOMUS, *comm. in Gal.* (PG 61, 654) gewinnt daraus eine implizite Polemik gegen die judaisierenden Christen seiner Zeit.

[457] TERTULLIAN, *uxor.* 1,2,3 (CCL 1, 375) im Rahmen der Mahnung an seine Frau, im Falle seines Todes nicht erneut eine Ehe einzugehen.

[458] METHODIUS VON OLYMPUS, *symp.* 1,2 (SC 95, 56–58).

Gal 3,19   155

c) Engel

Die Valentinianer deuten Gal 3,19f auf die Vermittlung des von der Sophia ausgesäten pneumatischen Samens.[459] Ein Anklang an Gal 3,19 liegt im *Zweiten Logos des Großen Seth* vor: Die weltschöpferischen Engel haben die Menschen durch die Gebote in die Knechtschaft geführt.[460]

In den Kommentaren wird mehrfach auf Hebr 2,2 verwiesen, wo die Wirksamkeit der Engel positiv gedeutet wird.[461] Für die Interpretation von Gal 3,19 verhindert dies wie die zumeist positive Deutung von Gal 3,19aα – das Gesetz sollte Übertretungen eindämmen, nicht hervorrufen – die heute nicht selten gegebene Auslegung, die Erwähnung der Engel solle das Gesetz als etwas Inferiores hinstellen. CYRILL VON ALEXANDRIEN kann Mose als Helfer der durch Engel verkündeten Gnade (sic!) bezeichnen, freilich ohne die Überlegenheit Christi zu leugnen.[462] BEDA VENERABILIS sieht durch Gal 3,19 bestätigt, dass Gott in der Begegnung mit Mose am Gnadenthron (Ex 25,22) durch eine Engelsvision Mose erschienen ist, nicht in unmittelbarer Selbstoffenbarung.[463]

Die „Engel" werden jedoch nicht immer als übernatürliche Wesen gedeutet, sondern können über die Grundbedeutung „Bote" für ἄγγελος auch auf Mose, die Propheten und den Täufer[464] oder auch auf die Priester bezogen werden.[465]

d) Mittler

Die neuzeitliche Streitfrage, wer mit dem „Mittler" gemeint ist, wird schon damals unterschiedlich beantwortet: Genannt werden Mose,[466] die Engel,[467] Christus[468] – letztere Deutung ist durch 1Tim 2,5 befördert. Gal 3,19 wird auf-

---

[459] CLEMENS VON ALEXANDRIEN, exc. Thdot. 53,2f (SC 23, 168) und dazu STORY, Use, 80–84.
[460] *2LogSeth* (*NHC* VII,2, p. 64,1f [GCS 12, 587]).
[461] THEODOR VON MOPSUESTIA, *in Gal.* (SWETE 48); THEODORET VON CYRUS, *in Gal.* (PG 82, 481 B).
[462] CYRILL VON ALEXANDRIEN, *Lc.* (PG 72, 557 B); zur positiven Wertung der Vermittlung durch Engel vgl. CYRILL VON ALEXANDRIEN, *hom. pasch.* 29,2 (PG 77, 964 B); DIONYSIUS AREOPAGITA, *c.h.* 4,2 (PTS 36, 21).
[463] BEDA VENERABILIS, *tab.* 1,23 (SC 475, 130).
[464] AMBROSIASTER, *in Gal.* 3,19,2 (CSEL 81/3, 38).
[465] JOHANNES CHRYSOSTOMUS, *comm. in Gal.* (PG 61, 654), als Erwägung.
[466] ORIGENES, *hom. in Jer.* 13,1 (SC 238, 54); BASILIUS VON CÄSAREA, *Spir.* 33 (FC 12, 168); EPIPHANIUS VON SALAMIS, *haer.* 66,64,5 (GCS 37, 104, mit positiver Würdigung des Gesetzes gegen Mani); THEODOR VON MOPSUESTIA, *in Gal.*, (SWETE 48); JULIAN DER ARIANER, *Job* (HAGEDORN 281); THEODORET VON CYRUS, *in Gal.* (PG 82, 481 B); ders., *Ps.* (PG 80, 989 C).
[467] EUSEBIUS VON EMESA, *in Gal.* (BUYTAERT 148*).
[468] EUSEBIUS VON CÄSAREA, *Marcell.* 1,1,7 (GCS 14,7); HIPPOLYT VON ROM, *Bal.* (GCS I/2, 82); HYMENÄUS, *ep.* (LOOFS, Paulus von Samosata, 327); JOHANNES CHRYSOSTOMUS, *comm. in Gal.* (PG 61, 655), gegen die Anhomöer; AMBROSIASTER, *in Gal.* 3,19,2 (CSEL 81/3, 38), mit Verweis auf Joh 5,21; HIERONYMUS, *in Gal.* (CCL 77 A, 97), mit Verweis auf Joh 1,3; JULIAN DER ARIANER, *Job.* (HAGEDORN 281); AUGUSTINUS, *exp. Gal.* 24,4 (CSEL 84, 86); ders., *trin.* 3,10,26 (CCL 50, 157); FULGENTIUS VON RUSPE, *fid.* 58 (CCL 749; PELAGIUS, *in Gal.* (SOUTER 322), als Erwägung. – Gegen den Vorwurf an ORIGENES, er lehre gleichsam zwei Christi, einen als das Wort Gottes, den anderen als den aus Maria geborenen, zitiert Pamphilus aus ORIGENES' Jesajakommentar u.a. die Auslegung zu Gal 3,19, dergemäß das Gesetz durch die Vermittlung Christi gegeben sei. Mittler zwischen Gott und Mensch war also bereits der präexistente Christus (PAMPHILUS VON CÄSAREA, *apol. Orig.* 120 [FC 80, 338]).

grund des Begriffes „Mittler" in trinitätstheologischen, christologischen, heilsgeschichtlichen und ethischen Kontexten rezipiert.

Christologisch verwendet der in seiner Echtheit nicht unumstrittene sog. HYMENÄUSBRIEF gegen Paul von Samosata die in Gal 3,19 bezeugte Mittlerschaft Christi als Argument zugunsten der Einheit Christi.[469]

Trinitätstheologisch beweist Christi Mittlerschaft zwischen Gott und den Engeln nach Gal 3,19 für EUSEBIUS VON CÄSAREA die Wahrheit der Formulierung „Gott sandte seinen Sohn" aus Gal 4,4 dergestalt, dass Christus schon vor seiner Inkarnation selbständig neben dem Vater existiere, während der Gedanke der Einheit Gottes, wie er bei Paulus von der Mittlerschaft als solcher unterschieden wird, eine gemäßigte Subordination des Sohnes nach sich zieht.[470] Gegen EUNOMIUS VON CIZYCUS erfasst GREGOR VON NYSSA Christi Mittlerschaft als Mittlerschaft zwischen der göttlichen Trias – auf die Einheit der Gottheit zielt Gal 3,20b – und den Menschen; die Gottheit ist deshalb genauso wie die Menschheit Christi Seinsprädikat und nicht nur bloße Eponymie.[471]

Ps.-BASILIUS VON CÄSAREA bezieht Gal 3,19 in die Auslegung von Jes 5,1–7 mit ein: Die Tatsache der Vermittlung des Gesetzes durch die Hand eines Mittlers ist selbst schon der in Jes 5,1–7 angekündigte Entzug des Schutzes für Israel, d.h. die Aufhebung der Scheidewand zwischen Juden und Heiden. Doch sind auch die Christen von der Möglichkeit bedroht, den Schutz Gottes zu verlieren, wenn sie in Sünde fallen.[472]

AMBROSIASTER kann die Mittlerschaft Christi sowohl nach Eph 2,14f auf das Verhältnis zwischen Juden- und Heidenchristen beziehen als auch nach 1Tim 2,5 auf die Vermittlung zwischen Gott und Menschen.[473]

Gal 3,20

Einen Mittler gibt es jedoch nicht, wo nur einer handelt; Gott aber ist „der Eine".

Die Stelle wird in dogmatischen Kontroversen des dritten und vierten Jahrhunderts von Bedeutung.

Gal 3,20 hat für HIPPOLYT aufgrund von 1Tim 2,5 christologische Implikationen: Ist Christus Mittler zwischen Gott und den Menschen, so musste er die οὐσία Gottes und die οὐσία des Menschen in sich haben.[474] Nach NOVATIAN

---

[469] HYMENÄUS, *ep.* (LOOFS, Paulus von Samosata, 327).
[470] EUSEBIUS VON CÄSAREA, *Marcell.* 1,1,7–9 (GCS 14,7f); ders., *e. th.* 2,21 (GCS 14,130).
[471] GREGOR VON NYSSA, *ref. Eun.* 143f (GNO 2, 374).
[472] Ps.-BASILIUS VON CÄSAREA, *in Jes.* 145 (PG 30, 35 A).
[473] AMBROSIASTER, *in Gal.* 3,20,3f (CSEL 81/3, 40); sowie *in Gal.* 3,19,2 (CSEL 81/3, 38).
[474] HIPPOLYT VON ROM, *Bal.* (GCS Hipp. 2, 82); vgl. später Ps.-EUSEBIUS VON VERCELLI, *trin.* 3,76 (CCL 9, 50).

bezeugt Gal 3,20 die Einheit Gottes; trotzdem ist an der Gottheit Christi festzuhalten.[475] Später sollen Anhomöer aufgrund von Gal 3,20b bei Christus das *vere Deus* geleugnet haben.[476] Doch nach (Ps.?)-DIDYMUS belegen Gal 3,20; Röm 3,30; 1Kor 8,4.6, dass man innerhalb der Trinität keine Abstufung der Hypostasen treffen soll.[477] Auch Ps.-EUSEBIUS VON VERCELLI verwendet Gal 3,20b als Schriftbeweis für die Einheit der göttlichen Natur[478] wie für die Einheit des Gottmenschen Jesus Christus.[479]

HIPPOLYTS Argumentation wird später gegen APOLLINARIS VON LAODIZEA gewandt: Als Mittler muss Christus sowohl Gott als auch Mensch sein. Die göttliche Natur ist leidensunfähig, das Fleisch hat gelitten.[480]

Sichtbar ist AMBROSIASTERS Auslegung von Gal 3,20b von solchen trinitätstheologischen und christologischen Kontroversen geprägt. Die Aussage „Gott ist einer" soll verhindern, dass die Gottheit Christi gegen Gesetz und Propheten der Gottheit des Vaters Abbruch tut; andererseits ist Christus in dem, dass er Gott ist, vom Vater nicht zu trennen, sondern eins mit ihm; der Begriff *deus* ist auf die Natur, nicht auf die Person zu beziehen.[481]

Gal 3,21

Hebt also das Gesetz die Verheißungen auf? Keineswegs! Wäre ein Gesetz gegeben worden, das die Kraft hat, lebendig zu machen, dann käme in der Tat die Gerechtigkeit aus dem Gesetz;

Appliziert wird die Stelle im antipelagianischen Kontext bei HIERONYMUS und AUGUSTINUS.

In den Kommentaren kann die verneinende Antwort Gal 3,21a durch Verweis auf Dtn 18,15 begründet werden,[482] aber auch durch die Wirkmacht des Gesetzes: Es erzieht zu einem guten Leben und bestraft die Uneinsichtigen;[483] es lehrt Erkenntnis der Sünde und fördert das Verlangen nach Heilung.[484] Doch kann es, so THEODOR VON MOPSUESTIA, nicht zum Leben verhelfen, weil es

---

[475] NOVATIAN, *trin.* 30.15/176 (CCL 4, 73).

[476] JOHANNES CHRYSOSTOMUS, *comm. in Gal.* (PG 61, 655).

[477] (Ps.?)-DIDYMUS DER BLINDE, *Trin.* 1,18,25 (HÖNSCHEID 112).

[478] Ps.-EUSEBIUS VON VERCELLI, *trin.* 1,29 (CCL 9, 9f).

[479] Ps.-EUSEBIUS VON VERCELLI, *trin.* 3,76 (CCL 9, 50), mit Verweis auf 1Tim 2,5.

[480] Ps.-ATHANASIUS, *Apoll.* 1,11 (PG 26, 1113 A).

[481] AMBROSIASTER, *in Gal.* 3,20,3–4 (CSEL 81/3, 39f).

[482] AMBROSIASTER, *in Gal.* 3,21 (CSEL 81/3, 40) mit Verweis auf die christologische Deutung von Dtn 18,15 in Apg 3,22f.

[483] Letzteres wird in AMBROSIASTERS Auslegung zu Gal 3,23 aufgenommen (AMBROSIASTER, *in Gal.* 3,23 (CSEL 81/3, 41), ersteres in seiner Auslegung zu Gal 3,22; in ihr vertritt er faktisch den *usus elenchthicus legis* (AMBROSIASTER, *in Gal.* 3,22,1–2 [CSEL 81/3, 40f]).

[484] JOHANNES CHRYSOSTOMUS, *comm. in Gal.* (PG 61, 655); THEODOR VON MOPSUESTIA, *in Gal.* (SWETE 50).

nur Sünde benennen, den Menschen aufgrund der Schwäche seiner Natur jedoch nicht von ihr befreien kann.[485]

Als Gerechtigkeit bezeichnet Gal 3,21, so AMBROSIASTER, die vor Gott angerechnete Gerechtigkeit des Glaubens.[486]

AUGUSTINUS legt in seinem Galaterkommentar die Stelle antijüdisch aus: Das Gesetz seit nicht dazu gegeben, um die Sünde zu tilgen, sondern erweise das als Sünde, was die Juden, durch Gewohnheit verblendet, für Gerechtigkeit halten könnten. Im Folgenden ist das Begriffspaar *humilitas – superbia* leitend. Einzigartiges Beispiel dieser Demut ist Christus selbst.[487] Andernorts verwendet AUGUSTINUS die Stelle in der Auslegung zu Ps 118,130 („Die Offenbarung deiner Worte erleuchtet und macht die Unverständigen einsichtig"): Die Einsicht bezieht sich eben darauf, dass das Gesetz nicht Leben vermitteln kann.[488]

Doch kann der Kirchenlehrer die Stelle auch antipelagianisch verwenden:[489] In seiner frühesten diesbezüglichen Schrift vermerkt er die Parallelität zu Röm 5,20 („Das Gesetz ist dazu gekommen, um die Sünde zu mehren").[490] In der Folgezeit widerlegt er mit Hilfe von Gal 3,21 einige gegnerische Thesen: Die Gerechten des Alten Bundes wurden nicht aufgrund ihrer Natur gerechtfertigt, der kraft des Gesetzes ein sündloses Leben möglich war, sondern aufgrund der Gnade Gottes.[491] Generell widerspricht Gal 3,21b der pelagianischen Behauptung, es sei ein Leben frei von Sünde möglich;[492] die menschliche Natur, die einstmals durch ihren freien Willen zur Sünde fähig war, ist nicht mehr fähig, davon wieder heil zu werden.[493] Ebenso ist es von Gal 3,21b her unmöglich, in der Gabe des Gesetzes selbst die rechtfertigende Gnade zu erkennen,[494] denn erfüllen können wir es nur mit Hilfe der Gnade Gottes; er gibt uns seinen

---

[485] THEODOR VON MOPSUESTIA, *in Gal.* (SWETE 50).
[486] AMBROSIASTER, *in Gal.* 3,21 (CSEL 81/3, 40).
[487] AUGUSTINUS, *exp. Gal.* 25,9f (CSEL 84, 90). Die Demut ist nicht durch die Gnade vermittelt, sondern disponiert den Menschen zum Empfang der Gnade (RING, Gnade, 341). Die *humilitas* hat Christus in seiner Menschwerdung erwiesen (AUGUSTINUS, *exp. Gal.* 24,7f [CSEL 84, 87]). Zur antijüdischen Verwendung der Stelle vgl. ders., *serm.* 137,5 (PL 38, 753); ders., *Io. ev. tr.*, 49,22 (CCL 36, 430f); ders., *en. Ps.* 70, serm. 1,19 (CCL 39, 956f): Dass sich die Juden des Gesetzes rühmen, das sie von den Heiden unterscheidet, ist nicht mehr angebracht. So kommt der Kirchenlehrer auf die heute ohne antijüdische Attitude erörterte Funktion des Gesetzes als *identity marker* gegenüber den Nichtjuden (DUNN, Paulus-Perspektive, 34–45) zu sprechen.
[488] AUGUSTINUS, *en. Ps.* 118, serm. 27,3 (CCL 40, 1758); vgl. ders., *en. Ps.* 129,3 (CCL 40, 1891); ders., *serm.* 137,5 (PL 38, 753); PROSPER VON AQUITANIEN, *in psalm.* 118,130 (CCL 68 A, 115).
[489] Zur antipelagianischen Verwendung von Gal 3,21–24 bei HIERONYMUS, *adv. Pelag.* 2,9 (CCL 80, 66) vgl. zu Gal 2,16.
[490] AUGUSTINUS, *pecc. mer.* 1,10/12 (CSEL 60,13).
[491] AUGUSTINUS, *nupt. et conc.* 2,11/24 (CSEL 42, 277) sowie ders., *ep.* 177,13.15, (CSEL 44, 681.683); wesentlich ist ihm V. 21f. Vgl. AURELIUS, ALYPIUS, AUGUSTINUS, EVODIUS, POSSIDIUS an Innozenz I., INNOZENZ I. *ep.* 28,12 (PL 20, 578 AB), wo ebenfalls Gal 3,18–23 zitiert wird.
[492] AUGUSTINUS, *ep.* 157,15 (CSEL 44, 463); AUGUSTINUS, *gr. et pecc. or.* 1,8/9 (CSEL 42, 132f) mit zusätzlichem Verweis auf 2Kor 3,6; Röm 3,19–21.
[493] AUGUSTINUS, *serm.* 156 (PL 38, 850).
[494] AUGUSTINUS, *c. ep. Pel.* 3,8/24 (CSEL 60, 516).

lebendigmachenden Geist, so dass wir es nicht in Furcht, sondern in Liebe erfüllen können; ohne die Gnade bringt das Gesetz nur Übertreter hervor.[495]

THEODORET VON CYRUS findet den Gedanken von Gal 3,21a auch in Ez 20,25 ausgesprochen; es ist der eine Gott, der durch Ezechiel wie durch Paulus spricht. Freilich ist Ez 20,25 nur auf Vorschriften des Gesetzes bezogen, welche die Natur nicht lehrt, i.w. auf das Zeremonialgesetz. Dass aber die ἀναγκαῖα τοῦ νόμου lebendig machen, sei in Ez 20,11 bezeugt.[496]

Gal 3,22

statt dessen hat die Schrift alles unter die Sünde eingeschlossen, damit durch den Glauben an Jesus Christus die Verheißung sich an denen erfüllt, die glauben.

Applikation und Schriftauslegung sind auf das Stichwort συνέκλεισεν (eingeschlossen) konzentriert, das 1. die Unfähigkeit des Nichtchristen bezeichnet, sich der Sünde zu enthalten, aber auch 2. die überführende Funktion des Gesetzes, den sog. *usus elenchthicus legis*. 3. Gal 3,22b kann Ausführungen zum Thema „Gesetz und Evangelium" veranlassen.[497]

1. Nach JUSTIN wurde das Gesetz, speziell das Ritualgesetz, den Juden wegen ihrer Sünden und wegen ihrer Herzenshärte verordnet.[498] Dass Juden und Heiden unter der Sünde zusammen eingeschlossen waren, ist nach ORIGENES schon in 1Sam 30,5, der Gefangennahme der beiden Frauen Davids durch die Amalekiter, vorabgebildet.[499] Für HIERONYMUS ist Gal 3,22 Warnung vor dem Hochmut, in der Nachahmung des Pharisäers aus Lk 18,11f und entgegen Am 5,18–20 den Tag des Gerichtes herbeizusehnen.[500] Die Stelle belegt für AUGUSTINUS wie für HIERONYMUS gegen die Pelagianer, dass unsere Gerechtigkeit nicht aus uns selbst stammt, sondern aus der göttlichen Barmherzigkeit.[501] Gal 3,22 wird aufgrund der in V. 22b angesprochenen Befristung des Einschließes zusammen mit Röm 11,25; Mi 7,9; Jes 12,1 von einigen als Schriftbeleg gegen die in Jes 66,24 angesprochene Ewigkeit der Höllenstrafen

---

[495] AUGUSTINUS, *spir. et litt.* 19/34 (CSEL 60, 187). Damit ist auch der in Jer 31,31–34 angedeutete Unterschied zwischen Altem und Neuem Bund angesprochen.

[496] THEODORET VON CYRUS, *in Gal.* (PG 82, 481 D).

[497] Die Frage, inwiefern Paulus zwischen νόμος (Gesetz) und γραφή (hl. Schrift) unterscheidet, also zwischen Offenbarungsinhalt und Offenbarungsurkunde, wird m.W. in der altkirchlichen Schriftauslegung nicht explizit aufgegriffen.

[498] JUSTIN, *dial.* 18,2 (BOBICHON 1, 228). Die Gesetze sollten, wie die Parallele bei JUSTIN, *dial.* 92,4 (BOBICHON I 436–438) beweist, die Sünden eindämmen.

[499] ORIGENES, *hom. in Num.* 19,1,11 (SC 442, 356).

[500] HIERONYMUS, *In Am.* 2,5,18–20 (CCL 76, 292).

[501] AUGUSTINUS, *gr. et pecc. or.* 1,8/9; 2,24/29 (CSEL 42, 132.188); HIERONYMUS, *adv. Pelag.* 1,13 (CCL 80, 16). Die Polemik fehlt in den Galaterkommentaren beider Autoren, weil noch nicht aktuell.

eingewandt. HIERONYMUS will nicht abschließend Stellung nehmen, neigt aber dazu, die Einwände nicht wirklich gelten zu lassen.[502]

2. Doch häufiger wird der Begriff συνέκλεισεν im Sinne des *usus elenchthicus legis* gedeutet;[503] er ist für THEODORET VON CYRUS geradezu terminologisch der Ersatz für ἤλεγξε.[504] Klar formuliert es HIERONYMUS: Die Heilige Schrift veranlasst nicht zur Sünde, sondern deklariert sie als solche, ähnlich wie der menschliche Richter nicht zur Untat veranlasst, sondern diese als solche erkennen lässt und verurteilt.[505]

THEODOR VON MOPSUESTIA zufolge können wir aufgrund der Schwachheit unserer menschlichen Natur nicht nach dem Gesetz gerechtfertigt werden, es zeigt uns, dass wir die Gnade Christi nötig haben.[506] Zu rechtfertigen sind auch die Begriffe „Glaube", „Verheißung" und „Gnade" als für die Heilsteilhabe durch Christus adäquat: Der Begriff „Glaube" bezeichnet den Gegensatz zur bereits erlangten vollständigen Heilsteilhabe, der Terminus „Verheißung" weist auf die uns diesbezüglich mögliche Gewissheit, das Wort „Gnade" auf den Geschenkcharakter.[507] Nach JOHANNES CHRYSOSTOMUS beantwortet Gal 3,22 zusammen mit Gal 3,21b den möglichen Einwand Gal 3,21a:[508]

Wenn durch das Gesetz die Verheißung gekommen wäre, konntest du vernünftigerweise befürchten, mit dem Abfall vom Gesetze auch aus der Gerechtigkeit zu fallen; wenn es aber zu dem Zweck gegeben wurde, um alle zu beengen, d.h. zu überführen und ihre persönlichen Vergehen aufzudecken, hindert es dich keineswegs, die Verheißungen zu erlangen, im Gegenteil, es hilft dazu.

3. AUGUSTINUS sieht aufgrund von Gal 3,22b in Gal 3,21f insgesamt die Frage nach wörtlicher Befolgung bzw. geistlichem Verstehen des Gesetzes angesprochen und belehrt seine Zuhörer:[509]

Erinnert euch nämlich, wieviel wir im alten Gesetz lesen und nicht einhalten; aber dennoch sollen wir begreifen, dass sie zu einer bestimmten Vorbedeutung im Voraus erlassen und vorgelegt sind, nicht damit wir das Gesetz Gottes verwerfen, sondern damit wir die Geheimnisse [...], wenn die Verheißung erfüllt ist, nicht mehr feiern. Was sie nämlich verheißen haben, ist gekommen. Die Gnade des Neuen Testamentes nämlich wurde im Gesetz verhüllt, im Evangelium wird sie offenbart.

---

[502] HIERONYMUS, *in Is.*, 18,66,24 (CCL 73 A, 798).
[503] JOHANNES CHRYSOSTOMUS, *comm. in Gal.* (PG 61, 655); THEODOR VON MOPSUESTIA, *in Gal.* (SWETE 50); THEODORET, *in Gal.* (PG 82, 484 AB); AUGUSTINUS, *en. Ps.* 83,10 (CCL 39, 1156); AMBROSIASTER, *in Gal.* 3,22,1–2 (CSEL 81/3, 40f), PELAGIUS, *in Gal.* (SOUTER 322) sowie, gegen jüdischen Hochmut gewendet, JOHANNES VON DAMASKUS, *in Gal.* (PG 95, 800 A). – Demgegenüber ist das Verständnis im Sinne der aktiven Hinführung zur Tugend seltener belegt, nur bei JOHANNES CHRYSOSTOMUS, *comm. in Gal.* (PG 61, 655), und sachlich untergeordnet.
[504] THEODORET, *in Gal.* (PG 82, 484 AB).
[505] HIERONYMUS, *in Gal.* (CCL 77 A, 100).
[506] THEODOR VON MOPSUESTIA, *in Gal.* (SWETE 50).
[507] THEODOR VON MOPSUESTIA, *in Gal.* (SWETE 52, auch im giechischen Fragment).
[508] JOHANNES CHRYSOSTOMUS, *comm. in Gal.* (PG 61, 655).
[509] AUGUSTINUS, *en. Ps.* 143,2 (CCL 40, 2073).

Gal 3,23

Ehe der Glaube kam, waren wir im Gefängnis des Gesetzes, festgehalten bis zu der Zeit, da der Glaube offenbart werden sollte.

Außerhalb der kommentierenden Literatur wird die Stelle selten rezipiert, und zwar in dogmatischen, antihäretischen Zusammenhängen; durchgehende Linien lassen sich dabei aber nicht aufweisen.

Nach EPIPHANIUS existierte der orthodoxe Glaube schon vor seiner Offenbarung in den jetzigen Zeiten, denn schon Adam kannte Gott Vater, Sohn und Heiligen Geist – er war ja ein Prophet. Auch war er nicht beschnitten, und er war kein Götzendiener. So wird das höhere Alter der katholischen Kirche gegenüber dem Judentum und dem Hellenismus sowie gegenüber allen anderen Sekten erwiesen.[510] ATHANASIUS VON ALEXANDRIEN sieht in Gal 3,23f bewiesen, dass das Gesetz als *figuratio* zukünftiger Dinge zu verstehen ist.[511] Für CYRILL VON JERUSALEM verbürgt Gal 3,23f die Einheit des Gottes der beiden Testamente gegen die häretische Lästerung des Gesetzes und der Propheten.[512]

In der Kommentarliteratur kann wieder auf die uns von Sünden abhaltende Funktion des Gesetzes verwiesen werden,[513] die aber zeitlich befristet ist.[514] Das Gesetz lehrt Tugenden und Gotteserkenntnis, und die Propheten kündigten Christus so an, dass sein tatsächliches Kommen gegenüber den Ankündigungen des Gesetzes in der Sache keine ungewohnten Neuerungen beinhaltete.[515]

Gal 3,24

So ist das Gesetz unser Erzieher geworden bis zum Kommen Christi, damit wir durch den Glauben gerecht gemacht werden.

Gal 3,24–29 wurde als Schriftlesung verwendet in Jerusalem am Fest der Darstellung Christi.[516]

Gal 3,24 werden zunächst 1. antignostische und antijüdische, dann vor allem 2. heilsgeschichtliche und 3. individualanthropologische Aussagen entnommen, 4. dann auch polemische Implikationen gegen Mani und gegen Apollinaris von

---

[510] EPIPHANIUS VON SALAMIS, *haer.* 2,3f (GCS 25, 174f). Der Bezug auf Gal 3,23 ist *ad vocem* πίστις ... ὕστερον πάλιν ἀποκαλυφθεῖσα gegeben.

[511] ATHANASIUS, *ep. fest.* 19,2 (PG 26, 141 C).

[512] CYRILL VON JERUSALEM, *catech.* 4,33 (REISCHL I, 124).

[513] AMBROSIASTER, *in Gal.* 3,23 (CSEL 81/3, 41); JOHANNES CHRYSOSTOMUS, *comm. in Gal.* (PG 61, 655f).

[514] JOHANNES CHRYSOSTOMUS, *hom. in Rom.* 10,3 (PG 60, 478), mit Verweis auf Röm 5,20.

[515] THEODOR VON MOPSUESTIA, *in Gal.* (SWETE 53).

[516] Vgl. dazu RÖWEKAMP, Egeria, 87 Anm 310 (mit Belegen). Ihm zufolge soll „damit [...] die Ablösung des alten Tempels" dokumentiert werden.

Laodizea sowie später im Bilderstreit. Vorab ist festzuhalten: Der Terminus παιδαγωγός wird durchgehend positiv verstanden; die neuzeitlich oft betonte Rohheit des παιδαγωγός[517] ist nicht Sache altkirchlicher Exegese.[518]

1. Deutet Paulus das Gesetz als Erzieher hin auf Christus, können die Gnostiker, so IRENÄUS, den Unglauben gewisser Leute nicht dem Gesetz anlasten,[519] denn es hält nicht vom Glauben ab, sondern feuert zum Glauben an Christus an. Das kann aber auch gegen die Pharisäer gewendet werden: Sie befassen sich mit ihren eigenen Lehren, wollen sich aber dem Gesetz Gottes nicht unterwerfen, das sie auf das Kommen Christi vorbereitete.[520]

2. Auf die Relevanz von Gal 3,24 bei CLEMENS VON ALEXANDRIEN wurde bereits in der Einleitung verwiesen. ORIGENES rezipiert Gal 3,24 heilsgeschichtlich wie individualanthropologisch, also auf den Einzelnen bezogen. Gal 3,24 hilft, gegen die missverständlichen Aussagen 2Kor 3,7f.11 an der Aussage Röm 3,31 festzuhalten: Das Gesetz hatte seine positive Funktion, und nicht wir heben es auf, vielmehr wird es durch die Herrlichkeit Christi aufgehoben.[521] Individualanthropologisch ist die zeitlich begrenzte Funktion des Gesetzes ein Gleichnis für das „lernende Aufsteigen der Seligen", die auf Erden mit den Vorschriften des wahren und ewigen Gesetzes vertraut gemacht werden, um dann umso leichter jene vollkommenen Lehren des Himmels anzunehmen, denen nichts mehr hinzuzufügen ist.[522]

(Ps.?)-ORIGENES bemerkt, dass das Gesetz noch Dinge erlaube, die mit dem Kommen Christi hinfällig sind, z.B. die Vergeltung mit Bösem. So steht David, der Verfasser von Ps. 7,5, bereits nicht mehr unter dem Gesetz, wenn er sagt: Wenn ich mit Bösem vergolten habe, dann möge ich, von meinen Feinden bedrängt, wehrlos untergehen.[523]

Für EUSEBIUS VON CÄSAREA führt das mosaische Gesetz in die θεοσέβεια ein; der „vollkommene Lehrer" Christus lehrt jedoch, es nicht mehr in jüdischer

---

[517] Zur Kritik an dieser neuzeitlichen Exegese vgl. LULL, Law, 486–495.

[518] Das Verhältnis des Erziehers zu dem eigentlichen Lehrer Christus kann mit „Zusammenwirken" (JOHANNES CHRYSOSTOMUS, comm. in Gal. [PG 61, 656]), „Zuführung" (THEODORET VON CYRUS, in Gal. [PG 82, 484 B]) oder auch „Wegbereitung" beschrieben werden (JOHANNES VON DAMASKUS, in Gal. [PG 95, 800 B]).

[519] IRENÄUS VON LYON, haer. 4,2,7 (FC 8/4, 28).

[520] IRENÄUS VON LYON, haer. 4,12,1 (FC 8/4, 88). Jes 28,9 wird bei EUSEBIUS mit Hilfe von Gal 3,24f gedeutet: Die Entwöhnung von der Milch ist die Kenntnis Christi, so dass man nicht mehr unter dem Gesetz als παιδαγωγός steht (EUSEBIUS VON CÄSAREA, Is. 1,93 [GCS 56, 181]).

[521] ORIGENES, comm. in Rom. (SCHERER 174–178; FC 2/6, 114–116).

[522] ORIGENES, princ. 3,6,8 (GÖRGEMANNS/KARPP 664), ähnlich ders., in psalm. 37,1,1 (SC 411, 270), vermutlich aufgrund des ἡμῶν in Gal 3,24. Die Formulierung „lernendes Aufsteigen der Seligen" entstammt GÖRGEMANNS/KARPP, Prinzipien, 665 Anm 23. Zur individualsoteriologischen Rezeption der Stelle vgl. auch AUGUSTINUS, c. Faust. 19,7 (CSEL 25/1, 504f), dessen Wertschätzung der humilitas einfließt: Nur als Gedemütigte empfangen wir die Gnade, mit deren Hilfe wir von dem Gesetz befreit werden, das uns unserer Sünden überführt. Für später vgl. APPONIUS, Cant. 9,19 (SC 430, 30).

[523] Ps.-ORIGENES, sel. in Ps. (PG 12, 1180 A).

fleischlicher Weise zu verstehen.[524] Anders als bei CLEMENS wird Gal 3,24 bei BASILIUS VON CÄSAREA rein auf Israel beschränkt: Nicht das Gesetz als Erzieher erfahren zu haben, kennzeichnet die Situation des heidnischen Taufbewerbers.[525] Nach AUGUSTINUS war das Gesetz als Erzieher nötig für die Juden, die nur die Weisung verstehen konnten, den Nächsten zu lieben und den Feind zu hassen, doch zur Liebe auch gegenüber den Feinden nicht imstande waren.[526]

Das Stichwort παιδαγωγῶς bezeichnet nach GREGOR VON NAZIANZ positiv Gottes Handeln in der „Erziehung des Menschengeschlechtes",[527] in dem er so handelt, dass uns nicht Gewalt angetan wird, sondern dass wir überzeugt werden. Die Entwicklung vom Heidentum hin zum Christentum geschah nicht auf einen Schlag, vielmehr schrittweise: Aus Heiden wurden Juden und aus Juden Christen. So tat auch Paulus den Schritt von Beschneidung und Reinigungen (Apg 16,3; 21,26) hin zu dem Bekenntnis „Ich aber, weshalb werde ich noch verfolgt, wenn ich die Beschneidung predige?" (Gal 5,11), den Schritt vom Entgegenkommen zur Vollkommenheit[528]

Nach JOHANNES CHRYSOSTOMUS widerspricht der Erzieher dem Lehrer nicht, sondern arbeitet mit ihm zusammen, indem er den Zögling von aller Schlechtigkeit befreit;[529] so bestätigt Gal 3,24 die Aussage von Gal 3,21a, dass das Gesetz keineswegs gegen die Verheißungen gerichtet ist.

3. Im vierten und fünften Jahrhundert lebt die Deutung auf unseren je eigenen Reifungsprozess wieder auf.[530] MARIUS VICTORINUS beschreibt als die Funktion des Erziehers *circa peccata monere*, damit wir Sünde vermeiden.[531] GREGOR VON NAZIANZ[532] erfasst als positive Aufgabe des Gesetzes,

die Seele der Welt zu entreißen und Gott zu geben, den Menschen als Gottes Ebenbild zu erhalten, oder in Gefahr zu führen oder im Falle der Vernichtung wiederherzustellen, in den Herzen (der Menschen) durch den Geist Wohnung für Christus zu bereiten, und, was das wichtigste ist, ihn zum Gott zu machen (sic!) und an der himmlischen Seligkeit teilnehmen zu lassen.

---

[524] EUSEBIUS VON CÄSAREA, *e. th.* 2,14 (GCS 14, 117); ders., *Is.* 1,93 (GCS 56, 181). Als geborene Juden hatten die Apostel diesen Wechsel vom Gesetz hin zu Christus selbst erfahren (so auch EUSEBIUS VON CÄSAREA, *Is.* 2,20 (GCS 56, 260).

[525] BASILIUS VON CÄSAREA, *hom.* 13,4 (PG 31, 432 B).

[526] AUGUSTINUS, *div. qu.* 53,4 (CCL 44 A, 91).

[527] Wenn GREGOR die Märtyrer der Makkabäerzeit rühmt, dann rühmt er auch deren Treue gegenüber dem παιδαγωγός νόμος (GREGOR VON NAZIANZ, *or.* 15,3 (PG 35, 916 A).

[528] GREGOR VON NAZIANZ, *or.* 31,25 (FC 22, 318–320). Das in Apg 16,3; 21,26 benannte Verhalten des Apostels war Ausdruck ethischer οἰκονομία (o.a. Übersetzung mit „Entgegenkommen" stammt von SIEBEN, Gregor von Nazianz, 321). ILDEFONS VON TOLEDO, *bapt.* 11 (PL 96, 115f) bemerkt: Das Gesetz hat nicht die Rechtfertigung gebracht, wohl aber den Götzendienst beseitigt.

[529] JOHANNES CHRYSOSTOMUS, *comm. in Gal.* (PG 61, 656).

[530] THEODOR VON MOPSUESTIA, *in Gal.* (SWETE 55) entnimmt dem Bild des *paedagogus* das Lob des Gesetzes durch den Apostel und zugleich den Verweis auf seine begrenzte Funktion: Es ist nützlich, solange der Zögling jung ist; wenn er zur Vollkommenheit gelangt ist, braucht er es nicht mehr.

[531] MARIUS VICTORINUS, *in Gal.* (CSEL 83/2, 134f).

[532] GREGOR VON NAZIANZ, *or.* 2,22 (SC 247, 118–120).

JOHANNES CASSIAN kann anhand von Gal 3,24 die Vorstellung entwickeln, das Gesetz sei für den supralapsarischen Adam überhaupt unnötig gewesen und sei von den Heiligen vor der Offenbarung am Sinai gehalten worden, obwohl es noch nicht schriftlich vorlag – so ist das Gesetz der Erzieher, der den Menschen davor bewahren will, aus jener ihm natürlicherweise eigenen Selbstdisziplin auszubrechen.[533] THEODORET VON CYRUS erfasst als Funktion des παιδαγωγός die Befreiung von der Gottlosigkeit und Vermittlung der Gotteserkenntnis.[534] Unter dem expliziten Einfluss von Gal 3,19 und dem impliziten Einfluss von Hebr 10,1 bestimmt CYRILL VON ALEXANDRIEN die Funktion des Gesetzes als Erzieher in zweifacher Weise: Einerseits ist es Ankläger der Schwachheit und Richter der Sündhaftigkeit im Sinne des *usus elenchthicus legis*.[535] Andererseits ist in ihm das Geheimnis Christi schattenhaft verborgen,[536] und es führt durch Andeutungen (αἰνίγματα) zu einen höheren Verständnis.[537]

4. Gal 3,24 ist für EPIPHANIUS VON SALAMIS Hilfsargument gegen die manichäische Berufung auf Lk 16,16 zugunsten ihrer Zweiprinzipienlehre, denn das Gesetz wirkt im Auftrag Gottes des Vaters Jesu Christi, der seinen Sohn durch die Propheten ankündigen ließ.[538] Dieselbe Stelle führt er gegen Apollinaris von Laodizea an, den er nicht nur allgemein des Millenarismus bezichtigt, sondern ihm die These zuschreibt, der Mensch bedürfe auch nach dem Kommen Christi des Gesetzes als des παιδαγωγός: Das Gesetz, so EPIPHANIUS, sollte zu Christus führen, und was veraltet ist, das ist an sein Ende gekommen.[539] Die wörtliche Befolgung des Gesetzes wird mit Christus hinfällig.[540]

Bei AUGUSTINUS begegnet das Gesetz als *paedagogus* gelegentlich in der antipelagianischen Polemik:[541]

Zu diesem Zweck hat jenes Gesetz geboten, dass der Mensch, wenn er in Erfüllung dieser Aufgaben (Tun des Guten etc., Liebe zu Gott, Fortschreiten in Richtung auf die Vollkommenheit nach Phil 3,13) versagt hat, nicht von Hochmut aufgeschwollen sich erhebe, sondern ermüdet sich zur Gnade flüchte und dass ihn so das Gesetz mit seiner schreckenden Wirkung durch sein Erzieheramt dazu führe, Christus zu lieben.

---

[533] JOHANNES CASSIAN, *conl.* 8,23,1–5 (CSEL 13, 241–243); ähnlich (Ps.?)-PELAGIUS, *ind.* 8 (PLS 1, 1509).

[534] THEODORET VON CYRUS, *in Gal.* (PG 82, 484 B); vgl. schon EUSEBIUS VON CÄSAREA, *Is.* 1,93 (GCS 56, 181). (s.o.).

[535] CYRILL VON ALEXANDRIEN, *glaph. Gen.* 3 (PG 69, 156 D – 157 A); vgl. TYCONIUS, *reg.* 3,10 (SC 488, 180–182).

[536] CYRILL VON ALEXANDRIEN, *glaph. Gen.* 3 (PG 69, 152); *glaph. Dt.* (PG 69, 652 D – 653 A); *hom. pasch.* 29,2 (PG 77, 964 B).

[537] CYRILL VON ALEXANDRIEN, *hom. pasch.* 16,4 (PG 77, 756 B).

[538] EPIPHANIUS VON SALAMIS, *haer.* 66,75,6 (GCS 37, 117). Explizite antihäretische Polemik findet sich auch bei CYRILL VON JERUSALEM, *catech.* 4,33 (REISCHL 124; s.o.).

[539] EPIPHANIUS VON SALAMIS, *haer.* 77,38,2 (GCS 37, 450f), mit Verweis auf Hebr 8,13.

[540] EPIPHANIUS VON SALAMIS, *haer.* 8,5,4; 8,6.6 (GCS 25, 190. 192).

[541] AUGUSTINUS, *perf. iust.* 5,11 (CSEL 42,11; Übersetzung nach FINGERLE, Vollendung, 141); vgl. AUGUSTINUS, *nat. et gr.* 1,1 (CSEL 60, 233).

Nach JOHANNES VON DAMASKUS entschärft die u.a. in Gal 3,24f beschriebene zeitliche Begrenzung der Gültigkeit des Gesetzes (ausschlaggebend: ἦμεν in 3,24, οὐκέτι in 3,25) im Bilderstreit den gegen die Bilderverehrung vorgebrachten Hinweis auf das alttestamentliche Bilderverbot.[542]

Auf Röm 4,15 wird in der Galaterexegese zumeist nicht zu Gal 3,24, sondern nur zu Gal 3,21f verwiesen; umgekehrt wird Röm 4,15 gelegentlich unter Anspielung auf Gal 3,10.13 ausgelegt[543] oder mit dem Gedanken, das Gesetz bewirke den Zorn, d.h. die Strafe für die Übertreter.[544]

Gal 3,25–29: Die neue Christusbindung

Gal 3,25

Nachdem aber der Glaube gekommen ist, stehen wir nicht mehr unter diesem Erzieher.

Sekundärliteratur: LOHSE, Beobachtungen, passim.

Gal 3,24–29 wurde als Schriftlesung verwendet in Jerusalem am Fest der Darstellung Christi.[545]

Der Stelle werden im 4. Jahrhundert heilsgeschichtliche und dogmatische Implikationen entnommen.

Das Gesetz war nach AMBROSIASTER für den *parvulus et lubricus ad peccandum* notwendig, doch hat uns Christus durch die Vergebung zu Söhnen Gottes gemacht, während wir zuvor Knechte der Sünde waren.[546] Doch wenn der Glaube kommt, ist, so THEODOR VON MOPSUESTIA, das Gesetz nicht mehr notwendig, denn die Söhne Gottes sind vollkommen.[547] Ihre Unsterblichkeit sieht THEODOR durch Ps 81,6f begründet und in Röm 8,23 aufgenommen.[548] Schärfer hatte zuvor JOHANNES CHRYSOSTOMUS ausgelegt. Das Gesetz ist als Erzieher nicht mehr nur unnötig, sondern schädlich, wenn es für das Höhere zum Hindernis wird, für die höheren neutestamentlichen Lehren, d.h. die Erziehung zum geistlichen Verständnis der alttestamentlichen Ritualgesetze ebenso wie die Verschärfungen im Bereich der Ethik.[549] THEODORET umschreibt Gal 3,25 mit dem Satz: Diejenigen, die in der ἕξις (scil. des Glaubens sind), bedür-

---

[542] JOHANNES VON DAMASKUS, *imag.* 3,8 (KOTTER III, 81).
[543] So bei JOHANNES VON DAMASKUS, *in Rom.* (PG 95, 472 A).
[544] THEODORET VON CYRUS, *in Rom.* (PG 82, 92 C).
[545] Vgl. dazu RÖWEKAMP, Egeria, 87 Anm 310 (mit Belegen).
[546] AMBROSIASTER, *in Gal.* 3,26 (CSEL 81/3, 41).
[547] THEODOR VON MOPSUESTIA, *in Gal.* (SWETE 55).
[548] THEODOR VON MOPSUESTIA, *in Gal.* (SWETE 55f).
[549] JOHANNES CHRYSOSTOMUS, *comm. in Gal.* (PG 61, 656).

fen des Pädagogen nicht mehr. Der Begriff ἕξις veranlasst dann die Eintragung des Begriffes „vollkommen", der für THEODORETS Auslegung von Gal 3,26 leitend ist: Was kann es vollkommeneres geben als diejenigen, die Söhne Gottes genannt werden?[550]

Gal 3,26

Ihr seid alle Kinder Gottes durch den Glauben in Christus Jesus.

In der Frühzeit werden der Stelle antihäretische Bezüge entnommen.

Gal 3,26 wird von TERTULLIAN in seiner Polemik gegen den Patripassianer Praxeas aufgenommen, den er direkt anredet:[551]

Wenn schon die Menschen, durch den Glauben Söhne Gottes geworden, von der Hl. Schrift als Götter angesprochen werden (Ps. 81,6), so magst du einsehen, dass sie mit noch viel größerem Recht dem (scil. gegen Praxeas: von Gott dem Vater zu unterscheidenden) wahren Gottessohn Christus den Namen Gott beigelegt hat.

MARIUS VICTORINUS verweist auf die Gottessohnschaft Jesu als Ermöglichungsgrund des Heilsmysteriums, wohl mit antiarianischer Tendenz.[552]

JOHANNES CHRYSOSTOMUS wendet die Schlussworte in historischer Perspektive gegen den Irrglauben der Galater: Kinder Gottes werden wir nicht „durch das Gesetz".[553] THEODOR VON MOPSUESTIA legt Gal 3,26–28 wieder im Sinne seiner zu Gal 2,16 referierten Vorstellungen aus: In der Taufe erlangen wir die Adoption zu Söhnen Gottes, die nach biblischer Aussage vollkommen und unsterblich sind: Dann wird, weil wir nicht mehr sündigen können, das Gesetz nicht mehr nötig sein: Christus anziehen heißt, seiner unsterblichen Natur teilhaftig werden.[554]

Gal 3,27

Denn ihr alle, die ihr auf Christus getauft seid, habt Christus (als Gewand) angezogen.

1. Gal 3,27 bezeichnet allgemein die Intensität der Christusbindung, in der Gnosis auch die geistliche Auferstehung mit Christus. Dort wird auch der Bezug auf die Taufe beibehalten, er erscheint dann auch in großkirchlicher

---

[550] THEODORET VON CYRUS, in Gal. (PG 82, 484 C).
[551] TERTULLIAN, adv. Prax. 13,4 (CCL 2, 1174).
[552] MARIUS VICTORINUS, in Gal. 3,26 (CSEL 83/2, 135); vgl. LOHSE, Beobachtungen, 364.
[553] JOHANNES CHRYSOSTOMUS, comm. in Gal. (PG 61, 656).
[554] THEODOR VON MOPSUESTIA, in Gal. (SWETE 55–58).

Literatur. 2. Vereinzelt ergeben sich trinitätstheologische Applikationen. 3. Das Bild „Christus anziehen" veranlasst, dass alttestamentliche Aussagen, die das Wortfeld „Kleidung" beinhalten, auf das Christenleben gedeutet werden.

1. Dass man nach gnostischer Auffassung „durch das Anziehen Christi in der Taufe […] durch den Glauben die Auferstehung mit Christus erlangt" hat, ist Referat TERTULLIANS,[555] das auch durch gnostische Originaltexte gedeckt ist.[556] Das „Anziehen des lebendigen Menschen" ist der wesentliche Ertrag des gnostischen Initiationsritus nach dem Philippusevangelium und der in Anlehnung an Gal 3,27a formulierten Wendung „auf Gott getauft" bei Theodot.[557] Der mit Christus bekleidete Mensch ist auch für die *Lehren des Silvanus* der, dem die Gnosis zuteil wurde: „Die Seele nun, die mit Christus bekleidet ist, ist die, die geläutert ist und nicht mehr sündigen kann. Wo Christus ist, da ist die Sünde nichtig. Lass Christus allein in deine Welt eingehen und lass ihn alle Mächte, die über dich gekommen sind, zunichte machen".[558] Der weitere Kontext zeigt aber, dass das nicht zu einer *securitas* verführen will, die das Ausmaß der Gefährdung vergisst.[559] Im Manichäismus konnte das paulinische Gegenüber von altem und neuem Menschen rezipiert werden. Joh 3,3; Gal 4,19 beschreiben die Geburt des neuen Menschen; Eph 4,22–24; Kol 3,9ff; Gal 3,27f sein Wesen.[560]

Bei TERTULLIAN bestätigt der Vergleich der Gal 3,27 aufnehmenden Passagen die rigoristische Verschärfung der Ethik in seiner montanistischen Periode: In seiner großkirchlichen Zeit hatte er die Stelle einmal als Wechselbegriff verstanden zu der nicht näher explizierten Vorstellung „Christus in uns",[561] an anderer Stelle auf die Erkenntnis Jesu gedeutet, von der man sich nicht durch Häretiker abwendig machen lassen soll.[562] In den montanistischen Schriften wird die Stelle zum Bild der völligen Verpflichtung des Christen auf die christliche Regel[563] und auf das Martyrium.[564]

CYPRIAN versteht die bei ihm in vielerlei Richtung aktualisierte Formel „Christus angezogen haben" als Ausdruck der Intensität der Christusbindung, die in sich Begnadung und Verpflichtung schließt,[565] Verpflichtung zur intensiven Sorge um das eigene Heil,[566] Verpflichtung auf Christi Vorbild,[567] auf die

---

[555] TERTULLIAN, *resurr.* 19,5 (CCL 2, 944).
[556] *Rheg* (NHC I,4, p. 45,24–31 [GCS NF 8, 50]) und dazu PAGELS, Paul, 108.
[557] *EvPhil 101* (GCS NF 8,207); CLEMENS VON ALEXANDRIEN, *exc. Thdot.* 76,2 (SC 23, 198–200).
[558] *Silv* (NHC VII,4, p. 109,5–14 [GCS NF 12, 619]).
[559] *Silv* (NHC VII,4, p. 113,32–114,30 [GCS NF 12, 621f]). In *TractTrip* (NHC I,5 128,19–24 [GCS NF 8, 89]) ist im unmittelbaren Kontext solche Reserve nicht *expliziert*.
[560] Vgl. AUGUSTINUS, *c. Faust.* 24,1 (CSEL 25/1, 717–720) sowie dazu DRECOLL, Gnadenlehre, 126 mit Anm. 299.
[561] TERTULLIAN, *adv. Marc.* 3,12,4 (CCL 1, 523f).
[562] TERTULLIAN, *resurr.* 3,4 (CCL 2, 924).
[563] TERTULLIAN, *monog.* 17,5 (CCL 2, 1252f; ders., *pudic.* 6,18 (CCL 2, 1291).
[564] TERTULLIAN, *fug.* 10,2 (CCL 2, 1147).
[565] CYPRIAN, *Fort.* 3 (CCL 3, 184).
[566] CYPRIAN, *unit. eccl.* 1 (CCL 3, 249).

Einheit der Kirche.[568] Dieses Motiv ist auch für CYPRIANS mehrfache „wörtliche" Deutung der genannten Formel bezeichnend: Wie das Gewand Christi bei der Passion ungeteilt blieb (Joh 19,23f), so soll die Kirche eine Kirche sein.[569] Wer Christus angezogen hat, in der Verfolgung aber ein *lapsus* wurde, soll als Zeichen seiner Bußfertigkeit darauf verzichten, ein Prachtgewand zu tragen.[570] Dass der im Bergwerk inhaftierte werdende Märtyrer „Christus angezogen" hat, ermöglicht ihm eine Distanz zu seiner unseligen Lage: Diese Misshandlung erträgt er in dem Wissen darum, dass Christus ihn verwandeln wird (Phil 3,21).[571] Gelegentlich kann CYPRIAN von Gal 3,27 her auch die Gültigkeit der Ketzertaufe bestreiten: Wer getauft ist und Christus angezogen hat, der ist zum Empfang des Heiligen Geistes fähig geworden. Wenn aber auch die Befürworter der Ketzertaufe die Wirksamkeit des Heiligen Geistes bei den Ketzern bestreiten, wie kann dann eine Ketzertaufe gültig sein?[572]

In der weiteren Geschichte der Paulusrezeption kann Gal 3,27 grundsätzlich gerade in postbaptismaler Mahnung[573] dann herangezogen werden, wenn die Intensität der Christusbindung betont oder die Taufe als Erneuerung des Denkens, Redens und Handelns,[574] als völlige Lebenswende[575] charakterisiert werden soll. Diese Intensität der Christusbindung ist allgemein Kennzeichen gegenüber den Juden,[576] fordert im speziellen Distanz zu Häretikern;[577] sie kann im generellen Sinn aktualisiert werden als Weltdistanz[578] und als Absage an die Sünde[579] und als Mahnung, der Versuchung zu widerstehen,[580] aber auch als

---

[567] CYPRIAN, *patient.* 9 (CCL 3 A, 123). In *ep.* 62,2,2 (CCL 3C, 386) wird das auf den geforderten Loskauf einiger in einem Raubzug gefangengenommener Christen aktualisiert.

[568] CYPRIAN, *unit. eccl.* 7 (CCL 3, 254).

[569] CYPRIAN, *unit. eccl.* 7 (CCL 3, 254).

[570] CYPRIAN, *laps.* 30.35 (CCL 3, 238.240).

[571] CYPRIAN, *ep.* 76,2,4 (CCL 3 C, 610f).

[572] CYPRIAN, *ep.* 74,52; 75,12 (CCL 3 C, 569f.593).

[573] AMPHILOCHIUS VON IKONIUM, *rec. bapt.* 3 (CCG 3, 157) preist die Heilswirkung der Taufe: Wir ziehen den himmlischen Christus (1Kor 15,48) an; uns schreckt das Drohwort Gen 3,19 nicht mehr.

[574] BASILIUS VON CÄSAREA, *moral.* 20,2 (PG 31, 737 B). Gal 3,27 ist Schriftgrund für das, was in Kol 3,9 als Ergebnis der Taufe benannt ist, das Ablegen des alten Menschen mit seinen Werken (BASILIUS VON CÄSAREA, *moral.* 80,22 [PG 31, 869 B]).

[575] MARKUS EREMITA, *tract.* 4 (PG 65, 997 A); LEONTIUS VON KONSTANTINOPEL, *hom.* 9 (CCG 17, 275); ZENO VON VERONA, *tract.* 2,4,9/18 (CCL 22, 163). MARKUS EREMITA, ebd., verweist auf 1Kor 10,4f: Diese Lebenswende verleiht den Gläubigen die Kraft zur völligen Absage an die Sünde.

[576] BASILIUS VON CÄSAREA, *hom.* 23,4 (PG 31, 596 D).

[577] Trennung von der Kirche bedeutet, das Geschehen von Gal 3,27 rückgängig zu machen (AMPHILOCHIUS VON IKONIUM, *c. haer.* 7 [CCG 3, 191]). ANASTASIUS SINAITA, *hod.* 14,2 (CCG 8, 263) spricht den Häretikern die in Gal 3,27 gemeinte Christusbindung ab. Ebenso gilt für QUODVULTDEUS, *prom.*, 14/23 (CCL 60, 208): Wer sich von Häretikern hat wiedertaufen lassen oder in der Verfolgung abgefallen ist, hat das Gewand Christi verloren. Umgekehrt kann „Christus anziehen" heißen, im Kampf gegen Häretiker Kraft und Stärke zu gewinnen (ANONYMUS, *dial.* 1 [CCG 30, 6]).

[578] PRISCILLIAN, *tract.* 1/2; 5/85; 7/114 (CSEL 18,5.64.83).

[579] BASILIUS VON CÄSAREA, *bapt.* 1,2,27 (SC 357, 186); ähnlich Ps.-BASILIUS, *in Jes.* 125 (PG 30, 521 A); die Gerichtsankündigung Jes 3,18–24 trifft uns, wenn wir der Sünde verfallen); Ps.-

Mahnung zur glänzenden Redlichkeit des Glaubens[581] und zum guten Beispiel in der Nachfolge der *vestigia dei*[582]; und im speziellen zur Wohltätigkeit mahnen[583] oder auch die sexuelle Askese anempfehlen.[584]

Für GREGOR VON NYSSA fasst Gal 3,27 den Unterschied zur früheren heidnischen Lebensweise der Adressaten in Worte und wird durch die Motive „Reinheit des Lebens, Heiligung, Mitverwandlung mit Christus" näher erläutert;[585] er kann die Stelle aber auch als Bild der Endvollendung der Seligen verwenden.[586] Bei EUSEBIUS VON EMESA ist die auch in der Textüberlieferung zur Paränese gewordene Wendung *Christum induamur* Bild für die völlige Durchdringung unseres Lebens durch unser Christsein, das uns von Juden wie von Heiden unterscheidet,[587] wie auch Paulus von sich sagen kann „Ich lebe, doch nun nicht ich, sondern Christus lebt in mir" (Gal 2,20a).[588] AUGUSTINUS verwendet Gal 3,27 zur Auslegung von 1Kor 15,49 aufgrund des gemeinsamen Stichwortes *induere* und stellt diese Auslegung in seine Vier-Stadien-Lehre ein: In der Taufe beginnt jetzt bereits, dass wir das Ebenbild des Himmlischen anziehen, vollenden wird es sich aber erst in der Auferstehung.[589]

Das genannte Interesse an Gal 3,27 als einem Bild für die umfassende Lebenswende bestimmt auch die Kommentarliteratur.

JOHANNES CHRYSOSTOMUS fragt, warum nicht steht „ihr, die ihr auf Christus getauft seid, seid aus Gott geboren". Seine Antwort lässt sein Interesse an der Umwandlung der ganzen Existenz durch die Taufe erkennen:[590]

Denn wenn Christus Sohn Gottes ist, du aber ihn angezogen hast, so bist du, weil du den Sohn in dir hast und ihm ähnlich gestaltet wurdest, in eine Verwandtschaft und Form mit ihm gebracht worden.

ATHANASIUS, *pasch.* 8 (PG 28, 1089 D); CHROMATIUS VON AQUILEIA, *serm.* 34,3 (SC 164, 184–186), mit Verweis auf Röm 6,4.

[580] GREGOR VON NAZIANZ, *or.* 40,10 (SC 358, 218). Für die Intensität der Christusbindung steht Gal 3,27 auch bei APPONIUS, *Cant.* 12, 63 (SC 430, 246); ISAIAS ABBAS, *or.* 21,7f (PG 40, 1164 A).

[581] CHROMATIUS VON AQUILEIA, *serm.* 10,4 (SC 154, 210). Er spricht vom *candor fidei*.

[582] CÄSARIUS VON ARLES, *serm.* 139,5 (CCL 103, 574). Die Christusbindung soll sich also nicht nur im Empfang des Sakraments verwirklichen.

[583] GREGOR VON NAZIANZ, *or.* 14,14 (PG 35, 876 A); ähnlich EUSEBIUS VON ALEXANDRIEN, *serm.* 21,10 (PG 86/1, 436 AB): Auch die Armen haben, weil sie Christen sind, Christus angezogen. Vgl. ferner GREGOR VON NAZIANZ, *or.* 40,31 (SC 358, 270), in Aufnahme der Forderung von Jes 58,7, Nackte zu kleiden.

[584] Ps.-ATHANASIUS, *v. Syncl.* 8 (PG 28, 1489 D). Christus wird dabei als Bräutigam vorgestellt.

[585] GREGOR VON NYSSA, *hom. in Cant.* 1, prooem. (GNO 6, 14), ähnlich ders., *hom. in Cant.* 9 (GNO 6, 280), mit der Erläuterung, die Gemeinschaft mit Gott werde zum Ziel jedes tugendhaften Lebens. Zur Problematik der Adressaten der Canticum-Homilien vgl. DÜNZL, Canticum Bd. 1, 25–28.

[586] GREGOR VON NYSSA, *Flacill.* (GNO 9, 487).

[587] EUSEBIUS VON EMESA, *hom.* 13,34 (BUYTAERT I 317).

[588] EUSEBIUS VON EMESA, *hom.* 26,17 (BUYTAERT II 184).

[589] AUGUSTINUS, *civ.* 13,23 (CSEL 40/1, 651).

[590] JOHANNES CHRYSOSTOMUS, *comm. in Gal.* (PG 61, 656).

Auch bei ihm bezeichnet Gal 3,27 die innere wie lebenspraktische Orientierung an Christus[591]; die Stelle mahnt aber auch zur würdigen Feier von Ostern, bei der, im Gegensatz zu den heidnischen Festen, nicht der Reiche den Armen durch die Festlichkeit seiner Gewänder beschämen soll.[592]

2. Mehrfach werden der Stelle trinitätstheologische Implikationen entnommen. Die Argumentationstechnik bei (Ps.?)-DIDYMUS ist recht einfach: Die Anwendbarkeit bestimmter Begriffe auf alle drei Hypostasen ebenso wie die differierenden Kombinationen ihrer Erwähnung beweist deren Homousie. Im Zuge einer hierfür einschlägigen Zitatensammlung kommen auch Gal 3,27; 1,1 zu stehen: In Gal 3,27 wird nur der Sohn erwähnt, wie an anderen Stellen andere Hypostasen allein oder in differierenden Kombinationen erwähnt sind; darum soll man innerhalb der Trinität keine Abstufung vornehmen.[593] Die Unteilbarkeit der Trinität wird an ihrem Miteinander in der Bereitung des Heils deutlich, wie u.a. anhand des Nebeneinanders von Gal 4,7 (vgl. die Erwähnung des Geistes in Gal 4,6!) und 1Kor 6,11 belegt wird.[594] Gegen den Einwand, Gal 3,27 rechtfertige dadurch, dass der Heilige Geist bei der Taufe hier nicht genannt wird, eine untrinitarische Pneumatologie, verweist BASILIUS VON CÄSAREA u.a. auf Apg 10,38.[595] Nach GREGOR VON NYSSA wird die „Taufe auf Christus" sinnlos, wenn ihm, da er nach Eunomius nicht wahrer Gott ist, keine Kraft der Güte zukommt.[596]

3. Das Stichwort „anziehen" führt dazu, Bibelstellen mit explizitem oder implizitem Bezug zu den Wortfeldern „Kleid" und „Gewand" als Aussagen über die Taufe zu deuten, so die Aussage von Ps 131,16 („ihre Priester will ich mit Heil kleiden"),[597] den Verweis auf die Kleider in Ps 44,9[598] und den „Duft" der Kleider (Hld 4,11),[599] die Aussagen über das Wirken des Gottesknechtes in Jes 53,8–10,[600] die Aussage vom Anziehen der Kleider des Heils in Jes 61,10,[601] die Aussage über die Nacktheit der Tochter nach Ez 16,7,[602] die Aussagen über die Verteilung der Gewänder Christi unter dem Kreuz.[603] Nicht auf die Taufe, sondern auf die Gemeinde der Heiligen bezieht BEDA VENERABILIS die verschie-

---

[591] JOHANNES CHRYSOSTOMUS, hom. in Col. 10,5 (PG 62, 372).
[592] JOHANNES CHRYSOSTOMUS, pasch. 4 (PG 52, 769).
[593] (Ps.?)-DIDYMUS DER BLINDE, Trin. 1,18.56 (HÖNSCHEID 122).
[594] (Ps.?)-DIDYMUS DER BLINDE, Trin. 2,12,1 (PG 39, 677 A).
[595] BASILIUS VON CÄSAREA, Spir. 28 (FC 12, 152).
[596] GREGOR VON NYSSA, Eun. 1,288 (GNO 1, 111).
[597] AUGUSTINUS, en. Ps. 131,27 (CCL 40, 1925).
[598] JOHANNES CHRYSOSTOMUS, exp. in Ps. 44,9 (PG 55, 199).
[599] THEODORET VON CYRUS, Cant. (PG 81, 141 D).
[600] HIERONYMUS, in Is. 14,53,8–10 (CCL 73 A, 592).
[601] CYRILL VON ALEXANDRIEN, glaph. Gen. 3 (PG 69, 157 C); ähnlich ders., ador. 15 (PG 68, 732 A); LEONTIUS VON KONSTANTINOPEL, hom. 8 (CCG 17, 265).
[602] HIERONYMUS, in Ezech. 4,26,6f (CCL 75, 167); ders., in Ezech. 6,18,5–9 (CCL 75, 239). – Häretiker, Heuchler und offenbare Sünder scheinen getauft zu sein, aber Christus nicht angezogen zu haben. Wir sollen es ihnen nicht gleichtun (HIERONYMUS, in Gal. [CCL 77 A, 102]).
[603] JOHANNES VON DAMASKUS, hom. 4,24 (KOTTER V, 133).

denartigen Kleider Aarons,[604] die während der Verklärung weiß gewordenen Gewänder Christi (Lk 9,29)[605] und die Spottgewänder in der Passion (Mk 15,18);[606] doch umschreibt Gal 3,27 auch die geschenkte Zueignung[607] wie die aktive Aneignung[608] der durch Christus neugewordenen Heilswirklichkeit.

Gal 3,28

Es gibt nicht mehr Juden und Griechen, nicht Sklaven und Freie, nicht Mann und Frau; denn ihr alle seid „einer" in Christus Jesus.

Sekundärliteratur: KLOOS, In Christ.

Wird Gal 3,28 heute wesentlich ekklesiologisch rezipiert, so ist die altkirchliche Rezeptionsgeschichte 1. die Geschichte der wechselnden Horizonte der Frage nach dem ἕν bzw. εἷς in 1.1 eschatologischen, 1.2 ethischen, 1.3 ekklesiologischen Kontexten. 2. Von den drei Gegenüberstellungen wird 2.1 am frühesten und häufigsten die Opposition „Mann – Frau" aufgegriffen, 2.2 dann beiläufig die Gegenüberstellung Jude – Grieche, 2.3 schließlich das Gegenüber „Freier – Sklave". 3. Vereinzelt begegnet Gal 3,28 auch in polemischen Kontexten.

1.1. Auf die Endvollendung wird die Stelle im *Tractatus Tripartitus*[609] ebenso wie bei ATHANASIUS VON ALEXANDRIEN bezogen.[610] AMBROSIASTER verknüpft die endzeitliche Auslegung mit einer Mahnung: Im Urteil Gottes gelten die alten Maßstäbe der Unterscheidung zwischen den Menschen nicht mehr, sondern nur noch die in der Lebensführung manifest werdenden Verdienste, in denen sich der eine, allen Christen gemeinsame Glaube auswirkt.[611]

1.2 In ethischer Hinsicht kann das Motiv der Einheit die umfassende Verpflichtung für alle Glaubenden zu einem der Sünde abgestorbenen Leben bezeichnen,[612] aber auch die Überwindung der Verschiedenheit des Fleisches

---

[604] BEDA VENERABILIS, *tab.* 3,12 (SC 475, 364). Diese Verschiedenartigkeit verweist auf die Verschiedenartigkeit der Personen und ihrer Verdienste in der christlichen Gemeinde.

[605] BEDA VENERABILIS, *Lc.* 3,9,29 (CCL 120, 205); ders., *hom.* 1,24 (CCL 122, 173).

[606] BEDA VENERABILIS, *Mc.* 4,15,18 (CCL 120, 628). Spottgewänder sind sie nur in der Meinung der Feinde.

[607] BEDA VENERABILIS, *Lc.* 5,18,25 (CCL 120, 328); ders., *Mc.* 3,10,27 (CCL 120, 562).

[608] BEDA VENERABILIS, *Prov.* 3,31,13 (CCL 119 B, 152): Sie besteht in der Züchtigung unseres Fleisches. Beide Deutungen stellt BEDA VENERABILIS, *Prov.* 3,31,21 (CCL 119 B, 157) zusammen.

[609] *TractTrip* (NHC I,5 132,23–28 [GCS NF 8, 91]). Die Entsprechung zwischen Urzeit und Endzeit wird ausdrücklich vermerkt: „Denn das Ende wird Einheit sein genauso wie der Beginn Einheit ist, wo es weder Mann noch Frau gibt; […] weder Beschneidung noch Unbeschnittensein, weder einen Engel noch einen Menschen, sondern alles in allem: der Christus".

[610] ATHANASIUS, *c. Ar.* 2,69,5 (AW I/1,2, 246f), mit zusätzlichem Verweis auf Gal 6,15.

[611] AMBROSIASTER, *in Gal.* 3,28 (CSEL 81/3, 42).

[612] BASILIUS VON CÄSAREA, *bapt.* 2,1,1.2 (SC 357, 208); vgl. schon HILARIUS VON POITIERS, *in psalm.* 127,4 (CSEL 22, 630f).

auch als Ziel spiritueller Vollkommenheit.[613] Konkret dient die Stelle als Warnung vor Zorn und Begierde,[614] vor Streitsucht und Habgier.[615] JOHANNES CHRYSOSTOMUS legt Gal 3,28 als Fortsetzung zu Gal 3,27 aus. Der Gläubige geht in der μορφή nicht eines Erzengels oder Patriarchen, sondern Christi einher. Dabei ist wohl an die Prägung der gesamten Existenz des Gläubigen durch das Urbild und Vorbild Christi gedacht.[616]

1.3 Bei CLEMENS VON ALEXANDRIEN kann Gal 3,28 allgemein die Relativierung der menschlichen Unterschiede hinsichtlich der Herkunft aus Judentum oder Heidentum bezeichnen,[617] kann aber auch gegen die gnostische Unterscheidung zwischen Gnostikern und Hylikern aktualisiert werden: „alle, die die fleischlichen Begierden abgelegt haben, sind gleich und Pneumatiker bei dem Herrn"[618]. Die in Gal 3,28 anvisierte Einheit in Christus geschieht *per Spiritus sancti coniunctionem*, was sich in der einheitlichen Verkündigung des einen Gottes und im Festhalten an dem einen (rechten) Glauben auswirkt.[619] Zwischen *unum* und *unus* unterscheidet TYCONIUS: *unum* meint die Willenseinheit, wie sie Joh 10,30 zufolge zwischen Gott Vater und Gott Sohn vorliegt, *unus* die leibliche Vermischung in der sichtbaren Kirche zwischen Guten und Bösen.[620]

Konkret verbindlich wird Gal 3,28 bei SYMMACHUS VON ROM: Er sucht mit Hilfe des *unum* die Forderung nach Kircheneinheit in Form der Unterwerfung unter die Autorität des römischen Bischofs zu begründen.[621] Anders LEO I. VON ROM: Bei aller Unterschiedenheit unserer Aufgaben in der Kirche aufgrund der Einheit des Glaubens und der Taufe genießen wir unterschiedslose Gleichheit und gemeinsame Würde.[622] RURICIUS VON LIMOGES (gest. 507) wagt es unter Berufung auf Gal 3,28 fine, an den ihm an Alter, aber nicht an kirchlichem Rang überlegenen Abt Pomerius zu schreiben.[623] Einen missionstheologischen Impuls setzt Gal 3,28 bei JOBIUS (6. Jh.) frei: Christi Erlösungswerk gilt allen, und das Evangelium soll allen Völkern verkündet werden.[624]

---

[613] GREGOR VON NAZIANZ, *or.* 7,23 (SC 405, 240). Zur Forderung der Vollkommenheit vgl. auch GREGOR VON ELVIRA, *tract.* 9,10f (CCL 69, 72), in allegorischer Auslegung der „Männlichkeit" in Ex 12,5 auf die Vollkommenheit.

[614] CLEMENS VON ALEXANDRIEN, *str.* 3,93,2f (GCS 15, 238f). Vorausgesetzt ist dabei eine individualanthropologische Umdeutung der Stelle: Zorn und Begierde stehen für das Männliche und das Weibliche. Doch wird die Ehe zur Kinderzeugung nicht verboten (*str.* 3,86,1 [GCS 15, 235]).

[615] CLEMENS VON ALEXANDRIEN, *str.* 5,30,4 (GCS 15, 345). Impliziert ist ein 1Kor 7,17–24 verwandter Gedanke: Ob man Sklave ist oder nicht etc., hat vor Christus keinen Wert.

[616] JOHANNES CHRYSOSTOMUS, *comm. in Gal.* (PG 61, 656).

[617] CLEMENS VON ALEXANDRIEN, *prot.* 112,3 (GCS 12, 79).

[618] CLEMENS VON ALEXANDRIEN, *paed.* 1,31,1f (GCS 12, 108).

[619] APPONIUS, *Cant.* 4,43 (SC 421, 56).

[620] TYCONIUS, *reg.* 1,12,2 (SC 488, 150).

[621] SYMMACHUS VON ROM, *ep. pontif.* 104,16 (CSEL 35/1, 492f).

[622] LEO I. VON ROM, *tract.* 4,1 (CCL 138, 16), in einer Predigt am Jahrestag seiner Erhebung auf den römischen Bischofsstuhl.

[623] RURICIUS VON LIMOGES, *ep.* 2,11 (CCL 64, 347).

[624] JOBIUS, *de verbo incarnato* 38 (PG 103, 805 CD).

2.1 Aus der mannweiblichen Eigenart des zu dem höheren Sein gelangenden Menschen folgt das Gebot der sexuellen Askese für die Naassener[625] wie für das Thomasevangelium.[626] Androgynität ist nach GREGOR VON NYSSA das Kennzeichen des ebenbildlichen Menschen, dem gegenüber der geschlechtliche Mensch nicht mehr ebenbildlich ist;[627] in der Vollendung wird er wieder ungeschlechtlich werden.[628] Bei ihm findet sich auch die in der Literatur *de virginitate* zu erwartende asketische Deutung.[629] Auf die endzeitliche Asexualität[630] wird Gal 3,28 auch bei AUGUSTINUS[631] und THEODOR VON MOPSUESTIA bezogen.[632]

Die endzeitliche Androgynität wurde einmal konkret antezipiert: Die Frauen der Eusthatianer trugen Männerkleidung; damit sollte wohl die „eschatologische Aufhebung des Unterschiedes von Mann und Frau ... schon jetzt verwirklicht werden".[633] Konkrete kirchenrechtliche Praxis ist bei den Quintillianern, einer montanistischen Sondergruppe, durch Gal 3,28 geprägt: dort konnten auch Frauen das Bischofsamt ausüben.[634] Solche Folgen hinsichtlich der Möglichkeiten der Frau hatte Gal 3,28 in der Großkirche nicht. Mehrfach wird jedoch betont, dass Frauen im gleichen Maße wie Männer des göttlichen Segens[635] und der Gotteserkenntnis[636] teilhaftig werden können bzw. aufgrund der Gemeinsamkeit der menschlichen Natur des Mannes und der Frau zur Tugend[637] oder auch zu asketischen Leistungen befähigt sind.[638]

2.2 Im Kontext seiner großangelegten Apologie für das Christentum beschreibt EUSEBIUS VON CÄSAREA als dessen Wirkung, dass innerhalb der einen, durch die Erziehung des Logos geeinten Menschheit die Unterschiede zwischen Griechen und Barbaren verschwinden.[639]

---

[625] HIPPOLYT VON ROM, *haer.* 5,7,15 (PTS 25, 146) über die Naassener.

[626] *EvThom* copt 22 (BLATZ 102): „Jesus sagte zu ihnen: Wenn ihr aus zwei eins macht und wenn ihr das Innere wie das Äußere macht ... und wenn ihr aus dem Männlichen und dem Weiblichen eine Sache macht, so dass das Männliche nicht männlich und das Weibliche nicht weiblich ist, ... dann werdet ihr in das Königreich kommen." Vgl. MÉNARD, Thomas, 113.

[627] GREGOR VON NYSSA, *hom. opif.* 16 (SC 6, 154).

[628] GREGOR VON NYSSA, *hom. in Cant.* 7 (GNO 6, 213).

[629] GREGOR VON NYSSA, *virg.* 20,4 (GNO 8/1, 328; vgl. auch (Ps.?)-BASILIUS VON ANCYRA, *virg.* 51 (PG 30, 772 D).

[630] Sie ergibt sich aus Lk 20,35f.

[631] AUGUSTINUS, *s. dom. m.* 1,15,40 (CCL 35, 44) als Beleg für die eschatologische Außerkraftsetzung der *necessitudines temporales* wie Ehe etc. für den Ausgleich zwischen Mt 5,32 und Lk 14,26.

[632] THEODOR VON MOPSUESTIA, *in Gal.* (SWETE 57).

[633] LOHSE, Askese, 207.

[634] EPIPHANIUS VON SALAMIS, *haer.* 49,2,5 (GCS 31, 243).

[635] Nach CYRILL VON ALEXANDRIEN, *glaph. Lev.* (PG 69, 553 A) nötigt Gal 3,28 zur geistlichen Auslegung von Lev 7,6 („Wer männlich ist unter den Priestern, soll davon essen an heiliger Stätte"): Der Begriff „männlich" bedeutet geistliche Stärke und Heiligkeit.

[636] AUGUSTINUS, *trin.* 12,7,12 (CCL 50, 367), beim Ausgleich zwischen 1Kor 11,7 und Gen 1,27f.

[637] JOHANNES CHRYSOSTOMUS, *hom. in Rom.* 30,3 (PG 60, 664).

[638] THEODORET VON CYRUS, *h. rel.* 30 (PG 82, 1493 D). So konnte Deborah auch Prophetin sein (THEODORET VON CYRUS, *qu. Jdc.* 12 [PG 80, 497 C]).

[639] EUSEBIUS VON CÄSAREA, *theoph.* Frgm. 79 (GCS 11,2, 163f).

2.3 Die Einheit von Sklaven und Freien in der Gemeinde kann zur Armenfürsorge[640] wie zur Anerkennung der Sklavinnen und Sklaven als „Geschwister in Christus" motivieren[641]; allerdings soll eine Sklavin, wenn sie dem Stand der Asketinnen beitritt, weiterhin maßhaltend leben.[642] Äußere Ehrenstellungen wie ein Konsulat sind vor Gott relativiert.[643] Speziell im monastischen Leben wird Gal 3,28 konkret: der *Regula Magistri* zufolge soll der Abt den freigeborenen Novizen nicht mehr lieben als den, der aus dem Sklavenstand kommt.[644] Der Benediktsregel zufolge soll der Abt keinen bevorzugen, es sei denn aufgrund besserer Tugend oder besseren Gehorsams. Doch gilt die Mahnung auch für die Mönche: Jeder soll den Platz behalten, der ihm zukommt, denn wir sind, ob Freier oder Sklave, eins in Christus, d.h. wir tragen die gleiche Last des Soldaten- und Sklavendienstes.[645]

Eine wörtliche Aktualisierung mit konkreten Rechtsfolgen bietet Ps.-GREGENTIUS: Wer seine Sklaven grausam misshandelt, dem sollen sie und ihre Angehörigen weggenommen und in die Freiheit entlassen werden, denn in Christus sind Freie und Sklaven eins.[646]

3. Im Streit um Christologie und Trinitätslehre wird gelegentlich auch mit Gal 3,28 argumentiert. Die Wendung „in Christus" ist für AMBROSIUS ein Schriftbeweis dafür, dass auch die Wendung „im Heiligen Geist" nicht dessen Subordination impliziert.[647] Hatten die Arianer die Konsubstantialität Christi mit dem Vater mit dem Hinweis bestritten, beide seien *unum* hinsichtlich der Übereinstimmung des Willens, aber nicht *unus ad numerum singularitatis*, so setzt nach AUGUSTINUS *unum* im Gegensatz zu *unus* (1Kor 6,17) die Gleichheit der Substanz voraus, wie Gal 3,28 zeigt.[648] Deshalb ist es nicht richtig zu sagen, Menschen und Gott seien *unum*. Für (Ps.?)-ATHANASIUS ist Gal 3,28 Hilfsargument für die trinitätstheologische Unterscheidung zwischen Hypostase und Natur: So wie Petrus, Paulus und Timotheus drei Personen sind, aber nicht drei verschiedene Naturen haben, sondern „eins sind in Christus", so sind auch Einheit und Dreiheit innerhalb der Trinität zusammenzudenken.[649]

---

[640] GREGOR VON NAZIANZ, *or.* 14,8 (PG 35, 868 A).

[641] JOHANNES CHRYSOSTOMUS, *in Phlm.* 1,1 (PG 62, 705) zu Phlm 2: Der angeredete Philemon soll sich nicht wundern, wenn mit der Formulierung „und die Gemeinde in deinem Haus" auch die Sklaven mit angeredet sind.

[642] JOHANNES CHRYSOSTOMUS, *hom. in Col.* 12,5 (PG 62, 387).

[643] FULGENTIUS VON RUSPE, *ep.* 6,2 (CCL 91, 240). Trotzdem sei es bemerkenswert, dass sich der Adressat des Briefes als Konsul zur asketischen Lebensweise entschlossen habe.

[644] *Reg. Mag.* 2,18f (SC 105, 354).

[645] BENEDIKT VON NURSIA, *reg.* 2,20 (CSEL 75, 22f).

[646] Ps.-GREGENTIUS, *leg. Hom.* 53 (PG 86/1, 609 A).

[647] AMBROSIUS, *Spir.* 2,8/74 (CSEL 79, 115f).

[648] AUGUSTINUS, *c. Max.* 2,22,2 (PL 42, 794); vgl. die Auffassung bei TYCONIUS, *reg.* 1,12,2 (SC 488, 150, s.o). Wie AUGUSTINUS argumentiert auch Ps.-AUGUSTINUS, *haer. obiect.* (CCL 90, 166f).

[649] Ps.-ATHANASIUS, *dial. Trin.* 1,2 (PG 28, 1120 B).

In antidonatistischer Polemik erwächst bei AUGUSTINUS aus Gal 3,28 die Forderung, die Einheit des Geistes im Band des Friedens zu erhalten und wegen der Guten die Bösen in der einen Kirche zu ertragen.[650] In den Bereich der Bußlehre gehört PACIANS beiläufige Rezeption von Gal 3,28:[651] Die Stelle beschreibt geschichtlich die Kirche aus Juden und Heiden, zu der auch, so Lk 15, die Sünder gehören; gegen NOVATIAN ist daher an der Möglichkeit der Buße auch für die Getauften festzuhalten.

Gegen die priscillianistische Vorstellung, das verschiedene Schicksal der menschlichen Seelen verdanke sich ihrer je unterschiedlichen Versündigung in ihrer Präexistenz, bestreitet Leo I. die Eigenwirksamkeit präexistenter Seelen generell und hält daran fest, dass kein Mensch von den Bedingungen des adamitischen Menschseins anders als durch die Taufe frei werde; bei ihr gebe es keinen Unterschied innerhalb der Wiedergeborenen.[652]

Gal 3,29

Wenn ihr aber zu Christus gehört, dann seid ihr Abrahams Nachkommen, Erben kraft der Verheißung.

Schriftgebrauch wie Schriftauslegung der Stelle sind durch die verschiedenen möglichen Rückbezüge von Gal 3,29 auf andere Aussagen des Galaterbriefes bestimmt, nach deren Gewichtung die folgende Darstellung gegliedert ist: 1. zur Figur Abrahams vgl. Gal 3,6–18, 2. zum Motiv der Verheißung vgl. Gal 3,14, 3. zum Motiv des „Samens" vgl. Gal. 3,16, 4. zum Motivfeld „Erbe" vgl. Gal 3,18. Gesetzmäßigkeiten in der Bevorzugung eines dieser Motive lassen sich nicht feststellen. Alle diese Rezeptionsvorgänge intendieren entweder die unpolemische Bekräftigung des christlichen Heilsstandes oder die explizite Abgrenzung der Kirche gegenüber dem nicht an Jesus glaubenden Judentum.

1. Nach AUGUSTINUS gelten die Christen im Unterschied zu den Juden als Israel,[653] als Nachkommen Abrahams, als Erben nach der Verheißung; entsprechend werden Aussagen wie Ps 77,71; 88,5; 104,6 etc. auf die Kirche bezogen.[654] Doch impliziert der Gedanke auch eine Mahnung:[655]

Geben wir also acht, wozu wir ermahnt werden; denn auch jene (scil. in Ps 113,3–6 verhandelten) Geschehnisse sind unsere *figurae* gewesen, und diese Worte mahnen uns, dass

---

[650] AUGUSTINUS, c. ep. Parm. 2,8/16 (CSEL 51, 62).
[651] PACIANUS, ep. 3,13,6 (SC 410, 238). Auf die eigene, geschichtliche Kirche bezieht den Schluss von Gal 3,28 auch Ps.-ATHANASIUS, inc. et c. Ar. 20 (PG 26, 1020 B), dort als Auslegung zu 1Kor 15,28.
[652] LEO I., ep. 15,10 (PL 54, 685 B), mit Hinweis auf Gal 3,27f.
[653] AUGUSTINUS, en. Ps. 82,5 (CCL 39, 1142).
[654] AUGUSTINUS, en. Ps. 77,44; 88,5 (CCL 39, 1096. 1222); en. Ps. 104,5 (CCL 40, 1538).
[655] AUGUSTINUS, en. Ps. 113, serm.1,2 (CCL 40, 1636).

wir uns selbst erkennen. Wenn wir nämlich die Gnade Gottes, die uns gegeben ist, mit festem Herzen bewahren, sind wir Israel, Samen Abrahams; denn uns sagt der Apostel: Also seid ihr Samen Abrahams.

Auch der „Auszug aus Ägypten" (Ps 113,1) wird moralisch ausgelegt: er ist die Absage an diese Welt, an die Lästerungen der Heiden.[656]

Nach GREGOR d. Gr. ist in der Kirche aus den Heidenvölkern die Ankündigung Lk 3,8 Wirklichkeit geworden, während die Juden durch ihren Unglauben aufgehört haben, Kinder Abrahams zu sein.[657]

2. AMBROSIASTER legt das Achtergewicht in der Kommentierung der Stelle auf den Begriff der „Verheißung" und lässt zugleich deren inhaltlichen Bezugspunkt erkennen: Wenn die Glaubenden Söhne Abrahams sind, dann sind wir Erben seiner Verheißung, der Rechtfertigung im Himmelreich.[658] AUGUSTINUS folgert aus Gal 3,16.29, dass die Verheißung Ps 88,5a („bis in Ewigkeit bereite ich deine Nachkommenschaft") nicht nur Christus, sondern auch der Kirche gilt, ihr somit Bestand auf Dauer gegeben ist.[659]

3. In Gal 3,16 wird Christus, in Gal 3,29 werden die Christen als Samen Abrahams bezeichnet. In historischer Perspektive kann damit die Legitimität des Christenstandes der Galater dargetan[660] oder die Gewissheit der Gültigkeit der Abrahamsverheißung betont werden,[661] aktualisierend die Gewissheit der Verheißung des Himmelreiches.[662] AUGUSTINUS belegt mit Hilfe der Kombination von Gal 3,16 und Gal 3,29 gegenüber Häretikern und Schismatikern die Forderung, an der Einheit der Kirche festzuhalten.[663]

Der Donatist TYCONIUS verwendete die Kombination von Gal 3,29 und Gal 3,16 als Rechtfertigung der ersten seiner sieben Regeln der Schriftauslegung verwendet, dass nämlich Aussagen über Christus auch von der Kirche gelten können und umgekehrt. AUGUSTINUS kennt die Auslegungsmöglichkeit,[664]

---

[656] AUGUSTINUS, *en. Ps.* 113, serm.1,5 (CCL 40, 1638).

[657] GREGOR d. Gr., *in evang.* 20,9 (FC 28/1, 354), ebenso BEDA VENERABILIS, *Lc.* 1,3,8 (CCL 120, 78). Mit dem Wort „Steine" würden die Heiden bezeichnet, denn sie verehren Steine, d.h. tote Götterbilder. Den Gedankengang ohne Verweis auf Gal 3,29 bietet schon ORIGENES, *hom. in Luc.* 22,9f (FC 4/1, 248–250), der ihm zusätzlich eine Mahnung entnimmt: Lasst uns Gott anflehen, dass auch wir, wenn wir zuvor Steine waren, in Söhne Abrahams verwandelt werden, an Stelle der Söhne, die die Verheißung und die Adoption zu Söhnen Gottes wegen ihrer Sünde verloren haben.

[658] AMBROSIASTER, *in Gal.* 3,29 (CSEL 81/3, 42).

[659] AUGUSTINUS, *en. Ps.* 88, serm. 1,5 (CCL 39, 1222f), ähnlich ders., *en. Ps.* 88, serm. 1,29 (CCL 39, 1232). – Auf Mt 16,18f kommt er an beiden Stellen nicht zu sprechen.

[660] THEODOR VON MOPSUESTIA, *in Gal.* (SWETE 59).

[661] MARIUS VICTORINUS, *in Gal.* 3,29 (CSEL 83/2, 136).

[662] AMBROSIASTER, *in Gal.* 3,29 (CSEL 81/3, 42); JOHANNES CHRYSOSTOMUS, *comm. in Gal.* (PG 61, 657f); THEODORET VON CYRUS, *in Gal.* (PG 82, 485 A).

[663] Für Augustins Rezeption von Gal 3,16.29 vgl. auch die Ausführungen zu Gal 3,16. Zu vermuten ist zusätzlich der indirekte Einfluss dessen, dass Gal 3,16 die Einzigkeit des einen Samens Christus betont, während in Gal 3,28 von der Einheit der Gemeinde die Rede ist.

[664] AUGUSTINUS, *en. Ps.* 100,3 (CCL 39, 1408); ders., *en. Ps.* 142,3 (CCL 40, 2062).

schränkt aber ein: Trotzdem müsse man verstehen, was dem Haupt Christus und was dem Leib, der Kirche, gebührt.[665]

Gal 3,29 stellt für BEDA VENERABILIS klar, dass sich die Nachkommensverheißung Gen 15,5 nicht nur auf die leiblichen Nachkommen Abrahams bezieht, sondern auf die Entstehung der Kirche.[666] Nachkommen Abrahams sind wir, die wir *ad fidei illius deuotionem* gerufen sind.[667]

4. CLEMENS VON ALEXANDRIEN rezipiert Gal 3,29 ad vocem „Erbe" in Abgrenzung zum Judentum: Juden sind Erben nach dem Alten Bund, Christen sind Erben nach der Verheißung.[668] Dies wird durch die folgende Deutung von Gal 4,1–7 entfaltet: die Juden sind Kinder, die Christen sind erwachsene Söhne: Kinder sind die unter der Furcht und unter den Sünden, erwachsene Söhne sind die unter dem Glauben.[669] Doch es gilt auch: „Unmündig sind also auch die Philosophen, wenn sie nicht von Christus zu Männern gemacht werden".[670]

Gal 4,1–7: Die Gotteskindschaft der Christen

In der Kommentarliteratur wird die Funktion des Abschnittes Gal 4,1–7 im Briefganzen gelegentlich reflektiert. Gal 4,1–7 gilt EPHRÄM als ein *alterum [...] exempli aenigma*, MARIUS VICTORINUS als eine *adiuncta similitudo*, die den Unterschied zwischen den Zeiten vor und nach dem Kommen Christi festhält.[671]

Gal 4,1

Ich will damit sagen: Solange der Erbe unmündig ist, unterscheidet er sich in keiner Hinsicht von einem Sklaven, obwohl er Herr ist über alles;

Die Unterscheidung zwischen dem einem Sklaven gleichgestellten Kind und dem Sohn wird in patristischer Literatur nicht nur menschheitsgeschichtlich auf das Verhältnis zwischen Juden und Heiden einerseits, Christen andererseits bezogen,[672] sondern auch auf die Entwicklung des einzelnen Menschen hin zum vollkommenen Gnostiker[673] bzw. Christen[674] angewandt.

---

[665] AUGUSTINUS, *doctr. chr.* 3,98 (CSEL 80, 106).
[666] BEDA VENERABILIS, *princ. Gen.* 3,12,3; 4,15,5 (CCL 118 A, 169.195); vgl. die Erläuterung zu Lk 1,55 (*Abraham et semini eius*) bei BEDA VENERABILIS, *Lc.* 1,1,55 (CCL 120, 39).
[667] BEDA VENERABILIS, *hom.* 1,11 (CCL 122, 75).
[668] CLEMENS VON ALEXANDRIEN, *paed.* 1,33,4 (GCS 12, 110).
[669] CLEMENS VON ALEXANDRIEN, *paed.* 1,33,4–34,2 (GCS 12, 110).
[670] CLEMENS VON ALEXANDRIEN, *str.* 1,53,2 (GCS 15, 34).
[671] EPHRÄM, *in Gal.* (MMK 133); MARIUS VICTORINUS, *in Gal.* (CSEL 83/2, 137).
[672] ORIGENES, *or.* 22,2 (GCS 3, 347); ders., *comm. in Rom.* (SCHERER 176,10; FC 2/6, 116).
[673] *EvPhil* 37 (*NHC* II,3, p. 60,1–6 [GCS NF 8, 196]).

In der Kommentarliteratur wird unter Voraussetzung der menschheitsgeschichtlichen Deutung im Rückbezug auf die Frage, ob das Gesetz der Verheißung entgegenstehe, die notwendige, aber zeitlich begrenzte Funktion des Gesetzes betont,[675] notwendig um der Sünde willen,[676] zeitlich begrenzt durch die Ankunft Christi. HIERONYMUS sieht in dem „Erben" das ganze Menschengeschlecht seit der Erschaffung der Welt bezeichnet und betont durch den Verweis auf die Patriarchen die Universalität des Christentums gleichermaßen wie seine Kontinuität mit der alttestamentlichen Heilsgeschichte:[677]

Jener versklavte Erbe [...] bezeichnet das ganze Menschengeschlecht bis zur Ankunft Christi und [...] bis zur Vollendung der Welt. Wie nämlich alle in dem zuerst erschaffenen Adam, wenn sie auch noch nicht geboren sind, der Sterblichkeit unterworfen sind, so werden auch alle diejenigen, die vor der Ankunft Christi geboren sind, in dem zweiten Adam lebendig gemacht. Und so geschieht es, dass auch wir dem Gesetz gedient haben in den Vätern, und jene durch die Gnade gerettet werden in den Söhnen. Dieses Verständnis ist für die katholische Kirche angemessen, die ein und dieselbe Vorsehung für das Alte wie für das Neue Testament behauptet: Und sie unterscheidet nicht die Menschen nach der Zeit, die sie nach der Bedingung (der Rettung) zusammennimmt. Alle nämlich sind wir über dem Fundament der Apostel und Propheten erbaut, während uns der Eckstein Jesus Christus, unser Herr, zusammenhält, der beides zu einem gemacht und, die Scheidewand niederreißend, die Feindschaft beider Völker in seinem Fleisch zerstört hat, und die Schwierigkeit des Alten Gesetzes durch die Einheitlichkeit der evangelischen Lehrsätze verändert hat.

Gal 4,2

er steht unter Vormundschaft, und sein Erbe wird verwaltet bis zu der Zeit, die sein Vater festgesetzt hat.

Gal 4,2 wird, dem allgemeinen Duktus des Textes Gal 4,1–7 folgend, meist heilsgeschichtlich ausgelegt,[678] die „Verwalter und Vormünder" werden auf das

---

[674] ORIGENES, *comm. in Mt.* 10,9 (GCS 40, 10f); *comm. in Rom.* 7,2 (FC 2/4, 36); *hom. in Iud.* 6,2 (SC 389, 156); *hom. in Num.* 11,3,3 (SC 442, 30); *hom. in Num.* 24,3,5 (SC 461, 180). Für den Zusammenhang dieses Motivs mit der Vorstellung von der Wiederherstellung aller vgl. ORIGENES, *princ.* 3,6,9 (GÖRGEMANNS/KARPP 664). – Die gewissenhafte Beobachtung festgesetzter Tage (Gal 4,10) war nach THEODOR VON MOPSUESTIA, *in Gal.* (SWETE 60f), nützlich: Dadurch wurden wir stets zu dem Gedenken an Gott geführt.

[675] MARIUS VICTORINUS, *in Gal.* 4,1 (CSEL 83/2, 137); AMBROSIASTER, *in Gal.* 4,1 (CSEL 81/3, 42f); THEODOR VON MOPSUESTIA, *in Gal.* 4,1–3 (SWETE 60f).

[676] AMBROSIASTER, *in Gal.* 4,1 (CSEL 81/3, 43).

[677] HIERONYMUS, *in Gal.* (CCL 77 A, 104).

[678] Gal 4,2 kann aber auch auf die Entwicklung des einzelnen Menschen hin zum vollkommenen Christen gedeutet werden, vgl. ORIGENES, *Jo.* 10, 85 (SC 157, 434); ders., *comm. in Rom.* 7,5 (FC 2/4, 62); ders. *in psalm.* 37,1,1 (SC 411, 268); APPONIUS, *Cant.* 9,19 (SC 430, 30). Ausschlaggebend ist wohl das individuell verstandene ἡμεῖς aus Gal 4,3. Diese Auslegung kann auch auf die Gerechten des Alten Bundes angewandt werden (ORIGENES, *Jo.* 1, 37 [SC 120, 80]).

Gal 4,3

So waren auch wir, solange wir unmündig waren, Sklaven der Elementarmächte dieser Welt.

Die Frage nach der Bedeutung der Wendung στοιχεῖα τοῦ κόσμου und dem Sinn von Gal 4,3[683] wird im Zusammenhang der Darstellung von Gal 4,8–11 erörtert. Doch ist hier eine auf das Individuum bezogene Deutung bei ORIGENES zu notieren: Paulus betrachte die Elementarmächte als erziehende Geister, die den Menschen noch in der Furcht festhalten, bis er nach seinem inneren Menschen würdig ist, den Geist der Sohnschaft zu empfangen;[684] aber auch diese Geister sind von Gott zum Dienst an denen ausgesandt, die das Heil ererben.[685]

Gal 4,4

Als aber die Zeit erfüllt war, sandte Gott seinen Sohn, geboren von einer Frau und dem Gesetz unterstellt,

Sekundärliteratur: NOORMANN, Irenäus, 526f; LOHSE, Beobachtungen; TREVIJANO ETCHEVERRÍA, La „plenitudo temporis"; MATEO-SECO, „Envió Dios …".

Gal 4,4 bietet gleichermaßen von V. 4a aus gewichtige heilsgeschichtliche wie von V. 4b aus christologische Aussagen. 1. In gnostischer Exegese tritt die Rezeption zugunsten einer präsentischen Eschatologie zutage. 2. In der antihäretischen Literatur der Jahrzehnte um 200 n.Chr. sichert Gal 4,4a die Einheit der beiden Testamente gegen Gnostiker genauso wie gegen die Bestreitung des

---

[679] MARIUS VICTORINUS, in Gal., 4,1–3 (CSEL 83/2, 137); THEODORET VON CYRUS, in Gal. (PG 82, 485 B).

[680] ORIGENES, comm. in Cant. 1,6,4 (SC 375, 252) sowie ders. comm. in Cant. 2,8,3 (SC 376, 406) in geistlicher Auslegung des „wir" von Hld 1,11 („goldene Ketten wollen wir dir bereiten") auf die Engel (als die sodales des Bräutigams, s. zu Gal 3,19), Propheten und Patriarchen.

[681] HIERONYMUS, in Gal. (CCL 77 A, 105), der auch die anderen Deutungen erwägt. Zur „festgesetzten Zeit" verweist er auf die Volljährigkeit nach römischem Recht (mit 25 Jahren) als Analogie.

[682] PELAGIUS, in Gal. (SOUTER 323).

[683] SCHMID, Marcion, 107 vermutet, Marcion habe zu ὅτε ἦμεν die Worte ἔτι κατὰ ἄνθρωπον λέγω hinzugesetzt.

[684] ORIGENES, comm. in Rom. 7,2 (FC 2/4, 36), unter Kombination mit Gal 3,24; 4,4; Hebr 1,4. Daneben kennt ORIGENES natürlich die übliche Deutung der στοιχεῖα τοῦ κόσμου auf die Elemente der Welt (ebd.) oder auf die litterae legis; vgl. ORIGENES, hom. in Num. 24,1,1 (SC 461, 154).

[685] ORIGENES, comm. in Rom. 7,5 (FC 2/4, 62).

Christusereignisses durch die Juden; Gal 4,4b stützt die Lehre von der wahren Menschheit Jesu. 3. Das Wort γυνή veranlasst seit TERTULLIAN mariologische Erwägungen. 4. Heilsgeschichtliche und christologische Interessen bestimmen die Rezeption der Stelle ab dem 3. Jahrhundert; bei ORIGENES tritt eine am Heil des einzelnen orientierte Deutung von V. 4a hinzu. 5. Aufgrund der Begriffe ἐξαπέστειλεν und υἱός gilt Gal 4,4 einigen Arianern als Schriftbeleg zugunsten der Subordination Christi; APOLLINARIS und einiger seiner Schüler verwenden Gal 4,4 als Beleg für die Theorie, der eine Christus habe nur einen menschlichen Leib, aber nicht eine menschliche Seele angenommen, während die Stelle in „orthodoxer" Literatur gegen ARIUS die wahre Gottheit Christi, gegen die Anhomöer die Unteilbarkeit der Trinität und gegen APOLLINARIS die unverkürzte Menschheit des Gottessohnes bezeugt. Schließlich wird Gal 4,4 aufgrund des Lexems υἱόν (statt λόγον) bei NESTORIUS, aufgrund des Lexems ἐξαπέστειλεν in der Polemik gegen ihn aufgegriffen. 6. Die Schlusswendung wird divergierend ausgelegt und in verschiedenen Kontexten rezipiert.

1. Im *Testamentum Veritatis*[686] bezeugt Gal 4,4 eine präsentischen Eschatologie und wird in diesem Sinne gegen die futurisch-eschatologische und damit „nichtige Heilserwartung der katholischen Märtyrer"[687] ins Feld geführt.

2. Für IRENÄUS beweist Gal 4,4a antignostisch die Einheit des planvollen[688] Heilshandelns Gottes, der eben als der in der Heiligen Schrift Israels bezeugte Gott[689] zugleich der Vater Jesu Christi ist,[690] und die Unteilbarkeit des einen Christus: Derselbe ist aus dem Samen Davids aufgrund der Geburt aus Maria und zugleich zum Sohn Gottes bestimmt in der Kraft durch den Geist der Heiligung aufgrund der Auferstehung von den Toten; so wurde in der Inkarnation tatsächlich der Unsichtbare sichtbar, der Ungreifbare greifbar, der Leidensunfähige leidensfähig und der Logos Mensch,[691] und so hat er in sich die Feindschaft von Gen 3,15 rekapituliert.[692] Gal 4,4b bezeugt die Wahrheit der Inkarnation gegen alle gnostische Leugnung des wirklichen Menschseins Jesu.[693]

---

[686] *TestVer* (NHC IX,3, p. 34,8–35,7 [GCS NF 12, 703]): „einige sagen: Am Jüngsten Tage werden wir gebührlich auferstehen [...] Auferstehung. Sie wissen nicht, [was] sie sagen! denn der Jüngste Tag ist da, wenn die zu Christus gehörenden [...] Erde, die [...] ist. Als aber die Zeit erfüllt war, beseitigte er ihren Archonten der [Finsternis ...] Seele".

[687] KOSCHORKE, Polemik, 129.

[688] IRENÄUS VON LYON, *haer.* 3,16,7 (FC 8/3, 202); ders., *haer.* 3,17,4 (FC 8/3, 216–218): Der Sohn ist, als die Zeit erfüllt war, Mensch geworden; insofern sind alle Ogdoaden, Tetraden etc. hinfällig.

[689] Nicht als gesichert anzusehen ist nach SCHMID, Marcion, 242, dass Marcion in Gal. 4,4 die beiden Partizipialsätze γενόμενον ἐκ γυναικός und γενόμενον ὑπὸ νόμον gestrichen habe (so HARNACK, Marcion, Beilagen, 72; ZAHN, Galater, 201 Anm 82); vermutlich habe HIERONYMUS oder schon ORIGENES die Position Marcions mit derjenigen der Valentinianer verwechselt.

[690] IRENÄUS VON LYON, *haer.* 3,16,3 (FC 8/3, 190).

[691] IRENÄUS VON LYON, *haer.* 3,16,3.6 (FC 8/3, 190.200).

[692] IRENÄUS VON LYON, *haer.* 4,40,3 (FC 8/4, 354). Vgl. ders., *haer.* 3,23,7 (FC 8/3, 290–292); ders., *haer.* 5,21,1 (FC 8/5, 162), an letzterer Stelle mit typologischer Antithese Eva – Maria.

[693] IRENÄUS VON LYON, *haer.* 3,22,1 (FC 8/3, 274); ORIGENES, *Cels.* 1,70 (SC 132, 270–272) sowie TERTULLIAN, *carn.* 20,2 (CCL 2, 909); HIERONYMUS, *in Gal.* (CCL 77 A, 108) gegen die doketische

TERTULLIAN führt Gal 4,4a gegen Marcion wie gegen christologische Häretiker ins Feld. Gott ist auch der Gott der Zeiten, der die Gestirne als deren Zeichen gesetzt und der die Offenbarung seines Sohnes am Ende der Zeiten angeordnet und durch Jes 2,2 verkündigt hat.[694]

3. Der Ausdruck *mulier* (statt *virgo*) in Gal 4,4 belegt für TERTULLIAN die Ablehnung der *virginitas Mariae in partu*,[695] doch hat man widersprochen: Maria werde wegen ihres Geschlechtes *mulier* genannt, nicht wegen einer Befleckung bei der Empfängnis.[696] Als Schriftargument dient zusätzlich die Bezeichnung der im Paradies noch jungfräulichen Eva als *mulier* in Gen 2,22.[697] Unabhängig von dieser Diskussion bezeugt die Präposition ἐκ in der Wendung ἐκ γυναικός für ORIGENES die Jungfrauengeburt: Normalerweise werde der Mann διὰ γυναικός (1Kor 11,12) geboren.[698]

4.1 Heilsgeschichtliche wie christologische Interessen bestimmen die Rezeption von Gal 4,4 bei HIPPOLYT VON ROM; ausschlaggebend ist für erstes Gal 4,4a, für letzteres Gal 4,4 fine (γενόμενον ὑπὸ νόμον). Christus ist nicht vor der Erfüllung der Zeit gekommen, sondern erst nach den in Joh 19,14 verschlüsselt angedeuteten 5500 Jahren.[699] Christologisch gilt: Christus hatte es nicht um seiner selbst willen nötig, sich der in Lk 2,22 besprochenen Reinigung zu unterziehen, sondern er wollte die unter dem Gesetz freikaufen[700]. Beide Rezeptionslinien sind in HIPPOLYTS Auslegung von Dan 10 kombiniert: Aus dem Ver-

---

Behauptung, Christus sei „durch" die Jungfrau, aber nicht „aus" ihr geboren worden. PAMPHILUS VON CÄSAREA, *apol. Orig.* 113 (FC 80, 334), verbindet die antidoketische Polemik mit der Verteidigung des ORIGENES gegen den Vorwurf, er lasse den Literalsinn der Schrift nicht mehr gelten.

[694] TERTULLIAN, *adv. Marc.* 5,4,2 (CCL 1, 672). – Zur Verwendung in der antimarcionitischen Polemik vgl. auch ORIGENES, *hom. in Lc.* 14,7 (FC 4/1, 172), in der Polemik gegen die Manichäer vgl. AUGUSTINUS, *c. Faust.* 11,3 (CSEL 25/1, 316f); zur manichäischen Bestreitung der Wahrheit der Inkarnation des geschichtlichen Jesus vgl. ROSE, Christologie, 120–123.

[695] TERTULLIAN, *carn.* 23,5 (CCL 2, 915), in antidokeitischer Polemik. Nicht der Begriff, aber die Sache des *in partu* ist bei ihm diskutiert. Die *virginitas Mariae ante partum* bleibt davon unberührt.

[696] ORIGENES, *hom. in Lev.* 8,2 (SC 286, 12); ähnlich AMBROSIUS, *ep.* 1,18 (CSEL 82,12); HIERONYMUS, *in Gal.* (CCL 77 A, 108); PELAGIUS, *in Gal.* (SOUTER 324); AUGUSTINUS, *c. Faust.* 23,7 (CSEL 25/1, 712); ders., *trin.* 2,5,8 (CCL 50, 89); ders., *ep.* 140,3,6 (CSEL 44, 158f), jeweils mit Verweis auf den hebräischen Sprachgebrauch, sowie CYRILL VON JERUSALEM, *catech.* 12,31 (RUPP 44), der die Jungfrauengeburt u.a. daraus erschließt, dass es nicht heißt „geworden aus Mann und Frau".

[697] PELAGIUS, *in Gal.* (SOUTER 324); EVODIUS VON UZALA, *fid.* 22 (CSEL25/2, 960); AUGUSTINUS, *serm.* 51,11/18; 52,4/9 (PL 38, 343.358); QUDOVULTDEUS, *symb.* 3,15–17 (CCL 60, 353f), mit Verweis auf Num 31,18 und Gen 2,22 für diesen Sprachgebrauch, sowie QUODVULTDEUS, *prom.* 3,4 (5) (CCL 60, 159), wo er für die Jungfrauengeburt auch auf *or. Sibyl.* 8,220 (GAUGER 184) und VERGIL, *Buc.* 4,6f (CASTIGLIONI/SABBADINI 18) verweist. Den Gedanken der sexuellen Enthaltsamkeit der Stammeltern im Paradies kennt jüdische und christliche Tradition, vgl. ANDERSON, Celibacy 121–148. – MARIUS VICTORINUS, *in Gal.* 4,4 (CSEL 81/3, 140) erschließt aus der Formulierung *editum ex femina* (statt *ex muliere*) eine Gegenüberstellung zwischen männlicher Vollkommenheit und weiblicher Unvollkommenheit; Christus habe die Unvollkommenheit auf sich genommen, um sich uns gleich zu machen.

[698] ORIGENES, *comm. in Rom.* (SCHERER 174; FC 2/6, 112).

[699] HIPPOLYT VON ROM, *Dan.* 4,24,6 (SC 14, 310).

[700] HIPPOLYT VON ROM, *Frgm.* (GCS I/2, 267). Zur Verbindung von Gal 4,4 fine und Lk 2,22 vgl. auch Ps.-ILDEFONS VON TOLEDO, *de partu Virginis* (PL 96, 215 C–216 A).

gleich von Dan 10,8ff und Dan 10,16 erschließt er im Lichte von Gal 4,4f, dass Daniel zuerst durch den Erzengel Gabriel, dann durch Christus selbst verständig gemacht wurde. Gesagt ist damit, dass allein die christliche Gemeinde das Danielbuch richtig versteht. Christologisch bedeutet Gal 4,4 Gott sandte seinen Sohn, damit er, nachdem er den Menschen aus einer Jungfrau angezogen hatte, als Gottes Sohn und Menschensohn erwiesen werde.[701]

Die *adimpletio temporum* ist als heilsgeschichtliche Ablösung des Gesetzes durch den Glauben bei HILARIUS VON POITIERS als selbstverständlich vorausgesetzt.[702] Antijüdisch wird das gewendet bei JULIAN VON TOLEDO: Die *plenitudo temporis* wird durch Gottes Heilshandeln, nicht durch jüdische Zeitberechnung der noch ausstehenden Jahre (bis 6000 nach der Weltschöpfung, so dass Jesus nicht der Messias sein kann) bestimmt.[703] Ohne antijüdische Polemik wirkt dieser Bezug auf die Ablösung des Gesetzes nach in der exegetischen altkirchlichen Literatur, wenn die „Fülle der Zeit" definiert wird durch die Vorherbestimmung durch Gott[704] oder durch das Vollmaß der Sünden in dem Sinne, dass aufgrund schlechter Gewohnheit niemand mehr das Gesetz zu halten vermochte.[705] Das Moment der Vorherbestimmung durch Gott kann aufgrund von Joh 17,1 apologetisch gegen die Zufälligkeit des Zeitpunktes der Inkarnation oder dessen Einordnung in eine astrologische Weltdeutung gewendet werden.[706] Gal 4,4 wird herangezogen zur Deutung alttestamentlicher Aussagen über die von Gott bestimmte Zeit, z.B. Ps 31,6: *tempus opportunum*;[707] Ps 72,10: *Ideo reuertetur huc populus meus, cum dies pleni inuenientur in eis*;[708] Ps 101,14: *Tu exsurgens misereberis Sion: quia tempus ut miserearis eius*;[709] Ps 118,126: *faciendi tempus Domino*;[710] Jes 52,7: *qui annutiant bonum*.[711]

4.2 Bei ORIGENES ist zunächst zu bemerken, dass er in konventioneller Weise die mit der Fülle der Zeit eintretende Schwachheit des Gesetzes und dessen

---

[701] HIPPOLYT VON ROM, *Dan.* 4,39,4f (SC 14, 342).

[702] HILARIUS VON POITIERS, *in Ps.* 145,6 (CSEL 22, 843); ders., *in Ps.* 118, 12,14 (SC 347, 94); vgl. JOHANNES VON DAMASKUS, *f. o.* 96/4,23 (KOTTER II 225). Bei AUGUSTINUS bezeichnet der Anfang von Gal 4,4 bereits formelhaft die Unterscheidung der Zeiten vor und nach Christus, die eine divergierende Stellungnahme z.B. zu dem Wert der Ehe vor und nach dem Kommen Christi ermöglicht (AUGUSTINUS, *b. coniug.* 27 [CSEL 41, 221f]).

[703] JULIAN VON TOLEDO, *comprob.* 2,10 (CCL 115, 187).

[704] AMBROSIASTER, *in Gal.* 4,4 (CSEL 81/3, 43); THEODORET VON CYRUS, *in Gal.* (PG 82, 485 C); AUGUSTINUS, *cat. rud.* 17,28 (CCL 46, 153); ähnlich (Ps.?-)AUGUSTINUS, *symb. cat.* 3,8 (CCL 46, 191); LEO I. VON ROM, *tract.* 21,1 (CCL 138, 85).

[705] PELAGIUS, *in Gal.* (SOUTER 324).

[706] AUGUSTINUS, *Io. ev. tr.*, 31,5 (CCL 36, 296), im Zuge des Ausgleichs zwischen Gal 4,4 und Joh 7,30 (seine Stunde war noch nicht gekommen); AUGUSTINUS, *Io. ev. tr.* 104,2 (CCL 36, 602).

[707] AUGUSTINUS, *en. Ps.* 31, serm. 2,17 (CCL 38, 237).

[708] AUGUSTINUS, *en. Ps.* 72,16 (CCL 39, 995).

[709] AUGUSTINUS, *en. Ps.* 101, serm. 1,14 (CCL 40, 1435); PROSPER VON AQUITANIEN, *in psalm.* 101,14 (CCL 68 A, 8f).

[710] AUGUSTINUS, *en. Ps.* 118, serm. 26,7 (CCL 40, 1755).

[711] AUGUSTINUS, *en. Ps.* 67,33 (CCL 39, 893).

Tod konstatiert;[712] er stellt sich aber auch dem Problem, zwischen Gal 4,4 und Gal 3,24 auszugleichen, und formuliert: Die Erkenntnis der kommenden Erfüllung der Mysterien in Christus wurde in alttestamentlicher Zeit nur einigen wenigen zuteil, denen, „die, auf wunderbare Art ‚von der Obhut der Erzieher und Vormünder befreit', schon vorweg im Heiligen Geist ‚die Fülle der Zeiten' betrachten durften",[713] doch im Neuen Bund wird der Geist Gottes ausgegossen „über alles Fleisch", und die Menge der Gläubigen nimmt zu.[714] Auch ist Gal 4,4 ein Schriftbeleg gegen die marcionitische Zweigötterlehre;[715] die Wendung „unter das Gesetz getan" impliziert, dass Jesus das Gesetz vollkommen erfüllt und uns damit von dessen Fluch freigekauft habe.[716]

Neu ist, dass ORIGENES die Wendung „Fülle der Zeit" in Gal 4,4 auch für die Beschreibung des individuellen *ordo perfectionis* fruchtbar macht:

Jede Seele also, welche zur Unmündigkeit kommt und dann voranschreitet „zur Vollkommenheit", braucht, bis für sie „die Fülle der Zeit" hereinbricht [Gal 4,4], einen Erzieher und Verwalter und Vormünder, damit nach diesem allem derjenige, der sich früher nicht „von einem Knecht unterschied, obwohl er Herr von allem ist" [Gal 4,2.1], befreit von Erzieher und Verwalter und Vormünder, das väterliche Erbe erhalte, welches der kostbaren Perle[717] und dem hereinbrechenden Vollkommenen entspricht, das alles Stückwerk abtut [1Kor 13,9f], dann nämlich, wenn jemand das „Überragende der Erkenntnis Christi" [Phil 3,8] in sich aufnehmen kann, der vorher geübt ist durch die Erkenntnisse, welche [...] durch die Erkenntnis Christi übertroffen werden.[718]

Im Sinne ethischer Mahnung gilt aber auch: Für die Christen, für welche die Zeit erfüllt ist, sind schwerere Strafen im Falle ihrer Versündigung vorgesehen, nämlich der Verlust des ewigen Heils.[719]

4.3 Gal 4,4 belegt für CYPRIAN die Notwendigkeit der Fleischwerdung Christi, obwohl er *a principio* Gottes Sohn war.[720] Gegen den adoptianischen Monarchianismus beweisen Gal 4,4 fine und Mt 12,8 für NOVATIAN, dass Jesus

---

[712] ORIGENES, *comm. in Rom.* (SCHERER 176; 190; FC 2/6, 116). 130). So verbietet Gal 4,4f die wörtliche Erfüllung der Paschavorschriften (ORIGENES, *comm. in Mt.* ser. 79 [GCS 38, 189], gegen den Ebionismus). Ähnlich wendet METHODIUS VON OLYMPUS, *De cibis* 9,1; 10,5 (GCS 27, 438. 440) Gal 4,4 gegen die wörtliche Befolgung alttestamentlichen Zeremonialgesetzes (hier: Num 19); vgl. auch Ps.-ATHANASIUS, *sabb.* 2 (PG 28, 133 C).

[713] DE LUBAC, Geist, 310. – In der messianischen Weissagung Num 24,17 erklärt sich die Wendung „doch nicht schon jetzt" natürlich daraus, dass die Fülle der Zeiten noch nicht angebrochen war (ORIGENES, *hom. in Num.* 18,4,1 [SC 442, 328]).

[714] ORIGENES, *princ.* 2,7,2 (GÖRGEMANNS/KARPP, 374).

[715] ORIGENES, *hom. in Lc.* 14 (FC 4/1, 170–172).

[716] ORIGENES, *hom. in Jos.* 15,4 (SC 71, 346). ORIGENES zitiert zusätzlich Mt 5,17.

[717] ORIGENES legt gerade Mt 13,45f aus, das Gleichnis von der kostbaren Perle.

[718] ORIGENES, *comm. in Mt.*, 10,9 (GCS 40, 10f; Übersetzung VOGT, Mattäus, 70). Zu dieser auf den einzelnen Christen bezogenen Rezeption von Gal 4,4 vgl. auch ORIGENES, *Jo.* 10, 85 (SC 157, 434) sowie später AMBROSIUS, *ep.* 20,9 (CSEL 82/1, 150f), der Gal 3,24 hinzunimmt.

[719] ORIGENES, *hom. in Jer.* 19,15 (SC 238, 244).

[720] (Ps.?)-CYPRIAN, *testim.* 2,8 (CCL 3, 40). Vorausgesetzt ist die Lesart *natum* = γεννώμενον statt der Lesart *factum* = γενόμενον.

Christus zugleich wahrer Mensch und wahrer Gott ist: Als Mensch ist er dem Gesetz untertan, als Gott ist er Herr des Sabbats.[721]

5. In den trinitätstheologischen und christologischen Streitigkeiten, in denen der Galaterbrief insgesamt wenig Bedeutung hat,[722] wird Gal 4,4 von verschiedenster Seite in Beschlag genommen. Nach EPIPHANIUS VON SALAMIS präsiert die Wendung ἐκ γυναικός den Ausdruck γενόμενον so, dass im antiarianischen Sinn die Ewigkeit des Logos nicht angetastet ist.[723] Hingegen verwenden einige westliche Arianer die Stelle als Schriftbeleg zugunsten der Subordination.[724] Doch für AMBROSIUS stützt Gal 4,4 diese Thesen keineswegs,[725] sondern bezeugt die Einheit von Gottheit und Menschheit in Christus,[726] in Verbindung mit Joh 8,58 die Einheit von Erniedrigung und Hoheit,[727] und erweist zusammen mit Spr 8,22; Mt 1,18 und Spr 9,1 gegen die Anhomöer die Unteilbarkeit der Dreieinigkeit hinsichtlich des göttlichen Schaffens.[728] MARIUS VICTORINUS betont ebenfalls die unverkürzte Gottessohnschaft Christi: Der Begriff *factum* im Sinne des erst nachträglich Geschehenden steht nur bei der Aussage von der Unterstellung unter das Gesetz, nicht bei der Sendungsaussage.[729] AUGUSTINUS hält den Arianern vor, dass sie aus dem Gehorsam des Sohnes zu Unrecht seine Wesensverschiedenheit zum Vater gefolgert hatten: Auch wenn ein menschlicher Sohn seinem menschlichen Vater gehorcht, geht nicht die Verschiedenheiten ihrer Natur hervor.[730] Zwar ist Christus insofern, als er gesandt wurde, tat-

---

[721] NOVATIAN, *trin.* 11,8/60 (CCL 4,29).

[722] JOHANNES CHRYSOSTOMUS, AMBROSIASTER, AUGUSTINUS und PELAGIUS gehen zu Gal 4,4 auf die Streitigkeiten nicht ein; anders MARIUS VICTORINUS und THEODORET VON CYRUS.

[723] EPIPHANIUS VON SALAMIS, *Anc.* 33,1 (GCS 25, 42).

[724] *Fragmenta Theologica Arriana e codice Bobiensi rescripto, Frgm.* 9 (CCL 87, 242f), mit dem Hinweis, dass auch andere Schriftstellen wie Joh 3,16; Mt 11,25f u.a. sich hinsichtlich der Relation von Vater und Sohn biblisch gesehen nicht umkehren lassen. Zu dieser arianischen Verwendung von Gal 4,4 vgl. auch *Sermo Arrianorum* 5f (CSEL 92, 34), sowie *Cod. München Clm 6329*, fol. 130v–131r (ÉTAIX, Sermons ariens, 154); der Prediger verweist auf Joh 5,30.

[725] AMBROSIUS, *fid.* 1,14,94 (CSEL 78, 41).

[726] AMBROSIUS, *fid.* 2,9,79 (CSEL 78, 85). Für die unverkürzte Menschheit Christi steht die Stelle neben Ps 86,5 und Joh 1,14 (alle drei Stellen sind durch *factus* miteinander vergleichbar) auch bei FULGENTIUS VON RUSPE, *ad Tras.* 1,16,3.5 (CCL 91, 113f); als Mittler muss Christus die volle göttliche und die volle menschliche Natur in sich haben. Letztere nimmt er an, damit uns die göttliche Adoption geschenkt werde (FULGENTIUS VON RUSPE, *inc.* 12 [CCL 91, 323]).

[727] AMBROSIUS, *fid.* 5,14,174 (CSEL 78, 280). Er kann zur Umschreibung von Gal 4,4 die Formel *creatus ex virgine* verwenden (AMBROSIUS, *fid.* 3,9,60 [CSEL 78, 130]); anders HILARIUS VON POITIERS, *trin.* 12,50 (CCL 62 A, 620): Das Wort *factum* soll die *virginitas Mariae* wahren (gegen die Rede von der Geburt), ohne aber mit der häretischen Idee der *creatio Christi* verwechselt zu werden.

[728] AMBROSIUS, *Spir.* 2,6/59 (CSEL 79, 109). Auch nach RUFINUS VON PALÄSTINA ist die Inkarnation im Willen aller drei göttlichen Personen begründet (RUFINUS VON PALÄSTINA, *fid.* 42 [PL 21, 1146 BC], mit Verweis auf Phil 2,6; Lk 1,35).

[729] MARIUS VICTORINUS, *in Gal.* 4,4 (CSEL 83/2, 140). Explizit antiarianisch wird die Stelle gewendet bei MARIUS VICTORINUS, *adv. Arium* 4,32 (CSEL 83/1, 275); ders., *ad Candidum* 29 (CSEL 83/1, 44). Auch nach Ps.-VIGILIUS VON THAPSUS, *c. Varimad.*1,9 (CCL 90, 23) ist Gal 4,4 Zeugnis gegen eine aus Apg 2,36 hergeleitete Subordination des Sohnes.

[730] AUGUSTINUS, *c. s. Arrian.* 6,6 (PL 42, 687).

sächlich geringer als derjenige, der ihn sendet,[731] doch ist dies nur scheinbar ein Zugeständnis an arianische Positionen, denn Gal 4,4 bezieht sich auf die Knechtsgestalt des Sohnes.[732] Für BASILIUS VON CÄSAREA beweist die Formel ἐκ γυναικός, verglichen mit 1Kor 11,12, dass Paulus die Präpositionen ἐκ und διά abwechselnd gebrauchen kann, doch ist sie im Vergleich zur Wendung διὰ γυναικός insofern genauer, als sie die Naturgemeinschaft des Geborenen mit seiner Mutter eindeutig zum Ausdruck bringt und so dem Doketismus wehrt.[733]

APOLLINARIS VON LAODIZEA hat Gal 4,4 mit der bekannten Formel μία φύσις τοῦ θεοῦ λόγου σεσαρκωμένη erklärt[734] und seine christologische Konstruktion mit dem Nebeneinander von Gal 4,4 und Joh 3,13 begründet,[735] der Apollinarist TIMOTHEUS hat nochmals Gal 4,4 explizit auf die Annahme des aus Maria geborenen Fleisches bezogen,[736] ein weiterer Apollinarist in dem Singular in beiden Aussagen („Gott sandte seinen Sohn, und er ist von einer Jungfrau") die Einheit des unteilbaren Christus bezeugt gesehen.[737]

Gegen Apollinaris wird Gal 4,4 im allgemeinen Sinne als Schriftbeweis für die unverkürzte Menschheit Jesu[738] festgehalten, der aus und in zwei Naturen existiert.[739] Für den Verfasser der ps.-athanasianischen Schrift *De Sancta Trinitate Dialogus* bezieht sich die Formel ἐκ γυναικός gegen einen Apollinaristen, der sie als alleinige Aussage über die Menschwerdung Christi insgesamt gelten lassen wollte, auf die menschliche Natur Christi, während von der göttlichen Natur διὰ γυναικός auszusagen ist; antidoketische Bedenken i.S. TERTULLIANS sind nicht erkennbar aufgenommen.[740] Für EPIPHANIUS VON SALAMIS ist die

---

[731] AUGUSTINUS, *trin.* 4,19,26 (CCL 50, 194).

[732] AUGUSTINUS, *trin.* 1,7,14; 1,11,22 (CCL 50, 61). Für die Auslegung von FULGENTIUS VON RUSPE, *ep.* 8,13 (CCL 91, 265); ders., *c. Fastid.* 8,1–4 (CCL 91, 293), gilt dasselbe.

[733] BASILIUS VON CÄSAREA, *Spir.* 12 (FC 12, 100). Seine Schrift ist gegen Eustathius von Sebaste gerichtet; der Verweis auf Gal 4,4 und 1Kor 11,12 aber auch gegen Aetius, der die Gottheit des Sohnes geleugnet hatte. – Ähnlich bezieht FULGENTIUS VON RUSPE Stellung gegen die dogmengeschichtlich in verschiedenen Kontexten mögliche These, Christus habe nicht die wahre menschliche Natur besessen (FULGENTIUS VON RUSPE, *ep.* 17,5 [CCL 91 A, 566]).

[734] APOLLINARIS VON LAODIZEA, *ep. Jov.* 1 (LIETZMANN 251; zitiert in *Doctr. Patr.* 9,10, DIEKAMP 62); vgl. ders., *de unione* 1 (LIETZMANN 185).

[735] APOLLINARIS VON LAODIZEA, *de unione* 1 (LIETZMANN 185).

[736] TIMOTHEUS, *ad Prosdocium* 4 (LIETZMANN 285). Vermutlich handelt es sich implizit um einen Umkehrschluss aus Joh 1,14: Wie dort die Fleischwerdung als Menschwerdung aufgefasst wird, so hier die Menschwerdung als Annahme des aus Maria geborenen Fleisches.

[737] Ps.-JULIUS, *de fide* 3 (LIETZMANN 312).

[738] AMBROSIUS, *incarn.* 6/53 (CSEL 79, 251); vgl. Ps.-AUGUSTINUS (Cassiodor), *liber de fide ad Petrum* 14 (PL 40, 757).

[739] Ps.-ATHANASIUS, *annunt.* 11 (PG 28, 933 C).

[740] Ps.-ATHANASIUS, *dial. Trin.* 4,6 (PG 28, 1260 C). Dass Gal 4,4 nur auf die menschliche Natur zu beziehen ist, dafür vgl. auch LEO I. VON ROM, *tract.* 23,2 (CCL 138, 103f) sowie die *expositio Symboli Quicunque* (PG 28, 1599 D). – Später zitiert JUSTINIAN I. aus einem monophysitischen Bekenntnis, das einem unechten Brief des ATHANASIUS entlehnt ist. Gal 4,4a bezeugt dort nicht die Existenz von zwei Naturen in Christus, deren eine anzubeten sei, deren andere nicht, sondern die eine fleischgewordene und *mit* seinem Fleisch in einer einzigen Anbetung anzubetende Natur des Wortes (JUSTINIAN, *monoph.* [PG 86, 1125 AB]).

Wendung γενόμενον ὑπὸ νόμον gegen Apollinaris Beleg für die Sündlosigkeit des wahren und vollkommenen Menschen Christus, der auch einen menschlichen νοῦς angenommen hat.[741]

DIODOR VON TARSUS soll, so behauptet ein syrisches Florilegium, das vermutlich auf seinen Gegner CYRILL VON ALEXANDRIEN zurückgeht, die Aussagen von Gal 4,4 (Sendung, Geburt von einer Frau, Unterstellung unter das Gesetz) nur auf „den Menschen aus Maria" bezogen haben, nicht auf den Gott Logos.[742] NESTORIUS hat nach JOHANNES CASSIAN darauf verwiesen, dass niemand jemanden gebäre, der älter ist als er selbst,[743] häufiger jedoch darauf, dass in Sendungsaussagen wie Gal 4,4 für Christus nicht „Gott" oder „Logos" steht, sondern eine von Gott unterschiedene Bezeichnung wie „Sohn", die die Zweiheit der Naturen in Christus anzeigt.[744] CYRILL liest darin Polemik heraus, als sei der Logos nach NESTORIUS nicht wirklich Mensch geworden,[745] und verurteilt jeden, der aus Gal 4,4 eine Trennungschristologie herauslesen will.[746] Ihm gelten Gal 1,1 und Gal 1,11f als Schriftbeleg für die Gottheit, Gal 4,4 für die Menschheit Christi,[747] die in der σύμβασις εἰς ἑνότητα zusammenkommen.[748] Im Zuge der Betonung der Personeinheit Christi vermeidet er, von der Zweiheit der Naturen nach ihrer Vereinigung in der einen Person zu sprechen:[749]

---

[741] EPIPHANIUS VON SALAMIS, *Anc.* 80,3 (GCS 25, 100), mit Verweis auf Phil 2,7.

[742] DIODOR VON TARSUS, *Frgm.* 12; 13 (ABRAMOWSKI 31).

[743] JOHANNES CASSIAN führt dagegen Gal 4,4 an: Es war der ewige Gottessohn und niemand anders, der Mensch geworden ist (JOHANNES CASSIAN, *c. Nest.* 4,1,3–2,1 [CSEL 17, 286f]).

[744] NESTORIUS, *serm.* 2 (PL 48, 765 AB), ähnlich ders., *serm.* 12,22–26 (PL 48, 858 C – 860 A); vgl. auch CYRILL VON ALEXANDRIEN, *Nest.* 2,1,36 (PG 76, 69 AB); ders, *dialogus cum Nestorio* (PG 76, 249 A); dort als erste Schriftstelle überhaupt genannt.

[745] CYRILL VON ALEXANDRIEN, *Nest.* 2,2,38 (PG 76, 72 D).

[746] CYRILL VON ALEXANDRIEN, *apologeticus contra. Theodoretum* 10 (PG 76, 436 AB); vgl. ders., *ep.* 18 (PG 77, 125 A): Fleisch geworden ist das Wort, und er ist in fleischlicher Weise aus der Frau geboren worden, damit wir als Brüder dessen erfunden würden, der über der ganzen Schöpfung steht. Die Einheit der Person Christi kann also nicht eine Einheit lediglich im Sinne der συνάφεια sein, wie CYRILL seinem Gegner NESTORIUS unterstellt. Antinestorianische Polemik unter Bezugnahme auf Gal 4,4 findet sich auch bei VITALIS und CONSTANTIUS (bei CAPREOLUS, *ep.* 2 [PL 53, 848 D]). Zur Rezeption von Gal 4,4 (geboren ἐκ γυναικός) im Zuge der Betonung der Einheit Christi vgl. auch PAULUS VON EMESA, *hom.* 1 (PG 77, 1436 B). Auch für JOHANNES VON ANTIOCHIEN, der kein Parteigänger CYRILLS ist, beschreibt Gal 4,4 die Geburt des eingeborenen Sohnes Gottes aus der Jungfrau und rechtfertigt so den Θεοτόκος-Titel (JOHANNES VON ANTIOCHIEN, *ep. Nest.*, ACO 1/1/1, 93–96).

[747] CYRILL VON ALEXANDRIEN, *hom. pasch.* 8,6 (PG 77, 576 B); ders., *ep.* 44 (PG 77, 288 D). Die Menschwerdung „aus einer Frau" geschah, „damit er der erste unter allen würde" (CYRILL, *apol. Thds.* 35 [PG 76, 1185 A]), ... damit er (Hebr. 2,17) in allem den Brüdern ähnlich würde (ders., *ep.* 1 [PG 77, 29 A]). Dass die in Gal. 4,4 benannte Erniedrigung des Gottessohnes um unseres Heiles willen erfolgt ist, betont ders., *ep.* 45 (PG 77, 300 D). – Ungeachtet der divergierenden Standpunkte gilt Gal 4,4 als Zeugnis der unverkürzten Menschheit Christi auch bei LEO, *ep.* 11 (ACO 2/1/1, 25).

[748] CYRILL VON ALEXANDRIEN, *de recta fide ad. Theodosium* 29 (PG 76, 1173 D – 1176 D).

[749] CYRILL VON ALEXANDRIEN, *ep.* 31 (PG 77, 152 D). Zu der Aussage „Geboren aus einer Frau" muss daher die Wendung κατὰ σάρκα ergänzt werden, damit nicht jemand meint, er habe aus Maria seinen Anfang genommen (CYRILL VON ALEXANDRIEN, *ep.* 50 [PG 77, 257 B]).

Wir bekennen einen und den einzigen und den wahren Sohn Gottes des Vaters, unseren Herrn Jesus Christus: Ein und den selben wissen wir als Gott und als Logos aus dem Vater, und als Menschen aus der Frau, und über dem Gesetz stehend als Gott und unter dem Gesetz stehend wegen seines menschlichen Seins: in der Würde des Herrn nach seiner Natur, und in Knechtsgestalt wegen der Heilsökonomie.

Für JOHANNES CASSIAN ist ausschlaggebend, dass *factum* auch für *natum* stehen kann, wie Ps 44,17; Joh 8,58 zeigen. Auch konvergiert die Aussage des *Nicaenums*, Christus sei *gekommen*, mit der Sendungsaussage in Gal 4,4. Schließlich: Wäre nur der Mensch Jesus aus Maria geboren, warum sollte dann vom „Kommen" die Rede sein?[750]

Nach THEODORET VON CYRUS bezieht sich der Begriff der „Sendung" in Gal 4,4 auf die ἐνανθρώπησις, deshalb ist Christus auch erst nach seiner Menschwerdung der ἀπόστολος ... τῆς ὁμολογίας (Hebr 3,1) geworden.[751] Nach THEODOTUS VON ANCYRA ist die Geburt Jesu ähnlich wie seine Menschwerdung Sache seines Willens, nicht Sache der Veränderung der göttlichen Natur. So will THEODOTUS sowohl gegen NESTORIUS an der Einheit der Person Christi als auch an dem Grunddogma der Unveränderlichkeit Gottes festhalten.[752]

Diese Abgrenzung von NESTORIUS wiederholt sich in der *Doctrina Patrum de incarnatione Verbi* aus dem 7. Jahrhundert[753] und erscheint nochmals gebündelt bei JOHANNES VON DAMASKUS. Er führt die Identität der Referenz der Begriffe „Jesus Christus" in Röm 2,16; 9,5 und „Sohn" in Gal 4,4, die sich auf die Gottheit Christi beziehen, gegen die angebliche nestorianische Trennungschristologie ins Feld: auch Jesus dürfe Gott genannt werden.[754] Aber auch der Begriff ἐξαποστέλλεται dient zur Polemik, denn, so formuliert er in rhetorischer Zuspitzung: ὁ γὰρ μὴ ὢν οὐκ ἀποστέλλεται. Τί οὖν ὤν, τί ἐκ γυναικὸς γέγονεν, εἴπατε.[755] Auch die Formulierung ἐκ γυναικός beweist die Unteilbarkeit der Gottmenschheit Christi, weswegen Maria der Titel θεοτόκος gebührt.[756] Im monotheletischen Streit hat der Gelehrte auch die Wendung γενόμενον ὑπὸ νόμον herangezogen: Wenn Christus keinen Menschenwillen angenommen habe, mit welchem Willen soll er dem Vater gehorsam geworden und „unter das Gesetz" gekommen sein und alle Gerechtigkeit erfüllt haben?[757]

---

[750] JOHANNES CASSIANUS, *c. Nest.* 4,1,3–4,2,1; 6,8,1–4 (CSEL 17, 286f.334f).

[751] THEODORET VON CYRUS, *in Hebr.* (PG 82, 697 B).

[752] THEODOTUS VON ANCYRA, *exp. symb. Nic.* 4 (PG 77, 1319 B). Doch auch gegen den Kontrahenten Eutyches ist Gal 4,4 als Schriftbeweis verwendet worden, nunmehr zugunsten der unverkürzten Menschheit in Christus (VIGILIUS VON THAPSUS, *c. Eutych.* 3,3 [PL 62, 112 B]).

[753] *Doctr. Patr.* 3,5; 29,15 (DIEKAMP 27. 302).

[754] JOHANNES VON DAMASKUS, *haer. Nest.* 42 (KOTTER IV, 285); ähnlich schon JOHANNES VON APAMEA, *Tractatus 3 de mysterio dispensationis Domini nostri Christi* (SC 311, 166).

[755] JOHANNES VON DAMASKUS, *haer. Nest.* 5 (KOTTER IV, 265).

[756] JOHANNES VON DAMASKUS, *f. o.* 56/3,12 (KOTTER II, 134). Vgl. dazu schon JOHANNES VON ANTIOCHIEN, *ep. Nest.* 1 (ACO 1/1/1, 95).

[757] JOHANNES VON DAMASKUS, *volunt.* 28 (KOTTER IV, 211). Das auffällige aktivische Verständnis der Aussage beruht auf der Lesart γέγονεν statt γενόμενον als Ergänzung zu ὑπὸ νόμον.

6. Die Wendung γενόμενον ὑπο νόμον hilft ORIGENES, Joh 8,49 („doch ich ehre meinen Vater") als Ausdruck der Unterstellung unter das Gesetz zu interpretieren, das ja tatsächlich die Ehrung der Eltern (Ex 20,12) fordert;[758] ORIGENES und THEODORET VON CYRUS verwenden sie einmal zur Rechtfertigung einer Typologie[759]. Ansonsten interessiert die altkirchlichen Theologen vor allem die Frage, auf welchen Zeitraum innerhalb der *vita Jesu* sich die Aussage bezieht; daneben wird sie aufgenommen, um die für die Christen nicht mehr verbindliche jüdische Lebenspraxis Jesu zu begründen.

AMBROSIASTER bezieht die Wendung *sub lege* auf die Zeit bis zur Taufe Jesu.[760] Solange hat sich Christus dem Gesetz unterstellt,

damit er die Form vorgebe, auf welche Weise die gereinigten Sünder und vom Joch des Gesetzes Befreiten aufgrund göttlicher Würdigung zu Söhnen Gottes angenommen werden, wie dieser es den durch dessen Blut Erlösten versprochen hat. Doch war es nötig, dass der Erlöser dem Gesetz untertan war, gleichsam als Sohn Abrahams nach dem Fleisch: Er, der, dem Abraham verheißen, gekommen war zur Rechtfertigung der Heiden aus dem Glauben, sollte das Zeichen der Beschneidung ebenso tragen wie Abraham selbst, dem er verheißen war.

Die zeitliche Erstreckung des *factum sub lege* umgreift nach THEODOR VON MOPSUESTIA das ganze irdische Leben Jesu, so dass seine Auferweckung als Unterpfand unserer zukünftigen Endvollendung aussagbar wird.[761] Bei anderen Autoren werden einzelne Ereignisse seines Lebens mit dieser Wendung erklärt, etwa Jesu Geburt aus Israel,[762] seine Beschneidung (Lk 2,21)[763] und Reinigung (Lk 2,22),[764] die freiwillige Zahlung der Tempelsteuer (Mt 17,24–27),[765] das Passamahl am Vorabend seines Todes[766] oder das Leiden insgesamt.[767] Eine mit 1 Petr 2,21 angereicherte Mahnung entnimmt JULIAN VON ECLANUM der Aus-

---

[758] ORIGENES, *Jo.* 20, 338f (SC 290, 322).

[759] Diese Wendung erlaubt, die typologische Beziehung von Mose und Josua auf das Verhältnis zwischen Gesetz und Christus aufrechtzuerhalten, obwohl Josua in Jos 1,1 als „Diener Moses" bezeichnet wird (ORIGENES, *hom. in Jos.* 2,2 [SC 71, 120]; THEODORET VON CYRUS, *qu.* Jos. 1 [PG 80, 460 A]).

[760] AMBROSIASTER, *in Gal.* 4,5,1 (CSEL 81/3, 43).

[761] THEODOR VON MOPSUESTIA, *in Gal.* 4,4 (SWETE 62).

[762] MARIUS VICTORINUS, *in Gal.* 4,4 (CSEL 83/2, 141), mit antijüdischer Applikation.

[763] AMBROSIUS, *in Luc.* 2,55 (CCL 14, 54); ähnlich CYRILL VON ALEXANDRIEN, *Lc.* (PG 72, 496 B); *hom.* 12 (PG 77, 1041 B).

[764] HIPPOLYT VON ROM, *Fragmente* (GCS I/2, 267); EUSTATHIUS VON ANTIOCHIEN, bei THEODORET VON CYRUS, *eran.* 2 (ETTLINGER 158), mit dem Verweis, dass sich die Wendung natürlich nur auf die Menschheit Jesu bezieht. LEONTIUS VON NEAPOLIS, *serm. in Sym.* (PG 93, 1572 A), verteidigt ihren Sinn: Wie sollte derjenige, der sich ernähren lassen musste wie ein kleines Kind, obwohl er es doch ist, der der ganzen Welt das Leben gibt, sich nicht auch der Reinigung unterziehen und so dem Gesetz untertan sein, damit er diejenigen befreie, die unter dem Gesetz waren?

[765] AMBROSIUS, *ep.* 1,18 (CSEL 82,12); ähnlich nach CYRILL VON ALEXANDRIEN, *apol. Thdt.* 6, def. (PG 76, 424 C).

[766] JOHANNES CHRYSOSTOMUS, *prod. Iud.* 1,2 (PG 49, 378), mit zusätzlichem Verweis auf Mt 3,15 („so gebührt es uns, alle Gerechtigkeit zu erfüllen").

[767] JOHANNES CHRYSOSTOMUS, *prod. Iud.* 2,4 (PG 49, 388).

Gal 4,5

damit er die freikaufe, die unter dem Gesetz stehen, und damit wir die Sohnschaft erlangen.

sage: Christus wurde unter das Gesetz getan, damit er uns ein Beispiel gebe, dass wir seinen Fußstapfen folgen sollten.[768]

Die Geschichte der Rezeption von Gal 4,5 ist wesentlich durch den Begriff der Sohnschaft bestimmt, der aber auch in Röm 8,23 erscheint – insofern bieten die folgenden Ausführungen ein Stück Begriffsgeschichte, deren Kenntnis freilich zum Verständnis der Exegese zu Gal 4,5 unabdingbar ist. 1. Der Begriff kann das Ziel des Heilshandelns Gottes bezeichnen, hat 2. aber als Statusbestimmung des Menschen auch Beweiskraft in den frühen christologischen und dann in den trinitätstheologischen Auseinandersetzungen. 3. Seltener wird V. 5a rezipiert.

1. Der Begriff υἱοθεσία bezeichnet bei IRENÄUS[769] und bei CLEMENS[770] das Ziel des Heilshandelns Gottes am Menschen, den Christen gilt die Aussage „Ich habe gesprochen: Götter seid ihr alle und Söhne des Allerhöchsten" (Ps 81,6).[771] In seiner Auslegung zu Röm 8,23–25 bringt ORIGENES mit Hilfe von 1Kor 13,12 den eschatologischen Vorbehalt zur Geltung: Das Heilsereignis Gal 4,4f ist Realität, doch die Annahme an Sohnes statt und die Erlösung erlangen wir „durch einen Spiegel und rätselhaft".[772] Den Gedanken der *adoptio filiorum* kann ORIGENES aber auch zur Abgrenzung des Christentums gegenüber dem Judentum verwenden: die *propinquitas Dei* und die *adoptio filiorum* ist von Israel auf die Kirche übergegangen.[773] Marcioniten haben die Adoptionsvorstellung zur Unterstützung ihrer Zweigötterlehre herangezogen: Man adoptiert nicht die eigenen Söhne.[774] ADAMANTIUS verweist dagegen auf die Wendung *pater omnium* (statt nur *pater fidelium*) in Mal 2,10 und auf 1Kor 3,21–23 („Christus aber ist Gottes").

---

[768] JULIAN VON ECLANUM, bei AUGUSTIN, *c. Jul. imp.* 4,49,1 (CSEL 85/1, 53).

[769] IRENÄUS VON LYON, *haer.* 2,11,1 (FC 8/2, 78); *epid.* 8 (FC 8/1, 37); sowie IRENÄUS VON LYON, *haer.* 5,18,2 (SC 8/5, 148), mit Auslegung der Stelle als korrespondierend zu Eph 4,6.

[770] CLEMENS VON ALEXANDRIEN, *str.* 2,75,2; 2,134,2 (GCS 15, 152. 187). Vgl. auch *3 Kor 3,8*: „Der Mensch wurde, als er verloren gegangen war, gesucht, damit er lebendig gemacht würde durch die Annahme zur Kindschaft" (HARNACK 21). Deutlich ist die Bezugnahme auf Gal 4,5 bei DOROTHEUS VON GAZA, *Dd.* 16, 167 (FC 37/2, 434), wo Gal 4,5 die Folge des Handelns Christi nach Gal 3,13, unser Heil, in Worte fasst.

[771] IRENÄUS VON LYON, *haer.* 3,6,1 (FC 8/3, 54). – Die Deutung der Sohnschaft auf die Unsterblichkeit findet sich bei THEODOR VON MOPSUESTIA, *in Gal.* (SWETE 62).

[772] ORIGENES, *comm. in Rom.* 7,5 (FC 2/4, 70); vgl. dazu HEITHER, *Römerbrief*, 70 Anm 42.

[773] ORIGENES, *hom. in Lev.* 12,5 (SC 287, 188).

[774] ADAMANTIUS, *dial.* 2,19 (BUCHHEIT 46).

HIERONYMUS legt Gal 4,5 so aus: Christus wurde um derer willen, die unter dem Gesetz stehen, unter das Gesetz getan, er nahm das Geborenwerden von einer Frau um der Menschen willen auf sich, die ebenfalls von einer Frau geboren werden, wie er sich, obwohl sündlos, taufen ließ, um alle Gerechtigkeit zu erfüllen und die Notwendigkeit der Reinigung durch die Taufe anzuzeigen.[775] AUGUSTINUS beachtet, dass es *recipiamus*, nicht *accipiamus* heißt: Wir erhalten wieder zurück, was wir in Adam verloren hatten.[776] JOHANNES CHRYSOSTOMUS findet das Stichwort ἀπολάβωμεν angemessen: die Gotteskindschaft sei eine „geschuldete", da von Gott dem Abraham versprochen.[777]

2. Für IRENÄUS ergibt sich aus dem Motiv der Sohnschaft gegen die Ebioniten, dass man Jesus nicht nur als Menschen betrachten kann – wie könnte dann die Annahme an Sohnes Statt von Gott erfolgen?[778] Für AMBROSIUS gewinnt dieses Motiv als Auslegung zu 2Tim 2,11f Aussagekraft in den trinitarischen Auseinandersetzungen:[779]

Was ist aber unsinniger, als dass einer leugnen wollte, dass der Heilige Geist zusammen mit Christus regiert, wenn der Apostel sagt, dass auch wir im Reich Christi mit Christus zusammen herrschen werden: Wenn wir mit ihm gestorben sind, so werden wir auch mit ihm leben, wenn wir leiden, dann werden wir auch mit ihm herrschen (2Tim 2,11f)? Doch wir (sind Mitherrscher) durch Adoption, jener durch (göttliche) Vollmacht, wir durch Gnade, jener durch seine Natur.

Die Christen sind Söhne durch Adoption, Söhne nicht *wie* der Sohn Gottes, sondern *durch* ihn.[780] Diese Unterscheidung zwischen der Sohnschaft kraft eigener Natur und der Sohnschaft durch Adoption war eines der Hauptthemen der antiarianischen Auseinandersetzung.

3. Gal 4,5a fasst für die altkirchlichen Theologen vornehmlich die Selbstunterscheidung des Christentums vom Judentum in Worte: Der Christusbindung ist nicht mehr noch die Bindung an das Gesetz beizufügen;[781] wir stehen nicht mehr unter dem Gesetz, sondern unter der Gnade.[782] TAJO VON SARAGOSSA bezieht den Freikauf auf die Rettung der Gerechten des Alten Bundes.[783]

Daneben steht eine allgemeiner gehaltene Rezeption bei THEODOR VON MOPSUESTIA: Mit Gal 4,5 zeigt der Apostel an, dass Christus für uns die Schuld beim Gesetzgeber bezahlt und uns Heil erworben hat.[784]

---

[775] HIERONYMUS, *in Gal.* (CCL 77 A, 108).
[776] AUGUSTINUS, *exp. Gal.* 30,7 (CSEL 84, 96).
[777] JOHANNES CHRYSOSTOMUS, *comm. in Gal.* (PG 61, 657): ὀφειλομένην.
[778] IRENÄUS VON LYON, *haer.* 4,33,4 (FC 8/4, 258). Ähnlich polemisiert GREGOR VON NAZIANZ, *ep.* 101,18 (SC 208, 44): Wer zwei Söhne annimmt, den einen aus Gott, den anderen aus Maria, und nicht ein- und denselben Sohn, der möge aus der Sohnschaft fallen, die den Rechtgläubigen verheißen ist.
[779] AMBROSIUS, *Spir.* 3,20, 157 (CSEL 79, 216).
[780] MARIUS VICTORINUS, *in Gal.* 4,5 (CSEL 83/2, 141f).
[781] MARIUS VICTORINUS, *in Gal.* 4,5 (CSEL 83/2, 141f).
[782] AUGUSTINUS, *Io. ev. tr.* 3,2, (CCL 36, 20). Er verweist auf Röm 6,14.
[783] TAJO VON SARAGOSSA, *sent.* 2,8 (PL 80, 785 D).
[784] THEODOR VON MOPSUESTIA, *hom. cat.* 6,9 (FC 17/1, 161).

Gal 4,6

Weil ihr aber Söhne seid, sandte Gott den Geist seines Sohnes in unser Herz, den Geist, der ruft: Abba, Vater.

Sekundärliteratur: DÜNZL, Pneuma.

Die Wahrnehmung der Stelle ist 1. anfangs durch das Subjekt der Sendung und die Anrede „Vater" bestimmt. 2. Vereinzelt wird die Wendung „in unsere Herzen" bedacht. 3. Aufgrund der Formulierung „den Geist seines Sohnes" wird die Stelle in den trinitätstheologischen Kontroversen zitiert. Zu notieren sind ferner 4. die gelegentliche Rezeption in der Frage, wie wir Gott als Vater anreden können, sowie 5. einzelne exegetische Erörterungen.

1. Für TERTULLIAN belegt die sachliche Übereinstimmung zwischen Joel 3,1 („In den letzten Tagen will ich ausgießen von meinem Geist auf alles Fleisch") und Gal 4,6 die Einheit des Gottes beider Testamente.[785] Die Anrede „Vater" ermöglicht CLEMENS VON ALEXANDRIEN, mit Hilfe von Gal 4,6 den geistlichen Fortschritt des Menschen „von ‚Glaube und Furcht' hin zu ‚Gnosis und Liebe'"[786] zu beschreiben, wenn nämlich der Geist der Knechtschaft, der auf Furcht ausgerichtet war, zur Liebe befreit wird.

2. Für (Ps.?-) ORIGENES zeigt die Wendung εἰς τὰς καρδίας ἡμῶν in Gal 4,6, dass die in Ps 3,5 gemeinte Stimme (ich rufe mit meiner Stimme zum Herrn) die λογικὴ διέξοδος ... ἐν τῷ ἡγεμονικῷ ist.[787] THEODOR VON MOPSUESTIA erinnert unter Voraussetzung der Lesart *cordibus uestris* (statt *cordibus nostris*) in V. 6b an die wunderhaften Geisterfahrungen der Galater nach Gal 3,1–5 als unzweifelhaften Beweis für die Richtigkeit der paulinischen Verkündigung.[788]

3. In den trinitarischen Streitigkeiten kann Gal 4,6 seit ATHANASIUS[789] die Gottheit des Sohnes[790] wie die Gottheit des Heiligen Geistes beweisen;[791]

---

[785] TERTULLIAN, *adv. Marc.* 5,4,4 (CCL 1, 672): *Cuius gratia, nisi cuius et promissio gratiae? Quis pater, nisi qui et factor?*

[786] DÜNZL, Pneuma, 235 Anm 383, zu CLEMENS VON ALEXANDRIEN, *ecl.* 19,1f (GCS 17, 142).

[787] Ps.-ORIGENES, *sel. in Ps.*, zu Ps 3 (PG 12, 1124 C).

[788] THEODOR VON MOPSUESTIA, *in Gal.* (SWETE 63).

[789] Nach DÜNZL, Pneuma, 38f, mit Anm 55, ist bereits auf TERTULLIAN, *adv. Marc.* 5,4,4 (CCL 1, 672) zu verweisen: Der Geist, der in uns ruft, sei als „aktiv und selbständig" (DÜNZL, Pneuma, 39) dargestellt. Doch geht es TERTULLIAN hier nicht um das trinitätstheologische Problem der Gottgleichheit des Heiligen Geistes, sondern um die Einheit des Gottes beider Testamente (s.o.).

[790] MARIUS VICTORINUS, *in Gal.* 4,6 (CSEL 83/2, 142): Christus als Kraft Gottes ist selbst Gott. CYRILL VON ALEXANDRIEN, *Arcad.* (PG 76, 1228 CD) gebraucht eine *conclusio a minore ad maius*: wie sollten wir, die wir durch den Geist des Sohnes zu adoptierten Söhnen werden, ihn selbst für geringer halten? Ähnlich fragt (Ps.?)-NICETAS VON REMESIANA, *spir.* 4 (PL 52, 855 C): Wie kann derjenige, der mich befreit, selbst Knecht sein?

[791] CYRILL VON JERUSALEM, *catech.* 17,4 (RUPP 254); GREGOR VON NAZIANZ, *or.* 31,30 (FC 22, 332); AMBROSIUS, *Spir.* 1,5/62 (CSEL 79, 41); JOHANNES CHRYSOSTOMUS, *pent.* 1,4 (PG 50, 458). GREGOR betont: Der Begriff ἀποστέλλεσθαι ist ähnlich wie andere, die niedrigere Stellung des Heili-

ATHANASIUS vertritt beide Deutungen.[792] HIERONYMUS polemisiert zu Gal 4,6 gegen Firminian, der behauptet habe, der Heilige Geist werde oft Vater, oft Sohn genannt.[793] Für Ps.-EUSEBIUS VON VERCELLI ist Gal 4,6 Schriftbeweis für die Einheit der göttlichen Natur in den drei Personen;[794] er wie RUFINUS VON PALÄSTINA betonen, dass der Geist zugleich als Geist des Vaters und des Sohnes gelten muss.[795] Bei AUGUSTINUS[796] und (Ps.?-)ISIDOR VON SEVILLA dient Gal 4,6 zum Beweis des *Filioque*,[797] bei AUGUSTINUS andernorts zum Beweis des Satzes, dass man innerhalb der Trinität nicht zeitlich differenzieren kann,[798] bei BEDA VENERABILIS (neben Joh 15,26; 1Kor 12,11) zum Beweis des Satzes: *una est uoluntas et operatio patris filii et spiritus sancti*.[799]

Daneben ist Gal 4,6 gelegentlich auch in den christologischen Auseinandersetzungen von Bedeutung: Dass wir nach Gal 4,6 als Söhne bezeichnet werden, ist für CYRILL VON ALEXANDRIEN Verpflichtung, die Einheit der Person Jesu Christi auch hinsichtlich der Menschwerdung unbedingt aufrechtzuerhalten.[800]

4. Dass wir im Herrengebet Gott als Vater anzurufen wagen,[801] ist nach HIERONYMUS nur der *conscientia Spiritus habitantis in nobis* zu verdanken. Der Stridonier fragt dann angesichts von Mt 23,9 nach dem Recht der Anrede „Vater" im monastischen Bereich, gibt aber keine Antwort.[802]

5. Die Formulierung πνεῦμα κράζον lässt gelegentlich nach dem Ausgleich zu Röm 8,15 πενῦμα ἐν ᾧ κράζομεν fragen.[803] AUGUSTINUS antwortet: Gott

---

gen Geistes bezeichnende Begriffe auf die erste Ursache (= Gott Vater) zu beziehen, um den Irrlehren des Sabellius und Arius zu wehren.

[792] Für die Deutung auf die Gottheit des Sohnes vgl. ATHANASIUS, *c. Ar.* 2,59, 3 (AW I/1,2, 236); für die Deutung auf die Gottheit des Geistes vgl. ATHANASIUS, *ep. Serap.* 1,25 (SC 15, 129): Die Wendung „Geist seines Sohnes" impliziert das ἴδιον κατ' οὐσίαν zwischen Sohn und Geist.

[793] HIERONYMUS, *in Gal.* (CCL 77 A, 110).

[794] Ps.-EUSEBIUS VON VERCELLI, *trin.* 1,40 (CCL 9, 12); ders., *trin.* 11, 72 (CCL 9, 160).

[795] Ps.-EUSEBIUS VON VERCELLI, *trin.* 11,72 (CCL 9, 160); RUFINUS VON PALÄSTINA, *fid.* 7 (PL 21, 1127 B), jeweils mit Verweis auf Röm 8,5 und Gal 4,6.

[796] AUGUSTINUS, *Io. ev. tr.*, 99,6 (CCL 36, 585f). Der Beweis wird aus dem Nebeneinander von Gal 4,6 (Geist des Sohnes), Mt 10,20 (Geist des Vaters) und Eph 4,14–16 (ein Geist) geführt.

[797] (Ps.?-)ISIDOR, *ep.* 6,7 (PL 83, 904 A). – Anders CYRILL VON ALEXANDRIEN, *Lc.* (PG 72, 521 C–524 A): Zwar betont auch er unter Verweis auf Gal 4,6 und Röm 8,9, dass der Geist als ἴδιον des Sohnes zu begreifen ist, von dem gilt: Alles, was mein Vater hat, ist mein (Joh 16,15), doch vermeidet CYRILL, von einer ἐκπόρευσις des Geistes aus dem Sohn zu sprechen.

[798] AUGUSTINUS, *trin.* 15,26,46 (CCL 50 A, 524f).

[799] BEDA VENERABILIS, *hom.* 1,20 (CCL 122, 144), zu Mt 16,17. Ausschlaggebend ist das je verschiedene Subjekt des *mittere*. Doch warum bezieht BEDA trinitätstheologische Überlegungen ein? Simon Bar Jona gilt ihm als syrisches Pendant zu *filius columbae* (vgl. Mt 3,16).

[800] CYRILL VON ALEXANDRIEN, *ep.* 45 (PG 77, 297 BC).

[801] HIERONYMUS, *in Gal.* (CCL 77 A, 111); ähnlich EPHRÄM, *in Gal.* (MMK 133); JOHANNES CHRYSOSTOMUS, *pent.* 1,4 (PG 50, 458); PETRUS CHRYSOLOGUS, *serm.* 71,3 (CCL 24 A, 425).

[802] HIERONYMUS, *in Gal.* (CCL 77 A, 112).

[803] Das sachliche Verhältnis beider Stellen wird nicht immer als Problem empfunden (vgl. etwa THEODORET VON CYRUS, *in Gal.* (PG 82, 488 A); JOHANNES VON DAMASKUS, *in Gal.* (PG 95, 801 B). Zu ihrer gegenseitigen Beeinflussung vgl. DÜNZL, Pneuma, 271 mit Anm. 636–638.

bewirkt, dass wir rufen.[804] Entsprechend kann man auch die Wendung „Gott will" in 1Tim 2,4 auslegen: Gott bewirkt, dass wir wollen. So sollen wir, die wir nicht wissen, wer der ewigen Seligkeit teilhaftig werden wird, wollen, dass alle gerettet werden, und dürfen die Zurechtweisung nicht unterlassen.[805] Im Vergleich zu Röm 8,16 (sic!) ist, so JOHANNES CHRYSOSTOMUS, Gal 4,6 deutlicher formuliert; Der Glaubende wird nicht nur durch die Stimme im Glauben gestärkt, sondern auch durch deren wirkende Ursache, den Heiligen Geist.[806]

Die Doppelung „Abba Vater" veranlasst gelegentlich die Frage nach der Ursache ihrer Entstehung. AUGUSTINUS sieht darin den Zugang zu Christus für beide, Juden wie Heiden, versinnbildlicht.[807] Die Argumentation des Apostels war nach THEODORET VON CYRUS unwiderleglich, denn die Galater hatten ja die vom Heiligen Geist gewirkten θαύματα selbst gesehen.[808]

Gal 4,7

Daher bist du nicht mehr Sklave, sondern Sohn; bist du aber Sohn, dann auch Erbe, Erbe durch Gott.

Die Rezeption von Gal 4,7 ist vornehmlich an dem Begriffspaar „Sklave / Sohn", dann aber auch an dem Begriff „Erbe" orientiert und beginnt zunächst 1. als Schriftauslegung mit dem Ziel sittlicher Mahnung und setzt sich 2. fort im Zuge der Auseinandersetzung um Trinitätslehre, Christologie und Heiligenverehrung. 3. In der Kommentarliteratur wird vornehmlich der Begriff „Erbe" zum Anlass des Nachdenkens.

1. Wenn Christen nicht mehr Sklaven, sondern Söhne sind, wie kann sich dann Paulus „Sklave Jesu Christi" (Röm 1,1) nennen? ORIGENES verweist als Antwort u.a. auf die Demut und das Vorbild Christi (nach Mt 11,29; Lk 22,27;

---

[804] AUGUSTINUS, *en. Ps.* 118, serm. 14,2 (CCL 40, 1709); ebenso FULGENTIUS VON RUSPE, *c. Fab.* 5,1f (CCL 91 A, 773). Gestützt ist dieses Verständnis auf AUGUSTINUS' Auslegung von Gal 4,9 (s.u). Vgl. dann JULIAN VON TOLEDO, *ant.* 2,45 (PL 96, 685 CD): Wenn „wir rufen", bedeutet dies, dass der Heilige Geist in uns bewirkt, dass wir rufen, und wenn „er ruft", heißt das nichts anderes, als dass er unsere Aktivität bewirkt. Ähnlich LEO I. VON ROM, *tract.* 77, 2 (CCL 138 A, 489), zu Gal 4,6: Der dreieinige Gott teilte sich in das Werk unserer Erlösung: Der Vater gewährte die Versöhnung, der Sohn führte sie aus, und der Heilige Geist entzündete dazu in uns das Feuer seiner Liebe. Auch die zu Erlösenden mussten ja etwas für sich selber tun. Sie mussten ihre Herzen dem Heiland zuwenden und sich von der Herrschaft des Satans lossagen.

[805] AUGUSTINUS, *corrept.* 15/47 (PL 44, 945); ders., *persev.* 23/64 (PL 45, 1032).

[806] JOHANNES CHRYSOSTOMUS, *hom. in Rom.* 14,3 (PG 60, 527).

[807] Der irdische Jesus wusste sich nur zu Israel gesandt (AUGUSTINUS, *exp. Gal.* 31,2–8 [CSEL 84, 97f], mit Verweis auf Mt 10,5f; 15,24). Gal 4,6 stelle klar, dass, anders als nach Gal 4,4 fine (*ut eos qui sub lege erant redimeret*) zu erwarten, nicht nur die Juden, sondern auch die Nichtjuden der Annahme an Kindes Statt teilhaftig wurden (AUGUSTINUS, *exp. Gal.* 31,9–13 [CSEL 84, 98f]).

[808] THEODORET VON CYRUS, *in Gal.* (PG 82, 488 A).

Phil 2,7), den der Apostel nachahmt.[809] AUGUSTINUS versucht den Ausgleich zwischen den Bezeichnungen „Freunde" (Joh 15,15) bzw. „Söhne" (Gal 4,7) und „Knechte" (Ps 122,2) ebenfalls mit dem Hinweis auf die Demut des Paulus – wenn er, durch den uns das Evangelium verkündigt ist, sich selbst als Knecht bezeichnet, um wie viel mehr sind wir zu solcher Demut verpflichtet –, zusätzlich jedoch mit der Unterscheidung zwischen unserer Geschöpflichkeit und der göttlichen Gnade: Wenngleich wir Söhne sind durch die Gnade, so sind wir dennoch Knechte wegen unseres Geschaffenseins, denn die gesamte Schöpfung steht zu Gott im Verhältnis der Knechtschaft.[810]

Die u.a. in Gal 4,7 begegnende Gegenüberstellung zwischen Sohn und Knecht kann bei GREGOR VON NAZIANZ innerhalb einer Lobrede auf ATHANASIUS im Rahmen einer Mahnung zur Liebe erscheinen:[811]

Der Weisheit Anfang nämlich ist die Furcht des Herrn, welche sozusagen das erste Stadium bildet; und Weisheit, welche die Furcht hinter sich lässt und zur Liebe sich erhebt, macht uns zu Freunden Gottes und zu Söhnen an Stelle von Sklaven.

2. Trinitätstheologisch erweist Gal 4,7, dass der Ausdruck *per Deum* als schriftgemäß gelten kann.[812] JOHANNES VON DAMASKUS entnimmt der Wendung οὐκέτι εἶ δοῦλος gegen die Nestorianer den Beweis dafür, dass die Bezeichnung „Sklave" für Christus ihm nur προσηγορικῶς zukommt, weil er Knechtsgestalt annahm: Wenn die Menschen durch das Werk Christi nicht mehr als Sklaven bezeichnet werden können, sondern als Söhne, dann sei es erst recht unangemessen, Christus unmittelbar einen Sklaven zu nennen.[813] Er kann die Stelle aber auch zusammen mit Gal 4,3 und dem Motiv der *adimpletio temporum* aus Gal 4,4 zur Kennzeichnung des Unterschiedes zwischen Christen und Juden verwenden: Die Christen sind Söhne, die Juden Sklaven, versklavt unter den Elementen.[814] Endlich verwendet er die Stelle aufgrund der Bezeichnungen „Sohn" und „Erbe" als Argument zugunsten der Heiligenverehrung: Die Engführung auf die Heiligen ergibt sich aus der gemeinsamen Verwendung des Wortes δοῦλος in Gal 4,7 und in dem an die Apostel gerichteten Wort Joh 15,15 („ich nenne euch nicht mehr Knechte").[815]

3. Für die Kommentarliteratur ist die textkritische Variation am Schluss des Verses zu beachten, der in westlicher Tradition fast durchgehend ohne, in östlicher Tradition häufig mit christologischem Bezug gelesen wird.

---

[809] ORIGENES, *comm. in Rom.* 1,1 (FC 2/1, 76).

[810] AUGUSTINUS, *en. Ps.* 122,5 (CCL 40, 1818f).

[811] GREGOR VON NAZIANZ, *or.* 21,6 (SC 270, 120–122), ähnlich (und mit explizitem Zitat von Gal 4,7) DOROTHEUS VON GAZA, *Dd.* 4,48 (FC 37/1, 196).

[812] AMBROSIUS, *Spir.* 2,9/97 (CSEL 79, 124); CYRILL VON ALEXANDRIEN, *Pulch.* 30 (PG 76, 1373 C; gegen Eunomius von Cizycus).

[813] JOHANNES VON DAMASKUS, *f. o.* 65/3,21 (KOTTER II, 164).

[814] JOHANNES VON DAMASKUS, *f. o.* 96/4,23 (KOTTER II, 225).

[815] JOHANNES VON DAMASKUS, *f. o.* 88/4,15 (KOTTER II, 203). Dass ihm Gal 4,7 als Schriftbeleg zugunsten der Heiligenverehrung gilt, zeigt die Zitierung in *imag.* 1,19 (KOTTER III, 94).

Wenn das Eintreten des Erbfalles normalerweise den Tod des Erblassers voraussetzt, inwiefern sind dann wir Sterblichen die Erben des ewigen Gottes?[816] Die Heilige Schrift, so AMBROSIASTER, spricht nach unserer Weise, damit wir verstehen können;[817] der Vergleichspunkt sei, dass der Vater den Söhnen von seinen Gütern gebe.

MARIUS VICTORINUS betont im Kommentar zu *heres per deum* unter Anspielung auf Röm 9,16 das göttliche Gnadenhandeln:[818]

[...] Erbe aber nicht durch seine Taten, seine Werke, sondern durch das Erbarmen Gottes und durch die Gnade Gottes. Das ist es, was er gesagt hat: nämlich durch Gott, wie es an vielen Stellen erwiesen ist, dass es nicht an dem hängt, der da läuft, sondern an dem, der sich erbarmt, und alles durch die Gnade Gottes.

Unter Voraussetzung der Lesart *per Deum* verweist HIERONYMUS auf die Einheit des als Miterben mit Christus, seinem Haupt, angesprochenen Menschengeschlechtes, das in Ps 2,7f (*dabo tibi gentes haereditatem tuam*) als Erbteil für Christus apostrophiert wird.[819] AUGUSTINUS vermerkt wiederum, dass Gal 4,7 vor allem für die Heidenchristen zutrifft; die göttliche Barmherzigkeit, durch die sie die Sohnschaft erlangen, bezieht sich nicht auf die Väterverheißungen, sondern darauf, dass die Gnade Gottes dem Menschen die Nachahmung des Glaubens Abrahams ermöglicht.[820]

In den östlichen Kommentaren begegnet stets die Schlusswendung *per Christum*. Sie ist, so THEODOR VON MOPSUESTIA, sachgerecht gesetzt, denn damit ist der Urheber aller Wohltaten genannt.[821] Etwas anders nuanciert THEODORET: Nicht jeder Sohn wird auch zum Erben; du aber bist zugleich Sohn und Erbe, aber nicht durch das Gesetz, sondern nur durch Christus.[822]

Insgesamt wird Gal 4,7 als Selbstabgrenzung des Christentums vom Judentum gelesen. PELAGIUS fragt: „Was willst du wiederum Sklave sein, der du schon zum Sohn und Erben gemacht worden bist?"[823] Ähnlich legt JOHANNES CHRYSOSTOMUS aus: Wenn ... die Gnade aus Sklaven Freie, aus Kindern Mündige, aus Fremden Söhne und Erben macht, wäre es Torheit und Undank gegen Gott, in das alte Elend zurückzukehren.[824]

---

[816] AMBROSIASTER, *in Gal.* 4,7 (CSEL 81/3, 45) bietet im Lemma *heres per deum*, doch die Fragestellung *quid est ergo, ut mortales eius heredes dicantur, qui simper vivit*, setzt bis in den Wortlaut hinein die Lesart *heres Dei* voraus.
[817] AMBROSIASTER, *in Gal.* 4,7 (CSEL 81/3, 45).
[818] MARIUS VICTORINUS, *in Gal.* (CSEL 83/2, 144). Das altkirchliche *sola gratia* ist auf das Hineinkommen in den Bund, nicht auf das Verbleiben in ihm bezogen (vgl. SANDERS, Paulus, 18), und von daher nicht mit Thesen reformatorischer Theologie zu verwechseln.
[819] HIERONYMUS, *in Gal.* (CCL 77 A, 112f).
[820] AUGUSTINUS, *exp. Gal.* 32,3 (CSEL 84, 99).
[821] THEODOR VON MOPSUESTIA, *in Gal.* (SWETE 64).
[822] THEODORET VON CYRUS, *in Gal.* (PG 82, 488 A).
[823] PELAGIUS, *in Gal.* (SOUTER 324); vgl. THEODOR VON MOPSUESTIA, *in Gal.* (SWETE 63).
[824] JOHANNES CHRYSOSTOMUS, *comm. in Gal.* (PG 61, 657).

Gal 4,8–11: Neue Knechtschaft?

Gal 4,8f

Einst, als ihr Gott noch nicht kanntet, wart ihr Sklaven der Götter, die in Wirklichkeit keine sind. Wie aber könnt ihr jetzt, da ihr Gott erkannt habt, vielmehr von Gott erkannt worden seid, wieder zu den schwachen und armseligen Elementarmächten zurückkehren? Warum wollt ihr von neuem ihre Sklaven werden?

1. In der Frühzeit ziehen vor allem die στοιχεῖα sowie die Wendung τοῖς φύσει μὴ οὖσιν θεοῖς das Interesse auf sich; 2. letztere wird in den trinitätstheologischen und christologischen Debatten erneut von Bedeutung. 3. In der Kommentarliteratur wird auch das Problem des Ausgleichs zu Gal 4,3 und das sachliche Problem des πάλιν anvisiert. 4. Der Satzteil „nun aber, da ihr Gott kennt, vielmehr jedoch, da ihr von ihm erkannt seid" wird in völlig divergierende Richtungen hin aufgenommen.

1. In der Einteilung der Menschheit durch den Apologeten ARISTIDES in Barbaren, Griechen, Juden und Christen ist es für die Barbaren typisch, dass sie den Elementen nach in die Irre gehen und das Geschöpf statt den Schöpfer anbeten;[825] IRENÄUS hingegen fasst Barbaren und Griechen zusammen, wenn er die στοιχεῖα als die heidnischen Götter benennt.[826] Unverständiger als die Heiden jedoch sind nach IRENÄUS die Valentianer: Die ungläubigen Heiden dienen eher der Kreatur als dem Schöpfer, räumen ihm gleichwohl den ersten Platz der Gottheit ein, die Valentinianer bezeichneten ihn als Frucht eines Falls und als *animalis*.[827] Gal 4,8f dient IRENÄUS neben anderen Bibelstellen generell zum Erweis dessen, dass Paulus an der Einzigkeit Gottes festgehalten habe.[828]

CLEMENS VON ALEXANDRIEN wendet Gal 4,9 auf die Vorsokratiker an, die fälschlich Wasser, Luft, Erde etc. als verehrungswürdige στοιχεῖα auffassen;[829] hingegen bezeichnet die Stelle nach ORIGENES die von Juden und judaisierenden Christen geübte wörtliche Toraobservanz, gegen welche, *post Christum* geübt, sich Jer 13,17 wendet.[830] Nach TERTULLIAN verurteilt Gal 4,3 im Voraus die Lehre des HERMOGENES, der eine ungewordene Materie annimmt, sie mit

---

[825] ARISTIDES, *apol.* 3,2 (GOODSPEED 5).

[826] IRENÄUS VON LYON, *haer.* 3,12,6 (FC 8/3, 136). Noch in späterer Zeit kann Gal 4,9 die christliche Selbstabgrenzung vom Heidentum markieren, vgl. AUGUSTINUS, *sol.* 1/3 (CSEL 89,7).

[827] IRENÄUS VON LYON, *haer.* 2,9,2 (FC 8/2, 70). Dass sich das Anliegen des Bischofs von Lyon von dem Anliegen des Paulus unterscheidet, vermerkt zu Recht NOORMANN, Irenäus, 91.

[828] IRENÄUS VON LYON, *haer.* 3,6,5 (FC 8/3, 58–62). Zur Textgestalt dieses Zitates vgl. NOORMANN, Irenäus, 119 mit Anm 50.

[829] CLEMENS VON ALEXANDRIEN, *prot.* 65,4 (GCS 12, 50); *str.* 1,53,1 (GCS 15, 34), unter dem Einfluss von Kol 2,8. Noch AMBROSIUS betont: Die heidnischen Götter werden nur Gott genannt, der christliche Gott ist es wirklich (AMBROSIUS, *fid.* 4,8/83 [FC 47/2, 520]).

[830] ORIGENES, *hom. in Jer.* 12,13 (SC 238, 46); *hom. in Lev.* 10,2 (SC 287, 136).

dem ungewordenen Gott gleichstellt und so, indem er die Mutter der Elemente zur Göttin macht, derjenigen dienen kann, die er Gott gleichstellt.[831] Doch auch antimarcionitisch kann TERTULLIAN die Stelle interpretieren: Paulus lehnt die Beachtung der Tage ab in Übereinstimmung mit dem Gott, der durch die Propheten sein Missfallen daran kundwerden ließ.[832] Zwar klingt die Frage an: Was Gott selbst angeordnet hatte, sollte er für ungültig erklären? Doch ob ein solcher Wandel in Gott möglich sei, steht nicht ernsthaft zur Debatte, vielmehr:[833]

> Es genügt, dass wir erwiesen haben, dass Gott seine eigenen Gesetze nicht brechen werde, um zu bekräftigen, dass der Apostel nichts gegen den Schöpfer festgelegt habe, wenn selbst die Abschaffung des Gesetzes vom Schöpfer stammt.

Gal 4,9 kann innerchristlich ebenso als Warnung vor der Astrologie rezipiert werden[834] wie generell als Warnung vor dem Rückfall in die heidnische Lebensweise[835] oder in heidnischen Schicksalsglauben[836] oder als Warnung davor, die Weltentsagung rückgängig zu machen.[837]

2. Gal 4,8 bezeichnet auch noch bei GREGOR VON NYSSA den Zustand der adamitischen Menschheit,[838] kann aber auch der Ketzerpolemik dienen: Diejenigen, die denen dienen, die von Natur aus nicht Götter sind (was EUNOMIUS angeblich von Jesus Christus behauptet), dienen überhaupt nicht dem wahren Gott[839], sondern sind den Heiden gleichzuachten.[840] Des Weiteren ist der Vers für mehrere Autoren biblischer Beleg für den umstrittenen trinitätstheologischen Terminus φύσις,[841] für AMBROSIUS beweist er die Einheit der göttlichen Natur in der Dreiheit der Personen.[842]

---

[831] TERTULLIAN, *praescr.* 33,9 (CCL 1, 214).
[832] TERTULLIAN, *adv. Marc.* 5,4,6 (CCL 1, 672f), zitiert Jes 1,13; Am 5,21; Hos 2,11.
[833] TERTULLIAN, *adv. Marc.* 5,4,7 (CCL 1, 673).
[834] METHODIUS VON OLYMPUS, *symp.* 8,14,212 (SC 95, 240).
[835] AUGUSTINUS, *sol.* 1,3 (CSEL 89,7); PACIANUS, *bapt.* 7,5 (SC 410, 162); ebenso GREGOR d. Gr., *in Ezech.* 1,3,3 (SC 327, 120–122).
[836] CYRILL VON ALEXANDRIEN, *ador.* 6 (PG 68, 460 BC).
[837] ZENO VON VERONA, *tract.* 1,37,4/12 (CCL 22, 104) mit Verweis auf Lk 9,62; 17,32.
[838] GREGOR VON NYSSA, *ref. Eun.* 82; 118 (GNO 2, 346; 362). Zwischen Juden und Heiden wird dabei nicht differenziert.
[839] Ps.-AUGUSTINUS, *haer. obiect.* 1; 38 (CCL 90, 149; 183). Auch der Singular *natura* in Gal 4,8 legt nahe, keine zwei verschiedenen göttlichen Naturen in Gott Vater und Gott Sohn anzunehmen (ebd., 30 [CCL 90, 174]).
[840] GREGOR VON NYSSA, *ref. Eun.* 30 (GNO 2, 323f); vgl. schon BASILIUS VON CÄSAREA, *Eun.* 2,19 (SC 305, 76); (Ps.?)-DIDYMUS DER BLINDE, *Trin.* 1,7,3 (HÖNSCHEID 14); ähnlich später CYRILL VON ALEXANDRIEN, *Thds.* 31 (PG 76, 1177 D – 1180 A); ders., *Arcad.* (PG 76, 1224 BC); AUGUSTINUS, *c. Max.* 2,15,2 (PL 42, 778). Bei (Ps.?)-DIDYMUS DER BLINDE unterstützt zusätzlich die Parallelität der Wendungen οὐκ εἰδότες θεόν in Gal 4,8 und ἦτε χωρὶς Χριστοῦ in Eph 2,12 die Gottgleichheit Christi.
[841] AMBROSIUS, *incarn.* 8/80–86 (mit textkritischer Entscheidung zugunsten der Ursprünglichkeit des φύσει in 8,82) (CSEL 78, 264–267); Ps.-ATHANASIUS, *dial. Trin.* 1,7 (PG 28, 1125 D); AUGUSTINUS, *c. Max.* 2,15,2 (PL 42, 778). AMBROSIUS, *fid.* 5,1/27 (CSEL 78, 226) kennt daneben auch die christologische Deutung von Gal 4,8.
[842] AMBROSIUS, *incarn.* 8/86 (CSEL 78, 267).

3. Die Darbietung der Exegese zu Gal 4,3.8–11 sieht sich vor folgende Fragen gestellt: 1. Wie wird in patristischer Literatur die Wendung στοιχεῖα τοῦ κόσμου verstanden, worauf wird die Aussage über die Beobachtung bestimmter Tage Gal 4,10 bezogen? 2. Inwiefern können Judenchristen (Gal 4,3: ἡμεῖς) als vor der Erscheinung Christi unter den στοιχεῖα τοῦ κόσμου stehend gedacht sein? 3. Inwiefern ist die Hinwendung der Galater zur Thora mit der Rückwendung zum Götzendienst vergleichbar?

3.1 Für die Wendung στοιχεῖα τοῦ κόσμου begegnen noch bei ORIGENES an je verschiedenem Ort innerhalb seines Gesamtwerkes beide Deutungen nebeneinander, die Deutung auf die Elemente der Welt und die Deutung auf jüdische Toraobservanz.[843] Dieses Nebeneinander, jedoch mit „Verkehrung der Fronten", ist auch bei AMBROSIASTER zu beobachten: Die „Elemente der Welt" in Gal 4,3 deutet er aufgrund des den Judenchristen Paulus einschließenden „wir" auf die Mond- und die Sabbattage,[844] die Beachtung bestimmter Tage in Gal 4,10 auf die pagane Beobachtung bestimmter Unglückstage. Wo der Ausgleich zwischen Gal 4,3 und Gal 4,8f sowie das πάλιν in Gal 5,1 als Problem erkannt wird, deutet man die Wendung στοιχεῖα τοῦ κόσμου von der kosmisch begründeten kalendarischen Ordnung jüdischer Festtagsobservanz her auf die Tage selbst[845] bzw. auf die Gestirne, von denen die jüdische Observanz bestimmt wird, auf Sonne und Mond.[846] Die Deutung auf die jüdische Toraobservanz im Generellen ermöglicht im Bilderstreit für JOHANNES VON DAMASKUS, Gal 4,3 neben anderen Bibelstellen gegen das alttestamentliche Bilderverbot zugunsten der Bilderverehrung anzuführen.[847]

HIERONYMUS favorisiert[848] die Deutung der στοιχεῖα auf das Gesetz des Mose und die Propheten; als sichtbares Zeichen ihrer Schwäche betrachtet er die Zerstörung Jerusalems.[849] Zu Gal 4,3 stellt er sich dem aus Kol 2,8 resultierenden Einwand einer möglichen Äquivokation und antwortet: In Kol 2 werde nicht von der Erlösung von diesen Elementen gesprochen, vielmehr bezeichneten die Elemente dort einfach die Buchstaben, was philologisch auch für den Inhalt, hier des Gesetzes Mose und der Propheten stehen könne.[850] Zu Gal 4,8

---

[843] S.o. zu Gal 4,3. Zur Deutung von Gal 4,9 auf jüdische Toraobservanz vgl. ORIGENES, hom. in Jer. 12,13 (SC 238, 46); ders., hom. in Lev. 10,2 (SC 286, 136).

[844] AMBROSIASTER, in Gal., 4,3 (CSEL 81/3, 43). In der späteren γ-Rezension wird jüdische Verehrung des Schöpfers positiv von der heidnischen Hoffnung auf die Elemente abgegrenzt.

[845] JOHANNES CHRYSOSTOMUS, in Gal. (PG 61, 657).

[846] THEODOR VON MOPSUESTIA, in Gal. (SWETE 64): Sonne, Mond und Sterne; THEODORET VON CYRUS (PG 82, 485 B): Sonne und Mond.

[847] JOHANNES VON DAMASKUS, f. o. 96/4,23 (KOTTER II 225); ders. imag. 1,21f (KOTTER III, 110f); ders., imag. 3,8 (KOTTER III, 181). Der Begriff στοιχεῖα wird nicht im Einzelnen erklärt.

[848] HIERONYMUS, in Gal. (CCL 77 A, 106) kennt auch die Deutung auf die Engel, die den vier Elementen vorstehen, wie auch die Deutung auf Himmel, Erde, Sonne, Mond, Meere, Wälder, Berge, die von den Heiden fälschlich als Götter verehrt werden.

[849] HIERONYMUS, in Gal. (CCL 77 A, 114).

[850] HIERONYMUS, in Gal. (CCL 77 A, 106f); ähnlich könne der Begriff „Welt" gleichbedeutend mit „die Menschen in der Welt" gebraucht werden, vgl. 2Kor 5,19; Joh 1,10.

nimmt HIERONYMUS Bezug auf den möglichen Einwand, bei seiner Deutung würde das Gesetz des Mose in einen unaufhebbaren Widerspruch zu Gottes eigentlichem Wollen geraten,[851] und antwortet: Wie Paulus den Juden ein Jude wurde, um sie für seine Botschaft zu gewinnen, so haben auch die Heiligen des Alten Bundes das Gesetz befolgt, aber mehr seinem Sinn als seinem Buchstaben nach, und haben nicht weniger als Abraham den Tag Christi ersehnt. Die Bezeichnung „armselige Elemente" trifft auf das Gesetz erst nach der Erscheinung Christi und im Vergleich mit seinen Heilsgaben zu.[852]

3.2 MARIUS VICTORINUS verweist zu Gal 4,3 auf die Ähnlichkeit der gleichermaßen mit Strafen für den Fall ihrer Übertretung sanktionierten Moralvorschriften, daneben auf die Astrologie; von dem allem habe Christus diejenigen befreit, die ihm dienend den Geist empfangen haben.[853] AUGUSTINUS versucht in der Auslegung zu Gal 4,2f das klar gesehene Problem zunächst mit einem exegetischen Kunstgriff zu umgehen: Der Ausdruck „unmündiger Sohn" bezieht sich auf das eine Volk aus Juden und Heiden, das also teils unter dem Gesetz, teils unter den Elementen als Erzieher stand.[854] Die Aussage, *wir* seien unter den Elementen der Welt gewesen, ziele eigentlich auf die Heidenchristen, deren Verständnis Paulus seine Argumentation anpassen wolle.[855]

3.3 Inwiefern kann die Hinwendung der Galater zur Tora als *Rück*wendung der Galater unter die Elemente benannt werden? Soteriologische und heilsgeschichtliche Ausgleichsversuche stehen nebeneinander.

Beide Existenzformen, das abgetane Heidentum und die befürchtete Hinwendung zum Judentum, sind nach dem soteriologischen Versuch ein Stand unter einem νόμος[856], ein δουλεύειν[857]; die wörtliche Observanz der kalendarischen Ordnung räumt ihnen eine unzulässige Hochschätzung ein, die derjenigen der heidnischen Götzenanschauung gleichkommt,[858] bzw. führt zu einem fleischlichen Toraverständnis, das nur auf die Regelung fleischlicher, objektbezogener Grundbedürfnisse abhebt.[859] AUGUSTINUS gleicht, anders als zu Gal 4,2f, in der Kommentierung von Gal 4,8–11 heilsgeschichtlich aus: Die wörtli-

---

[851] Entweder man hat Gott erkannt, befolgt aber das Gesetz nicht, oder man befolgt das Gesetz, ohne dabei Gott zu erkennen (HIERONYMUS, *in Gal.* [CCL 77 A, 107]).
[852] HIERONYMUS, *in Gal.* (CCL 77 A, 114–116), unter Verweis auf 2Kor 3,10; Mt 12,42; Joh 3,30; er nutz den Umstand, dass in Gal 4,3 von den Elementen der Welt, in Gal 4,8 jedoch nur mehr von den „armseligen Elementen", unter Verzicht auf den Zusatz τοῦ κόσμου, die Rede ist.
[853] MARIUS VICTORINUS, *in Gal.* 4,3f (CSEL 83/2, 138f).
[854] AUGUSTINUS, *exp. Gal.* 29,1–4 (CSEL 84, 94f).
[855] AUGUSTINUS, *exp. Gal.* 29,4 (CSEL 84, 95).
[856] EUSEBIUS VON EMESA, *in Gal.* (BUYTAERT 148f*) versteht den wohl von Gal 4,3 her – στοιχεῖα δέ φησι (scil. Paulus) τὰ νόμιμα – eingetragenen Begriff νόμος als Allgemeinbegriff, der jüdische wie heidnische Lebensweise umfasse.
[857] JOHANNES CHRYSOSTOMUS, *comm. in Gal.* (PG 61, 657).
[858] THEODORET VON CYRUS, *in Gal.* (PG 82, 488 B); JOHANNES VON DAMASKUS, *in Gal.* (PG 95, 801 BC).
[859] MARIUS VICTORINUS, *in Gal.* 4,9 (CSEL 83/2, 145).

che Observanz der kalendarischen Ordnungen[860] gilt ihm als durch Christus überholt und zum Aberglauben mutiert[861] und sei deshalb nicht anders zu achten als die heidnische Hinwendung zur Astrologie.[862] Auch bei PELAGIUS ist diese Sichtweise vorausgesetzt, wenn er von den jüdischen Festtagen erklärt, sie seien den Juden zugestanden gewesen, um diese nicht aufgrund der Liebe zu Festlichkeiten den heidnischen Götzen zugetan sein zu lassen.[863]

4. Die Wendung „nun aber, da ihr Gott kennt" dient EUSEBIUS aufgrund der inhaltlichen Verbindung zu Ps 17,44b („ein Volk, das ich nicht kannte, diente mir") zum Nachweis dessen, dass Ps 17 insgesamt nicht auf David, sondern auf Christus zu beziehen ist.[864] Dem Nachsatz „da ihr von ihm erkannt seid" entnimmt BASILIUS VON CÄSAREA eine Mahnung zur Demut (Nicht wir haben Gott, sondern er uns erkannt),[865] EPHRÄM den Gedanken der Berufung zum heiligen Volk, von Gott an den Werken erkannt.[866] Für AUGUSTINUS sagt Gal 4,9a insgesamt („nun aber, da ihr Gott kennt, vielmehr jedoch, da ihr von ihm erkannt seid"), dass Gott den Menschen zum Erkennenden macht.[867] Der

---

[860] Gal 4,10 wird aber auch innerkirchlich aktualisiert, nämlich als Tadel für denjenigen, der sich von der bevorstehenden Festzeit nicht auch dazu anleiten lässt, die Werke des Fleisches abzulegen, sondern nur die Festzeit als Festzeit hält (ATHANASIUS, *ep. fest* 3,1; 6,1 (PG 26, 1372 B; 1384 A). MARIUS VICTORINUS, *in Gal.* (CSEL 83/2, 146f), wendet diese Aktualisierung wiederum antijüdisch.

[861] Der Manichäer FAUSTUS hat offensichtlich u.a. Gal 4,9 zur Rechtfertigung seiner völligen Abrogation des Alten Testamentes herangezogen (AUGUSTINUS, *c. Faust.* 8,1 [CSEL 25/1, 306]). AUGUSTINUS verweist auf die nach 1Kor 10,11 richtig zu verstehende bleibende Autorität des Alten Testamentes, bevor er seinerseits Gal 4,9 exegesiert: Der Apostel ruft die Galater zurück, als sie nicht mit Ehrfurcht die auf die Beschneidung bezogenen Schriftstellen lesen, sondern sich bereits abergläubisch beschneiden lassen wollen (*c. Faust.* 8,2 [CSEL 25/1, 306]).

[862] AUGUSTINUS, *exp. Gal.*, 34,3–5 (CSEL 84, 102).

[863] PELAGIUS, *in Gal.* (SOUTER 325).

[864] EUSEBIUS VON CÄSAREA, *ecl. proph.* 2,9 (PG 22, 1104 A–C). – Auch für CYRILL VON ALEXANDRIEN beweist Gal 4,8, dass Ps 17,44 dem Gedanken der Allwissenheit Christi nicht widerspricht: „kennen" kann im Sinne dieser Allwissenheit gebraucht werden, der gemäß Gott die Herzen der Sünder kennt (Lk 16,15; Am 5,12) ebenso aber in dem Sinn, dass es die ἕνωσις zwischen Erkennendem und Erkanntem voraussetzt, so dass im Fall der Bekehrung durchaus die Zeit des Nichtkennens von der Zeit des Kennens unterschieden werden kann. Deswegen heißt es im Psalmtext mit Bedacht nicht ὃν οὐ γινώσκω, sondern ὃν οὐκ ἔγνωκα (CYRILL VON ALEXANDRIEN, *Ps.* (PG 69, 828 A). Anders als bei AUGUSTINUS wird Gal 4,8 also nicht im Sinne der *gratia praeveniens* gedeutet.

[865] BASILIUS VON CÄSAREA, *hom.* 20, 4 (PG 31, 532 B).

[866] EPHRÄM, *in Gal.* (MMK 134).

[867] AUGUSTINUS, *Io. ev. tr.* 98,2 (CCL 36, 577). Mit Hilfe dieser logischen Struktur erklärt er auch die anstößige biblische Redeweise des „Ruhens Gottes" (Gen 2,2): Gesagt ist eigentlich damit, dass er veranlasst, dass wir ruhen, wie es heißt, dass er erkennt, dass er bewirkt, dass wir erkennen (AUGUSTINUS, *Gn. litt.* 4,9/17–19 [CSEL 28, 104–106]). Dies gibt AUGUSTINUS ein Hilfsargument gegen die Arianer an die Hand: Gegen ihre Schlussfolgerung, die Interpellation des Sohnes beim Vater erweise seine Seinsverschiedenheit, deutet er diese Interpellation dahingehend, dass der Sohn uns zur Interpellation veranlasst (AUGUSTINUS, *c. s. Arrian.* 25,21 [PL 42, 700f]; vgl. ders., *conl. Max.* 2,13 [PL 42, 717]). Andernorts wehrt Gal 4,9 dem Gedanken der Wandelbarkeit des Willens Gottes und legitimiert den Gedanken der ewigen Prädestination: Die Galater wurden von Gott nicht erst damals erkannt, vielmehr vor der Grundlegung der Welt (AUGUSTINUS, *civ.* 22,2 (CSEL 40/2, 584). – Doch kennt AUGUSTINUS auch die Auslegung, der gemäß unsere Gotteserkenntnis dem Erkanntwerden durch Gott vorangeht (*en. Ps.* 62,9 [CCL 39, 799]).

Kirchenlehrer vermerkt auch die Parallele zwischen Gal 4,9 und 1Kor 8,3 (Wer aber Gott liebt, der ist von ihm erkannt). Paulus sage dort nicht: er habe ihn erkannt. Das wäre eine gefährliche Anmaßung. So verbessert Paulus auch in Gal 4,9.[868] Ferner fungiert Gal 4,9 zusammen mit Joh 2,25 und Röm 8,29 als Widerpart zu dem Wort *Nescio vos* (Mt 25,12); dieses wiederum wehrt als Anstoß erregendes *neutestamentliches* Wort dem Ansinnen eines unbekannten Gegners, das Alte Testament vom Neuen her abzuwerten.[869]

Gegen einen überspitzten Augustinismus führt FAUSTUS VON RIEZ u.a. die in Gal 4,8f bezeugte Tatsache, dass sich die Galater von der rechten Verkündigung wieder abgewandt haben, als Beleg für die begrenzte – FAUSTUS ist kein Pelagianer – menschliche Willensfreiheit ins Feld.[870]

Gal 4,10

Warum achtet ihr so ängstlich auf Tage, Monate, bestimmte Zeiten und Jahre?

Gal 4,10 kann 1. polemisch gegen Juden, Heiden und judaisierende Christen gerichtet werden, veranlasst aber 2. Versuche, die Fastenpraxis bzw. Festobservanz der eigenen Gruppe angesichts der grundsätzlichen Absage an die rituellen Vorschriften des Alten Testaments zu rechtfertigen.

1. Antijüdischer Polemik dient die Stelle vielleicht im *Brief an Diognet*[871] und im *Kerygma Petri*,[872] sicher aber bei ARISTIDES und ORIGENES[873] und bei EUSEBIUS VON ALEXANDRIEN,[874] doch kann Gal 4,10f nach ORIGENES zusätzlich die christliche Distanz gegenüber heidnischer Religiosität in dem Sinne rechtfertigen, dass die Christen entgegen der Kritik des CELSUS nicht an den öffentlichen Götterfesten teilnehmen.[875] AUGUSTINUS benennt in seinem Galaterkommentar die Anwendung der Stelle gegen den Aberglauben, gewisse Zeiten für unglückbringend zu halten, als die naheliegendste Erklärung, stellt sie aber hintan um der Intention des Galaterbriefes willen, judaisierenden Irrtümern der Galater zu begegnen.[876] CÄSARIUS VON ARLES aktualisiert Gal 4,10

---

[868] AUGUSTINUS, *trin.* 9,1,1 (CCL 50, 292).
[869] AUGUSTINUS, *c. adv. leg.* 1,20,41 (CCL 49, 72f).
[870] FAUSTUS VON RIEZ, *grat.* 1,12 (CSEL 21,42f).
[871] Vgl. *Diogn.* 4,5 (LINDEMANN/PAULSEN 310).
[872] zitiert bei CLEMENS VON ALEXANDRIEN, *str.* 6,41,2 (GCS 15, 452, vgl. die „Monate").
[873] ARISTIDES, *apol.* 14,4 (GOODSPEED 19); ORIGENES, *Jo.* 13, 104 (SC 222, 86).
[874] EUSEBIUS VON ALEXANDRIEN, *serm.* 7 (PG 86/1, 353 C – 356 A).
[875] ORIGENES, *Cels.* 8,21 (SC 150, 222). Gegen die Teilnahme an heidnischen Festen ist die Stelle auch nach JOHANNES CHRYSOSTOMUS, *kal.* 2 (PG 48, 954f) gerichtet.
[876] AUGUSTINUS, *exp. Gal.* 34,2–7 (CSEL 84, 102f). Die erste o.a. Anwendung bietet er im *Enchiridion* (AUGUSTINUS, *ench.* 21,79 [CCL 46, 93]); vgl. ders., *ep.* 55,7/13 (CSEL 34, 183f).

als Warnung vor der Astrologie und vor mantischen Praktiken, die eher einem Heiden als einem Christen gut anstehen.[877]

2. Die Fastenpraxis der Montanisten wird nach TERTULLIAN von der Kritik des Apostels Gal 4,10 nicht getroffen, da es ihnen nicht um die Einhaltung der alttestamentlichen Ritualgesetze und Festtage geht.[878] In ähnlicher Weise sucht HIERONYMUS angesichts einer Invektive gegen judaisierende Christen[879] großkirchliche Festobservanz zu verteidigen: Die christlichen Feiertage werden nicht darum gehalten, weil ein Tag heiliger sei als der andere; vielmehr ist stets der Tag der Kreuzigung und Auferstehung, der christliche Festkalender ist um der in weltlichen Verpflichtungen lebenden Menschen willen so eingerichtet.[880]

JOHANNES CHRYSOSTOMUS sieht sich, ins Historische gewendet, zu dem Ausgleich zwischen der Aussage Gal 4,10 und dem Bestreben des Paulus genötigt, zu Pfingsten in Jerusalem zu sein (Apg 20,15f). Das Motiv des Paulus für seine Wallfahrt nach Jerusalem ist, durch die Beobachtung des Gesetzes die Judenchristen allmählich von dem Gesetz zu lösen.[881]

Gal 4,11

Ich fürchte, ich habe mich vergeblich um euch bemüht.

Beobachtet wird, dass Paulus nicht den bereits vollzogenen, sondern den befürchteten Abfall der Galater benennt: Sie hätten es in der Hand, alles wieder gutzumachen.[882] Der Tadel gegenüber den Galatern ist aus liebendem Eifer erwachsen.[883] HIERONYMUS beobachtet einen vorsichtigen Ausgleich zwischen apostolischer Autorität und Sanftmut eines Heiligen, darin begründet, dass der Apostel bei den Galatern Eifer um Gott, wenngleich im Unverstand (Röm 10,2) wahrnehme.[884] AUGUSTINUS klagt im Galaterkommentar darüber, dass wir nur mehr über die ungewohnten Sünden erschrecken, die gewohnten dagegen geduldig hinnehmen und selbst noch dazu genötigt werden, sie zu begehen. Die Klage bricht aus in ein Gebet: „Dass wir doch, o Herr, nicht alles, was wir nicht verhindern konnten, auch verantworten müssten!"[885]

---

[877] CÄSARIUS VON ARLES, *serm.* 54,3 (CCL 103, 237f).
[878] TERTULLIAN, *ieiun.* 14,1.2 (CCL 2, 1272f).
[879] HIERONYMUS, *in Gal.* (CCL 77 A, 118f); ähnlich VALERIANUS VON CIMIEZ, *pp. Ad monachos* (PL 52, 757 A); JOHANNES CASSIAN, *conl.* 14,11,4 (CSEL 13, 412f).
[880] HIERONYMUS, *in Gal.* (CCL 77 A, 119).
[881] JOHANNES CHRYSOSTOMUS, hom. 4 *in Ac. princ.* 3f (PG 51, 101f).
[882] JOHANNES CHRYSOSTOMUS, *comm. in Gal.* (PG 61, 658).
[883] *Carmen adversus Marcionitas* 4,42 (POLLMANN 106) i. Vbd. mit 4,36: „*summo pietatis amore*".
[884] HIERONYMUS, *in Gal.* (CCL 77 A, 120).
[885] AUGUSTINUS, *exp. Gal.* 35,8 (CSEL 84, 104, Übersetzung RING, Gnade, 165). – Er kommt noch Jahre später in seinem *Enchiridion* (421–422) auf diese Auslegung zu sprechen (AUGUSTINUS, *ench.* 21, 80 [CCL 46, 94]).

Gal 4,12–20: Erinnerung an die Vergangenheit

Naturgemäß wird Gal 4,12–20 insgesamt erst in den Kommentaren eigens bedacht, während Gal 4,16. 19f auch vorher schon rezipiert werden.

Gal 4,12

Ich bitte euch, Brüder: Werdet wie ich, denn auch ich bin geworden wie ihr. Ihr habt mir nichts zuleide getan.

Gal 4,12a wird auf den Übergang vom Judentum zum Christentum bezogen[1] oder auch auf die Bekehrung des Paulus vom Christenverfolger zum Christentum[2] oder auch auf den Übergang von den Anfangsgründen des Verstehens zu größerer Vollkommenheit.[3] Teilweise wird der Übergang zu milderer Ausdrucksweise vermerkt, indem Paulus die Galater wieder mit dem Ehrennamen „Brüder" anredet.[4] Für EUSEBIUS VON EMESA ist die Wendung „Brüder, ich bitte euch", Ausdruck des Schmerzes und doch zugleich der Ehrlichkeit des Apostels, der nicht etwas anders äußert, als er denkt.[5]

Gal 4,12b kann das Unverständnis des Apostels über die Abwendung der Galater von seiner Verkündigung signalisieren,[6] oder der Aussage kann der Wunsch des Apostels entnommen werden, die Galater zur Rückkehr zu ihrem früheren Verhalten zu bewegen,[7] oder sein Versuch, sie von der Vermutung abzuhalten, er sei ihnen feindlich gesonnen.[8] Für die eigene kirchliche Gegenwart mahnt Gal 4,12b die Bischöfe: Sie sollen nicht hochmütig sein, sondern vom Apostel lernen, der auch die irrenden Galater seine Brüder nannte.[9] Ebenfalls kann zum Thema der sexuellen Askese betont werden: Paulus will in sei-

---

[1] EPHRÄM, *in Gal.* (MMK 134); JOHANNES CHRYSOSTOMUS, *comm. in Gal.* (PG 61, 658); THEODOR VON MOPSUESTIA, *in Gal.* (SWETE 65); THEODORET VON CYRUS, *in Gal.* (PG 82, 488 C); MARIUS VICTORINUS, *in Gal.* (CSEL 83/2, 147); AUGUSTINUS, *exp. Gal.* 37,1 (CSEL 84, 105, dort charakterisiert als Übergang vom fleischlichen zum geistlichen Verständnis der alttestamentlichen Zeremonialgesetzgebung), erwogen auch von HIERONYMUS, *in Gal.* (CCL 77 A, 121).

[2] AMBROSIASTER, *in Gal.* 4,12 (CSEL 81/3, 47).

[3] HIERONYMUS, *in Gal.* (CCL 77 A, 120f). Die Wendung *et ego sicut vos* verweise darauf, dass sich Paulus in Nachahmung Christi (Phil 2,6–8) den Schwachen als ein Schwacher dargestellt habe (1Kor 9,22). Als Beispiel einer Lehre zugunsten der Schwachen benennt HIERONYMUS später die Konzession der zweiten Ehe in 1Kor 7,9 (ebd., 122f). Auch GREGOR VON NYSSA, *hom. in* Cant 2; 7 (GNO 6, 46f; 212) legt Gal 4,12 mit Hilfe des Nachahmungsmotives von 1Kor 11,1 aus.

[4] JOHANNES CHRYSOSTOMUS, *comm. in Gal.* (PG 61, 658).

[5] EUSEBIUS VON EMESA, *in Gal.* (BUYTAERT 149f*).

[6] HIERONYMUS, *in Gal.* (CCL 77 A, 122).

[7] AMBROSIASTER, *in Gal.* 4,12 (CSEL 81/3, 47).

[8] JOHANNES CHRYSOSTOMUS, *comm. in Gal.* (PG 61,658f); AUGUSTINUS, *exp. Gal.* 37,2 (CSEL 84, 105).

[9] HIERONYMUS, *in Gal.* (CCL 77 A, 121f).

ner diesbezüglichen Empfehlung 1Kor 7,7 nicht zu etwas raten, dessen Mühen er nicht aus eigener Erfahrung kennt, genauso wenig wie er die Gesetzesfreiheit als jemand empfehlen würde, der selbst nie unter dem Gesetz stand.[10]

Gal 4,13.14

Ihr wisst, dass ich krank und schwach war, als ich euch zum erstenmal das Evangelium verkündigte; ihr aber habt auf meine Schwäche, die für euch eine Versuchung war, nicht mit Verachtung und Abscheu geantwortet, sondern mich wie einen Engel Gottes aufgenommen, wie Christus Jesus.

Sekundärliteratur: ESTRADA-BARBIER, Exégesis.

Die Auslegungsgeschichte dieser beiden Verse wird, ungeachtet der Rezeptionsgeschichte von Gal 4,14 bei BASILIUS VON CÄSAREA und AUGUSTINUS, am besten im Zusammenhang dargestellt, denn V. 13f werden meist zusammen kommentiert.

Nach BASILIUS VON CÄSAREA mahnt Gal 4,14 dazu, diejenigen, die in rechter Weise das Wort verkündigen, aufzunehmen wie Christus selbst.[11] Dem Asketen wird durch die Verheißung i.S. von Gal 4,14, er werde anerkannt und wie Jesus Christus aufgenommen, die Würde seiner Askese vor Augen gehalten.[12] Die Krankheit des Paulus sollte verhindern, dass er selbst die Grenzen seiner menschlichen Natur vergisst und dass andere aus seinem Auftrag als Apostel eine Andersartigkeit seines Menschseins ableiteten.[13] AUGUSTINUS versteht den Vers als Mahnung dazu, die Wahrheit höher einzuschätzen als ihre Verkündiger.[14] Hingegen liest JOHANNES CHRYSOSTOMUS die Stelle als Zeugnis für die Autorität des Paulus: Man liebt ihn nicht nur, man fürchtet ihn auch.[15]

In der Kommentarliteratur werden vor allem die Begriffe ἀσθένεια (Schwäche) sowie πειρασμός (Versuchung) bedacht. Zur philologischen Klärung der neuzeitlich umstrittenen, für die Datierungsproblematik mitentscheidenden Frage, ob τὸ πρότερον in Gal 4,13 den ersten oder den einzigen Besuch meint, bieten die altkirchlichen Kommentare keinen Anhaltspunkt.

Die Wendung „Schwäche des Fleisches" wird von HIERONYMUS auf die Gesinnung der Galater bezogen,[16] von anderen Kommentatoren auf den Apostel,[17]

---

[10] JOHANNES CHRYSOSTOMUS, virg. 35,2 (SC 125, 210).
[11] BASILIUS VON CÄSAREA, moral. 72,3 (PG 31, 848 C).
[12] (Ps.-)BASILIUS VON CÄSAREA, inst. ascet. 3 (PG 31, 624 C).
[13] BASILIUS VON CÄSAREA, reg. fus. 55,4 (PG 31, 1049 C).
[14] AUGUSTINUS, serm. 197,5 (PL 38, 1024); ders., Tractatus contra paganos 53 (DOLBEAU 133).
[15] JOHANNES CHRYSOSTOMUS, hom. in Rom. 31,3 (PG 60, 672).
[16] Sie sind unfähig zum geistlichen Verstehen (HIERONYMUS, in Gal. [CCL 77 A, 122]).
[17] Bei JOHANNES CHRYSOSTOMUS, comm. in Gal. (PG 61, 659), ist auch im Lemma μου ergänzt.

auf dessen körperliche Schwachheit ebenso[18] wie auf seine Mühen in der Missionsarbeit,[19] seine Gefährdungen[20] und Verfolgungen.[21]

Die heutige Diskussion um das grammatische Subjekt des πειρασμός nimmt MARIUS VICTORINUS vorweg: Haben die Galater dem Apostel oder hat er ihnen Versuchung bereitet? Ersteres ergibt keinen Sinn, aber auch letzteres ist erklärungsbedürftig, ist doch die Verkündigung des Evangeliums nicht als solche Versuchung. Diese habe vielmehr in dem möglichen Rückschluss von der leiblichen Schwachheit auf die mangelnde geistliche Kompetenz des Apostels bestanden, doch hatten die Galater eingesehen, dass Paulus nur im Fleisch schwach ist, aber nicht im Geist.[22] HIERONYMUS erwähnt für den πειρασμός der Galater vier Deutungsmöglichkeiten: 1. dass Paulus in seiner Lehrtätigkeit mit kleinen Dingen anfing, 2. dass er nicht nach menschlicher Weisheit zu ihnen sprach (1Kor 2,1), 3. dass Paulus körperlich krank war, nämlich unter starken Kopfschmerzen litt,[23] 4. dass die Misshandlungen in den Verfolgungen die Wahrheit seiner Verkündigung infragestellen konnte.[24] Üblicherweise wird der πειρασμός auf die Leiden und Verfolgungen gedeutet, unabhängig davon, ob dieses Wort wie bei einigen östlichen Auslegern durch μου[25] oder durch ὑμῶν ergänzt wird.[26]

Bei JOHANNES CHRYSOSTOMUS tritt die argumentative Funktion von Gal 4,14b ans Licht: Ist es nicht unsinnig, den verfolgten Apostel wie einen Engel aufzunehmen, den, der zur Pflicht mahnt, nicht aufnehmen zu wollen?[27] PELAGIUS entnimmt Gal 4,14b als allgemeinen Lehrsatz, dass die Engel in der Seinshierarchie höher stehen als die Menschen.[28] Ungleich tiefer ist die Auslegung der Stelle bei EPHRÄM: Wie einen Engel, der keine Leiden kennt, habt ihr in meinem Leiden mich aufgenommen.[29]

---

[18] EPHRÄM, *in Gal.* (MMK 134); PELAGIUS, *in Gal.* (SOUTER 326), jeweils als Möglichkeit.

[19] MARIUS VICTORINUS, *in Gal.* 4,13 (CSEL 83/2, 147).

[20] JOHANNES CHRYSOSTOMUS, *comm. in Gal.* (PG 61, 659) mit Verweis auf 2Kor 11,23; THEODOR VON MOPSUESTIA, *in Gal.* (SWETE 67); AUGUSTINUS, *serm. dom. m.* 2,9,30 (CCL 35, 120); PELAGIUS, *in Gal.* (SOUTER 326).

[21] AUGUSTINUS, *exp. Gal.* 37,3f (CSEL 84, 105); AMBROSIASTER, *in Gal.* 4,14 (CSEL 81/3, 48); JOHANNES CHRYSOSTOMUS, *comm. in Gal.* (PG 61, 659); EPHRÄM, *in Gal.* (MMK 134) als Möglichkeit; zu Beginn von V. 13 liest er nicht οἴδατε, sondern οἶδα.

[22] MARIUS VICTORINUS, *in Gal.* 4,14 (CSEL 83/2, 148). Auch AMBROSIASTER, *in Gal.* (CSEL. 81/3, 47f) liest *temptationem vestram*.

[23] Auch JOHANNES CHRYSOSTOMUS, *in 2Cor.* (PG 61, 577) und PELAGIUS, *in 2Cor.* (SOUTER 299), kennen die These.

[24] HIERONYMUS, *in Gal.* (CCL 77 A, 123f).

[25] JOHANNES CHRYSOSTOMUS, *comm. in Gal.* (PG 61, 659); THEODORET VON CYRUS, *in Gal.* (PG 82; 488 D); JOHANNES VON DAMASKUS, *in Gal.* (PG 95, 801 D).

[26] Generell die Leiden des Apostels hat AMBROSIASTER, *in Gal.* 4,14,1f. (CSEL 81/3, 47f) im Auge, speziell auf die Verfolgungen verweist AUGUSTINUS, *exp. Gal.* 37,4 (CSEL 84, 105).

[27] JOHANNES CHRYSOSTOMUS, *comm. in Gal.* (PG 61, 659).

[28] PELAGIUS, *in Gal.* (SOUTER 326).

[29] EPHRÄM, *in Gal.* (MMK 134).

Gal 4,15

Wo ist eure Seligpreisung geblieben? Ich kann euch bezeugen: Wäre es möglich gewesen, ihr hättet euch die Augen ausgerissen, um sie mir zu geben.

Die Wendung „euere Seligpreisung" kann als gen. sub. die Seligpreisung der Galater selbst bezeichnen;[30] häufiger ist jedoch die Deutung als gen. obj. Seliggepriesen wurden die Galater von anderen Gemeinden, weil sie am Schicksal des Apostels keinen Anstoß nahmen,[31] oder von Paulus, der sie *damals* wegen ihres Eifers in den Anfangsgründen des Verstehens preisen konnte, heute aber die Vollkommenheit des Verstehens vermisst.[32]

Gal 4,15b gilt als Erweis der Wertschätzung des Paulus durch die Galater;[33] eine Deutung auf eine Augenkrankheit des Apostels ist m.W. für Gal 4,15b in der Antike nicht nachzuweisen, vielmehr wird auf den Symbolcharakter des Auges Bezug genommen, aber nicht nur in dem Sinne, dass es das wertvollste Körperteil[34] ist. PELAGIUS kommentiert:[35]

sie waren der Meinung, allein dies Entsprechungsverhältnis sei des Lichtes des Evangeliums würdig, wenn sie ihre Augen hingegeben hätten.

JOHANNES CHRYSOSTOMUS rühmt die Bescheidenheit des Paulus, der die Galater an ihre Verdienste ihm gegenüber, nicht an seine eigenen Verdienste erinnert.[36] Andernorts sieht er in Gal 4,15b die Haltung beschrieben, die in Mt 19,27 zum Ausdruck kommt: „Siehe, wir haben alles verlassen ...".[37]

Gal 4,16

Bin ich also euer Feind geworden, weil ich euch die Wahrheit sage?

Die Stelle veranlasst, wohl aufgrund von Gal 6,1f und Mt 5,22, Fragen nach dem angemessenen Umgangston im Konfliktfall.

---

[30] PELAGIUS, *in Gal.* (SOUTER 326): Sie priesen sich selig, indem sie den Apostel aufnahmen.

[31] AMBROSIASTER, *in Gal.* 4,15 (CSEL 81/3, 48); THEODOR VON MOPSUESTIA, *in Gal.* (SWETE 67).

[32] HIERONYMUS, *in Gal.* (CCL 77 A, 125). Nicht der Fortschritt auf dem Weg zur Tugend, sondern die Vollständigkeit ihrer Übung ist entscheidend (Zu diesem stoischen Topos vgl. DiogL 7, 127 [HICKS II, 230]). THEODORET VON CYRUS, *in Gal.* (PG 82, 489 A) fragt: wo sind die guten Taten?

[33] THEODOR VON MOPSUESTIA, *in Gal.* (SWETE 68); MARIUS VICTORINUS, *in Gal.* 4,15 (CSEL 83/2, 149); AMBROSIASTER, *in Gal.* (CSEL 81/3, 48); PELAGIUS, *in Gal.* (SOUTER 326).

[34] JOHANNES CHRYSOSTOMUS, *comm. in Gal.* (PG 61, 659); MARIUS VICTORINUS, *in Gal.* 4,15 (CSEL 83/2, 149); AMBROSIASTER, *in Gal.* (CSEL 81/3, 48).

[35] PELAGIUS, *in Gal.* (SOUTER 326).

[36] JOHANNES CHRYSOSTOMUS, *comm. in Gal.* (PG 61, 659f).

[37] JOHANNES CHRYSOSTOMUS, *hom. in Mt.* 64,2 (PG 58, 611).

Die Entrüstung des Apostels gehört zu den allgemeinen Erziehungsmitteln des Logos[38] und fällt nicht unter das Verbot der grundlosen Feindschaft nach Ps 3,8.[39] Die strenge Mahnung gilt der Rettung des Gegenübers.[40]

In der Kommentarliteratur[41] hat man teilweise den Anstoß zu beseitigen versucht, als sei Paulus von sich aus jemandem feindlich gesonnen. EPHRÄM legt Gal 4,16 nicht als rhetorische Frage aus,[42] sondern als Indikativ,[43] und ergänzt die Verneinung *non*. Zumeist wird betont, dass Paulus nicht wirklich der Feind der Galater ist. Ihre diesbezügliche Vermutung ist verfehlt;[44] an ihr zeigt sich nur, dass niemand seines Irrtums überführt werden will.[45] In Wirklichkeit handelt Paulus aus Freundschaft.[46] Um der Wahrheit willen muss man deutliche Worte wählen;[47] Schmeichelworte und süße Redensarten sind, so HIERONYMUS, Sache der Häretiker, die Wahrheit ist bitter.[48] Auch soll man in der Zurechtweisung nicht darauf sehen, ob der Sünder mächtig oder reich ist.[49]

Gal 4,17

Jene Leute eifern um euch nicht in guter Absicht; sie wollen euch abtrünnig machen, damit ihr euch dann um sie bemüht.

In der Auslegung wird darauf verwiesen, dass ζηλοῦν positiv wie negativ konnotiert sein kann.[50] Die Gegner eifern aus Herrschsucht[51] oder aus Neid[52] darum,

---

[38] CLEMENS VON ALEXANDRIEN, *paed.* 1,83,1 (GCS 12, 138).

[39] Ps.-ORIGENES, *sel. in Ps.*, zu Ps 3 (PG 12, 1129 D).

[40] CYPRIAN, *ep.* 4,5,2 (CCL 3 B, 26), in seiner Verwahrung gegen das Syneisaktentum.

[41] Gal 4,16 illustriert die Einsamkeit des Propheten Jer 15,17 (ORIGENES, *hom. in Jer.* 14,16 [SC 238, 106]) und belegt für EUCHERIUS VON LYON, *instr.* 1,34 (CSEL 31, 77) das geistlich zu verstehende Verbot, Honig zu opfern (Lev 2,11). Die Süße des Honigs steht für die Süßigkeit der Begierden.

[42] So etwa AUGUSTINUS: *respondetur utique, non* (AUGUSTINUS, *exp. Gal.* 37,7 [CSEL 84, 106]).

[43] EPHRÄM vermeidet generell rhetorische Fragen (MOLITOR, Paulustext, 26*).

[44] MARIUS VICTORINUS, *in Gal.* 4,16 (CSEL 83/2, 150). In der inhaltlichen Beschreibung der Wahrheit fließen trinitätstheologische und christologische Kontroversen seiner eigenen Zeit mit ein: *unum dei filium esse Christum, per ipsum omnia et in ipso omnia, ipsum ante omnia*.

[45] AMBROSIASTER, *in Gal.* 4,16 (CSEL 81/3, 49).

[46] THEODOR VON MOPSUESTIA, *in Gal.* (SWETE 68).

[47] THEODORET VON CYRUS, *in Gal.* (PG 82, 489 A).

[48] HIERONYMUS, *adv Pelag.* 1,27 (CCL 80,35), mit Verweis auf ARISTOTELES, *Eth. Nic.* 1107a, 27ff; TERENZ, *Andr.* 68 (KAUER/LINDSAY), vgl. QUODVULTDEUS, *prom.* 1,35 (81) (CCL 60, 146). Ähnlich deutet PELAGIUS die Stelle unter der Antithese Wahrheit / Feindschaft – Schmeichelei / Freundschaft und verbindet damit eine durch pagan-antiker Polemik geprägte antijüdische Auslegung: Die Galater fingen an, die Sabbatruhe und die Festmähler der Enthaltsamkeit des Apostels vorzuziehen (PELAGIUS, *in Gal.*, SOUTER 327). Zum paganen Missverständnis der Sabbatruhe als Faulheit vgl. SENECA, bei AUGUSTINUS, *civ.* 6,11 (CSEL 40/1, 298); TACITUS, *hist.* 5,4,2 (BORST 514).

[49] HIERONYMUS, *tract.* 7,60 (CCL 78, 538).

[50] JOHANNES CHRYSOSTOMUS, *comm. in Gal.* (PG 61, 660); THEODOR VON MOPSUESTIA, *in Gal.* (SWETE 68); PELAGIUS, *in Gal.* (SOUTER 327); MARIUS VICTORINUS, *in Gal.* 4,17 (CSEL 83/2, 150); HIERONYMUS, *in Gal.* (CCL 77 A, 128).

dass die Galater ihnen nacheifern,[53] ihre Schüler werden[54] und zum wörtlichen Verständnis des alttestamentlichen Zeremonialgesetzes zurückkehren,[55] dass sie Juden werden und sich beschneiden lassen.[56]

Gal 4,18

Gut wäre es, wenn ihr zu jeder Zeit in guter Absicht um mich eifern würdet und nicht nur dann, wenn ich bei euch bin,

Auch bei diesem Vers ist die Rezeptionsgeschichte i.W. als Geschichte der schulmäßigen Kommentierung zu schreiben.

Zu Beginn des Verses werden gelegentlich die aus 1Kor 12,31 eingedrungenen Worte „eifert aber um die besseren Gaben" geboten; diese Gaben werden von MARIUS VICTORINUS auf Glaube und Liebe im Gegensatz zu den jüdischen Heilsgaben gedeutet, von AMBROSIASTER auf die geistlichen Güter, die man „nachahmen" soll – näheres erklärt er nicht.[57]

Als Subjekt des ζηλοῦσθαι fassen die Kommentatoren m.W. durchweg die Galater auf,[58] nicht nur da, wo sie ζηλοῦσθε statt ζηλοῦσθαι lesen.[59] Durchgehend wird das Verbum in Gal 4,18 positiv gedeutet;[60] die Galater sollen so in allem Guten glänzen, dass andere zur Nacheiferung veranlasst werden.[61] So kann Gal 4,18 unter dem Generalthema *de exemplis* als Mahnung dienen, stets den guten Beispielen nachzufolgen.[62]

Die Schlusswendung führt JOHANNES CHRYSOSTOMUS zu der Bemerkung, dass Paulus auch bei leiblicher Abwesenheit hohe Autorität beansprucht. Für

---

[51] JOHANNES CHRYSOSTOMUS, *comm. in Gal.* (PG 61, 660); THEODORET VON CYRUS, *in Gal.* (PG 82, 489 A–B); vgl. ders., *Ps.* (PG 80, 1396 C): Über die galatische Situation hinaus fasst Gal 4,17 die Erfahrung mit *jüdischen* Gegnern der frühesten christlichen Verkündigung zusammen.

[52] Der Neid kann sich auf die Verheißung der Gnade (AMBROSIASTER, *in Gal.* 4,177 [CSEL 81/3, 49]) oder den Geistempfang (EPHRÄM, *in Gal.* [MMK 134]) der Galater beziehen.

[53] MARIUS VICTORINUS, *in Gal.* 4,17 (CSEL 83/2, 150).

[54] JOHANNES CHRYSOSTOMUS, *comm. in Gal.* (PG 61, 660): Paulus will hingegen, dass die Galater den Gegnern zum Beispiel des Vollkommeneren werden.

[55] HIERONYMUS, *in Gal.* (CCL 77 A, 128).

[56] AMBROSIASTER, *in Gal.* 4,17 (CSEL 81/3, 49); faktisch auch AUGUSTINUS, *exp. Gal.* 37,7 (CSEL 84, 106), wenn er den Vers mit Hilfe des Gegensatz *spiritualis – carnalis* deutet.

[57] MARIUS VICTORINUS, *in Gal.* 4,17 (CSEL 83/2, 151); AMBROSIASTER, *in Gal.* 4,18 (CSEL 81/3, 49). Der Zusatz ist auch anderweitig textkritisch bezeugt.

[58] JOHANNES CHRYSOSTOMUS, *comm. in Gal.* (PG 61, 660); THEODORET VON CYRUS, *in Gal.* (PG 82, 489 B); AUGUSTINUS, *exp. Gal.* 37,9 (CSEL 84, 106).

[59] AMBROSIASTER, *in Gal.* 4,18 (CSEL 81/3, 49); PELAGIUS, *in Gal.* (SOUTER 327); JOHANNES VON DAMASKUS, *in Gal.* (PG 95, 804 B).

[60] VERECUNDUS VON JUNCA, *in cant.* Deut. 32,21 (CCL 93, 38f), hält fest, dass *aemulari* hier im Sinn von *imitari* zu verstehen ist, nicht im Sinne von *inuidere* oder *in iram adducere*.

[61] THEODORET VON CYRUS, *in Gal.* (PG 82, 489 B).

[62] DEFENSOR VON LIGUGÉ, *lib. scint.* 76,2 (SC 86, 274).

Gal 4,19

bei euch, meinen Kindern, für die ich von Neuem Geburtswehen erleide, bis Christus in euch Gestalt annimmt.

1. Wahrgenommen wurde in Gal 4,19a das Bemühen des Paulus um die Adressaten seiner Predigt. 2. Zu Gal 4,19b ist darzustellen, worin das Erstehen oder das (Wieder-) Entstehen (vgl. das Stichwort πάλιν, von Neuem) bzw. Reifen des Christenlebens besteht.

1. Gal 4,19a ist bald rezipiert worden als Aussage über das Bemühen des Apostels um die Adressaten seiner Verkündigung[64] und über die geforderte Bemühung kirchlicher Verantwortungsträger[65] gegenüber den ihnen anvertrauten Christen. Nach TERTULLIAN bezeichnen Gal 4,19 und 1Kor 9,22b die Motivation des Apostels, Apg 16,3; 21,26 sein Vorgehen, das nur als zeitweilige Konzession an die Fassungskraft seines Gegenübers zu beurteilen ist;[66] nach ORIGENES ist der Apostel Vorbild im Umgang mit Irrenden und mit Schwankenden im Glauben, unabhängig von ihrem Status in der Gemeinschaft der Gläubigen.[67] AUGUSTINUS verweist auf die Motivation der *caritas*.[68]

Nach HIERONYMUS zeigt Paulus mit dem Vergleich mit einem Vater (1Kor 4,15) und einer Mutter (Gal 4,19a) den Schmerz der Lehrenden um ihre Schüler. Das Bild der Geburtswehen[69] weitet der Stridonier aus: So wie nicht jede eheliche Vereinigung zur Zeugung von Kindern führt, so zeigt auch die Verkündigung des Lehrers nicht immer die gewünschte Wirkung: Entweder ist der Schüler unzugänglich oder der Lehrer unerfahren, oder beide sind verrückt; nur selten gelingt es, dass der Lehrer nur so viel lehrt, wie der Schüler zu schöpfen vermag, oder der Schüler so viel anzunehmen vermag wie der Lehrer einbringt.[70] Für HIERONYMUS ist das Bemühen der kirchlichen Lehrer[71] ad vocem

---

[63] JOHANNES CHRYSOSTOMUS, *hom. in Col.* 1,1 (PG 62, 300f), mit Verweis auf 1Kor 5,2f.

[64] EUSEBIUS VON CÄSAREA, *Is.* 2,17 (GCS 56, 253); JOHANNES CHRYSOSTOMUS, *laud. Paul.* 1 (PG 50, 477); AUGUSTINUS, *ep.* 180 (CSEL 44, 699).

[65] AMPHILOCHIUS VON IKONIUM, *c. haer.* 7 (CCG 3, 191); DOROTHEUS VON GAZA, *Dd.* 4,50 (FC 37/1, 200).

[66] TERTULLIAN, *monog.* 14,2 (CCL 2, 1249).

[67] ORIGENES, *comm. in Rom.* 8,10 (FC 2/4, 282): So soll jeder, ob im Klerus oder im Volk, seinem Dienst Glanz verleihen, so dass die Menschen das sehen und den Vater im Himmel preisen (Mt 5,16); vgl. noch ORIGENES, *comm. in Rom.* 7,4 (FC 2/4, 58): dort dient Gal 4,19 zur Erläuterung einer *v.l.* zu Röm 8,22 (*parturit* statt *condolet*) als bildlicher Redeweise.

[68] AUGUSTINUS, *en. Ps.* 147,14 (CCL 40, 2149).

[69] JOHANNES CHRYSOSTOMUS, *poenit.* 1,1 (PG 49, 278), hält fest: Die Geburtswehen bei den geistigen Kindern sind größer als bei den leiblichen, denn sie wiederholen sich und dauern länger.

[70] HIERONYMUS, *in Gal.* (CCL 77 A, 131); vgl. ders., *in Ezech.* 13,42,13f (CCL 75, 617).

parturire auch die geistliche Deutung von Jes 26,18;[72] 40,11.[73] THEODOR VON MOPSUESTIA sieht den liebenden Schmerz sich äußern, zugleich aber (in dem μέχρις οὗ), wie unsicher sich Paulus war hinsichtlich seines Erfolges.[74]

Preiswürdig ist der Apostel wegen seiner Nachsicht, weil er seinen Adressaten viel weniger auferlegt hatte als sich selbst,[75] aber auch wegen seiner Unterscheidungsgabe: Er weiß, wann tadelnde und wann liebende Worte angebracht sind.[76] Neben dieser Auslegung bietet JOHANNES CHRYSOSTOMUS leider auch eine antijüdische Applikation in seiner Auslegung zu Mt 15,26 („Es ist nicht fein, dass man das Brot den Kindern nehme und werfe es vor die Hunde"), in der er Gal 4,19 mit Phil 3,2f zusammenstellt: Diejenigen, die Söhne waren, werden zu Hunden (in Phil 3,2f sind jüdische Missionare gemeint, die die Philipper vom Christentum wegbringen wollen), diejenigen, die Hunde waren (die heidnischen Galater), werden Söhne.[77]

Zu Gal 4,19a ist nunmehr die Auslegungsgeschichte einzelner Begriffe und Wendungen zu erörtern.

Die Anrede „Kinder" in Gal 4,19a hat wie 1Kor 4,15 zum übertragenen Verständnis von Bibelstellen wie Jes 8,18;[78] Ps 44,17[79] und Ps 34,12[80] gedient, wird aber auch in historischer Perspektive bedacht: Paulus hat mit den Galatern noch nicht gebrochen.[81] Der Begriff πάλιν besagt: Paulus hatte die Galater in der Taufe durch den Glauben ein erstes Mal geboren, doch haben sie den *sensus fidei* noch nicht verstanden. So muss er sie wiederum zur Abkehr von einer falschen, nämlich der jüdischen Lebensweise gewinnen.[82]

2. Gal 4,19b wird gelegentlich auf die Rückwendung der Irrenden von der Häresie zum Glauben der Kirche[83] oder allgemein auf die Rechtgläubigkeit der

---

[71] HIERONYMUS, *in Gal.* (CCL 77 A, 131).

[72] HIERONYMUS, *in Is.*, 8,26,18 (CCL 73, 340). Gal 4,19 wird nach HIERONYMUS, *in Ier.* 6,3,3 (CCL 74, 291f) zusammen mit Jes 26,18 von einigen Auslegern tropologisch auf Jer 30,4–6 bezogen, obwohl es sich dort um eine Unheilsansage handelt, anders als in Gal. 4,19.

[73] HIERONYMUS, *in Is.* 11,40,11 (CCL 73, 459), wie EUSEBIUS VON CÄSAREA, *Is.* 2,17 (GCS 56, 253).

[74] THEODOR VON MOPSUESTIA, *in Gal.* (SWETE 69f).

[75] SALVIAN VON MARSEILLE, *gub.* 3,16 (SC 220, 198), mit Verweis auf Gal 4,19a; 1Kor 11,1.

[76] JOHANNES CHRYSOSTOMUS, *exp. in Ps.* (PG 55, 439); ähnlich ders., *hom. in Hebr.* 8,2; 10,2 (PG 63, 71. 85f), mit Hinweis auf Gal 3,4; 5,7.10.

[77] JOHANNES CHRYSOSTOMUS, *Chan.* 10 (PG 52, 457).

[78] Die Prophetenkinder sind wörtlich verstanden andere aus Gott geborene (Joh 1,13) Propheten oder Prophetenjünger, in geistlicher Lesart die Christen (HIERONYMUS, *in Is.*, 3,8,18 [CCL 73, 118]).

[79] CYRILL VON ALEXANDRIEN, *Is.* 1,1 (PG 70, 61 A).

[80] CYRILL VON ALEXANDRIEN, *Ps.* (PG 69, 901 D – 904 A), bezieht Ps 34,12 („Sie vergelten mir Böses, und Kinderlosigkeit meiner Seele") auf das Verhalten der jüdischen Oberen, die nicht dulden wollten, dass einige der Juden zu Jüngern Christi wurden.

[81] JOHANNES CHRYSOSTOMUS, *comm. in Gal.* (PG 61, 660).

[82] AMBROSIASTER, *in Gal.*, 4,19 (CSEL 81/3, 49f); der Sache nach ähnlich JOHANNES CHRYSOSTOMUS, *comm. in Gal.* (PG 61, 660); JOHANNES VON DAMASKUS, *in Gal.* (PG 95, 804 C).

[83] IRENÄUS VON LYON, *haer.* 3,25,7 (FC 8/3, 306). Einen Bezug auf Gal 4,19 erwägen SCHENKE/FUNK, Silvanus, 617, für *Silv* (*NHC* VII,4 p. 104,3f [GCS NF 12, 617]), doch vgl. ihre Anm. 42. Anders PEEL/ZANDEE, Silvanus, 328f: They (the children of death) were in travail.

Adressaten bezogen.⁸⁴ Daneben steht die Verwendung in spezieller Polemik. ATHANASIUS zieht Gal 4,19b aufgrund des Stichwortes „Gestalt" als Aussage über die durch den Heiligen Geist bewirkte Versiegelung des Glaubenden in Christus heran, dessen Gestalt der Glaubende annimmt; weil das Versiegelnde dem Versiegelten seinsüberlegen ist und der Heilige Geist die Gestalt Christi ist, ist er kein Geschöpf.⁸⁵ HIERONYMUS wendet Gal 4,19 wie auch andere Autoren⁸⁶ unmittelbar gegen die Novatianer: Wer durch die Sünde gleichsam aufgehört hat, Mensch zu sein, wird durch die Buße aufs Neue vom Meister empfangen, und ihm wird verheißen, dass Christus in ihm wieder Gestalt gewinne.⁸⁷

Die gewichtigere Auslegungslinie ist jedoch diejenige im Sinne der ethischen Mahnung. ORIGENES deutet die Wendung „Christus in euch gebären"⁸⁸ als „Frucht bringen" des Glaubens durch gute Werke:⁸⁹

Wenn du alles, was irdisch ist in dir, abtötest, [...] dann kannst du mit deinem Leib sehr gute Früchte hervorbringen. Du kannst Isaak zeugen, das bedeutet Freude, sie ist die erste Frucht des Geistes. [...] Mehr noch sage ich: Wenn dein Geist entsprechend rein, dein Leib heilig, deine Taten untadelig geworden sind, kannst du sogar Christus hervorbringen gemäß dem Wort des Apostels [...] Denselben Gedanken drückt auch der Herr über sich selbst aus: „Wer den Willen meines Vaters im Himmel tut, der ist mir Bruder, Schwester und Mutter."

Andernorts deutet er die Stelle auf die Ausrichtung unseres Willens und Tuns nach dem Wort Gottes⁹⁰ oder auf das Wiedererstehen des Christenlebens.⁹¹

Bei seinem Gegner METHODIUS VON OLYMPUS werden die beiden Vershälften in eigener Weise verbunden:⁹² In der Seele der Vollkommenen wird der Wille des Logos verwirklicht, und sie verhelfen den noch Unvollkommenen zur vollkommenen Tugend.⁹³ Am Ende des im Stil einer Weisheitsrede gestalteten

---

⁸⁴ Vgl. MARCELLUS VON ANCYRA, *Opus ad Constantinum Imperatorem*, Frgm. 120, der aus einer insgesamt in Anlehnung an den Galaterbrief gestalteten Predigt des EUSEBIUS VON CÄSAREA in Ancyra (!) zitiert, in der EUSEBIUS vor Marcells Einfluss warnen will (dazu SEIBT, Markell, 448; 456f mit 457 Anm 868); vgl. ferner AUGUSTINUS, *Emer.* 1 (CSEL 53, 182). Umgekehrt haben Häretiker die in Gal 4,19 gemeinte *similitudo Christi* verloren (HIERONYMUS, *in Ezech.* 9,28,11–19 [CCL 75, 391]).
⁸⁵ ATHANASIUS, *ep.* Serap. 1,23; 3,3 (SC 15, 125f. 166f).
⁸⁶ ATHANASIUS, ebd. 4,13 (SC 15, 192); THEODORET VON CYRUS, *in Gal.* (PG 82, 489 B).
⁸⁷ HIERONYMUS, *in Gal.* (CCL 77 A, 133); ebenso THEODORET VON CYRUS, *in Gal.* (PG 82, 489 B–C); ohne Polemik bietet den Verweis auf die Buße auch PELAGIUS, *in Gal.* (SOUTER 327).
⁸⁸ In welche Gestalt Christi (vgl. Phil 2,6f) sollen die Gläubigen hineingestaltet werden, in die göttliche Gestalt oder in die Knechtsgestalt? Diejenigen, die nach der Vollkommenheit streben, in die erstere, die noch am Anfang stehen, in die letztere (ORIGENES, *comm. in Rom.* 7,7 [FC 2/4, 86–88]).
⁸⁹ ORIGENES, *comm. in Rom.* 4,7, zu Röm 4,23–25 (FC 2/2, 236), mit Verweis auf Mt 12,50. In *M.Pion.* 12,4 (MUSURILLO 150) wird Gal 4,19 auf das Verhältnis zwischen dem werdenden Märtyrer Pionius und den ihn umgebenden Christen bezogen.
⁹⁰ ORIGENES, *in psalm.* 36,4,3 (SC 411, 212).
⁹¹ ORIGENES, *hom. in Num.* 7,3,4 (SC 415, 184). Dafür steht die Heilung des Aussatzes bei Mirjam gemäß Num 12 (Basistext dieser Homilie) als Sinnbild.
⁹² METHODIUS VON OLYMPUS, *symp.* 3,8f, 74.76 (SC 95, 37f).
⁹³ METHODIUS VON OLYMPUS, *symp.* 8,6.8 (SC 95, 214–220).

Prooemiums zu *De sanguisuga* fassen Gal 4,19b und eine Anspielung auf Gal 5,17.19 die Aufforderungen zum Streben nach der Tugend zusammen.[94]

Die „Gestaltwerdung Christi" bezeichnet den Prozess des Vollkommenwerdens des Christen[95]; ihr Ziel ist die Einwohnung Christi in uns,[96] die Wiedergewinnung unserer Ebenbildlichkeit zu Christus,[97] zu der wir einst wie der supralapsarische Adam bestimmt waren.[98] Doch auch nach einer Versündigung kann Christus im Menschen wieder Gestalt gewinnen: Gott will nicht den Tod des Sünders, sondern dass er sich bekehre und lebe.[99] Doch wie ist zu Hebr 6,4–6 auszugleichen, wo nach heutiger Auslegung die Möglichkeit einer zweiten Buße nach der Taufe ausgeschlossen ist? Unmöglich ist, so der Kirchenlehrer, nicht die Buße, sondern die zweite Taufe; auf diese ist in Hebr 6,6 das Verbum ἀνακαινισθῆναι wegen des folgenden ἀνασταυροῦντας ἑαυτοῖς zu beziehen.[100]

In allegorischer Auslegung zu Jes 44,21b („Ich habe dich zu meinem Sohn geformt") hält CYRILL VON ALEXANDRIEN fest:[101]

Der Mensch wird im wörtlichen Sinne im Mutterschoß geformt, zum Sohn Gottes durch die Kenntnis der göttlichen Gesetze, hin zu vorzüglicher Beschaffenheit, die aufgrund des Schmuckes mit der Tugend den menschlichen Seelen innewohnt. Das kann als die geistliche Schönheit verstanden werden. Sie (scil. die Menschen) werden in Christus und hin auf seine Beschaffenheit geformt durch die Mitwirkung des Heiligen Geistes. Der göttliche Paulus schreibt nämlich: „Meine Kinder, mit denen ich abermals in Wehen liege, bis in euch Christus Gestalt gewinnt". Christus gewinnt nun in uns Gestalt, wenn der Heilige Geist in uns sein gestaltendes Wirken einbringt, durch Heiligung und Gerechtigkeit.

So gewinnt Christus Gestalt in den Menschen, indem die Wesenszüge seiner Gottheit allmählich in ihren Geist hineingeprägt werden.[102] Diese Gestaltwerdung konkretisiert sich in der Abwendung von der Welt nach Röm 12,2.[103]

AUGUSTINS Auslegung von Gal 4,19b im Galaterkommentar spiegelt den damaligen Stand seiner Gnadenlehre: Christus gewinnt in uns Gestalt in dem

---

[94] METHODIUS VON OLYMPUS, *de sanguisuga* 1,6 (GCS 27, 478). Zum Begriff „Tugend" vgl. auch DOROTHEUS, *Scholion* 90, zu JOHANNES CLIMACUS, *scal.* 4 (PG 88, 760 B).

[95] GREGOR VON NYSSA, *in Eccl.* 6 (GNO 5, 380); vgl. ders., *ep.* 3,2 (GNO 8/2, 20), dort neben Ps 118,120; Gal 2,19 u.a.

[96] EPHRÄM, *in Gal.* (MMK 135).

[97] BASILIUS VON CÄSAREA, *moral.* 80,8 (PG 31, 864 A): Dieser Ebenbildlichkeit sollen wir durch unser Handeln entsprechen.

[98] CYRILL VON ALEXANDRIEN, *Is.* 4,5 (PG 70, 1124 A). Andernorts bezieht er Gal 4,19 auf das alttestamentliche Bild der Vervollkommnung hin auf die geistlich verstandene Männlichkeit (CYRILL VON ALEXANDRIEN, *ador.* 4 (PG 68, 320 AB).

[99] JOHANNES CHRYSOSTOMUS, *Thdr.* 1,8 (SC 117, 118), mit Verweis auf Ez 33,11. Zur Auslegung auf die Buße vgl. auch THEODORET VON CYRUS, *qu. Num.* 11 (PG 80, 364 B).

[100] JOHANNES CHRYSOSTOMUS, *hom. in Hebr.* 9,3 (PG 63, 79f). Die Möglichkeit einer zweiten Buße belege auch Ps 102,5.

[101] CYRILL VON ALEXANDRIEN, *Is.* 4,2 (PG 70, 936 B).

[102] CYRILL VON ALEXANDRIEN, *glaph. Gen.*3 (PG 69, 141 A); *ador.* 8 (PG 68, 545 D); *hom. pasch.* 10,1 (PG 77, 612 B): notwendig sind untadeliger Glaube und evangelischer Wandel.

[103] So auch MARIUS VICTORINUS, *in Gal.* 4,19 (CSEL 83/2, 151).

inneren Menschen, der, zur Freiheit der Gnade berufen, demütig darauf verzichtet, sich seiner Verdienste zu rühmen – sie werden ihm erst durch die empfangene Gnade möglich –, in geistlicher *dilectio* Christus anhängt und seinen Wandel nachahmt (1 Joh 2,6).[104] Für FULGENTIUS VON RUSPE ist in Gal 4,19b das gottgewirkte Entstehen der *bona voluntas* beschrieben, von der die *libertas* zum sittlichen Handeln ihren Ausgang nimmt.[105]

Wendungen aus Gal 4,19b können auch Bestandteil der kirchlichen Formelsprache werden: AUGUSTINUS bescheinigt seinem Amtsbruder Aurelius aus Karthago, sich mit großer Liebe um die Mönche zu sorgen, „bis das apostolische Lebensideal unter ihnen Gestalt gewinne".[106] Eine ähnliche Wirkung wird Meletius von Antiochien nachgerühmt, der prägenden Einfluss auf JOHANNES CHRYSOSTOMUS hatte,[107] und der Märtyrerin Felicitas, die andere zur Martyriumsbereitschaft geführt habe.[108]

Gal 4,20

Ich wollte, ich könnte jetzt bei euch sein und in anderer Weise mit euch reden; denn euer Verhalten macht mich ratlos.

Wahrgenommen wurde aus Gal 4,20 vor allem die Wendung ἀλλάξαι τὴν φωνήν (die Stimme ändern); sie wird gedeutet in Richtung hin zur Klage,[109] zum Zorn,[110] zur Strenge[111] oder auch zur Klage über den Abfall der einen und zum Lob der Standhaftigkeit der anderen.[112] Als Intention der Stelle[113] gilt entweder der Wunsch des Paulus, den Galatern zu zeigen, dass er bei ihnen nicht anders lehrt als sonst,[114] oder die Erprobung der Zuhörer, in Verwunderung

---

[104] AUGUSTINUS, *exp. Gal.* 38,3–5 (CSEL 84, 106f). Der Glaubensakt geht hier dem Gnadenempfang noch voraus, wird noch nicht als dessen Folge begriffen (RING, Gnade 347f). In dem Satz „*formam ... accipit Christi, qui adhaeret Christo dilectione spirituali*" fasse ich das Relativpronomen als konditional auf (die Gestalt Christi empfängt nur, wer Christus in geistlicher Liebe anhängt); anders DRECOLL, Gnadenlehre, 180.

[105] FULGENTIUS VON RUSPE, *ep.* 17,39 (CCL 91 A, 593).

[106] AUGUSTINUS, *op. mon.* 36 (CSEL 41, 585).

[107] JOHANNES VON DAMASKUS, *hom.* 11,8 (KOTTER V 363).

[108] PETRUS CHRYSOLOGUS, *serm.* 134,2 (CCL 24 B, 819).

[109] JOHANNES CHRYSOSTOMUS, *comm. in Gal.* (PG 61, 660); THEODOR VON MOPSUESTIA, *in Gal.* (SWETE 70); JOHANNES VON DAMASKUS, *in Gal.* (PG 95, 804 C). Die Klage ist nach JOHANNES CHRYSOSTOMUS ein geeignetes Heilmittel: Sie erbittert nicht, macht aber auch nicht leichtsinnig.

[110] MARIUS VICTORINUS, *in Gal.* 4,20 (CSEL 83/2, 152). AUGUSTINUS, *exp. Gal.* 39,2 (CSEL 84, 108) erkennt in der Aussage eine Drohung des Apostels, sich von den Galatern als seinen Kindern loszusagen: Eltern wollen sich ihrer missratenen Söhne nicht schämen müssen!

[111] PELAGIUS, *in Gal.* (SOUTER 328); ähnlich AMBROSIASTER, *in Gal.* 4,20 (CSEL 81/3, 50).

[112] THEODORET VON CYRUS, *in Gal.* (PG 82, 489 C).

[113] GREGOR VON NYSSA, *Eun.* 3,1,25 (GNO 2,12); ders., *hom. in Cant.*, prol. (GNO 6,5), findet den Übergang von historischer zu tropologischer Betrachtungsweise angezeigt.

[114] EUSEBIUS VON EMESA, *in Gal.* (BUYTAERT 149f*).

darüber, wie schnell sie sich beeinflussen ließen (vgl. Gal 1,6).[115] HIERONYMUS fasst die Ratlosigkeit des Apostels in Worte: Ihn treibt die Liebe, ihn treibt der Schmerz, mit verschiedenen Affekten zu reden. Paulus wisse nicht, in welche Worte er zuerst ausbrechen, mit welchem Medikament er die Galater heilen solle.[116] THEODOR VON MOPSUESTIA vergleicht hinsichtlich des geäußerten Affektes den Apostel mit den Rhetoren:[117]

Wie viele Rhetoren [...] in dem Bestreben, die Mutter nachzuahmen, die ihre Kinder beweint, oder den Vater, ein solche Last der Mitgefühls durch ihre Reden ausdrücken konnten, wie es im gegenwärtigen Fall der selige Paulus zeigt, so heuchelt er jedenfalls nichts, sondern erzählt alles gemäß dem ihm eingepflanzten Affekt, den er ihnen gegenüber hatte.

Gal 4,21–31: Erneuter Beweis aus der Schrift

Sekundärliteratur: SCHRECKENBERG, Adversus-Judaeos-Texte; ULRICH, Eusebius.

1. Sachbedingt muss der Darbietung der Applikations- und Auslegungsvorgänge zu den einzelnen Versen bzw. Motiven die nicht selten auf den Gesamttext bezogene Darstellung der hermeneutischen Reflexion hinsichtlich des Nutzens, aber auch des richtigen Verständnisses der übertragenen Schriftauslegung vorangehen. 2. Ebenfalls vorausgenommen werden sollen die auf den Gesamtkontext des Galaterbriefes bezogenen Reflexionen hinsichtlich der Adressaten und der Funktion des Abschnittes.

1. Dass schon Paulus selbst der allegorischen Methode gefolgt sei, ist für TERTULLIAN wie später für JOHANNES CHRYSOSTOMUS wichtig gegen Marcions Unterscheidung zwischen dem vom Schöpfergott verheißenen Messias und dem zuvor unbekannten Erlösergott.[118] Marcion hatte sich ja geweigert, das Alte Testament hin auf Christus zu lesen, und es als Buch des gerechten Gottes (im Gegenüber zum guten Gott) verstanden.

Die Tatsache, dass Paulus in Gal 4,21–24 Vorgänge, die sich real ereignet haben, „allegorica" nennt, bedeutet für ORIGENES, dass man auch andere Passagen entsprechend behandeln muss,[119] gerade diejenigen, bei denen das wörtli-

---

[115] EPHRÄM, in Gal. (MMK 135).
[116] HIERONYMUS, in Gal. (CCL 77 A, 135). Die Stimme hat der Apostel verändert wie ein Schauspieler – in der Tat (1Kor 4,9) war er ein Schauspiel vor der Welt (ebd., 134).
[117] THEODOR VON MOPSUESTIA, in Gal. (SWETE 71).
[118] TERTULLIAN, adv. Marc. 3,5,4 (CCL 1, 513f); JOHANNES CHRYSOSTOMUS, hom. in Mt. 16,7 (PG 57, 247); JOHANNES CHRYSOSTOMUS, hom. 2 in 2Cor 4:13, 5 (PG 51, 285). Gegen Marcion und Mani betont HIERONYMUS, in Gal. (CCL 77 A, 142): Schon Mose hat Geistliches geschrieben, der Apostel dasselbe gelehrt.
[119] ORIGENES rechtfertigt die Art seiner übertragenen Schriftauslegung öfters mit Röm 7,14; Gal 4,24, vgl. etwa ORIGENES, princ. 4,2,6 (GÖRGEMANNS/KARPP 716); hom. in Num. 11,1,10 (SC 442, 22); hom.

che Verständnis der Erzählung keine des göttlichen Gesetzes würdigen Aussagen bietet,[120] gilt es doch, um des Nutzens der Hörer willen nach dem verborgenen Sinn der Heiligen Schrift zu suchen.[121] Bekanntlich nimmt damit ORIGENES ein wichtiges Motiv pagan-antiker wie jüdischer Religionskritik auf, dessen Berücksichtigung bei den gebildeten unter den Nichtchristen die Akzeptanz der Heiligen Schrift erleichtern, bei den Christen ein geschlossenes christliches Weltbild generieren soll.[122] Diese Auslegungsmethode ermöglicht Bezüge hinsichtlich der geschichtlichen Standortbestimmung des Christentums im Verhältnis zu paganer Antike und Judentum, aber auch mahnende Applikationen: Sohn der Hagar sind wir, wenn wir *secundum carnem* wandeln, Sohn der Sara, wenn wir die Frucht des Geistes nach Gal 5,22 in uns haben.[123]

EUSEBIUS VON CÄSAREA rezipiert ausschließlich Gal 4,26, aber nirgends zur Polemik gegen die Juden.[124] Bei anderen Autoren jedoch führt Gal 4,21–31 dazu, dass sie auch den Prätext Gen 16 als Text der christlichen Selbstunterscheidung vom Judentum[125] oder als Vorausdarstellung des komplexen Verhältnisses zwischen Gottesstaat und Weltstaat lesen.[126]

PELAGIUS stellt hinsichtlich der ethischen Allegorese klar: Paulus wende diese Ausdeutungen auf ehrenhafte Taten von Heiligen an, nicht auf Sündentaten, denn das hieße Gott der Ohnmacht oder der Unwissenheit anzuklagen, als könne er seine Geheimnisse nicht anders zeigen oder wüsste er die Taten der Menschen nicht im Voraus, sondern könne Sünden erst nach einmal erfolgter

---

*in Gen.*7,2 (SC 7, 198); *comm. in Rom.* 2,13 (FC 2/1, 278); vgl. HEINISCH, Einfluss Philos, 35; DE LUBAC, Geist, 92f.

[120] ORIGENES, *hom. in Gen.* 7,2 (SC 7, 198). Doch wurde mehrfach behauptet, als habe er das wirkliche Geschehensein der in Gal 4,21–31 beschriebenen Ereignisse leugnen wollen. Tatsächlich ist der Rückschluss von der Allegorisierungsfähigkeit einer biblischen Geschichte auf deren Unhistorizität verfehlt (AUGUSTINUS, *div. qu.* 65 [CCL 44 A, 147]); die Adam-Christus-Typologie sei unsinnig, wenn es Adam nicht gegeben habe, und Paulus habe in 2Kor 11,3 die Sündenfallgeschichte wörtlich verstanden (THEODOR VON MOPSUESTIA, *in Gal.*, SWETE 75). Zur Verteidigung des ORIGENES vgl. PAMPHILUS VON CÄSAREA, *apol. Orig.* 113 (FC 80, 328–334).

[121] Zu dieser Motivation übertragener Schriftauslegung vgl. AMBROSIUS, *in Luc.* 3,28 (CCL 14, 91), sowie GREGOR VON NYSSA, *hom. in Cant.*, prol. (GNO 6, 5f): Die Verschiedenheit der paulinischen Begriffe wie ἀλληγορεία und τύπος (1Kor 10,11) hebt diese Grundforderung nicht auf.

[122] Selbst nach THEODORET rechtfertigt Gal 4,24–26 die allegorische Schriftauslegung, so dass er die verfluchte Schlange (Gen 3,14) als Antitypus (Gal 3,13) und den Sündenbock als Typus (2Kor 5,21) Christi ansehen und die in Lev 14,50–53 genannten, für die Reinigung eines Hauses vom Aussatz erforderlichen zwei Vögel auf die zwei Naturen Christi beziehen kann (THEODORET VON CYRUS, *eran.* 3 [ETTLINGER 211]).

[123] ORIGENES, *hom. in Gen.* 7,2 (SC 7, 200).

[124] ULRICH, Eusebius, 202f.

[125] GREGOR VON ELVIRA, *tract.* 3,4–16 (CCL 69, 20–23). Als Text der Selbstabgrenzung vom Judentum wird Gal 4,21–31 wahrgenommen von HIERONYMUS, *in Gal.* (CCL 77 A, 140f); CYRILL VON ALEXANDRIEN, *glaph. Dt.* (PG 69, 677 AB; die Abgrenzung vollzieht sich am geistlichen Schriftverständnis) sowie bei CYRILL VON ALEXANDRIEN, *glaph. Gen.*3,7 (PG 69, 125 B – D; die Abgrenzung bezieht sich auf die angebliche Knechtschaft der Juden unter dem Gesetz).

[126] AUGUSTINUS, *civ.* 15,2 (CSEL 40/2, 60f): Ein Teil des Erdenstaates (der nicht mit dem Weltstaat zu verwechseln ist) weist voraus auf den Himmelstaat und ist deshalb dienend, unfrei.

Tat verbieten. Gebote werden vom Apostel nicht in gleicher Weise allegorisch erklärt, damit nicht ihre Geltung untergraben werde.[127]

In der Schriftauslegung wird im Lauf der Zeit deutlich, dass der Begriff „allegorisch" in Gal 4,24 nicht auf die eigentliche „Allegorie" einzugrenzen ist,[128] sondern auch das mit einschließt, was heutzutage Typologie genannt wird – tatsächlich kann Gal 4,21–31 als τύπος bezeichnet werden.[129] Regelrecht von einer *abusio* des Begriffs spricht HIERONYMUS, der an die weltliche Herkunft der Methode erinnert.[130] AUGUSTINUS unterscheidet zwischen den Allegorien *in verbis* und denen *in facto*, zu welch letzteren Gal 4,21–31 gehört.[131] JOHANNES CASSIAN entwickelt anlässlich der Beschreibung der monastischen *vita contemplativa* anhand von Gal 4,21–31 die Einteilung in historische Interpretation und geistliches, nämlich tropologisches, allegorisches und anagogisches Verstehen. Gal 4,22f enthält das, was historischer Erklärung zugänglich ist, Gal 4,24f eine Allegorie, während Gal 4,24 sich anagogisch auf die himmlische Gottesstadt bezieht.[132] 1Kor 15,3–5; Gal 4,4f und Dtn 6,4 hingegen sind Texte, die einer übertragenen Deutung nicht zugänglich sind.[133]

2. Dass Paulus auf Abraham zu sprechen kommt, begründet JOHANNES CHRYSOSTOMUS mit dessen hohem Ansehen bei den Juden. Paulus habe zuvor die Abrahamssohnschaft der Galater nachgewiesen; da aber die Söhne Abrahams aufgrund ihrer verschiedenartigen Herkunft von der Magd bzw. der Freien nicht den gleichen Rang einnähmen, suche er nunmehr die heidenchristlichen Galater, die nicht äußerlich von Abraham abstammen, ihrer wahren Abrahamssohnschaft zu versichern: Die Geburt außerhalb des Fleisches ist wunderbarer und ehrenvoller als die Geburt aus dem Fleisch.[134]

Als Intention des Abschnitts kann der Erweis der Rechtmäßigkeit des Christusglaubens oder der Abrogation des Gesetzes eben aus dem Gesetz bestimmt werden.[135]

---

[127] PELAGIUS, *in Gal.* (SOUTER 328f).

[128] Der Begriff ist in Gal 4,24 im uneigentlichen Sinne gebraucht und passt nur insofern, als die erzählte Geschichte tatsächlich noch einen anderen als den explizierten Sinn in sich schließt, nämlich das Verhältnis zwischen der Synagoge und der Kirche aus den Völkern (JOHANNES CHRYSOSTOMUS, *comm. in Gal.* [PG 61, 662]).

[129] THEODORET VON CYRUS, *in Gal.* (PG 82, 489 D – 492 D).

[130] HIERONYMUS, *in Gal.* (CCL 77 A, 139). – Tit 1,12; Apg 17,28; 1Kor 15,33 belegen, dass Paulus auch weltlich gebildet war, *licet non ad perfectum* (ebd.).

[131] AUGUSTINUS, *trin.* 15,9,15 (CCL 50 A, 481f).

[132] JOHANNES CASSIAN, *conl.* 14,8,1–3 (CSEL 13, 404f). Es folgt das berühmt gewordene Beispiel: una atque eadem Hierusalem quadrifarie possit intellegi: secundum historiam civitas Iudaeorum, secundum allegoriam ecclesia Christi, secundum anagogen ciuitas die illa caelestis, quae est mater omnium nostrum, secundum tropologiam anima hominis quae frequenter noc nomine aut increpatur aut laudatur a domino (JOHANNES CASSIAN, *conl.* 14,8,4 [CSEL 13, 405]).

[133] JOHANNES CASSIAN, *conl.* 14,8,7 (CSEL 13, 407).

[134] JOHANNES CHRYSOSTOMUS, *in Gal.* (PG 61, 661f).

[135] JOHANNES CHRYSOSTOMUS, *comm. in Gal.* (PG 61, 661); THEODORET VON CYRUS, *in Gal.* (PG 82, 489 C); MARIUS VICTORINUS, *in Gal.* 4,21 (CSEL 83/2, 152).

Gal 4,21

Ihr, die ihr euch dem Gesetz unterstellen wollt, habt ihr denn nicht gehört, was im Gesetz steht?

Textkritisch ist zu bemerken, dass die lateinische Handschriftentradition in der Regel statt „gehört" die Variante „gelesen" bietet;[136] die östlich favorisierte Variante „gehört" begegnet aber auch bei AUGUSTINUS im Lemma[137] und bei HIERONYMUS, der dem „Hören" den Nebensinn von „Gehorchen" entnimmt: Die Galater verfehlen dies, weil sie nur dem äußeren Wortlaut folgen; Paulus hingegen „hört": Er nimmt die Tiefendimension wahr.[138]

Für JOHANNES CHRYSOSTOMUS verweist die Wendung „die ihr euch ... unterstellen wollt" darauf, dass nicht ein sachlich begründeter Zwang, sondern lediglich der Eigensinn der Galater die Schuld trug; im Begriff νόμος sieht er hier das Buch Genesis bezeichnet,[139] während Paulus an anderer Stelle das ganze Alte Testament unter diesem Begriffe fasse.[140]

Gal 4,22

In der Schrift wird gesagt, dass Abraham zwei Söhne hatte, einen von der Sklavin, den andern von der Freien.

Das Nebeneinander heilsgeschichtlicher, dogmatischer und paränetischer Implikationen der hier vorliegenden Allegorese begegnet schon bei ORIGENES. Isaak ist Typos für das Volk Gottes aus dem Glauben wie für Christus selbst.[141] Aufgrund von Gal 4,22 sind auch andere neutestamentlichen Aussagen zum Thema „Mann und Frau" sinnbildlich zu verstehen. ORIGENES erschließt daraus die asketische Lebensweise der seligen Vollendeten.[142] Gal 4,22 wird nicht nur auf die Unterscheidung zwischen Christen und Nichtchristen gedeutet, sondern innerhalb der Christen auf eine Unterscheidung zwischen denen, die aus Liebe, und denen, die lediglich aus Furcht vor dem Jüngsten Gericht zum Glauben finden. Letztere, die Söhne der Sklavin, sind noch nicht fähig, Geistliches mit Geistlichem zu vergleichen, können aber zur Vollkommenheit fähig werden.[143]

---

[136] PELAGIUS, in Gal. (SOUTER 328).
[137] AUGUSTINUS, exp. Gal. 40,1 (CSEL 84, 108). In seiner Auslegung tritt die Differenz der Lesarten nicht zutage.
[138] HIERONYMUS, in Gal. (CCL 77 A, 136).
[139] So auch HIERONYMUS, in Gal. (CCL 77 A, 136).
[140] JOHANNES CHRYSOSTOMUS, in Gal. (PG 61, 661).
[141] ORIGENES, hom. in Gen. 14,1 (SC 7, 336), aufgrund von Gal 4,22 und Gal 3,16.
[142] ORIGENES, comm. in Mt. 17,35 (GCS 40, 698, nur im griechischen Text).
[143] ORIGENES, hom. in Gen. 7,4 (SC 7, 204).

In den Kommentaren wird naheliegenderweise auf Gen 16; 18; 21 verwiesen. Bibelkundlich versiert bezieht AUGUSTINUS auch die in Gen 25 erzählte Vermählung Abrahams mit Ketura und deren Kinder in die allegorische Auslegung ein: Bei ihnen ist nicht von einer Verheißung die Rede; so ist in Gen 25 die Entstehung der Sekten und der Schismata angekündigt.[144] Dass Isaaks Eltern bei seiner Geburt im hohen Alter standen, verweist darauf, dass das Volk der Christen, obgleich erst jüngst in die irdische Geschichte getreten, sich einer *praedestinatio ... antiqua* verdankt.[145]

Gal 4,23

Der Sohn der Sklavin wurde auf natürliche Weise gezeugt, der Sohn der Freien aufgrund der Verheißung.

EPIPHANIUS wirft Marcion eine Verfälschung von Gal 4,23b und dessen Kombination mit Gal 3,14 vor, ob zu Recht, sei dahingestellt.[146] Ansonsten setzt die Stelle antijüdische und mariologische Applikationen frei.

ORIGENES rechtfertigt mit Gal 4,23.29 seine Erklärung, dass Paulus das Gesetz des Mose in zwei Teile teilt, in Geist und Fleisch. Nach letzterem trachten die Juden, nach ersterem die Christen.[147] Gegen einen übersteigerten Marienkult hält EPIPHANIUS VON SALAMIS fest: Maria ist keine Göttin, wohl aber ist sie „der Verheißung gemäß [...] wie Isaak ein besonderes Kind der Vorsehung".[148] Bei CYRILL VON SKYTHOPOLIS fasst Gal 4,23 den unterschiedlichen geistlichen Zustand von Mönchsschülern vor und nach der Belehrung im göttlichen Wort durch Euthymius in Worte.[149]

In der Kommentarliteratur wird festgehalten, dass Isaak geistlich war: 1. Er war von Gott verheißen. 2. Seine Eltern waren schon zu alt für eine normale Geburt.[150] Dem möglichen Einwand, auch an bzw. für Ismael seien Verheißungen ergangen,[151] begegnet HIERONYMUS mit der Unterscheidung zwischen der an Ismael ergangenen Mehrungsverheißung und dem nur Isaak geltenden Bund sowie mit dem Hinweis, nur für Isaak, nicht für Ismael sei schon vorher eine

---

[144] AUGUSTINUS, *exp. Gal.* 40,1–9 (CSEL 84, 108–110); vgl. auch ders., *bapt.* 1,15,23 (CSEL 51, 167) und dazu SCHINDLER, Baptismo (De-), 577, sowie AUGUSTINUS, *civ.* 16,34 (CSEL 40/2, 185f). AUGUSTINUS nützt den Umstand der Anordnung von Gen 25 nach den Erzählungen von Gen 18; 21 aus: Die Sekten sind jünger als die Kirche (*exp. Gal.* 40,21–24 [CSEL 84, 111]).

[145] AUGUSTINUS, *exp. Gal.* 40,19 (CSEL 84, 111). Angesprochen ist der antike, zur Christentumskritik herangezogene Topos „das Alte ist das Bessere".

[146] EPIPHANIUS VON SALAMIS, *haer.* 42,11,8 (GCS 31, 120).

[147] ORIGENES, *comm. in Rom.* 6,12 (FC 2/3, 302).

[148] EPIPHANIUS VON SALAMIS, *haer.* 78,23,10 (GCS 37, 474).

[149] CYRILL VON SKYTHOPOLIS, *v. Euthym.* 10 (TU 49/2, 21).

[150] MARIUS VICTORINUS, *in Gal.* 4,23 (CSEL 83/2, 153).

[151] Vgl. Gen 16,10.12 (durch einen Engel); 17,20 (durch Gott selbst!).

Rede Gottes an Abraham ergangen. Als höheres Verständnis der Stelle bezeichnet HIERONYMUS die Einsicht in die Unterschiedenheit zwischen geistlichem und fleischlichem Verständnis des Gesetzes und damit zwischen Christentum und Judentum, aber auch die Einsicht in die Notwendigkeit, uns von der Sünde freizuhalten.[152]

Gal 4,24

Darin liegt ein tieferer Sinn (ἀλληγορούμενα)**: Diese Frauen bedeuten die beiden Testamente. Das eine Testament stammt vom Berg Sinai und bringt Sklaven zur Welt; das ist Hagar –**

Erläuterungen zum Begriff ἀλληγορούμενα wurden in der Gesamteinleitung zu Gal 4,21–31 dargestellt; hier sollen Explikationen zu den Themen der beiden Testamente und der Knechtschaft des Alten Bundes folgen.

Neue Aufmerksamkeit findet die Stelle in der antimanichäischen Polemik: Nach EPIPHANIUS VON SALAMIS beweist Gal 4,24–26 gegen die manichäische Vorstellung von den zwei Prinzipien am Anfang, dass beide Bundesschlüsse von demselben Gott stammten.[153]

THEODOR VON MOPSUESTIAS Soteriologie mit Gewicht auf der Auferstehung wirkt auch auf die Auslegung von Gal 4,21–31 ein, vor allem zu Gal 4,24.26.28: die beiden διαθῆκαι gehen auf Mose und Christus zurück; *uocat autem testamentum in Christum, resurrectionem quam promisit omnibus nobis, primus ipse ex mortuis exsurgens*,[154] denn wie der Mosebund das Ziel hatte, Gerechtigkeit zu vermitteln, so auch der Bund in Christus[155]. Das obere Jerusalem ist Ziel unserer Hoffnung, wo wir, weil der Sünde nicht mehr unterworfen, des Gesetzes nicht mehr bedürfen und insofern frei sind;[156] Isaaks, des *secundum gratiam* gezeugten, Söhne sind wir, weil die Auferstehung ebenfalls Sache der Gnade ist, nicht der Natur.[157]

PELAGIUS deutet den Gegensatz zwischen Freiheit und Knechtschaft auf den Gegensatz zwischen christlicher Hoffnung auf himmlischen Lohn und jüdischer religiöser Furchtsamkeit sowie auf den Gegensatz zwischen freiwilliger christlicher und erzwungener jüdischer finanzieller Unterstützung der Gemeindeleiter.[158] Dass der Alte Bund zur Knechtschaft gebiert, widerlegt für AUGUSTINUS die pelagianische Sicht des Alten Testamentes als gleichberechtigt mit dem

---

[152] HIERONYMUS, *in Gal.* (CCL 77 A, 137f), mit Verweis auf Joh 8,33–35; Röm 6,12.
[153] EPIPHANIUS VON SALAMIS, *haer.* 66,74,6 (GCS 37, 115).
[154] THEODOR VON MOPSUESTIA, *in Gal.* (SWETE 76).
[155] THEODOR VON MOPSUESTIA, *in Gal.* (SWETE 76f).
[156] THEODOR VON MOPSUESTIA, *in Gal.* (SWETE 83).
[157] THEODOR VON MOPSUESTIA, *in Gal.* (SWETE 84).
[158] PELAGIUS, *in Gal.*, 4,24 (SOUTER 329).

Neuen; die Anstößigkeit dieser These „bestand wohl in dem nicht ausgesprochenen Gedanken, dass auch schon den Menschen des Alten Bundes dieses verheißene Gottesreich ohne Christi Erlösung und Gnade erreichbar war".[159] Doch kann AUGUSTINUS die Wendung auch als Beschreibung des unvollkommenen, in irdischer Begierde und fleischlicher Furcht befangenen Glaubens der Juden verstehen.[160]

Gal 4,25

denn Hagar ist Bezeichnung für den Berg Sinai in Arabien –, und ihr entspricht das gegenwärtige Jerusalem, das mit seinen Kindern in der Knechtschaft lebt.

Gal 4,25 als Einzelaussage wird in altkirchlicher Literatur spät und selten rezipiert; eine wirkliche Rezeptionsgeschichte lässt sich für die Zeit bis zum 5. Jhdt. nicht schreiben.

Im Zuge der Selbstunterscheidung des Christentums vom Judentum wird Gal 4,25 bei EPIPHANIUS VON SALAMIS als Aussage über die Differenz von Judentum und Christentum hinsichtlich Herkunft und Rang verstanden.[161] Als heilsgeschichtliche Periodisierung kann AUGUSTINUS Gal 4,25f rezipieren, die aber auch besagt, dass die sittliche Ermahnung für die Zeit seit dem Kommen Christi verschärft wird: Selbst ein Verhalten wie das der ägyptischen Hebammen oder Rahabs ist jetzt nicht mehr statthaft.[162] Im Rahmen der Frage, warum in der Schöpfungsgeschichte nicht von der Erschaffung der Engel berichtet wird, belegen Gal 4,25 und Gal 3,19 für THEODORET VON CYRUS, dass es angesichts der Unfähigkeit der Zeitgenossen Moses zu höherer Erkenntnis richtig ist, dass Mose nicht schon für den Beginn der Schöpfung, sondern für die Zeit Hagars erstmals das Auftreten von Engeln erwähnt.[163]

Die Darstellung der altkirchlichen exegetischen Arbeit am Text muss im Falle von Gal 4,25 sich stets die variierende Textgrundlage vor Augen halten. In den meisten östlichen Kommentarwerken dient in V. 25a die Textform Τὸ

---

[159] ALTANER, Verhandlungen, 494, zu AUGUSTINUS, *gest. Pel.* 5/14 (CSEL 42/2, 64f). – Dass die Gerechten des Alten Bundes nicht durch diesen selbst, sondern durch den Glauben an den Mittler gerecht wurden, erschließt AUGUSTINUS aus Gal 4,24 und Gal 3,21 (AUGUSTINUS, *nupt. et conc.* 2,11/24 [CSEL 42/2, 277]).

[160] AUGUSTINUS, *c. ep. Pel.* 3,4/9 (CSEL 60, 495); vgl. ders., *en. Ps.* 118, *serm.* 11,1 (CCL 40, 1696). Dem trotzigen Volk ist das Gesetz gemäß dem Alten Bund auf steinernen Tafeln auferlegt, nicht wie der Neue Bund ins Herz gegeben (Jer 31,31–33bα). Deshalb ist die Bitte des Beters von Ps 118,33 (*Legem pone mihi, Domine, uiam iustificationum tuarum*) nicht die Bitte eines Menschen, dem nach 1Tim 1,9 aufgrund seiner Ungerechtigkeit das Gesetz auferlegt ist.

[161] EPIPHANIUS VON SALAMIS, *fid.* 7,5 (GCS 37, 503).

[162] AUGUSTINUS, *c. mend.* 33 (CSEL 41, 515). Im Galaterkommentar hatte er Gal 4,25 nicht erklärt.

[163] THEODORET VON CYRUS, *qu. in Gen.* 2 (PG 80, 80 A), mit Bezug auf Ex 32.

γὰρ Ἀγαρ Σινᾶ ὄρος ἐν τῇ Ἀραβίᾳ als Grundlage;[164] V. 25b, mit συστοιχεῖ beginnend, wird als selbständiger Satz gelesen. Die westliche Auslegungstradition liest V. 25a ohne nochmalige Erwähnung Hagars, bindet V. 25b relativisch an V. 25a an und löst die Wendung τῇ νῦν Ἰερουσαλήμ durch einen Relativsatz auf.[165] Deshalb wird der Bezug von „Hagar" zu „Arabia" nur in Teilen der östlichen Tradition diskutiert, mit divergierenden Interpretationen: JOHANNES CHRYSOSTOMUS nimmt zu einer etymologischen Erklärung Zuflucht: Hagar heiße der Berg Sinai in der Landessprache.[166] THEODOR VON MOPSUESTIA nimmt die Geographie zur Hilfe: „Arabia" umfasste damals auch Teile von Ägypten, und Hagar ist Ägypterin (Gen 16,1).[167] Ethnologisch erklärt THEODORET VON CYRUS: Er verweist darauf, dass Hagars Nachkommen auf der Sinaihalbinsel siedelten.[168] In westlicher Tradition hingegen wird V. 25a in der Regel als geographische Bemerkung gelesen,[169] so dass sich eine weitere Nachfrage nach dem Sinn der Erwähnung der Ἀραβία durch Paulus erübrigt.[170]

Traditionsübergreifend lassen sich Schwankungen in der Erklärung des Lexems συστοιχεῖν und des Bezugspunktes der δουλεία Hagars benennen. Das Verbum συστοιχεῖν kann auf die geographische Nähe des Berges Sinai zu Jerusalem ebenso verweisen[171] wie es als Ausdruck der Ähnlichkeit[172] oder Entsprechung[173] oder der *significatio*[174] verstanden werden kann; der Bezugspunkt der δουλεία ist theologisch das Sein unter dem Gesetz[175] oder unter der Sünde,[176] historisch das Sein unter der Römerherrschaft.[177]

---

[164] Eine andere Lesart bietet nur JOHANNES VON DAMASKUS, *in Gal.* (PG 95, 805 C): Τὸ γὰρ Σινᾶ ὄρος ἐστὶν ἐν Ἀραβίᾳ.

[165] Der attributive und adjektivische Gebrauch des griechischen Adverbs hier wie zu V. 26 ist im Lateinischen nicht möglich. Auch wurde die Zuordnung des Artikels zum Städtenamen „Jerusalem" bei HIERONYMUS und im Lemma bei MARIUS VICTORINUS, *in Gal.* 4,25 (CSEL 83/2, 153) nicht mitvollzogen, weshalb sich die Präpositionen *in* bzw. *iuxta* erklären; letztere setzt wohl die geographische Auslegungstradition des συστοιχεῖν voraus. Das unverständliche *qui* im Lemma bei MARIUS VICTORINUS ist in der Kommentierung der Femininform *quae* gewichen, die auf die *civitas Iudaeorum* bezogen wird.

[166] JOHANNES CHRYSOSTOMUS, *comm. in Gal.* (PG 61, 662).

[167] THEODOR VON MOPSUESTIA, *in Gal.* (SWETE 80f).

[168] THEODORET VON CYRUS, *in Gal.* (PG 82, 492 A).

[169] Vgl. etwa HIERONYMUS, *in Gal.* (CCL 77 A, 141).

[170] Von MARIUS VICTORINUS, AUGUSTINUS, AMBROSIASTER wird die Bezugnahme auf Arabien nicht näher erklärt.

[171] JOHANNES CHRYSOSTOMUS, *comm. in Gal.* (PG 61, 662); JOHANNES VON DAMASKUS, *in Gal.* (PG 95, 805 C); HIERONYMUS, *in Gal.* (CCL 77 A, 141).

[172] EPHRÄM, *in Gal.* (MMK 135).

[173] THEODORET VON CYRUS, *in Gal.* (PG 82, 492 A).

[174] AMBROSIASTER, *in Gal.* (CSEL 81/3, 51); faktisch auch MARIUS VICTORINUS, *in Gal.* 4,25 (CSEL 83/2, 153): *ex ipso monte intellegi civitatem voluit*.

[175] THEODORET VON CYRUS, *in Gal.* (PG 82, 492 B); JOHANNES VON DAMASKUS, *in Gal.* (PG 95, 805 C).

[176] AMBROSIASTER, *in Gal.* (CSEL 81/3, 51).

[177] EPHRÄM, *in Gal.* (MMK 135); PELAGIUS (SOUTER 330): *Cum filiis Hierusalem gentibus seruit*. Zur Deutung von Gal 4,24 auf das Wesen der jüdischen Religion muss kein Widerspruch bestehen: Denkbar ist, dass sich PELAGIUS gefragt hat, warum zweimal von der Knechtschaft Hagars die Rede ist.

Theologisch folgt die Kommentarliteratur der zu EPIPHANIUS VON SALAMIS vorgestellten Auslegungslinie. Leicht abweichend davon deutet HIERONYMUS die Stelle unter Zuhilfenahme der Etymologie auf die befristete Gültigkeit des Alten Testaments, wie Hagar (abgeleitet von גר, Fremdling) die παροικία symbolisiere, Sina die *tentatio*,[178] Arabia den *occasus*.[179] Sodann referiert der Stridonier eine Deutung auf den Unterschied zwischen verschiedenen Stufen des Verstehens der Schrift des Alten wie des Neuen Testamentes: Das wörtliche Verständnis wird Hagar, das geistliche, allegorische Verständnis, im Sinne von Lk 24,27 durch Jesus ermöglicht, Sara[180] zugeordnet. Die Vertreter dieser Interpretation begründen deren Notwendigkeit (d.h. faktisch die Ablehnung der Deutung des EPIPHANIUS) mit dem Argument, es sei unangemessen, Mose und alle Propheten als Kinder der Sklavin, doch irgendwelche Heiden als Kinder der Freien zu verstehen.[181]

Gal 4,26

Das himmlische Jerusalem aber ist frei, und dieses Jerusalem ist unsere Mutter.

Sekundärliteratur: THRAEDE, Jerusalem, 728–764 (Lit.!)

Aus Gal 4,26 werden vornehmlich die Wendung ἡ ... ἄνω 'Ιερουσαλὴμ und der Begriff μήτηρ rezipiert; die genannte Wendung benennt 1. den Ort himmlischer Mächte bzw. des präexistenten Christus bzw. der präexistenten Gottesstadt, 2. ferner die himmlische Heimat als eschatologisches Ziel des Christen bzw. Märtyrers, 3. das Ziel der irdischen Vervollkommnung, 4. die in der gegenwärtigen Kirche erfahrbare Heimat des Christen, 5. kann aber auch das Selbstverständnis des Christentums im Gegenüber zum Judentum zur Sprache bringen. 6. Die Begriffe „Jerusalem" und „Mutter" laden dazu ein, entsprechende alttestamentliche Aussagen allegorisch auf die himmlische Herrlichkeit der Gläubigen oder auf die irdische Kirche zu beziehen.

---

[178] Denkt HIERONYMUS, *in Gal.* (CCL 77 A, 141), für *tentatio* an eine Ableitung aus נסה (versuchen), für *occasus* an eine Ableitung aus אבד (untergehen)?

[179] „Abraham" wird erklärt als *pater electus cum sonitu* (aus אב, בחר und המה), „Ismael" als *audiat Dei* (*praecepta*; aus ישמע אל). Zu „Abraham" hatte Philo, den HIERONYMUS nicht zitiert, eine ähnliche Erklägung geboten (PHILO, *Abr.* 82f [COLSON 44–46]): πατὴρ ἐκλεκτὸς ἠχοῦς, das Wort πατὴρ wird auf den ἡγεμονικὸς νοῦς allegorisiert, das ἦχος auf den daraus hervorgehenden ausgesprochenen Gedanken, das Wort ἐκλεκτός auf den sittlich guten Charakter. – Diese etymologischen Ausführungen wurden in den Kommentaren nach HIERONYMUS nicht weiter aufgegriffen.

[180] HIERONYMUS, *in Gal.* (CCL 77 A, 141f), Auch die von ihm referierte Deutung Saras *quae in lingua nostra* ἄρχουσα, *id est princeps, interpretatur, genere feminino* setzt die Kenntnis des Hebräischen voraus (שרה wird als Nebenform zu שר, Fürst, Gebieter, aufgefasst).

[181] HIERONYMUS, *in Gal.* (CCL 77 A, 142). – Zu AUGUSTINS Auslegung der Schlussworte im Rahmen seiner Vorstellung, der Erdenstaat weise auf den Himmelsstaat voraus, s.o.

1. „Das obere Jerusalem" von Gal 4,26 bezeichnet bei den Valentinianern den Wohnort der 70 Logoi, bei großkirchlichen Auslegern den Ort des präexistenten Christus,[182] den Sitz der Engel und Herrschaften und Gewalten[183] oder den Gottesstaat, der in den heiligen Engeln und den seligen Geistern besteht.[184] Nach APPONIUS hat der Apostel das obere Jerusalem bei seiner Entrückung 2Kor 12,2–4 gesehen.[185] COSMAS DER INDIENFAHRER siedelt es im Himmelreich jenseits des sichtbaren Firmamentes an.[186]

2. Bei den Naassenern bezeichnet die Wendung den Wohnort der 70 himmlischen Logoi[187] sowie bildlich das Ziel des gnostischen Strebens,[188] doch auch nach großkirchlichen Theologen ist das obere Jerusalem Ziel unserer Hoffnung,[189] das Paradies,[190] die himmlische Heimat,[191] das eschatologische Ziel unseres Strebens,[192] das himmlische Vaterland, dem wir im Prozess der Heiligung zustreben,[193] das Ziel der Auserwählten incl. Marias,[194] das Paradies, in das Christus anlässlich seiner Hadesfahrt die Gerechten des Alten Bundes hineinführt,[195] die Heimat des Märtyrers, die zugleich seine Weltdistanz impliziert.[196] Bei AUGUSTINUS ist das himmlische Jerusalem der Gottesstaat. Er wird keine Einbuße an der Zahl seiner Bürger erleiden, denn die Verheißung für die Heiligen, die auferstehen werden, ist, dass sie den Engeln gleich sein sollen.[197]

3. Gal 4,26f kann aber auch die höchste Stufe der spirituellen Vollendung benennen,[198] die eigentliche Heimat des Menschen im Unterschied zum Tier;

---

[182] ORIGENES, *hom. in Jer.* 10,7 (SC 232, 410).

[183] HIERONYMUS, *in Is.* 13,49,14–21 (CCL 73 A, 543).

[184] AUGUSTINUS, *civ.* 11,7 (CSEL 40/1, 520).

[185] APPONIUS, *Cant.* 1,40 (SC 420, 204).

[186] COSMAS, *top.* 3,83 (SC 141, 522).

[187] HIPPOLYT VON ROM, *haer.* 6,34,3 (PTS 25, 246).

[188] HIPPOLYT VON ROM, *haer.* 5,7,39 (PTS 25, 153).

[189] CLEMENS VON ALEXANDRIEN, *paed.* 1,45,1 (GCS 12, 116f); Ps.- ORIGENES, *sel. in Ps.* (PG 12, 1577 C); zu Ps 149,4 (PG 12, 1680 D).

[190] ORIGENES, *Frgm. in Lc.* 71 (RAUER 168; FC 4/2, 456); GREGOR VON NYSSA, *v. Mos.* 2,247 (GNO 7/1, 276); GREGOR VON NYSSA, *res.* 1 (GNO 9, 294); THEODOR VON MOPSUESTIA, *hom. cat.* 7,9 (FC 17/1, 176); *hom. cat.* 12,12 (FC 17/2, 328). Doch kennt THEODOR auch die Deutung auf die irdische Kirche (*hom. cat.* 11,7; 14,1 [FC 17/2, 306; 360]).

[191] AMBROSIASTER, *in Gal.* 4,26 (CSEL 81/3, 51f). Sie ist uns nach Joh 17,24 versprochen.

[192] AMBROSIUS, *in Luc.* 8,53 (CCL 14, 317).

[193] QUODVULTDEUS, *de cantico novo* 2,22 (CCL 60, 384).

[194] AUGUSTINUS, *ench.* 29 (CCL 46, 65); JOHANNES VON DAMASKUS, *hom.* 8,12; 10,2 (KOTTER V 498; 549).

[195] RUFIN, *symb.* 27 (CCL 20, 162), mit Verweis auf Mt 27,52f. und Hebr 2,10.

[196] *Acta S. Pamphili Martyris* (PG 10, 1544 A); ebenso EUSEBIUS VON CÄSAREA, *m. P.* 11,9 (GCS 9/2, 937). Zur Verwendung von Gal 4,26 in der Märtyrerliteratur vgl. BASILIUS VON CÄSAREA, *hom.* (*quadrag. mart.*) 19,2 (PG 31, 509 B); GREGOR VON NAZIANZ, *or.* 15,5 (PG 35, 920 B), in der freien Wiedergabe von 2 Makk 7,36, der Rede der Mutter der sieben Märtyrer; ebenso Ps.-JOHANNES VON DAMASKUS, *Anast.* 19 (KOTTER IV, 298).

[197] AUGUSTINUS, *ench.* 29 (CCL 46, 65).

[198] ORIGENES, *hom. in Num.* 7,5,5 (SC 415, 194); GREGOR VON NYSSA, *hom. in Cant.* 7 (GNO 6,207). Als Kinder des oberen Jerusalem sind wir zu diesbezüglichem Streben gerufen (GREGOR VON NAZIANZ, *or.* 8,6 [SC 405, 256]; GREGOR VON NYSSA, *hom. in Cant.* 13 [GNO 6, 377]).

der Mensch soll „trachten nach dem, was droben ist" (Kol 3,1).[199] Der Schönheit des himmlischen Jerusalem wird die Schönheit der sich nach Gott ausstreckenden Seele verglichen.[200]

4. Gelegentlich wird die Deutung von Gal 4,26 auf die gegenwärtige Kirche ohne nähere Kommentierung vollzogen.[201] Daneben sind ausführlichere Bezugnahmen zu erwähnen: Der „Berg Zion" von Jes 2,1–4 kann, so EUSEBIUS, wörtlich den Berg in Jerusalem, in anderem Verständnis den λόγος εὐαγγελικός, in einem dritten Sinn das „obere Jerusalem", die Kirche aus Juden und Heiden, bezeichnen.[202] Bei EUSEBIUS VON CÄSAREA werden Gal 4,26 und Hebr 12,22 häufig „zur Interpretation alttestamentlicher Stellen herangezogen, in denen ein universaler Heilsruf für alle Völker ergeht ..., wobei dieser Heilsruf dann stets auf die Kirche aus Juden und Heiden hin gedeutet wird".[203] Für MARCELL VON ANCYRA unterstützt Gal 4,26 die typologische Deutung des Hohenpriesters Josua (Sach 3,1–10) auf den inkarnierten Christus: Nur als Typus Christi, dessen Wirken auf die Hereinführung seines Volkes in die geschichtliche Größe der Kirche zielt, kann Josua „groß" (d.h. großer Priester / Hoherpriester) genannt werden, da nicht einmal Mose als „groß" bezeichnet wird.[204] EPHRÄM erinnert an das Bekenntnis zur Kirche im Rahmen des Gottesdienstes.[205] Für GREGOR VON NAZIANZ ist das obere Jerusalem die Heimat, aus der er auch durch Verbannung nicht vertrieben wird.[206]

5. Gal 4,26f benennt bei ORIGENES auch den gnadenhaft gewährten Heilscharakter der christlichen im Gegensatz zur jüdischen Existenz[207] und die Kirche in Abgrenzung zu Israel: Zum geistlichen, nicht zum fleischlichen Jerusalem ist Christus gesandt.[208] Die Juden sollen angesichts der Zerstörung Jerusalems nicht trauern, sondern das himmlische Erbe suchen.[209] HIERONYMUS

---

[199] BASILIUS VON CÄSAREA, *hex.* 9,2 (SC 26, 488).

[200] GREGOR VON NYSSA, *hom. in Cant.* 15 (GNO 6, 444f), in Auslegung zu Hld 6,4 („Schön bist du, meine Freundin, wie Wohlgefallen, anmutig wie Jerusalem"). Charakteristika dieser göttlichen Schönheit sind Wahrheit, Gerechtigkeit und Sanftmut.

[201] COSMAS, *top.* 10,13 (SC 197, 253); EUCHERIUS VON LYON, *form.* 5 (CSEL 31, 31), neben der Deutung auf das himmlische Jerusalem; LEONTIUS VON KONSTANTINOPEL, *hom.* 8 (CCG 17, 261), im Sinne einer Mahnung: Die Christen sollen sich alle als verantwortlich ansehen.

[202] EUSEBIUS VON CÄSAREA, *Is.* 26 (GCS 56, 14f).

[203] ULRICH, Eusebius, 202f, mit Verweis u.a. auf Zeph 2,10; Jes 2,1–4; 49,11; 52,7–9; 60,21.

[204] MARCELL VON ANCYRA, *Frgm.* 4 (SEIBT 259f) und dazu SEIBT, Markell, 266. Zum Kontext der Diskussion um die christologischen Namen vgl. SEIBT, Markell, 262f.

[205] EPHRÄM, *in Gal.* (MMK 135): *quam* (scil. *ecclesiam*) *confessi sumus*.

[206] GREGOR VON NAZIANZ, *or.* 26,16 (SC 284, 264).

[207] ORIGENES, *hom. in Jer.* 5,13 (SC 232, 310). Unter dem Gegensatz „Freiheit – Knechtschaft" fasst auch THEODORET VON CYRUS, *in Gal.* (PG 82, 492 AB) diesen Gegensatz in Worte.

[208] ORIGENES, *princ.* 4,3,8 (GÖRGEMANNS/KARPP 752–754), vgl. *Coll. Veron.* LI, 86 v (CCL 87, 103); vgl. AUGUSTINUS, *en. Ps.* 110,8 (CCL 40, 1624), der die Gegenüberstellung mit dem Gegensatz zwischen geistlichem und fleischlichem Verständnis der Gaben für Israel begründet.

[209] ORIGENES, *hom. in Jos.* 17,1 (SC 71, 372), in der Auslegung zu Jos 13,14 („Der Herr selbst ist der Leviten Anteil").

zufolge bezeichnet Gal 4,26 die Kirche im Gegenüber zu Israel,[210] – ihr gelten Zionsweissagungen wie Jes 66,20[211] – und zu den Häretikern, deren Hervorgehen *de peruersa uidelicet Ecclesia* in Koh 5,14 angesprochen ist.[212]

6. Die Bezeichnung der Kirche als Mutter[213] lädt ein, in den in Hld 1,6 genannten „Söhnen" Mose[214] oder die Apostel wiederzuerkennen[215] oder Trostworte wie Jes 49,15;[216] Jes 66,13[217] und Aussagen wie etwa Hld 6,9[218] oder Ex 25,8f (Stiftshütte als Ort der Gegenwart Gottes)[219] auf die Kirche zu beziehen. Auch „Jerusalem" ist in allegorischer Auslegung Chiffre für die Kirche[220] oder für die ersehnte himmlische Heimat der Gläubigen[221] oder für den erstrebten Zustand der Vollkommenheit.[222]

Gal 4,27

Denn es steht in der Schrift: Freu dich, du Unfruchtbare, die nie geboren hat, brich in Jubel aus und jauchze, die du nie in Wehen lagst! Denn viele Kinder hat die Einsame, mehr als die Vermählte.

In der Regel findet sich in Gal 4,27 die Kirche in ihrem missionarischen Erfolg wieder als im Voraus verkündigt. Dies wird bei IRENÄUS antignostisch, ansonsten in Abgrenzung gegenüber dem Judentum wahrgenommen.

Nach IRENÄUS gehört die Existenz der Kirche und ihr missionarischer Erfolg zu den eigentlichen Geheimnissen, denen es nachzusinnen gilt, nicht die erdichteten Äonen, Emationen etc.[223] Bei ORIGENES benennt Gal 4,27 (bzw. Jes 54,1) die Vielzahl der zum christlichen Glauben gekommenen Heiden;[224] er illustriert diese Auslegung später durch den Verweis auf Apg 2,41; 4,4, ohne Rücksicht darauf, dass dort eigentlich von bekehrten *Juden* die Rede ist.[225] Das ganze

---

[210] HIERONYMUS, *in Is.* 15,54,15 (CCL 73 A, 614) u.ö.
[211] HIERONYMUS, *in Is.* 18,66,20 (CCL 73 A, 792).
[212] HIERONYMUS, *in eccles.* 5,12/16 (CCL 72, 296).
[213] ORIGENES, *comm. in Cant.* 2,3,17 (SC 375, 324–326): Sie ist die Heimat der gläubigen Seele.
[214] ORIGENES, *comm. in Cant.* (gr.) (SC 376, 467).
[215] ORIGENES, *comm. in Cant.* 2,3,6–10 (SC 375, 318)–320. Hier sind die „Söhne" positiv gedeutet, ebenso bei THEODORET VON CYRUS, *Cant.* (PG 81, 69 C). Das „Zürnen" von Hld 1,6 wird in der Schelte Gal 3,1 Wirklichkeit (THEODORET VON CYRUS, *Cant.* [PG 81, 72 A]).
[216] CYRILL VON ALEXANDRIEN, *Is.* 4,4 (PG 70, 1065 A).
[217] HIERONYMUS, *in Is.* 18,66,13 (CCL 73 A, 781).
[218] BEDA VENERABILIS, *Cant.* 4,6,8 (CCL 119 B, 310).
[219] BEDA VENERABILIS, *tab.* 1,13 (SC 475, 106).
[220] Vgl. etwa AUGUSTINUS, *en. Ps.* 67,38 (CCL 39, 895); *en. Ps.* 78,4 (CCL 39, 1102).
[221] Vgl. etwa AUGUSTINUS, *en. Ps.* 105,22 (CCL 40, 1562).
[222] Vgl. etwa AUGUSTINUS, *en. Ps.* 125,1 (CCL 40, 1844).
[223] IRENÄUS VON LYON, *haer.* 1,10,3 (FC 8/1, 202). Auch CLEMENS VON ALEXANDRIEN, *str.* 2,28,5 (GCS 15, 128), sieht die Verheißung von Jes 54,1 in der Existenz der Christen erfüllt.
[224] ORIGENES, *hom. in Jer.* 3,2 (SC 232, 252; Bezug auf Gal 4,27 oder Jes 54,1 möglich).
[225] ORIGENES, *hom. in Jer.* 9,3 (SC 232, 384; Bezug auf Gal 4,27 oder Jes 54,1 möglich).

Buch 3 des *Carmen adversus Marcionitas* ist ein heilsgeschichtlicher Rückblick, der die christliche Gemeinde in Kontinuität zu den zumeist verfolgten Gerechten des Alten Bundes begreift und diesen Zusammenhang in 3,242–250 in Anlehnung an Gal 4,21–31 zusammenfasst. Im 4. Jhdt. wird eingeschränkt: Die genannte Verheißung gilt nur der rechtgläubigen Kirche.[226] AUGUSTINUS verwendet Gal 4,27 zusätzlich[227] dazu, um mit Hilfe der zahlenmäßigen Überlegenheit und der größeren geographischen Streubreite der katholischen gegenüber der donatistischen Kirche der letzteren das Existenzrecht zu bestreiten.[228]

In der kommentierenden Literatur kann Gal 4,27 die Übereinstimmung zwischen τύπος und Prophetie ebenso aufweisen[229] wie die quantitative Überlegenheit der Christen über das jüdische Volk thematisieren,[230] daneben die Warnung an die Galater bedeuten, nicht neben dem Glauben an Christus noch die jüdische Toraobservanz einzuführen.[231]

Der Ausdruck „unfruchtbar" aus Jes 54,1 wird manchmal auf Saras „natürliche" Unfruchtbarkeit gedeutet und allegorisch auf die fehlende Gotteserkenntnis bei den Heiden bezogen, während „diejenige, die den Mann hat", die Synagoge darstellt, der das Gesetz gegeben ist.[232] MARIUS VICTORINUS deutet darüber hinaus den Satzteil „die du nicht gebierst" darauf, dass der Kirche ohne Schmerzen Söhne zuteil werden, wiederum also auf ihren Missionserfolg.[233] AUGUSTINUS begründet die Wendung „die Einsame" auf literarischer Ebene mit dem von Sara nach 1Kor 7,4 gebilligten Entzug der körperlichen Liebe durch Abraham, auf geistlicher Ebene mit der Abwendung der Menschen von der himmlischen Gerechtigkeit.[234]

Dass Jes 54,1 in Gal 4,27 zitiert ist, wird gelegentlich als Verpflichtung empfunden, das Beispiel des Apostels nachzuahmen und geistlich auszulegen.[235] EPHRÄM sieht durch das Jesajazitat klargestellt, dass die christliche Kirche nicht eine eigenmächtige menschliche Erfindung ist.[236]

---

[226] CYRILL VON JERUSALEM, *catech.* 18,26 (RUPP 330).

[227] Zur üblichen Auslegung als Selbstunterscheidung von Israel vgl. AUGUSTINUS, *en. Ps.* 68, serm. 1,1 (CCL 39, 900f).; ders., *en. Ps.* 134,26 (CCL 40, 1956f). Der missionarische Erfolg steht in *en. Ps.* 8, serm. 2.12 (CCL 39, 1242) im Vordergrund.

[228] AUGUSTINUS, *cath. fr.* 7,18 (CSEL 52, 251f).

[229] THEODORET VON CYRUS, *in Gal.* (PG 82, 492 B).

[230] AMBROSIASTER, *in Gal.* 4,27 (CSEL 81/3, 52). In der späteren handschriftlichen Überlieferung seines Kommentars wird darauf auch Offb 7,9 bezogen. Auch für JOHANNES CHRYSOSTOMUS, *comm. in Gal.* (PG 61, 663) und für THEODOR VON MOPSUESTIA, *in Gal.* (SWETE 84) sagt Gal 4,27 das quantitative Übergewicht der Christen über die Juden voraus, die ja nur *ein* Volk sind, während sich das Christentum in vielen Völkern verbreitet hat.

[231] MARIUS VICTORINUS, *in Gal.* 4,27 (CSEL 83/2, 154f).

[232] MARIUS VICTORINUS, *in Gal.* 4,27 (CSEL 83/2, 155); JOHANNES CHRYSOSTOMUS, *comm. in Gal.* (PG 61, 663); JOHANNES VON DAMASKUS, *in Gal.* (PG 95, 808 A).

[233] MARIUS VICTORINUS, *in Gal.* 4,27 (CSEL 83/2, 155).

[234] AUGUSTINUS, *exp. Gal.* 40,10–18 (CSEL 84, 110f).

[235] HIERONYMUS, *in Is.* 15,54,1 (CCL 73 A, 599).

[236] EPHRÄM, *in Gal.* (MMK 135).

Gal 4,28

Ihr aber, Brüder, seid Kinder der Verheißung wie Isaak.

Bei EPIPHANIUS VON SALAMIS bezeichnen einzelne Wendungen aus Gal 4,28.31 das Selbstverständnis der „orthodoxen" Kirche gegenüber allen Häresien: Kinder der Sklavin sind die Häresien, Kind der Verheißung ist die beim wahren Glauben gebliebene Kirche.[237]

Dass die Christen nicht Kinder des Fleisches, sondern der Verheißung sind, kann der Verdeutlichung dessen dienen, dass die Galater im Fall ihrer Zuwendung zu den Lehrern wieder zu Söhnen des Fleisches würden.[238] Applikationen der Stelle beziehen sie auf unsere Wiedergeburt in der Taufe, bei der die Natur ebenfalls nichts zu schaffen hat,[239] oder auf die Abgrenzung vom Judentum,[240] aber auch auf innerchristliche Kontroversen: Mit Gal 4,28 belegt AUGUSTINUS seine These, auch bei den Gerechten des Alten Bundes sei der Heilige Geist der Spender ihrer Tugend, gegen deren pelagianische Rückführung auf die eigene Entscheidungskraft.[241]

Gal 4,29

Doch wie damals der Sohn, der auf natürliche Weise gezeugt war, den verfolgte, der kraft des Geistes gezeugt war, so geschieht es auch jetzt.

Die Stelle wird 1. gelegentlich um des Wortes „gezeugt" willen, ansonsten 2. wegen der Verfolgungsaussage rezipiert.

1. Bei AMBROSIUS wird Gal 4,28f allegorisch auf die geistliche Wiedergeburt der Christen gedeutet und kann als Beleg dienen für den Satz „So wie Gott Vater und der Sohn ‚zeugt', so auch der Heilige Geist"; damit ist ein weiteres Mal die Gottgleichheit des Heiligen Geistes bewiesen.[242]

2. An seine Polemik gegen die Allegoristen in der Auslegung zu Gal 4,24 knüpft THEODOR VON MOPSUESTIA bei der Kommentierung von Gal 4,29 wieder an: Die Stelle sollte ihnen eigentlich klar machen, dass die Historizität der in der Genesis behaupteten Ereignisse nicht zu leugnen ist: Hat etwa die Heilige

---

[237] EPIPHANIUS VON SALAMIS, *fid.* 7,2 (GCS 37, 502f). – Zu TERTULLIANS montanistischer Auslegung auf das verpflichtende Vorbild des monogam lebenden Isaak (TERTULLIAN, *monog.* 11,4 [CCL 2, 1244f]) vgl. zu Gal 3,6.

[238] AMBROSIASTER, *in Gal.* 4,28 (CSEL 81/3, 52); HIERONYMUS, *in Gal.* (CCL 77 A, 143f).

[239] JOHANNES CHRYSOSTOMUS, *in Gal.* (PG 61, 664).

[240] THEODORET VON CYRUS, *in Gal.* (PG 82, 492 C) deutet heilsgeschichtlich: Die dem Abraham gegebene Verheißung (vgl. Gal 3,14) hat den Isaak wie auch die Christenheit gezeugt.

[241] AUGUSTINUS, *c. ep. Pel.* 3,4/13 (CSEL 60, 501). Der Bezug auf den Heiligen Geist dürfte durch Gal 3,14 mitbedingt sein.

[242] AMBROSIUS, *spir.* 2,7/62–64 (CSEL 79, 110f).

228   Gal 4,21–31: Erneuter Beweis aus der Schrift

Schrift von der Verfolgung Isaaks durch Ismael nur um der antipaulinischen Gegner in Galatien willen berichtet?[243]

Gal 4,29 wird meist als Aussage über Verfolgungen[244] von Christen durch Juden gedeutet,[245] diese Verfolgungen werden aber meist nicht konkretisiert; es schließt sich zu Gal 4,29 (!) auch keine antijüdische Polemik an. Die genannten Verfolgungen sind, so HIERONYMUS, angesichts des Fehlverhaltens auch derer, *qui in Christo parvuli sunt*, nicht verwunderlich.[246] AUGUSTINUS kann die frühere Verfolgertätigkeit des Paulus in Gal 4,29 ausgesagt finden, deren Ende aufgrund von 1Kor 15,10 als Beispiel für Gottes voraussetzungslose Gnade zu stehen kommt,[247] Gal 4,29 aber auch als biblischen Beleg für die Verfolgung der *spiritales* durch die *carnales homines* innerhalb der Kirche rezipieren.[248] Nach JOHANNES VON DAMASKUS soll der Verweis auf die biblische Vorabbildung der Verfolgungen dem kritischen Einwand begegnen, angesichts dieser Verfolgungen fehle der behaupteten christlichen Freiheit jeder Erfahrungshintergrund.[249] Ohne antijüdische Attitude verallgemeinert THEODORET:[250]

Auch das soll euch (die Galater) nicht quälen, dass diejenigen, die zu Glauben gekommen sind, von den Ungläubigen vertrieben werden.

Dass Ismaels, aber nicht Saras Verhalten in Gal 4,29 als Verfolgung bezeichnet wird, impliziert die Aufforderung an die Häretiker, demütig wieder zur katholischen Kirche zurückzukehren.[251]

Gal 4,30

In der Schrift aber heißt es: Verstoß die Sklavin und ihren Sohn! Denn nicht der Sohn der Sklavin soll Erbe sein, sondern der Sohn der Freien.

Die Stelle ist außerhalb der Kommentare selten und selbst bei ein und demselben Autor in divergierende Richtung rezipiert; dabei fand die Begründung noch eher Resonanz als die Aufforderung „Verstoße!", die zumindest in den ersten

---

[243] THEODOR VON MOPSUESTIA, *in Gal.* (SWETE 86).

[244] Dass das „Spielen" Ismaels mit Isaak (Gen 21,9) aufgrund der Reaktion Saras (Gen 21,10) als „Verfolgung" bezeichnet werden kann, teilt christliche mit jüdischer Exegese, vgl. einerseits GenR 53,21,9 (WÜNSCHE 254f), andererseits HIERONYMUS, *in Gal.* (CCL 77 A, 144); GREGOR VON ELVIRA, *tract.* 3,14 (CCL 69, 22). Christliche Autoren kommen auf diese Analogie aufgrund ihrer antijüdischen Rezeption von Gen 21 erwartungsgemäß nicht zu sprechen.

[245] MARIUS VICTORINUS, *in Gal.* 4,29 (CSEL 83/2, 156); ebenso AMBROSIASTER, *in Gal.* 4,29 (CSEL 81/3, 53).

[246] HIERONYMUS, *in Gal.* (CCL 77 A, 145).

[247] AUGUSTINUS, *en. Ps.* 67,12 (CCL 39, 876).

[248] AUGUSTINUS, *en. Ps.* 119,7 (CCL 40, 1784).

[249] JOHANNES VON DAMASKUS, *in Gal.* (PG 95, 808 B).

[250] THEODORET VON CYRUS, *in Gal.* (PG 82, 492 C).

[251] AUGUSTINUS, *Io. ev. tr.*, 11,13 (CCL 36, 118f) mit Verweis auf Gen 16,9.

vier Jahrhunderten nie zur Rechtfertigung antijüdischer Pogrome verwendet und häufig in den Kommentaren übergangen wurde.

Die Gegenüberstellung „Söhne der Sklavin / der Freien" bezeichnet generell die Distanz zwischen Christen und Juden[252] – letztere werden als verworfen bezeichnet[253] – und warnt davor, jüdische Sitten anzunehmen.[254] JOHANNES CHRYSOSTOMUS kommentiert Gal 4,30 mit der Feststellung, Ismael würde wie seine Mutter zum φύγας καὶ πλάνος („Flüchtenden und Umherirrenden"), und denkt wohl an die Vertreibung der Juden aus Jerusalem (135 n.Chr.) als Strafe für die nicht näher spezifizierte Verfolgung der Christen.[255] JOHANNES VON DAMASKUS beobachtet, dass die Juden in Gal 4,30 nicht als „Söhne Abrahams" bezeichnet werden, sondern im abwertenden Sinne als „Söhne der Magd".[256]

Eine vereinzelte Aufnahme in trinitätstheologischen Kontroversen hat Gal 4,30 bei PHOEBADIUS erfahren: Die Stelle schließt die Bezeichnung des Sohnes als „Knecht" aus.[257]

Gal 4,31

Daraus folgt also, meine Brüder, dass wir nicht Kinder der Sklavin sind, sondern Kinder der Freien.

Textkritisch ist bemerkenswert, dass die erste Hälfte von Gal 5,1 gelegentlich als Abschluss von Gal 4,31 gelesen wird.[258]

Gal 4,31–5,1 illustrieren neben Mt 9,14f für BASILIUS VON CÄSAREA die allgemeine Lebensregel, dass man Dinge, die nicht zusammen passen, nicht vermengen, sondern den richtigen Zeitpunkt für das, was geredet oder getan wird, herausfinden solle.[259] HIERONYMUS bezieht Gal 4,31 mit Hilfe von Joh 8,34 auf

---

[252] AMBROSIUS, *ep.* 14,7 (CSEL 82/1-4, 111). Bei GREGOR VON NYSSA, *castig.* (PG 46, 313 C) begründet Gal 4,30, dass bei den Christen nicht mehr die Strafe der 40 (-1) Schläge von Dtn 25,3 angewandt wird.

[253] AMBROSIUS, *in Luc.* 3,29 (CCL 14, 91); vgl. AMBROSIASTER, *in Gal.* 4,30 (CSEL 81/3, 53); PELAGIUS, *in Gal.* 4,30 (SOUTER 331); JOHANNES CHRYSOSTOMUS, *in Gal.* (PG 61, 664, mit Verweis auf Gottes Ratschluss); THEODOR VON MOPSUESTIA, *in Gal.* (SWETE 86).

[254] AMBROSIUS, *Abr.* 1,4/28 (CSEL 32/1, 523f). MARIUS VICTORINUS, *in Gal.* 4,30 (CSEL 83/2, 156f) versteht die Aussage als entsprechende Aufforderung an die Galater.

[255] JOHANNES CHRYSOSTOMUS, *comm. in Gal.* (PG 61, 664). Die Wendung φύγας καὶ πλάνος differiert jedoch von Gen 4,14 LXX auch bei Berücksichtigung der verschiedenen Textvarianten.

[256] JOHANNES VON DAMASKUS, *in Gal.* (PG 95, 808 C).

[257] PHOEBADIUS, *c. Ar.* 2,6 (FC 38, 92).

[258] TERTULLIAN, *adv. Marc.* 5,4,9 (CCL 1, 673): *qua libertate Christus nos manumisit*; ORIGENES, *comm. in Cant.* 2,3,4 (SC 375, 318): *qua libertate liberavit nos Christus.* Vgl. ferner *Coll. Veron.* LI, 75 v (CCL 87, 90), dann BASILIUS VON CÄSAREA, *moral.* 14,1 (PG 31, 728 A): τῇ ἐλευθερίᾳοῦν ᾗ Χριστὸς ἡμᾶς ἐλευθέρωσε, στήκετε.

[259] BASILIUS VON CÄSAREA, *moral.* 14,1 (PG 31, 725 D – 728 A).

die Freiheit von der Sünde.[260] Gal 4,31 kann (Ps.?)-Maximinus Arianus in einer Verherrlichung des Martyriums als Umschreibung der Freiheit dienen: Christus wurde Mensch und nahm einen Sklavenleib an, damit er die Sklaven durch den Aufstieg durch das Martyrium zur Freiheit führe.[261] Daneben dient Gal 4,31 wiederum der Selbstabgrenzung des Christentums gegenüber dem Judentum.[262]

Gal 5,1–12: Zusammenfassung des argumentativen Hauptteils

Die Passage kann in der Frühzeit entweder i.S. allgemeiner Mahnung ausgelegt oder polemisch gegen judenchristliche oder auch andere, sich für ihre abweichende Praxis auf das Alte Testament berufende Gruppen gerichtet werden, ist umgekehrt jedoch Anlass für judenchristliche antipaulinische Gruppen, Paulus abzulehnen.

Gal 5,1

Zur Freiheit hat uns Christus befreit. Bleibt daher fest und lasst euch nicht von neuem das Joch der Knechtschaft auflegen!

Die Geschichte der Rezeption von Gal 5,1[263] ist i. w. die Geschichte der Frage, wovon[264] Christus befreit und was unter der Formulierung „Joch der Knechtschaft" zu verstehen ist. Sofern man Gal 5,1 entsprechend altkirchlichem Schrift*gebrauch* vom Kontext isoliert, ist der Vers diesbezüglich offen formuliert; erst Gal 5,2–4 sagt, was Paulus im Auge hatte, nämlich die Freiheit der Heidenchristen vom „Joch" des alttestamentlichen Ritualgesetzes. So wird die Stelle kontextunabhängig 1. zunächst als ethische Mahnung, 2. zur Polemik gegen (groß)kirchliche Verordnungen verwendet, erst später 3. kontextgemäß in der Frage der Gültigkeit der rituellen Tora. Steht dieser Bezugspunkt für die Schriftauslegung im engeren Sinne fest, kann 4. nunmehr erörtert werden, wodurch den Christen die Freiheit zuteil wird; ferner wird zusätzlich nach dem Sinn des Imperativs στήκετε und nach dem Sinn des πάλιν gefragt.

---

[260] HIERONYMUS, *in Gal.* (CCL 77 A, 146); ähnlich AMBROSIASTER, *in Gal.* 4,31 (CSEL 81/3, 53), ohne Bezug auf Joh 8,34.

[261] (Ps.?)-MAXIMINUS ARIANUS, *serm.* 15 (PLS 1,761).

[262] *Coll. Veron.* LI, 75v.79r.86 v (CCL 87, 90.94.103).

[263] Zur textkritisch umstrittenen Interpunktion vgl. zu Gal 4,31.

[264] Das Nachdenken über den Urheber der christlichen Freiheit fließt in eine trinitätstheologische Reflexion des Ps.-DIDYMUS ein: Dass die Herrschaft des Geistes ebenso unbeschränkt ist wie die des Sohnes, denn die Freiheit kann auf den Sohn (Gal 5,1) wie auf den Heiligen Geist (2Kor 3,17) zurückgeführt werden ([Ps.]-DIDYMUS DER BLINDE, *Trin.* 2,6, 10 [SEILER 152]).

1. Bei manchen Autoren, die auf den Kontext Gal 5,2–4 nicht Bezug nehmen, sind Röm 6,18, Röm 8,2[265] und Joh 8,34–36 die hermeneutische Vorgabe, wo die Freiheit als Freiheit von der Sünde aufgefasst wird.[266] So kann auch zu Gal 5,1 die Freiheit konkretisiert werden als Freiheit von den Lüsten und den Begierden und den übrigen Leidenschaften,[267] als Befreiung vom Götzendienst und von den damit verbundenen Sünden.[268] GREGOR VON NYSSA geht so weit, die Stelle einmal auch auf die Freiheit von der Fessel der Ehe zu beziehen, die an der Verwirklichung wahrer σωφροσύνη hindert.[269] Auch Gal 5,1b wird in weiterem Sinne ausgelegt, nämlich generelle Aufforderung, dem Teufel zu widerstehen,[270] und als Mahnung zur Standhaftigkeit gegenüber der Knechtschaft der Sünde.[271] Die in Joh 8,34 und Gal 5,1 angesprochene Freiheit von der Sünde gilt nach HIERONYMUS als das eigentliche Ziel der Mahnung zur Sabbatheiligung Jes 56,1f.[272]

2. *Polemisch* wird Gal 5,1 in einem bei PORPHYRIUS mitgeteilten Text eines christlichen Gnostikers[273] auf die Freiheit vor allem von Speisegesetzen gedeutet, der von Paulus vorgegebene Begriff ἐλευθερία i.S. einer Radikalisierung des Selbstanspruches zu ἐξουσία (Vollmacht) verschärft. AERIUS soll die kirchliche Festlegung bestimmter Fastenzeiten als jüdisch und als „Joch der Knechtschaft" bezeichnet haben – er habe für sich die Freiheit beansprucht, aufgrund eigener Entscheidung an bestimmten Tagen zu fasten.[274]

3. AMBROSIUS verwendet Gal 5,1 in *ep.* 7 zu einer antijüdischen Invektive: Der Ruf des Apostels von der Knechtschaft in die Freiheit – das ist das Generalthema der *ep.* 7 – wird als Ruf zur Weisheit verstanden, denn nur der Weise

---

[265] Ausschlaggebend ist in Röm 8,2 der Gedanke der Befreiung von dem Gesetz der Sünde und des Todes. In diesem Sinne miteinander werden Gal 5,1 und Röm 8,2 von AUGUSTINUS, *c. Fort.* 22 (CSEL 25/1, 106) zitiert. Der Gedanke, dass nur Christus von der Sünde befreit, wird antipelagianisch verwendet bei GELASIUS I. VON ROM, *ep.* 94, 25 (CSEL 35/1, 365).

[266] Ohne weitere Nachfolge bleibt die Rezeption bei BASILIUS VON CÄSAREA, *hom.* 11,4 (PG 31, 377 C), in dem Vorwurf an die Juden, sie hätten Christus, den Befreier der Menschen, aus Neid umgebracht. Als „Befreier" wird Christus aufgrund seiner Krankenheilungen bezeichnet.

[267] CLEMENS VON ALEXANDRIEN, *str.* 3,44,4 (GCS 15, 216). Das darauf bezogene Begriffspaar „Freiheit / Knechtschaft" begegnet in *AuthLog* (NHC VI,3, p. 30,4–30,25 [GCS NF 12, 478]), bedingt durch Gal 5,1 oder durch Einflüsse philosophischer Terminologie.

[268] TERTULLIAN, *idol.* 5,2 (CCL 2, 1104).

[269] GREGOR VON NYSSA, *virg.* 18,4 (SC 119, 476): Ehe ist mit Widrigkeiten verbunden.

[270] ORIGENES, *hom. in Iud.* 9,2 (SC 389, 216).

[271] BASILIUS VON CÄSAREA, *bapt.* 1,2,16 (SC 357, 156).

[272] HIERONYMUS, *in Is.*, 15,5,2 (CCL 73 A, 631).

[273] Bei PORPHYRIUS, *Abst.* 1,42,2f, zitiert und übersetzt bei MARKSCHIES, Valentinus Gnosticus?, 411–413. Zur gnostischen Differenzierung zwischen der Freiheit des Gnostikers und der Knechtschaft des großkirchlichen Christen vgl. *2LogSeth* (NHC VII,2, p. 60,23–27 [NHMS 30, 176]). Die Freiheit des Gnostikers ist zunächst die Freiheit von der Begierde (NHC VII,2, p. 61, 11–14 [NHMS 30, 178]). – Begründet NHC VII,2, p. 64,4 (NHMS 30,185) wirklich die Knechtschaft *der Großkirche* im alttestamentlichen Gesetz (So RILEY, Second Treatise, 177)?

[274] EPIPHANIUS VON SALAMIS, *haer.* 75,3,6 (GCS 37, 335). Der Kontext: AERIUS hat sich auch gegen andere kirchliche Ordnungen solcher Art aufgelehnt.

ist wirklich frei. Diese Freiheit ist aber nach Gal 2,4.5 das Gegenteil von Zwang. So könne der unter dem Gesetz stehende Jude im Gegensatz zum Christen nicht als frei und weise betrachtet werden.[275]

4. Das Verständnis von Freiheit als der Freiheit gegenüber der rituellen Tora bestimmt durchgehend die Schriftauslegung im engeren Sinne. Im Briefganzen markiert Gal 5,1 den Übergang zur Ermahnung, bei der in Christus gegebenen Freiheit auch zu verbleiben.[276] Der Glaube gilt als *causa efficiens* der Freiheit;[277] bedacht werden der Sinn der Wendung ζυγόν δουλείας („Joch der Knechtschaft") als *aktueller* Selbstdefinition des Christentums, der Sinn des Imperatives στήκετε und des Adverbs πάλιν hingegen in der galatischen Situation.

Für AMBROSIUS rechtfertigt die an erster Stelle genannte Wendung, dass ungeachtet der Selbstunterscheidung des Christentums von jüdischer Knechtschaft[278] die Selbstbezeichnung der Christen als Knechte Gottes sachgemäß sei: Zwischen der freiwilligen Knechtschaft und dem „Joch der Knechtschaft" sei ein Unterschied.[279] Zur Bezeichnung der Toraobservanz als Joch wird mehrfach auf Apg 15,10 verwiesen.[280] Der Imperativ στήκετε (steht) setzt voraus, dass die Galater noch nicht gefallen sind,[281] oder wird als Mahnung angesichts ihrer Unentschlossenheit verstanden.[282] Welchen Sinn hat das Wort πάλιν, wenn doch die Galater noch nie unter der Tora standen, worin liegen die Analogien zwischen Vergangenheit und befürchteter Zukunft für die Galater? Verwiesen wird auf die Schwere der Last,[283] auf die knechtische Bindung,[284] auf einzelne Forderungen im jüdischen und im paganen Kultus hinsichtlich der Beschneidung und der Beobachtung bestimmter Tage.[285]

---

[275] AMBROSIUS, *ep.* 7,21f. (CSEL 82/1, 54).
[276] THEODOR VON MOPSUESTIA, *in Gal.* (SWETE 87).
[277] MARIUS VICTORINUS, *in Gal.* 5,1 (CSEL 81/3, 157).
[278] Vgl. dafür auch AMBROSIUS, *in Luc.* 3,29 (CCL 14, 91).
[279] AMBROSIUS, *ep.* 20,3 (CSEL 82/1, 147f).
[280] AUGUSTINUS, *exp. Gal.* 41,8 (CSEL 84, 113); PELAGIUS, *in Gal.* (SOUTER 332); THEODORET VON CYRUS, *in Gal.* (PG 82, 493 A).
[281] AUGUSTINUS, *exp. Gal.* 41,1 (CSEL 84, 112), ähnlich ders., *exp. Gal.* 42,11 (CSEL 84, 115), aufgrund von Gal 5,10. Bei AMBROSIASTER kann ad vocem ἵστημι das geforderte „Stehen" der Galater, das Verbleiben in den Geboten des Apostels, dem Abfall des Teufels nach Joh 8,44 kontrastiert werden, der, nicht ursprünglich zum Bösen geschaffen, nicht in der Wahrheit „stand" (AMBROSIASTER, *quaest. test.* 98,4 [CSEL 50, 189]). MARIUS VICTORINUS, *in Gal.* 5,1 (CSEL 83/2, 157) lässt sich von dem äußeren Bild leiten: Nur der steht, der nicht unter das Joch gebeugt ist.
[282] JOHANNES CHRYSOSTOMUS, *comm. in Gal.* (PG 61, 664).
[283] JOHANNES CHRYSOSTOMUS, *comm. in Gal.* (PG 61, 664).
[284] AUGUSTINUS, *exp. Gal.* 41,4 (CSEL 84, 112). – Bei MARIUS VICTORINUS, *in Gal.* 5,1 (CSEL 83/2, 157) ist das Problem durch die Formulierung *quia antea vel legi serviebatis vel gentilitati* eher verdeckt als gelöst.
[285] HIERONYMUS, *in Gal.* (CCL 77 A, 147f): Die Beschneidung sei auch bei ägyptischen Priestern, Ismaeliten und Midianitern üblich.

Gal 5,2

Hört, was ich, Paulus, euch sage: Wenn ihr euch beschneiden lasst, wird Christus euch nichts nützen.

1. Der Schriftgebrauch bezieht sich in unterschiedlichen Zusammenhängen auf den Gegensatz zwischen der Bindung an Christus und der Bindung an die Tora. 2. Schrifterklärung fragt 2.1 nach dem Ausgleich zu anderen Bibelstellen wie Röm 2,25 und Apg 16,3 und 2.2 historisch nach der Funktion der Aussage für die galatische Situation.

1. Wahrgenommen wurde an Gal 5,2 zunächst (im Lichte von Gal 5,4), dass sich Beschneidung und Christusbindung gegenseitig ausschließen. So wird die Äußerung Gal 5,2 Paulus von judenchristlichen Gruppen zum *Vorwurf* gemacht,[286] dient umgekehrt der Großkirche zur Rechtfertigung ihrer partiellen (!) Toraabrogation und zur *Polemik* gegen judenchristliche Gruppen und zur Judenpolemik: Nach der Erscheinung Christi ist es nicht mehr angemessen, das Siegel der Beschneidung empfangen zu wollen[287] und sich an dem Schatten des Gesetzes zu orientieren.[288] So ist durch Gal 5,2–4 der Standpunkt der Nazoräer erledigt, an der Beschneidung weiter festzuhalten, ebenso die APOLLINARIS zugeschriebene These, der Mensch bedürfe auch nach Christi Erscheinung des alttestamentlichen Gesetzes als des παιδαγωγός.[289] JOHANNES VON DAMASKUS sucht im Bilderstreit mit Hilfe von Gal 5,2.4 den Hinweis auf das Bilderverbot zu entkräften: Konsequenterweise müsste man, wenn man auf Grund von Ex 20,4–6 Ikonen ablehnt, auch Sabbat und Beschneidung im wörtlichen Sinne befolgen; dann würde einem jedoch Christus nichts nützen.[290]

2. In der *Schrifterklärung*[291] wird die in Gal 5,2 thematisierte Abrogation der rituellen Vorschriften der Tora u.a. mit Lk 16,16 und Mk 2,21[292] oder mit dem Gegensatz geistlich – fleischlich[293] begründet.

---

[286] So EPIPHANIUS VON SALAMIS, *haer.* 28,5,3 (GCS 25, 317) über die Kerinthianer. Doch tragen diese bei IRENÄUS keine judenchristlichen Züge; vgl. IRENÄUS VON LYON, *haer.* 1,26,1 (FC 8/1, 314–316); *haer.* 3,11,1 (FC 8/3, 96–98).

[287] ORIGENES, *comm. in Rom.* (SCHERER 190) = ders., *comm. in Rom.* (Frgm. 24 RAMSBOTHAM; FC 2/6, 130); JOHANNES CHRYSOSTOMUS, *hom. in Gen.* 39,5 (PG 53, 368).

[288] AUGUSTINUS, *en. Ps.* 103, *serm.* 3,7 (CCL 40, 1505); CYRILL VON ALEXANDRIEN, *Ps.* (PG 69, 849 CD); ders., *Is.* 1,5; 3,2 (PG 70, 236 D. 640 D).

[289] EPIPHANIUS VON SALAMIS, *haer.* 29,8,7 (GCS 25, 331); *haer.* 77,37,5; 77,38,5 (GCS 37, 449.451).

[290] JOHANNES VON DAMASKUS, *imag.* 1,16; 2,14 (KOTTER III, 92; 106). Als positiven Schriftbeweis zugunsten der Bilderverehrung zitiert er u.a. Ex 31,1–6; 35,4–11; 36,13.

[291] Hermeneutische Funktion gewinnt Gal 5,2 bei Augustin. Die Stelle rechtfertigt zusammen mit Mt 10,20 (*Non enim uos estis qui loquimini*) und 2Kor 13,3 (*Christus qui in me loquitur*) den Satz *quod dicit homo de dono dei deus dicit*. Dieser Satz ermöglicht AUGUSTINUS zu Gen 22,18 (*nunc cognoui quoniam tu times deum*) eine Auslegung, die mit seiner Rezeption von Gal 4,9 konvergiert: Gott bewirkt, dass Abraham ihn erkennt (AUGUSTINUS, *serm.* 2,5 [CCL 41,13]).

[292] AMBROSIASTER, *in Gal.* 5,2 (CSEL 81/3, 54).

[293] AUGUSTINUS, *exp. Gal.* 41,4 (CSEL 84, 112).

2.1 Dabei wird verschiedentlich nach dem Ausgleich zu Aussagen über die Beschneidung Christi (Lk 2,21), über den Nutzen der Beschneidung (Röm 2,25) oder über die Beschneidung des Timotheus (Apg 16,3) gefragt. Letztere stand altkirchlichem Bewusstsein als historische Tatsache fest.

Warum werden wir nicht beschnitten, wenn doch Christus beschnitten war? Ps.-ATHANASIUS verweist in seiner Antwort nach einer Bezugnahme auf Mt 5,17 – Christus hat das Gesetz erfüllt, damit wir davon befreit würden – auf den neuen Stand des Christen unter der Gnade.[294]

Die Frage nach dem Ausgleich zwischen Gal 5,2.4 und Röm 2,25f[295] sowie Apg 16,3 wird in der Alten Kirche entweder historisch beantwortet mit dem Hinweis auf die unterschiedlichen Adressaten von Gal 5,2.4 einerseits, Röm 2,26[296] bzw. Röm 3,1–8[297] und Apg 16,3[298] andererseits, oder theologisch mit der Erwägung, eine von Paulus um der Adressaten des Timotheus willen durchgeführte, aber im Sinne von 1Kor 7,19 nicht als heilsnotwendig erachtete Beschneidung stehe zu Gal 5,2 nicht im Widerspruch[299]. Deshalb kann diese Spannung AUGUSTINUS zufolge auch nicht zur Rechtfertigung der Lüge herangezogen werden.[300] Doch genau dies tut JOHANNES CASSIAN: Eine Lüge ist dann gerechtfertigt, wenn sie zum geistlichen Nutzen der uns anvertrauten Menschen erfolgt.[301] Die genannte Spannung kommt später einmal einem Vertreter der Orthodoxie gegenüber den Monophysiten zu Hilfe: INNOZENZ VON MARONIA berichtet von einem 532 geführten Gespräch, bei dem die Monophysiten mit Verweis auf CYRILLS Ablehnung der zwei Naturen *nach* der Personeinung das

---

[294] Ps.-ATHANASIUS, *qu. Ant.* 38 (PG 28, 597 C – 600 C).

[295] Keine Nachfolge fand ORIGENES' These, der Begriff νόμος sei in Gal 5,4 auf das buchstäblich, in Röm 2,25 auf das geistlich verstandene Alte Testament oder auf das natürliche Gesetz zu beziehen (ORIGENES, *comm. in Rom.* [frgm. 10 RAMSBOTHAM; FC 2/6, 64]).

[296] ORIGENES beobachtet aufgrund von Apg 10,14; 21,26, die ersten Gläubigen hätten die Tora in einigem noch wörtlich gehalten, und gleicht mit Hilfe von 1Kor 9,20 aus, demgemäß Paulus in Röm 2,26 den Juden erlauben könne, die Beschneidung für nützlich zu achten, was er den Heidenchristen in Gal 5,2 verbiete (ORIGENES, *comm. in Rom.* 2,13 [FC 2/1, 256–258]). Ferner muss ORIGENES Gal 5,2 damit ausgleichen, dass bestimmte Gebote des alttestamentlichen Gesetzes, z.B. die Abgaben an die Priester, durchaus wörtlich zu verstehen sind. Er hilft sich mit der Unterscheidung zwischen „Gesetz" und Geboten etc.; nur vom Gesetz heißt es, es habe den Schatten zukünftiger Güter (ORIGENES, *hom. in Num.* 11,1,1–7 [SC 442, 12–18]).

[297] Im Römerbrief, so HIERONYMUS, sollten weder den Juden- noch den Heidenchristen ihre *privilegia* genommen werden, während den heidenchristlichen Galatern nach der Erscheinung der Gnade die Rückwendung zu den *legalia elementa* nichts nutzen konnte (HIERONYMUS, *in Gal.* [CCL 77 A, 149f], übernommen bei JULIAN VON TOLEDO, *ant.* 2,59 [PL 96, 692 B – 693 A]).

[298] AUGUSTINUS, *c. Faust.* 19,17 (CSEL 25/1, 514f), zitiert bei JULIAN VON TOLEDO, *ant.* 2,60 (PL 96, 693 A–D). Den Juden sollte demonstriert werden, dass Timotheus in der Schule des Christentums nicht die Verachtung ihrer Gebräuche gelernt hatte (AUGUSTINUS, *exp. Gal.* 41,6f. [CSEL 84, 112f]). Ähnlich begründet JOHANNES CHRYSOSTOMUS die Beschneidung des Timotheus mit dem Anliegen des Paulus, den Juden ein Jude zu werden und sie allmählich von der Beobachtung der Beschneidung wegzuführen (JOHANNES CHRYSOSTOMUS, *hom. 4 in Ac. princ.* [PG 51, 102]).

[299] HIERONYMUS, *in Gal.* (CCL 77 A, 149f); AUGUSTINUS, *exp. Gal.* 41,6f. (CSEL 84, 112f).

[300] AUGUSTINUS, *mend.* 8 (CSEL 41, 423f).

[301] JOHANNES CASSIAN, *conl.* 17,20,1–5 (CSEL 13, 481f).

Chalcedonense anfechten wollten. Der Wortführer der Orthodoxen billigt CYRILLS Äußerungen, soweit sie mit dem *Chalcedonense* übereinstimmen; über andere Aussagen fällt er kein Urteil, denn Paulus habe *dispensationis gratia* Timotheus trotz des Grundsatzes Gal 5,2 beschnitten.[302] Der orthodoxe Bischof wollte CYRILL wohl nicht offen der Häresie bezichtigen.

2.2 Die Frage nach Form und Funktion der Aussage in der galatischen Situation bezieht sich neben dem bereits genannten Aspekt der Rechtfertigung des Verzichts auf die Beschneidung vor allem auf die Worte „Ich, Paulus". Diese Worte sollen seine Furchtlosigkeit[303] oder seine Autorität betonen:[304] Er ist Völkerapostel; die Galater sind sein Werk (vgl. 1Kor 9,1).[305] Nach JOHANNES CHRYSOSTOMUS ersetzt Paulus durch persönliche Glaubwürdigkeit jeglichen näheren Beweis, den der Kirchenlehrer unter Anspielung auf Röm 8,15 und Gal 3,10 beisteuert: Nutzlos ist die Beschneidung, weil sie als Furcht vor dem Gesetz das Misstrauen gegenüber der Gnade impliziert, oder weil sie zu dessen Fluch über den Menschen führt, der nicht alle seine Forderungen erfüllt.[306]

Gal 5,3

Ich versichere noch einmal jedem, der sich beschneiden lässt: Er ist verpflichtet, das ganze Gesetz zu halten.

Gal 5,3 wird wesentlich um der Wendung ὅλον τὸν νόμον willen rezipiert; diese wird verstanden als Verpflichtung auf jede einzelne der 613 Vorschriften der Tora. Gal 5,3 dient deshalb 1. der Polemik vorwiegend gegen judenchristliche

---

[302] INNOZENZ VON MARONIA, *ep.* (ACO 4/2, 175).

[303] AUGUSTINUS, *exp. Gal.* 42,15 (CSEL 84, 115); PELAGIUS, *in Gal.*, (SOUTER 332). JOHANNES VON DAMASKUS, *in 1Cor.* (PG 95, 688 A) vermerkt den Unterschied zwischen Gal 5,2 und der zurückhaltenden Aussage in 1Kor 14,38 (seine Textfassung: ἀγνοείτω statt ἀγνοεῖται).

[304] AMBROSIASTER, *in Gal.* 5,2 (CSEL 81/3 54); AUGUSTINUS, *exp. Gal.* 42,15 (CSEL 84, 115); THEODORET VON CYRUS, *in Gal.* (PG 82, 493 A). – Die Worte „ich, Paulus" veranlassen HIERONYMUS zu der auf Lk 10,16; Gal 2,20aβ und 2Kor 13,3 gestützten Bemerkung, die Galater sollten des Paulus Worte aufnehmen, als wären es Gottes Worte (HIERONYMUS, *in Gal.* [CCL 77 A, 148]). Hingegen hält AUGUSTINUS an dem alleinigen menschlichen Subjekt fest, betont die Autorität des Apostels jedoch auf andere Weise: Gal 5,2 ist, anders als 1Kor 7,12 („ich sage euch, nicht der Herr"), keineswegs als Entgegenkommen des Apostels gegenüber der Schwäche seines Gegenübers einzuschätzen. Die Unterscheidung zwischen *consilium* und *praeceptum* gilt für Gal 5,2 also nicht (AUGUSTINUS, *adult. coniug.* 23.24 [CSEL 41, 370f]).

[305] AMBROSIASTER, *in Gal.* 5,2 (CSEL 81/3,54); ähnlich JOHANNES CHRYSOSTOMUS, *hom. 3 in Ac 9,1* (PG 51, 149): Die Nennung des Namens soll die Erinnerung wachhalten. – In der Kommentarliteratur werden Gal 5,2a.4 gelegentlich als Referat über das Verlangen der Gegner des Paulus den Galatern gegenüber verstanden (EPHRÄM, *in Gal.* [MMK 136]; AUGUSTINUS, *exp. Gal.* 41,8 [CSEL 84, 113]).

[306] JOHANNES CHRYSOSTOMUS, *comm. in Gal.* (PG 61, 665). Im Nachgang dazu bezeichnet er Gal 5,3 (sic!) als αἰνιγματωδῶς καὶ διὰ βραχέων erfolgten Beweis. Andernorts liest er Gal 5,2 allgemein als Zeugnis für die Autorität des Paulus: Man liebt ihn nicht nur, man fürchtet ihn auch, so JOHANNES CHRYSOSTOMUS, *hom. in Rom.* 31,3 (PG 60, 672).

Gruppen, dann aber auch 2. der innerchristlichen Mahnung. 3. Gefragt wird, warum man im Falle des Ungehorsams gegenüber der Botschaft des Galaterbriefes zur Beobachtung des *ganzen* Gesetzes verpflichtet wäre. Die Frage kann 3.1 als Frage für die Gegenwart gedacht sein, aber auch 3.2 hinsichtlich der galatischen Situation bedacht werden.

1. Der Grundsatz Gal 5,3 verwehrt es großkirchlicher Polemik zufolge, nur einzelne Toravorschriften einzuhalten, andere beiseitelassen zu wollen. So wird die Berufung der Quartadezimaner auf Ex 12,18 für ihre Terminierung des Osterfestes am 14. Nisan ad absurdum geführt,[307] aber auch die Zuwendung von Christen zu einer alttestamentlich begründeten Fastenpraxis.[308] Ähnlich stellt HIERONYMUS die Ebioniten vor die Alternative, im Verband des Judentums zu verbleiben[309] oder das großkirchliche Toraverständnis zu übernehmen.[310]

2. Nach ORIGENES bekräftigt Gal 5,3 die Aussage Röm 2,12f als Gerichtsaussage: Wer unter dem Gesetz lebt, muss durch das Gesetz gerichtet werden.[311] Andernorts kann Gal 5,3 die umfassende Verpflichtung des Getauften durch das Evangelium belegen.[312]

3. In der Schriftauslegung wird darauf verwiesen, dass man die Tora halten und dennoch unbeschnitten sein kann, wie Agrippa I. und der Hauptmann von Kapernaum, während die andere Möglichkeit ausgeschlossen ist, beschnitten zu sein und die Tora nicht in allem zu halten.[313] Auf den von Christentumskritikern namhaft gemachten Widerspruch zu Röm 7,14 wird nicht eingegangen.[314]

3.1 Dass man zur Beobachtung des ganzen Gesetzes verpflichtet ist, kann mit dessen systembedingter Kohärenz ebenso begründet werden wie mit seiner unhinterfragten Autorität: Verwiesen werden kann auf die fehlende Entscheidungsfreiheit des Menschen hinsichtlich dessen, was man einhalten müsse und was nicht,[315] auf den unlösbaren Zusammenhang zwischen Beschneidung und Opfer und den zugehörigen Ritualvorschriften[316] oder auf den Fluch über denjenigen, der nicht die ganze Tora hält.[317]

---

[307] HIPPOLYT VON ROM, *haer.* 8,18,2 (PTS 25, 338).

[308] ORIGENES, *hom. in Lev.* 10,2 (SC 287, 132).

[309] HIERONYMUS, *in Gal.* (CCL 77 A, 151).

[310] HIERONYMUS, *in Gal.* (CCL 77 A, 151f), mit Verweis auf 1Kor 9,9f. Gegen jüdisches Toraverständnis sind entsprechende Aussagen bei METHODIUS VON OLYMPUS gerichtet (METHODIUS VON OLYMPUS, *de cibis* 10.4f. (GCS 27, 440), in Verbindung mit *de cibis* 9,1 (GCS 27, 438) und den dortigen Anspielungen an Gal 4,4f. Als Beispiel dient ihm Num 19.

[311] ORIGENES, *comm. in Rom.* 2,8 (FC 2/1, 227).

[312] BASILIUS VON CÄSAREA, *bapt.* 2,1,1 (SC 357, 206). Denselben Zweck erfüllt in diesem Kontext bei BASILIUS auch Gal 3,27f (*bapt.* 2,1,1 [SC 357, 204]).

[313] AMBROSIASTER, *in Gal.* 5,3 (CSEL 81/3, 54f).

[314] PORPHYRIUS (?), *Frgm.* 30 HARNACK (S. 59) = *Frgm.* 191 BERCHMAN (S. 208).

[315] MARIUS VICTORINUS, *in Gal.* 5,3 (CSEL 83/2, 158f). Als Beispiel dafür, wozu sich ein Christ wohl kaum bereitfinden werde, nennt er die Schwagerehe (Dtn 25,5f).

[316] JOHANNES CHRYSOSTOMUS, *comm. in Gal.* (PG 61, 665).

[317] THEODORET VON CYRUS, *in Gal.* (PG 82, 493 AB), unter vermutlich intendierter Anspielung auf Gal 3,10; ähnlich PELAGIUS, *in Gal.* (SOUTER 332).

3.2 Gegenüber den Galatern soll Gal 5,3 klarstellen, dass sie gar nicht alle Gebote halten können: Dies sei schon wegen der an den einen Tempel in Jerusalem gebundenen Vorschriften gar nicht möglich.[318] AUGUSTINUS argumentiert mit der Angst davor, den zahllosen Vorschriften nicht genügen zu können: Sie sollte dazu führen, dass die Galater sich all dessen enthielten, wozu die Gegner des Paulus sie zu unterjochen wünschten.[319]

Gal 5,4

Wenn ihr also durch das Gesetz gerecht werden wollt, dann habt ihr mit Christus nichts mehr zu tun; ihr seid aus der Gnade herausgefallen.

Die Geschichte der expliziten Rezeption der Stelle beginnt erst im 4. Jahrhundert. Gal 5,4 wurde zunächst als Schriftzeugnis über den ausschließenden Gegensatz zwischen Christusbindung und Beschneidung wahrgenommen. Der genannte Gegensatz kann 1. als heilsgeschichtlicher Gegensatz verstanden 1.1 aktuell der Polemik gegen die Juden dienstbar gemacht werden, 1.2 in historischer Fragerichtung der Beschreibung der galatischen Situation, 2. er kann aber auch als soteriologischer Gegensatz interpretiert werden. Dabei wird die Frage nach der Bedeutung des Begriffes χάρις in antipelagianischer Polemik akut.

1.1 Nach AMBROSIASTER ist es verfehlt, *post fidem* die Rechtfertigung aus dem Gesetz zu erwarten.[320] Für AUGUSTINUS hat die manichäisch u.a. mit Gal 5,4 begründete Abwertung des Alten Testaments lediglich in der Zeit nach dem Kommen Christi – vorher war das Gesetz als *paedagogus* notwendig (Gal 3,24) – in Form der Kritik an dem jüdischen wörtlichen Toraverständnis ihr Recht. Die katholischen Christen besitzen in Verkündigung und Geschick Jesu den Schlüssel zum richtigen Verstehen des Alten Testamentes, der ihnen hilft, zwischen dessen überholten wörtlichen und dem bleibend gültigen geistigen Verständnis zu unterscheiden.[321] Gal 5,4 warnt in JOHANNES CHRYSOSTOMUS' *acht Reden gegen die Juden* vor der „unzeitgemäßen deplazierten" Verehrung der Synagoge als eines Tempels Gottes[322] und ist ähnlich wie Gal 5,2 Gerichtsdrohung für diejenigen, die sich *als Christen* zusätzlich an jüdische Sitten halten.[323] Anders legt THEODORET VON CYRUS aus: Derjenige, der das Gesetz gab,

---

[318] THEODOR VON MOPSUESTIA, *in Gal.* 5,3 (SWETE 88). Die Möglichkeiten eines diasporajüdischen torakonformen Lebens standen dem christlichen Schriftausleger nicht vor Augen.
[319] AUGUSTINUS, *exp. Gal.* 41,8 (CSEL 84,113), mit Verweis auf Apg 15,10.
[320] AMBROSIASTER, *in Gal.* 5,4 (CSEL 81/3, 55); ders., *in Rom.* 4,17,1 (CSEL 81/1, 142).
[321] AUGUSTINUS, *util. cred.* 9 (CSEL 25/1, 12).
[322] JOHANNES CHRYSOSTOMUS, *Jud.* 6,7 (PG 48, 914).
[323] JOHANNES CHRYSOSTOMUS, *Jud.* 8,5 (PG 48, 935); ähnlich HIERONYMUS, *in Gal.* (CCL 77 A, 152f).

kündigt selbst die Gnade an. So macht die Einheit des Gottes des Gesetzes und der Gnade die wörtliche Toraobservanz nach Christus unmöglich.[324]

1.2 Im Hinblick auf die *Verhältnisse in Galatien* ist der Indikativ aussagekräftig, gerade wenn man ihn mit dem Imperativ in Gal 5,1 ausgleicht: Der Abfall der Galater ist noch nicht Wirklichkeit, der Wille dazu aber ist vorhanden, darum redet Paulus von dem, was eintreten könnte, als von dem, was bereits eingetreten ist.[325] Sind die Galater, die einst Schuldner gegenüber dem Gesetz waren, von dieser Schuld befreit, so werden sie, wenn sie der Gnade gegenüber undankbar sind, wieder zum Schuldner des ganzen Gesetzes.[326]

2. *Theologisch* wird die Stelle unter dem Gegensatz zwischen Gnade und eigenem Tun interpretiert. Im allgemeinen Sinne kann das gegen das Pochen auf die eigene Verdienste[327] und den Selbstruhm[328] gerichtet sein. Bei HIERONYMUS ist die Stelle neben Gal 2,16.21; 3,10.13.21–24 und 1Kor 15,9f sowie 2Kor 3,4–6 Bestandteil antipelagianischer Polemik: Niemand wird aus dem Gesetz gerechtfertigt, denn niemand hat es erfüllt, denn Gott ist es, der in uns das Wollen und das Vollbringen wirkt.[329] Der Begriff χάρις bezeichnet, so wird gegen PELAGIUS eingewandt, hier wie in Gal 2,21 nicht die allgemeine Gnade der Schöpfung des Menschen, sondern die Rechtfertigungsgnade; daher rechtfertigt die gesamtbiblische Doppeldeutigkeit des Gnadenbegriffs keineswegs seine These, die menschliche Natur könne aus eigener Kraft durch den freien Willen die göttlichen Gebote befolgen und sogar vollkommen einhalten.[330] Verfehlt sei aufgrund von Gal 5,4 ebenso die These, das Gesetz sei selbst die Gnade.[331]

Gal 5,5

Wir aber erwarten die erhoffte Gerechtigkeit kraft des Geistes und aufgrund des Glaubens.

Im Sinne der *cognitio verborum* werden vor allem 1. der Begriff „Geist" und 2. das Syntagma „Hoffnung auf Gerechtigkeit" in seiner Syntax und seiner

---

[324] THEODORET VON CYRUS, *in Gal.* (PG 82, 493 B).
[325] AUGUSTINUS, *exp. Gal.* 42,4 (CSEL 84, 113).
[326] AUGUSTINUS, *exp. Gal.* 42,3 (CSEL 84, 113).
[327] MARIUS VICTORINUS, *in Gal.* 5,4 (CSEL 83/2, 159). HIERONYMUS ist unzufrieden mit der üblichen Übersetzung *evacuati estis* für κατηργήθητε und übersetzt *cessatis in opere Christi*. Die Wendung *opus Christi* ist der Gegenbegriff zu *observatio legis* (HIERONYMUS, *in Gal.* [CCL 77 A, 153]).
[328] AUGUSTINUS, *en. Ps.* 49,31 (CCL 38, 599).
[329] HIERONYMUS, *adv. Pelag.* 2,9 (CCL 80, 65f).
[330] AURELIUS, ALYPIUS, AUGUSTINUS, EVODIUS, POSSIDIUS, bei INNOZENZ I., *ep.* 28,8 (PL 20, 576 B); vgl. auch AUGUSTINUS, *gr. et lib. arb.* 12,24 (PL 44, 896). Diese These richte, so AUGUSTINUS, die eigene Gerechtigkeit auf und entwerte das Kreuz Christi (AUGUSTINUS, *nat. et gr.* 40,47 [CSEL 60, 268]; *ep.* 177,8 [CSEL 44, 677]).
[331] AUGUSTINUS, *gr. et lib. arb.* 13,25 (PL 44, 896).

Referenz bedacht, 3. im Sinne der *cognitio rerum* wird nach dem Ursprung dieser Hoffnung gefragt.

1. Als Gegenbegriff zu „Geist" können in der Kommentierung sowohl der Buchstabe[332] als auch die fleischliche Sehnsucht nach der Erfüllung irdischer Verheißungen[333] als auch, wohl in antijüdischer Polemik, die Werke des Gesetzes fungieren, denen gegenüber AMBROSIASTER das Wesen christlicher Frömmigkeit mit Hilfe von Joh 4,24 verdeutlicht:[334]

Offensichtlich sagt er (scil. Paulus), dass die Hoffnung auf Rechtfertigung im Glauben durch den Geist besteht, nicht durch die Werke des Gesetzes. Im Glauben nämlich dient man Gott in geistlicher Weise durch die Ergebenheit der Gesinnung und die Reinheit des Herzens. Deshalb sagt der Herr zu der Samaritanerin: Gott ist Geist, und die ihn anbeten, müssen ihn im Geist und in der Wahrheit anbeten (Joh 4,24). Und daher gilt weder Unbeschnittensein in irgendeiner Weise noch Beschneidung, sondern allein der Glaube, der in der Liebe wirkt, ist notwendig zur Rechtfertigung. Der Glaube muss nämlich durch die brüderliche Liebe befestigt werden, damit der Glaubende vollkommen sei.

Die Frage nach der Syntax des Ausdrucks „Hoffnung auf Gerechtigkeit" ist die Frage nach gen. subj. (Hoffnung, die durch die Gerechtigkeit erhofft wird) oder gen. obj. (Gerechtigkeit, die man erhofft). AUGUSTINUS antwortet im zweiten Sinne: Die Liebe Gottes, die sich in unsere Herzen ergießt (Röm 5,5), ist nicht die Liebe, mit der Gott selbst uns liebt, sondern jene Liebe, durch die Gott uns dahin bringt, ihn zu lieben.[335]

2. Von demselben Verständnis der Syntax wird auch die Referenz des Ausdrucks „Hoffnung auf Gerechtigkeit" erklärt: HIERONYMUS bezieht ihn auf das Jüngste Gericht,[336] THEODORET auf die Unsterblichkeit eines vom Angriff der Sünde freien Lebens.[337] Aus dem Charakter der Hoffnung als Erwartung des Zukünftigen, noch nicht vollends Verwirklichten, erwächst für AUGUSTINUS die Möglichkeit, dass die Stelle in antipelagianischer Stoßrichtung das Wesentliche christlicher Heilshoffnung zusammenfassen kann.[338] HORMISDAS VON ROM rezipiert Gal 5,5 schließlich als generelle Haltung der Askese, die beiden Geschlechtern möglich sei.[339]

3. Der Ursprung der Hoffnung liegt nach EPHRÄM im Glauben selbst.[340]

---

[332] HIERONYMUS, *in Gal.* (CCL 77 A, 153).
[333] AUGUSTINUS, *exp. Gal.* 42,5 (CSEL 84, 114), mit Verweis auf 2Kor 4,18.
[334] AMBROSIASTER, *in Gal.* 5,6,1 (CSEL 81/3, 55). Die Erfüllung des Zeremonialgesetzes wird durch den semantischen Gegensatz der *devotio mentis* und der *puritas cordis* als äußere Werkgerechtigkeit diskreditiert.
[335] AUGUSTINUS, *spir. et litt.* 32,56 (CSEL 60, 214f).
[336] HIERONYMUS, *in Gal.* (CCL 77 A, 153).
[337] THEODORET VON CYRUS, *in Gal.* (PG 82, 493 B); ähnlich MARIUS VICTORINUS, *in Gal.* 5,5 (CSEL 83/2, 159f).
[338] AUGUSTINUS, *ep.* 179,2 (CSEL 44, 692).
[339] HORMISDAS VON ROM, *ep. ad Caesarium* 2,5 (SC 345, 356).
[340] EPHRÄM, *in Gal.* (MMK 136): *quae datur nobis ab ipsa fide.*

Gal 5,6

Denn in Christus Jesus kommt es nicht darauf an, beschnitten oder unbeschnitten zu sein, sondern darauf, den Glauben zu haben, der in der Liebe wirksam ist.

1. Der Schriftgebrauch ist erstmals seit CLEMENS VON ALEXANDRIEN nachzuweisen; rezipiert wurde zunächst die Schlusswendung in Gal 5,6b, dann die Gegenüberstellung zwischen V. 6a und V. 6b als Ganzes. 2. Schriftauslegung fragt vor allem nach den Bedingungen der Gültigkeit von Gal 5,6a und nach dem Gegenüber der in Gal 5,6b geforderten Liebe. 3. Bei AUGUSTINUS ergeben sich von Gal 5,6b her Einsichten in gewichtige Anliegen seiner Theologie. Ihm ist ein eigener Abschnitt gewidmet.

1. Gal 5,5f markieren bei CLEMENS VON ALEXANDRIEN das höchste Ziel des Christenlebens[341] und den Weg dorthin. Den Glauben durch die Liebe wirksam zu machen, ist Intention derer, die das Wort Gottes verkündigen.[342] ORIGENES legt den Schluss der Bileamsweissagung Num 23,10 LXX (καὶ γένοιτο τὸ σπέρμα μου ὡς τὸ σπέρμα τούτων [scil. der Israeliten]) auf die Kirche aus Juden und Heiden hin aus, in der allein der durch die Liebe wirkende Glaube über das endzeitliche Heil des einzelnen entscheidet.[343]

2. Dieser Gedanke ist theologisch leitend auch in der Schriftauslegung.

Die Stelle wird als allgemeine Aussage zum Unterschied zwischen Judentum bzw. Judentum und Heidentum einerseits, Christentum andererseits verstanden. MARIUS VICTORINUS erklärt: Der Glaube ist Glaube an die Verheißungen, die Erwartung der Auferstehung mit Christus und die Leidensgemeinschaft mit ihm, die Liebe ist die Liebe zu Christus, zu Gott und zum Nächsten; Glaube und Liebe richten das Leben neu aus, und mit ihnen erfüllt man die zehn Gebote und das Gesetz Christi.[344] Konsens bei den altkirchlichen Autoren ist, dass die Beschneidung für Christen nach dem Kommen Christi nicht mehr angebracht ist.[345] Auch den Juden habe sie, so HIERONYMUS, nicht um ihrer selbst willen genutzt, sondern deshalb, weil ihnen die Verheißungen Gottes anvertraut waren. Nützlich sei seit der Ankunft Christi nur noch die Beschneidung des Herzens und der Ohren (Röm 2,28f; Ex 6,12). Der Stridonier ist der einzige, der

---

[341] CLEMENS VON ALEXANDRIEN, *str.* 2,136,1 (GCS 15, 188); vgl. ders., *str.* 2,134,1 (GCS 15, 187). Ähnlich später BASILIUS VON CÄSAREA, *moral.* 80,22 (PG 31, 868 C).

[342] CLEMENS VON ALEXANDRIEN, *str.* 1,4,1 (GCS 15, 4).

[343] ORIGENES, *hom. in Num.* 15,4,2 (SC 442, 214).

[344] MARIUS VICTORINUS, *in Gal.* 5,6 (CSEL 83/2, 160). EDWARDS, Galatians, 76, bezieht die Worte *duo haec* (CSEL 83/2, 160, Z. 14) auf die Beziehung zu Gott und zum Nächsten. Die Stelle ist bei MARIUS VICTORINUS tatsächlich in einigem unklar formuliert.

[345] (*Ps.-*)DIDYMUS DER BLINDE, *Trin.* 1,7,14 (HÖNSCHEID 18): Gal 5,6 will lehren, „dass die Erscheinung Christi allen Menschen einen neuen (vgl. Gal 6,15), und zwar den einzigen Glauben gab. Gemäß diesem (Glauben) ließ sie weder Platz für das Judentum noch für das Heidentum" (Übersetzung HÖNSCHEID).

die Funktion der Worte οὔτε ἀκροβυστία näher bedenkt: Sie sollen einen möglichen Hochmut der Heidenchristen (Röm 11,17f) abwehren.[346] JOHANNES CHRYSOSTOMUS fragt, wie Paulus die Beschneidung als ἀδιάφορον charakterisieren könne, die er zuvor als schädlich bezeichnet habe,[347] und antwortet: Wenn die Beschneidung vor der Verkündigung des Glaubens vollzogen wurde, sei sie ein Adiaphoron, wenn danach, dann sei sie schädlich. Verweist die Wendung ἐν Χριστῷ auf die Taufe, so mahnt Gal 5,6 dazu, sich um Beschneidung und Unbeschnittenheit gar nicht mehr zu kümmern.[348]

Die Liebe, durch die der Glaube wirkt,[349] kann als Liebe zu Gott[350] wie als Liebe zum Nächsten[351] begriffen werden wie auch beides zusammen bezeichnen;[352] gelegentlich wird auf das Doppelgebot der Liebe verwiesen, das die ethischen Einzelforderungen umgreift,[353] oder auch auf die Seligpreisungen;[354] manchmal wird speziell auf die *humilitas* hin aktualisiert.[355] Das Nebeneinander der Begriffe Glaube und Liebe verweist auf die Notwendigkeit beider im vollkommenen Christenleben: Weder der disziplinierte Lebenswandel ohne den Glauben noch der orthodoxe Glaube ohne gute Werke sind von Nutzen.[356] ZENO

---

[346] HIERONYMUS, *in Gal.* (CCL 77 A, 156).

[347] JOHANNES CHRYSOSTOMUS, *comm. in Gal.* (PG 61, 666). Der Begriff βλαβερόν begegnet in CHRYSOSTOMUS' Auslegung zu Gal 5,2 nicht, ist aber sachlich vorbereitet durch CHRYSOSTOMUS' Kommentar zu Gal 5,4 wo er von der unvermeidlichen Strafe spricht, welcher der Mensch verfällt, der durch das Gesetz nicht gerettet werden kann (*comm. in Gal.* [PG 61, 666]).

[348] JOHANNES CHRYSOSTOMUS, *comm. in Gal.* (PG 61, 666).

[349] Nach DÜNZL, Canticum, Bd. 3 (FC 16,3, 676 Anm 28), kennt GREGOR auch ein passives statt ein mediales Verständnis des Partizips ἐνεργουμένη: Weil der Liebhaber unserer Seelen seine Liebe zu uns bewies, als wir noch Sünder waren, begann die Braut, die menschliche Seele, den Liebenden wiederzulieben. In ihr steckt der Pfeil der Liebe Gottes (das Stichwort „Pfeil" verdankt sich dem τετρωμένη von Hld 5,8) namens „Glaube, der durch die Liebe (scil. Gottes) bewirkt wird" (GREGOR VON NYSSA, *cant.* 13 [GNO 6, 378]). Doch überwiegend wird in der altkirchlichen Tradition, wie zumeist in neuzeitlicher Auslegung, das Partizip medial verstanden.

[350] BASILIUS VON CÄSAREA, *bapt.* 1,1,5 (SC 357, 102) bietet die Lesart ἀγάπη θεοῦ, ohne dass ein Verständnis im Sinne des gen. subj. oder des gen. obj. eindeutig erkennbar wäre.

[351] EPHRÄM, *in Gal.* (MMK 136); THEODORET VON CYRUS, *in Gal.* (PG 82, 493 C), mit dem Hinweis darauf, dass damit das ganze Gesetz erfüllt wird (Gal 5,2414). Für THEODOR VON MOPSUESTIA, *in Gal.* (SWETE 90) ist der Nächste vor allem der Glaubensgenosse (vgl. Gal 6,10).

[352] THEODOR VON MOPSUESTIA, *in Gal.* (SWETE 89f). Bei FULGENTIUS VON RUSPE, *praedest.* 3,1 (CCL 91 A, 522); ders., *ep.* 17,1 (CCL 91 A, 563); ders., *rem. pecc.* 2,18,3 (CCL 91 A, 702), formuliert Gal 5,6b in diesem Sinne die *summa* des Christenlebens. Nach Leo I. mahnt Gal 5,6 fine gleichermaßen dazu, nach dem Glauben und der Liebe zu streben (LEO I. VON ROM, *tract.* 45,2 [CCL 138 A, 265]; im Lemma des Zitates steht *dilectio*, in der Ausführung Leos steht *caritas*).

[353] MARIUS VICTORINUS, *in Gal.* 5,6 (CSEL 83/2, 160), u.a. mit Verweis auf 1Kor 8,1b; AMBROSIASTER, *in Gal.* 5,6,2 (CSEL 81/3, 56); HIERONYMUS, *in Gal.* (CCL 77 A, 155), mit Verweis auf Röm 13,9 und das Beispiel der Sünderin von Lk 7,36–50.

[354] FULGENTIUS VON RUSPE, *praedest.* 2,40 (CCL 91 A, 517).

[355] FULGENTIUS VON RUSPE, *ep.* 17,35.50 (CCL 91 A, 590.603).

[356] BASILIUS VON CÄSAREA, *ep.* 295 (COURTONNE 3, 170). Nach HIERONYMUS, *in Gal.* (CCL 77 A, 155) schärft Jak 2,20 die Notwendigkeit der guten Werke, Gal 5,6 die Notwendigkeit des Glaubens ein, ohne den die guten Werke nicht als solche angerechnet werden.

VON VERONA stellt beide Begriffe in die Trias der später so genannten theologischen Kardinaltugenden ein, mit Voranstellung der Hoffnung:[357]

Hoffnung, Glaube und Liebe bilden die Grundlagen christlicher Vollkommenheit. Eines kann das andere nicht entbehren. Was will die Mühe des Glaubens, wenn ihm nicht die Hoffnung vorschwebt? Wenn nicht Glaube vorhanden ist, wie soll die Hoffnung selbst erstehen? Und beide hören auf, wenn man ihnen die Liebe nimmt. Denn es kann der Glaube nicht ohne die Liebe (Gal 5,6) und die Hoffnung nicht ohne den Glauben ihre Wirksamkeit entfalten.

Bisweilen wird im Sinne von 1Kor 13,3 betont, dass ohne die *caritas* alles Tun der Christen nutzlos ist.[358] Auch kann die Liebe der Furcht nach Röm 8,15 gegenübergestellt werden.[359] THEODOR VON MOPSUESTIA fragt, warum der Nachsatz Gal 5,6b überhaupt angefügt ist, und antwortet: Am Werk wird die Liebe erkannt, die Kennzeichen des wahren Glaubens ist.[360] Auf die galatische Situation hin aktualisiert JOHANNES CHRYSOSTOMUS den Halbvers: An der geforderten Liebe zu Christus hatten es die Galater ebenso wie die antipaulinischen Agitatoren fehlen lassen.[361]

3. Bei AUGUSTINUS lässt die eher beiläufige Kommentierung der Schlussworte „der Glaube, der durch die Liebe tätig ist" in seinem Frühwerk[362] kaum erahnen, dass der Vers später für ihn eine der wichtigsten Bibelstellen wird,[363] von deren Rezeption aus sich verschiedene Einblicke in ureigenste Anliegen seiner Theologie ergeben. Dass dieser Vers so häufig zitiert wird, ist in dem restringierenden Verständnis dieser Wendung („der Glaube, der nur durch die Liebe wirksam wird") ebenso begründet wie in dem Nebeneinander mehrerer paralleler Aussagen zum Thema „Liebe" (vgl. Röm 13,8; 5,5) und mehrerer Gegenbegriffe zu diesem Wort. Von Anfang an dominieren Aspekte 3.1 der innerchristlichen Mahnung, 3.2 der antimanichäischen Polemik, 3.3 der theolo-

---

[357] ZENO VON VERONA, *tract*. 1,36,1 (CCL 22, 92).

[358] JULIAN POMERIUS, *Pomer*. 3,14,3 (PL 59, 495 B).

[359] AUGUSTINUS, *exp. Gal*. 42,7 (CSEL 84, 114); ohne Bezug auf Röm 8,30 auch PELAGIUS, *in Gal*. (SOUTER 333).

[360] THEODOR VON MOPSUESTIA, *in Gal*., (SWETE 90).

[361] JOHANNES CHRYSOSTOMUS, *comm. in Gal*. (PG 61, 666).

[362] Im *Galaterkommentar* hatte AUGUSTINUS die Wendung kontextbedingt mit Hilfe der Gegenüberstellung „Furcht – Liebe" auf den Unterschied zwischen Altem und Neuem Testament bezogen (AUGUSTINUS, *exp. Gal*. 42,7 [CSEL 84, 114]), aber nicht weiter ausgelegt. In der Auslegung zu Gal 5,14 zeigt sich die Gegenüberstellung „Ruhm aufgrund der Gesetzeswerke" / „Erfüllung der ethischen Vorschriften des Gesetzes", die nur durch die Liebe möglich ist, durch die der Glaube handelt (*exp. Gal*. 44,5 [CSEL 84, 118]). Noch in *div. qu*. 76,2 (CCL 44 A, 220) wird Gal 5,6 neben anderen biblischen Belegen zitiert, aber nicht näher bedacht.

[363] DIDEBERG, Caritas, 730f, zählt 155 Zitate. Gal 5,6 bestimmt bei AUGUSTINUS schon fast formelhaft das wesentliche Kennzeichen des richtigen Glaubens, vgl. etwa AUGUSTINUS, *virg*. 7 (CSEL 41,241); *pecc. mer*. 2,34,54 (CSEL 60, 124); *Io. ev. tr*. 45,15; 86,1 (CCL 36, 397.541); *ench*. 1,5; 7,21 (CCL 46, 50.61); *corrept*. 7,13 (PL 44, 924); *haer*. 88,2 (CCL 46, 340); vgl. auch (Ps.?)-PROSPER VON AQUITANIEN, *vocat. gent*. 2,30 (PL 51, 716 A). AUGUSTINUS verwendet *dilectio* und *caritas* in diesem Zusammenhang im selben Sinne; vgl. *qu. (Deut.)* 54 (CCL 33, 307).

gischen Reflexion auf den Ermöglichungsgrund des in Gal 5,6 angesprochenen Glaubens, die dann in antipelagianischer Polemik aktualisiert wird.

3.1 Die Wendung „der in der Liebe wirkt" ermöglicht AUGUSTINUS den Ausgleich zwischen Röm 3,28 und Jak 2,20[364] sowie zwischen 1Kor 3,15 und den eindeutigen Gerichtsankündigungen wie 1Kor 6,9–11; Gal 5,19–21.[365] Nur der Glaube, der in der Liebe wirkt,[366] kann zum Heil führen, nicht ein Scheinchristentum,[367] ein Glaube ohne gute Werke[368] oder gar ein Leben in Sünde,[369] und ohne Liebe sind gute Werke nicht möglich, weil alles, was nicht aus dem Glauben kommt, Sünde ist (Röm 14,23), der Glaube aber durch die Liebe wirkt.[370] Einen möglicher Widerspruch zwischen Röm 3,28 („ohne Werke des Gesetzes") und Gal 5,6 vermeidet AUGUSTINUS dadurch, dass er die „Werke" von Röm 3,28 auf die Werke bezieht, die man getan hat, bevor man zum Glauben gefunden hat;[371] AUGUSTINUS und andere benennen gelegentlich – hierin moderne Paulusforschung an einem Punkt vorwegnehmend – als ursprünglichen Kontext von Röm 3,28 die Apologie für die Errettung auch der Heiden gegenüber jüdischen Vorwürfen.[372]

---

[364] AUGUSTINUS, *div. qu.* 76,2 (CCL 44 A, 220).

[365] AUGUSTINUS, *f. et op.* 24–26 (CSEL 41, 64–68); *ench.* 18/67 (CCL 46, 85f).

[366] In aller Regel ist auf die Nächstenliebe Bezug genommen. Natürlich ist auch die Liebe zu Gott im Blick, vgl. AUGUSTINUS, *ep.* 55,2,3 (CSEL 34/2, 171). Dass die Liebe das entscheidende „Werk" des Glaubens genannt wird, ist in Gal. 5,6 ausgesprochen wie in 1Tim 1,5 (AUGUSTINUS, *en. Ps.* 89, 17 [CCL 39, 1253]). Auch für andere Autoren schärft Gal 5,6b die Notwendigkeit ein, dass sich der Glaube in Werken der Liebe äußern muss, vgl. AGAPETUS I., *ep.* 4,2 = JUSTINIAN, *ep.* 88,2 (CSEL 35/1, 334); FULGENTIUS VON RUSPE, *ep.* 2,12 (CCL 91, 202); ders., *c. Fastid.* 22,2 (CCL 91, 308).

[367] AUGUSTINUS, *Io. ev. tr.* 10,1 (SC 75, 408): Gegen ein solches Scheinchristentum sind Jak 2,20 und Gal 5,6 gleichermaßen gerichtet. CÄSARIUS VON ARLES, *serm.* 136,1 (CCL 104, 757f) übernimmt die Passage wörtlich und ergänzt noch den Verweis auf Jak 2,17; ähnlich BEDA VENERABILIS, *hom.* 1,8 (CCL 122, 57). Zur Verbindung von Jak 2,17 und Gal 5,6 vgl. auch BEDA VENERABILIS, *ep. Iac.* 2,15–17 (CCL 121, 197).

[368] AUGUSTINUS, *div. qu.* 76,2 (CCL 44 A, 220); *c. Faust.* 22,27 (CSEL 25/1, 622); *civ.* 19,27 (CSEL 40/2 422); *spir. et litt.* 16,28 (CSEL 60, 182); *f. et op.* 21 (CSEL 41, 62); *Io. ev. tr.* 29,6 (CCL 36, 287); *c. ep. Pel.* 3,5,14 (CSEL 60, 503); *ench.* 31/117 (CCL 46, 112); *Dulc. qu.* 1,3f (CCL 44 A 256f).

[369] AUGUSTINUS, *ench.* 18,67 (CCL 46, 85f), mit zusätzlichem Verweis auf 1Kor 6,9f. Ohne diesen tätigen Glauben wäre das Bekenntnis *quia lex tua meditatio mea est* (Ps 118,77) eine Selbsttäuschung, weil es dem Leben des Bekennenden nicht entspricht (AUGUSTINUS, *en. Ps.* 118, serm. 1,4 [CCL 40, 1728]).

[370] AUGUSTINUS, *gest. Pel.* 34 (CSEL 42, 89); *trin.* 13,20,26 (CCL 50 A, 419); *gr. et pecc. or.* 26,27 (CSEL 42, 148); *Io. ev. tr.* 25,12 (CCL 36, 254); *ep.* 188,3,13 (CSEL 57, 129).

[371] AUGUSTINUS, *en. Ps.* 31, serm. 2,6 (CCL 38, 229); prägnant ders., *en. Ps.* 67,41 (CCL 39, 898): *quia sine bonorum operum meritis per fidem iustificatur impius, sicut dicit apostolus: Credenti in eum qui iustificat impium, deputatur fides eius ad iustitiam* (Röm 4,5), *ut deinde ipsa fides per dilectionem incipiat operari*. – Vgl. ORIGENES, *comm. in Rom.* 3,9 (FC 2,2, 136) zu Röm 3,27f: *indulgentia namque non futurorum, sed praeteritorum criminum datur*.

[372] AUGUSTINUS, *div. qu.* 76,2 (CCL 44 A, 220); vgl. THEODORET VON CYRUS, *in Rom.* (PG 82, 85 B–D); JOHANNES CHRYSOSTOMUS, *hom. in Rom.* (PG 60, 446); BEDA VENERABILIS, *ep. Iac.* 2,20 (CCL 121, 199).

Der Gegenbegriff „Furcht"[373] zum Begriff Liebe fasst ebenso weiterhin den wesentlichen Unterschied zwischen Altem und Neuem Testament[374] und zwischen Juden und Christen[375] in Worte, wie er zu Augustins Güterlehre hinüberführt: Kennzeichen des unvollkommenen Christen wie des Juden ist die Tendenz, Gottes Gebot lediglich aus Furcht vor Strafe zu erfüllen, nicht um seiner selbst oder um der Liebe zur Gerechtigkeit willen.[376] Doch kann der Glaube nach Gal 5,6, wenn der Mensch im beharrlichen Eifer fortschreitet, die Schwäche des mit Gal 5,17 zu umschreibenden alten Zustandes heilen.[377]

3.2 Die Rezeption in polemischen Kontexten basiert auf der Stichwortverknüpfung zwischen Gal 5,6 und Röm 13,8, sodann wiederum auf den verschiedenen möglichen Gegenbegriffen zum Begriff „Liebe". Schon 397/398 verwendet AUGUSTINUS Gal 5,6 als Hilfsargument gegen die manichäische Ablehnung des Alten Testamentes: Der durch die Liebe wirkende Glaube erfüllt das Gesetz – was dem Hochmut unmöglich war –, denn wer den Nächsten liebt, hat das Gesetz erfüllt. Diese Liebe hat Christus geschenkt. So ist er tatsächlich nicht gekommen, das Gesetz aufzulösen, sondern zu erfüllen (Mt 5,17).[378]

3.3. Bereits zuvor (396) ist in *Simpl.* I,2 eine Weiterentwicklung augustinischer Gnadenlehre zu beobachten. Sie betrifft auch die Deutung von Gal 5,6,[379] das einmal in dieser Schrift eng mit Gal 5,17 verbunden wird:

Das freie Urteil des Willens vermag sehr viel, [...] aber was vermag es bei denen, die unter die Sünde verkauft sind? Das Fleisch, sagt er (scil. der Apostel) begehrt wider den Geist und der Geist wider das Fleisch, sodass ihr nicht tut, was ihr wollt. Es ist (Gottes) Gebot, dass wir recht leben sollen, und dabei ist uns als Lohn vor Augen gestellt, dass wir verdienen, in ewiger Seligkeit zu leben. Aber wer kann recht leben und gute Werke tun wenn nicht der aus Glauben Gerechtfertigte? Es ist (Gottes) Gebot, dass wir glauben, so

---

[373] Die Gegenüberstellung „Furcht" / „Liebe" begegnet schon bei AUGUSTINUS, *exp. Gal.* 22,5 (CSEL 84, 82). „Glauben" mit Furcht (Jak 2,19; Mk 3,12) haben auch Dämonen (AUGUSTINUS, *f. et op.* 27.30 (CSEL 41, 69f.74); *trin.* 15,18,32 (CCL 50 A, 507); *ench.* 2/8 (CCL 46, 52); *gr. et lib. arb.* 7,18 (PL 44, 892); *ep.* 194, 3,11 (CSEL 57, 185); ep 2*,6.6f. (CSEL 88, 13).

[374] AUGUSTINUS, *c. adv. leg.* 1,16,35; 2,7,28 (CCL 49, 64.113).

[375] AUGUSTINUS, *c. ep. Pel.* 3,4,9; 3,4,11 (CSEL 60, 495.497); vgl. *ep.* 140,21,52 (CSEL 44, 198f). Wiederum wird der sachliche Bezug zur Güterlehre Augustins deutlich.

[376] AUGUSTINUS, *spir. et litt.* 14,26; 33,59 (CSEL 60, 180.21xxx); vgl. *ep.* 140,21,52 (CSEL 44, 198f). Auf diesen Glauben ist auch die Verwirklichung der vier philosophischen Kardinaltugenden auszurichten, sonst können sie keine Tugenden sein (ders., *trin.* 13,20,26 [CCL 50 A, 419]). – Die Unterscheidung zwischen weltlichen Wohltaten Gottes und dem, was der durch die Liebe wirkende Glaube jenseits ihrer erhofft, findet sich auch bei ISIDOR VON SEVILLA, *eccl. off.* 1,30,7 (CCL 113, 34).

[377] AUGUSTINUS, *spir. et litt.* 33,59 (CSEL 60, 218); vgl. ders., *en. Ps.* 118, *serm.* 21,4 (CCL 40, 1734); PROSPER VON AQUITANIEN, *in psalm.* 118,92 (PL 51, 351 A). Die *lex* aus Ps 118,92 wird bezeichnet als Glaube, der durch die Liebe wirkt.

[378] AUGUSTINUS, *c. Faust.* 19,27 (CSEL 25/1, 529f); vgl. ders., *c. ep. Pel.* 3,5,14 (CSEL 60, 502). – Allerdings garantiert auch die bloße Zugehörigkeit zur katholischen Kirche demjenigen keineswegs das Heil, der Böses statt Gutes tut (ders., *civ.* 21,25 [CSEL 40/2, 567]). – Die Polemik gegen Juden und die gegen Häretiker können bei AUGUSTINUS auch in ein- und demselben Kontext erscheinen (AUGUSTINUS, *pat.* 25 [CSEL 41, 689]).

[379] AUGUSTINUS, *Simpl.* 1,2,21 (CCL 44, 53).

dass wir, nachdem wir die Gabe des Heiligen Geistes empfangen haben, durch die Liebe gute Werke tun können.

Dieses in den folgenden Jahren zumeist in selbstverständlicher Beiläufigkeit eingebrachte[380] Verständnis der Stelle vertritt AUGUSTINUS schließlich offensiv gegenüber pelagianischen und semipelagianischen Thesen: Der Glaube ist ein Geschenk Gottes, die Liebe eine Gabe des Heiligen Geistes; deren Empfang gehen keinerlei Verdienste unsererseits voraus.[381] Die allgemeine Bezugnahme der *dilectio* in Gal 5,6 auf die von Menschen zu übende Liebe[382] wird später spezifiziert: Die Liebe Gottes, die sich in unsere Herzen ergießt (Röm 5,5), ist nicht die Liebe, mit der Gott selbst uns liebt, sondern jene Liebe, durch die Gott uns dahin bringt, ihn zu lieben; ebenso verhält es sich mit der Gerechtigkeit Gottes, durch die wir kraft seines Geschenkes gerecht werden.[383]

Gal 5,7

Ihr wart auf dem richtigen Weg. Wer hat euch gehindert, weiter der Wahrheit zu folgen?

Der Vers lädt aufgrund des Gegensatzes zwischen einst und jetzt und aufgrund der Offenheit des τίς zur Aktualisierung ein in Hinsicht auf Personen oder Gruppen, bei denen eine anfänglich gute Entwicklung nunmehr gestört ist. Für die Wirkungsgeschichte ist die weite Verbreitung des aus heutiger textkritischer Sicht als sekundär zu beurteilenden Zusatzes *nemini consenseritis* (stimmt niemandem zu) am Ende des Verses zu bedenken.

Gal 5,7 betont die Notwendigkeit des Durchhaltens im Wettkampf eines Christenlebens ebenso,[384] wie es die Gefährdung der Christen durch den Teufel in Worte fasst.[385] So ist der Vers Mahnung an die Neugetauften, bei dem christlichen Lebenswandel nunmehr auch zu verbleiben.[386]

---

[380] Vgl. z.B. AUGUSTINUS, *c. Faust.* 19,27 (CSEL 25/1, 529f); *Io. ev. tr.* 29,6 (CCL 36, 287); *Io. ev. tr.* 82,2 (CCL 36, 532, in der Auslegung zu Joh 15,9); mit zusätzlichem Verweis auf 1 Joh 4,19 in der Textfassung ἀγαπῶμεν τὸν θεόν in *en. Ps.* 118, *serm.* 27,3 (CCL 40, 1758).
[381] AUGUSTINUS, *trin.* 13,10,14 (CCL 50 A, 400); *spir. et litt.* 32/56 (CSEL 60, 215) sowie *spir. et litt.* 33/57 (CSEL 60, 216); vgl. dazu PROSPER VON AQUITANIEN, *c. coll.* 10,3 (PL 51, 241 C – 242 A); ferner AUGUSTINUS, *gest. Pel.* 34 (CSEL 42, 89); *gr. et pecc. or.* 26,27 (CSEL 42, 148); *persev.* 8,20 (PL 45, 1004); *ep.* 186,2,4 (CSEL 57, 48). – Entscheidend für die o.a. Rezeption von Gal 5,6 bei PROSPER (er verweist zusätzlich auf Hebr 11,6 und Röm 14,23) ist die Gegenüberstellung *fides* vs. *circumcisio/praeputium*, nicht die Näherbestimmung *quae per dilectionem operatur*.
[382] AUGUSTINUS, *Simpl.* 1,2,21 (CCL 44, 53).
[383] AUGUSTINUS, *spir. et litt.* 32,56 (CSEL 60, 215).
[384] *Ignatius von Antiochien*, Phil 2,2 (LINDEMANN/PAULSEN 218). Die Anspielung erfolgt ad vocem τρέχω.
[385] ORIGENES, *hom. in Jos.* 14,2 (SC 71, 326).
[386] PROCLUS VON KONSTANTIONPEL, *hom. in Thomam* (PG 59, 688).

Polemisch wird Gal 5,7 bei LUCIFER VON CAGLIARI in der Auseinandersetzung mit den Arianern verwendet: Wollten die Orthodoxen die Trennung von ihnen nicht aufrechterhalten, müssten sie sich die in Gal 5,7 formulierte Kritik des Paulus gefallen lassen. Die Wendung *nemini consenseritis* am Ende des Verses soll wie Gal 5,8f die Distanzierung der Orthodoxen von den „gottlosen Ratschlägen" der Arianer rechtfertigen.[387]

In den Kommentaren wird erwartungsgemäß die Funktion des Verses in der Argumentation gegenüber den Galatern bedacht. MARIUS VICTORINUS zufolge verweist Paulus mit Gal 5,7 nochmals auf die Wahrheit seines Evangeliums; der Zusatz *nemini consenseritis* am Ende des Verses warnt davor, mit jemand anderem als mit Paulus den Konsens zu suchen.[388] JOHANNES CHRYSOSTOMUS und AUGUSTINUS vergleichen Gal 5,7 hinsichtlich der verwunderten Frage τίς ... mit Gal 3,1.[389] HIERONYMUS deutet Gal 5,7a auf die Überlegenheit der durch Christus Wirklichkeit gewordenen Gnade über das dem Volk gegebene, aber nicht getane Gesetz,[390] doch kann er die Stelle andernorts als Warnung auch für die eigene geistliche Lebensführung rezipieren.[391] FAUSTUS VON RIEZ gleicht zwischen Röm 9,16 und Gal 5,7 so aus: Röm 9,16 betont gegen die jüdische Haltung, die aus den Werken des Gesetzes Gerechtigkeit beanspruchten, die Gnadenhaftigkeit des zum Glauben Kommens, Gal 5,7 zielt auf die Mitwirkung des menschlichen Willens bei der Verwirklichung des Christenlebens.[392]

Gal 5,8

Was man auch gesagt hat, um euch zu überreden: es kommt nicht von dem, der euch berufen hat.

Der Vers findet mit Ausnahme der zu Gal 5,7 angeführten Rezeption bei LUCIFER VON CAGLIARI erst in den Kommentaren Beachtung. Probleme und Variationen der Schriftauslegung sind nicht ohne Bezug auf den komplexen

---

[387] LUCIFER VON CAGLIARI, *non conv.* 14 (CCL 8, 189). – Gal 5,7 diente als Beweis für das hohe Alter der „Häresie" gegenüber der Großkirche (TERTULLIAN, *praescr.* 27,3 [CCL 1, 208]).

[388] MARIUS VICTORINUS, *in Gal.* 5,7 (CSEL 83/2, 161). PELAGIUS, *in Gal.* (SOUTER 333), zieht die Worte an den Beginn von Gal 5,8. HIERONYMUS weiß um den sekundären Charakter der Worte *nemini consenseritis* und kommentiert sie deshalb nicht (HIERONYMUS, *in Gal.* [CCL 77 A, 161]).

[389] JOHANNES CHRYSOSTOMUS, *comm. in Gal.* (PG 61, 666); AUGUSTINUS, *exp. Gal.* 42,8 (CSEL 84, 114).

[390] HIERONYMUS, *in Gal.* (CCL 77 A, 160f).

[391] HIERONYMUS, *in eccles.* 7,11 (CCL 72, 304). JOHANNES VON DAMASKUS, *parall.* 4,23 (PG 95, 1404 B), erwähnt die Stelle zum Eintrag Περὶ διψύχων, καὶ παλιμβούλων, καὶ ἀστατούντων τὴν γνώμην, καὶ μεταβατῶν.

[392] FAUSTUS VON RIEZ, *grat.* 1,9 (CSEL 21,26f). In nuce ist hier die von SANDERS, Paulus, 415 in die Paulusforschung eingebrachte Unterscheidung zwischen *getting in* und *staying in* angesprochen, der Unterscheidung zwischen dem *sola gratia* erfolgenden Hineinkommen in das Gottesverhältnis und dem Verbleiben, das an die Bedingung guter Werke geknüpft ist.

textkritischen Befund vor allem der lateinischen Überlieferung zu erörtern. So werden östliche und westliche Tradition gesondert dargestellt.

In einigen griechischen Handschriften fehlt wie in einem Teil der lateinischen Tradition die Verneinung, ebenso bei EPHRÄM. Für seine Lesart *Persuasio vestra ex eo qui vocavit vos* erwähnt er zwei Auslegungsmöglichkeiten, das Subjekt und den Bezugspunkt der *persuasio* betreffend: Entweder bezieht sich Gal 5,8 auf die *persuasio* durch die Gegner, die von der göttlichen *vocatio* zu unterscheiden ist, oder die *persuasio* hat Gott zum Urheber, von dem auch die Berufung aller Heidenvölker herrührt.[393]

Als Subjekt der *vocatio* gilt den östlichen Kommentatoren, sofern sie sich explizit dazu äußern, Gott selbst.[394] THEODORET legt Gal 5,8 im Sinne des altkirchlichen *sola gratia* in einem gelungenen Chiasmus aus:[395]

Ἴδιον Θεοῦ τὸ καλεῖν, τὸ δὲ πείθεσθαι τῶν ἀκουόντων.

Es ist Sache Gottes, zu berufen; zu glauben aber ist Sache derer, die hören.

Die lateinische Text- und Kommentartradition bietet mehrere Auffälligkeiten: 1. Der Doppelbedeutung von πεισμονή = πείθω entsprechend steht im Lemma der Kommentare als Äquivalent teils *persuasio* (Überredung), teils *suasio* (Überzeugung, die man hat), doch sind die semantischen Spektren teilweise fließend. 2. Nach *persuasio / suasio* wird in den Kommentaren das Wort „vestra" eingefügt. 3. Teilweise fehlt die Verneinung. 4. Statt *ex eo* steht häufig die nur im Lateinischen mögliche Variante *ex Deo*. 5. Das Partizip Präsens καλοῦντος wird zumeist mit Perfekt (*vocavit*), seltener mit Präsens (*vocat*) wiedergegeben. So begegnen folgende Varianten:

1. *Suasio vestra ex deo est qui vos vocavit.*[396] MARIUS VICTORINUS erwähnt und relativiert die Diskussion darüber, ob als Subjekt der positiv konnotierten *suasio* der Apostel oder Gott selbst gedacht ist; letztendlich ist Gott der Urheber der *vocatio* der Galater.[397] PELAGIUS' den Zusatz *nemini consenseritis* einschließende Auslegung[398] ist durch Rückbezüge auf Gal 1,8 (ad vocem *nec mihi*) und Gal 4,19 (ad vocem *iterum*) geprägt:

Weder ihnen noch mir, sondern den Worten Gottes müsst ihr zustimmen, der euch zum zweiten Mal zur Buße ruft.

---

[393] EPHRÄM, *in Gal.* (MMK 136).

[394] EPHRÄM, *in Gal.* (MMK 136); THEODORET VON CYRUS, *in Gal.* (PG 82, 493 C). Bei JOHANNES CHRYSOSTOMUS, *comm. in Gal.* (PG 61, 666) ist eine Entscheidung nicht ersichtlich.

[395] THEODORET VON CYRUS, *in Gal.* (PG 82, 493 C); ähnlich THEODOR VON MOPSUESTIA, *in Gal.* (auch im griechischen Fragment; SWETE 91); HIERONYMUS, *in Gal.* (CCL 77 A, 161).

[396] MARIUS VICTORINUS, *in Gal.* 5,8 (CSEL 83/2, 161); PELAGIUS, *in Gal.* 5,8 (SOUTER 333, der im textkritischen Apparat zu PELAGIUS auch Lesarten mit Varianten *persuasio* und *vocavit* notiert). Bezeugt ist diese Variante auch bei LUCIFER VON CAGLIARI, *non conv.* 14 (CCL 8,189).

[397] MARIUS VICTORINUS, *in Gal.* 5,8 (CSEL 83/2, 161). Die *vocatio* ist auf die Erstverkündigung gegenüber den Galatern bezogen.

[398] PELAGIUS, *in Gal.* 5,8 (SOUTER 333).

2. *Suasio vestra non est a deo qui vocat vos.*[399] Als Urheber der momentanen verkehrten *suasio* der Galater gelten AMBROSIASTER die *Iudaei*, die *humano consilio ... non dei iudicio* die Galater zur vollen Toraobservanz führen, sie unter das Joch des Gesetzes stellen wollten.

3. *Suasio vestra non ex eo est qui vocavit vos.*[400] AUGUSTINUS versteht *suasio* im Sinne von *persuasio* und deutet die Zufügung *vestra* im Sinne eines gen. obj. als „Rat an die Galater". Zur *vocatio* erinnert er an Gal 5,13.

4. *Persuasio vestra non est ex eo qui vocavit vos.* Diese Lesart wird von HIERONYMUS auch in expliziter textkritischer Diskussion verteidigt. Er weist die Lesart *ex deo* als sekundär aufgrund der Ähnlichkeit aus *ex eo* entstanden ab, ferner widerspreche sie der Schelte des Apostels in Gal 5,7; das *non* dürfe nicht fehlen, denn die *persuasio* sei stets des Menschen, nicht Gottes Angelegenheit, und Gal 5,8 bezeuge ähnlich wie Ex 19,5 und Dtn 10,12 die menschliche Willensfreiheit.[401] Die Deutung auf die Überredung durch die Gegner des Paulus ist bei ihm als zweite Alternative angeführt.[402]

Gal 5,9

Ein wenig Sauerteig durchsäuert den ganzen Teig.

An dem Bildwort hat die altkirchlichen Ausleger zumeist die verderbliche Wirksamkeit einer schon geringen Schädigung interessiert, gelegentlich auch der Aspekt der Beimischung.

Gal 5,9 mahnt nach ORIGENES dazu, auch ein geringes Maß an Schlechtigkeit nicht in seiner Gefährdung für den Heilsstand zu unterschätzen,[403] und warnt wie 1Kor 5,6 bei BASILIUS VON CÄSAREA[404] vor dem verderblichen Einfluss der Sünde des einzelnen auf die Gemeinde;[405] so kann die Stelle im Bezug auf monastische Gemeinschaften die Ausschlussforderung 1Kor 5,13 gegenüber einem Mitbruder motivieren.[406]

---

[399] AMBROSIASTER, *in Gal.* 5,8 (CSEL 81/3, 56).

[400] AUGUSTINUS, *exp. Gal.* 42,8 (CSEL 84, 114).

[401] HIERONYMUS, *in Gal.* (CCL 77 A, 161). Der Begriff *persuasio* steht hier für *suasio*.

[402] HIERONYMUS, *in Gal.* (CCL 77 A, 162); AUGUSTINUS, *exp. Gal.* 42,8 (CSEL 84, 114).

[403] ORIGENES, *hom. in Num.* 23,7 (SC 461, 132).

[404] Die in Biblia Patristica V, 371, für Gal 5,9 ausgewiesenen Belege aus BASILIUS können ebenso gut als Aufnahme von 1Kor 5,6 verstanden werden. Die textkritische Variante δολοῖ (BASILIUS VON CÄSAREA, *reg. brev.* 84.86.281 [PG 31, 1141 C; 1144 B; 1280 B]) statt ζυμοῖ ist allerdings zu Gal 5,9 etwas häufiger belegt als zu 1Kor 5,6. HIERONYMUS urteilt zu dieser Variante δολοῖ: *sensum potius interpres suum, quam verba Apostoli transtulit* (HIERONYMUS, *in Gal.* [CCL 77 A, 162]).

[405] Ähnlich auch PACIANUS, *paraen.* 8,1 (SC 410, 132). PACIANUS will im Kontext dazu mahnen, von Sünde abzulassen und in der privaten Beichte vor dem Priester nichts zu verschweigen.

[406] BASILIUS VON CÄSAREA, *Asceticum Parvum* 30,1; 175,5 (CSEL 86,77.198f).

In historischer Fragerichtung kann Gal 5,9 als Bild für den Kontrast zwischen der geringen Menge und der alles durchsäuernden Wirkung sowohl äußerlich auf den Kontrast zwischen der geringen Zahl der Irrlehrer[407] bzw. der Anhänger der Irrlehre[408] und der verderblichen Wirkung auf die ganze Gemeinde bezogen werden als auch auf den Kontrast zwischen der Befolgung zunächst nur eines Gebotes und dem „vollendeten Judentum".[409]

Wird Gal 5,9 in Sinne der Beimischung verstanden, geht es stets um die Beimischung jüdischer zu christlichen Lehrinhalten. MARIUS VICTORINUS nimmt das moderne Bemühen um die präzise Erfassung der gegnerischen Verkündigung vorweg: Beschneidung ist, auch wenn sie als Ergänzung zu Christus und nicht als Ersatz gedacht ist, als Heilsweg abzulehnen, weil die Exklusivität der Hoffnung auf Christus aufgegeben ist.[410] AMBROSIASTER schlägt indirekt den Bogen zu Gal 5,4 zurück: Die Beimischung von Elementen des Gesetzes beeinträchtigt die Unversehrtheit des Glaubens.[411]

Gal 5,10

Doch im Glauben an den Herrn bin ich fest davon überzeugt, dass ihr keine andere Lehre annehmen werdet (ὅτι οὐδὲν ἄλλο φρονήσετε). **Wer euch verwirrt, der wird das Urteil Gottes zu tragen haben, wer es auch sei.**

Die Rezeption der Stelle setzt nachweisbar erst im 4. Jahrhundert ein; die Darstellung wird gesondert 1. V. 10a und 2. V. 10b behandeln.

1. Der Schriftgebrauch von V. 10a ist zunächst vor allem an der Formulierung ὅτι οὐδὲν ἄλλο φρονήσετε orientiert, wenn die Stelle gelegentlich im Zuge der Ketzerpolemik[412] oder der Auseinandersetzung um die kirchliche Disziplin aufgenommen wird;[413] altkirchliche Exegese fragt ebenfalls, teilweise unter Bezug auf diese Wendung, historisch nach der Einschätzung der momentanen galatischen Situation durch Paulus. Dass der Apostel noch Chancen sieht, die

---

[407] AUGUSTINUS, *exp. Gal.* 42,9f (CSEL 84, 114). Im Sinne dieser Deutung verwendet LUCIFER VON CAGLIARI die Stelle zur Ketzerpolemik: Gemeinschaft mit den Arianern würde den Orthodoxen schaden (LUCIFER VON CAGLIARI, *non conv.* 14 [CCL 8, 189f]).

[408] AUGUSTINUS, *exp. Gal.* 42,9f (CSEL 84, 114); HIERONYMUS, *in Gal.* (CCL 77 A, 162f), mit Verweis auf ARIUS als späteres geschichtliches Beispiel; THEODORET VON CYRUS, *in Gal.* (PG 82, 493 D). Nach PELAGIUS, *in Gal.* (SOUTER 333) begründet Gal 5,9, warum Paulus alle anredet, wenn doch nur einige den Irrlehren bisher anheim gefallen sind. – Das Bild des Sauerteiges bezieht sich auf die Lehre (HIERONYMUS, *in Gal.* [CCL 77 A, 162], mit Verweis auf Mt 16,6.12).

[409] JOHANNES CHRYSOSTOMUS, *comm. in Gal.* (PG 61, 666f); JOHANNES VON DAMASKUS, *in Gal.* (PG 95, 809 D – 812 A); THEODOR VON MOPSUESTIA, *in Gal.* (SWETE 91).

[410] MARIUS VICTORINUS, *in Gal.* 5,9 (CSEL 83/2, 161).

[411] AMBROSIASTER, *in Gal.* 5,9 (CSEL 81/3, 56).

[412] GREGOR VON NAZIANZ, *ep.* 101,72 (SC 208, 68), gegen APOLLINARIS VON LAODIZEA.

[413] BASILIUS VON CÄSAREA, *reg. fus.* 25,1 (PG 31, 984 D) verwendet Gal 5,10 als Gerichtsdrohung gegen die Verführer zur Aufweichung monastischer Disziplin.

Galater zurückzugewinnen, geht für AMBROSIASTER wie für AUGUSTIN[414] aus der Vertrauensäußerung, für JOHANNES CHRYSOSTOMUS, THEODORET VON CYRUS und JOHANNES VON DAMASKUS aus dem Futur φρονήσετε hervor,[415] allerdings hat das Futur (statt des Präsens) nach JOHANNES CHRYSOSTOMUS auch eine kritische Implikation: Das Präsens kann Paulus nicht verwenden, da der Fehltritt der Galater offenkundig ist und er nicht sein Unwissen vorschützen kann.[416]

HIERONYMUS schließt aus der Wendung ἐν κυρίῳ, dass Paulus nicht *per conjecturam*, sondern im prophetischen Geist die Rückkehr der Galater zur Wahrheit des Evangeliums voraussagt.[417]

2. In der Schriftauslegung zu V. 10b lässt das Verbum ταράσσω manchmal in Anspielung an Mt 18,6 die Gegner des Paulus als Verführer gezeichnet sein.[418] Als Inhalt der Verwirrung kann den Gegnern ihr Verweis darauf unterstellt werden, dass Paulus sich ja selbst an das Gesetz halte.[419] Im Hinblick auf die Schlusswendung wird über sie gesagt: Auch ihre Zugehörigkeit zu den Söhnen Abrahams (Joh 8,33) rechtfertigt sie nicht.[420] Über ihre Identität werden textgemäß in der Regel keine Angaben gemacht, lediglich HIERONYMUS setzt sich mit einschlägigen Thesen auseinander: Er lehnt die Deutung von Gal 5,10b als Polemik gegen Petrus ab, denn Paulus würde nicht so über den Kirchenfürsten reden, und Petrus hätte es auch nicht verdient.[421] Für das *iudicium* bietet HIERONYMUS nach einer Erörterung über den positiven wie den negativen Gebrauch des Begriffes *onus* eine Deutung auf die Last einer Lehre (Mt 23,4), mit der die christliche Gemeinde zu verwirren (vgl. die Warnung Joh 14,1) das Gericht nach sich ziehen muss.[422]

Im Sinne des Schriftgebrauchs wird Gal 5,10b allgemein als Warnung vor Häresie verstanden,[423] zuvor jedoch in antimarcionitischer Polemik rezipiert: Der Halbvers zeigt, dass auch das Neue Testament von Strafen im Jüngsten Gericht zu reden weiß. So erweist sich die marcionitische Zweigötterlehre als

---

[414] AMBROSIASTER, *in Gal.* 5,10 (CSEL 81/3, 56); AUGUSTINUS, *exp. Gal.* 42,11 (CSEL 84,115); vgl. auch PELAGIUS, *in Gal.* (SOUTER 333): *qui nondum estis prauitate corrupti*.

[415] JOHANNES CHRYSOSTOMUS, *comm. in Gal.* (PG 61, 667); THEODORET VON CYRUS, *in Gal.* (PG 82, 493 D); JOHANNES VON DAMASKUS, *in Gal.* (PG 95, 812 A).

[416] JOHANNES CHRYSOSTOMUS, *hom. in 1Cor.* 38,2 (PG 61, 323).

[417] HIERONYMUS, *in Gal.* (CCL 77 A, 163).

[418] EPHRÄM, *in Gal.* (MMK 137).

[419] THEODORET VON CYRUS, *in Gal.* (PG 82, 496 A); so ders. auch zu V. 11, s.u.

[420] AMBROSIASTER, *in Gal.* 5,10 (CSEL 81/3, 57).

[421] HIERONYMUS, *in Gal.* (CCL 77 A, 164). THEODOR VON MOPSUESTIA, *in Gal.* (SWETE 91) findet die Haltung des Paulus bewundernswert: *ostendens quoniam non ueretur personam, quando ueritatis discutitur ratio*.

[422] HIERONYMUS, *in Gal.* (CCL 77 A, 164f). Mehrfach ist das Prinzip der Stichwortverknüpfung leitend: Auf Gal 6,5 wird der gelehrte Stridonier ad vocem βαστάζειν, auf Joh 14,1 ad vocem ταράσσειν, auf Mt 23,4 ad vocem φορτίον geführt.

[423] RUFIN, *apol. adv. Hier.* 1,19 (CCL 20, 54, nicht gegen HIERONYMUS persönlich gerichtet); PRISCILLIAN, *tract.* 1,34 (CSEL 18,28).

verfehlt.[424] JOHANNES CHRYSOSTOMUS rühmt wieder die Klugheit des Apostels: Er spricht nicht unmittelbar die Galater als die Schuldigen an, sondern überträgt die Schuld auf andere, um die Galater zur Buße zu führen.[425] ANASTASIUS SINAITA zieht Gal 5,10b im Zusammenhang der Frage heran, ob jemand, der sich an einem anderen versündigt hat, nur diesem selbst oder auch Gott gegenüber Buße tun soll; Gal 5,10 legt die Antwort im letzteren Sinne nahe.[426]

Gal 5,11

Man behauptet sogar, dass ich selbst noch die Beschneidung verkündige. Warum, meine Brüder, werde ich dann verfolgt? Damit wäre ja das Ärgernis des Kreuzes beseitigt.

Bedingt durch den Gang der Kirchengeschichte hat die Darstellung der Schrifterklärung dem Nachweis des Schriftgebrauchs vorauszugehen; letzterer beginnt eigentlich erst mit AUGUSTINS antipelagianischer Polemik. 1. Wahrgenommen haben einige Ausleger in Gal 5,11a im Sinne des *mirror reading* die gegnerische Argumentation, andere fragen nach dem Ausgleich zu der als in Apg 16,3 berichteten Beschneidung des Timotheus durch Paulus – Apg 16,3 wird, anders als heute, unhinterfragt als Darstellung eines geschichtlichen Sachverhaltes akzeptiert. 2. Das „Ärgernis des Kreuzes" (V. 11b) wird 2.1 zunächst als Moment der Selbstabgrenzung des Christentums vom Judentum wahrgenommen, dann 2.2 als Beschreibung der Situation des Leidens auch der Gläubigen.

1. Die Stelle[427] wird erst in der Kommentarliteratur in größerem Umfang bedacht. Dort wird zu Gal 5,11a gelegentlich auf die Verfolgungen des Paulus verwiesen.[428] Der Halbvers gibt bei manchen Autoren den Blick auf ein Stück der gegnerischen Argumentation frei: sie hätten Paulus unterstellt, er habe den Galatern nicht seine eigentliche Meinung gesagt,[429] bzw. auf die Toraobservanz des Apostels selbst verwiesen.[430] Den Ausgleich zwischen Gal 5,11a und Apg 16,3 sucht JOHANNES CHRYSOSTOMUS durch die Erwägung, Paulus habe die Beschneidung praktiziert, aber nicht gepredigt.[431]

---

[424] ADAMANTIUS, *dial.* 2,15 (BUCHHEIT 49).
[425] JOHANNES CHRYSOSTOMUS, *hom. in 1Cor.* 40,3 (PG 61, 351), zu 1Kor 15,33.
[426] ANASTASIUS SINAITA, *qu.* 63 (PG 89, 653 D).
[427] Ob die Wendung σκάνδαλον τοῦ σταυροῦ bei IGNATIUS VON ANTIOCHIEN, *Eph.* 18,1 (LINDEMANN/PAULSEN 188) eine Anspielung nicht nur auf 1Kor 1,18.23, sondern auch auf Gal 5,11 darstellt (LINDEMANN, Paulus im ältesten Christentum, 203 Anm 198), ist nicht sicher zu entscheiden.
[428] AMBROSIASTER, *in Gal.* 5,11 (CSEL 81/3, 57); HIERONYMUS, *in Gal.* (CCL 77 A, 166).
[429] AUGUSTINUS, *exp. Gal.* 42,12 (CSEL 84, 115).
[430] THEODORET VON CYRUS, *in Gal.* (PG 82, 496 A); HIERONYMUS, *in Gal.* (CCL 77 A, 166), mit Verweis auf Apg 16,3; 1Kor 9,20. Zur Rechtfertigung der Beschneidung des Timotheus nach Apg 16,3 vgl. HIERONYMUS, *in Gal.* (CCL 77 A, 150); s.o., zu Gal 5,2.
[431] JOHANNES CHRYSOSTOMUS, *comm. in Gal.* (PG 61, 667).

2.1 Die Wendung „Ärgernis des Kreuzes" wird in ihrer Funktion als Selbstabgrenzung des Christentums vom Judentum in unterschiedlicher Weise präzisiert: Es gehe nicht um die Verkündigung[432] bzw. Verehrung[433] des Gekreuzigten, sondern um die Erfüllung und Abrogation der Tora[434] bzw., so PELAGIUS, um die Bindung des Heils allein an den Glauben.[435] Auf die Kreuzigung Christi wird das in Gal 5,11 genannte Kreuz mehrfach bezogen: MARIUS VICTORINUS deutet die Wendung auf die Straffolgen für die Juden;[436] nach AUGUSTINUS hätten diese Christus ohne Grund gekreuzigt, bei dem sie so viele Gesetzesverstöße zu erdulden hatten, wenn jetzt seinen Anhängern noch die fleischliche Toraobservanz angeraten würde.[437]

2.2 Nach HILARIUS VON POITIERS weist die Schmähung der beiden Schächer am Kreuz darüber, dass Christus leiden muss, auf das Ärgernis des Kreuzes auch für alle Glaubenden voraus.[438] Theologisches Gewicht bekommt die Stelle bei AUGUSTINUS in der antipelagianischen Polemik: Sie wird dort u.a. neben Gal 2,21; 5,4 gegen PELAGIUS' Behauptung gerichtet, die menschliche Natur könne kraft des freien Willens die Gebote Gottes sogar in vollkommener Weise erfüllen. Wenn dies tatsächlich möglich wäre – so der Nordafrikaner –, so wäre das Ärgernis des Kreuzes beseitigt.[439]

Gal 5,12

Diese Leute, die Unruhe bei euch stiften, sollen sich doch gleich entmannen lassen.

1. Die inhaltlich offene Formulierung „Unruhe stiften" lud zur Aktualisierung im Rahmen der Polemik gegen Juden, Judenchristen oder Ketzer ein. 2. Schrifterklärung fragt nach der Semantik des Begriffes ἀποκόπτω (entmannen). 3. Der

---

[432] HIERONYMUS, in Gal. (CCL 77 A, 166f); THEODORET VON CYRUS, in Gal. (PG 82, 496 A), jeweils mit Verweis auf 1Kor 1,23, ebenso EPHRÄM, in Gal. (MMK 137), mit Verweis auf die Niedrigkeit des Kreuzes.

[433] JOHANNES CHRYSOSTOMUS, comm. in Gal. (PG 61, 667); JOHANNES VON DAMASKUS, in Gal. (PG 82, 812 BC); beide mit Verweis auf Apg 6,13 als analoge Begründung der Verfolgung.

[434] So die eben genannten sowie AUGUSTINUS, exp. Gal. 42,17f. (CSEL 84, 116); ferner benennt auch AMBROSIASTER die Abrogation der Sabbatgesetze wie der Beschneidung als Anstoß; AMBROSIASTER, in Gal. 5,11 (CSEL 81/3, 57), mit Verweis auf Joh 9,16.

[435] PELAGIUS, in Gal. 5,11 (SOUTER 334): *Ideo scandalum patiuntur quia in sola fide cruces dico esse salutem.*

[436] MARIUS VICTORINUS, in Gal. 5,11 (CSEL 83/2, 162).

[437] AUGUSTINUS, exp. Gal. 42,17f. (CSEL 84, 116). Hier wird exegetisch die Übereinstimmung zwischen Gal 5,11 und Gal 2,21 festgestellt, die dann gegen PELAGIUS aktualisiert wird.

[438] HILARIUS VON POITIERS, in Matth. 33,5 (SC 258, 254). Allgemeiner gehalten ist auch HILARIUS' Aussage, das Ärgernis des Kreuzes bestehe darin, dass es Torheit ist für diejenigen, die verlorengehen (HILARIUS VON POITIERS, myst. 36 [SC 19, 132], mit Bezug auf 1Kor 1,18).

[439] AUGUSTINUS, nat. et gr. 40,47 (CSEL 60, 268); ders., ep. 177,9 (CSEL 44, 677).

Zornesausbruch des Paulus dient 3.1 in antimanichäischer Polemik dem Erweis der Einheit der beiden Testamente selbst im *modus loquendi*, während er 3.2 gegenüber Christentumskritikern seinerseits, gerade im Hinblick auf Mt 5,22, der Rechtfertigung bedarf.

1. GREGOR VON NAZIANZ polemisiert mit Hilfe von Gal 5,12 gegen einen bestimmten Zweig der Apollinaristen, die in christlichen Gemeinden wieder jüdische Toraobservanz einführen wollen; dies sei noch schlimmer als die apollinaristische Häresie.[440] JOHANNES CHRYSOSTOMUS polemisiert gegen diejenigen, die sich verschneiden lassen und damit angeblich manichäische Praxis nachahmen.[441] Der Begriff der *conturbatio* ist auch für AUGUSTINUS in der Rezeption der Stelle leitend, wenn er gegen die manichäische These der Widersprüche zwischen beiden Testamenten festhält: Paulus lehnt in Gal 5,12 die Beschneidung nicht deshalb ab, weil sie gegen das Evangelium gerichtet wäre, wie die Manichäer glauben, sondern weil es dem Evangelium zu wider ist, dass jemand die Sache selbst verlässt, die durch jenen Schatten der leiblichen Beschneidung vorabgebildet wird, und dem nichtigen Schatten selbst folgt.[442]

Ohne sachlichen Bezug zur gegnerischen Lehre wird mit Hilfe von Gal 5,12 die Exkommunikation gegenüber den Pelagianern angeordnet[443] und gegenüber NESTORIUS angedroht.[444] Schließlich kommentiert VIGILIUS VON ROM mit Gal 5,12 sein Verwerfungsurteil gegen IBAS VON EDESSA.[445]

2. In der Frage nach der Semantik des Begriffes ἀποκόπτω stehen ein metaphorisches und ein wörtliches Verständnis der Stelle nebeneinander, ebenso deren Auffassung als einer Verfluchung oder eines frommen Wunsches. Das metaphorische Verständnis kann sich positiv auf das Freiwerden von schlechten Sitten[446] oder die erhoffte Buße[447] beziehen, negativ auf den Ausschluss der Gegner vom Heil;[448] das wörtliche Verständnis kann ebenfalls als Verfluchung empfunden werden[449] und zur Polemik gegen eine wörtliche Auslegung von Mt 19,12 führen,[450] oder die Hoffnung ausdrücken, dass die Gegner durch den

---

[440] GREGOR VON NAZIANZ, *ep.* 101,63 (SC 208, 64).

[441] JOHANNES CHRYSOSTOMUS, *comm. in Gal.* (PG 61, 668).

[442] AUGUSTINUS, *c. Adim.* 16 (CSEL 25/1, 162). Zum Ausdruck „Schatten" vgl. Hebr 8,5; 10,1.

[443] INNOZENZ I., *ep.* 30,6 (PL 20, 592 B); vgl. AUGUSTINUS, *ep.* 182,6 (CSEL 44, 721).

[444] PELAGIUS I. VON ROM, *ep.* 60 (PLS 4, 1307).

[445] VIGILIUS VON ROM, *acta* (PL 69, 174 D).

[446] PELAGIUS, *in Gal.* (SOUTER 334): *eunuchizari a malis moribus*.

[447] MAXIMUS CONFESSOR, *qu. dub.* I,77 (CCG 10, 161).

[448] AMBROSIASTER, *in Gal.* (CSEL 81/2, 58).

[449] THEODOR VON MOPSUESTIA, *in Gal.* (SWETE 93). Ein späterer Zusatz bei AMBROSIASTER, *in Gal.* (CSEL 81/3, 58) bezieht die Drohung auf körperliche Schmerzen.

[450] Der Mensch wäre dem Fluch verfallen, wenn er sich ein Glied abschneiden ließe, denn dann wäre er einem Menschenmörder gleich, würde denen, die die Schöpfung Gottes herabwürdigen, einen Vorwand liefern, und täte es den Manichäern und den Heiden gleich (JOHANNES CHRYSOSTOMUS, *hom. in Mt.* 62,3 [PG 58, 599], aufgenommen bei ANASTASIUS SINAITA, *qu.* 66 [PG 89, 685 A]). – Nur zu dieser Auslegung kann man fragen, ob, wie in der neueren Forschung angenommen, in Gal 5,12 eine Anspielung auf den Brauch der Selbstverstümmelung der Priester im Attis- und Kybelekult vorliegt.

Verlust desjenigen Gliedes, das zum Ärgernis wird, „Eunuchen um des Himmelreiches willen" werden können.[451]

3.1 Gal 5,12 dient HIERONYMUS als Beweis gegen die marcionitische und valentinianische Anklage des Schöpfergottes als grausam: So hart wie bei Paulus werde an keiner Stelle des Alten Testaments geredet.[452]

3.2 HIERONYMUS fragt angesichts der Kritik von Christentumsgegnern, wie das Verhalten des Apostels angesichts seiner eigenen Worte und der Worte und des Vorbildes Jesu, der in ihm lebt und redet, zu rechtfertigen ist, und antwortet: Es ist weniger der Eifer gegen die Gegner als die liebende Sorge um die Gemeinden, es ist der Schmerz des Apostels, der Schmerz des Vaters, der seine Stimme ändert,[453] um die Gemeinde, wenn er sie nicht durch Sanftmut zurückgewinnen kann, durch Drohung[454] zurückzuhalten. Des weiteren illustriert Gal 5,12 die in Röm 7,23 formulierte Selbsterfahrung des Apostels. Vielleicht aber wollte der Apostel nicht die Gegner verfluchen, sondern für sie bitten, sich des einen Körperteils zu entledigen, das sie nach den Worten des Herrn (Mt 18,8f) dem Gericht verfallen lässt.[455]

---

[451] AUGUSTINUS, *exp. Gal.* 42,20 (CSEL 84, 116), ders., *c. adv. leg.* 1,24,52 (CCL 49, 84), jeweils mit Hinzunahme von Mt 19,12; PELAGIUS, *in Gal.* (SOUTER 334). AUGUSTINUS vermerkt die Doppeldeutigkeit des Ausdrucks: *adiecit* (scil. Paulus) *elegantissima ambiguitate quasi sub specie maledictionis benedictionem*; ähnlich ders., *c. Faust.* 16,22 (CSEL 25/1, 465); *c. adv. leg.* 1,52 (CCL 49, 84f). Dort ist noch deutlicher die Tendenz sichtbar, „den Apostel vor Angriffen in Schutz zu nehmen" (RING, Lehrer der Gnade II, 356). Doch ist darin eine antignostische Tendenz involviert (so RING, ebd.)?

[452] HIERONYMUS, *in Gal.* (CCL 77 A, 169).

[453] HIERONYMUS, *in Gal.* (CCL 77 A, 167f), mit Bezugnahmen auf 1Kor 4,12; Röm 12,14; 1 Kor 6,10; Mt 11,20; 1 Petr 2,23; Gal 2,20; 2Kor 13,3.

[454] Gal 5,12 beweist für TERTULLIAN in philosophischer Diskussion, dass PLATO nicht Recht hat damit, das sog. θυμικόν einseitig als unvernünftige Regung aufzufassen. Man muss zwischen vernünftigem Unwillen und unvernünftigen Zorn (z.B. Eph 2,3) unterscheiden (TERTULLIAN, *anim.* 16,6 [CCL 2, 803], mit der Lesart *praecidantur* statt *abscidantur* Vg).

[455] HIERONYMUS, *in Gal.* (CCL 77 A, 168); ähnlich PELAGIUS, *in Gal.* (SOUTER 334). – Ob HIERONYMUS auf PORPHYRIUS Bezug nimmt, muss freilich unsicher bleiben. Skeptisch ist auch HARNACK (Hg.), Porphyrius, 63.

Gal 5,13–6,10: Der paränetische Hauptteil des Briefes

Anders als heute[1] sind sich die altkirchlichen Kommentatoren einig in der Frage, dass der paränetische Teil des Galaterbriefes mit Gal 5,13[2] beginnt. Er will einem Missverständnis des Freiheitsbegriffes bei den Adressaten vorbeugen oder den Einwand der Gegner entkräften, der alleinige Anschluss an Jesus Christus führe zu einem Leben frei von jeglicher sittlichen Bindung, oder aber, so MARIUS VICTORINUS, den Galatern sagen, wie sie ihr Bestreben, das Gesetz zu erfüllen, in richtiger Weise umsetzen können:[3]

Sachgemäß also ist dieser Abschnitt über die Liebe neben dem vorangegangen Traktat hinzugesetzt, durch welchen er jene (scil. die Galater) belehrt hat, dass sie außerhalb des Evangeliums stünden, das ihnen von Paulus selbst verkündigt worden war, weil jene glaubten, das Gesetz in der Beschneidung und in den Werken zu erfüllen, während das ganze Gesetz allein darin (erfüllt) ist, wenn sie sich gegenseitig lieben.

Gal 5,13–18: Grundlegung der Paränese

Gal 5,13

Ihr seid zur Freiheit berufen, Brüder. Nur nehmt die Freiheit nicht zum Vorwand für das Fleisch, sondern dient einander in Liebe!

Das Schwergewicht des Schrift*gebrauchs* liegt auf der Formung des individuellen Ethos in 1. gnostischer und 2. großkirchlicher Literatur, während 3. die Schrift*auslegung* nach der Funktion der Stelle in der galatischen Auseinandersetzung fragt. 1. In gnostischer Literatur benennt die Freiheitsparole Gal 5,13a das Verhältnis des Gnostikers zu Nichtgnostikern. 2. In großkirchlicher Literatur wird zunächst 2.1 die Absage an das Fleisch V. 13b aufgenommen, dann 2.2 die Mahnung zum Dienst in brüderlicher Liebe V. 13c, 2.3 später die Freiheitsparole V. 13a, nämlich in Zusammenhängen christlicher Selbstunterscheidung vom Judentum und in innerchristlicher Auseinandersetzung. Zu fragen ist, was

---

[1] Vgl. dazu MERK, Beginn, 238-259.
[2] JOHANNES CHRYSOSTOMUS, *comm. in Gal.* (PG 61, 669); THEODOR VON MOPSUESTIA, *in Gal.* (SWETE 93); THEODORET VON CYRUS, *in Gal.* (PG 82, 496 B); MARIUS VICTORINUS, *in Gal.* 5,15 (CSEL 83/2, 164); AUGUSTINUS, *exp. Gal.* 43,2 (CSEL 84, 116); EUTHALIUS DIACONUS, *ep. Paul.* (PG 85, 760 D).
[3] MARIUS VICTORINUS, *in Gal.* 5,15 (CSEL 83/2 164).

der Begriff σάρξ bezeichnet, in welchen Kontexten vom „Dienen" die Rede ist und wovon Christus befreit. Die Rezeptionsgeschichte von V. 13c ist teilweise durch die textkritisch sekundäre Variante διὰ τῆς ἀγάπης πνεύματος bestimmt.

1. Im *Philippusevangelium* kann Gal 5,13a fruchtbar gemacht werden, um das erstrebte Ethos des Gnostikers gegenüber Nichtgnostikern zu beschreiben: „Wer ... freigeworden ist durch die Erkenntnis, ist um der Liebe willen ein Sklave für die, die [die F]reiheit der Erkenntnis noch nicht aufnehmen konnten".[4] Die Erkenntnis befreit von der Bindung an die materielle Welt.

2.1 Der Begriff σάρξ legt es nahe, dass Gal 5,13b zumeist als Mahnung zur Weltdistanz interpretiert und aufgrund seiner Verknüpfung mit Gal 5,24 („Leidenschaften und Begierden") asketisch verstanden wird: Gal 5,13 warnt davor, den Begierden nachzugeben,[5] oder wird wie Gal 5,16; 6,14 als Mahnung zum Sexualverzicht aktualisiert;[6] Die Stelle ist Mahnung an den Weisen, der allein frei ist,[7] und fordert dazu auf, nach der „höheren Philosophie" zu streben;[8] unser Wandel soll nicht wie der des Unzüchtigen gegen das Gesetz gerichtet sein, sondern wie der des Asketen über ihm stehen.

ORIGENES[9] hatte den Begriff auf das fleischliche Schriftverständnis bezogen, das in der Nachahmung mancher Verhaltensweisen der Patriarchen ethisch fragwürdiges Verhalten provoziert.[10] So gilt es, nach dem Geist der Schrift zu suchen, der nicht so vor Augen liegt wie die Werke des Fleisches.[11]

In der exegetischen Arbeit am Text wird Gal 5,13b,[12] dem ein finites Verbum fehlt, gelegentlich teils mit *dare*,[13] teils mit *abuti*[14] ergänzt. Die Stelle kann

---

[4] *EvPhil* 110a (*NHC* 2/3, 77,26–31 [NHS 20, 196–198; Übersetzung SCHENKE, in: SCHNEEMELCHER [Hg.], Apokryphen I, 169]). Bei Paulus stehen γνῶσις und ἀγάπη einander gegenüber, in EvPhil 110 ergänzen sie einander: „Gerade der Gnostiker ist frei zur Liebe" (LINDEMANN, Paulus im ältesten Christentum, 327).

[5] CLEMENS, *str.* 3,41,3 (GCS 15, 214).

[6] *EpTit.*, PLS 2, 1523 (Gal 6,14); 1526 (Gal 5,13.16).

[7] AMBROSIUS, *ep.* 7 (37),22 (CSEL 82, 54). Die ganze *ep.* 7 interpretiert den paulinischen Ruf zur Freiheit als Ruf zur Freiheit des Weisen, der in philosophischem Sinne allein frei ist.

[8] JOHANNES CHRYSOSTOMUS, *comm. in Gal.* (PG 61, 669).

[9] ORIGENES, Stromateis X, nach HIERONYMUS, *in Gal.* (CCL 77 A, 169–173). – HIERONYMUS erwägt im Sinne dessen die Deutung der Worte *ne libertatem in occasionem carni detis* auf die Bereitschaft, sich am Fleisch beschneiden zu lassen, bevor er als zweite Alternative die übliche ethische Interpretation vorträgt (HIERONYMUS, *in Gal.* [CCL 77 A, 173]).

[10] ORIGENES, nach HIERONYMUS, *in Gal.* (CCL 77 A, 171), mit Anspielung an Gen 38,14.

[11] ORIGENES nützt aus, dass Paulus nach Gal 5,19.22 nur die Werke des Fleisches, nicht aber die Frucht des Geistes als φανερά bezeichnet.

[12] Dessen sachliche Übereinstimmung mit 1 Petr 2,16 vermerkt BEDA VENERABILIS, *ep. cath.* (1 Pt 2,16) (CCL 121, 240). Die befürchtete Selbstversklavung des Menschen unter das Fleisch nach Gal 5,13 ist geistliche Auslegung der Warnung Salomos vor dem Beschlagnahmungsrecht des Königs in 1 Sam 8,11 (BEDA VENERABILIS, *Sam.* 2,8,6–12 [CCL 119, 72f]).

[13] HIERONYMUS diskutiert den Zusatz *detis* (nach *carni*) textkritisch: *subauditur detis, quod quia in Graeco non habetur, Latinus posuit interpres* (HIERONYMUS, *in Gal.* [CCL 77 A, 169]). Diese Lesart begegnet auch bei AMBROSIASTER, *in Gal.* (CSEL 81/3, 58), sowie im Lemma bei AUGUSTINUS, *exp. Gal.* 117,7 (CSEL 84, 17) und PELAGIUS, *in Gal.* (SOUTER 334).

[14] Die Lesart begegnet bei MARIUS VICTORINUS, *in Gal.* 5,13 (CSEL 83/2, 163).

unter historischer Fragehinsicht mit geradezu modern anmutenden Einsichten auf die Situation der Galater hin ausgelegt werden: Sie sollen durch ihr Verhalten nicht zu der Unterstellung Anlass geben, Paulus bezwecke ein gesetzwidriges Leben,[15] oder indirekt die Position der Gegnern des Apostels unterstützen, die um der Ethik willen die Neubekehrten unter das Gesetz stellen wollen.[16]

2.2 Das jeweilige Verständnis von Gal 5,13c richtet sich nach dem Kontext, in dem vom Dienen und seinen Gegenbegriffen die Rede ist. In der Auslegung von Ps 99,2 („Dient dem Herrn mit Freuden") mahnt AUGUSTINUS:[17]

Zum Knecht soll dich die Liebe machen, weil dich die Wahrheit frei gemacht hat.

Generell auf die christliche Gemeinschaft bezogen ist die Aussage da, wo AUGUSTINUS den Teilvers auf den freiwilligen Dienst an den anderen im Sinne von Mt 20,27[18] deutet sowie auf das nicht durch Heuchelei, sondern durch die Liebe motivierte Tragen der Schwäche des anderen, die man so ansehen soll, als wären sie die eigenen.[19] HIERONYMUS verweist auf das Vorbild des Apostels (1Kor 9,19) und das Vorbild Christi (Phil 2,6.8) sowie für den Inhalt der geforderten ἀγάπη auf 1Kor 13 und Joh 13,35 sowie auf die Goldene Regel Mt 7,12.[20] Auch bei BASILIUS VON CÄSAREA besagt Gal 5,13c als allgemeine Lebensregel: Gegenseitiger Gehorsam verwirklicht sich durch dienende Liebe des Geistes;[21] auch im monastischen Kontext kann Gal 5,13c neben Mt 20,26–28 die biblische Regel hierfür abgeben.[22] Hingegen wird die hierarchische Struktur der Ehe, in Gen 3,16 biblisch begründet, durch Gal 5,13c nicht aufgehoben.[23]

Der „Dienst in der Liebe" ist das Gegenteil der Herrschsucht, in welcher der Fehltritt der Galater wie jede Ketzerei verursacht ist;[24] Die Weisung ist eine Steigerung gegenüber der bloßen Ermahnung „enthaltet euch des Bösen".[25]

---

[15] JOHANNES CHRYSOSTOMUS, *comm. in Gal.* (PG 61, 669).

[16] AMBROSIASTER, *in Gal.* 5,13 (CSEL 81/3, 58). In seiner Zusammenfassung kürzer AUGUSTINUS: Freiheit heißt nicht, dass man ungestraft sündigen darf (AUGUSTINUS, *exp. Gal.* 43,7 [CSEL 84, 117]; ähnlich THEODORET VON CYRUS, *in Gal.* [PG 82, 496 B]).

[17] AUGUSTINUS, *en. Ps.* 99,7 (CCL 39, 1397). Ähnlich motiviert FULGENTIUS VON RUSPE, *ep.* 3,2 (SC 487, 154), die gegenseitige Liebe mit der vorausgegangenen Liebestat Christi.

[18] AUGUSTINUS, *en. Ps.* 103, serm. 3,9 (CCL 40, 507). Allgemein auf die Verwirklichung der *compassio proximi* deutet die Stelle DEFENSOR VON LIGUGÉ, *lib. scint.* 45,3 (SC 86, 80). Der Vorderteil des Mischzitates *necessitate sanctorum communicantes* stammt aus Röm 12,13a.

[19] AUGUSTINUS *s. dom. m.* 2,19,65 (CCL 35, 162). Gesamtzusammenhang ist die Auslegung von Mt 7,4f, anlässlich deren AUGUSTINUS der Auffassung einiger widerstreitet, die sich für ihre Heuchelei fälschlich auf das in 1Kor 9,19–23 geschilderte Verhalten des Paulus berufen.

[20] HIERONYMUS, *in Gal.* (CCL 77 A, 174).

[21] BASILIUS VON CÄSAREA, *reg. brev* 115 (PG 31, 1161 A).

[22] BASILIUS VON CÄSAREA, *Asceticum Parvum* 64,2 (CSEL 86, 101). EUGIPPIUS, *reg.* 1,144 (CSEL 87, 15) hält fest: Gal 5,13c ist Maxime auch für den Klostervorsteher.

[23] AUGUSTINUS, *Gn. litt.* 11,37 (CSEL 28, 372); ähnlich BEDA VENERABILIS, *princ. Gen.* 1,3,16 (CCL 118 A, 67).

[24] JOHANNES CHRYSOSTOMUS, *comm. in Gal.* (PG 61, 670): Paulus schreibt nicht einfach „Liebet einander", sondern „dient einander in Liebe", gegen unsere Herrschsucht.

[25] THEODOR VON MOPSUESTIA, *in Gal.* (SWETE 95).

Die Semantik des Verbums δουλεύω wird in trinitätstheologischer Polemik näher bedacht: Zwischen Gal 5,13 einerseits (dienet einander) und Röm 1,25; Dtn 6,13 LXX (dem Gebot, nur Gott zu dienen) besteht kein Widerspruch, da der Dienst an Gott mit λατρεύειν, der Dienst am Menschen mit δουλεύειν ausgedrückt wird; darum ist Phil 3,3 in der textkritischen Variante πνεύματι θεῷ λατρεύοντες Zeugnis für die Gottheit des Heiligen Geistes,[26] ebenso Gal 5,13c unter der Voraussetzung der Lesart *per caritatem spiritus seruite in invicem*.[27] Unter zusätzlichem Einbezug von Kol 3,24 (*Domino Christo seruite*) verfeinert FULGENTIUS VON RUSPE diese Unterscheidung: λατρεία bezeichnet das, was der Gottheit allein vorbehalten bleibt, δούλευσις sowohl das, was Gott gebührt, als auch das, was man billigerweise den Menschen gegenüber tut;[28] darum, so FULGENTIUS in antiarianischer Polemik, ist aus Gal 3,19 und Kol 3,24 kein Schriftargument für die Subordination des Sohnes zu gewinnen. Vollends verkehrt ist es aber, dem Heiligen Geist das Prädikat der Willensfreiheit abzusprechen, ist es doch die *caritas Spiritus*, die uns in die Freiheit ruft.[29]

Die o.a. Differenz zwischen λατρεύειν und δουλεύειν wird später auch unabhängig davon ausgewertet. BEDA VENERABILIS erklärt damit, warum zwischen Lk 4,8 und Gal 5,13 kein Widerspruch besteht.[30]

Nicht der Begriff „dienen", sondern der Begriff „Liebe" ist für die Wahrnehmung bei AMBROSIUS und bei AUGUSTINUS maßgebend: Für AMBROSIUS unterscheidet der Dienst in der Liebe des Geistes das Christentum vom jüdischen Joch der Knechtschaft.[31] Bei ähnlicher Gesamtausrichtung der Aussage trägt AUGUSTINUS im *Galaterkommentar* ein Element seiner zu Gal 5,17 zu erörternden Vier-Stadien-Lehre ein: Handeln aus Furcht (im Gegensatz zum Handeln aus Freiheit) ist noch nicht Erfüllung des Gebotes der Gerechtigkeit, weil man diese noch nicht um ihrer selbst willen liebt. Doch hat bereits David die ideale Liebe zur Gerechtigkeit verwirklicht: Er wollte Saul nicht töten, obwohl er deshalb nichts zu befürchten gehabt hätte, sondern verschonte ihn, und darin erwies er sich als Mensch im, aber nicht vom Alten Bund.[32]

2.3 Unterschiedlich wird zu Gal 5,13a die Frage beantwortet, wovon die Christen befreit sind. Einige Ausleger beziehen die Freiheit kontextgemäß auf den Loskauf vom alttestamentlichen Zeremonialgesetz; die bleibend gültigen ethischen Weisungen des Alten Testamentes gelten hingegen als unabdingbar, außerdem, so PACIANUS, als leicht zu erfüllen.[33]

---

[26] AUGUSTINUS, *trin.* I 6,13 (CCL 50, 42f).
[27] Ps.-VIGILIUS VON THAPSUS, *c. Varimad.* 33,25 (CCL 90, 109). Das gilt zusätzlich für 1Kor 4,21.
[28] FULGENTIUS VON RUSPE, *c. Fab., frgm.* 13 (CCL 91 A, 783).
[29] FULGENTIUS VON RUSPE, *c. Fab., frgm.* 29,16 (CCL 91 A, 822).
[30] BEDA VENERABILIS, *Lc.* 1,4,8 (CCL 120, 96).
[31] AMBROSIUS, *ep.* 20,7 (CSEL 82/1, 149f). Der Galaterbrief wird hier insgesamt als Dokument der Selbstabgrenzung des Christentums vom Judentum wahrgenommen.
[32] AUGUSTINUS, *exp. Gal.* 43,2–6 (CSEL 84, 116f).
[33] THEODORET VON CYRUS, *in Gal.* (PG 82, 496 BC); PACIANUS, *paraen.* 3,3 (SC 410, 122–124).

GREGOR VON NYSSA benutzt Gal 5,13a zu antiarianischer Polemik: Wer Christus einseitig das Menschsein, die Natur des Sklaven zuschreibt, muss auch sich selbst als Sklaven betrachten. Davon hat uns Christus befreit.[34]

ATHANASIUS rechtfertigt mit Gal 5,13a den Freimut seines Auftretens gegen die Arianer,[35] AUGUSTINUS sein Abweichen von CYPRIAN VON KARTHAGO im Ketzertaufstreit.[36] Gal 5,13a wehrt nach AUGUSTINUS ferner zusammen mit 1Tim 4,1–5 der Enthaltung vom Fleischgenuss bei einigen, die sich dadurch rein halten wollen.[37] Sehr konkret wird Gal 5,13a im Jahre 525 gegen das Ansinnen des LIBERATUS VON KARTHAGO angewandt, das Kloster um PETRUS VON KARTHAGO seiner Aufsicht zu unterstellen.[38]

Der Begriff σάρξ aus Gal 5,13b bestimmt nicht selten auch die Wahrnehmung von Gal 5,13a. Die Freiheit kann als Weltdistanz[39] verstanden werden oder auch als Freiheit von der Sünde,[40] die als „ewige Freiheit" gewertet sein kann.[41] THEODOR VON MOPSUESTIA rechtfertigt die Verwendung des Wortes σάρξ mit dem Hinweis auf die Konnotationen „zeitlich, sterblich und vergänglich"; Paulus unterscheide jedoch den gegenwärtigen Zustand von dem zukünftigen, in dem die Christen unsterblich und frei von Sünde sind.[42]

Gal 5,14

Denn das ganze Gesetz ist in dem einen Wort zusammengefasst: Du sollst deinen Nächsten lieben wie dich selbst!

Naheliegend richtet sich der Schriftgebrauch vorwiegend auf Gal 5,14b, die Schriftauslegung auf Gal 5,14a. 1. Im Schriftgebrauch wird die Stelle vor allem als Mahnung zum christlichen Leben aufgenommen; zu fragen ist, welchen Stellenwert Liebe hat, wem sie gilt und wie sie inhaltlich bestimmt wird. 2. In der Schriftauslegung wird gefragt: 2.1 Inwieweit ist im Liebesgebot das Gesetz zusammengefasst? 2.2 Warum ist nur das Gebot der Nächstenliebe genannt, nicht das Gebot der Gottesliebe?

---

[34] GREGOR VON NYSSA, *Eun.* 3/8,54 (GNO 2, 259; die Präposition ἐπί verweist auf Gal 5,13!); vgl. Ps.-EUSEBIUS VON VERCELLI, *trin.* 11, 50–52 (CCL 9, 157).

[35] ATHANASIUS, *ep. Aeg. Lib.* 20, 4 (AW 1, 61).

[36] AUGUSTINUS, *Cresc.* 2,32,40 (CSEL 52, 399).

[37] AUGUSTINUS, *ep.* 55,20,36 (CSEL 34/2, 211).

[38] *Conc. Carthag. A. 525* (CCL 149, 279).

[39] MARIUS VICTORINUS, *in Gal.* 5,13 (CSEL 83/2, 163). Dass er die Funktion von Gal 5,13–6,10 durchaus diskutabel zu bestimmen vermag, dafür vgl. das o.a. Zitat zu Gal 5,15.

[40] AUGUSTINUS, *en. Ps.* 115,6 (CCL 40, 1655f). Er verbindet Gal 5,13 mit Röm 6,20–22, wo der Übergang vom Dienst der Sünde zu dem der Gerechtigkeit als Herrschaftswechsel verstanden wird. Dies liegt insofern nahe, als er gerade Ps 115,7 kommentiert: *O Domine, ego servus tuus ...* .

[41] FULGENTIUS VON RUSPE, *ep.* 3,2 (SC 487, 154).

[42] THEODOR VON MOPSUESTIA, *in Gal.* (SWETE 94).

1. Die Bewährung der sog. theologischen Kardinaltugenden gilt im Brief des POLYKARP[43] als Erfüllung des Gebotes der Gerechtigkeit; das Liebesgebot ist als christologisch variiertes Doppelgebot formuliert. CYPRIAN VON KARTHAGO aktualisiert Gal 5,14f als Warnung vor Streitsucht ebenso[44] wie als Mahnung zur Liebe und brüderlicher Zuneigung.[45] Für AUGUSTINUS entfaltet Gal 5,14b inhaltlich die Wendung *fides quae per dilectionem operatur* aus Gal 5,6; Paulus hat keineswegs einen Glauben ohne Werke gelehrt.[46] Nach THEODOR VON MOPSUESTIA bewirkt die Liebe das, wozu das Gesetz selbst nicht leicht imstande ist, dass nämlich seine Forderungen erfüllt werden. Liebe wird hierbei als *animi arbitrium* bestimmt: Wer seinen Nächsten liebt, duldet nicht, dass er ihm schaden würde.[47] Ps.-JOHANNES CHRYSOSTOMUS sieht das hier genannte Ideal in Folgendem verwirklicht: Wer liebt, will einen Befehl lieber empfangen als geben, will eine Gunst lieber erweisen als erlangen, will lieber einen Schuldner zum Freund haben als selbst dem Freund zum Schuldner werden und will den ersten Rang als Wohltäter einnehmen, ohne dass dies nach außen sichtbar wird.[48] Für andere Autoren kann die Stelle zusammen mit 1Kor 13,3 den Gedanken unterstützen, dass ohne Liebe die übrigen Werke unnütz sind;[49] ansonsten wird sie auf die Feindesliebe[50], auf die Bereitschaft zur Vergebung[51] oder auf die Liebe eines *dux* zu dem ihm anvertrauten Gemeinwesen bezogen: Er verwirklicht sie, wenn er friedliebend, freigiebig und unerschütterlich ruhig ist.[52]

BEDA VENERABILIS begründet mit Gal 5,14 und Röm 13,10 neben Hab 2,4 und Ps 31,10 die Tugendtrias Glaube, Hoffnung, Liebe:[53]

Das sind die Güter, die wir hauptsächlich von Gott erbitten müssen, das ist die Gerechtigkeit des Reiches Gottes, nach der wir vor allem anderen zu trachten haben, nämlich der Glaube, die Hoffnung und die Liebe, wie nämlich geschrieben steht: Der Gerechte wird aus Glauben leben; den, der auf den Herrn hofft, wird Barmherzigkeit umgeben, und die Fülle des Gesetzes ist die Liebe; das ganze Gesetz ist nämlich in einem Satz erfüllt: Liebe deinen Nächsten wie dich selbst; und wiederum: Die Liebe zum Nächsten tut kein Böses.

2.1 Inwieweit ist im Liebesgebot das ganze[54] Gesetz zusammengefasst? Verwiesen wird auf den Dekalog als Zusammenfassung[55] oder auf 1 Joh 4,20.[56]

---

[43] POLYKARP, *ep.* 3,3 (LINDEMANN/PAULSEN 246).
[44] CYPRIAN VON KARTHAGO, *ep.* 13,5,2 (CCL 3 B, 77).
[45] (Ps.?)-CYPRIAN VON KARTHAGO, *testim.* 3,3 (CCL 3, 90).
[46] AUGUSTINUS, *en. Ps.* 31, *s.* 2,5 (CCL 38, 227).
[47] THEODOR VON MOPSUESTIA, *in Gal.* (SWETE 95).
[48] (Ps.?)- JOHANNES CHRYSOSTOMUS, *carit.* 2 (PG 56, 281).
[49] CÄSARIUS VON ARLES, *serm.* 23,4 (CCL 103, 106); vgl. *serm.* 37,5.6 (CCL 103, 166f).
[50] CÄSARIUS VON ARLES, *serm.* 145,3 (CCL 104, 598); vgl. *serm.* 37,5.6 (CCL 103, 166f).
[51] CÄSARIUS VON ARLES, *serm.* 39,2 (CCL 103, 173).
[52] FERRANDUS VON KARTHAGO, *ep.* 7,9 (PL 67, 936 D – 937 A).
[53] BEDA VENERABILIS, *hom.* 2,14 (CCL 122, 277).
[54] Bei MARIUS VICTORINUS, *in Gal.* 5,14 (CSEL 83/2, 163); AMBROSIASTER, *in Gal.* 5,14 (CSEL 81/3 58) erscheint im Lemma (und nur dort) nach den Worten πᾶς νόμος der Zusatz *in vobis*.
[55] MARIUS VICTORINUS, *in Gal.* 5,14 (CSEL 83/2, 163).

HIERONYMUS fragt in der Nächstenliebe auch das Ritualgesetz erfüllt ist, und antwortet unter Anspielungen auf Hebr 7,27; Joh 15,15; 1Tim 1,9:[57]

Das Gesetz ist geistlich und hat uns mit Bildern und Vorbildern himmlischer Dinge gedient, bevor der wahre Priester kam; nachdem dieser, sich einmal als Opfertier opfernd, durch sein eigenes Blut uns erlöst hat, ist die ganze Vielzahl der schwer zu befolgenden Gebote des alten Gesetzes in seiner Liebe über die Menschen erfüllt. Dem aber, der einmal im Geist lebend, die Werke des Fleisches getötet hat, und, vom Erlöser geliebt, nicht mehr Sklave, sondern Freund genannt wird, ist nicht mehr länger ein Gesetz gegeben, welches für Gottlose und Sünder, Zügellose und Verbrecher festgesetzt ist.

Meist wird die Stelle mit Bezug auf die Situation der Galater gedeutet: Gerade weil sie so auf die Erfüllung des Gesetzes bedacht seien, sagt Paulus ihnen, wie sie es erfüllen können: nicht durch die Beschneidung, sondern im Liebesgebot.[58] EPHRÄM und THEODORET betonen dabei den Gegensatz weniges / vieles[59] bzw. eines / vieles.[60] Nicht auf die Galater, sondern auf die Gegner des Paulus bezieht AUGUSTINUS im *Galaterkommentar* die Stelle. Wiederum fließt seine damalige Gnadenlehre ein, die die *gratia fidei* als Zustand versteht, in der der Mensch überhaupt fähig ist, Werke der Gerechtigkeit um der Gerechtigkeit selbst willen zu tun: Der Selbstruhm der Gegner mit den Gesetzeswerken ist verfehlt, denn das Ritualgesetz ist nicht fleischlich, sondern im Sinne christlicher Freiheit zu verstehen und auf das Gebot der Gottes- und der Nächstenliebe zu beziehen. Dies Gebot sei nur mit Hilfe der *spiritualis caritas* zu erfüllen; diese in die Herzen derer, die Gerechtigkeit tun, durch den Heiligen Geist ausgegossen, den nur der Glaube erlange, der durch die Liebe wirksam ist. So sind von den Werken des Gesetzes die einen nach Empfang des Glaubens unnötig, die anderen vor Empfang des Glaubens nicht zu verwirklichen.[61]

2.2 Warum ist hier wie in Röm 13,8–10 nur das Gebot der Nächstenliebe genannt, wenn die Vollendung der Liebe in der unteilbaren Nächsten- und Gottesliebe besteht? Das Fehlen der Nächstenliebe ist leichter sichtbar,[62] deshalb muss

---

[56] AMBROSIASTER, *in Gal.* 5,14 (CSEL 81/3, 58).

[57] HIERONYMUS, *in Gal.* (CCL 77 A, 175). Das Prinzip des idiomatisch konkordanten Hörens (die Christen sind nicht mehr Sklaven, vgl. Gal 4,1) führt HIERONYMUS auf Joh 15,15.

[58] MARIUS VICTORINUS, *in Gal.* 5,15 (CSEL 81/3 164); JOHANNES CHRYSOSTOMUS, *comm. in Gal.* (PG 61, 670). THEODORET VON CYRUS, *in Gal.* (PG 82, 496 C); CASSIODOR, *compl.* (PL 70, 1346 A). – Im Kontext der neuzeitlich diskutierten Frage nach der Rolle der Tora für Begründung und Formung christlicher Ethik bei Paulus, hat BETZ, Galaterbrief, 296.470, Gal 5,14 als bloße ad-hoc-Argumentation bewertet. Für altkirchliche Schriftauslegung wäre dies kaum denkbar.

[59] EPHRÄM, *in Gal.* (MMK 137). Vorausgesetzt ist die Lesart ἐν ὀλίγῳ (statt ἐν ἑνὶ λόγῳ), die auch in der Minuskel 1505 sowie in der Harklensis begegnet.

[60] THEODORET VON CYRUS, *in Gal.* (PG 82, 496 C).

[61] AUGUSTINUS, *exp. Gal.* 44,1–6 (CSEL 84, 118).

[62] AUGUSTINUS, *exp. Gal.* 45,1–7 (CSEL 84, 119f). Er stellt die Frage: Wer kann den Nächsten, d.h. jeden Menschen, so lieben wie sich selbst, wenn er Gott nicht liebt, durch dessen Gebot und Gabe er die Nächstenliebe erfüllen kann? (*exp. Gal.* 45,4 [CSEL 84, 119]). Ca. 20 Jahre später folgt die Frage im Johanneskommentar: *qui sancte ac spiritaliter diligt proximum, quid in eo diligit nisi deum?* (AUGUSTINUS, Io. ev. tr. 65,2 [CCL 36, 492]).

dazu gemahnt werden. Auch PELAGIUS legt Wert darauf, dass ohne die Liebe zu Gott die Liebe zu uns selbst, zum Nächsten und zum Feind nicht wirklich werden kann; doch was ist diese Liebe und woran wird sie erkannt? PELAGIUS antwortet unter Vorwegnahme des späteren Motivs der *annihilatio sui*:[63]

Wenn wir also vollkommene Liebe haben wollen, dann lasst uns als erstes Gott mehr als unsere Seelen lieben; das wird dann sichtbar, wenn wir Gottes wegen sogar unser Heil und unsere Seelen selbst für nichts erachten.

Gal 5,15

Wenn ihr einander beißt und verschlingt, dann gebt acht, dass ihr euch nicht gegenseitig umbringt.

1. Die Stelle wird gelegentlich zu polemischen Zwecken herangezogen. 2. In der Schriftauslegung wird der Vers vom Kontext her beleuchtet.

1. Unabhängig von dogmatischen Unterschieden wird Gal 5,15 aufgrund der ersten Vershälfte in den verschiedenen Lagern im Dienste der Polemik rezipiert: Nach MAXIMINUS ARIANUS illustriert Gal 5,15 das Gegenteil der in Mt 10,16 geforderten Haltung,[64] BASILIUS VON CÄSAREA entnimmt der Stelle die Mahnung zur Einigkeit,[65] HILARIUS VON POITIERS formuliert mit ihrer Hilfe seine Klage über die Wirren seiner Zeit.[66]

2. In der Schriftauslegung werden kontextbezogen gegenübergestellt: Streitsucht und Liebe (V. 14),[67] Herrschsucht und gegenseitiges Dienen (V. 13),[68] Streitsucht und Wandel im Geist und in der von Christus geforderten und vorgelebten Demut.[69]

Nach HIERONYMUS' *Jesajakommentar* ist Gal 5,15 in der Unheilsweissagung Jes 3,5 angesprochen, die sich in der Zerstörung Jerusalems 70 n.Chr. verwirklicht.[70] Diese Auslegung fehlt im *Galaterkommentar*. Dort referiert er zuerst die allgemeine Deutung als Mahnung gegen unseren Wunsch nach Wiedervergeltung, er zieht aber eine dem Briefkontext entsprechende Exegese vor: Die wörtliche Anwendung der nicht als Erlaubnis, sondern als Verpflichtung verstandenen Regel „Auge um Auge, Zahn um Zahn" (Dtn 19,21) ergebe:[71]

---

[63] PELAGIUS, *in Gal.* 5,14 (SOUTER 335).
[64] (Ps.?)-MAXIMINUS ARIANUS, *serm.* 11 (PLS 1, 753).
[65] BASILIUS VON CÄSAREA, *moral.* 60,1 (PG 31, 793 B).
[66] HILARIUS VON POITIERS, *c. Const.* 5 (CSEL 65, 201).
[67] THEODORET VON CYRUS, *in Gal.* (PG 82, 496 CD); AMBROSIASTER, *in Gal.* 515 (CSEL 81/3, 58f); PELAGIUS, *in Gal.* (SOUTER, 335). THEODOR VON MOPSUESTIA, *in Gal.* (SWETE 96) erachtet die, die bei der Verkündigung des Paulus geblieben waren, für solcher Belehrung am meisten bedürftig.
[68] JOHANNES VON DAMASKUS, *in Gal.* (PG 95, 813 A).
[69] AUGUSTINUS, *exp. Gal.* 45,8–10 (CSEL 84, 120), mit Verweis auf Gal 5,16 und Mt 11,29.
[70] HIERONYMUS, *in Is.*, 2,3,5 (CCL 73, 49), mit Verweis auf JOSEPHUS, *bell.* 5,5–20.
[71] HIERONYMUS, *in Gal.* (CCL 77 A, 177).

Was Gerechtigkeit zu sein scheint, ist eigentlich Vernichtung, indem es nicht den einen bestraft, sondern beide vernichtet.

Da, wo Gal 5,15 die Situation in Galatien widerspiegelt,[72] wird festgehalten, dass dieses Verhalten gerade nicht Erfüllung des Gesetzes ist.[73] In den hier beschriebenen Zuständen ist schließlich begründet, warum Paulus (in Gal 5,14) zuerst zur Liebe mahnt.[74]

Gal 5,16

Darum sage ich: Lasst euch vom Geist leiten, dann werdet ihr das Begehren des Fleisches nicht erfüllen.

Die Rezeption und Auslegung der Stelle kennt Erwägungen zu jedem der hier tragenden Termini.

ORIGENES bezieht den Begriff σάρξ auf das wörtliche Schriftverständnis, das in bestimmten Fällen (Hurerei nach Gen 38) zu ethisch fragwürdigem Verhalten führe.[75] Für ihn ist das in Gal 5,16 geforderte Verhalten das Kennzeichen derer, die Gott im Geist und Wahrheit anbeten (Joh 4,23).[76] Nach HIERONYMUS lässt sich Gal 5,16 sowohl auf den Gegensatz zwischen dem *spiritus* und der *voluptas carnis* deuten als auch auf den Gegensatz zwischen christlichem geistlichem und jüdischem fleischlichem Schriftverständnis.[77] Was Paulus mit dem „Wandel im Geist" anspricht, umschreibt CYRILL VON ALEXANDRIEN so:[78]

Wenn wir uns Gott unterordnen, werden wir im Geist wandeln und stärker sein als die fleischlichen Begierden und die gegen unseren inneren Geist gerichteten Flammen besiegen und das Herz in einem Zustand bewahren, in dem es nicht mehr in Aufruhr versetzt ist. Der Friede Gottes nämlich, wie geschrieben steht (Phil 4,7), der höher ist als alle unsere Vernunft, wird unsere Herzen und unsere Sinne bewahren.

Hesychius im Dornbuschkloster stellt fest: [79]

Wer sich unablässig um das Innere sorgt, handelt vernünftig. Aber nicht nur das, er ist der Kontemplation und der Theologie hingegeben und betet (θεωρεῖ καὶ θεολογεῖ καὶ προσεύχεται). Das ist es, was der Apostel sagt: Wandelt im Geist [...]."

---

[72] Nach JOHANNES CHRYSOSTOMUS, *comm. in Gal.* (PG 61, 670) formuliert Paulus Gal 5,15 als Ausdruck der Befürchtung, nicht der Verurteilung, obwohl er weiß, dass das, was in V. 15 beschrieben ist, in Galatien wirklich geschieht.
[73] EPHRÄM, *in Gal.* (MMK 137).
[74] THEODORET VON CYRUS, *in Gal.* (PG 82, 496 D).
[75] ORIGENES, *str.* X, nach HIERONYMUS, *in Gal.* (CCL 77 A, 170f; s.o. zu Gal 5,13).
[76] ORIGENES, *Jo.* 13, 109 (SC 222, 88).
[77] HIERONYMUS, *in Gal.* (CCL 77 A, 177f).
[78] CYRILL VON ALEXANDRIEN, *Is.* 1,6 (PG 70, 277 B).
[79] HESYCHIUS IM DORNBUSCHKLOSTER, *temp.* 1,68 (PG 93, 1501 D).

So gilt Gal 5,16 neben Kol 3,5 als Erfüllung dessen, was es heißt, ein lebendiges, heiliges und Gott wohlgefälliges Opfer (Röm 12,1) darzubringen,[80] und zeigt, dass eine Notwendigkeit zum Sündigen nicht wirklich besteht.[81] Gal 5,16 kann zusammen u.a. mit Mk 7,21–23; 1Kor 15,50 als Mahnung zum Thema *de cogitationibus* rezipiert werden; leitend ist die zu 1Kor 15,50; Gal 5,19 nachweisbare Auslegung der *caro* nicht auf die Materie des Fleisches, sondern auf die menschliche Sündhaftigkeit.[82] Mehrfach wird Gal 5,16b als Mahnung zur geschlechtlichen Enthaltsamkeit aufgenommen.[83] Gal 5,16b gilt in der Benediktsregel als eines der *instrumenta bonorum operum*, der Werke, deren sich ein Mönch im Besonderen zu befleißigen hat.[84]

In der Kommentarliteratur wird der Wandel im Geist als der leichtere Weg zur Tugend,[85] zur Erfüllung des evangelischen Gesetzes,[86] als die evangeliumsgemäße Tugend bezeichnet.[87] die παθήματα gelten bisweilen wie selbstverständlich als Auslegung der ἐπιθυμίαι.[88] AUGUSTINUS führt wiederum den Begriff der *humilitas* ein.[89] Dass am Ende des Verses nicht etwa *non habueritis* steht, sondern *ne perfeceritis*, begründet AUGUSTINUS mit der zu Gal 5,17 näher auszuführenden Einsicht, dass unser sterblicher Leib nicht der Herrschaft, wohl aber dem Vorhandensein der *concupiscentia carnis* unterworfen ist.[90] THEODOR VON MOPSUESTIA legt die Stelle wieder unter dem Gesetz zwischen sterblichem Fleisch und Geist als Verweis auf die Hoffnung der Unsterblichkeit als Mahnung aus: Tut also das, was der euch gegebenen Verheißung angemessen ist.[91]

Im trinitätstheologischen Disput muss DIDYMUS VON ALEXANDRIEN einem möglichen philologisch begründeten Missbrauch der Stelle wehren. In Gal 5,16 fehlt vor πνεύματι der bestimmte Artikel, der in der griechischen Sprache die Singularität anzeigt. Die dritte Person der Trinität wird jedoch fast überall mit bestimmtem Artikel eingeführt; so könnte Gal 5,16 als Schriftbeweis gegen die Gottheit des Heiligen Geistes missbraucht werden. Doch widerlege Gal 5,16 die

---

[80] DOROTHEUS VON GAZA, *Dd.* 16,168 (FC 37/2, 436).

[81] (Ps.?)-PELAGIUS, *lib. arb.* (PLS 1, 1540).

[82] DEFENSOR VON LIGUGÉ, *lib. scint.* 38 (SC 86, 36).

[83] *Ps.-Titusbrief* (PLS 2, 1526); (Ps.?)-BASILIUS VON ANCYRA, *virg.* 52 (PG 30, 773 D); vgl. ferner Ps.-JOHANNES CHRYSOSTOMUS, *virg. corrupt.* (PG 60, 741–744).

[84] BENEDIKT VON NURSIA, *reg.* 4,59 (CSEL 75, 33); vgl. die Übersetzung „Werkzeuge geistlicher Kunst" durch LASHOFER, Benediktusregel, 87.

[85] JOHANNES CHRYSOSTOMUS, *comm. in Gal.* (PG 61, 671), mit Rückbezug zu Gal 5,14: Das in Gal 5,16 benannte Verhalten ist ein Weg, der Liebe erzeugt, wie er seinerseits von der Liebe gestützt wird.

[86] JOHANNES VON DAMASKUS, *in Gal.* (PG 95, 813 A).

[87] MARIUS VICTORINUS, *in Gal.* (CSEL 83/2, 164): *Tota virtus evangelii haec est: secundum spiritum sapere, secundum spiritum vivere, secundum spiritum sperare, secundum spiritum credere, nihil carnis in animo habere et in actu et in vita, id est neque spem de carne suscipere.* Den Begriff *virtus* übersetzt EDWARDS, Galatians, 83, zu Recht mit *essence*.

[88] THEODORET VON CYRUS, *in Gal.* (PG 82, 496 D).

[89] AUGUSTINUS, *exp. Gal.* 45,9f. (CSEL 84, 120).

[90] AUGUSTINUS, *exp. Gal.* 47,3 (CSEL 84, 123); ähnlich AUGUSTINUS, *serm.* 151,2/2 (PL 38, 815).

[91] THEODOR VON MOPSUESTIA, *in Gal.* (SWETE 98). Zuvor hatte Theodor erklärt: *nam et ‚Spiritum' pro resurrectione accepit et futura immortalitate.* Im Hintergrund steht wohl Röm 8,11.

orthodoxe Trinitätslehre nicht; die Artikellosigkeit sei dadurch bedingt, dass von der Teilhabe am Geist die Rede ist, wie in der Wendung „Geist des Elia".[92]

Gal 5,17

Denn das Begehren des Fleisches richtet sich gegen den Geist, das Begehren des Geistes aber gegen das Fleisch; beide stehen sich als Feinde gegenüber, so dass ihr nicht imstande seid, das zu tun, was ihr wollt.

Sekundärliteratur: BURI, Clemens, passim; DÜNZL, Pneuma, 272–274.

Die Darstellung der Rezeptionsgeschichte von Gal 5,17 muss folgende Fragen beantworten, die Schrifterklärung wie Schriftgebrauch betreffen:
 1. Wie werden die Begriffe „Geist" und „Fleisch" verstanden, wie wird mit Hilfe von Gal 5,17 die Anthropologie beschrieben?
 2. Wer ist für den in Gal 5,17 geschilderten Zwiespalt verantwortlich?
 3. Welche ethischen Konsequenzen ergeben sich daraus?
 4. Wird das „Wollen" am Ende des Verses auf das gute oder auf das schlechte Wollen bezogen?

Die Fragen und die Festlegungen der einzelnen Autoren greifen ineinander, wie vor allem der Befund bei ORIGENES und einigen Autoren nach ihm zeigt. Die folgende Darstellung ist deshalb chronologisch gegliedert.
 1. In der Frühzeit formulieren 1.1 gnostische Autoren u.a. mit Gal 5,17 ihre Anthropologie und fragen nach dem Ursprung des hier genannten Zwiespaltes, während 1.2 großkirchliche Schrifterklärung erst die Voraussetzungen für die spätere Auslegung und Aktualisierung incl. der antignostischen Polemik formuliert, daneben aber und unabhängig davon die Stelle im Rahmen des Schriftgebrauchs zugunsten christlicher Ethik heranzieht.
 1.1 Die Erfahrung des Kampfes zwischen Psyche und Pneuma wird von dem Gnostiker JUSTIN mythologisch begründet, mit dem Wirken einer widergöttlichen Macht, die die Weisungen Baruchs durch die Psyche verdunkelt und die Ihrigen zu Gehör bringt.[93] Andere Gnostiker unterscheiden zwischen der von Gott geschaffenen himmlischen und der gleichzeitig mit dem Körper entstandenen niederen Seele; aus letzterer, nicht aus der unbeseelten Substanz des Fleisches gehen die niederen Neigungen hervor. Auch wird schon in gnosti-

---

[92] DIDYMUS DER BLINDE, *Spir.* 73 (SC 386, 212). Die Kommentierung ist kaum korrekt; 2Kön 2,15 LXX (ed. RAHLFS) liest τὸ πνεῦμα Ηλιου.
[93] HIPPOLYT, *haer.* 5,26,25, PTS 25,206. Die ψύχη ist von einem der drei Urprinzipien, dem weiblichen Prinzip Edem/Israel in den Menschen gelegt, das πνεῦμα von Elohim. Die Spannung zwischen beiden wird mythologisch durch das Wirken des Naas begründet: Seine Aktivität ist auf Edem zurückzuführen, die von ihrem Gatten Elohim verlassen worden war. Die Stelle bestätigt, dass gnostische Exegese sehr wohl von der Verderbtheit der ψύχη, nicht allein des σῶμα wusste.

scher Exegese gefragt, ob der Schlusssatz von Gal 5,17 auf das böse oder auf das gute Wollen zu beziehen sei.[94]

Sofern die *epistula ad Menoch* ein original manichäisches Dokument darstellt,[95] ergab Gal 5,17 die manichäische Beschreibung für den „Gegensatz zwischen von Gott stammender Seele und vom Teufel zur Versklavung der Seele genutzter Dynamik des Körpers";[96] die als gut gedachte Seele sündige nicht aus eigenem Antrieb, sondern durch die Machenschaften des Fleisches, das dem Gesetz Gottes nicht unterworfen ist.[97]

1.2 Bei IRENÄUS wird Gal 5,17 in der Auseinandersetzung mit der Gnosis noch nicht zitiert. TERTULLIAN erklärt noch ohne unmittelbare Polemik zum Begriff „Fleisch": Nicht die Substanz des Fleisches, sondern die Tat wird als Sünde bezeichnet. Die Seele bediene sich des Fleisches als Hilfsmittel, um die Begierden durchzusetzen.[98] CLEMENS VON ALEXANDRIEN[99] und CYPRIAN VON KARTHAGO begründen den Gebrauch der Stelle zugunsten christlicher Ethik. Gal 5,17 dient bei CLEMENS der Auslegung von Ex 20,17 (Du sollst nicht begehren) und wird zugleich in philosophische Begrifflichkeit hineingestellt:[100]

Durch das Körperpneuma kann also der Mensch empfinden, begehren, sich freuen, zornig sein, sich nähren, wachsen; und durch seine Wirkung kommt er auch zu den Taten, die seiner Überlegung und seiner Gesinnung entsprechen; und wenn er über die Begierden Herr ist, so regiert der beherrschende Seelenteil. Das Wort „Du sollst nicht begehren" bedeutet also: Du sollst dem fleischlichen Geist nicht gehorchen, sondern über ihn herrschen, da „das Fleisch gegen den Geist aufbegehrt" und sich erhebt, um die Ordnung der Natur zu übertreten, und „der Geist gegen das Fleisch", der es zu einem Lebenswandel zwingen will, der der Natur des Menschen entspricht.

---

[94] Nach ORIGENES, *princ.* 3,4,2 (GÖRGEMANNS/KARPP 604–610).

[95] HARRISON/BEDUHN, Authenticity, passim, verteidigen gegen STEIN ihre Zurückführung auf Mani selbst, STEIN, epistula ad Menoch, 28–43, favorisiert aufgrund der nur im Lateinischen möglichen Variante *concupiscentia* statt *cupiditas* im Zitat von 1Tim 6,10 in fr. 2,4 die Entstehung im Raum des lateinischen Manichäismus, schließt aber auch eine pelagianische Fälschung nicht aus.

[96] DRECOLL, Gnadenlehre, 189, zu AUGUSTINUS, *c. Iul. imp.* III 175 (CSEL 85/1, 475f). = *Frgm.* 2,4 (STEIN, *ep.* ad Menoch, 16). – Gal 5,17 wurde von dem Manichäer FORTUNATUS (AUGUSTINUS, *c. Fort.* 21 [CSEL 25/1, 103] u.ö.), vielleicht auch von MANI selbst so verwendet; vgl. ANASTASIUS SINAITA, *hod.* 14,2 (CCG 8, 260). Die Monophysiten sieht ANASTASIUS in der ausschließlich negativen Wertung der σάρξ als Manis Nachfolger.

[97] Zur Problematik des Terminus „Zweiseelenlehre" in der Anwendung auf manichäische Dokumente vgl. DRECOLL, Gnadenlehre, 190 mit Anm 115.

[98] TERTULLIAN, *resurr.* 10,4 (CCL 2, 933). Ders., *monog.* 1,3 (CCL 2, 1229) wendet Gal 5,17 in seiner montanistischen Phase polemisch gegen die „Psychiker", die als fleischlich gelten, weil sie den Geist, das Wirken des Parakleten nicht annehmen. Damit ist Gal 5,17 erstmals (zu POLYKARP, ep. 5,3 vgl. DÜNZL, Pneuma, 280) auf den unvollkommenen Zustand von *Christen* bezogen.

[99] Neben der auf den einzelnen bezogene kennt CLEMENS auch eine kollektive Deutung: Mit „Fleisch" sind die Sünder, mit „Geist" die Gerechten bezeichnet (CLEMENS, *str.* 4,61,1 GCS 15, 276).

[100] CLEMENS, *str.* 6,136,1f. (GCS 15, 500). BURI, Clemens, 51, sieht den paulinischen Dualismus in einen uneschatologischen „optimistischen Monismus" umgebogen. Doch ist CLEMENS' apologetisches Anliegen zu bedenken: Das Höchste an griechischer Wahrheitserkenntnis ist im Christentum verwirklicht. Auf die rein anthropologische, nicht theologische Deutung des Pneumabegriffes an dieser Stelle bei CLEMENS macht DÜNZL, Pneuma, 279, aufmerksam.

Im Rahmen des bekannten apologetischen Arguments hinsichtlich der Breitenwirksamkeit des Christentums betont CLEMENS VON ALEXANDRIEN, dass nach christlicher Auffassung das in Gal 5,17 geforderte Streben nach Tugend von Männern und Frauen in gleicher Weise gefordert ist.[101]

CYPRIAN VON KARTHAGO aktualisiert Gal 5,17.19–23 in seiner Auslegung der dritten Vater-Unser-Bitte als Gebet um Gottes Beistand, dass zwischen Leib und Geist Eintracht besteht, damit sich Gottes Wille auch im Fleisch vollziehe.[102]

2. Bei ORIGENES wird Gal 5,17 zur anthropologischen Grundsatzaussage. Er deutet den Vers gemäß der „Schlüsselstelle"[103] 1Thess 5,23: Die Seele steht in der Mitte zwischen Geist und Fleisch[104] und vermag in völliger Willensfreiheit[105] dem Begehren des Geistes zuzustimmen oder dem des Fleisches.[106] ORIGENES verwendet Gal 5,17 zur Polemik gegen gnostische (?) Zweiseelentheorien und gegen MARCION[107] und zur Beschreibung des *ordo perfectionis*: Gal 5,17 ist die Erfahrung[108] des noch nicht Vollkommenen,[109] des „Schwachen", der den in Röm 7 genannten Widerstreit durchlebt,[110] der anfängt, sich zu dem Herrn zu bekehren und das Gute will, sich aber der Begierden erwehren,[111] erst noch an die Tugend gewöhnen muss.[112] In dieser Situation der Schwachheit

---

[101] CLEMENS, *str.* 4,60,4 (GCS 15,276). – Zum philosophischen Kontext der Debatte um die Gleichartigkeit der Verpflichtung von Mann und Frau auf die Tugend vgl. MUSONIUS, *Diss.* 3 (HENSE 8–13).

[102] CYPRIAN VON KARTHAGO, *orat.* 16 (CCL 3 A, 99): den Geist haben wir vom Himmel, den Leib von der Erde, also sind wir selbst Himmel und Erde.

[103] HEITHER, *Römerbrief* (FC 2/1, 98, Anm 27). – Gal 5,17 erklärt das ἐκ μέρους aus 1Kor 12,27: so lange der Geist das Fleisch noch nicht überwunden hat, sind wir *membra Christi ... ex parte* (ORIGENES, *hom.* in Lev. 7,2 [SC 286, 314]).

[104] Zur Parallele bei PHILO VON ALEXANDRIEN vgl. die Einleitung.

[105] ORIGENES, *comm. in Rom.* 6,1 (FC 2/3, 190–196). – Für AMBROSIUS illustriert Gal 5,17a die Uneindeutigkeit der Lebensrichtung dessen, der sich noch nicht völlig dem Geist unterworfen hat (AMBROSIUS, *fid.* 5,13/169 [CSEL 78, 277]). Doch war Gal 5,17 für den Mailänder Bischof nicht der zentrale Beleg. Zum Thema insgesamt vgl. SEIBEL, Fleisch und Geist, 129–137.

[106] Das Begehren gegen den Geist ist das Begehren gegen das Gesetz, das da sagt „Du sollst nicht begehren" (ORIGENES, *comm. in Rom.* 6,8 [FC 2/3, 258]).

[107] ORIGENES, *princ.* 3,4,2 (GÖRGEMANNS/KARPP 604–610). Gal 5,17 wird auch später zur Bekräftigung der menschlichen Willensfreiheit herangezogen, vgl. AUGUSTINUS, *exp. Gal.* 46,1 (CSEL 84, 120) sowie zuvor AMBROSIASTER, *qu. nov. test. app.* 52 (CSEL 50, 446f), der terminologisch zwischen *caro* und *substantia carnis* unterschieden wissen will.

[108] Dass es im Menschen zur Situation von Gal 5,17 kommt, liegt am Kommen Christi, dessen Wirkung ORIGENES mit Hebr 4,12 umschreibt (ORIGENES, *Jo.* 1, 229 [SC 120, 172]).

[109] ORIGENES, *hom. in Jos.* 15,7; 22,2 (SC 71, 356. 442); ders., *comm. in 1Cor.*, Frgm. 19 (JThS 9, 1908, 358); vgl. später AMBROSIUS, *in Luc.* 7,192 (CCL 14, 281). Bei ORIGENES, *or.* 29,1 (GCS 3, 382) eröffnet der scheinbare Gegensatz zwischen Gal 5,17 und der Vater-Unser-Bitte „Und führe uns nicht in Versuchung" eine Erörterung, inwiefern diese Bitte nicht etwas Unmögliches erbittet.

[110] ORIGENES, *comm. in Rom.* 6,9 (FC 2/3, 280).

[111] ORIGENES, *hom. in Jos.* 7,2 (SC 71, 202). Die Erfahrung von Gal 5,17 ist das Gegenteil des Friedens, den Lev 26,6 verheißt (*hom. in Lev.* 16,6 [SC 287, 290]).

[112] ORIGENES, *Cels.* 8,23 (SC 150, 226); *comm. in Mt. ser.* 94 (GCS 38, 212); *comm. in Rom.* 6,9 (FC 2/3, 280). Auf diese Erfahrung hin werden öfters alttestamentliche Berichte von dem feindlichen Nebeneinander Israels mit den Völkern gedeutet; vgl. ORIGENES, *hom. in Num.* 27,12,3 (SC 461, 324); *hom. in Jos.* 1,5 (SC 71, 106). Gal 5,17 bezeichnet aber auch den Zustand derer, die gläubig zu sein

unterstützt uns gemäß Röm 8,26 der Geist Gottes im Kampf gegen die Sünde,[113] so dass das Fleisch dem Geist gehorsam werden und auf die Auferstehung hoffen kann.[114] Ziel christlichen Strebens ist es, durch Gehorsam gegenüber dem Herrn den Zustand von Gal 5,17 zu überwinden.[115] Schließlich fragt ORIGENES, warum Paulus den Schluss von Gal 5,17 so formuliert, dass er die Entscheidung für das Böse dem Verbleiben in der Unentschiedenheit vorzuziehen scheint, und antwortet: Ersteres ist leichter zu korrigieren.[116]

3. Damit stehen die Voraussetzungen großkirchlicher Rezeption der Stelle fest: die menschliche Willensfreiheit und die Möglichkeit der ethischen Aktualisierung. Darzustellen sind 3.1 ethische und dogmatische Applikationen, 3.2 Einzelheiten der Schriftauslegung mit Bezügen zu anderen Bibelstellen und zur philosophischen Affektenlehre.

3.1 Bei Ps.-CYPRIAN ist Gal 5,17 Mahnung an den werdenden Märtyrer zum täglichen Kampf.[117] METHODIUS VON OLYMPUS wendet Gal 5,17 zugunsten der menschlichen Willensfreiheit gegen die Astrologie: Es liegt nicht in den Sternen, sondern an uns, ob wir Gutes oder Böses tun.[118] LAKTANZ entnimmt der Stelle einen Beweis für die Unvergänglichkeit der Seele: Sie begehrt gegen den Leib die Gottesverehrung, eben in der Absage an die Begierden und der Verachtung des Todes bestehend.[119] BASILIUS VON CÄSAREA kann Gal 5,17 als Bestandteil einer Fastenparänese verwenden:[120]

Wenn du also fasten willst, dann sieh nicht nach jüdischer Weise mürrisch drein; sondern zeige dich evangeliumsgemäß heiter, indem du nicht über den leeren Magen trauerst, sondern dich in deiner Seele der geistlichen Genüsse freust. Du weißt nämlich „Das Fleisch begehrt wider den Geist, der Geist aber wider das Fleisch". Wenn nun beide wider einander streiten, dann lasst uns das Wohlbehagen des Fleisches (uns) entziehen, die Kraft der Seele aber stärken, damit wir, indem wir durch das Fasten gegen die Affekte den Siegespreis erhalten, mit den Kränzen der Enthaltsamkeit gekrönt werden.

Für ihn belegt der Schluss von Gal 5,17, dass das, was eigenem Wollen entspringt, nicht der gottgemäßen Frömmigkeit entspricht,[121] und bedeutet für den

---

scheinen, es aber nicht sind (*Cels.* 8,23 [SC 150, 226]). Andernorts kann Gal 5,17 auf die mittlere der *drei* (vgl. PLUTARCH, *Suav. Viv. Epic.* 1101d [POHLENZ 159]) nach moralischen Gesichtspunkten einzuteilenden Menschenklassen bezogen werden (ORIGENES, *comm. in Mt.* 14,3 [GCS 40, 279]).

[113] ORIGENES, *comm. in Rom.* 7,6, zu Röm 8,26f (FC 2/4, 78).

[114] ORIGENES, *hom. in Num.* 18,4,5 (SC 442, 334).

[115] ORIGENES, *hom. in Num.* 22,4,4; 27,12,3 (SC 461, 98. 324); GREGOR VON NYSSA, *perf.* 5 (GNO 8/1, 184). – Nur der in sich selbst das Widereinander von Fleisch und Geist zum Verstummen bringt, kann Frieden stiften (Scholion 15 zu JOHANNES CLIMACUS, *scal.* 26 [PG 88, 1080 A]).

[116] ORIGENES, *princ.* 3,4,3 (GÖRGEMANNS/KARPP 612–614).

[117] Ps.-CYPRIAN VON KARTHAGO, *centesima* (REITZENSTEIN 79).

[118] METHODIUS VON OLYMP, *symp.* 8,17,230 (SC 95, 258).

[119] LAKTANZ, *inst.* 7,11,8 (CSEL 19, 618). Zur Deutung von Gal 5,17 im Sinne der Dichotomie zwischen Leib und Seele vgl. LAKTANZ, *inst.* 7,5,23 (CSEL 19, 601).

[120] BASILIUS VON CÄSAREA, *ieiun.* 2,3 (PG 31, 189 AB).

[121] BASILIUS VON CÄSAREA, *reg. brev.* 74 (PG 31, 1133 C), mit Verweis auf Joh 5,19; 6,38 (so auch ders., *reg. brev.* 137 resp; 138,1 resp [PG 31, 1173 AB]).

Alltag monastischer Gemeinschaften: Nicht die eigenen Wünsche, sondern die Anordnungen der Vorsteher gilt es zu verwirklichen.[122]

Den Gegensatz zwischen Fleisch und Geist thematisiert EPIPHANIUS VON SALAMIS gegen APOLLINARIS VON LAODIZEA: Wenn Christus Fleisch angenommen hat, ohne welches die Sünde nicht vollbracht wird, und trotzdem sündlos blieb, wie kann man dann die Existenz eines menschlichen νοῦς in Christus leugnen mit dem Argument, bei dessen Annahme wäre Christi Sündlosigkeit gefährdet?[123]

3.2 In ethischer Stoßrichtung kann Gal 5,17 andere Bibelstellen beleuchten, so Mt 6,25;[124] Koh 2,24f;[125] 2Kor 6,14–16.[126] HIERONYMUS fragt nach dem möglichen Ausgleich zu Ps 83,3 (*cor meum et caro mea exultauit in Deum uiuum*) und antwortet, dieses Bekenntnis sei nur demjenigen möglich, der mit all seinem Verstand in der Liebe zu Gott fixiert ist.[127] Die neuzeitlich umstrittene Auslegung von Gal 5,17 und Röm 7,22f in gegenseitiger Wechselwirkung ist mehrfach bezeugt; AMBROSIASTER verweist darauf, dass die Weisungen des Gesetzes Gottes der Natur des Menschen entsprechen, wie die Reaktion der Freude am Gesetz (Röm 7,22) zeigt.[128]

Gal 5,17 beschreibt bei (Ps.?)-ATHANASIUS innerhalb einer philosophischen Psychologie der Verführung den Kampf, sich dem aus dem Affekt entspringenden Gedanken zu verweigern oder ihm stattzugeben, als entscheidende Phase.[129] Das stoische Motiv des Weisen als des Königs nimmt GREGOR VON NYSSA auf: Wer Herr ist über sein Fleisch, ist der wahre König.[130] Für HIERONYMUS zeigt Gal 5,17 gegen PELAGIUS, dass es schwer ist, sich von übertriebenen Gemütsbewegungen loszusagen. Hierin stimme Paulus mit 4 Makk 3,5 und mit den Peripatetikern gegen die Stoiker ZENON und CHRYSIPP überein.[131]

---

[122] BASILIUS VON CÄSAREA, *reg. brev.* 96 (PG 31, 1149 A); BASILIUS, *Asceticum Parvum* 81,1f (CSEL 86, 115).

[123] EPIPHANIUS VON SALAMIS, *Anc.* 76,5; 79,1 (GCS 25, 96.99).

[124] Dort kann nach Ps.-ATHANASIUS, *qu. script.* 26 (PG 28, 718 C) aufgrund von Gal 5,17 nicht von wahrnehmbaren Speisen die Rede sein: „Denn das Fleisch, das wohlgenährt ist, führt Krieg gegen die Seele und rebelliert gegen den Geist."

[125] (Ps.?)-DIONYSIUS VON ALEXANDRIEN, *Frgm. Eccl.* (BGL 2, 93).

[126] BASILIUS VON CÄSAREA, *bapt.* 1,1,2 (SC 357, 88).

[127] HIERONYMUS, tract. *in psalm.* 83,3 (CCL 78, 97).

[128] AMBROSIUS, *Abr.* 2,6/27 (CSEL 32/1, 584); HILARIUS VON POITIERS, *in psalm.* 136,9 (CSEL 22, 729); AMBROSIASTER, *in Gal.* 5,17,1f (CSEL 81/3, 59f).

[129] Ps.-ATHANASIUS, *syntag.* (PG 28, 1399 A–B).

[130] GREGOR VON NYSSA, *Eun.* 3,1,31, GNO 2,14). Der in Gal 5,17 genannte Zwiespalt ist allgemeines Kennzeichen der menschlichen Natur (ders., *virg.* 23,6 [SC 119, 548]), dem auch der Christ sein Leben lang nicht entkommt (GREGOR VON NYSSA, *v. Mos.* 2,276 [GNO 7/1, 294]).

[131] HIERONYMUS, *adv. Pelag.* 2,6 (CCL 80, 62). Im *Galaterkommentar* war diese Polemik noch nicht aktuell. Dort diskutiert er ORIGENES' trichotomische Interpretation, favorisiert aber die Deutung auf den Widerstreit zwischen geistlichem und fleischlichem Wollen, bei dem die menschliche Natur, so lange wir noch unvollkommen sind, durch das Gesetz in Zaum gehalten werden muss. Daneben erwähnt er eine Deutung auf den Gegensatz zwischen geistlichem und fleischlichem Schriftverständnis (HIERONYMUS, *in Gal.* [CCL 77 A, 178–182]).

Wird der Schlusssatz „dass ihr nicht tut, was ihr wollt" zumeist auf das böse,[132] gelegentlich aber auch auf das gute Wollen gedeutet,[133] so hat JOHANNES CASSIAN den Sinn der Wendung ἃ ἐάν präzise erfasst: Zwischen dem Begehren des Fleisches und dem des Geistes ist der menschliche Wille in die Mitte gestellt. Weder das gute noch das böse Wollen kommt zur Vollendung, weil wir uns weder dem Willen des Fleisches noch dem des Geistes ganz hingeben, so dass uns die Schelte Offb 3,15–16 trifft.[134]

4. JOHANNES CHRYSOSTOMUS polemisiert gegen die manichäische Deutung des Fleisches auf den Leib: Er ist nicht das Bewegende, sondern wird bewegt; die Begierde ist Sache der Seele, nicht des Leibes, dieser ist bloßes ὄργανον.[135] Biblischer Sprachgebrauch kennt selbst σάρξ und σῶμα positiv konnotiert,[136] und die leiblichen Sinneswahrnehmungen sind erforderlich, um die Größe der Werke Gottes zu sehen, die Verkündigung zu hören etc. EVODIUS VON UZALA stellt in antimanichäischer Polemik sicher, dass der Apostel in Gal 5,17 das Fleisch nicht als Feind bekämpft, sondern in den Dienst des Geistes gestellt wissen will, damit wir gute Werke tun.[137]

5. Für AUGUSTINUS kennzeichnet seit seiner ausgiebigeren Beschäftigung[138] mit Paulus Gal 5,17 den grundsätzlichen Zwiespalt zwischen Fleisch und Geist, in dem sich der Mensch seit dem Sündenfall[139] befindet und dem er in diesem irdischen Leben nicht entkommt.[140] Der Rahmen dieser Anschauung bildet die Vier-Stadien-Lehre,[141] deren einzelne Stadien sich nach dem Verhältnis zwischen *caro* und *spiritus* unterscheiden lassen: Vor dem Sündenfall war die *caro* dem *spiritus* untertan;[142] im Stadium *sub lege* versucht der Mensch, sich von der

---

[132] CLEMENS, *str.* 4,61,1 (GCS 15, 276; EPHRÄM, *in Gal.* (MMK 137); JOHANNES CHRYSOSTOMUS, *comm. in Gal.* (PG 61, 672); THEODOR VON MOPSUESTIA, *comm. in Gal.* (SWETE 98), der das ἵνα nicht final, sondern konsekutiv deutet (auch im griechischen Fragment); *EpTit.* (PLS 2, 1526f); PELAGIUS, *in Gal.* (SOUTER, 336).

[133] Vgl. AUGUSTINUS, *exp. Gal.* 46,2 (CSEL 84, 120f); ders., *en. Ps.* 143,6 (CCL 40, 2076); SALVIANUS VON MARSEILLE, *ep.* 5,3f (CSEL 8, 212f); vgl. ders., *gub.* 1,15 (CSEL 8,10). Als Problem wird die Frage bereits in gnostischer Rezeption von Gal 5,17 benannt (s.o.).

[134] JOHANNES CASSIAN, *conl.* 4,12,1–7 (CSEL 13, 106–108).

[135] JOHANNES CHRYSOSTOMUS, *comm. in Gal.* (PG 61, 671), in der Tendenz ähnlich PELAGIUS, *in Gal.* (SOUTER, 336). Den Gegensatz zwischen Fleisch und Geist kann PELAGIUS aber auch mit Hilfe der Gegenüberstellung *carnalis consuetodo adversus spiritale desiderium* erklären.

[136] JOHANNES CHRYSOSTOMUS, *comm. in Gal.* (PG 61, 671), mit Bezug auf Joh 1,14; Kol 1,18.

[137] EVODIUS VON UZALA, *fid.* 40 (CSEL25/2, 970).

[138] Zur persönlichen Erfahrung wird Gal 5,17 für AUGUSTINUS in der Rückschau der *Confessiones* in seiner letzten vorchristlichen Periode (AUGUSTINUS, *conf.* 8,5/11 [CSEL 33, 178]). In den früheren Fassungen seines Bekehrungsberichtes in *beata v.* 1,4 (CSEL 63, 91f); *Acad.* 2,2,5f. (CSEL 63, 27) fehlt der Bezug noch. – Als Selbstaussage des Paulus fasst CASSIODOR, *in psalm.* 36,5 (CCL 97, 326), Gal 5,17 auf. Paulus habe die Forderung von Ps 36,5 erfüllt: *Reuela Domino uiam tuam*.

[139] AUGUSTINUS, *civ.* 13,13 (CSEL 40/1, 631f).

[140] AUGUSTINUS, *ench.* 23, 91 (CCL 46, 98); *div. qu.* 70 (CSEL 44 A, 197); *civ.* 19,4 (CSEL 40/2, 375); *serm.* 30,6 (CCL 41,386). – Auch eine nicht willentlich erfolgte Sünde ist als Sünde zu beurteilen (AUGUSTINUS, *retr.* 1,8,5 [CSEL 36, 44], mit Verweis auf Gal 5,17; Röm 7,18.19).

[141] Als frühen Beleg dieser Lehre vgl. AUGUSTINUS, *exp. Gal.* 46,4–8 (CSEL 84, 121f).

[142] Belege bei MAYER, Caro – Spiritus, 751f mit Anm. 58.

Sünde fernzuhalten, verfällt ihr aber immer wieder, weil er Gerechtigkeit nur um irdischer Vorteile willen verwirklicht;[143] im Stadium *sub gratia* kann der Mensch dank der Liebe, die der Herr mit seinem Beispiel gelehrt hat und durch Gnade schenkt, die Zustimmung zur Sünde verweigern, ist aber immer noch den Begierden[144] des Fleisches ausgesetzt[145] und steht insofern in der Situation des fortgesetzten Kampfes[146] und muss sich zurechtweisen lassen;[147] erst im *status perfectionis* wird der Mensch von diesem Zwiespalt frei.[148] Von dieser Basis aus[149] wird die Verwendung der Stelle in der Polemik gegen Manichäer und Pelagianer verständlich. Gegen die manichäische Berufung auf Gal 5,17 für ihre angebliche Zweiseelenlehre erklärt AUGUSTINUS: Fleisch und Geist sind beide gut, wenn nämlich der Geist herrscht und das Fleisch dient.[150] Der Antrieb zum Sündigen komme nicht allein und nicht notwendig aus dem Fleisch, son-

---

[143] Psychologisch besagt Gal 5,17: Was man nicht wirklich will, erreicht man nicht. So steht die *beata vita* vielen Menschen nicht wirklich als unverrückbares Ziel vor Augen (AUGUSTINUS, *conf.* 10,23/33 [CSEL 33,252]). – AUGUSTINUS bemerkt in den *Retractationes*, er habe später, anders als im Galaterkommentar, Gal 5,17 auf das Leben des Christen, nicht des Nichtchristen bezogen (*retr.* 1,23,5 [CSEL 36, 113]; kritisch dazu RING, Gnade, 362f: in *exp. Gal.* 46,1f habe er Gal 5,17 durchaus auf Menschen bezogen, die die empfangene Gnade nicht festhalten wollten).

[144] Neben *concupiscentia* kann auch *affectus* als t.t. stehen (AUGUSTINUS, *en. Ps.* 118, serm. 10,2 [CCL 40, 1693]) u.ö. Das ist philosophisch und biblisch begründbar (vgl. Gal. 5,24).

[145] Die *concupiscentia carnis* ist im Menschen bleibend vorhanden, aber sie soll nicht herrschen. Deshalb schreibt Paulus in Gal 5,16 nicht *non habueritis*, sondern *ne perfeceritis*, und damit ist die Unterscheidung zwischen Ursünde (*peccatum habere*) und aktualer Tatsünde (*peccare*) begründet: Ersterer entkommen wir nicht, letztere können wir vermeiden (AUGUSTINUS, *exp. Gal.* 48,5f [CSEL 84, 124]). – Gelegentlich findet AUGUSTINUS in Gal 5,17 die Unterscheidung zwischen legitimer und illegitimer Begierde (*dilectio bona* bzw. *mala*) angesprochen, auf erstere ist Ps 118,20, auf letztere Ex 20,17 bezogen (AUGUSTINUS, *en. Ps.* 118, *s.* 8,3f [CCL 40,1687f]).

[146] Zur diesbezüglichen agonalen Terminologie bei AUGUSTINUS vgl. etwa *en. Ps.* 118, *s.* 19,6 (CCL 40, 1729): *pugna nostra*; *en. Ps.* 143, 5 (CCL 40, 2075): *bellum*; vgl. MAYER, Caro – spiritus, 756. Von daher kann AUGUSTINUS öfters Gal 5,17 und Röm 7,24 in einem Atemzug benennen (AUGUSTINUS, *en. Ps.* 36, *s.* 1,6 [CCL 38, 341]; AUGUSTINUS, *en. Ps.* 140,16 [CCL 40, 2037]) oder auch Gal 5,17 und Röm 7,23 (AUGUSTINUS, *en. Ps.* 70, *s.* 2,1 [CCL 39, 959]).

[147] AUGUSTINUS, *en. Ps.* 140,16 (CCL 40, 2037); PROSPER VON AQUITANIEN, *in psalm.* 140,5 (PL 51, 403 A).

[148] AUGUSTINUS, *exp. Gal.* 46,1–9 (CSEL 84, 120–122). Das gestattet uns jedoch nicht, von dem Kampf abzustehen (AUGUSTINUS, *nat. et gr.* 67 [CSEL 60, 283], mit Verweis auf Gal 5,18).

[149] Eher konventionell ist AUGUSTINS ethischer Gebrauch der Stelle: Gal 5,17 mahnt dazu, sexuelle Lust nicht um ihrer selbst willen genießen zu wollen, sondern nur zur Erzeugung von Kindern (AUGUSTINUS, *nupt. et conc.* 1,4,5 [CSEL 42, 215]). Auch Isaaks Eltern waren bei seiner Zeugung nicht von der *concupiscentia* bewegt (ders., *nupt. et conc.* 2,10,23 [CSEL 42, 275]).

[150] AUGUSTINUS, *cont.* 18 (CSEL 41, 161); vgl. ders., *Gn. litt.* 10,13/22 (CSEL 28,311); *util. ieiun.* 4/4 (CCL 46,234). FELDMANN, Augustinus, 76, kommentiert: „Beide, Augustinus und Mani, haben die paulinische Pneuma-Sarx-Spannung von ihrer jeweiligen Voraussetzung aus interpretiert. Für Augustinus lag sie seit Mailand in der neuplatonisch gefärbten Konzeption des einen Gottes, zu dem sich der Mensch durch eigene Entscheidung in die Pneuma-Sarx-Spannung gebracht hat. Für Mani lag sie in der ihn bestimmenden Sicht der beiden gegeneinander kämpfenden Wesen, die durch Erinnern ihres Ursprunges von einander zu trennen sind". RUTZENHÖFER, Disputatio, 56, meint, Augustins Auseinandersetzung mit der manichäischen Position habe ihn im Rahmen seiner späteren Erbsündenlehre zur Beschränkung der These der Willensfreiheit geführt.

dern auch aus der Seele, weil es ohne sie keine Lustempfindung gibt, aber auch aus dem Fleisch, wegen der fleischlichen Begierden.[151] Der Kampf gegen die Sünde bedeutet, dass man ihnen nicht nachgibt.[152] Die Meinung der Manichäer ist daher irrig, das Fleisch, das ohne eine Seele nicht begehren könne, begehre mit einer Seele, die aus einer anderen, Gott entgegengesetzten Natur stammt.[153]

Gegen die Pelagianer hält AUGUSTINUS fest, dass der Mensch auch im Stadium *sub gratia* immer noch in dem bleibenden Zwiespalt zwischen Fleisch und Geist steht.[154] Unter AUGUSTINS Einfluss wird im Jahre 418 die pelagianische Ansicht verurteilt, der Mensch könne sündlos sein und Gottes Gebote leicht erfüllen, wenn er nur wollte.[155] Gegenüber JULIAN VON ECLANUM fasst AUGUSTINUS manichäische, pelagianische und katholische Auslegung von Gal 5,17 wie folgt zusammen:[156]

Dass es in den Menschen einen Zwiespalt gibt zwischen Fleisch und Geist [...] bezweifeln weder wir noch ihr (scil. die Pelagianer) noch die Manichäer; doch woher in ein und demselben Menschen dieser Zwiespalt herrührt, darin besteht Dissens, und in diesem Dissens werden drei Theorien vorgetragen, die eine, unsere, die andere, euere, die dritte von Seiten der Manichäer. [...] Ambrosius sagt also, dass dieser Zwiespalt zwischen Fleisch und Geist durch die Übertretung des ersten Menschen unserer Natur zugestoßen sei; ihr aber sagt: aus der Macht der Gewohnheit, die Manichäer sagen: aus der Vermischung zweier gleichewiger Naturen, des Guten nämlich und des Bösen.

Andernorts bei AUGUSTINUS, aber auch bei anderen Autoren, wird der „Geist" in Gal 5,17 auf den Heiligen Geist bezogen, mit dessen Unterstützung wir gegen die Begierden des Fleisches ankämpfen.[157]

6. In der Zeit nach AUGUSTINUS wird zunächst die ethische Applikation weitergeführt; durchgesetzt hat sich dabei die Deutung des Begriffes „Fleisch" auf

---

[151] AUGUSTINUS, *Gn. litt.* 10,12/20 (CSEL 28, 309f). Doch eigentlich nenne Paulus dasjenige Fleisch, was die Seele gemäß dem Fleisch tut. Auch bei dem Satz „alles Fleisch soll das Heil Gottes schauen" (Lk 3,6) ist es nicht das Fleisch, das schauen soll, sondern die Seele (ebd.).

[152] AUGUSTINUS, *Gn. litt.* 10,12/21 (CSEL 28, 310). Der Wunsch, dem in Gal 5,17 geschilderten Zwiespalt zu entgehen, bezieht sich nicht auf die *consuetudo carnis*, auf die irdische Existenz als solche, sondern auf die *affectus carnales* (AUGUSTINUS, *en. Ps.* 118, *s.* 10,2 [CCL 40, 1693]; PROSPER VON AQUITANIEN, *in psalm.* 118,25 [CCL 68 A, 91]).

[153] AUGUSTINUS, *Gn. litt.* 10,13/22 (CSEL 28,311).

[154] AUGUSTINUS, *perf. iust.* 6,12 (CSEL 42, 11); ders., *ep.* 177,16 (CSEL 44, 685). Dass Gal 5,17 den Zustand *sub gratia*, nicht *sub lege* beschreibt, erschließt er aus Gal 3,5 (AUGUSTINUS, *nat. et gr.* 53, 61 [CSEL 50, 278]). Antipelagianisch verwendet die Stelle auch GELASIUS I., *adversus Pelagianam haeresim* (PL 59, 126 B); vgl. *ep.* 97,15.42 (CSEL 35/1, 407. 417).

[155] AURELIUS, ALYPIUS, EVODIUS, AUGUSTINUS und POSSIDIUS bei INNOZENZ I. *ep.* 28,15 (PL 20, 580 A).

[156] AUGUSTINUS, *c. Iul. imp.* III 178 (CSEL 85/1, 479). – Terminologisch unvorsichtig formuliert PRISCILLIAN, *can.* 28 (CSEL 18, 122): *peccandi cupiditas id est uoluntas carnis, qua ex consuetudine diuturna lex iam dicitur atque natura, sanctae aduersa semper sit uoluntati*.

[157] AUGUSTINUS, *en. Ps.* 118, *s.* 19,7 (CCL 40, 1729); PROSPER VON AQUITANIEN, *in psalm.* 118,80 (CCL 68 A, 104), wegen der Wendung *adiutorium spiritus* (*quo concupiscimus adversus carnem*). Auf den Heiligen Geist wird πνεῦμα auch gedeutet bei THEODORET VON CYRUS, *in Gal.* (PG 82, 497 A). Die Deutung ergibt sich aus der Wendung ἐνοικοῦσαν χάριν.

die negativen Regungen im Menschen, ob seelischer, ob leiblicher Natur.[158] Später begegnet dann auch wieder der Schriftgebrauch in antipelagianischer Polemik und der im Rahmen christologischer Debatten.

In ethischer Applikation von Gal 5,17 veranlasst der Zwiespalt zwischen Leib und Seele zum Gebet um Gottes Beistand, dass die Seele über den Leib siegen möge,[159] impliziert für den Asketen die Einsicht, dass trotz des guten Willens zur Demut Gott gegenüber das das Aufflammen der schlechten Begierde in uns nicht fehlt[160], und führt zu der Feststellung: Der wirkliche Feind ist nicht außen, sondern in uns selbst, nämlich unser Fleisch, und er wird nicht anders als durch Demut und Liebe besiegt.[161] JOHANNES VON DAMASKUS nimmt philosophische Terminologie zu Hilfe: σάρξ bezeichne die schlechte, πνεῦμα die gute προαίρεσις.[162] BEDA VENERABILIS polemisiert gegen JULIAN VON ECLANUM: Verfehlt ist es, als unsere gegenwärtige Menschennatur die supralapsarische Natur statt der infralapsarischen anzusetzen, für die die Aussagen Röm 7,18 und Gal 5,17 kennzeichnend sind.[163]

FACUNDUS VON HERMIANE zieht Gal 5,17 im Rahmen eines Beweisganges zugunsten der These THEODORS VON MOPSUESTIA heran, Jesus Christus habe eine leidensfähige Seele besessen: Der Widerstreit des „Fleisches" in Gal 5,17 sei nichts anderes als der Einfluss irdischer Gemütsstimmungen auf die Seele; ein Körper ohne Seele könne weder begehren noch leiden.[164]

Gal 5,18

Wenn ihr euch aber vom Geist führen lasst, dann steht ihr nicht unter dem Gesetz.

Das Interesse der altkirchlichen Autoren richtet sich sowohl 1. auf die Frage, was es heißt, sich vom Geist leiten zu lassen (V. 18a), als auch 2. auf die auf den ersten Blick provozierende Feststellung V. 18b, als auch 3. auf die Frage nach dem Ausgleich zu dem Motiv der Gerechten des Alten Bundes.

---

[158] Zu Gal 5,17 wird festgehalten, dass unter *caro* hier nicht die *substantia hominis*, sondern die *concupiscentia carnis* zu verstehen ist (JOHANNES CASSIAN, *conl.* 4,11,1 [CSEL 13, 105]); ähnlich (Ps.?)-PELAGIUS, *lib. arb.* (PLS 1, 1540) im Kontext pelagianischer Gnadenlehre, sowie in expliziter antimanichäischer Polemik PAULUS VON NISIBIS, *disp.* (PG 88, 548 BC).
[159] EUSEBIUS GALLICANUS, *hom.* 54,7f (CCL 101 A, 632f). Zur Deutung von Gal 5,17 auf den Widerstreit des körperlichen und des seelischen Lebens vgl. ZENO VON VERONA, *tract.* 2,4,4/8 (CCL 22, 161); PETRUS CHRYSOLOGUS, *serm.* 45,4 (CCL 24, 252).
[160] FULGENTIUS VON RUSPE, *ep.* 4,10 (SC 487, 218).
[161] EUGIPPIUS, *reg.* 29,9 (CSEL 87, 61f).
[162] JOHANNES VON DAMASKUS, *in Gal.* (PG 95, 813 B).
[163] BEDA VENERABILIS, *Cant.* prol. (CCL 119 B, 172).
[164] FACUNDUS VON HERMIANE, *defens.* 11,7,3f (CCL 90 A, 354).

1. Gal 5,18a wird bei BASILIUS VON CÄSAREA (zusammen mit Gal 5,22f.25) im Lichte von Joh 14,26 paränetisch daraufhin ausgelegt, wie ein Mensch der Bestimmung seiner Taufe auf den Namen des Heiligen Geistes gerecht wird:[165] indem er sich an die durch Christus vermittelten Gebote Gottes erinnert. Gal 5,18 zeigt für (Ps.?)-PELAGIUS, dass eine Notwendigkeit zum Sündigen nicht wirklich besteht.[166] AUGUSTINUS erfasst einmal Gal 5,18a als Aussage nicht über die Vollkommenheit, sondern über die noch vorhandene Gefährdung des Menschen, die mit sich bringt, dass man auf die Hilfe anderer angewiesen ist.[167] Das Vollkommenheitsideal des Kirchenlehrers wirkt ein, wenn er schreibt:[168]

Unter dem Gesetz steht [...], wer feststellt, dass er nur aus Furcht vor der durch das Gesetz angedrohten Strafe, nicht aus Liebe zur Gerechtigkeit sich des sündigen Werks enthält; er ist noch nicht frei und nicht dem Willen zu sündigen entfremdet.

2. Gal 5,18b kann mit Hilfe von 1Tim 1,9 erklärt werden: Wer sich dem Heiligen Geist als Führer anvertraut, wird nicht in Irrtum verfallen und braucht kein Gesetz.[169] JOHANNES CHRYSOSTOMUS verbindet in der Auslegung zu Gal 5,18 die auf den einzelnen bezogene Deutung von Gal 3,24 durch ORIGENES mit einer seit IRENÄUS nachweisbaren[170] Deutung der Antithesen der Bergpredigt (Mt 5,21–48) unter dem Gedanken der Verschärfung des Verbotes:[171]

Wer nicht zürnt, wie braucht der auf das Wort zu achten: „Du sollst nicht töten?" Wer die frechen Blicke meidet, wie bedarf er noch dessen, der ihn dahingehend erzieht, dass er nicht ehebreche? [...] Ich denke übrigens, er hält hier dem Gesetze auch eine Lobrede, und zwar eine große und auffallende; wenn aber vor der Ankunft des Geistes das Gesetz gemäß der ihm innewohnenden Kraft die Stelle des Geistes vertrat, folgt daraus mitnichten, man müsse unter dem Erzieher verbleiben. [...] Es bedarf einer des Schulmeisters nicht, wenn er Philosoph ist.

Nach AUGUSTINUS ist noch unter dem Gesetz, wer der *concupiscentia carnis* noch nicht widerstehen kann.[172] Was aber heißt vom Geist geleitet werden? Unter dem Eindruck von Gal 5,17 legt AUGUSTINUS aus:[173]

Dem Geist Gottes zustimmen, der befiehlt, nicht dem Fleisch, das begehrt. Dennoch begehrt und widersteht das Fleisch; und es will irgendetwas, und du willst es nicht: Fahre darin fort, dass du es nicht willst.

3. Wie ist Gal 5,18, das erst unter christlichen Voraussetzungen möglich erscheint, mit dem Motiv der Gerechten des Alten Bundes auszugleichen? Nach

---

[165] BASILIUS, *bapt.* 1,2,20 (SC 357, 168–170).
[166] (Ps.?)-PELAGIUS, *lib. arb.* (PLS 1, 1540).
[167] AUGUSTINUS, *en. Ps.* 143,6 (CCL 40, 2076f).
[168] AUGUSTINUS, *nat. et gr.* 67 (CSEL 60, 283f), Übersetzung MAXSEIN, Natur, 537.
[169] AMBROSIASTER, *in Gal.* 5,18 (CSEL 81/3, 60); PELAGIUS, *in Gal.* (SOUTER 336).
[170] IRENÄUS, *haer.* 4,13,1 (FC 8/4, 96–98).
[171] JOHANNES CHRYSOSTOMUS, *comm. in Gal.* (PG 61, 672); vgl. zu Gal 5,23 (PG 61, 674).
[172] AUGUSTINUS, *exp. Gal.* 47,1–5 (CSEL 84, 123).
[173] AUGUSTINUS, *serm.* 151,2/2 (PL 38, 815).

HIERONYMUS lebten diese *non sub lege, sed quasi sub lege*,[174] wie auch Paulus in 1Kor 9,21 ähnliches von sich sagt; nach THEODORET waren dies nur wenige, die nämlich der Prophetie gewürdigt wurden; nunmehr sei das Leben nach dem Geist jedoch allen Getauften zugänglich.[175]

Gal 5,19–26: Laster und Tugenden

Gal 5,19–21 und Gal 5,22f oder beide Texte zusammen begegnen häufig in der Auslegung von Bibelstellen, die das Wort „Frucht" im eigentlichen oder im übertragenen Sinn enthalten und damit zugleich explizit oder implizit den Stichwortanschluss zu weiteren Stellen freigeben, die ohnehin von ihrer generellen landwirtschaftlichen Metaphorik („Baum", „Weinberg") her zur Erwähnung der „Frucht" einladen.[176] Die Fülle dieser Belege kann hier nicht im Einzelnen dargestellt werden.[177] Gal 5,19–21 fasst das Leben in Sünde zusammen, Gal 5,22f formuliert das christliche Lebensideal,[178] umschreibt summarisch die Antwort des Christen auf Christi Heilshandeln.[179] Im Folgenden werden zu beiden Texten nur spezielle Beobachtungen mitgeteilt.

Gal 5,19–21

Die Werke des Fleisches sind deutlich erkennbar: Unzucht, Unsittlichkeit, ausschweifendes Leben, Götzendienst, Zauberei, Feindschaften, Streit, Eifersucht, Jähzorn, Eigennutz, Spaltungen, Parteiungen, Neid und Missgunst, Trink- und Essgelage und ähnliches mehr. Ich wiederhole, was ich euch schon früher gesagt habe: Wer so etwas tut, wird das Reich Gottes nicht erben.

Sekundärliteratur: DÜNZL, Pneuma, 272–274.

Der Stelle wird 1. gelegentlich Polemik gegen Gnostiker und Häretiker entnommen. 2. Exegetische Arbeit am Text bezieht sich 2.1 auf seinen formalen

---

[174] HIERONYMUS, *in Gal.* (CCL 77 A, 182).

[175] THEODORET VON CYRUS, *in Gal.* (PG 82, 497 A).

[176] So begegnet der Begriff „Frucht" in Lk 6,44 zusammen mit „Baum", in Jes 5 zusammen mit „Weinberg", zusammen mit „Erdboden" in Dtn 28,18. Deshalb können auch andere Stellen, die diese Begriffe, aber nicht das Wort „Frucht" enthalten, mit Hilfe von Gal 5 ausgelegt werden.

[177] Gal 5,17.19–24 sind z.B. für (Ps.?)-CYPRIAN VON KARTHAGO, *testim.* 3,64 (CCL 3, 154f), die kürzeste Antwort auf die Frage *quae sint carnalia quae mortem pariant et quae spiritalia quae ad vitam ducant*; vgl. ferner *Actus Vercellenses*, 1.2 (SCHNEEMELCHER II, 260); HILARIUS VON POITIERS, *in psalm.* 125,11 (CSEL 22, 612); AUGUSTINUS, *s. dom. m.* 2,24,81 (CCL 35, 180f); ders., *ep.* 29,6 (CSEL 34, 117f); BEDA VENERABILIS, *hom.* 2,25 (CCL 122, 369f) u.a.

[178] HIPPOLYT, *fr. in Ps.* (PG 10, 612 D); AMBROSIUS, *paenit.* 2,11/104 (CSEL 73, 204).

[179] ATHANASIUS, *ep. fest.* 6,5 (PG 26, 1385 D – 1388 A). Gal 5,22 wird bisweilen als einziges Beispiel einer Aufzählung von guten Werken notiert, so bei GREGOR VON NYSSA, *Cant.* 9 (GNO 6, 272).

Charakter, 2.2 auf die Semantik einzelner Lexeme sowie 2.3 auf den Ausgleich zwischen Röm 3,28 und Jak 2,20.

1. Für IRENÄUS und TERTULLIAN ist Gal 5,17–19 ein Hilfsargument zugunsten einer ethischen Neudeutung der Stelle 1Kor 15,50a, aus der die Gegner[180] zu Unrecht die fehlende Erlösungsfähigkeit des menschlichen Leibes gefolgert hatten: „Wer die Gal 5,19ff. beschriebenen ἔργα τῆς σαρκός praktiziert, das heißt κατὰ σάρκα wandelt, der ist σὰρξ καὶ αἷμα und kann das Reich Gottes nicht erben".[181] So stehen σάρξ und πνεῦμα nach IRENÄUS in Spannung auf dem Gebiet der Ethik, aber nicht ontologisch in unüberbrückbarem Gegensatz.[182] Doch weiß ORIGENES von Gnostikern zu berichten, die aufgrund der genannten Differenzierung im Rahmen ihrer Anthropologie die Laster des Fleisches auf die irdische im Gegensatz zur himmlischen Seele beziehen.[183] Gegen MANIS angeblich auf 1Kor 5,1–5 gestützte Bestreitung der leiblichen Totenauferstehung[184] wird mehrfach[185] anhand von Gal 5,19–21 auf den Unterschied zwischen σῶμα und σάρξ verwiesen.[186] Die Manichäer hatten Gal 5,19.22 als Beleg für die generelle Verderbtheit des Fleisches und die generelle Güte der Seele verwendet. AUGUSTINUS sieht mit dem Stichwort „Fleisch" nicht die Schlechtigkeit seiner Substanz, sondern seine Begehrlichkeit bezeichnet;[187] nicht das Fleisch lässt die Seele sündigen, sondern die sündige Seele liefert das Fleisch potentiell dem Verderben aus. Denn Paulus nennt in Gal 5,20 Sünden des Fleisches, die nicht auf den Leib zurückgehen, wie Feindschaften, Eifersucht, Neid etc.[188]

Im Ketzertaufstreit und in den darauf Bezug nehmenden donatistischen Streitigkeiten beriefen sich beide Seiten auf Gal 5,19–21: Mit Hinweis auf den

---

[180] *EvPhil* 23b (*NHC* II,3, p. 56.32-57,8 [GCS NF 8, 195]) kann, isoliert verstanden, so rezipiert werden: „Welches ist das Fleisch, das nicht erben kann? Das Fleisch, das wir an uns tragen! Welches Fleisch kann erben? Das Fleisch Jesu (Joh 6,53f: Wer mein Fleisch nicht isst ...). Sein Fleisch ist das Wort und sein Blut der Heilige Geist. Wer dies empfangen hat, hat Nahrung, und hat Trank und Kleidung." *EvPhil* 23c („Es ist nötig, in diesem Fleisch aufzuerstehen, weil jede Sache sich in ihm befindet") zielt auf die Tatsache von Leiblichkeit als solcher, nicht auf die konkrete vorfindliche Materialität.

[181] NOORMANN, Irenäus, 307, mit Verweis auf IRENÄUS, *haer.* 5,11,1 (FC 8/5, 90); vgl. TERTULLIAN, *resurr.* 10,3; 49,11f (CCL 2, 933. 991f) sowie EPIPHANIUS VON SALAMIS, *haer.* 66,87,1 (GCS 37, 130), ferner GREGOR VON ELVIRA, *tract.* 17,20 (CCL 69, 127).

[182] DÜNZL, Pneuma, 274.

[183] ORIGENES, *princ.* 3,4,2 (GÖRGEMANNS/KARPP, 608).

[184] Nach EPIPHANIUS VON SALAMIS, *haer.* 66,86,3 (GCS 37, 129). Doch wird 1Kor 5,1–5 nach HOLL, Epiphanius III, 129, „sonst nirgends als Belegstelle" in diesem Zusammenhang angeführt.

[185] EPIPHANIUS VON SALAMIS, *haer.* 66,86,3 (GCS 37, 129); PELAGIUS, *in Gal.* (SOUTER 336); JOHANNES CHRYSOSTOMUS, *comm. in Gal.* (PG 61, 673), u.a. mit dem Argument, die Beispielreihe Gal 5,19–21 enthalte auch Laster der Seele.

[186] Offensichtlich ohne Bezugnahme auf diese (zu seiner Zeit wohl hinfällige) Diskussion kann AMBROSIUS, *bon. mort.* 7,26 (CSEL 32/1, 727), die *inimicitiae, dissensiones, lites perturbationesque* als *opera corporis* bezeichnen. Die Verwendung des Begriffes *corpus* (statt des Terminus *caro*) mag durch die in Röm 7,23 genannten μέλη erleichtert worden sein.

[187] AUGUSTINUS, *c. Jul imp.* 3,177,1–2 (CSEL 85/1, 477f), wie schon AMBROSIASTER, *qu. nov. test. app.* 52,1 (CSEL 50, 446); dann auch THEODOR VON MOPSUESTIA, *in Gal.* (SWETE 99).

[188] AUGUSTINUS, *civ.* 14,2.3 (CSEL 40/2, 3.6). – Schon Gal 2,16 ist ein Beleg dafür, dass „Fleisch" auch den Menschen insgesamt meinen kann (AUGUSTINUS, *civ.* 14,2 [CSEL 40/2, 3]).

Schluss Gal 5,21b („die solches tun, werden das Reich Gottes nicht erben") begründete NEMESIANUS VON THUBUNAS die Ungültigkeit der Ketzertaufe,[189] während ca. 150 Jahre später AUGUSTINUS ihre Anerkennung damit begründet, dass Paulus die Ketzerei in eine Reihe mit anderen Lastern gestellt habe, die ebenfalls vom Reich Gottes ausschließen,[190] aber nicht die Notwendigkeit der Wiedertaufe nach sich ziehen.[191]

In der nachaugustinischen Zeit hilft Gal 5,21, teilweise im Rückbezug auf AUGUSTINUS, kirchliche Lehrbildung zu begründen. Hatten er und in seinem Gefolge JULIAN VON TOLEDO mit dem Schluss von Gal 5,21 bzw. 1Kor 5,10 zunächst diejenigen charakterisiert, die vom *purgatorium* ausgeschlossen sein sollen, lassen sie es offen, ob ihnen nicht durch angemessene Buße doch noch der Weg der Reinigung eröffnet werden könnte.[192] Kürzer formuliert BEDA VENERABILIS: Gal 5,21 benennt das wesentliche Merkmal der Todsünden: sie schließen vom Reich Gottes aus.[193]

2.1 Gal 5,19–21 wird von BASILIUS VON CÄSAREA als Lasterkatalog, Gal 5,22f als Tugendkatalog in eine Liste vergleichbarer Texte eingereiht.[194] Der Begriff τοιαῦτα in Gal 5,21, so BASILIUS andernorts, hat verschärfende Funktion: Jedes einzelne dieser Laster schließt vom Reich Gottes aus;[195] PELAGIUS sieht in der Wendung *his similia* hingegen angedeutet, dass Paulus *compendii gratia* einiges übergangen habe.[196]

2.2 Zu Gal 5,19–21 kann die Semantik des Begriffes σάρξ ebenso bedacht werden wie die der einzelnen Laster.

U.a. bei THEODORET VON CYRUS ist eine trichotomische Anthropologie wirksam für die Auslegung von Gal 5,19–21, indem Götzendienst und Giftmischerei nicht als Sache des Fleisches, sondern der Seele gelten.[197] Klar benennt Theodoret den paulinischen Sprachgebrauch zum Begriff σάρξ an dieser Stelle: Fleisch nennt Paulus die fleischliche Gesinnung.[198]

---

[189] Bei CYPRIAN VON KARTHAGO, *sent. Episc.* 87,5 (CSEL 3/1, 439).

[190] Für andere Autoren ermöglicht dieser Umstand tatsächlich die Verwendung von Gal 5,21 zu Zwecken allgemeiner Ketzerpolemik; vgl. IRENÄUS, *haer.* 1,6,3 (FC 8/1, 164); EPIPHANIUS VON SALAMIS, *haer.* 31,21,1 (GCS 25, 404, gegen die Valentinianer; für Gal 5,19–21 vgl. LUCIFER VON CAGLIARI, *Athan.* 2,6 (CCL 8, 87) gegen Constantius II.

[191] AUGUSTINUS, *c. litt. Pet.* 2,108,247 (CSEL 52, 159); vgl. ders., *cath. fratr.* 22,61; 23,65 (CSEL 52, 308.312); ders., *ep.* 93,11/48 (CSEL 34, 490–492).

[192] AUGUSTINUS, *ench.* 18/69 (CCL 46, 87); JULIAN VON TOLEDO, *progn.* 2,22 (CCL 115, 59).

[193] BEDA VENERABILIS, *ep. 1Joh* 5,17 (CCL 121, 326).

[194] BASILIUS, *moral.* 69 (PG 31, 809 B; 813 BC). Zu den Lasterkatalogen zählt der Kappadokier neben Mt 15,19f; Röm 1,28f; 1Kor 6,9f auch Lk 6,24–26; 21,34; Gal 5,26; 1Tim 4,1–5.

[195] BASILIUS, *bapt.* 1,2,3 (SC 357, 112).

[196] PELAGIUS, *in Gal.* 5,21 (SOUTER, 336).

[197] THEODORET VON CYRUS, *in Gal.* (PG 82, 493 B).

[198] THEODORET VON CYRUS, *in Gal.* (PG 82, 493 A), ähnlich THEODOR VON MOPSUESTIA (SWETE 99) in antignostischer Polemik. – Nach ORIGENES, *comm. in Rom.* (Frgm. 31 RAMSBOTHAM; FC 2/6, 178), sind auch die Spaltungen nicht Sünde der Seele oder des Geistes, sondern entspringen dem „Denken des Fleisches" i. S. v. Kol 2,18.

Ein umfangreiche Erörterung der einzelnen Laster und der einzelnen Früchte des Geistes nach Gal 5,22f wird lediglich von ORIGENES und von HIERONYMUS geboten; biblische Beispiele stehen dabei neben begrifflichen Klärungen.[199] BASILIUS VON CÄSAREA entnimmt Gal 5,21, dass Neid schlimmer ist als die bloße Unterlassung des Guten, denn Gal 5,21 belegt, dass die Heilige Schrift den Neid und den Mord gerne zusammenordnet.[200] Auch FAUSTUS VON RIEZ leistet einen Überstieg über das Nachzeichnen der bloßen Aufzählung:[201]

Wenn etwas mit derjenigen Begierde geliebt wird, mit der Gott geliebt werden soll, wird ein Gemütszustand dieser Art den Götzen bereitet.

Das προεῖπον lässt AUGUSTINUS nach der Gelegenheit solcher früheren Verkündigung fragen. Er verweist auf den Erstbesuch des Paulus bei den Galatern oder auf die Möglichkeit, sie hätten den Ersten Korintherbrief gekannt.[202]

2.3. Gal 5,21 wehrt einem Missverständnis von Röm 3,28 dergestalt, dass ein Christ auch bei schlechtem Lebenswandels weiterhin als Gerechter gilt. So besteht kein Widerspruch zwischen Röm 3,28 und Jak 2,20.[203]

Der Schlusssatz von Gal 5,21 wird bei FULGENTIUS VON RUSPE im Rahmen einer dogmatischen Darstellung der Eschatologie auf die Straffolgen für die Sünder im Jüngsten Gericht bezogen, wie es in 2 Pt 2,4; 2Tim 4,1 bezeugt ist.[204] Allerdings kann der Sünder durch Ablassen von der Sünde und demütige Hinwendung zu Gott diesem Urteil entgehen.[205]

In der BENEDIKTSREGEL werden u.a. mit Worten aus 2Kor 12,20 und Gal 5,20 die Folgen dessen beschrieben, wenn es durch die Herrschsucht des Priors eines Klosters zwischen ihm und dem Abt zum Streit kommt.[206]

Gal 5,22f

Die Frucht des Geistes aber ist Liebe, Freude, Friede, Langmut, Freundlichkeit, Güte, Treue, Sanftmut und Selbstbeherrschung; dem allem widerspricht das Gesetz nicht.

---

[199] ORIGENES, *str*. X, nach HIERONYMUS, *in Gal*. (CCL 77 A, 170 –173); HIERONYMUS, *in Gal*. (CCL 77 A, 185–197). Ferner unterscheidet AUGUSTINUS, *exp. Gal*. 52,1–4 (CSEL 84, 128), zwischen *invidia* und *aemulatio*.
[200] BASILIUS, *reg. brev*. 255 (PG 31, 1253 A).
[201] FAUSTUS VON RIEZ, *ep*. 5 (CSEL 21, 186).
[202] AUGUSTINUS, *exp. Gal*. 48,7–9 (CSEL 84, 124f). Er rezipiert Gal 5,21 in *en. Ps*. 88, *s*. 2,4 (CCL 39, 1235) als allgemeine Warnung an diejenigen, die sich der Zucht Gottes verweigern.
[203] AUGUSTINUS, *div. qu*. 76,2 (CCL 44 A, 219–221).
[204] FULGENTIUS VON RUSPE, *fid*. 36 (CCL 91 A, 735).
[205] FULGENTIUS VON RUSPE, *rem. pecc*. 1,15,3 (CCL 91 A, 663).
[206] BENEDIKT VON NURSIA, *reg*. 65,7 (CSEL 75, 153): Hinc suscitantur invidiae, rixae (Gal 5,20), *detractiones* (2Kor 12,20), *aemulationes* (2Kor 12,20 + Gal 5,20), *dissensiones* (2Kor 12,20 und Gal 5,20), *exordinationes*.

Auch zu Gal 5,22f sollen 1. terminologische Beobachtungen, Reflexionen über die Ermöglichung rechten Wandels, exegetische Bezüge zu anderen Bibelstellen und spezielle Applikationen der Stelle erwähnt werden, ebenso ist 2. ihre Inanspruchnahme in den dogmatischen Auseinandersetzungen darzustellen.

1. ORIGENES zitiert Gal 5,22 neben Gal 3,3 als Beispiel für die Beobachtung, im Neuen Testament sei überall da, wo vom „Geist" ohne Näherbestimmung die Rede ist, der Heilige Geist gemeint.[207] Zwischen dem Singular Gal 5,22 und dem Plural Ps 127,2 gleicht er aus mit Hilfe von Mt 13,45f: die eine Perle wird verglichen der einen Frucht der Vollkommenheit. So kann bei ORIGENES wie bei anderen Autoren daneben, wohl auch unter Einfluss von Lk 3,8, ohne Problematisierung von den „Früchten" des Heiligen Geistes die Rede sein.[208] Sie sind für ihn wundersam und eher Werke Gottes als des Menschen.[209] Andernorts liest er die Reihung in Gal 5,22 als Stufenfolge göttlicher Erziehung:[210]

Uns wird zuerst die Liebe bekannt gemacht, und wenn wir von dort zur Freude schreiten, werden wir zum Frieden gelangen, durch den wir Geduld erreichen. Wer aber wird nicht zum Erbarmen und zum Wohlverhalten erzogen werden, wenn er einsieht, dass auch das, was einigen traurig vorkommt im Gesetz – ich meine Todesurteile und Kämpfe, und Ausrottungen von Völkerschaften, und Drohreden an die Völker durch Propheten – eher Heilmittel sind als Strafen? Denn der Herr wird nicht in Ewigkeit zürnen (Jes 57,16). Wenn dies also uns deutlich geworden ist, dann werden wir einen vernünftigeren Glauben haben, und die Mäßigung wird den gebesserten Lebenswandel begleiten, dem die Selbstbeherrschung und die Keuschheit folgen werden: Und danach wird (dies) alles anfangen, Gesetz zu sein für uns.

Auch von Gal 5,22 fällt ad vocem καρπός Licht auf andere Bibelstellen. Die Zehnzahl der in Gal 5,22–24 genannten Tugenden entspricht nach ORIGENES der Zehnzahl des Dekaloges,[211] ebenso bei AMBROSIASTER.[212] Die allegorische Deutung von Num 18,8–19 zum Thema der Darbringung benennt die „Frucht" des Geistes, die wir opfern sollen. Als „Erstling" der Liebe nennt ORIGENES die Liebe zu Gott – die Nächstenliebe folgt als zweite Frucht daraus –, als „Erstling" der Freude benennt er die Freude im Herrn und die Freude, für seinen Namen zu leiden, während die Freuden an den Dingen dieser Welt als *diabolica*

---

[207] ORIGENES, *princ.* 1,3,4 (GÖRGEMANNS/KARPP, 164).
[208] ORIGENES, *Frgm. in Lc.* 112 (GCS 49, 172); *comm. in 1Cor.*, Frgm. 11 (JThS 9, 1908, 241); *hom. in Lc.* 22,8 (FC 4/1, 246); *hom. in Num.* 23,8 (SC 461, 134); *comm. in Mt.* 16,29; 17,8 (GCS 40, 572. 607); CYRILL VON JERUSALEM, *catech.* 17,38 (RUPP 297); GREGOR VON NYSSA, *virg.* 20,4 (SC 119, 500); BASILIUS, *moral.* 72 (PG 31, 848 B); im Unterschied zum Singular in *moral.* 35 (PG 31, 756 A). Eine pluralische Lesart ist in NESTLE-ALAND, 27. Aufl. nicht vermerkt.
[209] ORIGENES, *comm. in Mt.* 16,29 (GCS 40, 574).
[210] ORIGENES, *str.* X, nach HIERONYMUS, *in Gal.* (CCL 77 A, 172f).
[211] ORIGENES, *hom. in Gen.* 16,6 (SC 7, 390). Setzt er ἁγνεία (wie D* F G it vg-Cl; Ir^lat Cyp Ambst) als zehnte Tugend gegenüber den neun bei NESTLE-ALAND, 27. Aufl. genannten voraus?
[212] AMBROSIASTER, *in Gal.* 5,23/5,24,2 (CSEL 81/3, 60f). Gegenüber der in NA-27 sichtbaren Anordnung ist πίστις durch *spes* ersetzt, ἀγαθωσύνη ans Ende gestellt und, wie in NESTLE-ALAND, 27. Aufl. vermerkt, *castitas* (ἁγνεία) ergänzt.

gaudia gewertet werden und somit nicht als *gaudia* zu bezeichnen sind. Als weitere legitime Früchte der „Freude" nennt er die *scientia mysteriorum Dei* und die Hinwendung allein zu dem Studium des göttlichen Wortes.[213] Gal 5,22f erklären ferner, was der Täufer mit den Früchten der Umkehr (Lk 3,7f) meint.[214] Die Feigen, die Jesus gemäß Mt 21,18f erhofft, sind die Liebe dessen, der sie als Frucht bringt, denn sie ist die erste „Frucht des Geistes".[215]

Auf Gal 5,22–24 wird in TERTULLIANS montanistischer Schrift *De exhortatione castitatis* im Rahmen der Aufforderung zum Verzicht auf die zweite Ehe angespielt.[216] Die Mahnung zur ἐγκράτεια (Gal 5,23) sollte man, so ORIGENES, nicht durch Selbstverstümmelung unterlaufen.[217] Die in Gal 5,22f genannten Tugenden gestalten der zukünftigen Welt gleich[218] und sind die geistlich zu interpretierenden Früchte des Paradieses.[219] Gal 5,22f kann auch summarisch als Zusammenfassung des Christenlebens dienen[220] oder die Anforderung an den Lebenswandel eines Kirchenlehrers benennen.[221]

In der Kommentarliteratur kann der Unterschied zwischen „Werk" und „Frucht" gedeutet werden als Unterschied zwischen dem eigenen Tun und der Befähigung durch das Gesetz des Geistes[222] oder der Beihilfe der göttlichen φιλανθρωπία[223] bzw. der Mitwirkung des Heiligen Geistes.[224] Gleichzeitig beobachtet man die für antikes Christentum typische Konvergenz zwischen christlichem Ethos und pagan-antikem Tugendideal, wenn erklärt wird: Für diejenigen, die nach der ἀρετή leben, ist das Gesetz überflüssig.[225]

AUGUSTINUS betont im *Galaterkommentar*, Paulus wolle keine erschöpfende Aufzählung der Tugenden und Laster bieten, sondern darüber belehren, wie die einen zu meiden und die anderen zu erstreben sind.[226] Doch ist die Gegenüberstellung Gal 5,19–23 keineswegs ungeordnet oder konfus: Dem zuerst genannten Laster der *fornicatio* steht zu Recht die *caritas*, dem an zweiter Stelle genannten Laster der *immunditia* die *tranquillitas* gegenüber etc.[227]

---

[213] ORIGENES, *hom. in Num.* 11,8,3f (SC 442, 62).
[214] ORIGENES, *hom. in Lc.* 22 (FC 4/1, 246).
[215] ORIGENES, *comm. in Mt.* 16,27 (GCS 40, 565; καρπός hier Singular). Zur Bezugnahme von Gal 5,22 auf Mt 21,18f vgl. auch AMBROSIUS, *parad.* 13/64 (CSEL 32/1, 323). Er wird auf den Zusammenhang durch die Auslegung von Gen 3,7 („und sie machten sich Feigenblätter") geführt.
[216] TERTULLIAN, *castit.* 10,1 (CCL 2, 1029).
[217] ORIGENES, *comm. in Mt.*, 15,3 (GCS 40, 355). Von sich selbst (vgl. EUSEBIUS VON CÄSAREA, *h.e.* 6,8,2 [GCS 9/2, 534]) spricht ORIGENES hier nicht.
[218] ORIGENES, *comm. in Rom.* 9,1 (FC 2/5, 32).
[219] ISIDOR VON SEVILLA, *quaest. test.* 4,2 (PL 83, 218 C).
[220] CÄSARIUS VON ARLES, *serm.* 111,6 (CCL 103, 461).
[221] (Ps.?)-ANASTASIUS SINAITA, *hexaem.* 7 (PG 89, 972 A).
[222] AMBROSIASTER, *in Gal.* 5,24,1 (CSEL 81/3, 60f).
[223] JOHANNES CHRYSOSTOMUS, *comm. in Gal.* (PG 61, 674).
[224] THEODOR VON MOPSUESTIA, *in Gal.* (SWETE 101).
[225] JOHANNES CHRYSOSTOMUS, *comm. in Gal.* (PG 61, 674); THEODORET VON CYRUS, *in Gal.* (PG 82, 493 C). Für einen biblischen Beleg zum ἀρετή-Begriff vgl. Phil 4,8.
[226] AUGUSTINUS, *exp. Gal.* 50,1–4 (CSEL 84, 126f).
[227] AUGUSTINUS, *exp. Gal.* 51,1–7 (CSEL 84, 127f).

Auch besteht eine Analogie zwischen dem Zusammenhang des Liebesgebotes und der Forderung, Frucht zu bringen (Joh 15,16f), und dem Umstand, dass Paulus in Gal 5,22 die Liebe als die erste Frucht des Geistes bezeichnet. Wie sollte man die anderen in Gal 5,22f genannten Werke tun können, wenn man nicht liebt?[228] Doch wie herrschen die geistlichen Früchte im Menschen? Sie herrschen dann, wenn sie so sehr erfreuen, dass sie den Geist in Versuchungen halten, dass er nicht der Zustimmung zur Sünde verfällt.[229]

Nach FULGENTUS VON RUSPE ist die *caritas* mit Recht unter den Früchten des Geistes an erster Stelle genannt, ist sie doch so heilig und gewaltig, dass auch, wer sie im Herzen hat, das niemals mit Worten erklären kann[230] – doch muss man sie lieben, um sie in sich zu haben, und man muss sie ansatzweise in sich haben, um sie zu lieben. Hierin unterscheidet sich die *caritas* von den anderen in 1Kor 12,8–11 genannten Geistesgaben.

Näher werden die Einzelbegriffe des Tugendkataloges durch PELAGIUS erläutert. Die πίστις hat bei ihm die Doppelbedeutung „Glaube (an Gott)" und „Treue" gegenüber Menschen beibehalten.[231] Unter der Voraussetzung der Ergänzung *castitas* am Ende des Tugendkataloges entnimmt Ps.-PELAGIUS der Stelle, dass Paulus nicht das *matrimonium officii*, wohl aber die *castitas*, d.h. den Eheverzicht als Tugend bestimmt habe.[232] BASILIUS erfasst die ἐγκράτεια philosophisch als Gegensatz zu einem Leben κατὰ πάθος, die ἐγκράτεια ist ihm nicht nur auf die Sexualität eingeschränkt.[233] Eben dieses Verständnis als sexueller Enthaltsamkeit war für THEODORET VON CYRUS wohl der Anlass zum Verweis auf Gal 5,22 für die Behauptung, ein wörtliches Verständnis des Hohenliedes sei ausgeschlossen, weil es der Unbeherrschtheit entgegenkommt.[234] Nach THEODOR VON MOPSUESTIA steht in Gal 5,22 die Liebe zu Recht voran; wer sie lebt, wird auch die anderen Verhaltensweisen leicht verwirklichen.[235]

Die Wendung „wider solche ist das Gesetz nicht" in Gal 5,23b hat gelegentlich einen Bezug auf 1Tim 1,9 veranlasst.[236] AUGUSTINUS beobachtet, dass *adversus huius modi* steht, nicht *adversus haec*: das Gesetz ist generell nicht gegen die Tugenden gerichtet.[237]

2. DIDYMUS VON ALEXANDRIEN belegt den Sachgehalt der Formel *opera Trinitatis ad extra sunt indivisa* für das Motiv der Liebe als der Frucht göttli-

---

[228] AUGUSTINUS, *Io. ev. tr.*, 87,1 (CC.SL 36, 544).
[229] AUGUSTINUS, *exp. Gal.* 49,5 (CSEL 84, 126).
[230] FULGENTIUS VON RUSPE, *ep.* 5,2 (SC 487, 228), mit Verweis auf Gal 5,22 und Röm 5,5.
[231] PELAGIUS, *in Gal.* 5,23 (SOUTER, 337).
[232] Ps.-PELAGIUS, *cast.* 10,14 (PLS 1, 1488f).
[233] BASILIUS VON CÄSAREA, *reg. fus.* 16,3 (PG 31, 960 BC).
[234] THEODORET VON CYRUS, *Cant.*, prol. (PG 81, 32 A).
[235] THEODOR VON MOPSUESTIA, *in Gal.* (SWETE 100f). In diesem Leben sind diese Tugenden noch notwendig, im Auferstehungsleben (vgl. zu Gal 2,16) brauchen wir sie nicht mehr, weil niemand da ist, der sie uns abverlangen wird.
[236] AUGUSTINUS, *exp. Gal.* 49,4 (CSEL 84, 125f); THEODORET VON CYRUS, *in Gal.* (PG 82, 497 C).
[237] AUGUSTINUS, *cont.* 9 (CSEL 41, 151).

chen Wirkens mit Gal 5,22; Joh 14,21.[238] Nach AMBROSIUS zeigt die in Gal 5,22 gegebene Beispielreihe der Frucht des Heiligen Geistes dessen unwandelbare *bonitas*, die der *bonitas* des Vaters und des Sohnes gleichkommt.[239] Auch dass der „Friede" vom Heiligen Geist (Gal 5,22) wie vom Vater und vom Sohn ausgeht (Röm 1,7), erweist die Unteilbarkeit der Trinität.[240]

Neue Relevanz gewinnt Gal 5,22f im monotheletischen Streit im 7. Jh. Für ANASTASIUS SINAITA ist es von Belang, dass die in Gal 5,22f genannten Regungen seelische Regungen sind, so dass der Behauptung eines menschlichen Willens Christi nicht seine Sündlosigkeit entgegensteht.[241]

Gal 5,24

Alle, die zu Christus Jesus gehören, haben das Fleisch und damit ihre Leidenschaften und Begierden gekreuzigt.

Sekundärliteratur: DÜNZL, Pneuma, 281f.

Die Rezeption der Stelle ist 1. an den Begriffen παθήματα (Leidenschaften) und ἐπιθυμίαι (Begierden) sowie 2. an der Wendung „das Fleisch kreuzigen" orientiert. Der Begriff παθήματα wird in der Frühzeit häufig auf die sexuellen Begierden bezogen, ohne dass der Befund über dieses Zufallsergebnis hinaus verallgemeinert werden dürfte. Ansonsten[242] wird Gal 5,24 meist als allgemeine Mahnung verstanden. 3. Fragen der Textkonstitution behandelt HIERONYMUS.

1. Die in Gal 5,24f genannten Verhaltensweisen kennzeichnen CLEMENS VON ALEXANDRIEN zufolge christliches im Unterschied zu nichtchristlichem Verhalten. Gal 6,8 benennt die jeweilige Folge für die Ewigkeit.[243]

CYPRIAN VON KARTHAGO hält Gal 5,24 den durch übertriebenen äußeren Putz gefährdeten Jungfrauen als Spiegel vor: Sie werden davor gewarnt, gerade

---

[238] DIDYMUS DER BLINDE, *Spir.* 78; 98; 107 (SC 386, 216.236.244); vgl. den Verweis auf Gal 5,22 bei (Ps.?)-DIDYMUS, *Trin.* 2,6,8 (PG 39, 533 B).

[239] AMBROSIUS, *spir.* 1,5/69 (CSEL 79, 44). Ebenso ist die Liebe als Frucht des Geistes, die über uns ausgegossen ist, keine andere Liebe als die des Vaters und des Sohnes; so AMBROSIUS, *spir.* 1,12/130 (CSEL 79, 71) sowie FULGENTIUS VON RUSPE, *ad Tras.* 3,35,4 (CCL 91, 182).

[240] AMBROSIUS, *spir.* 1,12/126 (CSEL 79, 69).

[241] ANASTASIUS SINAITA, *serm. imag.* 3,6 (CCG 12, 83).

[242] Nur einmal hat die Wendung οἱ δὲ τοῦ Χριστοῦ Ἰησοῦ zu Beginn des Verses eine Rezeption im Rahmen der trinitätstheologischen Debatte veranlasst. Die Homousie der Trinität wird nach (Ps.?)-DIDYMUS auch dadurch bewiesen, dass es in der Heiligen Schrift nebeneinander heißen kann, dass wir dem Vater, dem Sohn und dem Heiligen Geist leben, so (Ps.?)-DIDYMUS DER BLINDE, *Trin.* 1,25,3 (HÖNSCHEID 152), mit Verweis auf Mk 12,17; Gal 5,24; 1Kor 2,14.

[243] CLEMENS VON ALEXANDRIEN, *str.* 4,43,5 (GCS 15, 267). Zum Verständnis des Begriffes σάρξ an dieser Stelle bei CLEMENS vgl. DÜNZL, Pneuma, 282: „Die Sarx steht hier auf den ersten Blick nicht für die Sünde, sondern für das Festhalten am irdischen Leben in der Situation der Verfolgung, doch schließt dies die Verleugnung des Herrn mit ein".

in denjenigen Begierden des Fleisches befunden zu werden, denen sie durch ihr Gelöbnis im Stande der Asketinnen abgeschworen hatten.[244] (Ps.)-ATHANASIUS bezieht Gal 6,14 mit Hilfe von Gal 5,24 auf das asketische Lebensideal.[245] Gal 5,24 formuliert für HIERONYMUS einen fortwährenden Kampf des Christen mit sich selbst, weswegen er nicht in das Jugendalter des Menschen kommt, der von Tag zu Tag erneuert wird (2Kor 4,16b).[246] Nach FULGENTIUS VON RUSPE schließen Mt 26,41 und Gal 5,24 aus, dass die von Gott im Voraus zum Heil Bestimmten sich ungehemmt dem Wollen des Fleisches hingeben dürften.[247]

2. An Gal 5,24 klingt die für einen Zweig der ptolemäischen Gnosis belegte mythologische Vorstellung der durch den Horos bewirkten Abtrennung und Kreuzigung der ἐνθύμησις und des πάθος und deren Verbannung aus dem Pleroma an. Dadurch wird die Sophia gereinigt, das Pleroma nach außen abgegrenzt. Letztlich geht es um die Reinigung der Gnostiker.[248] Nach ORIGENES, dem Gal 5,24 insgesamt als Signum christlicher Vollkommenheit[249] gilt, sollen wir dem Triumph Christi über die Mächte incl. den Teufel (Kol 2,15) durch die Kreuzigung unseres Fleisches entsprechen, durch den Kampf gegen unsere Leidenschaften und Sünden.[250] Bei seinem Gegner METHODIUS VON OLYMPUS wird Gal 5,24 durch Mt 5,27f verschärfend ausgelegt: Nicht der ist fromm, der die Begierde kreuzigt, sondern derjenige, der sie von vornherein nicht zulassen will: Nicht die Frucht des Ehebruches befiehlt Jesus auszurotten, sondern den Samen.[251] Die Kreuzigung des Fleisches ist die ethische Applikation von 2Kor 4,10[252] und Mt 16,24[253] und beginnt in der Taufe als dem ὁμοίωμα seines Kreuzes und Todes, seiner Grablegung und Auferstehung.[254] AUGUSTINUS erklärt:[255]

Was geschehen ist am Kreuz Christi, bei der Grablegung, bei der Auferstehung am dritten Tag, bei der Himmelfahrt und beim Sitzen zur Rechten des Vaters, das ist so geschehen, dass darin, nicht nur in dem geheimnisvoll Gesagten, sondern auch in den Taten das christliche Leben geprägt wird, das darin (scil. in diesen Worten und Taten) geführt wird.

---

[244] CYPRIAN VON KARTHAGO, hab. virg. 6 (CSEL 3/1, 191).
[245] PS.-ATHANASIUS, qu. script. 109 (PG 28, 761 C).
[246] HIERONYMUS, in psalm. 6,48 (CCL 72, 188). Die „Bedränger" von Ps 6,8b sind meine Laster.
[247] FULGENTIUS VON RUSPE, praedest. 3,9/6 (CCL 91 A, 528).
[248] Dazu vgl. WANKE, Kreuz, 20, zu Irenäus, haer. 1,2,4 (FC 8/1, 136).
[249] ORIGENES, hom. in Jos. 22,2 (SC 71, 442; das Zitat fehlt in dem griechischen Fragment); vgl. AMBROSIASTER, in Rom. 16,23 (CSEL 81/1, 492) sowie ders., in 1Cor. 15,52,3 (CSEL 81/2, 184), in Gegenüberstellung zu den Sündern, denen Christi „Ich kenne euch nicht" (Mt 7,23) gilt.
[250] ORIGENES, hom. in Gen. 9,3 (SC 7, 250).
[251] METHODIUS VON OLYMP, De lepra 6,4f (GCS 27, 458).
[252] ATHANASIUS, ep. fest. 7,1 (PG 26, 1390 AB). 2Kor 4,10 soll nicht dem Selbstruhm des Paulus dienen, sondern die Korinther und uns zur Nachahmung veranlassen.
[253] HILARIUS VON POITIERS, in Matth. 10,25 (SC 254, 248). Nach AUGUSTINUS, c. Adim. 21 (CSEL 25/1, 179f) ist damit die manichäische Behauptung eines Widerspruches zwischen Mt 16,24 und Dtn 21,23 ad absurdum geführt.
[254] BASILIUS, bapt. 1,15 (SC 357, 150).
[255] AUGUSTINUS, ench. 14/53 (CCL 46, 78).

Denn im Hinblick auf sein Kreuz heißt es: „Alle aber, die Jesus Christus gehören, haben ihr Fleisch gekreuzigt [...]".

Andernorts zieht AUGUSTINUS Gal 5,24 wie Gal 6,14 als biblische Begründung dafür heran, dass das 40–tägige Fasten während der Passionszeit angemessen ist.[256] Wiederum an anderer Stelle spricht er der *continentia* eine besondere Bedeutung im Kampf mit dem Fleisch zu: gerade sie kreuzigt seine Begierden.[257] Grundsätzlich bittet Ps 118,120 (*Conflige clauis a timore tuo carnes meas*) um das, was in Gal 5,24 von den Gläubigen gefordert wird, damit wir einsehen, dass wir das, worin wir richtig handeln, der Gnade Gottes zuschreiben sollen, der in uns das Wollen und das Vollbringen wirkt.[258] Kein Widerspruch dazu ist PELAGIUS' Auslegung der Stelle: Gal 5,24 ist Mahnung an die Adresse derer, die meinen, der bloße Glaube genüge.[259] Bei APPONIUS kehrt die asketische Deutung der Stelle wieder: Das in Gal 5,24 genannte Lebensideal verwirklichen die Asketinnen aufgrund dessen, dass ihre Seelen dem Herrn in übergroßer Liebe verbunden sind und er sie darin bewahrt.[260] Mit der Abtötung des Fleisches ziehen sie, soweit sie können, Christi Ebenbildlichkeit an sich.[261]

Das Verständnis der Stelle als Mahnung zur Weltdistanz[262] bestimmt auch die exegetische Arbeit am Text. Mit Hilfe von Gal 5,24 können die Wendungen *ut evacuaretur corpus peccati* in Röm 6,6[263] oder *mortui sumus cum Christo* aus Röm 6,8 sowie der Begriff *conpati* aus Röm 8,17 interpretiert werden.[264] Verbindungslinien zu Phil 3,21,[265] 1 Joh 2,15,[266] Röm 6,3,[267] 2Kor 5,17,[268] Kol 3,5,[269] Gal 6,14,[270] 1 Petr 2,21, Hebr 12,2[271] werden gezogen. Vor allem bei BEDA

---

[256] AUGUSTINUS, *serm.* 205,1 (PL 38, 1039).

[257] AUGUSTINUS, *cont.* 9 (CSEL 41, 151).

[258] AUGUSTINUS, *en. Ps.* 118, serm. 25, 6 (CCL 40, 1751).

[259] PELAGIUS, *in Gal.* (SOUTER, 338). Zu AUGUSTINS Behandlung der Frage siehe zu Gal 5,6.

[260] APPONIUS, *Cant.* 2,2 (SC 420, 228). Auf die Verbreitung des aus Kol 2,20 stammenden Zusatzes *cum Christo* innerhalb der Auslegungen von Gal 5,24 (*carnem suam cum Christo crucifixerunt*) verweist KÖNIG, Apponius, 53 Anm. 7.

[261] APPONIUS, *Cant.* 1,44 (SC 420, 210).

[262] APPONIUS, *Cant.* 8,57 (SC 421, 312).

[263] AUGUSTINUS, *ex. prop. Rm.* 26,5 (CSEL 84, 14).

[264] AMBROSIASTER, *in Rom.* 6,8,1 (CSEL 81/1, 196); *in Rom.* 8,17,3 (CSEL 81/1 276).

[265] Die Kreuzigung unseres Leibes ist die Vorbedingung für unsere Auferstehung in seinem Leibe und für die Verherrlichung unseres nichtigen Leibes; so HILARIUS VON POITIERS, *in psalm.* 14,5 (CSEL 22, 87f), mit zusätzlichen Anspielungen auf Röm 6,8 und Kol 3,1.

[266] AMBROSIASTER, *in Gal.* 5,24,1f. (CSEL 81/3, 61). Der Bezug zu 1 Joh 2,15 wird hergestellt mit dem Satz: *Qui enim Christo devoti sunt, carnem, id est mundum, crucifigunt.*

[267] THEODOR VON MOPSUESTIA, *in Gal.* (SWETE 102): durch die Erneuerung des Geistes sind wir schon in jenes zukünftige Leben hinübergegangen (vgl. 1 Joh 3,14). THEODORET VON CYRUS, *in Gal.* (PG 82, 497 C) stellt den Bezug zu Röm 6,3 her: Diejenigen, die ihr Fleisch gekreuzigt haben, d.h. mit Christus begraben sind, haben ihren Leib gegenüber der Sünde als tot deklariert.

[268] CYRILL VON ALEXANDRIEN, *glaph. Gen.* 1,1 (PG 69, 16 D).

[269] CYRILL VON ALEXANDRIEN, *Lc.* (PG 72, 845 AB); ders., *glaph. Ex.* 2 (PG 69, 456 AB); *hom. pasch.* 10,1 (PG 77, 613 A), mit zusätzlichem Verweis auf Gal 5,16.

[270] DOROTHEUS VON GAZA, *Dd.* 16, 168 (FC 37/2, 436).

[271] PRIMASIUS VON HADRUMETUM, *in Apoc.* 2,5 (CCL 92, 87).

VENERABILIS firmiert Gal 5,24 öfters als Zusammenfassung des christlichen Lebens.[272] Auf die tägliche Kreuzigung des Fleisches weisen alttestamentliche Opferstätten,[273] Opfervollzüge[274] und sonstige Schlachtungsvorgänge[275] in geistlicher Deutung voraus. Die Kreuzigung des Fleisches ist die Nachahmung des Todes Christi.[276]

3. HIERONYMUS diskutiert im *Galaterkommentar* eine von ihm auf ORIGENES zurückgeführte Lesart, die den Schlussteil von V. 23 zu V. 24 zieht, unter Verzicht auf das δέ das οι zu Beginn von V. 24 nicht als Artikel, sondern als Relativpronomen auffasst und Χριστοῦ als Genitivattribut zu σάρκα begreift, und fragt nach dem Recht der Redeweise *carnem Christi crucifigere*, da doch in Hebr 6,6 vor dem *rursum crucifigere Christum* gewarnt wird. Seine Antwort: Man muss zwischen *rursum crucifigere* und *crucifigere* wie zwischen *crucifigere Filium Dei* und *crucifigere carnem Christi* unterscheiden. Letztere Redeweise sei angemessen, da unsere Glieder doch Glieder Christi sind und somit auch unser Fleisch Christi Fleisch ist und wir die *mortificatio Iesu* ständig an unserem Leibe herumtragen.[277] Die Lesart *vitia* statt παθήματα ist sachlich gerechtfertigt, habe der Apostel doch die ἐπιθυμίαι erwähnt, damit er bei den geistlichen Menschen nicht die Natur des Leibes, sondern seine Laster leugne. Doch bevorzugt der Stridonier als Lesart von Gal 5,24, dass die hier Genannten nicht das Fleisch Christi, sondern ihr eigenes Fleisch gekreuzigt haben.[278]

Gal 5,25

Wenn wir aus dem Geist leben, dann wollen wir auch im Geist wandeln.

Sekundärliteratur: DÜNZL, Pneuma, 272–274.

1. Der Schriftgebrauch ist meist auf die Formulierung „im Geist wandeln" bezogen; 2. die Realität der Gabe des Heiligen Geistes wird durch das Stichwort „leben" betont; 3. dessen verschiedene Bezugsgrößen lassen Gal 5,25 als

---

[272] BEDA VENERABILIS, *Mc.* 1,1,6 (CCL 120, 441). Die Kreuzigung des Fleisches geschieht dadurch, dass man die Sünden durch Buße, Fasten und Weinen abwischt (BEDA VENERABILIS, *hom.* 1,1 [CCL 122, 4]). Wie selbstverständlich für altkirchliche Theologen das Kreuz Christi mit der Kreuzigung unseres Fleisches verbunden sein konnte, wird daran sichtbar, dass die Betrachtung kreuzförmiger Sternbilder unmittelbar zur Erinnerung an Gal 5,24 führen kann, nicht erst zur Meditation des Geschehens vom Jahre 30 in Jerusalem, vgl. (Ps.?)-ANASTASIUS SINAITA, *hexaem.* 4 (PG 89, 910 B).

[273] So z.B. der Brandopferaltar (BEDA VENERABILIS, *tab.* 3,92 [SC 475, 452] zu Ex 27,1–8).

[274] So z.B. das Opfer der Leute von Beth-Schemesch (1 Sam 6,15) nach BEDA VENERABILIS, *Sam.* 1,6,15 (CCL 119, 54) oder der Dienst des Samuel nach 1 Sam 2,18 (ders., *Sam.* 1,2,18 [CCL 119, 27]) oder das Geschenk der Myrrhe nach Mt 2,11 (ders., *Esd. et Neh.* 3 [CCL 119 A, 370]).

[275] BEDA VENERABILIS, *Tob.* 8,22 (CCL 119 B, 13).

[276] BEDA VENERABILIS, *Cant.* 1,1,12 (CC.SL 119 B, 205).

[277] HIERONYMUS, *in Gal.* (CCL 77 A, 197–199).

[278] HIERONYMUS, *in Gal.* (CCL 77 A, 198).

Beleg für die Homousie des Heiligen Geistes geeignet erscheinen. 4. In der Schriftauslegung wird die Stelle als Mahnung wie auch im Sinne der Abgrenzung von einem fleischlichen Gesetzesverständnis verstanden.

1. Für CLEMENS VON ALEXANDRIEN ist Gal 5,25 ein Baustein in seiner Konzeption der göttlichen Pädagogik: Der Logos als der wahre παιδαγωγός erzieht durch Mose und die Apostel die ganze Menschheit. Einige der Inhalte sind in Gal 5,25; 6,2.7.9 genannt.[279] Der Wandel im Geist ist Kennzeichen christlicher Vollkommenheit[280] und Antwort auf die Heilstat Christi,[281] die sich in Abkehr von einem Leben in Begierden äußert;[282] er bedeutet, Gott mehr durch die Befolgung seiner Gebote als durch die Bewunderung seiner Werke zu verehren.[283]

2. Die Aufforderung Gal 5,25 ist für EPIPHANIUS VON SALAMIS biblischer Beleg dafür, dass uns tatsächlich der Geist als Angeld gegeben ist. Dies verweist aufgrund der Nähe von Gal 5,25 zu Röm 8,13 mit seinem Futur ζήσομεν auf die Auferstehungswirklichkeit, in der die sexuelle Begierde keine Rolle mehr spielt und der Kampf der Selbstbeherrschung nicht mehr nötig ist. So bezieht EPIPHANIUS Stellung gegen ORIGENES' Auffassung der Unterscheidung zwischen σῶμα ψυχικόν und σῶμα πνευματικόν.[284] Im monastischen Kontext folgert JOHANNES VON KARPATHUS aus der Stelle: Wir sollen uns nicht wundern, wenn hinsichtlich der Ehrenstellen uns Brüder vorgezogen werden, die uns an asketischer Arbeit eigentlich nachstehen. Wie Gott jedem (scil. das Maß des Heiligen Geistes) zugebilligt hat, sollen wir auch wandeln.[285]

3. Mehrfach dient Gal 5,25 als Schriftbeweis zugunsten der Homousie:[286] Biblisch stehen die Wendungen „Gott leben", „Christus leben" und „dem Geist leben" nebeneinander. Eine spezielle Polemik entnimmt GREGOR VON NYSSA der Stelle. EUNOMIUS VON CYZICUS hatte 2Kor 3,17 („der Herr ist der Geist") zugunsten der Subordination Christi entnommen, die κυριότης bezeichne dessen οὐσία, nicht die Würde. Dann aber, so GREGOR, müsste auch πνεῦμα in Gal 5,25 die οὐσία bezeichnen – in 2Kor 3,17 bliebe der Sprachgebrauch unklar.[287]

4. In den Kommentaren wird Gal 5,25 als Mahnung gedeutet,[288] als Abgrenzung von einem fleischlichen Gesetzesverständnis[289] und als Attacke gegen die

---

[279] CLEMENS VON ALEXANDRIEN, *paed.* 3,95,2 (GCS 12, 288).

[280] ORIGENES, *comm. in Mt.* 15,5 (GCS 40, 361); GREGOR VON NYSSA, *virg.* 23,6 (SC 119, 544).

[281] AMBROSIUS, *spir.* 3,17/126 (CSEL 79, 204).

[282] (Ps.?)-BASILIUS VON ANCYRA, *virg.* 52 (PG 30, 773 D – 776 A), mit Verweis auf Lk 7,36–50.

[283] GREGOR VON NAZIANZ, *or.* 3,7 (SC 247, 252).

[284] EPIPHANIUS VON SALAMIS, *haer.* 64,63,16 (GCS 31, 502).

[285] JOHANNES VON KARPATHUS, *cap. hort.* 31 (PG 85, 1843f).

[286] (Ps.?)-DIDYMUS, *trin.* 1,22,1f. (HÖNSCHEID 144), mit Verweis auf 2Kor 5,15; Gal 5,25; Ps.-ATHANASIUS (EUSEBIUS VON VERCELLI?), *trin. et spir.* 12,81 (CCL 9, 182), mit Verweis auf Röm 6,10; 2Kor 5,15; Gal 5,25; ANONYMUS, *lib. trin.* 9 (CCL 90, 254).

[287] GREGOR VON NYSSA, *Eun.* 3/5, 2 (GNO 2, 161).

[288] HIERONYMUS, *in Gal.* (CCL 77 A, 199); AMBROSIASTER, *in Gal.* 5,25f. (CSEL 81/3, 61).

[289] PELAGIUS, *in Gal.* (SOUTER 338); THEODORET VON CYRUS, *in Gal.* (PG 82, 497 D), ebenso JOHANNES CHRYSOSTOMUS, *comm. in Gal.* (PG 61, 674), mitbedingt durch seine Auslegung von Gal 5,26 (s.u.); JOHANNES VON DAMASKUS, *f.o.* 96/4,23 (KOTTER II, 226); ders., *in Gal.* (PG 95, 813 D).

Gegner des Paulus: Der Ablativ *spiritu sectemur* bezeichnet den Geist als Maßstab des bereits gegebenen, nicht als Ziel des durch Gesetzeswerke zu erlangenden Christseins der Galater.[290] Der Begriff στοιχεῖν kann umschrieben werden mit der Wendung „nach den Gesetzen des Geistes wandeln"[291] oder mit den Begriffen „gehorchen"[292] oder „nachjagen".[293] Im Hinblick auf die neuzeitliche Verwendung von Gal 5,25 als l.c. für die paulinische Verhältnisbestimmung zwischen Soteriologie und Ethik[294] ist zu notieren, dass keiner der Autoren das paulinische „wenn ... dann" als Verhältnis von Grund und Folge auffasst.[295]

Gal 5,26

Wir wollen nicht prahlen, nicht miteinander streiten und einander nichts nachtragen.

1. In der Rezeptionsgeschichte der Stelle ist vor allem die erstgenannte Warnung vor der Ruhmsucht (κενοδοξία) von Belang, 2. später werden auch die anderen Warnungen wahrgenommen.

1. Die Warnung vor Ruhmsucht wird als Warnung davor ausgelegt, der Masse gefallen zu wollen,[296] als Warnung vor weltlicher Ehrsucht,[297] aber auch vor eigenwilligem übermäßigen Fasten,[298] als Warnung davor, mit guten Taten Ehre

---

[290] AUGUSTINUS, *exp. Gal.* 54,4f (CSEL 84, 130).

[291] JOHANNES CHRYSOSTOMUS, *comm. in Gal.* (PG 61, 674).

[292] HIERONYMUS, *in Gal.* (CCL 77 A, 199).

[293] AUGUSTINUS, *exp. Gal.* 54,1 (SCEL 84, 129), im Lemma wie in der Kommentierung; *sectemur* ersetzt das in Gal 5,25 VL und Vg übliche und bei AMBROSIASTER, *in Gal.* (CSEL 81/3, 61), und PELAGIUS, *in Gal.* (SOUTER 338) bezeugte *ambulemus*.

[294] Klassisch war das Modell „Indikativ - Imperativ", vgl. BULTMANN, Problem, 53f. Zur Kritik vgl. u.a. SANDERS, Paulus, 430.443; SCHNELLE, Begründung, 122.

[295] Natürlich gibt es noch andere Gründe, warum Gal 5,25 nicht in der genannten neuzeitlichen Weise rezipiert wird. Die Frage nach einer spezifisch *paulinischen* Verhältnisbestimmung zwischen Sein und Sollen liegt nicht im Interesse der altkirchlichen Theologen. Das neuzeitliche Interesse, die Einzelweisung nicht rein biblizistisch zu begründen, geht an der antik-christlichen Wertschätzung der Idee und der Wirklichkeit des νόμος vorbei (vgl. Mt 22,40; Joh 13,34; Gal 6,2). Diskutiert wird die Begründung der Verbindlichkeit der alttestamentlichen ethischen im Gegenüber zur rituellen Thora (vgl. zu Gal 5,14). Für das Verhältnis zwischen Soteriologie und Ethik sind eher Stellen wie Röm 6 sowie Mt 16,24; Gal 2,19b.20; 5,24; 6,14 ausschlaggebend oder auch der Gedanke des Vorbildes Christi und der Apostel.

[296] CLEMENS VON ALEXANDRIEN, *str.* 1,41,6 (GCS 15, 27f.

[297] BASILIUS, *reg. brev.* 52 (PG 31, 1117 A). Als Synonym zu κενοδοξία gilt ihm die ἐριθεία (BASILIUS, *reg. brev.* 66 [PG 31, 1129 BC]). Schon bei ORIGENES, *comm. in Mt.* ser. 12.14 (GCS 38, 24.27) wird das in Gal 5,26a genannte Streben auch als Problem innerhalb der Kirche benannt, gerade bei kirchlichen Würdenträgern; vgl. die an die Adresse der Schriftausleger gerichteten Warnungen bei HIERONYMUS, *in Gal.* (CCL 77 A, 202f).

[298] BASILIUS, *reg. brev.* 138 (PG 31, 1173 C), mit Verweis auf den Gehorsam Christi gegenüber dem Willen des Vaters nach Joh 6,38.

bei den Menschen zu suchen statt bei Gott,[299] als Warnung vor Hochmut,[300] und als Warnung an den Mönch angesichts der Erfahrung, dass manchmal nicht das Unglück, sondern das Glück den Menschen zum Verderben wird.[301]

2. Die Aufforderung, einander nicht zu provozieren, wird von EPHRÄM nicht auf die allgemeine Streitlust bezogen, sondern als Warnung verstanden, einander nicht zur wörtlichen Toraobservanz zu provozieren.[302] Nach JOHANNES CHRYSOSTOMUS ist Gal 5,26 an die Adresse der Gegner gerichtet,[303] nach THEODOR VON MOPSUESTIA an die Adresse der Galater,[304] nach THEODORET VON CYRUS an die Adresse derer, die auf der Seite des Apostels geblieben waren.[305] Für HIERONYMUS ist Gal 5,26 kontextgemäß auszulegen und verdeutlicht, was mit Gal 5,13b und Gal 5,25b gemeint ist.[306]

Gal 6,1–10: Allgemeine Mahnungen

Gal 6,1

Wenn einer sich zu einer Verfehlung hinreißen lässt, meine Brüder, so sollt ihr, die ihr vom Geist erfüllt seid, ihn im Geist der Sanftmut wieder auf den rechten Weg bringen. Doch gib Acht, dass du nicht selbst in Versuchung gerätst.

Die Rezeption der Stelle beginnt mit dem Nachdenken 1. über die Mahnung, auf sich selbst zu achten, und 2. über die Wendung „ihr, die ihr vom Geist erfüllt seid", die in verschiedene Richtung bedacht wird. Dann ist auch 3. der Begriff der „Sanftmut" der Gegenstand zunächst der Applikation, später auch der Erörterung hinsichtlich der Motivation.

1. Die Mahnung, auf sich selbst zu achten, ist nach ORIGENES die Mahnung an uns Rechtgläubige, dass wir uns nicht nur aufgrund unseres Namens, sondern durch unser Tun von Heiden und Häretikern unterscheiden und die in Röm 1,26–32 genannten Sünden vermeiden.[307] Dass man der Versuchung ausgesetzt

---

[299] HIERONYMUS, *in Gal.* (CCL 77 A, 202), mit Verweis auf 1Kor 13,3.
[300] DEFENSOR VON LIGUGÉ, *lib. scint.* 46,3 (SC 86, 90), mit zusätzlichem Verweis auf Gal 1,10 und Gal 6,3.
[301] JOHANNES CASSIAN, *inst.* 11,12 (CSEL 17, 200), mit Bezug auf 2Chr 26,15b.16.
[302] EPHRÄM, *in Gal.* (MMK 138).
[303] JOHANNES CHRYSOSTOMUS, *comm. in Gal.* (PG 61, 674).
[304] THEODOR VON MOPSUESTIA, *in Gal.* (SWETE 102f).
[305] THEODORET VON CYRUS, *in Gal.* (PG 82, 497 D – 500 A).
[306] HIERONYMUS, *in Gal.* (CCL 77 A, 200).
[307] ORIGENES, *comm. in Rom.* 1,19 (FC 2/1, 162). Für den auffälligen Numeruswechsel in Gal 6,1 vom Plural zum Singular kennt HIERONYMUS als Erklärung sowohl den Verweis auf die philologische Inkompetenz des Paulus, das Griechische betreffend, als auch den auch sachlich weiterführenden Verweis auf Röm 14; 15 (HIERONYMUS, *in Gal.* (CCL 77 A, 206f)).

ist, steht für HIERONYMUS allein schon aufgrund der Versuchung Christi fest.[308] Für THEODORET VON CYRUS rechtfertigt der Schlusssatz, Ps 31,11 („Freuet euch des Herrn") wie folgt auszulegen: Freut euch des Herrn, nicht der eigenen Werke.[309] Gal 6,1 warnt nach BEDA VENERABILIS vor törichtem Tadel des anderen[310] und mahnt dazu, sich gewissenhaft selbst zu prüfen, bevor man den anderen tadelt.[311] Die singularisch formulierte Aussage Gal 6,1b ist neben 1Kor 9,27; 10,12 bei JOHANNES VON KARPATHUS Warnung vor Selbsttäuschung.[312]

2. Für die Montanisten stand der Anspruch, „Geistesmänner" i.S. von Gal 6,1 zu sein, aufgrund ihrer Anerkennung der Charismen fest.[313] Nach ORIGENES machen der heilige Lebenswandel und die Vollkommenheit in Glauben und Wissen die Christen zu geisterfüllten Menschen.[314] (Ps.?)-DIDYMUS zufolge umschließt der Begriff πνευματικοί gleichermaßen die trinitätstheologische Rechtgläubigkeit wie die christliche Lebenspraxis des Überstiegs über die menschliche Natur.[315] Der biblisch belegte Wechsel der Selbstbezeichnung der Christen (Menschen Gottes, Christen, geistliche Menschen) setzt für ihn die Homousie in der Trinität voraus.[316]

Dass gerade auch „geistliche Menschen" in Sünde fallen können, beschäftigt HIERONYMUS und AUGUSTINUS.

HIERONYMUS gewinnt der Stelle Beweiskraft gegen die häretische Entgegensetzung von choischen und pneumatischen Menschen ab: Auch die geistlichen Menschen sind der Versuchung ausgesetzt, wie ja auch Paulus die Kirche früher verfolgt hatte. Zu 1Kor 4,21 bestehe kein Widerspruch: Diese Drohung gelte dem, der sich noch nicht als Sünder erkennt, Gal 6,1 für den Umgang mit demjenigen, der sich seiner Sünde bewusst ist.[317]

Bei AUGUSTINUS ergeben sich Argumentationsmöglichkeiten in Fragen der Gotteslehre wie der Ethik wie der Philosophie.

In der Auslegung der Schöpfungsgeschichte hält AUGUSTINUS fest, dass der supralapsarische Adam (Adam vor dem in Gen 3 erzählten „Sündenfall") als glückselig zu bezeichnen ist, obwohl er ebenso wenig wie die in Gal 6,1 Genannten im Voraus um seine Sünde wusste.[318] Von daher ist nicht Gott zu beschuldigen, er habe einen unvollkommenen Menschen geschaffen. Neben die-

---

[308] HIERONYMUS, *in Gal.* (CCL 77 A, 206).
[309] THEODORET VON CYRUS, *Ps.* (PG 80, 1093 A).
[310] BEDA VENERABILIS, *Prov.* 2,13,13 (CCL 119 B, 80).
[311] BEDA VENERABILIS, *hom.* 1,25 (CCL 122, 180).
[312] JOHANNES VON KARPATHUS, *cap. hort.* 40 (PG 85, 798 B).
[313] TERTULLIAN, *monog.* 1,2 (CCL 2, 1229).
[314] ORIGENES, *comm. in Rom.* 10,14, zu Röm 15,25–29 (FC 2/5, 230).
[315] (Ps.?)-DIDYMUS, *Trin.* 2,20 (PG 39, 740 A). Dass πνευματικός die Tugend, nicht die Natur des Menschen bezeichnet, betont auch JOHANNES CHRYSOSTOMUS, *serm. in Gen.* 9,1 (PG 54, 622).
[316] (Ps.?)-DIDYMUS, *Trin.* 1,24,9 (HÖNSCHEID 150).
[317] HIERONYMUS, *in Gal.* (CCL 77 A, 204f); letzteres wörtlich übernommen bei JULIAN VON TOLEDO, *ant.* 2, 61 (PL 96, A).
[318] AUGUSTINUS, *Gn. litt.* 11,18/24 (CSEL 28/1, 351).

sen Beitrag zur Theodizee tritt der Beitrag zur Ethik, die Erwägung, Adam sei trotz seiner *mens spiritalis* zur Sünde fähig gewesen, wie auch „geistige", d.h. in Christus erneuerte Menschen in die Versuchung der Sünde fallen können. Von der *mens spiritalis* des supralapsarischen Adam muss AUGUSTINUS reden, weil sonst die Mahnung „Erneuert euch im Geiste eueres Verstandes" (Eph 4,23) keine bestimmende Kraft über uns gewinnen könnte.[319] Andernorts vermerkt AUGUSTINUS zu Gal 6,1, dass man auch bei heiligen und gerechten Männern wie David nicht unbesehen alle Taten in die eigene Lebenspraxis übertragen darf.[320] In der Polemik gegen die Stoa ist für AUGUSTINUS Gal 6,1 ein Schriftbeleg dafür, dass bei den gottgemäß lebenden Bürgern der Gottesstadt auch die Furcht vor Versuchungen zu finden ist, sich gottgemäßes Leben also nicht in völliger Freiheit von Affekten, sondern in deren richtiger Zuordnung zu den angemessenen Gegenständen beschreiben lässt.[321]

3. Der Begriff πραΰτης bewirkt, dass Gal 6,1f generell als Mahnung zur Milde im Umgang mit Gefallenen[322] während der Verfolgungszeit,[323] mit Sündern[324] oder Schwachen im Glauben[325] oder mit Häretikern[326] rezipiert werden kann.

Die Bereitschaft zur Milde erwächst nach HIERONYMUS aus dem Wissen um die Schwierigkeit der Aufgabe, nicht in Sünde zu fallen. Auch der Erlöser, nach Hebr 4,15 uns in allem ähnlich bis auf die Sünde, ist versucht worden, damit er mitleiden könne mit unserer Schwäche, *suo doctus exemplo, quam difficilis sit in carne victoria*. Solche Milde ist gefordert von einem Asketen wie einem

---

[319] AUGUSTINUS, *Gn. litt.* 6,28/39 (CSEL 28, 199f).

[320] AUGUSTINUS, *c. mend.* 22 (CSEL 41, 497). Ein Beispiel ist David: Er hatte im Leichtsinn geschworen, Nabal umzubringen, dies dann aber unterlassen (vgl. 1 Sam 25,22.33).

[321] AUGUSTINUS, *civ.* 14,9 (CSEL 40/2, 19).

[322] Allgemein als Mahnung zur *compassio proximi* wird Gal 6,1 bei DEFENSOR VON LIGUGÉ, *lib. scint.*, 45,4 (SC 86, 80) rezipiert; das fand m.W. keine weitere Nachahmung.

[323] CYPRIAN VON KARTHAGO, *ep.* 55,18,1 (CCL 3 B, 277; mit Verweis auf Gal 6,1b.2; 1Kor 10,12 und Röm 14,4) gegen Novatian; ähnlich (ohne Verweis auf 1Kor 10,12) PACIANUS, *ep.* 1,5,10 (SC 410, 180), dort neben Offb 2,5.6.22; 3,3.19; 2Kor 7,9f.); 3,20,3 (SC 410, 254); dort Verweis auf Gal 6,1f). PACIAN rezipiert dabei nur *instruite huiusmodi in spiritu mansuetudinis*.

[324] KALLIST VON ROM, *ep.* 2,5 (PG 10, 130 A); CASSIODOR, *in psalm.* 140,5 (CCL 98, 1264; die πραΰτης ist die *misericordia* in Ps 140, 5); AUGUSTINUS, *ep.* 22,5 (CSEL 34, 58); eigens auf Gal 6,1b als Quelle der Motivation verweist BASILIUS VON CÄSAREA, *hom.* 20,7 (PG 31, 537 D). Vorausgesetzt ist diese Anwendung von Gal 6,1 auch bei EPIPHANIUS VON SALAMIS, *haer.* 59,5,5 (GCS 31, 369f). In einer *conclusio a minore ad maius* folgert er gegenüber den Katharern: Wenn schon die postbaptismale Buße möglich ist, wie sollen dann diejenigen von der Kirche auszuschließen sein, die nach dem Tod der ersten Ehefrau ein zweites Mal heiraten, bei denen zwar eine geistliche Schwäche, aber keine Versündigung vorliegt?

[325] BASILIUS VON CÄSAREA, *moral.* 41,2 (PG 31, 761 B), zitiert Gal 6,1f insgesamt. Die Grenze der geforderten Milde ist, dass Gottes Gebot nicht vernachlässigt wird.

[326] AUGUSTINUS, *ep.* 219,1f (CSEL 57, 428–430; er bedenkt Gal 6,1–3 insgesamt) zu seinem eigenen Umgang mit Leporius, der im Interesse, die Würde der göttlichen Natur Christi zu wahren, die Menschwerdung Christi geleugnet und damit eine vierte Person (den Menschen Jesus) in die Trinität eingeführt hatte. Die Mahnung, einen Sünder im Geist der Sanftmut zurechtzuhelfen, schließt nach NESTORIUS auch die Toleranz denen gegenüber ein, die für Maria nur den Titel ἀνθρωποτόκος aussagen wollen (NESTORIUS, *serm.* 12,31 (PL 48, 861 C – 862 A).

werdenden Märtyrer bei der Betrachtung eines anderen, der an diesen Idealen gescheitert ist: Er soll sich weniger über dessen Niederlage als über den eigenen Sieg wundern.[327]

Im Rahmen eines für Rom belegten Rekonziliationsritus am Gründonnerstag wird in einer Ansprache eines ansonsten unbekannten Archidiakons die erbetene Wiederannahme der Sünder durch Bischöfe und Gläubige u.a. mit Hilfe von Gal 6,1f motiviert.[328] Der Schlusssatz in Gal 6,1 *qui ... se putat stare, uideat ne cadat* expliziert den Gedanken der Solidarität:[329]

> Welcher Weise, wenn er ein Mensch ist, wird einen Menschen fallen sehen und hochmütig behaupten, er selbst stehe fest? In diesen (den Sündern) und jenen (denen, die um deren Wiederannahme gebeten werden) gibt es keine Gemeinsamkeit des begangenen Unrechts, wohl aber eine Gemeinsamkeit der Schwäche.

Laut der *Regula Magistri* soll bei der gedanklichen Verfehlung eines Bruders die Versammlung der Mönche im Wissen um die eigene Fehlbarkeit für ihn beten, dass er dessen gewürdigt wird, im Zeichen des Kreuzes die Versuchungen zu überwinden.[330] Wenn die bösen Gedanken ihm auch am dritten Tag noch nicht aus dem Kopf gegangen sind, soll die ganze Versammlung auf Öl und Wein bei Tisch verzichten und so gemeinsam i.S. von Gal 6,2 die Last tragen.[331]

Einige Kommentatoren verweisen darauf, dass nicht nur da steht „in Sanftmut", sondern „im Geist der Sanftmut": Es gefällt dem Geist, und in dieser Weise helfen zu können, ist eine Gabe des Heiligen Geistes.[332]

Die angemahnte Milde wird in der Schriftauslegung gelegentlich theologisch, häufiger anthropologisch begründet. Theologisch wird auf Ez 18,11 verwiesen: Gott will nicht den Tod des Sünders, sondern, dass er umkehre und lebe.[333] Anthropologisch ist die Einsicht in die Schwäche und Veränderlichkeit der menschlichen Natur leitend, der die Vollkommenen[334] genauso wie die Sünder unterworfen sind.[335] Auch man selbst ist der Gefahr des Sündigens ausgesetzt[336] und wird einmal darauf angewiesen sein, dass ein anderer die eigene

---

[327] HIERONYMUS, *in Gal.* (CCL 77 A, 205).

[328] ARCHIDIACONUS ANONYMUS ROMANUS, *rec. paen.* 3,5 (CCL 9, 362).

[329] *Quis sapiens cum homo sit hominem cadere uideat, et se stare superbiat? Non est in his et illis communis iniquitas, sed est communis infirmitas* (ebd.).

[330] *Reg. Mag.* 15,21–25 (SC 106, 66).

[331] *Reg. Mag.* 15,44–47 (SC 106, 70).

[332] JOHANNES CHRYSOSTOMUS, *comm. in Gal.* (PG 61, 673). Für die Deutung von Gal 6,1 auf den Heiligen Geist vgl. (Ps.?)-DIDYMUS DER BLINDE, *Trin.* 2,3,9 (SEILER 44).

[333] HIERONYMUS, *in Gal.* (CCL 77 A, 203).

[334] Eine neuzeitlich manchmal erwogene ironische Nuance des Ausdrucks πνευματικοί wird von den altkirchlichen Auslegern nicht diskutiert.

[335] THEODOR VON MOPSUESTIA, *in Gal.* (SWETE 103).

[336] AMBROSIASTER, *in Gal.* 6,1,2 (CSEL 81/3, 62); AUGUSTINUS, *exp. Gal.* 56,4 (CSEL 84, 131); ders., *en. Ps.* 51,13 (CCL 39, 632); PELAGIUS, *in Gal.* (SOUTER, 338). Für FULGENTIUS VON RUSPE, *rem. pecc.* 1,9,2f (CCL 91 A, 656) kann der Schlusssatz von Gal 6,1 daher Phil 2,13 erläutern („Schafft euer Heil in Furcht und Zittern").

Schwäche geduldig trägt.[337] AUGUSTINUS lässt sich von pastoralen Anliegen leiten. Nur im Geist der Milde und unter der Motivation der Liebe lassen sich die Forderungen von Gal 6,1; 2Tim 2,24; 4,2 erfüllen und die in Mt 7,3 angesprochene Gefahr der verfehlten Selbsteinschätzung vermeiden.[338] Dann aber gilt: „Liebe und sage, was du willst. Es wird auf keine Weise eine Schmähung sein, mag es anscheinend auch wie eine Schmähung klingen."[339]

Gal 6,2

Einer trage des anderen Last; so werdet ihr das Gesetz Christi erfüllen.

Die Darstellung gliedert sich nach dem Verständnis der Begriffe 1. „Last" und 2. „Gesetz Christi". Diese letztere Wendung wird 2.1 vor allem im Sinne einer ethischen Forderung verstanden, 2.2 dann aber auch im Zuge der Unterscheidung zwischen Altem und Neuem Testament rezipiert.

1. Gal 6,2a kann kontextunabhängig als allgemeine Mahnung zur Wohltat,[340] besonders hinsichtlich der materiellen Nöte des Nächsten[341] oder seiner Bedürfnisse im Krankheitsfall[342] rezipiert werden, kann in der Diskussion um die Legitimität der Ehe auch das – je nach Standpunkt des Autors gebilligte[343] oder missbilligte[344] – Tragen der sexuellen Begierde bezeichnen, kann aber auch allgemein die menschliche Schwäche und Sündhaftigkeit ansprechen[345] und zur

---

[337] JOHANNES CHRYSOSTOMUS, *comm. in Gal.* (PG 61,674); AUGUSTINUS, *en. Ps.* 129,4 (CCL 40, 1892); sinngemäß auch GREGOR d. Gr., *past.* 2,10 (SC 381, 244); JOHANNES CHRYSOSTOMUS, *hom. in Gen.* 43,4 (PG 54, 401); ders., *serm. in Gen.* 9,2 (PG 54, 622).

[338] AUGUSTINUS, *exp. Gal.* 56,6–57,1 (CSEL 84, 132f).

[339] AUGUSTINUS, *exp. Gal.* 57,4 (CSEL 84, 134; Übersetzung RING, Gnade, 211).

[340] ORIGENES, *hom. in Lc.* 34,9 (FC 4/2, 344); (Ps.?)-CYPRIAN, *testim.* 3,9 (CCL 3, 97).

[341] *Diogn.* 10,6; ORIGENES, *comm. in Rom.* 10,6 (FC 2/5, 182); HIERONYMUS, *in Gal.* (CCL 77 A, 208; neben der Deutung auf die Sünde); HILARIUS VON ARLES, *tract. in 1 Pt* 3,8 (CCL 108 B, 88), bezogen auf das Wort *compatientes* in 1 Petr 3,8.

[342] JOHANNES VON DAMASKUS, *parall.* 13,2 (PG 96, 188 C).

[343] CLEMENS VON ALEXANDRIEN, *str.* 3,4,3 (GCS 15, 197).

[344] Ps.-CYPRIAN VON KARTHAGO, *singul. cler.* 10 (CSEL 3/3, 184f) empfiehlt den Klerikern den Zölibat und will mit einer möglichen Berufung auf Gal 6,2 wehren: Gemeint ist nicht, dass wir mit Hilfe unserer Frauen „unsere Versuchungen pflegen", sondern dass wir in der *mutua consolatio fratrum* anderen in Anfechtung Hilfe gewähren.

[345] (Ps.?)-CYPRIAN VON KARTHAGO, *testim.* 3,9 (CCL 3, 97; er zitiert Gal 6,1bβ.2); Antonius, nach ATHANASIUS, *v. Anton.* 55,8 (SC 400, 284); HIERONYMUS, *in Gal.* (CCL 77 A, 207); OPTATUS VON MILEVE, *c. Parmen.* 7,3,4 (SC 413, 222); vorausgesetzt auch bei ANASTASIUS SINAITA, *qu.* 6 (PG 89, 373 B). – AMBROSIUS kann die „Last" sowohl auf die Freundschaftspflichten deuten (*off.* 3,22,129 [CCL 15, 202]; vgl. AUGUSTINUS, *div. qu.* 71,1 [CCL 44 A, 201]) wie auch auf die Sündenlast des Sünders, die die Kirche tragen soll (AMBROSIUS, *paenit.* 1,15,81 [SC 179, 118]). GERMANUS VON KONSTANTINOPEL, *contempl.* (PG 98, 417 C), kann mit Gal 6,2 motivieren, dass die bereits erleuchteten Gläubigen für die noch schwachen Katechumenen beten sollen.

Vergebungsbereitschaft mahnen[346] – im Bewusstsein der eigenen Sündhaftigkeit (Gal 6,1) soll man den anderen wegen seiner Fehler nicht leichtfertig anklagen.[347] AUGUSTINUS geht in seiner Gal 6,2 gewidmeten Abhandlung innerhalb von *de diversis quaestionibus LXXXIII* der Frage nach, wie die Bereitschaft zu der in Gal 6,2 genannten Haltung zu fördern sei. Er antwortet mit Verweis auf die Wohltaten Christi nach Phil 2,5–11, auf die eigene Schwäche, aufgrund deren man selbst auf ein Gal 6,2 entsprechendes Handeln des anderen angewiesen sein könnte, und auf den Tod Christi zugunsten des Bruders nach 1Kor 8,11.[348] FAUSTUS VON RIEZ und CÄSARIUS VON ARLES unterscheiden zwischen Person und Werk: Wir sollen die Sünde des anderen hassen, ihn selbst jedoch lieben,[349] und wir sollen uns gegenseitig in Liebe ermahnen und die Ermahnung des anderen uns gefallen lassen.[350]

Gelegentlich wird der situative Kontext bei den Adressaten der jeweiligen Aktualisierung deutlich. So kann Gal 6,2 bestimmend für das Miteinander in der Kirche[351] ebenso wie in der Ehe[352] oder auch für das Tragen der gemeinsamen Arbeit im missionarischen Dienst.[353]

2.1 Die Wendung „Gesetz Christi" wird zunächst im allgemeinen Sinn[354] verstanden, wie Gal 6,2 generell das Christsein bezeichnen kann;[355] später wird sie vor allem in den Kommentaren kontextgemäß auf die Milde[356] oder die Nächstenliebe[357] oder auf den dem Sünder geltenden Heilswillen Gottes[358] oder

---

[346] CYRILL VON ALEXANDRIEN, *Lc.* (PG 72, 829 D – 832 A). Die Mahnung begründet er mit dem Verweis auf die eigene Schwäche (Gal 6,1 fine). AUGUSTINUS erinnert an die sechste Vater-Unser-Bitte: Wer zuverlässig von sich sagen kann: „wie auch wir vergeben unseren Schuldigern", der trägt dem anderen die Last (AUGUSTINUS, *en. Ps.* 129,5 [CCL 40, 1894]).

[347] JULIAN POMERIUS, *Pomer.* 2,6 (PL 59, 450 C).

[348] AUGUSTINUS, *div. qu.* 71,3–7 (CCL 44 A, 202–207); vgl. insgesamt LA BONNADIÈRE, Portez, 201–215. Auf 1Kor 8,11 verweist auch HIERONYMUS, *in Gal.* (CCL 77 A, 208).

[349] FAUSTUS VON RIEZ, *serm.* 21 (CSEL 21, 308); CÄSARIUS VON ARLES, *serm.* 91,7 (CCL 103, 378). Solches Lieben verwirklicht sich in dem Mitleiden aus dem *affectus misericordiae* heraus (JOHANNES CASSIAN, *conl.* 11,10 [CSEL 13, 324f]).

[350] CÄSARIUS VON ARLES, *serm.* 135,5 (CCL 104, 89f). Bereits AUGUSTINUS, *c. litt. Pet.* 5/6 (CSEL 52, 168) hat in dieser Weise Gal 6,2 gegen die Donatisten gewendet.

[351] Einer soll den anderen tragen und ertragen, damit sich durch sie ein Bau der Liebe erhebt (GREGOR d. Gr., *in Ezech.* 2,1,5 [SC 360, 58]). Gerade die Ungeduldigen sollen sich nicht absondern, auch wenn ihnen die Gemeinschaft zur Last wird (ders., *past.* 3,9 [SC 382, 300]).

[352] GREGOR d. Gr., *past.* 3,27 (SC 382, 448). Christi Vorbild (2Kor 8,9) verpflichtet.

[353] BONIFATIUS, *ep.* 42 (PL 89, 742 A); *ep.* 82 (PL 89, 781 D).

[354] Gelegentlich wird Gal 6,2 in der trinitätstheologischen Diskussion rezipiert: Die Wendung „Gesetz Christi" verweist neben den Wendungen „Gesetz Gottes" und „Gesetz des Geistes" auf die Homousie in der Trinität, so (Ps.?)-DIDYMUS, *Trin.* 1,23,2 (HÖNSCHEID 146).

[355] BASILIUS VON CÄSAREA, *ep.* 65 (COURTONNE I, 156). – JOHANNES CHRYSOSTOMUS, *comm. in Gal.* (PG 61, 675) erfasst ἀναπληροῦν als Steigerung zu πληροῦν: Man soll das Gesetz Christi voll erfüllen.

[356] HIERONYMUS, *in Gal.* (CCL 77 A, 207).

[357] THEODOR VON MOPSUESTIA, *in Gal.* (SWETE 103); THEODORET VON CYRUS, *in Gal.* (PG 82, 500 B).

[358] AMBROSIASTER, *in Gal.* 6,2,2 (CSEL 81/3, 62).

auf das Vorbild Christi[359] u.a. im Umgang mit Sündern (Mt 11,30) bezogen.[360] Der bereits genannte Archidiakon in Rom beschreibt es so:[361]

Der keine Sünde getan hat, hat die Sünder gerufen, hat für die Sünder gebetet, hat die Sünden erlassen.

Als Gebot Christi wird die Liebe genannt,[362] oder es wird mit Joh 13,34 umschrieben[363] oder mit Lk 5,31 (nicht die Gesunden bedürfen des Arztes) und Mt 18,15 (Gespräch mit dem Sünder unter vier Augen).[364]

2.2 AUGUSTINUS hatte sich in seinem Frühwerk *Ad Simplicianum* mit der wohl manichäischen These auseinanderzusetzen, in Röm 7,7–25 seien positive Aussagen über das Gesetz auf das „Gesetz Christi" nach Gal 6,2 bezogen, negative Aussagen über das Gesetz auf das Gesetz der Juden[365] – der Nordafrikaner verweist dagegen auf die innere Kohärenz von Röm 7. Schon im Galaterbrief hatte AUGUSTINUS den Ausdruck „Gesetz Christi" als Anlass zu einer Reflexion genommen, die seine Hermeneutik und seine Bestimmung des Christseins unmittelbar verknüpft: Nach Röm 13,8 und Lev 19,18 ist auch das Alte Testament Gesetz Christi, das durch die Liebe zu erfüllen er gekommen ist (vgl. Mt 5,17).[366] Altes Testament wird es genannt, wenn es die nach den irdischen Gütern Strebenden zu Knechten niederdrückt, Neues Testament, wenn es die nach ewigen Gütern Entbrannten zu Freien emporhebt.[367] Für CASSIODOR wird die Stelle in seiner Auslegung zu Ps 129,4 Vg (*Quia apud te propitiatio est et propter legem tuam sustinui te, Domine*) bestimmend in der Frage, worauf sich die Wendung *legem tuam* bezieht. Der Vergebung scheint das Gesetz eigentlich entgegenzustehen, das die Sünde aufdeckt (Röm 7,7). Doch ist hier das Gesetz Christi gemeint, mit dem der Prophet vor Gott gerechtfertigt zu werden hofft; Summe dieses Gesetzes ist die Liebe, die die Herzen der Gläubigen entflammt und vollkommene Christen bewirkt.[368] Anders rezipieren AUGUSTINUS und PROSPER VON AQUITANIEN die Stelle in der Auslegung dieses Psalms: Wer gemäß der Weisung des Apostels barmherzig ist mit anderen, wird nicht

---

[359] MARIUS VICTORINUS, *in Gal.* 6,2 (CESL 83/2, 165), bezogen auf das geduldige Tragen unserer *mala*; GREGOR VON NAZIANZ, *ep.* 110 (GCS 53, 85), bezogen auf seine Menschlichkeit.

[360] HIERONYMUS, *in Gal.* (CCL 77 A, 207).

[361] ARCHIDIACONUS ANONYMUS ROMANUS, *rec. paen.* 3,5 (CCL 9, 362).

[362] THEODOR VON MOPSUESTIA, *in Gal.* (SWETE 103).

[363] HIERONYMUS, *in Gal.* (CCL 77 A, 207). Auf Joh 13,34 verweisen auch THEODORET VON CYRUS, *in Gal.* (PG 82, 500 B); AUGUSTINUS, *c. ep. Parm.* 3,2/5 (CSEL 51, 105); ders., *div. qu.* 71,1 (CCL 44 A, 200); PELAGIUS, *in Gal.* (SOUTER, 339). Er ergänzt: *simul notandum quod gratia lex dicatur*. Davon zu unterscheiden sei die Irrlehre, die rechtfertigende Gnade bestehe in der Gabe des Gesetzes selbst, durch dessen Erfüllung aus natürlichen Kräften wir gerecht werden.

[364] BASILIUS VON CÄSAREA, *reg. brev.* 178 (PG 31, 1201 AB).

[365] AUGUSTINUS, *Simpl.* 1,1,16 (CCL 44, 19).

[366] Anders beschreibt Ps.-PELAGIUS, *div.* (PLS 1, 1413), den Zusammenhang: Gal 6,2 zeigt wie 1Kor 9,21, dass auch das Neue Testament vom Gesetz spricht, das man erfüllen soll.

[367] AUGUSTINUS, *exp. Gal.* 58,2f (CSEL 84, 134).

[368] CASSIODOR, *in psalm.* 129,4 (CCL 98, 1188).

vergebens auf die göttliche Vergebung hoffen.[369] Die *lex Christi* wird als Gegensatz zur Tora bei JOHANNES VON DAMASKUS aufgefasst.[370] ANASTASIUS SINAITA ordnet im Rahmen einer allegorischen Auslegung von Sach 4,1–3.6 das „Gesetz Christi" in einer Hierarchie von sieben Gesetzen an oberster Stelle ein als Gesetz der Gnade; dass auch die Gnade ein Gesetz habe, sei durch Gal 6,2 bestätigt.[371]

Gal 6,3

Wer sich einbildet, etwas zu sein, obwohl er nichts ist, der betrügt sich.

Verständlicherweise wird die Stelle vornehmlich als *Warnung vor Selbstbetrug* aufgenommen.

Für HIPPOLYT VON ROM ist der Neid auf andere, nur um selbst „etwas zu sein", Erfahrungstatsache in der Geschichte des Gottesvolkes, wie der Neid der Großen Babylons gegenüber Daniel beweist.[372]

Gal 6,3 gilt allgemein als Warnung vor Selbstbetrug hinsichtlich des eigenen Christenstandes,[373] als Warnung vor Selbsttäuschung[374] und Hochmut,[375] Selbstüberschätzung[376] und Selbstsicherheit[377] – die Christen sind *viatores*, und nur, in dem sie sich als *viatores* wissen, können sie *perfecti* genannt werden; sie sind aber nicht *habitatores*, nicht *possessores*.[378] Die Erkenntnis von Gal 6,3 für sich selbst zu vollziehen, ist nach GREGOR VON NAZIANZ Zeichen von Weisheit.[379]

Häufig ist die Stelle bei SALVIANUS VON MARSEILLE als Warnung vor christlicher Selbsttäuschung rezipiert, sowohl in geschichtstheologischer Perspektive – die Christen meinen zu Unrecht, in den Katastrophen der Völkerwanderungszeit Anspruch auf Gottes Hilfe zu haben –,[380] als auch im Kontext der Mahnung,

---

[369] AUGUSTINUS, *en. Ps.* 129,4 (CCL 40, 1892); PROSPER VON AQUITANIEN, *in psalm.* 129,4 (CCL 68 A, 143).

[370] JOHANNES VON DAMASKUS, *f.o.* 96/4,23 (KOTTER II, 226).

[371] ANASTASIUS SINAITA, *qu.* 49 (PG 89, 609 A).

[372] HIPPOLYT, *Dan.* 3,16,4 (SC 14, 232).

[373] GREGOR VON NYSSA, *or. catech.* 40,4 (GNO 3/4, 104), bei ihm bezogen auf den Fall, dass der Taufe nicht die wirkliche Änderung der eigenen Lebenspraxis folgt.

[374] AMBROSIUS, *in psalm.* 36,77 (CSEL 64, 131f) zu der in Ps 36,35f geschilderten Torheit.

[375] DEFENSOR VON LIGUGÉ, *lib. scint.* 46,3 (SC 86, 90), mit zusätzlichem Verweis auf Gal 1,10 und Gal 5,26.

[376] Ps.-CYPRIAN VON KARTHAGO, *singul. cler.* 3 (CSEL 3/3, 175f), bezogen auf den von den Klerikern geforderten Zölibat.

[377] AUGUSTINUS, *en. Ps.* 38,8 (CCL 38, 410). Als Beschreibung der *superbia* dient eine Anspielung auf Gal 6,3 auch bei AUGUSTINUS, *en. Ps.* 77,27 (CCL 39, 1087).

[378] AUGUSTINUS, *serm.* 170, 15/18 (PL 38, 925), in Auslegung zu Phil 2,13f.

[379] GREGOR VON NAZIANZ, *or.* 36,1 (SC 318, 240).

[380] SALVIANUS VON MARSEILLE, *gub.* 3,11 (SC 220, 194); ders., *gub.* 4,60 (SC 220, 280), im Vergleich der „christlichen" Römer mit den ketzerischen oder heidnischen Barbaren.

all seinen Besitz der Kirche zu übereignen und somit Gott das zurückzuerstatten, was ihm eigentlich zusteht.[381]

Aus der Kommentarliteratur ist zu vermerken, dass MARIUS VICTORINUS die Stelle auf die Torheit weltlicher Weisheit vor Gott (1Kor 1,20) deutet, und dass THEODOR VON MOPSUESTIA in der Wendung „dass man nichts ist" das Gegenüber des Menschen zu dem richtenden Gott angesprochen sieht.[382] Nach AMBROSIASTER hat derjenige, der sich auf sich selbst etwas einbildet, nicht das verpflichtende Beispiel der Selbsterniedrigung Christi vor Augen.[383] PELAGIUS erwähnt zwei Deutungsmöglichkeiten, die Selbsttäuschung hinsichtlich der eigenen Gefährdung und die Orientierung am Urteil des anderen statt an dem des eigenen Gewissens.[384] HIERONYMUS erwähnt ebenfalls zwei Interpretationsmöglichkeiten: Die vordergründigere Deutung verweist auf den einfachen Gegensatz zwischen Schein und Sein, die tiefgründigere beachtet Gal 6,1a: Wenn sich jemand nicht nach dem Gesichtspunkt der Milde gegenüber dem Nächsten, sondern nach seinem eigenen Werk beurteilt und mit seiner Tugend zufrieden ist, dann gilt: Jener wird eben aus diesem Hochmut heraus zunichte, und er täuscht sich selbst. Das griechische φρεναπατᾶν gebe diesen Gedanken besser wieder als das lateinische *se ipse seducit*.[385]

Gal 6,4

Jeder prüfe sein eigenes Tun. Dann wird er sich nur im Blick auf sich selbst rühmen können, nicht aber im Vergleich mit anderen.

Gal 6,4a wird nur selten rezipiert; eine Auslegung bei ORIGENES ist zu erwähnen, die den Teilvers mit Gal 5,6 verbindet: In der Kirche aus Juden und Heiden ist allein der durch die Liebe wirkende Glaube für das endzeitliche Heil entscheidend; daher soll man sich weder der Beschneidung noch der Unbeschnittenheit rühmen, sondern sein eigenes Werk prüfen.[386] Eine eigentümlich Auslegung der Schlusswendung „Nicht dem anderen" bietet BASILIUS VON CÄSAREA: der andere hat nichts davon, wenn man selbst den rechten Glauben bekennt, Verbannung um des Namens Christi willen auf sich nimmt oder ausdauernd im Fasten ist.[387] AUGUSTINUS kommt mehrfach auf Gal 6,4b zu sprechen. Höher als der Ruhm steht die Tugend, die sich nicht an der positiven Meinung anderer, sondern nur an der Stimme des eigenen Gewissens genügen

---

[381] SALVIANUS VON MARSEILLE, eccl. 2, 35; 4,46 (SC 176, 212. 340).
[382] THEODOR VON MOPSUESTIA, *in Gal.* (SWETE 103).
[383] AMBROSIASTER, *in Gal.* 6,4,1 (CSEL 81/3, 63).
[384] PELAGIUS, *in Gal.* (SOUTER 339).
[385] HIERONYMUS, *in Gal.* (CCL 77 A, 209).
[386] ORIGENES, *hom. in Num.* 15,4,2 (SC 442, 214).
[387] BASILIUS VON CÄSAREA, *hom.* 20 (de humilitate),5 (PG 31, 533 C).

lässt.³⁸⁸ Ohne dass explizit auf Gal 1,10 zurückverwiesen wird, kommt die mehrfach gegebene Auslegung dem dortigen Gedanken nahe, nicht den Menschen, sondern Gott gefallen zu wollen.³⁸⁹

In der Kommentarliteratur wird dem Vers die Mahnung zur Selbstprüfung hinsichtlich der Motivation des eigenen Handelns entnommen; als abzulehnende Motivationen werden genannt Ruhmsucht, Zwang, Feindschaft, Heuchelei.³⁹⁰ Kritisch fragen soll man HIERONYMUS zufolge nicht nach der Schwäche des anderen, sondern nach der eigenen Stärke: Wenn es einem anderen nicht in vollkommenem Maß gelingt, von jüdischer zu christlicher Lebensweise überzugehen, heißt das noch lange nicht, dass man selbst als Christ bereits vollkommen ist, denn nicht derjenige ist ein starker Athlet, der einen schwachen Gegner besiegt. Ruhm vor den anderen haben zu wollen steht im Widerspruch zu Gal 6,14.³⁹¹ Für JOHANNES CHRYSOSTOMUS gilt Gal 6,4b als Zugeständnis: Prahlen ist prinzipiell Torheit, aber wenn man es will, soll man es nicht dem Pharisäer von Lk 18,11 gleichtun. Wer sich dieses Rühmen im Vergleich zu den anderen abgewöhnt hat, wird auch von dem Rühmen, bezogen auf sich selbst, bald ablassen.³⁹² Wahre Gerechtigkeit besteht nach AMBROSIASTER darin, den anderen für besser zu halten als sich selbst und eher die eigenen Fehler als die des anderen zu kennen.³⁹³ PELAGIUS kann den Begriff in zweierlei Richtung aktualisieren: Ruhm haben in sich selbst, nicht durch die Schmeichelei des anderen, oder: Ruhm haben in sich selbst, nicht durch die Sünde des anderen, denn niemand schreitet durch den Schaden eines anderen in Richtung der Vollkommenheit voran, und niemand wird am Tag des Jüngsten Gerichtes durch die Verfehlung des anderen gerechter erscheinen als er gewesen ist.³⁹⁴

Gal 6,5

Denn jeder wird seine eigene Last zu tragen haben.

Schriftgebrauch und Schriftauslegung sind an zwei Fragen interessiert: 1. Was ist mit φορτίον (Last), 2. was ist mit ἴδιον (eigene) gemeint?

---

[388] AUGUSTINUS, *civ.* 5,12 (CSEL 40/1, 236). Schon in *exp. Gal.* 59,1–5 (CSEL 84,134f) hat AUGUSTINUS von da aus Gal 6,3–5 insgesamt so interpretiert.
[389] MARIUS VICTORINUS, *in Gal.* 6,4 (CSEL 83/2, 166); AUGUSTINUS, *en. Ps.* 25, *s.* 2,8 (CCL 38, 146); *en. Ps.* 140,13 (CCL 40, 2036).
[390] JOHANNES CHRYSOSTOMUS, *comm. in Gal.* (PG 61, 675).
[391] HIERONYMUS, *in Gal.* (CCL 77 A, 210). – Wie neuere kulturanthropologische Forschung (B.J. MALINA, Welt, 40-64) über die Bedeutung von „Ehre" und „Scham" für den antiken Menschen ermittelt hat, war die Brisanz dieser Mahnung damals wohl stärker als heute.
[392] JOHANNES CHRYSOSTOMUS, *comm. in Gal.* (PG 61,675). Der Verweis auf den Pharisäer von Lk 18,11 begegnet auch bei AMBROSIASTER, *in Gal.* 6,4,2 (CSEL 81/3, 63).
[393] AMBROSIASTER, *in Gal.* 6,4,2 (CSEL 81/3, 63).
[394] PELAGIUS, *in Gal.* (SOUTER 339).

1. Der Begriff „Last" wird auf die Sünde[395] gedeutet, dann auf die Straffolge der Sünde,[396] gelegentlich aber auch auf das Jüngste Gericht.[397] AMBROSIASTER legt implizit im Rückbezug auf Gal 6,1 aus: Weil jeder die eigene Last trägt und nicht von fremder Sünde besudelt wird, soll man den Kontakt mit einem Sünder nicht scheuen, um ihn wieder (für den Weg des Glaubens) zu gewinnen.[398] Der auf das Jüngste Gericht gedeutete Vers dient JULIAN VON ECLANUM als Argument gegen das *naturale peccatum*, das sich nicht mit der Gerechtigkeit Gottes vereinbaren lasse.[399] AUGUSTINUS kann die Stelle dazu verwenden, Emeritus zur Zurückhaltung im Konflikt um Optatus zu ermahnen: Er soll ihn weder verteidigen noch anklagen.[400] Ähnlich wendet er die Stelle gegen die Donatisten: Jeder wird seine Last zu tragen haben, daher sollen wir die Scheidung zwischen Guten und Bösen nicht schon auf Erden vorwegnehmen.[401]

2. Der Begriff ἴδιον wird bei SALVIANUS im Kontext der Mahnung, Gott das ihm Geschuldete zukommen zu lassen, d.h. seinen Besitz der Kirche zu schenken, zum Argument dafür, dass die Verpflichtung der ganzen Menschheit Gott gegenüber die Verpflichtung des einzelnen Christen wie auch im Besonderen des Gottgeweihten nicht schmälert.[402]

Da, wo für den Begriff der Last ein Bezug zum Jüngsten Gericht vorliegt, kann das Wort ἴδιον besagen, dass jeder nach seinen eigenen Werken gerichtet werden wird, so dass es keine Möglichkeit der Interzession mehr gibt.[403]

Gal 6,6

Wer im Evangelium unterrichtet wird, lasse seinen Lehrer an allen Gütern teilhaben.

Der Klärung bedarf die Schlusswendung „an allen Gütern". Sie wird 1. auf immaterielle, 2. auf materielle Güter gedeutet, 3. auf beides.

---

[395] THEODORET VON CYRUS, *in Gal.* (PG 82, 500 C).

[396] HIERONYMUS, in *Is.* 2,3,10–11 (CCL 73, 52), bezogen auf das Geschick Jerusalems im jüdischen Krieg i.J. 70 n.Chr.

[397] HIERONYMUS, *in Gal.* (CCL 77 A, 210f); AUGUSTINUS, *ep.* 140,79 (CSEL 44, 227); SALVIANUS VON MARSEILLE, *eccl.* 3,44.46 (CSEL 8, 283f); LEONTIUS VON NEAPOLIS, *v. Sym.* 64 (FESTUGIÈRE/ RYDÉN 104); JOHANNES VON DAMASKUS, *parall.* 5,30 (PG 95, 1568 A). – Weil ein jeder seine eigene Last zu tragen hat, wird, so AUGUSTINUS, die Sünde der anderen dem katholischen Christen, der ein gutes Leben führt, nicht schaden (AUGUSTINUS, *ep.* 141,5 [CSEL 44, 238]).

[398] AMBROSIASTER, *in Gal.* 6,5 (CSEL 81/3, 63).

[399] JULIAN VON ECLANUM, *lib. fid.* 2,13 (PL 48, 517 C).

[400] AUGUSTINUS, *ep.* 87,5 (CSEL 34, 401).

[401] AUGUSTINUS, *c. litt. Pet.* 5/6 (CSEL 52, 168); ähnlich ders., *un. bapt.* 17/31 (CSEL 52, 32), sowie ders., *c. Don.* 6/9 (CSEL 53, 107); dort verweist er zusätzlich auf Ez 18,4.

[402] SALVIANUS VON MARSEILLE, *eccl.* 2,7.10 (SC 176, 190.192).

[403] *Horologium Sin.* 28,19 (SC 486, 256). Ohne Bezug zu Gal 6,5 bieten den Gedanken JOHANNES CHRYSOSTOMUS, *ep. Olymp.* 8,3c (SC 13, 168); Ps.-CYRILL, *ex. an.* (PG 77, 1072 C).

1. Gefordert wird allgemein die Gemeinschaft in allem, was gut ist,[404] oder auch im speziellen der Gehorsam der Schüler.[405] HIERONYMUS zitiert als Auslegung MARCIONS, die Gläubigen sollten gemeinsam mit den Katechumenen, die Lehrer gemeinsam mit den Schülern beten. Doch wäre dann, so HIERONYMUS, die Anrede nicht an die Schüler, sondern an die Lehrer zu richten gewesen.[406]

2. Die genannte Wendung wird auf die Mitteilung materieller Güter[407] bezogen, gelegentlich unter Berufung auf 1Kor 9,11.[408] Nach AUGUSTINUS gilt die Verpflichtung Gal 6,6 wie das Vorbild der Kollekte für Jerusalem (er zitiert ausführlich aus 2Kor 8; 9) für die Gläubigen gerade gegenüber den bedürftigen Dienern Gottes, unbeschadet dessen, dass das Mönchtum nicht als Vorwand missbraucht werden soll, um die Arbeitsscheu zu überdecken.[409] Dass gerade Paulus diese Vorschrift gab, der nicht ihr Nutznießer werden, sondern seinen Lebensunterhalt durch eigene Arbeit erwirtschaften wollte, soll zeigen, dass er sie eher zum Nutzen der Gläubigen als zu dem ihrer Verkündiger gab.[410] Nach JOHANNES CHRYSOSTOMUS werden in Gal 6,6 die Schüler, aber auch die Lehrer zu Demut und Liebe gemahnt. Er fragt angesichts der Mahnungen 1Kor 9,14 und der Angaben über die Einkünfte der Leviten (vgl. Num 31,30f):[411]

Warum also [...] diese Vorschrift? Um im Voraus den Grund zu legen für Demut und Liebe. Weil nämlich die Lehrerwürde die damit Begnadeten häufig aufbläht, dämpfte er ihren Stolz, indem er sie in die Notwendigkeit versetzte, der Schüler zu bedürfen, und diesen gab er wiederum die Gelegenheit, spendenfreudiger zu werden, indem er sie durch das gegen die Lehrer bewiesene Wohlwollen übte, auch gegen die anderen milde zu sein.

3. Beide Interpretationen kennen PELAGIUS[412] und BEDA VENERABILIS: Gal 6,6.10 schärft nach Beda das Gebot der Feindesliebe Lk 6,27[413] ebenso ein wie die Mahnung zur Hilfsbereitschaft.[414]

---

[404] MARIUS VICTORINUS, *in Gal.* 6,6 (CSEL 83/2, 167); AMBROSIASTER, *in Gal.* 6,6 (CSEL 81/3, 63). Doch soll man nicht gehorchen, wenn die Lehrer anders handeln als lehren (ebd., 64).
[405] HIERONYMUS, *in Gal.* (CCL 77 A, 211f).
[406] HIERONYMUS, *in Gal.* (CCL 77 A, 211).
[407] THEODORET VON CYRUS, *in Gal.* (PG 82, 500 C); JOHANNES VON DAMASKUS, *in Gal.* (PG 95, 817 C); AUGUSTINUS, *exp. Gal.* 60,1 (CSEL 84, 135).
[408] JOHANNES CHRYSOSTOMUS, *comm. in Gal.* (PG 61, 676); AUGUSTINUS, *qu. ev.* 2,8 (CCL 44 B, 51), der auf Lk 6,38 als Parallele verweist.
[409] AUGUSTINUS, *op. mon.* 17 (CSEL 41,558f).
[410] AUGUSTINUS, *exp. Gal.* 60,3 (CSEL 84, 135f).
[411] JOHANNES CHRYSOSTOMUS, *comm. in Gal.* (PG 61, 676).
[412] PELAGIUS, *in Gal.* (SOUTER 339f.).
[413] BEDA VENERABILIS, *Lc.* 2,6,27 (CCL 120, 142). Wie biblische Beispiele zeigen (BEDA verweist auf Mose, Samuel, Stephanus und David, vgl. Num 12,13; 1 Sam 8,6; Apg 7,60; 2 Sam 1,11f), ist diese Forderung keineswegs unerfüllbar.
[414] BEDA VENERABILIS, *Mc.* 3,9,41 (CCL 120, 553).

Gal 6,7

Täuscht euch nicht: Gott lässt keinen Spott mit sich treiben; was der Mensch sät, wird er ernten.

Singulär geblieben in der Auslegungsgeschichte ist die nur im lateinischen Sprachbereich mögliche Rezeption der Wendung *nolite errare* am Anfang: FAUSTUS VON RIEZ erschließt daraus gegen einen radikalen Augustinismus, dass der Mensch, wenn auch nur im beschränkten Maß, doch einen freien Willen hat.[415] Die Darstellung der Rezeptionsgeschichte zu Gal 6,7 insgesamt hat i.w. zwei Fragen zu beantworten: 1. In welchem Sinne wird die Wendung „Gott lässt sich nicht spotten" (Gal 6,7aβ) aufgenommen, 2. im welchen der Nachsatz Gal 6,7b?

1. Gal 6,7aβ wird 1.1 allgemein als Gerichtsdrohung aufgefasst, aber auch 1.2 im speziellen Sinn als Warnung vor einem Widerspruch zwischen christlichem Schein und unchristlichem Sein.

1.1 Gal 6,7aβ fasst bei POLYKARP den Gedanken zusammen, dass Gott alles Verhalten auf seine Tadellosigkeit hin prüft und ihm nichts entgeht.[416]

Gal 6,7a belegt für ORIGENES die Unausweichlichkeit des göttlichen Gerichtes.[417] Gal 6,7aβ dient als Warnung an die Großkirche vor Laxheit der Disziplin,[418] als Gerichtsdrohung gegen die Reichen, die bei Lebzeiten nicht auf die Gebote Gottes hören wollen,[419] als Warnung vor dem Abfall vom Glauben angesichts der Situation des bevorstehenden Martyriums,[420] als allgemeine Warnung vor moralischer Schlechtigkeit,[421] als Warnung vor der Neigung, mit der Buße bis ins Alter hinein zu warten.[422]

1.2 Gal 6,7aβ wird bei CLEMENS als Warnung vor einer nur geheuchelten Reue ausgelegt.[423] Vorbildlich ist es nach CYPRIAN VON KARTHAGO, schon den bloßen Gedanken daran, seinen Glauben durch ein Opfer vor den römischen Behörden zu verraten, als Sünde zu bekennen.[424] Die milde Behandlung der in der Verfolgung „Gefallenen", die nach menschlichem Ermessen wirklich Buße

---

[415] FAUSTUS VON RIEZ, *grat.* 1,12 (CSEL 21, 40f). Als Beleg für die menschliche Willensfreiheit gilt Gal 6,7f bei JULIAN VON ECLANUM, bei AUGUSTINUS, *c. Jul. imp.* 1,45 (CSEL 85/1, 32).
[416] POLYKARP, *ep.* 4,3; 5,1 (LINDEMANN/PAULSEN 248), nach einer Mahnung zum Wohlverhalten.
[417] ORIGENES, *hom. in Jer.* 20,3 (SC 238, 262).
[418] So in seiner montanistischen Periode TERTULLIAN, *pudic.* 2,7 (CCL 2/2, 1284).
[419] BASILIUS VON CÄSAREA, *hom.* 13 (exh. bapt.), 5 (PG 31, 436 A).
[420] BASILIUS VON CÄSAREA, *hom.* 18 (in Gordium martyrem) 7 (PG 31, 505 A).
[421] COMMODIANUS, *instruct.* 1,28 (CCL 128, 24).
[422] CÄSARIUS VON ARLES, *serm.* 209,1 (CCL 104, 835).
[423] CLEMENS VON ALEXANDRIEN, *q. d. s.* 41,7 (GCS 17, 187).
[424] CYPRIAN VON KARTHAGO, *laps.* 28 (CCL 3, 237). Gal 6,7aβ wird in einem Synodalbrief d.J. 253 über den spanischen Bischof Basilides von Legio Asturica zitiert, der sich ein Opferzeugnis seitens der römischen Behörden besorgt hatte, unter Vorspiegelung falscher Tatsachen in Rom die Wiedererlangung des Bischofsamtes erwirken wollte, aber nach der Rückkehr in seine Heimat von der Gemeinde abgewiesen wurde (CYPRIAN VON KARTHAGO, *ep.* 67,5 [CSEL 3/2, 740]).

getan haben, ist mit Gal 6,1 zu rechtfertigen; war hingegen die Buße geheuchelt, wird Gott, der sich nicht spotten lässt, das nicht ungestraft lassen.[425]

Manchmal spiegelt sich in der Rezeption von Gal 6,7aβ unmittelbar die Wahrnehmung der religiösen Situation der eigenen Zeit, in der die innere Christianisierung der Bevölkerung mit der äußeren Durchsetzung des Christentums noch nicht Schritt gehalten hat. Gal 6,7aβ warnt davor, in der Hoffnung auf die Vergebung sich bewusst in Sünden zu begeben:[426] Dem, der Jesus seinen Herrn nennt, seine Gebote jedoch verachtet, gelten die Worte des Gesetzes (sic!), dass Gott seiner nicht spotten lässt.[427] Nach THEODOR VON MOPSUESTIA gilt die Warnung „Gott lässt sich nicht spotten" auch einer nur vorgetäuschten, mit der fleischlichen Lebenspraxis nicht übereinstimmenden Bereitschaft zur Taufe.[428] CYRILL VON ALEXANDRIEN hält diese Warnung zur Bekräftigung des Anspruches von Jes 45,21 („Ich bin Gott, und es gibt keinen anderen") Menschen entgegen, die nach außen Christen zu sein scheinen, in Wahrheit jedoch die Dämonen, d.h. die alten Götter verehren.[429] Die *Regula Benedicti* schärft in einer Anspielung auf Gal 6,7aβ den Ernst der Profess ein.[430]

Neben diesen Applikationen steht die Auslegung in historischer Perspektive bei MARIUS VICTORINUS. Er deutet Gal 6,7a als Warnung an die Galater, neben dem Evangelium auch der *disciplina Iudaeorum* zu folgen. Dass es nicht heißt „Gott weiß nämlich alles", sondern „Gott lässt sich nicht spotten", soll die Gerichtsdrohung verschärfen.[431]

2. Gal 6,7b kann allgemein die Korrespondenz zwischen menschlichem Tun und göttlichem Urteil im Endgericht bezeichnen, kann aber auch den innergeschichtlichen Tun-Ergehen-Zusammenhang formulieren[432] – beides ist für altkirchliche Theologen kein Gegensatz.

Gal 6,7b bestätigt die Wahrheit mancher biblischer Aussagen wie Ps 36,3 („Tue Gutes und wohne im Lande, und du wirst durch seine Reichtümer geweidet werden"),[433] Jes 3,11b („Es wird den Gottlosen vergolten werden, wie sie es verdienen")[434] und Ijob 4,8 („Die da Frevel pflügten und Unheil säten, ernteten es auch ein").[435] EPIPHANIUS VON SALAMIS gewinnt aus solcher Entsprechung

---

[425] CYPRIAN VON KARTHAGO, *ep.* 55,18,1 (CCL 3 B, 276f).

[426] AMBROSIASTER, *quaest. test.* 126,7 (CSEL 50, 395).

[427] AMBROSIASTER, *quaest. test.* 126,16 (CSEL 50, 399); ISAIAS ABBAS, *or.* 1,2 (PG 40, 1107 A).

[428] THEODOR VON MOPSUESTIA *in Gal.* (SWETE 105); ähnlich THEODORET VON CYRUS, *in Gal.* (PG 82, 500 B).

[429] CYRILL VON ALEXANDRIEN, *hom. pasch.* 12,2 (PG 77, 680 A).

[430] BENEDIKT VON NURSIA, *reg.* 58,18 (CSEL 75, 136).

[431] MARIUS VICTORINUS, *in Gal.* 6,7 (CSEL 83/2, 167).

[432] Im ersteren Sinne BASILIUS VON CÄSAREA, *hom. in Psalm.* 28,7 (PG 29, 304 B); BEDA VENERABILIS, *Prov.* 2,20,4 (CC.SL 119 B, 103), in letzterem Sinne EUSEBIUS VON CÄSAREA, *Is.* (GCS 56, 23f); BASILIUS VON CÄSAREA, *hom. in Psalm* 61,5 (PG 29, 484 A); HIERONYMUS, *Is.* (CCL 73,52); CYRILL VON ALEXANDRIEN, *Is.* 1,2 (PG 70, 108 C – 109 A).

[433] ORIGENES, *in psalm.* 36,1,3 (SC 411, 74).

[434] EUSEBIUS VON CÄSAREA, *Is.* 1,29 (GCS 56, 24).

[435] OLYMPIODOR VON ALEXANDRIEN, *comm. in Iob* 4,8 (HAGEDORN 52).

ein antimarcionitisches Element: Dass die Ägypter und die Hammiten von Gott gestraft wurden, entspringt nicht der von den Marcioniten behaupteten moralischen Unvollkommenheit des alttestamentlichen Gottes, sondern ist Reaktion auf ihre Versündigung.[436]

GREGOR VON NYSSA entdeckt in der Entsprechung, dass die Barmherzigen Barmherzigkeit erlangen werden (Mt 5,7), als höhere Lehre, dass der Schöpfer den Keim zum Guten in den Menschen hineingelegt hat, so dass dieser aus seiner eigenen Natur heraus zum Guten fähig ist. Das „Säen" von Gal 6,7b.8 ist die προαίρεσις, die freie Willensentscheidung des Menschen in der Wahl seiner Handlungen; der göttliche Richterspruch bestätigt nur das, was wir uns mit dieser unserer προαίρεσις selbst als Folge unserer Tat zugesprochen haben.[437]

Gal 6,8

Wer im Vertrauen auf das Fleisch sät, wird vom Fleisch Verderben ernten; wer aber im Vertrauen auf den Geist sät, wird vom Geist ewiges Leben ernten.

Zu fragen ist, wie die Wendungen 1. „säen im Geist" und 2. „säen im Fleisch" verstanden werden. Die Stelle wird erwartungsgemäß als ethische Weisung wahrgenommen, jedoch auch 3. im antihäretischen Kontext, gegen Enkratiten sowie später gegen Arianer und dann auch im monotheletischen Streit. Im Gegensatz zu V. 8b[438] ist in V. 8a nicht eindeutig gesagt, ob das Verderben als innergeschichtliches oder endgeschichtliches Geschehen zu denken sei. Die innergeschichtliche Deutung überwiegt.[439]

1. ORIGENES kommt auf Gal 6,8 im Zuge der Auslegung zu den Vorschriften über den Tag der Erstlinge Num 28,26–31 zu sprechen. Nur wenn der Christ „auf den Geist sät", bringt er Gott wohlgefällige Erstlingsfrüchte dar, nämlich die Erneuerung des inneren Menschen.[440] Andernorts verwendet der Alexandriner Gal 6,8 in der allegorischen Auslegung von Jos 6,2–4: Was den Israeliten

---

[436] EPIPHANIUS VON SALAMIS, *Anc.* 110,1; 114,8 (GCS 25, 133f.142).

[437] GREGOR VON NYSSA, *beat.* 5,3 (GNO 7/2, 130f).

[438] Unter dem Einfluss von Gal 6,8b wird auch Jak 3,18 im Sinne der eschatologischen Belohnung verstanden, so bei BEDA VENERABILIS, *ep. Iac.* (CCL 121, 210).

[439] I.S. des innergeschichtlichen Geschehens legen aus: JOHANNES CHRYSOSTOMUS, *comm. in Gal.* (PG 61, 676f); HIERONYMUS, *in Gal.* (CCL 77 A, 213f); THEODORET VON CYRUS, *in Gal.* (PG 82; 500 D); SALVIANUS, *gub.* 8,25 (CSEL 8, 199); MARKUS EREMITA, *tract.* 1,118 (PG 65, 920 C); i.S. des endgeschichtlichen Geschehens verstehen CÄSARIUS VON ARLES, *serm.* 132,4 (CCL 103, 544f); VALERIANUS VON CIMIEZ, *hom.* 9,1 (PL 52, 719 D) und JOHANNES VON DAMASKUS, *parall.*, 1,15 (PG 95, 1181 D) die Stelle.

[440] ORIGENES, *hom. in Num.* 23,8 (SC 461, 134). Was die Erstlingsfrüchte im Einzelnen sind, benennt ORIGENES anhand von Gal 5,22f. Die Verbindung zwischen Gal 5,22f und Gal 6,8 findet sich schon bei ORIGENES, *comm. in Rom.* (frgm. 46 RAMSBOTHAM; FC 2/6, 208).

secundum carnem geschehen ist (die Midianiter vernichteten jedes Mal, wenn die Israeliten gesät hatten, ihre Ernte), soll den Christen zur Warnung dienen.[441] Als Inbegriff des guten Säens gilt ihm das Tun des Guten,[442] als Inbegriff des schlechten Säens die Sünde.[443]

Was fleischlich bzw. geistlich säen meint, illustriert HILARIUS VON POITIERS anhand von Gal 5,19–24.[444] „Säen im Geiste" ist nach AMBROSIUS unsere Aufgabe, die wir göttlichen Geschlechtes sind; es besteht in der Reinheit der Seele, in der Kraft des Geistes, in der Keuschheit des Leibes.[445] Gal 6,8bβ ist für CYRILL VON ALEXANDRIEN Beleg dafür, dass auch die Mühe um die Besserung der eigenen Person, weg von allem Ungehorsam und hin zum Gehorsam gegenüber Gott, nicht ohne Lohn bleiben wird.[446] Nach CASSIODOR ist das „Säen im Geist" das, was Ps 125,5 meint („die mit Tränen säen ..."), weil die Gläubigen Taten der Tugend, der Weltdistanz wirken,[447] oder weil sie vergangene Sünden beweinen oder sich vor zukünftigen Sünden fürchten. In ähnlicher Weise legt CASSIODOR auch die Seligpreisung der Trauernden (Mt 5,5) aus.[448]

In den Kommentaren finden sich historische Interpretation und aktuelle Applikation nebeneinander. MARIUS VICTORINUS interpretiert Gal 6,8a als nochmalige Warnung an die Galater davor, jüdische Disziplin anzunehmen.[449] Historische und aktuelle Interpretation verbindet PELAGIUS: Wer seine Hoffnung auf die fleischliche Beschneidung setzt oder Laster sät, wird Strafe ernten.[450]

2. AUGUSTINUS unterscheidet zwischen der Pflege dessen, was sich auf die Gesundheit des Leibes bezieht, und der Befriedigung der überflüssigen Vergnügungen und des Luxus.[451] JOHANNES CHRYSOSTOMUS hat zu Gal 6,8a wohl antike Gastmahlgepflogenheiten vor Augen, wenn er „Fleisch" mit „Üppigkeit, Trunkenheit, unsinnige Lust" konkretisiert und als Folge dessen Strafe, Ahndung, Schande, Spott, Verderben vor Augen stellt.[452] Durch Am 6,4–7 wird die Stelle bei CYRILL VON ALEXANDRIEN erläutert.[453] Das Stichwort „Fleisch"

---

[441] ORIGENES, *hom. in Iud.* 7,2 (SC 389, 174).

[442] So auch später FULGENTIUS VON RUSPE, *inc.* 56 (CCL 91, 356), sowie zuvor AUGUSTINUS, *en. Ps.* 125,11 (CCL 40, 1853): *opera bona*. Als Beispiel nennt AUGUSTINUS Almosen (2Kor 9,6 und Gal 6,8 sind über den Begriff des „Säens" verbunden); ähnlich ders., *en. Ps.* 36, serm. 3,7 (CCL 38, 373). FULGENTIUS VON RUSPE, *praedest.* 2,24 (CCL 91 A, 505) präzisiert, was mit dem Tun des Guten gemeint ist: die guten Werke und das Gebet.

[443] ORIGENES, *Jo.* 13, 288 (SC 222, 186).

[444] HILARIUS VON POITIERS, *in psalm.* 125,11 (CSEL 22, 612), zu den Worten „die mit Tränen säen". Das ist im Literalsinn unnatürlich; die Stelle muss daher geistlich ausgelegt werden.

[445] AMBROSIUS, *hex.* 3,7,31 (CSEL 32/1, 80).

[446] CYRILL VON ALEXANDRIEN, *Is.* 5/5 (PG 70, 1375 C); vgl. ders., *ador.* 4 (PG 68, 345 D).

[447] Möglich wäre auch eine Interpretation ad vocem *opera* (Arbeit, Mühe), die CASSIODOR an anderer Stelle bietet (CASSIODOR, *in psalm.* 36,26 [CCL 97,336])

[448] CASSIODOR, *in psalm.* 125,5 (CCL 98,1169f).

[449] MARIUS VICTORINUS, *in Gal.* 6,8 (CSEL 83/2, 168).

[450] PELAGIUS, *in Gal.* (SOUTER 340).

[451] AUGUSTINUS, *ex. prop. Rm.* 69,1f. (CSEL 84, 47f).

[452] JOHANNES CHRYSOSTOMUS, *in Gal.* (PG 61,676f).

[453] CYRILL VON ALEXANDRIEN, *hom. pasch.* 25,1 (PG 77, 904 B).

erklärt er mit der Wendung φιληδονός βίος[454] sowie durch den Gedanken, ein Leben nach dem Fleisch bestehe darin, die vergänglichen und irdischen Dinge dem Wort Gottes vorzuziehen.[455] Für CYRILL bestätigt Gal 6,8a auch die Wahrheit der Gerichtsdrohungen Jes 5,11f und Jes 5,15[456] sowie die Wahrheit der Drohung Mt 7,26 („wer diese Worte hört und tut sie nicht ..."), die allegorisch auf die Menschen gedeutet wird, die auf Schlechtigkeit aus sind.[457] Mit aller Deutlichkeit formuliert FULGENTIUS VON RUSPE: Wenn eine gottgeweihte Jungfrau durch den Glanz ihrer äußerlichen Gewandung nach menschlichem Urteil die Begehrlichkeit sät, wird sie nach göttlichem Urteil Zorn ernten.[458]

Bei ANASTASIUS SINAITA fungiert Gal 6,8 im Rahmen einer allegorischen Deutung der Sabbathalacha als Schriftbeleg für die Aufforderung zur Sexualaskese am Sabbat,[459] andernorts als Gerichtsdrohung gegen Ehebrecher.[460]

3. Hatten sich nach HIERONYMUS Enkratiten auf die Wendung „ins Fleisch säen" in Gal 6,8 zur Verwerfung der Ehe berufen, so hält HIERONYMUS entgegen: Paulus schreibe nicht „ins Fleisch säen", sondern „in sein Fleisch säen", weshalb hier nicht die Verbindung zwischen Mann und Frau angesprochen sei. Ferner müssten dann auch Essen, Trinken, Schlafen als „Säen in das Fleisch" zu werten sein. Würden sich die Häretiker hiergegen auf 1Kor 10,31 berufen („ob ihr nun esst oder trinkt ... tut alles zur Ehre Gottes"), so wäre dagegen immerhin Gen 1,22 zu richten sowie die Tatsache, dass auch die Gerechten des Alten Bundes einschließlich des Täufers im Fleisch geboren seien.[461]

In der trinitätstheologischen Diskussion wird aus Gal 6,8b die Präposition ἐκ wichtig: Sie wird nicht nur auf Gott Vater, sondern auch auf den Heiligen Geist angewandt und beweist seine Subordination als verfehlt.[462] In ähnlicher Absicht zieht Ps.-VIGILIUS VON THAPSUS Gal 6,8bβ insgesamt heran: Auch vom Heiligen Geist wird ausgesagt, dass er das ewige Leben gibt, wie von Gott Vater (1 Joh 5,10f) und von Gott Sohn (Joh 10,27f; 1 Joh 5,12).[463]

ANASTASIUS SINAITA greift eine schon Jahrhunderte zuvor in anderen Kontexten geführte Diskussion um den Begriff σάρξ auf mit der Erklärung, dass die Sünde oft Fleisch genannt, doch damit nicht die Natur unseres Fleisches bezeichnet wird. So kann er sich gegen die Unterstellung der Monotheleten weh-

---

[454] CYRILL VON ALEXANDRIEN, *Lc.* (PG 72, 845 B).
[455] CYRILL VON ALEXANDRIEN, *ador.* 5 (PG 68, 392 B).
[456] CYRILL VON ALEXANDRIEN, *Is.* 1,3 (PG 70, 149 B. 156 B).
[457] CYRILL VON ALEXANDRIEN, *fr. Mt.* (PG 72, 388 C). Ders., *ador.* 15 (PG 68, 980 D – 981 A), verwendet Gal 6,8a und Röm 8,8 zur generellen Kennzeichnung eines unchristlichen Lebens.
[458] FULGENTIUS VON RUSPE, *ep.* 3,22 (CCL 91, 222).
[459] (Ps.?)-ANASTASIUS SINAITA, *hexaem.* 7 (PG 89, 949 B): Auch der Erde ist Ruhe befohlen und man soll nicht säen, noch wird die Erde Samen empfangen.
[460] ANASTASIUS SINAITA, *qu.* 8 (PG 89, 396 A).
[461] HIERONYMUS, *in Gal.* (CCL 77 A, 214f).
[462] BASILIUS VON CÄSAREA, *Spir.* 9 (FC 12, 96); AMBROSIUS, *spir.* 2,9,95 (CSEL 79, 124); (Ps.?)-DIDYMUS, *Trin.* 3,23 (PG 39, 932 A). Weitere Belege für BASILIUS sind 1 Joh 3,24; Mt 1,20; Joh 3,6.
[463] Ps.-VIGILIUS VON THAPSUS, *c. Varimad.* 3,26 (CCL 90, 109f); ähnlich ANONYMUS, *test. p. f. s* 8,5 (CCL 90, 232); ANONYMUS, *lib. trin.* 9 (CCL 90, 254).

ren, die dyotheletische Behauptung eines menschlichen Willens Jesu Christi sei mit der Behauptung eines der Sünde verfallenen Willens gleichzusetzen.[464]

Gal 6,9

Lasst uns nicht müde werden, das Gute zu tun; denn wenn wir darin nicht nachlassen, werden wir ernten, sobald die Zeit dafür gekommen ist.

Die Schlusswendung wird bei TERTULLIAN auf das zukünftige Gericht gedeutet und erweist somit die Zukünftigkeit der leiblichen Auferstehung.[465] Auf die Ewigkeit wird sie auch von AMBROSIASTER und AUGUSTINUS bezogen.[466]

Das Partizip ἐκλυόμενοι (nachlassen, ermüdet werden) kann, als Medium aufgefasst, im Sinne von „nicht nachlassen" aufgefasst werden und die Bedingung für die Heilsteilhabe bezeichnen, aber auch passivisch im Sinne von „nicht ermüdet werden" und den Unterschied der Vollendung zu den irdischen Mühen der Tugend bezeichnen, im ersten Fall ist bei den lateinischen Autoren *deficientes*,[467] im zweiten Fall *infatigabiles*[468] vorausgesetzt.

Auf die Notwendigkeit der *perseverantia*, hier noch als Ergebnis menschlicher Anstrengung verstanden, verweist AUGUSTINUS; Gut handeln ist leichter als im guten Handeln auch zu verbleiben.[469]

Um der Anfangswendung τὸ δὲ καλὸν ποιοῦντες willen wird Gal 6,9 als Mahnung zur Almosenbereitschaft rezipiert,[470] um der Mahnung willen, nicht nachzulassen, als Mahnung zur *simplicitas*.[471] Die Wendung ergibt für FAUSTUS VON RIEZ gegen einen radikalen Augustinismus, dass der *consensus humanae mentis* (die Zustimmung zu dem, was zu tun möglich ist) sowohl zum Guten als auch zum Bösen den Übergang vollziehen kann.[472]

---

[464] ANASTASIUS SINAITA, *serm. imag.* 3,2 (CCG 12, 63), zu 1Kor 15,50; Röm 8,8; Gal 6,8.
[465] TERTULLIAN, *resurr.* 23,10 (CCL 2, 950).
[466] AMBROSIASTER, *in Gal.* 6,9 (CSEL 81/3, 65); AUGUSTINUS, *Io. ev. tr.,* 73,4 (CC.SL 36, 511); ders., *ep.* 268 (CSEL 57, 653); ders., *Dulc. qu.* 4,3 (CCL 44 A, 280).
[467] HIERONYMUS, *in Gal.* (CCL 77 A, 215f, in Lemma und Kommentar), mit Verweis auf Mt 10,22; Jes 5,27; MARIUS VICTORINUS, *in Gal.* 6,9 (CSEL 83/2, 168f, in Lemma und Kommentar); PELAGIUS, *in Gal.* (SOUTER 340, im Lemma).
[468] AMBROSIASTER, *in Gal.* 6,9 (CSEL 81/3, 65); AUGUSTINUS, *exp. Gal.* 61,14 (CSEL 84, 137), jeweils im Lemma (die Schlusswendung wird nicht kommentiert); JOHANNES CHRYSOSTOMUS, *comm. in Gal.* (PG 61, 677); THEODOR VON MOPSUESTIA *in Gal.* (SWETE 106); THEODORET VON CYRUS, *in Gal.* (PG 82, 501 A; in Lemma und Kommentar); JOHANNES VON DAMASKUS, *in Gal.* (PG 95, 817 C; in Lemma und Kommentar). Nach SWETE, commentarii 106, Anm 1 ist diese Lesart auch in der Peschitta nachzuweisen und hat die syrischen Exegeten JOHANNES CHRYSOSTOMUS etc. bestimmt.
[469] AUGUSTINUS, *exp. Gal.* 61,11 (CSEL 84, 137). Wieder fließt seine Vierstadienlehre ein (*exp. Gal.* 61,7f. [CSEL 84, 136f]); dazu vgl. die Ausführungen zu Gal 5,17).
[470] AUGUSTINUS, *en. Ps.* 36, *s.* 3,7 (CCL 38, 373); *en. Ps.* 111,3 (CCL 40, 1627), DEFENSOR VON LIGUGÉ, *lib. scint.* 49,7 (SC 86, 102), jeweils unter Verweis auf 2Kor 9,6.
[471] DEFENSOR VON LIGUGÉ, *lib. scint.* 73,3 (SC 86, 258).
[472] FAUSTUS VON RIEZ, *grat.* 1,12 (CSEL 21, 41).

Gal 6,10

Deshalb wollen wir, solange wir noch Zeit haben, allen Menschen Gutes tun, besonders aber den Geschwistern unseres Glaubens.

Aus Gal 6,10 regt 1. zunächst die Formel „solange wir noch Zeit haben", zur Rezeption an, dann 2. die Mahnung zum Tun des Guten, schließlich wird 3. geklärt, was unter den „Geschwistern im Glauben" zu verstehen ist, zumeist mit implizitem oder explizitem Bezug auf die Forderung der uneingeschränkten Hilfsbereitschaft (Lk 10,30–35) und Feindesliebe (Mt 5,45).

1. Die Wendung „solange wir noch Zeit haben" wird generell auf die begrenzte menschliche Lebenszeit bezogen, die im Horizont des Jüngsten Gerichtes gesehen wird, und mahnt dazu, rechtzeitig um das ewige Heil besorgt zu sein,[473] warnt vor dem Aufschub der Taufe,[474] erinnert an das Geschick des reichen Mannes nach Lk 16,19–31 im Jüngsten Gericht,[475] mahnt zum Eifer im Gehorsam gegen Gott und im Tun des Guten[476] und führt die Eindringlichkeit der Bußmahnung vor Augen.[477] Die Wendung entspricht der Mahnung Jer 13,16: „Gebt dem Herrn, euren Gott, die Ehre, ehe es finster wird".[478]

2. Die Forderung, Gutes zu tun, wird nicht immer konkretisiert, wenn Gal 6,10 zitiert wird.[479] Eine ausführliche Auslegung dessen, was Hilfsbereitschaft gegenüber dem Bruder im Glauben bedeutet, bietet AMBROSIUS und nennt als Beispiele materielle Unterstützung im Fall der Armut, juristische Unterstützung im Fall eines ungerechtfertigten Prozesses, Hilfeleistung während des Gefängnisaufenthaltes und finanzielle Unterstützung, um die Hinrichtung zu verhindern.[480] Andere Konkretisierungen sind Freigiebigkeit[481] oder auch – im monastischen Kontext – Ehrerbietung und Gastfreundschaft,[482] dann auch das Aufsuchen der Menschen in Not.[483] Bei CYRILL VON ALEXANDRIEN fassen Gal

---

[473] CYPRIAN VON KARTHAGO, *eleem.* 24 (CCL 3, 71).

[474] BASILIUS VON CÄSAREA, *bapt.* 2,8,5 (SC 357, 256). Er verweist weiter auf Mt 25,1–13; Lk 13,24f; Mt 24,24; 2Kor 6,2; Ps 31,6 und Koh 3,11.

[475] JOHANNES CHRYSOSTOMUS, *comm. in Gal.* (PG 61, 677); i.w. (ohne den Verweis auf Lk 16,19–31) auch BASILIUS VON CÄSAREA, *moral.* 1,5 (PG 31, 704 C); JOHANNES VON DAMASKUS, *in Gal.* (PG 95, 817 CD), ähnlich AMBROSIASTER, *in Gal.* 6,10 (CSEL 81/3, 65).

[476] CYRILL VON ALEXANDRIEN, *hom. pasch.* 27,2 (PG 77, 932 B).

[477] CÄSARIUS VON ARLES, *serm.* 68,2 (CCL 103, 289); ebenso FULGENTIUS VON RUSPE, *rem. pecc.* 2,7,4; 2,8,6 (CCL 91 A, 686.689).

[478] THEODORET VON CYRUS, *Jer.* (PG 81, 588 A).

[479] CYPRIAN VON KARTHAGO, *patient.* 13 (CCL 3 A, 126).

[480] AMBROSIUS, *off.* 1,30, 148 (TESTARD 164). Die Geschwisterschaft im Glauben ersetzt das bei CICERO, *off.* 1,45 (BÜCHNER 42) genannte Motiv der sittlichen Würdigkeit des Empfängers.

[481] JOHANNES CHRYSOSTOMUS, *comm. in Gal.* (PG 61, 677); CÄSARIUS VON ARLES, *serm.* 27,3 (CCL 103, 121; dazu s.u.); DEFENSOR VON LIGUGÉ, *lib. scint.* 49,8 (SC 86, 102).

[482] BENEDIKT VON NURSIA, *reg.* 53,2–15 (CSEL 75, 123f).

[483] ANTIOCHUS IM SABASKLOSTER, *serm.* 99 (PG 89, 1733 CD).

6,10 und Röm 13,13f am Ende einer Osterpredigt wesentliche christliche Lebensmaximen zusammen, die die Forderung, Gutes zu tun, konkretisieren:[484]

„Solange wir Zeit haben, lasst uns Gutes tun allen Menschen"; widmen wir uns nicht den Festgelagen und der Trunkenheit, nicht dem sexuellen Verkehr und den Schwelgereien, sondern ziehen wir den Herrn Jesus an, ergreifen wir Barmherzigkeit und Erbarmen, befleißigen wir uns der gegenseitigen Liebe, der Sanftmut, der Demut, der Selbstbeherrschung, der Barmherzigkeit gegenüber den Armen, so dass wir, um es ein für alle Mal einfach auszudrücken, unablässig Wohlverhalten gegen Gott an den Tag legen und uns in aller Frömmigkeit üben.

3. Als „Glaubensgeschwister" gelten zunächst (orthodoxe) Christen im Gegenüber zu Juden, Heiden und Häretikern, seit dem 6. Jh. Kleriker und Mönche gegenüber anderen Christen.[485] In der Rezeption von Gal 6,10b sucht man zumeist die in Gal 6,10a enthaltene und von Christus verkündigte Forderung nach uneingeschränkter Mitteilung der Nächstenliebe im Auge zu behalten.[486] Abgestuft zwischen „allen" und den Glaubensgeschwistern wird entweder 3.1 im Grad der Intensität oder 3.2 in der Art dessen, was man an Gutem tun soll. Bei HIERONYMUS begegnen beide Auslegungen.

3.1 Nach JOHANNES CHRYSOSTOMUS mahnt Gal 6,10 zur Freigiebigkeit, bei der vorrangig die Gläubigen, aber auch Juden und Heiden bedacht werden sollen, und hält gerade letzteres für das Proprium christlicher Liebestätigkeit im Vergleich zur jüdischen Engherzigkeit, nur die eigenen Stammesgenossen bei den Almosen zu bedenken.[487] Für HIERONYMUS belegt Gal 6,10 gelegentlich[488] den Vorrang christlicher vor jüdischen und samaritanischen Almosenempfängern. Im Galaterkommentar mahnt er zunächst dazu, gemäß Mt 5,45 in der Mildtätigkeit nicht zwischen einem Freund und einem Unbekannten zu differenzieren, dann aufgrund von V. 6 zur Unterstützung der Lehrer durch die Zuhörer, bevor er von der vorbildlichen Haltung des Kaisers Titus auf die geforderte Haltung der Christen schließt, die (Mt 12,36) Rechenschaft ablegen müssen im Jüngsten Gericht über jedes unnütze Wort,[489] und die Legende an-

---

[484] CYRILL VON ALEXANDRIEN, *hom. pasch.* 7,2 (PG 77, 552). Ich lese (εἰς θεὸν) εὐσεβείας (statt ἐξουσίας). Eine ähnlich allgemein gehaltene, wiederum den Schluss des Verses außer Acht lassende Verwendung der Stelle findet sich bei CYRILL VON ALEXANDRIEN, *hom. pasch.* 20,3 (PG 77, 848 AB). PACHOMIUS, *ep. univ. mon.* (PL 23, 101 D), verwendet Gal 6,10 als Bestandteil einer Zitatenkette, die allgemein das Gott wohlgefällige Leben thematisiert.

[485] BENEDIKT VON NURSIA, *reg.* 53,2 (CSEL 75, 123); CÄSARIUS VON ARLES, *serm.* 27,3 (CCL 103, 121).

[486] EUSEBIUS VON CÄSAREA, *Is.* 2,47 (GCS 56, 358f), vermerkt die Parallelität der Linienführung (Nächstenliebe gilt allen, besonders aber „deinem Fleisch und Blut" bzw. den Geschwistern im Glauben) zwischen Jes 58,7 und Gal 6,10.

[487] JOHANNES CHRYSOSTOMUS, *comm. in Gal.* (PG 61, 677); CÄSARIUS VON ARLES, *serm.* 27,3 (CCL 103, 121, weiteres dazu s.u.), ohne antijüdischen Affekt PELAGIUS, *in Gal.* (SOUTER 341). Ohne antijüdische Attitude verweist THEODORET VON CYRUS, *in Gal.* (PG 82, 501 B) auf das Vorbild Gottes.

[488] HIERONYMUS, *c. Vigil.* 14 (CCL 79 A, 26).

[489] HIERONYMUS, *in Gal.* (CCL 77 A, 217). Er meint die Überlieferung, Titus habe abends, wenn er einen Tag lang nichts Gutes getan hätte, gesagt: Heute habe ich einen Tag verloren.

schließt, der Evangelist Johannes habe auf die Frage, warum er im hohen Alter nur mehr noch die Mahnung zur gegenseitigen Liebe von sich gab, geantwortet, dies sei ein Gebot des Herrn, und wenn dies geschehe, so sei es genug.

Der Benediktsregel gemäß sollen Ehrerbietung und Gastfreundschaft auch Pilgern und reisenden Fremden zugute kommen, CÄSARIUS VON ARLES zufolge sollen wir allen, die um eine Gabe bitten, nach unserem Vermögen geben.[490]

3.2 Nach HIERONYMUS gebietet Gal 6,10 Almosen gegenüber den Glaubensgeschwistern im Glauben, Versöhnlichkeit gegenüber den Häretikern, d.h. die Bereitschaft, sie wieder in die Kirche aufzunehmen.[491] Allgemeiner legt AUGUSTINUS aus: Allen ist mit gleicher Liebe das ewige Leben zu wünschen, aber nicht allen können dieselben Dienste der Liebe geleistet werden.[492] FULGENTIUS VON RUSPE hat die unterschiedliche Wirkung solcher Hilfsbereitschaft im Auge: Freunden tun wir Gutes, damit sie Freunde bleiben und nicht zu Gegnern werden, unseren Gegnern tun wir Gutes, damit sie Freunde werden und nicht Gegner bleiben.[493] Anders unterscheidet JOHANNES CASSIAN: Die ἀγάπη gilt allen, die *adfectio* den Glaubensgeschwistern.[494]

THEODOR VON MOPSUESTIA deutet die Glaubensgeschwister auf die theologischen Gesinnungsgenossen und schreibt, offensichtlich durch Erfahrungen aus den Auseinandersetzungen der eigenen Zeit veranlasst:[495]

Ich aber begehrte mit jenen Worten jene anzugreifen, die es für richtig halten, dass man diejenigen, die uns fremd im Glauben sind, offen schädigt. Für sie gehörte es sich, jenes zu bedenken, dass nicht alles, was jemand zu leiden würdig ist, sich für uns zu tun ziemt.

Der Schlussteil von Gal 6,10 regt EPIPHANIUS VON SALAMIS zu einer eigentümlichen antimarcionitischen Polemik an: Hat sich Christus der Sünder auf Erden erbarmt, hätte er sich erst recht seines (nach MARCION) irrenden Vaters erbarmen sollen, denn wenn wir schon unseren Glaubensgeschwistern Gutes tun sollen, um wie viel mehr dann unseren Vätern![496]

---

[490] BENEDIKT VON NURSIA, *reg.* 53,2 (CSEL 75, 123); CÄSARIUS VON ARLES, *serm.* 27,3 (CCL 103, 121). Letztendlich verlegt Cäsarius das μάλιστα in die Eigenart des Verhaltens der Diener Gottes: Allen gegenüber sollen wir freigiebig sein, wenn sie um eine Gabe bitten, den Dienern Gottes aber, die sich schämen, von uns zu fordern, soll man die Gaben aufdrängen.

[491] HIERONYMUS, *in Is.* 16,58,6–7 (CCL 73 A, 666).

[492] AUGUSTINUS, *exp. Gal.* 61,15 (CSEL 84, 137).

[493] FULGENTIUS VON RUSPE, *serm.* 5,4 (CCL 91 A, 921).

[494] JOHANNES CASSIAN, *conl.* 16,14,1 (CSEL 13, 448f).

[495] THEODOR VON MOPSUESTIA, *in Gal.* (SWETE 106f).

[496] EPIPHANIUS VON SALAMIS, *haer.* 42,16,3 (GCS 31, 185).

Gal 6,11–18: Briefschluss

Der Abschnitt wird in der Kommentarliteratur in seiner zusammenfassenden Funktion wahrgenommen.[1]

Gal 6,11

Seht, ich schreibe euch jetzt mit eigener Hand; das ist meine Schrift.

Gal 6,11 wird in der Kommentarliteratur teils als Verweis auf die Verbundenheit des Paulus mit den Galatern verstanden,[2] teils als Ausweis der Authentizität dieses Briefes[3] gegen den Verdacht der Fälschung[4] oder der Täuschung der Unvorsichtigen,[5] etwa in dem Sinne, dass Paulus in Wahrheit doch die Beschneidung gelehrt habe.[6] Andernorts gilt der Vers als Beweis für des Paulus Furchtlosigkeit[7] oder als Zeichen seines Schmerzes.[8] Das Wort πήλικος[9] verweist darauf, mit welch großen oder mit welch ungestalten Buchstaben Paulus schrieb,[10] kann aber auch auf die Größe des Sinngehaltes und die Nützlichkeit der Vorschriften bezogen werden.[11]

---

[1] THEODOR VON MOPSUESTIA *in Gal.* (SWETE 107); AUGUSTINUS, *exp. Gal.* 62,1 (CSEL 84, 137): *redit ad illud, unde tota causa agitur.* Bei AUGUSTINUS fehlt der Begriff *peroratio*, der Begriff *conclusio* begegnet erst in der Auslegung zu Gal 6,18 (AUGUSTINUS, *exp. Gal.* 65 [CSEL 84, 140]).

[2] MARIUS VICTORINUS, *in Gal.* 6,11 (CSEL 83/2, 196f). Die Galater müssen sich ihrer nicht schämen.

[3] Gelegentlich bemerkt man, Paulus selbst habe den ganzen Brief von Hand geschrieben, so JOHANNES CHRYSOSTOMUS, *comm. in Gal.* (PG 61, 677f); THEODORET VON CYRUS, *in Gal.* (PG 82, 501B).

[4] AMBROSIASTER, *in Gal.* 6,11 (CSEL 81/3, 65).

[5] AUGUSTINUS, *exp. Gal.* 62,2 (CSEL 84, 137).

[6] HIERONYMUS, *in Gal.* (CCL 77 A, 218); JOHANNES CHRYSOSTOMUS, *comm. in Gal.* (PG 61, 677f); JOHANNES VON DAMASKUS, *in Gal.* (PG 95; 820 A).

[7] PELAGIUS, *in Gal.* (SOUTER 341).

[8] JOHANNES CHRYSOSTOMUS, *comm. in Gal.* (PG 61, 677f).

[9] Im Lateinischen kann es übersetzt werden mit *quantis* (MARIUS VICTORINUS, *in Gal.* [CSEL 83/2, 169, im Lemma]) oder *qualibus* (AMBROSIASTER, *in Gal.*, 6,11 [CSEL 81/3, 65]; AUGUSTINUS, *exp. Gal.* 62,2 [CSEL 84, 137]; PELAGIUS, *in Gal.* [SOUTER 341]; HIERONYMUS, *in Gal.* [CCL 77 A, 218, im Lemma]).

[10] THEODOR VON MOPSUESTIA, *in Gal.* (SWETE 107) in ersterem, JOHANNES CHRYSOSTOMUS, *comm. in Gal.* (PG 61, 678) in letzterem Sinne; beide Deutungen erwähnt THEODORET VON CYRUS, *in Gal.* (PG 82, 501 B). – In der lateinischen Kommentarliteratur (außer HIERONYMUS) wird das Wort nicht eigens bedacht. HIERONYMUS registriert belustigt die These eines ungenannt bleibenden zeitge-

Gal 6,12

Jene Leute, die in der Welt nach Anerkennung streben, nötigen euch nur deshalb zur Beschneidung, damit sie wegen des Kreuzes Christi nicht verfolgt werden.

Der Vers wird wiederum vornehmlich in der Kommentarliteratur bedacht.

Paulus macht, so JOHANNES CHRYSOSTOMUS, darauf aufmerksam, dass seine Gegner ihre Position nicht freiwillig eingenommen haben, und eröffnet ihnen hiermit die Möglichkeit zum Rückzug. Doch ist nicht Liebe zu Gott, sondern φιλοτιμία und κενοδοξία das Motiv ihres Handelns.[12] Manche westlichen Ausleger entnehmen der Stelle eher eine Aussage des Paulus über sich selbst: Er habe sich nicht vor der Verfolgung gefürchtet, sondern Martyriumsbereitschaft bekundet,[13] und seine Furchtlosigkeit sei schon anhand dessen erkennbar, dass er mit eigener Hand diesen Brief schreibt.[14] Anders wiederum HIERONYMUS, der zu einer historischen Erklärung kommt, die die heutigen Einsichten zum Dreiecksverhältnis von Nichtjuden, Juden und Christen vorausnimmt: Gaius Julius Caesar, Octavianus Augustus und Tiberius hatten den Juden das Leben nach ihren Grundsätzen erlaubt. Judenchristen seien von Heiden als Juden angesehen worden, nicht aber die Heidenchristen: sie seien von Heiden wie von Juden verfolgt worden. Die Beschneidung sollte in den Augen der Gegner des Paulus Verfolgungen verhindern.[15]

Gal 6,13

Denn obwohl sie beschnitten sind, halten sie nicht einmal selber das Gesetz; dennoch dringen sie auf eure Beschneidung, um sich dessen zu rühmen, was an eurem Fleisch geschehen soll.

Gal 6,13a wird gelegentlich als Widerspruch zwischen Predigt und eigener Praxis benannt.[16] THEODORET VON CYRUS fragt, wie denn fernab von Jerusalem des Halten das Gesetzes möglich sein soll, die Begehung der Feste, die Darbringung der Opfer – die Wirklichkeit des Diasporajudentums scheint ihm

---

nössischen Autors, Paulus habe als Jude die griechischen Buchstaben nicht beherrscht (HIERONYMUS, *in Gal.* [CCL 77 A, 219f]).

[11] HILARIUS VON POITIERS, *in psalm.* 118, 19,2 (SC 347, 248).

[12] JOHANNES CHRYSOSTOMUS, *comm. in Gal.* (PG 61, 678).

[13] AMBROSIASTER, *in Gal.* 6,12 (CSEL 81/3, 66), mit Verweis auf Apg 21,13.

[14] AUGUSTINUS, *exp. Gal.* 62,3 (CSEL 84, 137f), ähnlich PELAGIUS, *in Gal.* (SOUTER 341).

[15] HIERONYMUS, *in Gal.* (CCL 77 A, 220f). Dass die Gegner so handeln, weil sie vor Verfolgung verschont bleiben wollen, vermutet auch THEODORET VON CYRUS, *in Gal.* (PG 82, 501 C).

[16] AMBROSIASTER, *in Gal.* 6,13,1 (CSEL 81/3, 66); dann auch JOHANNES VON DAMASKUS, *in Gal.* (PG 95, 820 B).

keine genuin jüdische Möglichkeit zu sein.[17] Dass man unter Voraussetzung des Beschnittenseins das Gesetz[18] nicht zu erfüllen vermag, wird bei HIERONYMUS mit der Schwäche des Fleisches begründet,[19] während AUGUSTINUS bemerkt: Das Gesetz kann man nicht erfüllen, wenn nicht die Nächstenliebe und die Hoffnung auf ewige Güter da sind, die durch den Glauben erlangt werden.[20]

Gal 6,13b wird von AUGUSTINUS unter Verweis auf Mt 23,15 auf das Proselytenmachen bezogen,[21] von anderen darauf, dass sich die Gegner dessen rühmten, Schüler zu haben, Lehrer zu sein.[22] Ihnen wird nicht selten unlautere Absicht unterstellt,[23] während Gal 6,14 die einzig legitime Motivation des Handelns festhält.[24] AMBROSIASTER zieht eine Parallele zu dem Vorwurf des Paulus an Petrus in Gal 2,14.[25] Auf das mit Gal 6,13 angesprochene Verhalten der Gegner des Paulus wird Hld 1,6 („Die Söhne meiner Mutter kämpften mit mir") bezogen bei JUSTUS VON URGEL.[26]

Gal 6,14

Ich aber will mich allein des Kreuzes Jesu Christi, unseres Herrn, rühmen, durch das mir die Welt gekreuzigt ist und ich der Welt.

Sekundärliteratur: REIJNERS, Wort, 80–89.

Gal 6,14-18 ist in Jerusalem auch liturgisch gebraucht worden, nämlich während der Mittagsliturgie des Karfreitags am Ort des Kreuzes Jesu.[27]
1. Nach vereinzelten Bezugnahmen in der Frühzeit ist die Stelle vor allem im Werk des ORIGENES im überragenden Maße rezipiert, so dass sich die folgende Rezeptionsgeschichte teilweise im Stile von „Fußnoten zu ORIGENES" schreiben ließe. 2. Um der Übersichtlichkeit willen ist aber doch die Rezeption der einzelnen Versteile in der Zeit nach ORIGENES gesondert darzustellen. 2.1 Dabei wird vor allem Gal 6,14b als Mahnung zur Weltdistanz rezipiert und unter-

---

[17] THEODORET VON CYRUS, in Gal. (PG 82, 501 C); teilweise ähnlich schon THEODOR VON MOPSUESTIA, in Gal. (SWETE 108).
[18] MARIUS VICTORINUS, in Gal. 6,13 (CSEL 83/2, 170) bezieht Gal 6,13a auf das Gesetz Christi bzw. das geistliche Gesetz.
[19] HIERONYMUS, in Gal. (CCL 77 A, 221).
[20] AUGUSTINUS, exp. Gal. 62,5 (CSEL 84, 138).
[21] AUGUSTINUS, exp. Gal. 62,7 (CSEL 84, 138).
[22] JOHANNES CHRYSOSTOMUS, comm. in Gal. (PG 61, 678); JOHANNES VON DAMASKUS, in Gal. (PG 95, 820 B).
[23] JOHANNES CHRYSOSTOMUS, comm. in Gal. (PG 61, 678); THEODOR VON MOPSUESTIA, in Gal., z.St ; HIERONYMUS, in Gal. (CCL 77 A, 221).
[24] THEODOR VON MOPSUESTIA, in Gal. (SWETE 108).
[25] AMBROSIASTER, in Gal. 6,13,1 (CSEL 81/3, 66).
[26] JUSTUS VON URGEL, in Cant. 10 (PL 67, 965 D).
[27] RÖWEKAMP, Egeria, 276 Anm 85, zu EGERIA, Itinerarium 37,6.

schiedlich konkretisiert, 2.2 dann auch in weitaus geringerem Maße die Aussage des Rühmens Gal 6,14a.

1. Von Anfang an dominiert das Thema der Weltdistanz in gnostischer[28] wie in großkirchlicher Literatur, dort teils allgemein angesprochen,[29] teils als Bereitschaft zum Martyrium[30] konkretisiert oder als Mahnung an die Jungfrauen, sich von äußeren Werten zu lösen.[31] Diese Weltdistanz galt schon dem Christentumskritiker CELSUS als „typisch christlich", als gemeinsames Kennzeichen aller christlichen Gruppen.[32]

Besonders häufig bei ORIGENES wird der in der Rezeption von Gal 6,14 stets vorausgesetzte Zusammenhang zwischen Soteriologie und Ethik im Sinne der Weltdistanz und Selbstverleugnung expliziert, nach Bedarf konkretisiert als Warnung vor der Weltliebe[33] ebenso wie vor dem Selbstruhm.[34] In den griechischen Fragmenten des Matthäuskommentares ist bei ORIGENES die in der Folgezeit so wirkmächtige Verbindung von Mt 16,24; Gal 2,19f und Gal 6,14 vollzogen.[35] Generell formuliert Gal 6,14 das christliche Lebensprinzip;[36] Nachfolge und Selbstverleugnung scheinen identisch.[37] Jesu Kreuzigung hatte ihre volle Bedeutung nicht in dem, was geschichtlich und im buchstäblichen Sinne an Jesus geschah, sondern in der symbolischen Bezugnahme auf uns selbst, wie ORIGENES mit Zitaten von Gal 2,19b; 6,14; Röm 6,10; Phil 3,10; 2 Tim 2,11; Röm 6,4 beschreibt.[38] Ist hier vornehmlich Gal 6,14b im Blick, so findet doch auch die Aussage vom „Rühmen" Gal 6,14a Beachtung: Da Christus am Kreuz über die Herrschaften und Mächte triumphierte (Kol 2,15), soll derjenige, der dies glaubt, sich des Kreuzes nicht schämen, sondern eben rühmen.[39] So ist das

---

[28] Die Valentinianer deuten Gal 6,14b auf den Horos, sofern er in seiner trennenden (d.h. die Materie von den Geretteten abtrennenden) Wirkweise aktiv ist (IRENÄUS, *haer.* 1,3,5 [FC 8/1, 144–146]; vgl. dazu WANKE, Kreuz, 27f.). In *EvPhil* 53 wird Gal 6,14b umgewandelt: „denn Jesus kam, die Welt zu kreuzigen" (*NHC* II,3,111,24 [GCS NF 8, 199]).

[29] CLEMENS VON ALEXANDRIEN, *str.* 2,104,3 (GCS 15, 170).

[30] IGNATIUS VON ANTIOCHIEN, *Röm* 7,2 (LINDEMANN/PAULSEN 214); Ps.-CYPRIAN, *laud. mart.* 28 (CSEL 3/3, 49). M.W. ohne Nachfolger blieb die Deutung bei CLEMENS VON ALEXANDRIEN, *str.* 4,12,6 (GCS 15, 254), die in Gal 6,14 genannte Weltdistanz ermögliche, den natürlichen Tod gelassen auf sich zu nehmen.

[31] CYPRIAN, *hab. virg.* 6 (CSEL 3/1, 191).

[32] CELSUS, nach ORIGENES, *Cels.* 5,64 (SC 147, 172), mit Bezug auf Gal 6,14b.

[33] ORIGENES, *comm. in Mt.* 13,21 (auch gr.) (GCS 40, 238). Er nennt als Beispiele die Liebe zum Leben an dem jeweiligen Aufenthaltsort, zu den Dingen oder Besitztümern oder zum Reichtum.

[34] ORIGENES, *comm. in Rom.* (SCHERER 166; FC 2/6, 106); ders., *comm. in Rom.* 3,9 (FC 2/2, 136–138, zu Röm 3,27f), nennt den Pharisäer von Lk 18,9–14 als Beispiel.

[35] ORIGENES, *comm. in Mt.* 12,25 (auch gr.) (GCS 40, 126).

[36] ORIGENES, *comm. in Mt.* 12,27 (GCS 40, 129; dort sind im griechischen Text Gal 2,19f und Gal 6,14 zitiert); für Gal 6,14b vgl. auch GREGOR d. Gr., *in Ezech.* 2,10,5 (SC 360, 438).

[37] Darauf verweist zu Recht REIJNERS, Wort, 87; vgl. etwa ORIGENES, *hom. in Iud.* 4,2 (SC 389, 122; dort ist auch Mt 16,24 zitiert); ders., *comm. in Mt.* 12,25 (GCS 40, 126).

[38] ORIGENES, *Cels.* 2,69 (SC 132, 446–448), dasselbe, bezogen auf das Wirken der Apostel, bei GREGOR D. GR., *in Ezech.* 1,6,13 (SC 327, 214).

[39] ORIGENES, *comm. in Mt.* 12,18 (GCS 40, 111. Nur das Rühmen von Gal 6,14a widerspricht nicht dem Ausschluss jeglichen Rühmens in Röm 3,27 (ORIGENES, *comm. in Rom.* [SCHERER 166; FC 2/6,

Kreuz ein Zeichen des Sieges Christi über den Satan; der Sieg besteht darin, dass Christus für mich starb und ich in Christi Kreuz der Sünde absterbe.[40]

So formuliert Gal 6,14b das Lebensprinzip speziell der Vollkommenen unter den Christen,[41] für die damit gewissermaßen auch schon das Ende der Welt[42] eingetreten ist; Nachfolge und Selbstverleugnung sind der jedem Christen mögliche priesterliche Opferdienst.[43] Welche zentrale Bedeutung dieser Zusammenhang für ORIGENES hat, wird in ORIGENES' Exegese immer wieder deutlich, u.a. in seiner Auslegung von Jos 8,29 LXX. Das „doppelte Holz", an das der König von Ai aufgehängt worden sein soll, verweist auf die Ambivalenz des Kreuzes Christi,[44] aber auch des Kreuzes, das der Christ in der Nachfolge Jesu zu tragen hat: Der Christ ist für die Welt gekreuzigt (Kreuz des Leidens), und die Welt für ihn (Kreuz des Sieges, dessen sich der Christ rühmt).[45]

106]) oder der Schelte Jer 12,13 (ORIGENES, *hom. in Jer.* 11,4 [SC 232, 422–424]). Hingegen ist der rühmende Verweis auf die eigenen Tugenden ausgeschlossen (ORIGENES, *comm. in Rom.* [SCHERER 166; FC 2/6, 108]). Bei AUGUSTINUS kann diese Abgrenzung von allem Selbstruhm in Gal 6,14a zusammen mit Gal 2,20a und Gal 3,21 gegen das jüdische „Rühmen" der auf der Tora basierenden Identität Israels im Gegenüber zu den Nichtjuden bezogen werden, vgl. AUGUSTINUS, *en. Ps.* 70, serm. 1,19 (CCL 39, 956–958). – Unerwarteterweise kommentiert PELAGIUS, *in Gal.* (SOUTER 342) ähnlich: *Non in propria iustitia uel doctrina, sed in fide crucis, per quam mihi omnia peccata dimissa sunt, ut et ego mundo morerer et ille mihi.*

[40] ORIGENES, *comm. in 1 Cor.*, Frgm. 6 (JThSt 1908, 235). – Unter Einfluss der Triumphmetaphorik steht auch CASSIODOR, für den Gal 6,14 festlegt, dass mit dem *splendor Domini Dei nostri super nos* von Ps 89,17 Vg die Triumphfahne des Kreuzes gemeint ist (CASSIODOR, *in psalm.* 89,17 [CCL 98, 828]).

[41] ORIGENES, *hom. in Jos.* 7,2 (SC 71, 202); *hom. in Num.* 16,8,1 (SC 442, 260), mit zusätzlicher Anspielung auf Mt 16,24; ders., *comm. in Mt.* ser. 32 (GCS 38, 58f).

[42] ORIGENES, *comm. in Mt.* ser. 32 (GCS 38, 59). – Die Wendung *consummatio mundi* (ORIGENES, *comm. in Mt.* ser. 56 [GCS 38, 131]) wird bei REIJNERS, Wort, 54, mit „Vollendung", bei DE LUBAC, Geist, 113, mit „Ende" übersetzt. Die so verstandene *consummatio* ist ja die Antwort auf die zweite Frage der Jünger von Mt 24,3, der Frage nach dem Zeichen des Weltendes. Betrachtet man, so ORIGENES, Gal 6,14 als Konsequenz aus der Ankunft Christi in der Seele, so ist für diejenigen, denen die Welt gekreuzigt ist, auch das Ende der Welt schon geschehen (ORIGENES, *comm. in Mt.* ser. 32.35.56 [GCS 38, 59. 65. 131]; ders., *Jo.* 10,45 [SC 157, 412]).

[43] ORIGENES, *hom. in Lev.* 9,9 (SC 287, 116) benennt in der Auslegung zu Lev 16,12 zuvor konkret die Verhaltensweisen der Besitzhingabe und Kreuzesnachfolge (Lk 14,33), die Bereitschaft zum Martyrium (1Kor 13,3), die Bruderliebe (vgl. 1 Joh 3,16) und das Eintreten für Gerechtigkeit und Wahrheit (Sir 4,28) und die Abtötung der fleischlichen Begierden. – Dass „der Welt getötet werden" auch das Erleiden von Bedrängnissen gemäß Mt 24,9–14 mit einschließt, dafür vgl. ORIGENES, *comm. in Mt.* ser. (lat.) 39 (GCS 38, 77).

[44] Es ist sichtbar Kreuzigung des Gottessohnes in seiner Menschheit, aber auch unsichtbar Kreuzigung des Teufels und seiner Trabanten. – So zittern die Dämonen davor, wenn sie das Kreuzeszeichen auf glaubwürdige Weise in uns befestigt sehen (ORIGENES, *hom. in Ex.* 6,8 [ISC 321, 188]).

[45] ORIGENES, *hom. in Jos.* 8,3 (SC 71, 224); vgl. dazu REIJNERS, Wort, 28f. – Übertragene Auslegung hilft ORIGENES, die unmittelbare Relevanz alttestamentlicher Vorgänge für die Gemeinde zu erhalten und die Einheit der Heiligen Schrift zu bewahren: Wollten Marcion, Valentinus und Basilides die Erzählungen von dem Befehl Gottes zur Ausrottung der Feinde Israels auf einen Jesus Christus entgegengesetzten Gott beziehen, so integriert ORIGENES diese Erzählungen in das großkirchliche Bild des einen Gottes beider Testamente durch ihr Verständnis als Kampf gegen unser sündiges Begehren (*hom. in Jos.* 12,3 [SC 71, 300]).

2.1 Für Gal 6,14b ist die Auslegung i.S. der allgemeinen Weltdistanz fast allen Exegeten mit ORIGENES und in der Zeit nach ihm gemeinsam;[46] diese Weltdistanz wird konkretisiert als Mahnung zur Absage an die Sünde,[47] zur Selbstverleugnung,[48] zur Abtötung der Werke des Fleisches,[49] zum Absterben gegenüber den Leidenschaften[50] und fleischlichen Begierden,[51] als Mahnung an die Asketen beiderlei Geschlechts, an ihrer Enthaltsamkeit festzuhalten,[52] als Mahnung, die verwandtschaftlichen Bindungen zu relativieren,[53] als Absage an die Liebe zu irdischem Besitz[54] und als Warnung vor Habsucht.[55] Schließlich fasst Gal 6,14b generell die monastische Weltentsagung in Worte.[56] DOROTHEUS VON GAZA konkretisiert die Wendung „mir ist die Welt gekreuzigt" als Absage gegenüber der Verwandtschaft und dem Besitz, die Wendung „und ich der Welt" als Absage gegenüber den Vergnügungen, den Begierden und den Bestrebungen des eigenen Willens.[57]

Nach BASILIUS VON CÄSAREA erscheint das neue Leben des Christen als Gegenüber zum Griechentum und zum Judentum: Der griechische βίος wird als κοσμικός βίος unter den Vorbehalt von Gal 6,14 gestellt, der jüdische unter den von Gal 2,19a.[58] Gal 2,20a; 6,14 sind stehende Zitate für die Verpflichtung

---

[46] ORIGENES, comm. in Rom. 5,1 (FC 2/3, 50); ders., hom. in Jer. 18,2 (SC 238, 182); (Ps.?)-CYPRIAN, testim. 3,11 (CCL 3, 102); BASILIUS VON CÄSAREA, bapt., 1,2,19 (SC 357, 166); AUGUSTINUS, en. Ps. 9,31 (CCL 38, 72); ARNOBIUS d. J., in psalm. (PL 53, 561 D); JOHANNES CHRYSOSTOMUS, hom. in Heb. 24,1 (PG 63, 166), zu Hebr 11,13.

[47] GREGOR VON NYSSA, v. Mos. 2,274 (GNO 7/1, 292). Vgl. FULGENTIUS VON RUSPE, c. Fab. 28,17 (CCL 91 A, 813): „Wir bitten darum, dass wir durch dieselbe Liebe, mit der Christus für uns starb und die wir mit dem Heiligen Geist empfangen haben, die Welt uns gekreuzigt sein lassen und den Tod unseres Herrn als Absterben gegenüber der Sünde (Röm 6,10) nachahmen können und darum in einem neuen Leben wandeln (Röm 6,4)".

[48] AUGUSTINUS, serm. 330 (PL 38, 1459, mit Verweis auf Gal 2,20); ders., en. Ps. 121,12 (CCL 40, 1812); ANASTASIUS I. VON ANTIOCHIEN, serm. 1,2 (PG 89, 1361 C, mit Verweis auf Mt 16,24).

[49] AUGUSTINUS, ep. 55,14/24 (CSEL 34, 195f) zitiert Gal 6,14; Mt 16,24; Röm 8,13; 6,6.

[50] JOHANNES CHRYSOSTOMUS, hom. in Mt. 44,5 (PG 58, 538); Ps.-JOHANNES CHRYSOSTOMUS, homilia de confessione crucis 2 (PG 52, 842).

[51] GREGOR VON NYSSA, hom. in Cant. 14 (GNO 6, 405), bezogen auf Thekla; JOHANNES CHRYSOSTOMUS, exp. in Ps. 43 (PG 55, 176f) mit zusätzlichem Verweis auf Gal 5,24; AUGUSTINUS, trin. 2,17,28 (CCL 50, 118); LEO I. VON ROM, tract. 70,5 (CCL 138 A, 430).

[52] EpTit. (PLS 2, 1523).

[53] BASILIUS VON CÄSAREA, ep. 42 (COURTONNE Bd. 1, 103).

[54] JOHANNES CHRYSOSTOMUS, exp. in Ps. 43 (PG 55, 176f); ders., stat. 15,3 (PG 49, 157); reg. Mag. 91, 61f (SC 106, 408–410); CÄSARIUS VON ARLES, reg. virg. 52,6–8 (SC 345, 240) unter Verweis auf 1Kor 7,32; Phil 3,8; BEDA VENERABILIS, Lc. 5,18,24 (CCL 120, 327); ders., Mc. 3,10,23–24 (CCL 120, 561).

[55] PROCLUS VON KONSTANTINOPEL, hom. 10,4 (PG 65, 781 B).

[56] AURELIANUS VON ARLES, reg. monach. (PL 68, 386 D – 387 A); ders., reg. virg. (PL 68, 400 A); JOHANNES CASSIAN, inst. 4,34 (CSEL 17, 72).

[57] DOROTHEUS VON GAZA, Dd. 1,13 (FC 37/1, 142); ersteres auch in Dd. 1,11 (FC 37/1, 140).

[58] BASILIUS VON CÄSAREA, bapt., 1,2,12 (SC 357, 140). CYRILL VON ALEXANDRIEN, ador. 15 (PG 68, 964 D), mahnt die, die Christus nachfolgen wollen, zur Absage an die ζωὴ κοσμική.

jedes Getauften auf den christlichen βίος[59] und bekräftigen Jesu Wort von der Selbstverleugnung Mt 10,38.[60]

Gregor von Nyssa formuliert wohl in Anspielung auf Gal 6,14b die Bereitschaft des Paulus, das Martyrium als Reinigungsmittel gegen die durch ἡδονή bedingten Sünden anzunehmen.[61] Andernorts wird die Stelle in einen größeren eschatologischen Rahmen gespannt: Gal 2,19f ist zusammen mit Gal 6,14 Ausdruck dessen, wie in der „eschatologische(n) Einigung der Menschen mit Gott in einem Leibe [...], welcher der Leib Christi, die Kirche ist",[62] der Mensch Gott unterworfen ist. Diese Ökonomie des eschatologischen Leibes Christi impliziert eine Zurückweisung der arianischen subordinatorischen Auslegung von 1Kor 15,28.

Gal 6,14a wird bei AUGUSTINUS als Warnung vor Selbstruhm rezipiert,[63] jedoch auch als Motivation christlicher Martyriumsbereitschaft.[64] Der Halbvers kann bei (Ps.?)-ATHANASIUS auch der Selbstabgrenzung der Christen von dem θυμός, der ἐπιβουλή und der κακία der Juden dienen, die sie in Jesu Kreuzigung an den Tag gelegt und wofür sie die von den Propheten angekündigte Strafe der Zerstörung des Tempels empfangen hätten; es sei nach den Worten des Apostels und des Herrn besser, das Kreuz zu verehren als die Freundschaft der Juden und der Welt gewinnen zu wollen.[65]

Dass die Kreuzigungsstrafe im Imperium Romanum durch Konstantin d. Gr. abgeschafft wurde, wird von AUGUSTINUS mit einer Begründung gerechtfertigt, die nicht die Humanität in den Vordergrund stellt:[66]

Jesus wählte gerade die schlimmste Todesart, die Kreuzigung, um den Tod zu besiegen. Denn gerade sein Kreuz sollte er einst zum Wahrzeichen haben, gerade das Kreuz sollte er als Trophäe über den besiegten Teufel auf die Stirn der Gläubigen setzen, so dass der Apostel sprach: Es sei fern von mir, mich zu rühmen als allein des Kreuzes Christi. Nichts war damals im Fleisch unerträglicher, nichts ist jetzt auf der Stirn rühmlicher. [...] Der Kreuzestod gehört jetzt nicht mehr zu den Strafen der Verurteilten bei den Römern; denn

---

[59] BASILIUS VON CÄSAREA, bapt. 2,1,2 (SC 357, 206).
[60] BASILIUS VON CÄSAREA, bapt., 1,1,3 (SC 357, 94).
[61] GREGOR VON NYSSA, beat. 8,4 (GNO 7/2, 168). Nach altkirchlicher Tradition ist Paulus enthauptet worden. Dass wohl auf eine paulinische Aussage angespielt wird, soll die Freiwilligkeit der Entscheidung des Paulus betonen, ist also kein Indiz für eine konkurrierende „historische" Tradition zur Art des paulinischen Martyriums.
[62] HÜBNER, Einheit, 41, in Kommentierung von GREGOR VON NYSSA, hom. in 1Cor 15,28 (GNO 3/2, 23f).
[63] AUGUSTINUS, en. Ps. 67,23 (CCL 39, 886), mit zusätzlichem Verweis auf 1Kor 1,31; ders., en. Ps. 118, serm. 25,6 (CCL 40, 1751). Dort belegt Gal 6,14 zusammen mit Gal 2,19b.20a den Gedanken, meine Gerechtigkeit erwachse nicht aus meiner Gesetzesobservanz, sondern sei die von Gott geschenkte Gerechtigkeit.
[64] AUGUSTINUS, en. Ps. 68, serm. 2,4 (CCL 39, 919).
[65] Ps.-ATHANASIUS, pass. 33 (PG 28, 245 C). Gal 6,14a ist Parallele zu Phil 3,8, und Gal 6,14b ist Parallele zu Mt 10,38 / Lk 14,27.
[66] AUGUSTINUS, Io. ev. tr. 36,4 (CC.SL 36, 326).

seitdem das Kreuz des Herrn so sehr geehrt wurde, glaubte man, dass auch der Verurteilte geehrt würde, wenn er gekreuzigt würde.

Für AUGUSTINUS rühmt sich derjenige des Kreuzes Christi, der den Weg seiner Demut geht[67] und die Liebe zu menschlichem Ruhm überwindet.[68] Nach FULGENTIUS ist nicht automatisch derjenige als „Gefäß göttlicher Erwählung" anzusprechen, der eine Ehrenstellung in Welt oder Kirche innehat – das ist Bösen und Guten gemeinsam –, sondern derjenige, der sich des Kreuzes Christi rühmt und die Begierden des Fleisches kreuzigt.[69]

2.2. Neben diesen mehr auf die Negation des Selbst und der Sünde bezogenen Interpretationen von Gal 6,14b gibt es auch eine Auslegungslinie, die positiv das in Gal 6,14a gemeinte Rühmen aufnimmt. Schon bei ORIGENES war darauf zu verweisen. CYRILL VON JERUSALEM benennt das Kreuz Christi für die katholische Kirche als Gegenstand höchsten Ruhmes, nicht der Schande oder der Torheit.[70] Nach AUGUSTINUS heißt sich des Kreuzes Christi rühmen, angesichts der Bedrängnisse in diesem Leben an den Gekreuzigten glauben, indem man ihn liebt. So wird man nicht untergehen, sondern durch das Kreuz getragen.[71] Für BEDA VENERABILIS symbolisiert das goldene Stirnblatt am Kopfbund des Hohenpriesters nach Ex 28,36–38[72] die *fiducia* der im Taufbekenntnis bekräftigten neugewonnenen Lebensorientierung am Kreuz Christi.[73]

In der Schriftauslegung ergeben sich u.a. folgende Fragen:

Zu Gal 6,14b fragt JOHANNES CHRYSOSTUMUS, warum Paulus nicht nur schreibt „die Welt ist mir gekreuzigt", sondern hinzusetzt „und ich der Welt"? Der Kirchenlehrer antwortet: Es ist schon viel, wenn einem Menschen die Welt tot ist, aber noch weitaus höher steht es, wenn man selbst gegenüber der Welt tot ist.[74]

Aufgrund von Gal 6,14a fragt JOHANNES VON DAMASKUS, warum Paulus nicht auch Röm 1,16 positiv formuliert („ich rühme mich des Evangeliums") statt negativ („ich schäme mich ... nicht"). Er antwortet mit Bezug auf die Adressaten des Römerbriefes: Die Römer seien sehr in weltliche Geschäfte

---

[67] AUGUSTINUS, *serm.* 160,4 (PL 38, 875).

[68] AUGUSTINUS, *Io. ev. tr.* 53,13,9 (CCL 36, 458), in Auslegung von Joh 12,42.

[69] FULGENTIUS VON RUSPE, *praedest.* 2,40 (CCL 91 A, 518).

[70] CYRILL VON JERUSALEM, *catech.* 13,1.3 (RUPP 50), mit Verweis auf 1Kor 1,18.23. JOHANNES CHRYSOSTOMUS, *hom. in Mt.* 43,2 (PG 57, 458) führt Gal 6,14a als Beweis für die Wahrheit des Kreuzestodes Christi an, gegen dessen Leugnung durch die Marcioniten.

[71] AUGUSTINUS, *serm.* 131, 2/2 (PL 38, 730); ähnlich APPONIUS, *Cant.* 5,23 (SC 421, 152).

[72] Auf die Orientierung an Christus i.S. von Gal 6,14 verweist auch der in Gen 18,8 erwähnte Baum, der typologisch für Christi Kreuz steht (BEDA VENERABILIS, *princ. Gen.* 4,18,8 [CCL 11 A, 215]).

[73] BEDA VENERABILIS, *tab.* 3,62 (SC 475, 416). Die Erwähnung der *frons* des Hohenpriesters hat BEDA zu dieser Exegese veranlasst (das Kreuzeszeichen wird über der Stirn des Täuflings geschlagen). Selbst die Erwähnung der *frons* Goliaths veranlasst BEDA zu einem ähnlichen Verweis auf Gal 6,14 (BEDA VENERABILIS, *Sam.* 3,17,49 [CC.SL 119, 160]). Zur Auslegung des Kreuzeszeichens mit Hilfe von Gal 6,14 vgl. auch ders., *Lc.* 6,23,20–21 (CCL 120, 398).

[74] JOHANNES CHRYSOSTOMUS, *compunct.* 2,2 (PG 47, 412f).

verwickelt gewesen, zumal angesichts ihrer damaligen Weltherrschaft. Paulus wolle verhindern, dass sie sich des Evangeliums schämen.[75]

Gal 6,15

Denn es kommt nicht darauf an, ob einer beschnitten oder unbeschnitten ist, sondern darauf, dass er neue Schöpfung ist.

Vor allem das Motiv der „neuen Schöpfung" wird rezipiert, zumeist unabhängig vom Kontext, immerhin zumeist auch ohne jede antijüdische Attitüde. 1. Das Motiv ist zunächst ausschließlich ethische Mahnung, dann aber auch 2. zusätzlich Verweis auf die neue Heilswirklichkeit. Gal 6,15 wird schließlich 3. in den trinitätstheologischen Kontroversen sowie 4. in der Kontroverse um PELAGIUS aufgegriffen.[76]

1. CLEMENS VON ALEXANDRIEN versteht Gal 6,15 als Mahnung. „Neu ist die Schöpfung in Christus, die frei von Streitsucht und von Habgier und eine gerechte Gleichheit ist",[77] ebenso aber auch i. S. von Abtun des Vergessens der Wahrheit, des Abtuns der Unwissenheit und der Finsternis.[78] Bei GREGOR VON NAZIANZ steht sie gelegentlich neben Wendungen wie „ein zerknirschtes Herz", „ein neuer Mensch" als Inbegriff der Forderung Gottes an uns.[79] GREGOR DER GROßE verwendet Gal 6,15 als Schriftbeleg für die Forderung, dass sich nicht nur der *habitus*, sondern auch der *animus* des Menschen verändern müsse, soll die *conuersio* überzeugen.[80]

2. Bei GREGOR VON NAZIANZ kann die genannte Wendung ebenso wie bei Ps.-BASILIUS VON CÄSAREA das Ergebnis des Heilshandelns Gottes an mir bezeichnen,[81] aber auch die Schar derer, die κατὰ θεόν geboren sind.[82] Dieser indikativische Bezug auf das Christenleben ist auch für Interpretation in der exegetischen Literatur kennzeichnend: Dort kann die Wendung „neue Schöpfung" das Christenleben seit der Taufe[83] oder auch unsere endzeitliche Hoffnung[84] thematisieren, manchmal auch beides zusammen.[85] Häufig wird auf Kol

---

[75] JOHANNES VON DAMASKUS, *in Rom.* (PG 95, 448 B).

[76] M.W. singulär blieb die Bemerkung bei EUTHALIUS DIACONUS, *ep. Paul.* (PG 85, 737 C), Gal 6,15 sei einem – leider nicht näher spezifizierten – Μωυσέως ἀπόκρυφον entnommen.

[77] CLEMENS VON ALEXANDRIEN, *str.* 5,30,4 (GCS 15, 345).

[78] CLEMENS VON ALEXANDRIEN, *prot.* 114,3 (GCS 12, 80).

[79] GREGOR VON NAZIANZ, *or.* 16,2 (PG 35, 936 C).

[80] GREGOR D. GR., *in Ezech.* 1,10,8 (SC 327, 392).

[81] GREGOR VON NAZIANZ, *or.* 32,23 (SC 318, 134); 44,2; 44,4 (PG 36, 609A; 612 B); ähnlich Ps.-BASILIUS VON CÄSAREA, *Eun.* 5 (PG 29, 728 AB).

[82] GREGOR VON NAZIANZ, *or.* 1,2 (SC 247, 74).

[83] JOHANNES VON DAMASKUS, *in Gal.* (PG 95, 820 D).

[84] THEODOR VON MOPSUESTIA, *in Gal.* (SWETE 109); vgl. aber schon ATHANASIUS, *c. Ar.* 2,69,5 (AW I/1/2, 246f); AMBROSIUS, *ep.* 8,7 (CSEL 82/1, 70).

3,9f verwiesen,[86] gelegentlich auch auf die Wendung „Beschneidung der Vorhaut des Herzens" Jer 4,3f.[87] Manchmal wird, Schultendenzen übergreifend, eine Eingliederung in dogmatische Zusammenhänge expliziert: Die „neue Schöpfung" ist nach CYRILL VON ALEXANDRIEN Erneuerung hinein in den supralapsarischen Zustand,[88] während THEODORET die Taufe als εἴκων der zukünftigen Auferstehungsherrlichkeit versteht.[89]

Zuvor wird bei EPIPHANIUS VON SALAMIS eine andere Möglichkeit der Rezeption sichtbar, mit der er allerdings m.W. keine Nachfolger fand: Bei ihm ist die Bezugnahme auf das Christenleben aus einer auf das Individuum bezogenen zu einer heilsgeschichtlichen Rezeption geworden, denn er liest aus Kol 3,11 und Gal 6,15 eine Epochengliederung heraus: Von Adam bis Noah herrschte die Barbarei, von Noah bis Serug der Skythianismus, von Serug bis Abraham der Hellenismus, von Abraham an das Judentum, bis in Christus die neue Schöpfung Wirklichkeit wurde.[90]

GERMANUS VON KONSTANTINOPEL muss sich wehren gegen die Behauptung eines Rationalisten, Gott sei der Lüge zu bezichtigen, und antwortet mit der Unterscheidung einer Aussage κατ' οἰκονομίαν und einer Lüge. Als Beispiel für erstere führt er auch Paulus an, der Timotheus beschnitten hatte, obwohl ihm die Beschneidung als soteriologisch irrelevant galt.[91]

3. Auf die Wendung „neue Schöpfung" in 2Kor 5,17 bzw. Gal 6,15 beriefen sich, so jedenfalls nach Ps.-BASILIUS VON CÄSAREA, wohl einige Arianer, um auf dem Umweg über Spr 8,22–31 die Herabstufung des Sohnes gegenüber dem Vater zu rechtfertigen,[92] doch zieht Ps.-BASILIUS gegen Eunomius eine andere theologische Konsequenz aus der soteriologischen Aussage: Ist unsere Neuschöpfung das Werk des Heiligen Geistes, wie kann man ihn vom Vater und vom Sohn trennen wollen?![93]

4. Für PROSPER VON AQUITANIEN beleuchtet das Stichwort „neue Schöpfung" in Gal 6,15, das auf Gott als Schöpfer zurückweist, im antipelagianischen Kontext die Aussage von Röm 3,20, dass der Mensch nicht aus Werken des Gesetzes gerecht wird.[94] GELASIUS I. VON ROM grenzt die Wendung gegen das Missverständnis ab, mit der „Schöpfung" sei die uranfängliche Schöpfung gemeint, mit deren Voraussetzungen der Mensch zum Tun des Guten fähig sei,

---

[85] JOHANNES CHRYSOSTOMUS, comm. in Gal. (PG 61, 680); HIERONYMUS, in Gal. (CCL 77 A, 223). Bei HIERONYMUS liegt das Schwergewicht auf der eschatologischen Hoffnung, die er u.a. mit Phil 3,21; 1Kor 2,9 belegt).

[86] HIERONYMUS, in Gal. (CCL 77 A, 223); THEODORET VON CYRUS, in Gal. (PG 82, 504 A).

[87] PELAGIUS, in Gal. (SOUTER 342).

[88] CYRILL VON ALEXANDRIEN, glaph. Gen. 5 (PG 69, 264 B).

[89] THEODORET VON CYRUS, in Gal. (PG 82,504 A).

[90] EPIPHANIUS VON SALAMIS, haer. 8,3,3 (GCS 25, 188).

[91] GERMANUS VON KONSTANTINOPEL, vit. term. 12 (PG 98, 112 C).

[92] Ps.-BASILIUS VON CÄSAREA, Eun. 4 (PG 29, 704 B).

[93] Ps.-BASILIUS VON CÄSAREA, Eun. 5 (PG 29, 728 AB).

[94] PROSPER VON AQUITANIEN, c. coll. 10,3 (PL 51, 241 B).

wenn er die genannte Wendung mit den Worten kommentiert: *haec utique creatura, qua in Christo refecti sumus, non qua ab initio facti sumus.*[95]

Gal 6,16

Friede und Erbarmen komme über alle, die sich von diesem Grundsatz leiten lassen, und über das Israel Gottes.

Der erste Halbsatz[96] gibt gelegentlich den sprachlichen Ausdruck vor für die Orientierung an einem Jesuswort[97] oder an der Wahrheit des Glaubens insgesamt.[98] So kann auch eine ein Buch, ein Vorwort oder das Briefcorpus abschließende Mahnung in Anspielung auf Gal 6,16 gehalten sein,[99] ebenfalls eine Mahnung, bei dem als orthodox erkannten Glauben auch zu bleiben.[100] In den Kommentaren fungiert die „Regel", gerade im Zusammenhang mit V. 15, als Rückverweis auf den Hauptinhalt des Galaterbriefes.[101]

Die im Zuge des jüdisch-christlichen Gespräches seit 1945 gelegentlich auf Israel im Unterschied zum Christentum gedeutete Formel „Israel Gottes" (Gal 6,16) wird von den Vätern außerhalb der Kommentarliteratur zum Galaterbrief selten rezipiert und m.W. durchgehend[102] auf die Kirche der Glaubenden[103] bezogen. Ohne antijüdische Polemik erfolgt diese Deutung bei ORIGENES,[104] EUSEBIUS VON CÄSAREA[105] und teilweise bei HILARIUS VON POITIERS.[106] Andernorts wird das jetzt vorfindliche, nicht an Jesus glaubende Israel mit Hilfe

---

[95] GELASIUS VON ROM, *ep.* 97,40 (CSEL 35/1, 417).

[96] zu Gal 6,16 in 3 Kor 3,36 s. zu Gal 6,17.

[97] BASILIUS VON CÄSAREA, *reg. brev.* 56 (PG 31, 1120 D).

[98] GREGOR VON NYSSA, *ep.* 5,9 (GNO 8/2, 33).

[99] EPIPHANIUS VON SALAMIS, *Anc.* 119,16 (GCS 25, 149); RUFIN, *prol.* 7 zu PAMPHILUS VON CÄSAREA, *apol. Orig.* (FC 80, 224); GREGOR VON NYSSA, *ep.* 3,26 (GNO 8/2, 27).

[100] RUFIN, *apol. adv. Hieron.* 1,13 (CCL 20, 46).

[101] Als diese Regel gilt bei MARIUS VICTORINUS, *in Gal.* (CSEL 83/2, 172): *in Christo sperare neque discernere Christi virtutem praeputio an circumcisione, sed nova creatre, quaecumque fuerit.* PELAGIUS, *in Gal.* (SOUTER 342) formuliert: *quia in sola fide spes collocatur animarum.*

[102] Bei EUSEBIUS VON CÄSAREA, *m. P.* 11,8 (GCS 9/2, 937) beanspruchen die Märtyrer um Pamphilus durch die Ablegung ihrer heidnischen und die Wahl neuer alttestamentlicher Namen (Elia, Jeremia, Jesaja, Samuel, Daniel) Kontinuität zu dem „Israel Gottes". Doch, so der Autor, es sind christliche Märtyrer, die dies tun, und sie suchen die Kontinuität zu den Gerechten des Alten Bundes, nicht zu dem zu ihrer Zeit vorfindlichen Israel.

[103] Auch die Häretiker sind nicht das Israel Gottes (HILARIUS VON POITIERS, *trin.* 5,15 [CCL 62, 164]).

[104] ORIGENES, *Jo.* 13, 343 (SC 222, 222–224). Dass Gal 6,16 hier auf die Kirche zu beziehen ist, legt die nachher erfolgende Gegenüberstellung zur „fälschlich so genannten Gnosis" nahe.

[105] EUSEBIUS VON CÄSAREA, *m. P.* 11,8 (GCS 9/2, 937) unter Parallelisierung von Röm 2,19 und Gal 6,16.

[106] HILARIUS VON POITIERS, *in psalm.* 120,10; *in psalm.* 134,27 (CSEL 22, 565.712); anders ders., *trin.* 5,28 (CCL 62, 181); *in psalm.* 149,2 (CSEL 22, 867).

der Antithese Geist – Buchstabe[107] oder mit Hilfe von Gal 4,26[108] von der Kirche abgegrenzt.

Für die ähnlich gelagerte Auslegung in der altkirchlichen Kommentarliteratur ist m.E. neben der allgemeinen Tendenz der Abgrenzung von dem gegenwärtigen Israel das Bedürfnis verantwortlich, zu begründen, warum Paulus „Israel Gottes" schreibt und nicht einfach „Israel" oder „die Kirche": Das Genitivattribut hat einschränkenden Sinn. Die Abgrenzung[109] erfolgt bisweilen mit Hilfe der Antithese „Glaube oder Werke",[110] als Schriftbelege fungieren 1Kor 10,18,[111] Röm 9,6[112] oder Offb 2,9.[113] Dass das „fleischliche" Israel aus der Verwandtschaft mit dem Israel Gottes herausgefallen sei, wird ebenfalls mehrfach benannt.[114] Gelegentlich wird die Stelle im Sinne einer Mahnung ohne antijüdische Polemik rezipiert: „Israel Gottes" sind diejenigen, die die Beschneidung des Herzens haben, d.h. sich von Sünden fernhalten.[115] THEODORET VON CYRUS bemerkt: Den Häretikern gilt das Anathema von Gal 1,8, denen, die an der apostolischen Verkündigung festhalten, der Friedensgruß Gal 6,16.[116]

Gal 6,17

In Zukunft soll mir niemand mehr solche Schwierigkeiten bereiten. Denn ich trage die Zeichen Jesu an meinem Leib.

Mit Hilfe von Gal 6,17 wird innerhalb der Paulusakten im Dritten Korintherbrief die fiktive Situation der derzeitigen Inhaftierung des Paulus interpretiert;

---

[107] HILARIUS VON POITIERS, *trin.* 5,28 (CCL 62, 181). Eine implizite Abgrenzung mit Hilfe des Begriffs πνευματικός liegt auch bei GREGOR VON NAZIANZ, *or.* 30,19 (FC 22, 262) vor, eine implizite Abgrenzung mit Hilfe von Joh 1,47 („ein wahrer Israelit, in welchem kein Falsch ist") bei AUGUSTINUS, *en. Ps.* 67,12 (CCL 39, 876). AUGUSTINUS kann Joh 1,47 zwar auch anders verwenden (*en. Ps.* 78,2 (CCL 39, 1098f), doch ist die Auslegung zu Ps 67 davon nicht beeinflusst.

[108] HILARIUS VON POITIERS, *in psalm.* 149,2 (CSEL 22, 867).

[109] Wenig polemisch erfolgt die Abgrenzung bei THEODORET VON CYRUS, *in Gal.* (PG 82, 504 B); JOHANNES VON DAMASKUS, *in Gal.* (PG 95, 820 D – 821 A); Ps.-OECUMENIUS VON TRIKKA, *in Gal.* (PG 118, 1164 D).

[110] THEODORET VON CYRUS, *in Gal.* (PG 82, 504 B). MARIUS VICTORINUS, *in Gal.* 6,16 (CSEL 83/2, 172) konstatiert, Israel suche sein Heil nicht allein bei dem Herrn. Sowohl im Lemma als auch im Kommentar ist die Lesart *Israel domini* statt *Israel Dei* bezeugt.

[111] HIERONYMUS, *in Gal.* (CCL 77 A, 225); AMBROSIASTER, *in Gal.* (CSEL 81/3, 68); AUGUSTINUS, *ep.* 149,19 (CSEL 44, 365); ders., *adv. Iud.* 7/9 (PL 42, 57). AUGUSTINUS, *exp. Gal.* 63,11 (CSEL 84, 140) spricht von der fleischlichen Blindheit Israels, das den Herrn nicht sehen will; vgl. auch AUGUSTINUS, *adv. Iud.* 7,9 (PL 42, 57).

[112] PELAGIUS, *in Gal.* (SOUTER 342).

[113] HIERONYMUS, *in Gal.* (CCL 77 A, 224).

[114] JOHANNES CHRYSOSTOMUS, *comm. in Gal.* (PG 61, 679f).

[115] ISAIAS ABBAS, *or.* 22,4 (PG 40, 1167 D – 1168 A).

[116] THEODORET VON CYRUS, *ep. coll. Vat.* 167; ders. *ep. coll. Sich.* 4 (SC 429, 66. 70); gegen CYRILL VON ALEXANDRIEN, *apol. orient.* prooem. (PG 76, 317 A).

dies ist unterstützender Autoritätsaufweis, der textintern den „Korinthern", textextern den Lesern die Treue zur kirchlichen Verkündigung im Sinne der Paulusakten nahelegen will. Im selben Kontext wird auch Gal 6,16 als Mahnung aktualisiert.[117]

In TERTULLIANS christologischer Auseinandersetzung mit Marcion und gnostischen Gegnern sichert u.a. Gal 6,17[118] die Realität der Leiblichkeit Christi; Gal 6,17 bezeugt aber auch die partielle Wertschätzung des Leibes durch den Apostel und damit die Realität unserer zukünftigen leiblichen Auferstehung,[119] wie denn generell die Realität der Leiblichkeit Christi die Realität unserer leiblichen Auferstehung sichert.[120]

Für Ps.-ORIGENES erweisen u.a. Gal 2,20; 6,17, dass in 1Kor 15,50a nicht die Substanz des Fleisches gemeint ist, die das Reich Gottes nicht erben kann, sondern der fleischliche Wandel.[121]

Nach GREGOR VON NYSSA gereichen die στίγματα τοῦ κυρίου neben den in 2Kor 11,27 genannten Mühen des apostolischen Dienstes dem Apostel im Kampf gegen den Teufel zum Mittel der Selbstveredelung;[122] andernorts deutet er sie als die in Gal 5,22f beschriebenen Wirkungen des Heiligen Geistes, die den Apostel unfähig zum Bösen macht, wodurch die Kraft, die Christus entspricht, in der Tugend vollendet wird.[123] Als Autoritätsaufweis für Paulus im aktuellen Kampf gelten seine Stigmata für LEONTIUS VON KONSTANTINOPEL gegen Marathonius, der die Gottheit des Geistes leugnete.[124]

Die στίγματα werden einmal auf die in Ps 54 angesprochenen Leiden Davids bezogen, die den Leiden Christi gleichen,[125] sowie mehrfach auf die Leiden der christlichen Märtyrer,[126] ferner aktuell auf die Gefangenschaft des CYRILL VON ALEXANDRIEN (431–433) durch MAXIMIAN, der an Stelle des Nestorius zum Bischof in Konstantinopel eingesetzt worden war.[127]

In der kommentierenden Literatur wird zu Gal 6,17a vermerkt, die Bitte des Apostels sei kein Ausdruck der Schwäche.[128] Gal 6,17b ist stärkste Verteidigung dafür, dass Paulus nicht den Gefallen der Menschen sucht. Seine Aufrichtigkeit, die er anfangs durch Hinweis auf seine plötzliche Umwandlung begründet hat, belegt er nunmehr mit seinen Mühen, Gefahren und Misshandlungen

---

[117] *3 Kor* 3,34–36 (HARNACK 21).
[118] TERTULLIAN, *adv. Marc.* 5,4,15 (CCL 1, 675).
[119] TERTULLIAN, *resurr.* 10,4 (CCL 2, 933).
[120] TERTULLIAN, *carn.* 25,2 (CCL 2, 917).
[121] ADAMANTIUS, *dial.*, 5,22 (BUCHHEIT 93). TERTULLIAN, *resurr.* 10,3; 49,11 (CCL 2, 933.992) hatte denselben Gedanken mit Gal 5,17.21 begründet.
[122] GREGOR VON NYSSA, *beat.* 2,2 (GNO 7/2, 94).
[123] GREGOR VON NYSSA, *hom. in Cant.* 12 (GNO 6, 366).
[124] LEONTIUS VON KONSTANTINOPEL, *hom.* 13 (CCG 17, 400). Er entgegnet mit 1Kor 6,19.
[125] THEODORET VON CYRUS, *Ps.* (PG 80, 1269 A).
[126] HIERONYMUS, *adv. Rufin.* 2,3 (CCL 79, 35); PHILO VON CARPASIA, *Cant.* (PG 40, 53 B); JOHANNES VON DAMASKUS, *Artem.* 38 (Kotter V, 223).
[127] MAXIMIAN, bei CYRILL VON ALEXANDRIEN, *ep.* 30 (PG 77, 149 A).
[128] JOHANNES CHRYSOSTOMUS, *comm. in Gal.* (PG 61, 680).

um Christi willen.[129] Anders erfolgt die Auslegung bei MARIUS VICTORINUS und AUGUSTINUS: Ersterer entnimmt dem Vers eine Ermahnung zur Leidensbereitschaft,[130] letzterer deutet die *stigmata domini* als *alios conflictus* in den Verfolgungen des Apostels, die dieser als Strafe für seine eigene Verfolgertätigkeit zu erkennen gelernt habe.[131]

Gal 6,18

Die Gnade Jesu Christi, unseres Herrn, sei mit eurem Geist, meine Brüder. Amen.

Die Wendung „mit euerem Geist" (vgl. Phil 4,23) hat gelegentlich kirchliche Formelsprache geprägt, etwa im Barnabasbrief.[132]

In der Kommentarliteratur wird zu diesem Vers die leserlenkende Funktion auch der Einzelformulierung bedacht: Paulus schreibt nicht nur „mit euch", sondern mit euerem Geiste, weil er sie von allem Fleischlichem abkehren will,[133] und erinnert sie an die Gnade, deren sie teilhaftig wurden und die ihn befähigte, sie der Ἰουδαϊκὴ πλάνη zu entreißen.[134]

---

[129] JOHANNES CHRYSOSTOMUS, *comm. in Gal.* (PG 61, 680); THEODORET VON CYRUS, *in Gal.* (PG 82, 504 BC); JOHANNES VON DAMASKUS, *in Gal.* (PG 95, 821 AB); AMBROSIASTER, *in Gal.* 6,17,2 (CSEL 81/3, 68); PELAGIUS, *in Gal.* (SOUTER 343).

[130] MARIUS VICTORINUS, *in Gal.* 6,17 (CSEL 83/2, 172).

[131] AUGUSTINUS, *exp. Gal.* 64,3–6 (CSEL 84, 140f) mit Verweis auf Apg 9,16.

[132] *Barn.* 21,9 (LINDEMANN/PAULSEN 74).

[133] JOHANNES CHRYSOSTOMUS, *comm. in Gal.* (PG 61, 680); THEODORET VON CYRUS, *in Gal.* (PG 82, 504 C); PELAGIUS, *in Gal.* (SOUTER 343).

[134] EPHRÄM, *in Gal.* (MMK 139); JOHANNES CHRYSOSTOMUS, *comm. in Gal.* (PG 61, 680); JOHANNES VON DAMASKUS, *in Gal.* (PG 95, 821 B).

Literatur

Quellen und Übersetzungen

Novum Testamentum Graece, K. u. B. ALAND (Hg.), Stuttgart [26]1990; Stuttgart [27]1993.
Septuaginta. Id est Vetus Testamentum graece iuxta LXX interpretes, A. RAHLFS (Hg.), Stuttgart [2]1935; R. HANHART (Hg.).
Septuaginta. Vetus Testamentum Graece auctoritate Adacemiae Scientiarum Gottingensis editum, Göttingen 1931ff.

****

Antike griechisch-römische Autoren

CICERO, de officiis libros III latine et germanice, K. BÜCHNER (Hg.), Zürich–Stuttgart [2]1964 [off.].

DIOGENES LAERTIUS
Diogenes Laertius, Lives of Eminent Philosophers, with an English Translation by R.D. HICKS, 2 Bd., London 1925 = 1965.1966.

EPIKTET
Épictète, Entretiens, Bd. 3: texte établi et traduit par J. SOUILHE avec la collaboration de A. JAGU, Paris 1963 [Diss.].

MUSONIUS RUFUS
Musonii Rufi reliquiae, O. HENSE (Hg.), Leipzig 1905 [Diss.].

PLATO
–, Theaitetos, bearb. v. P. STAUDACHER, griechischer Text von A. DIÈS, dt. Übers. v. F. SCHLEIERMACHER, in: G. EIGLER (Hg.), Platon. Werke in 8 Bänden griechisch und deutsch, Bd. 6, Darmstadt [4]2005, 1–217 [Tht.].
–, Timaios, bearb. v. K. WIDDRA, griechischer Text von A. RIVAUD und A. DIÈS, dt. Übers. v. F.H. MÜLLER und F. SCHLEIERMACHER, in: G. EIGLER (Hg.), Platon. Werke in 8 Bänden griechisch und deutsch, Bd. 7, Darmstadt [4]2005, 1–210 [Tim.].

PLUTARCH
–, de stoicorum repugnantiis, in: Plutarchi Moralia 6/2, M. POHLENZ (Hg.), 2. Aufl. R. WESTMAN (Hg.), Leipzig 1959, 1–58 [Stoic. Rep.].
–, Non posse suaviter vivi secundum Epicurum, in: Plutarchi Moralia 6/2, M. POHLENZ (Hg.), 2. Aufl. R. WESTMAN (Hg.), Leipzig 1959, 123–172 [Suav. viv. Epic.].

PORPHYRIUS
–, „Gegen die Christen", 15 Bücher. Zeugnisse, Fragmente und Referate, A.v. HARNACK (Hg.), AAB 1916,1, Berlin 1916 [Frgm.].

–, R. M. BERCHMAN, Porphyry Against the Christians, Studies in Platonism, Neoplatonism, and the Platonic Tradition 1, Leiden–Boston 2005.

TACITUS
–, Annalen, lateinisch-deutsch, C. HOFFMANN (Hg.), München 1954 [ann.].
–, Historien, lateinisch-deutsch, J. BORST/H. HROSS (Hg.), München 1959 [hist.].

TERENZ, Andria, in: Terentius, Comoediae, ed. R. KAUER/W.M. LINDSAY, Oxford 1926 = 1961. [Andria].

VERGIL, Bucolica, in: Vergili Maronis Bucolica et Georgica, rec. L. CASTIGLIONI/R. SABBADINI, Corpus Scriptorum Latinorum Paravianum, Turin ²1960 [Buc.].

Antike jüdische Autoren

ARISTEASBRIEF
Lettre d'Aristée a Philocrate, introduction, texte critique, traduction et notes, index complet des mots grecs, par A. PELLETIER, SC.TNC 89, Paris 1962 [Arist.].

PHILO
–, de Abrahamo, in: Philo, With an English Translation in Ten Volumes, Bd. 6, ed. F.H. COLSON, London 1959, 1–135 [Abr.].
–, de plantatione, in: Philo, With an English Translation in Ten Volumes, Bd. 3, ed. F.H. COLSON/G.H. WHITAKER, London 1960, 207–305 [plant.].

JOSEPHUS, contra Apionem, in: Josephus, With an English Translation in Nine Vol. Bd. 1: The Life. Against Apion, ed. H.St.J. THACKERAY, LCL, Cambridge–London 1961, 162–411 [c. Ap.].

MIDRASCH GENESIS RABBA
Der Midrasch Bereschit Rabba, das ist die haggadische Auslegung der Genesis, zum ersten Mal ins Deutsche übertragen von A. WÜNSCHE, Leipzig 1881 [GenR].

Antike christliche Autoren

ACTA S. PAMPHILI MARTYRIS, PG 10, 1533 C – 1549 B.

ACTUS VERCELLENSES: W. SCHNEEMELCHER, Petrusakten, in: Ders. (Hg.), Neutestamentliche Apokryphen in deutscher Übersetzung, Bd. 2: Apostolisches, Apokalypsen und Verwandtes, Tübingen ⁵1989, 243–289, hier 258–283.

ADAMANTIUS, de recta in Deum fide, V. BUCHHEIT (Hg.), München 1966 [dial.].

ALEXANDER VON ALEXANDRIEN, Epistula de Ariana Haeresi, PG 18, 548 A – 584 A.

ALEXANDER VON LYKOPOLIS, Tractatus de Placitis Manichaeorum, PG 18, 412 B – 448 D.

ALEXANDER VON ZYPERN, Laudatio in Ap. Barnabam, PG 87/3, 4087 A – 4106 B [Barn.].

AMBROSIASTER

–, Commentarius in Epistulam ad Romanos, in: Ambrosiaster – Ambrosiastri qui dicitur Commentarius in Epistulas Paulinas, rec. H.J. VOGELS, Bd. 1, CSEL 81/1, Wien 1966 [in Rom.].
–, Commentarius in Epistulam primam ad Corinthios, in: Ambrosiaster – Ambrosiastri qui dicitur Commentarius in Epistulas Paulinas, rec. H.J. VOGELS, Bd. 2: In epistulas ad Corinthios, CSEL 81/2, Wien 1968, 3–194 [in 1 Cor.].
–, Commentarius in Epistulam ad Galatas, in: Ambrosiaster – Ambrosiastri qui dicitur Commentarius in Epistulas Paulinas, Bd. 3: In Epistulas ad Galatas, ad Efesios, ad Filippenses, ad Colosenses, ad Thesalonicenses, ad Timotheum, ad Titum, ad Filemonem, rec. H.J. VOGELS, CSEL 81/3, Wien 1969, 1–68 [in Gal.].
–, quaestiones veteris et novi testamenti, rec. A. SOUTER, CSEL 50, Wien–Leipzig 1908, 1–416 [quaest. test.].
–, Appendix quaestionum noui testamenti, rec. A. SOUTER, CSEL 50, Wien–Leipzig 1908, 417–480 [qu. nov. test. app.].

AMBROSIUS

–, de Abraham, rec. C. SCHENKL, CSEL 32/1, Prag–Wien–Leipzig 1897, 499–638 [Abr.].
–, de bono mortis, rec. C. SCHENKL, CSEL 32/1, Prag–Wien–Leipzig 1897, 701–753 [bon. mort.].
–, de fide (ad Gratianum Augustum), rec. O. FALLER, CSEL 78, Wien 1962 [fid.].
–, de fide (ad Gratianum) – Über den Glauben (an Gratian) übersetzt und eingeleitet von C. MARKSCHIES, FC 47/1–3, Turnhout 2005 [fid.].
–, de Iacob, rec. C. SCHENKL, CSEL 32/2, Prag–Wien–Leipzig 1897, 1–70 [Iac.].
–, de incarnationis dominicae sacramento, rec. O. FALLER, CSEL 79, Wien 1964, 223–281 [incarn.].
–, de Isaac vel anima – Über Isaak oder die Seele, übers. und eingel. v. E. DASSMANN, FC 48, Turnhout 2003 [Isaac].
–, de officiis, cura et studio M. TESTARD, CCL 15, Turnhout 2000 [off.].
–, de paenitentia – La pénitence. Texte latin, introduction, traduction et notes v. R. GRYSON, SC 179, Paris 1971 [paenit.].
–, de paradiso, rec. C. SCHENKL, CSEL 32/1, Prag–Wien–Leipzig 1897, 263–336 [parad.].
–, de sacramentis, de mysteriis – Über die Sakramente, über die Mysterien, übers. u. eingel. v. J. SCHMITZ, FC 3, Freiburg u.a. 1990 [sacr.; myst.].
–, de spiritu Sancto, rec. O. FALLER, CSEL 79, Wien 1964, 5–222 [spir.].
–, Epistularium, Libri I – VI, rec. O. FALLER, CSEL 82/1, Wien 1968; Libri VII–VIII post O. FALLER, rec. M. ZELZER, CSEL 82/2, Wien 1990; Liber X, rec. M. ZELZER, CSEL 82/3, Wien 1982 [ep.].
–, Exaemeron, rec. C. SCHENKL, CSEL 32/1, Prag–Wien–Leipzig 1897, 1–261 [hex.].
–, explanatio psalmorum 12, rec. M. PETSCHENIG, CSEL 64, Wien–Leipzig 1913 [in psalm.].
–, expositio psalmi 118, rec. M. PETSCHENIG, CSEL 62, Wien–Leipzig 1913 [in psalm. 118.].
–, in Lucam, M. ADRIAEN (Hg.), CCL 14, Turnhout 1957 [Lc.].

AMMONIUS VON ALEXANDRIEN, Fragmenta in Acta Apostolorum, PG 85, 1524 D – 1608 A [Ac.].

AMPHILOCHIUS VON IKONIUM

–, contra haereticos, in: ders., Opera, orationes, pluraque alia quae supersunt, nonnulla etiam spuria, quorum ed. cur. C. DATEMA, CCG 3, Turnhout 1978, 183–214 [c. haer.].
–, de recens baptizatis, in: ders., Opera, orationes, pluraque alia quae supersunt, nonnulla etiam spuria, quorum ed. cur. C. DATEMA, CCG 3, Turnhout 1978, 153–162 [rec. bapt.].

ANASTASIUS SINAITA

–, Quaestiones et responsiones, PG 89, 312 A – 824 C [qu. et resp.].
–, Sermo adversus Monotheletas qui communiter dicitur homilia tertia de creatione hominis, in: ders., Sermones duo in constitutionem hominis secundum imaginem Dei necnon opuscula adversus Monotheletas edidit K.H. UTHEMANN, CCG 12, Turnhout 1985, 53–83 [serm. imag. 3].

–, contra Monophysitas testimonia, in: ders., Sermones duo in constitutionem hominis secundum imaginem Dei necnon opuscula adversus Monotheletas edidit K.H. UTHEMANN, CCG 12, Turnhout 1985, 85-96 [monoph.].
–, Viae dux, cuius ed. cur. K.H. UTHEMANN, CCG 8, Turnhout 1981 [hod.].
(Ps.?)-Anastasius Sinaita, in hexaemeron libri XII, PG 89, 851 A – 1078 A [hex.].

ANASTASIUS VON ANTIOCHIEN, Sermones quatuor, PG 89, 1361 A – 1397 C [serm.].

Anonymus in Ecclesiasten commentarius qui dicitur catena trium patrum, cuiusque editionem principem curavit S. LUCÀ, CCG 11, Turnhout 1983.
Anonymus, Dialogus cum Iudaeis saeculi ut videtur sexti, nunc primum editus curante J.H. DECLERCK, CCG 30, Turnhout–Leuven 1994 [dial.].
Anonymus, Liber de Trinitate, cura et studio J. FRAIPONT, CCL 90, Turnhout 1961, 235–260 [lib. trin.].
Anonymus, Testimonia de patre et filio et spiritu sancto, cura et studio D. DE BRUYNE, CCL 90, Turnhout 1961, 225–233 [test. p. f. s].

ANTIOCHUS IM SABASKLOSTER
Antiochus im Sabaskloster, Sermones, PG 89, 1432 A – 1849 B [serm.].

ANTIPATER VON BOSTRA, Fragmenta, PG 85, 1792 D – 1796 D; PG 86/2, 2045 A –2053 B; PG 96, 501 A – 505 D [Frgm.].

APOLLINARIS VON LAODIZEA
–, ad Jouianum, H. LIETZMANN (Hg.), Apollinaris von Laodicea und seine Schule. Texte und Untersuchungen, Bd. 1, Tübingen 1904, 250–253 [ep. Jov.].
–, de unione, hg. v. H. LIETZMANN, Apollinaris von Laodicea und seine Schule. Texte und Untersuchungen, Bd. 1, Tübingen 1904, 181–187 [de unione].

APPONIUS
–, Commentaire sur le Cantique des cantiques, ed. B. DE VREGILE/L. NEYRAND, Bd. 1: Introduction générale, texte, traduction et notes, livres I–III, SC 420, Paris 1997; Bd. 2: livres IV–VIII, texte, traduction et notes, SC 421, Paris 1997; Bd. 3: Livres IX–XII, texte, traduction, notes et index, SC 430, Paris 1998 [Cant].
–, Die Auslegung zum Lied der Lieder. Die einführenden Bücher I–III und das christologisch bedeutsame Buch IX, eingeleitet, übersetzt und kommentiert v. H. KÖNIG, VL.GLB 21, Freiburg 1992.

APRINGIUS VON BEJA, Tractatus in Apocalypsim, PLS 4, 1221–1248 [in Apoc.].

ARCHELAOS, Acta Disputationis S. Archelai cum Manete Haeresiarcha, PG 10, 1429 A – 1524 D [Act. Archel.].

ARCHIDIACONUS ANONYMUS ROMANUS, de reconciliandis paenitentibus, CCL 9, 349–370.

ARIANER, PREDIGTEN
R. ÉTAIX, Sermons ariens inédits, in: RechAug 26 (1992) 143–179.

ARISTIDES, Apologie, in: E.J. GOODSPEED, Die ältesten Apologeten. Texte mit kurzen Einleitungen, Göttingen 1914 = 1984, 2–23 [apol.].

ARNOBIUS D. J., Commentarii in psalmos, cura et studio K. DAUR, Bd. 1, CCL 25, Turnhout 1990; Bd. 2, CCL 25 A, Turnhout 1992; Bd. 3, cura et studio K. DAUR/F. GORI, CCL 25 B, Turnhout 2000 [in psalm.].

ASTERIUS VON AMASEA, Homiliae, PG 40, 164 A – 477 A [hom.].

ASTERIUS VON KAPPADOZIEN

M. VINZENT, Asterius von Kappadokien, Die theologischen Fragmente. Einleitung, kritischer Text, Übersetzung und Kommentar, SVigChr 20, Leiden 1993 [Frgm.].

ATHANASIUS VON ALEXANDRIEN
–, apologia contra Arianos, H.G. OPITZ (Hg.), AW 2/1, Berlin–Leipzig 1935, 87–168 [apol. c. Ar.].
–, de decretis Nicaenae Synodi, H.G. OPITZ (Hg.), AW 2/1, Berlin–Leipzig 1935, 1–45 [decr.].
–, de incarnatione verbi. Introduction, texte critique, traduction, notes et index par C. KANNENGIESSER, SC 199, Paris 1973 [inc.].
–, de incarnatione verbi. Einl., Übers., Kommentar von E.P. MEIJERING (in enger Zusammenarbeit mit J.C.M. VAN WINDEN), Amsterdam 1989 [inc.].
–, de sententia Dionysii. Einleitung, Übersetzung und Kommentar v. U. HEIL, PTS 52, Berlin–New York 1999.
–, epistola ad episcopos Aegypti et Lybiae, M. TETZ (Hg.), AW 1/1, Berlin 1996, 39–64 [ep. Aeg. Lib.].
–, epistula ad Epictetum, PG 26, 1049 A – 1070 B [ep. Epict.].
–, epistolae festales, PG 26, 1351 A – 1444 A [ep. fest.].
–, expositiones in psalmos, PG 27, 59 B – 546 D [Ps.].
Athanase d' Alexandrie, Lettres à Sérapion sur la divinité du Saint-Esprit. Introduction et traduction par J. LEBON, SC 15, Paris 1947 [ep. Serap.].
–, or. 3 contra Arianos, E.P. MEIJERING (Hg.), 2 Bd., Amsterdam 1996–1997 [Ar.].
–, Orationes I et II contra Arianos. Edition vorbereitet von K. METZLER, revidiert und besorgt von K. SAVVIDIS, AW I/1/2, Berlin–New York 1998 [Ar.].
–, Oratio III contra Arianos. Edition vorbereitet von K. METZLER, revidiert und besorgt von K. SAVVIDIS, AW I/1/2, Berlin–New York 2000 [Ar.].
–, vita Antonii. Introduction, texte critique, traduction, notes et index par ed. G.J.M. BARTELINK, SC 400, Paris 1994 [v. Anton.].
(Ps.?)-Athanasius von Alexandrien, expositiones in Psalmos, PG 27, 59 B – 546 D.
Ps.-Athanasius von Alexandrien, contra Apollinarium, PG 26, 1093 A – 1166 B [Apoll.].
–, contra Macedonianum dialogi, PG 28, 1292 A – 1337 A [Maced. dial.].
–, (Eusebius von Vercelli?), de Trinitate et Spiritu sancto, in: Eusebius von Vercelli, opera quae supersunt, V. BULHART, CCL 9, Turnhout 1957, 1–205 [trin.].
–, de communi essentia Patris et Filii et Spiritus Sancti, PG 28, 29 B – 80 C.
–, de incarnatione Dei verbi et contra Arianos, PG 26, 983 A – 1028 A [inc. et c. Ar.].
–, de incarnatione Dei verbi, PG 28, 89 A – 96 B [inc.].
–, de passione et cruce Domini, PG 28, 185 A – 249 D.
–, de sabbatis et circumcisione, ex libro Exodi, PG 28, 133 A – 141 D [sabb.].
–, de sancta Trinitate dialogi, PG 28, 1116 A – 1285 B [dial. Trin.].
–, de Trinitate et Spiritu sancto, PG 26, 1191 A – 1218 C [trin. et spir.].
–, homilia in sanctos patres et prophetas, PG 28, 1061 B – 1073 A [proph.].
–, oratio IV contra Arianos, PG 26, 468 B – 525 A [Ar.].
–, quaestiones ad Antiochum ducem, PG 28, 597 C – 700 C [qu. Ant.].
–, quaestiones in Scripturam, PG 28, 712 A – 773 A [qu. Script.].
–, sermo contra omnes haereses, PG 28, 501 A – 524 C.
–, sermo in annuntiationem Deiparae, PG 28, 917 A – 940 D.
–, sermo in sanctam pascha et in recens illuminatos, PG 28, 1073 B – 1092 B [pasch.].
–, sermo pro iis qui saeculo renuntiarunt, PG 28, 1409 A – 1420 C [renunt.].
–, synopsis scripturae sacrae, PG 28, 284 A – 437 A.
–, syntagma ad quemdam politicum, PG 28, 1396 A – 1408 D [syntag.].
–, vita sanctae Syncleticae, PG 28, 1488A – 1557 A [v. Syncl.].

ATHENAGORAS, legatio pro christianis, ed. by M. MARCOVICH, PTS 31, Berlin–New York 1990.

AURELIUS AUGUSTINUS
–, Acta contra Fortunatum Manichaeum, rec. J. ZYCHA, CSEL 25/1, Prag–Wien–Leipzig 1891, 83–112 [Fort.].
–, Ad catholicos fratres, rec. M. PETSCHENIG, CSEL 52, Wien–Leipzig 1909, 231–322 [cath. fr.].
–, Ad Cresconium Grammaticum partis Donati, rec. M. PETSCHENIG, CSEL 52, Wien–Leipzig 1909, 325–582 [Cresc.].
–, Adversus Iudaeos, PL 42, 51 – 64 [adv. Iud.].
–, Confessiones, rec. P. KNÖLL, CSEL 33, Prag–Wien–Leipzig 1896 [conf.].
–, Conlatio cum Maximino Arrianorum episcopo, PL 42, 709 – 742 [conl. Max.].
–, Contra Adimantum, rec. J. ZYCHA, CSEL 25/1, Prag–Wien–Leipzig 1891, 115–190 [c. Adim.].
–, Contra adversarium legis et prophetarum, cura et studio K.-D. DAUER, CCL 49, Turnhout 1985, 35–131 [c. adv. leg.].
–, Contra Donatistas, rec. M. PETSCHENIG, CSEL 53, Wien–Leipzig 1910, 97–162 [c. Don.].
–, Contra duas epistulas Pelagianorum, rec. C.F. URBA/J. ZYCHA, CSEL 60, Wien–Leipzig 1913, 423–570 [c. ep. Pel.].
–, Contra epistulam Parmeniani, rec. M. PETSCHENIG, CSEL 51, Wien–Leipzig 1908 = Wien 1963, 19–141 [c. ep. Parm.].
–, Contra Faustum Manichaeum, rec. J. ZYCHA, CSEL 25/1, Prag–Wien–Leipzig 1891, 251–797 [c. Faust.].
–, Contra Felicem Manichaeum, rec. J. ZYCHA, CSEL 25/2, Prag–Wien–Leipzig 1892, 801–852 [c. Fel.].
–, Contra Iulianum opus imperfectum, rec. M. ZELZER, CSEL 85/1, Wien 1974, 3–506 [c. Iul. imp.].
–, Contra litteras Petiliani, rec. M. PETSCHENIG, CSEL 52, Wien–Leipzig 1909, 3–227 [c. litt. Pet.].
–, Contra Maximinum Arianum, PL 42, 743 – 814 [c. Max.].
–, Contra mendacium, rec. J. ZYCHA, CSEL 41, Prag–Wien–Leipzig 1900, 469–528 [c. mend.].
–, Contra partem Donati post gesta, rec. M. PETSCHENIG, CSEL 53, Wien–Leipzig 1910, 95–162 [c. Don.].
–, Contra sermonem Arrianorum, PL 42, 677 – 684 [c. s. Arrian.].
–, De Academicis, rec. P. KNÖLL, CSEL 63, Wien–Leipzig 1922, 3–81 [Acad.].
–, De adulterinis coniugiis, rec. J. ZYCHA, CSEL 41, Prag–Wien–Leipzig 1900, 347–410 [adult. coniug.].
–, De agone christiano, rec. J. ZYCHA, CSEL 41, Prag–Wien–Leipzig 1900, 101–138 [agon.].
–, De baptismo, rec. M. PETSCHENIG, CSEL 51, Wien–Leipzig 1908, 145–375 [bapt.].
–, De beata vita, rec. P. KNÖLL, CSEL 63, Wien–Leipzig 1922, 89–116 [beat.].
–, De bono coniugali, rec. J. ZYCHA, CSEL 41, Prag–Wien–Leipzig 1900, 187–230 [b. coniug.].
–, De bono viduitatis, rec. J. ZYCHA, CSEL 41, Prag–Wien–Leipzig 1900, 305–343 [b. vid.].
–, De catechizandis rudibus, rec. J.B. BAUER, CCL 46, Turnhout 1969, 121–178 [cat. rud.].
–, De civitate Dei, recensuit et commentario critico instruxit E. HOFFMANN, Bd. 1: Bücher 1 – 13, CSEL 40/1, Prag–Wien–Leipzig 1899; Bd. 2: Bücher 14–22, CSEL 40/2, Prag–Wien–Leipzig 1900 [civ.].
–, De continentia, rec. J. ZYCHA, CSEL 41, Prag–Wien–Leipzig 1900, 141–183 [cont.].
–, De correptione et gratia, PL 44, 915 – 946 [corrept.].
–, De diversis quaestionibus ad Simplicianum, ed. A. MUTZENBECHER, CCL 44, Turnhout 1970 [Simpl.].
–, De diversis quaestionibus octoginta tribus, ed. A. MUTZENBECHER, CCL 44 A, Turnhout 1975, 1–249 [div. qu.].
–, De doctrina christiana, rec. W.M. GREEN, CSEL 80, Wien 1963 [doctr. christ.].
–, De dono perseuerantiae liber ad Prosperum et Hilarium secundus, PL 45, 993 – 1034 [persev.].
–, De fide et operibus, rec. J. ZYCHA, CSEL 41, Prag–Wien–Leipzig 1900, 35–97 [fid. et op.].
–, De Genesi ad litteram liber inperfectus, rec. J. ZYCHA, CSEL 28/1, Prag–Wien–Leipzig 1894, 459–503 [Gn. litt.].
–, De gestis Pelagii, rec. C.F. URBA/J. ZYCHA, CSEL 42/2, Prag–Wien–Leipzig 1902, 51–122 [gest Pel.].

–, De gratia Christi et de peccato originali, rec. C.F. URBA/J. ZYCHA, CSEL 42, Prag–Wien–Leipzig 1902, 125–206 [gr. et pecc. or.].
–, De gratia et libero arbitrio, PL 44, 881 – 912 [gr. et lib. arb.].
–, De haeresibus ad Quodvultdeum, ed. R. VANDER PLAETSE/C. BEUKERS, CCL 46, Turnhout 1969, 286–345 [haer.].
–, De mendacio, rec. J. ZYCHA, CSEL 41, Prag–Wien–Leipzig 1900, 413–466 [mend.].
–, De natura et gratia liber unus, rec. C.F. URBA/J. ZYCHA, CSEL 60, Wien–Leipzig 1913, 231–299 [nat. et gr.].
–, De nuptiis et concupiscentia ad Valerium, rec. C.F. URBA/J. ZYCHA, CSEL 42, Prag–Wien–Leipzig 1902, 211–319 [nupt. et conc.].
–, De octo Dulcitii quaestionibus, ed. A. MUTZENBECHER, CCL 44 A, Turnhout 1975, 253–297 [Dulc. qu.].
–, De opere monachorum, rec. J. ZYCHA, CSEL 41, Prag–Wien–Leipzig 1900, 531–595 [op. mon.].
–, De patientia, rec. J. ZYCHA, CSEL 41, Prag–Wien–Leipzig 1900, 663–691 [pat.].
–, De peccatorum meritis et remissione et de baptismo parvulorum ad Marcellinum, rec. C.F. URBA/J. ZYCHA, CSEL 60, Wien–Leipzig 1913, 3–151 [pecc. mer.].
–, De perfectione iustitiae hominis, rec. C.F. URBA/J. ZYCHA, CSEL 42, Prag–Wien–Leipzig 1902, 3–48 [perf. iust.].
–, De sancta virginitate, rec. J. ZYCHA, CSEL 41, Prag–Wien–Leipzig 1900, 235–302 [virg.].
–, De sermone domini in monte libros duos post Maurinorum rec. denuo ed. A. MUTZENBECHER, CCL 35, Turnhout 1967 [s. dom. m.].
–, De spiritu et littera, rec. C.F. URBA/J. ZYCHA, CSEL 60, Wien–Leipzig 1913, 155–229 [spir. et litt.].
–, De trinitate, rec. J. Mountain, CCL 50 / 50 A, Turnhout 1968 [trin.].
–, De unico baptismo contra Petilianum ad Constantinum, rec. M. PETSCHENIG, CSEL 53, Wien–Leipzig 1910, 3–34 [un. bapt.].
–, De utilitate credendi – Über den Nutzen des Glaubens, übersetzt und eingeleitet v. A. HOFFMANN, FC 9, Freiburg u.a. 1992 [util. cred.].
–, De utilitate credendi, rec. J. ZYCHA, CSEL 25/1, Prag–Wien–Leipzig 1891, 3–48 [util. cred.].
–, De utilitate ieiunii, rec. S.D. RUEGG, CCL 46, Turnhout 1969, 227–241 [util. ieiun.].
–, Enarrationes in Psalmos, cura et studio D.E. DEKKERS/I. FRAIPONT, Bd. 1: Ps. 1–50, CCL 38, Turnhout 1956 = 1990; Bd. 2: Ps. 51–100, CCL 39, Turnhout 1956 = 1990; Bd. 3: Ps. 101–150, CCL 40, Turnhout 1956 = 1990 [en. Ps.].
–, Enchiridion ad Laurentium sive de fide, spe et caritate, cura et studio E. EVANS, CCL 46, Turnhout 1969, 23–114 [ench.].
–, Epistolae ad Galatas expositionis liber unus, rec. J. DIVJAK, CSEL 84, Wien 1971, 55–141 [exp. Gal.].
–, Epistulae 1*–29*, rec. v. J. DIVJAK, CSEL 88, Wien 1981 [ep*.].
–, Epistulae 1–30, rec. et comm. critico instruxit A. GOLDBACHER, CSEL 34/1, Prag–Wien–Leipzig 1895 [ep.].
–, Epistulae 31–123, rec. et comm. critico instruxit A. GOLDBACHER, CSEL 34/2, Prag–Wien–Leipzig 1898 [ep.].
–, Epistulae 124–184, rec. et comm. critico instruxit A. GOLDBACHER, CSEL 44, Wien–Leipzig 1904 [ep.].
–, Epistulae 185–270, rec. et comm. critico instruxit A. GOLDBACHER, CSEL 57, Wien–Leipzig 1911 [ep.].
–, Expositios quarundam propositionum ex epistula apostoli ad Romanos, rec. J. DIVJAK, CSEL 84, Wien 1971, 3–52 [exp. prop. Rm.].
–, Gesta cum Emerito Donatistarum episcopo, rec. M. PETSCHENIG, CSEL 53, Wien–Leipzig 1910, 179–196 [Emer.].
–, In Iohannis evangelium tractatus, textum ed. cur. R. WILLEMS, CCL 36, Turnhout 1954 [Io. ev. tr.].
–, Liber qui appellatur speculum et liber de divinis scripturis sive speculum quod fertur S. Augustini, rec. F. WEIHRICH, CSEL 12, Wien 1887, 3–285. 289–700 [spec.].
–, Quaestiones Evangeliorum, A. MUTZENBECHER (HG.), CCL 44 B, Turnhout 1980, 1–118 [qu. ev.].

–, Quaestiones in heptateuchum, cura et studio J. FRAIPONT, CCL 33, Turnhout 1958, 1–377 [qu.].
–, Retractationum libri duo, rec. P. KNÖLL, CSEL 36, Wien–Leipzig 1902 [retr.].
–, sermones, PL 38 [serm.].
–, sermo Moguntinus: H.R. DROBNER, Augustins *sermo Moguntinus* über Gal 2,11–14. Einleitung, Übersetzung und Anmerkungen, ThGl 84 (1994) 226–242 [s. Dolbeau].
DOLBEAU, Francois, Nouveaux Sermons d'Augustin IV, in: RechAug 26 (1992) 69–141.
Augustinus, Soliloquia, rec.W. HÖRMANN, CSEL 89, Wien 1986, 3–98 [sol.].

Aurelius Augustinus, Der freie Wille, Paderborn ³1961.
–, Die Gnade Christi und die Erbsünde, übertragen von A. FINGERLE, in: Aurelius Augustinus, Schriften gegen die Pelagianer, A. FINGERLE (Hg.), Bd. 2, lat.-dt., A. KUNZELMANN/A. ZUMKELLER (Hg.), Würzburg 1964, 320–467.
–, Die *Verhandlungen* mit Pelagius, übertragen von B. ALTANER, in: Aurelius Augustinus, Schriften gegen die Pelagianer, A. FINGERLE (Hg.), Bd. 2, lat.-dt., A. KUNZELMANN/A. ZUMKELLER (Hg.), Würzburg 1964, 198–319.
–, Die *Vollendung* der menschlichen Gerechtigkeit, übertragen von A. FINGERLE, in: Aurelius Augustinus, Schriften gegen die Pelagianer, A. FINGERLE (Hg.), Bd. 2, lat.-dt., A. KUNZELMANN/A. ZUMKELLER (Hg.), Würzburg 1964, 128–197.
–, Die Auslegung des Briefes an die Galater, eingeleitet, übertragen und erläutert von G.TH. RING, in: Sankt Augustinus, der Lehrer der Gnade, Schriften gegen die Pelagianer. Prolegomena, Bd. 2: Die Auslegung des Briefes an die Galater. Die angefangene Auslegung des Briefes an die Römer. Über dreiundachtzig verschiedene Fragen: Fragen 66–68, Würzburg 1997 [Gnade].
–, *Natur* und Gnade, übertragen von A. MAXSEIN, in: Aurelius Augustinus, Schriften gegen die Pelagianer, Bd.1, lat.-dt., Einführung und Erläuterungen von A. ZUMKELLER, Würzburg 1971, 437–567.
–, Schriften gegen die Pelagianer, A. FINGERLE (Hg.), Bd. 2, lat.-dt., Würzburg 1964.
H.R. DROBNER, Augustins Sermo Moguntinus über Gal 2,11–14; Einleitung, Übersetzung und Anmerkungen, in: ThGl 84 (1994) 226–242.
A. FÜRST, Augustinus – Hieronymus: epistulae mutuae – Briefwechsel übersetzt und eingeleitet, FC 41/1–2, Turnhout 2002.

Ps.-Augustinus (Cassiodor), Liber de fide ad Petrum, PL 40, 753 – 780.
–, Libellus adversus Fulgentium donatistam, rec. M. PETSCHENIG, CSEL 53, Wien–Leipzig 1910, 287–310 [c. Fulg.].
–, Sermo de symbolo ad Catechumenos, cura et studio R. VANDER PLAETSE, CCL 46, Turnhout 1969, 179–199 [symb. cat.].
–, Solutiones diversarum quaestionum ab haereticis obiectarum, cura et studio B. SCHWANK, CCL 90, Turnhout 1961, 137–223 [haer. obiect.].

AURELIANUS VON ARLES
Aurelianus von Arles, regula ad monachos, PL 68, 385 D – 394 B [reg. mon.].
Aurelianus von Arles, regula ad virgines, PL 68, 399 A – 404 C [reg. virg.].

AUTHENTIKOS LOGOS
Authentikos Logos (NHC VI,3), übersetzt von K. HEYDEN/C. KULAWIK, in: H.-M. SCHENKE/H.-G. BETHGE/U.U. KAISER (Hg.), Nag Hammadi Deutsch. Bd. 2, GCS NF 12, Berlin–New York 2003, 467–481 [NHC VI,3].

BACHIARIUS
Bachiarius, Liber de reparatione lapsi, PL 20, 1037 A – 1062 C [repar. laps].

BARNABASBRIEF, in: A. LINDEMANN/H. PAULSEN, Die Apostolischen Väter. Griechisch-deutsche Parallelausgabe auf der Grundlage der Ausgaben von F.X. FUNK/K. BIHLMEYER und M. Whittaker mit Übersetzungen von M. DIBELIUS und D.-A. KOCH neu übersetzt und hg., Tübingen 1992, 23–75 [Barn.].

(Ps.?)-BASILIUS VON ANCYRA, de virginitate, PG 30, 669 A – 809 A [virg.].

BASILIUS VON CÄSAREA
–, Contra Eunomium. Introduction, traduction et notes par B. SESBOÜE, Bd. 1, SC 299, Paris 1982, SC 305, Paris 1983 [Eun.].
–, Regulae morales, PG 31, 700 A – 888 D [moral.].
–, De fide, PG 31, 675 C – 692 C [fid.].
–, De ieiunio homilia 2, PG 31, 185 A – 197 C [ieiun.].
–, De iudicio Dei, PG 31, 653 A – 676 C [jud.].
–, De Spiritu sancto, übers. und eingel. v. H.J. SIEBEN, FC 12, Freiburg u.a. 1993 [Spir.].
–, Epistulae, ed. Y. COURTONNE, 3 Bd., Collection des Universités de France, Bd. 1, Paris 1957, Bd. 2, Paris 1961, Bd. 3, Paris 1966 [ep.].
–, Homélies sur l'hexaéméron. Texte grec, introduction et traduction par S. GIET, SC 26, Paris ²1968 [hex.].
–, homilia in psalmum 7, PG 29, 227 C – 250 D [hom. in psalm. 7].
–, homilia in psalmum 28, PG 29, 280 D – 306 B [hom. in psalm. 28].
–, homilia in psalmum 61, PG 29, 469 B – 484 A [hom. in psalm. 61].
–, homiliae et sermones, PG 31, 164 A – 617 A [hom.].
–, Regula (Asceticum Parvum), A Rufino Latine versa. Quam edendam curavit K. ZELZER, CSEL 86, Wien 1986 [Asceticum Parvum].
–, regulae brevius tractatae, PG 31, 1051 C – 1306 B [reg. brev.].
–, regulae fusius tractatae, PG 31, 889 A – 1052 C [reg. fus.].
–, Sur le baptême. Introduction, traduction et annotations par J. DUCATILLON, SC 357, Paris 1989 [bapt.].
(Ps.)-Basilius von Cäsarea, in Esaiam, PG 30, 117 A – 668 C [in Jes.].
(Ps.)-Basilius von Cäsarea, praevia institutio ascetica, PG 31, 620 A – 625 B [inst. ascet.].
–, contra Eunomium, PG 29, 467 A – 773 A [Eun.].

BASILIUS VON SELEUKIA
Basilius von Seleukia, homiliae, PG 85, 28 A – 473 B [hom.].

BEDA VENERABILIS
–, De temporum ratione, cura et studio Ch.W. JONES, CCL 123 B, Turnhout 1977, 263–460 [temp. rat.].
–, Expositio in actus apostolorum, ed. M.L.W. LAISTNER/D. HURST, CCL 121, Turnhout 1983, 1–104 [Act.].
–, Homiliae, ed. D. HURST, CCL 122, Turnhout 1955, 1–403 [hom.].
–, In Canticum canticorum libri XII, ed. D. HURST, CCL 119 B, Turnhout 1983, 165–375 [Cant.].
–, In Epistulas septem Catholicas, ed. M.L.W. LAISTNER/D. HURST, CCL 121, Turnhout 1983, 179–342 [ep. Iac. etc.].
–, In Ezram et Neemiam, ed. D. HURST, CCL 119 A, Turnhout 1969, 235–392 [Esd. et. Neh.].
–, In Lucae Evangelium expositio, CCL 120, ed. D. HURST, Turnhout 1960, 1–425 [Lc.].
–, In Marci Evangelium expositio, CCL 120, ed. D. HURST, Turnhout 1960, 427–648 [Mc.].
–, In primam partem Samuhelis libri IIII, cura et studio D. HURST, CCL 119, Turnhout 1962 [Sam.].
–, In Proverbia Salomonis Libri III, ed. D. HURST/J.E. HUDSON, CCL 119 B, Turnhout 1983, 21–163 [Prov.].
–, In Tobiam, cura et studio D. HURST/J.E. HUDSON, CCL 119 B, Turnhout 1983, 1–19 [Tob.].
–, Le tabernacle, Texte lat.: D. HURST. Introduction, texte et traduction par C. VUILLAUME, SC 475, Paris 2003 [tab.].
–, Liber quatuor in principium Genesis usque ad nativitatem Isaac et eiectionem Ismahelis adnotationum, ed. C.W. JONES, CCL 118 A, Turnhout 1967 [princ. Gen.].
–, Retractatio in actus apostolorum, ed. M.L.W. LAISTNER/D. HURST, CCL 121, Turnhout 1983, 105–163 [retract. in Act.].

BENEDIKT VON NURSIA
–, regula, rec. R. HANSLIK, CSEL 75, Wien 1960 [reg.].
–, Die Benediktusregel lateinisch / deutsch, C. LASHOFER (Hg.), Beuron 1992 [reg.].

BONIFATIUS, epistulae, PL 89, 687 A – 804 B [ep.].

BUDAPESTER ANONYMUS
H.J. FREDE, Ein neuer Paulustext und Kommentar, Bd. 1: Untersuchungen, VL 7, Freiburg 1973; Bd. 2: die Texte, VL 8, Freiburg 1974 [Budapester Anonymus, Gal.].

CÄSARIUS VON ARLES
–, Regulae ad virgines, in: Césaire d'Arles. Oevres monastiques, Bd. 1: Oevres pour les monales, introduction, texte critique, traduction et notes par A. DE VOGÜE et J. COURREAU, SC 345, Paris 1988, 170–273 [reg. virg.].
–, Sermones, studio et diligentia G. MORIN, Bd. 1, CCL 103, Turnhout 1953, Bd. 2, CCL 104, Turnhout 1953 [serm.].

CAPREOLUS, epistulae, PL 53, 843 D – 858 C [ep.].

CARMEN ADVERSUS MARCIONITAS
K. POLLMANN, Das *Carmen* adversus Marcionitas. Einleitung, Text, Übersetzung und Kommentar, Hypomnemata 96, Göttingen 1991.

CASSIODOR
–, Complexiones in Epistulas Apostolorum, Acta Apostolorum et Apocalypsin Ioannis, PL 70, 1321 – 1422 [compl.].
–, Expositio epistulae ad Galatas, PL 68, 583 – 608 [in Gal.].
–, Expositio psalmorum, ed. M. ADRIAEN, Bd. 1: Expositio psalmorum I – LXX, CCL 97, Turnhout 1953; Bd. 2: Expositio psalmorum LXXI – CL, CCL 98, Turnhout 1953 [in psalm.].

CHROMATIUS VON AQUILEIA, sermones, Chromace d'Aquilée. Introduction, texte critique, notes par J. LEMARIE. Traduction par H. TARDIF, Bd. 2, SC 164, Paris 1971 [serm.].

CHRONICON PASCHALE, PG 92, 67 – 1028 [Chron. pasch.].

CLEMENSBRIEFE
Erster Clemensbrief, in: A. LINDEMANN/H. PAULSEN, Die Apostolischen Väter. Griechisch-deutsche Parallelausgabe auf der Grundlage der Ausgaben von F.X. FUNK/K. BIHLMEYER und M. Whittaker mit Übersetzungen von M. DIBELIUS und D.-A. KOCH neu übersetzt und hg., Tübingen 1992, 77–151 [1 Clem.].
Zweiter Clemensbrief, in: A. LINDEMANN/H. PAULSEN, Die Apostolischen Väter. Griechisch-deutsche Parallelausgabe auf der Grundlage der Ausgaben von F.X. FUNK/K. BIHLMEYER und M. Whittaker mit Übersetzungen von M. DIBELIUS und D.-A. KOCH neu übersetzt und hg., Tübingen 1992, 152–175 [2 Clem.].

PSEUDOKLEMENTINEN
Die Pseudoklementinen, Bd. 1: Homilien, B. REHM (Hg.), zum Druck besorgt v. J. IRMSCHER, GCS 42, Berlin–Leipzig 1953.

CLEMENS VON ALEXANDRIEN
–, Protrepticus, ed. M. MARCOVICH, SVigChr. 34, Leiden 1995 [prot.].
–, Eclogae propheticae, O. STÄHLIN/L. FRÜCHTEL (Hg.), GCS 17, Berlin ²1970, 135–155 [ecl.].
–, Extraits de Théodote. Texte grec, introduction, traduction et notes de F. SAGNARD, SC 23, Paris 1948 [exc. Thdot.].

–, Paedagogus, O. STÄHLIN (Hg.), 3. Aufl. U. TREU (Hg.), GCS 12, Berlin 1972, 87–292 [paed.].
–, Protrepticus, O. STÄHLIN, 3. Aufl. v. U. TREU (Hg.), GCS 12, Berlin 1972, 1–86 [prot.].
–, Quis dives salvetur, O. STÄHLIN (Hg.), 2. Aufl. L. FRÜCHTEL (Hg.), GCS 17, Berlin 1970, 157–191 [q.d.s.].
–, Stromata I–VI, O. STÄHLIN/L. FRÜCHTEL, 4. Aufl. mit Nachträgen hg. v. U. TREU (Hg.), GCS 15, Berlin 1985 [str.].
–, Stromata VII–VIII, O. STÄHLIN (Hg.), 3. Aufl. U. TREU (Hg.), GCS 12, Berlin 1972, 3–102 [str.].

COLLECTIO ARIANA VERONENSIS, Ms Verona Capit. bibl. LI, cura et studio R. GRYSON, CCL 87, Turnhout 1982, 1–145 [Coll. Veron.].

COMMODIANUS, Instructiones, cura et studio J. MARTIN, CCL 128, Turnhout 1960, 1–70 [instr.].

CONCILIUM ARAUSIACUM a. 529, in: Concilia Galliae, cura et studio C. DE CLERCQ, Bd. 2, A. 511 – A. 695, CCL 148 A, Turnhout 1963, 55–62 [Conc. Araus.].

CONCILIUM CARTHAGINENSE a. 525, in: Concilia Africae, cura et studio C. MUNIER, CCL 149, Turnhout 1974, 254–282 [Conc. Carth.].

COSMAS DER INDIENFAHRER, topographie chrétienne, Bd. 1 (Livres I–IV): Introduction, texte critique, illustration, traduction et notes par W. WOLSKA-CONUS, SC 141, Paris 1968; Bd. 2 (Livre V): Introduction, texte critique, illustration, traduction et notes par W. WOLSKA–CONUS, SC 159, Paris 1970; Bd. 3 (Livres VI–XII. Index): Introduction, texte critique, illustration, traduction et notes par W. WOLSKA–CONUS, SC 197, Paris 1973 [top.].

CYPRIAN VON KARTHAGO
–, Ad Fortunatum, ed. R. WEBER, CCL 3, Turnhout 1972, 181–216 [Fort.].
–, De bono patientiae, cura et studio C. MORESCHINI, CCL 3 A, Turnhout 1976, 115–133 [patient.].
–, de Dominica oratione, cura et studio C. MORESCHINI, CCL 3 A, Turnhout 1976, 87–113 [orat.].
–, De ecclesiae catholicae unitate, ed. M. BÉVENOT, CCL 3, Turnhout 1972, 243–268 [unit. eccl.].
–, De habitu virginum, rec. W. HARTEL, CSEL 3/1, Wien 1868, 185–205 [hab. virg.].
–, De lapsis, ed. M. BÉVENOT, CCL 3, Turnhout 1972, 217–242 [laps.].
–, De opere et eleemosynis, cura et studio M. SIMONETTI, CCL 3 A, Turnhout 1976, 53–72 [eleem.].
–, Epistularium, ad fidem codicum summa cura selectorum necnon adhibitis ed. prioribus praecipuis ed. G.F. DIERCKS, CCL 3 B, Turnhout 1994, CCL 3 C, Turnhout 1996 [ep.].
–, Sententiae episcoporum 87, rec. et commentario critico instruxit W. HARTEL, CSEL 3/1, Wien 1868, 435–461 [sent. episc. 87].
(Ps.?)-Cyprian, Ad Quirinium testimoniorum libri tres, ed. R. WEBER, CCL 3, Turnhout 1972, 1–179 [testim.].
Ps.-Cyprian von Karthago, Centesima de martyribus ..., bei R. REITZENSTEIN, Eine frühchristliche Schrift von den dreierlei Früchten des christlichen Lebens, ZNW 15 (1914) 60–90 [centesima].
–, ad Vigilium episcopum de Iudaica incredulitate, rec. W. HARTEL, CSEL 3/3, Wien 1871, 119–132 [Iud. incred.].
–, de laude martyrii, rec. W. HARTEL, CSEL 3/3, Wien 1871, 26–52 [laud. mart.].
–, de singularitate clericorum, rec. W. HARTEL, CSEL 3/3, Wien 1871, 173–220 [singul. cler.].

CYRILL VON ALEXANDRIEN
–, adversus Nestorium, PG 76, 9 A – 248 B [Nest.].
–, Apologeticus ad Theodosium imperatorem, PG 76, 453 A – 488 A [apol. Thds.].
–, Apologeticus contra Theodoretum pro XII capitibus, PG 76, 385 A – 452 C [apol. Thdt.].
–, Apologeticus pro duodecim capitibus adversus orientales episcopos, PG 76, 316 A – 385 A [apol. orient.].
–, Commentariorum in Matthaeum quae supersunt, PG 72, 365 A – 474 A [fr. Mt.].
–, Commentarius in Isaim prophetam, PG 70, 9 A – 149 C [Is.].

–, Commentarius in Lucam, PG 72, 476 A – 950 C [Lc.].
–, de adoratione in spiritu et in veritate, PG 68 [ador.].
–, de recta fide ad reginas oratio altera, PG 76, 1336 C – 1420 D [Pulch.].
–, de recta fide ad reginas, PG 76, 1201 A – 1336 C [Arcad.].
–, de recta fide ad Theodosium imperatorem, PG 76, 1133 A – 1200 D [Thds.].
–, Dialogus cum Nestorio, quod sancta virgo deipara sit et non Christipara, PG 76, 249 A – 256 A [dialogus cum Nestorio].
–, epistulae, PG 77, 9 A – 390 D [ep.].
–, Explanatio in Psalmos, PG 69, 717 A – 1276 B [Ps.].
–, Fragmenta in Ezechielem, PG 70, 1457 C – 1460 D [fr. Ez.].
–, Glaphyra, PG 69, 9 A – 678 C [glaph.].
–, homiliae diversae, PG 77, 981 D – 1116 C [hom.].
–, homiliae paschales, PG 77, 401 A – 981 C [hom. pasch.].
–, Lettres festales, Bd. 1: Briefe 1–6, SC 372, Paris 1991; Bd. 2: Briefe 7–11, traduction et annot. par L. ARRAGON/P. ÉVIEUX/R. MONIER, SC 392, Paris 1993; Bd. 3: Briefe 12–17, traduction et annot. par M.-O. BOULNOIS, SC 434, Paris 1998 [ep. fest.].
–, Scholia de incarnatione unigeniti, PG 75, PG 1369 A – 1412 C [schol. inc.].
Ps.-Cyrill von Alexandrien, homilia de exitu animae, PG 77, 1072 B – 1089 B.

CYRILL VON JERUSALEM
W.C. REISCHL (Hg.), Cyrilli Hierosolymarum Archiepiscopi opera quae supersunt omnia Bd. 1, München 1848 = Hildesheim 1967; J. RUPP (Hg.), Cyrilli Hierosolymarum Archiepiscopi opera quae supersunt omnia Bd. 2, München 1860 = Hildesheim 1967 [catech.].

CYRILL VON SKYTHOPOLIS, vita Euthymii, E. SCHWARTZ (Hg.), TU 49/2, Leipzig 1939 [v. Euthym.].

DEFENSOR VON LIGUGÉ, Liber Scintillarum. Introduction, texte critique, traduction, notes et index v. H.-M. ROCHAIS, Bd. 1: Kap. 1–32, SC 77, Paris 1961; Bd. 2: Kap. 33–81, SC 86, Paris 1962 [lib. scint.].

DIDYMUS DER BLINDE
–, Sur la Genèse, texte inédit d'après un papyrus de Toura. Introduction, éd., traduction et notes par P. NAUTIN, Bd. 1, SC 233, Paris 1976, Bd. 2, SC 244, Paris 1978 [Gen.].
–, Sur Zacharie, texte inédit d'apres un papyrus de Toura. Introduction, texte critique, traduction et notes de L. DOUTRELEAU, Bd. 1, SC 83, Paris 1962; Bd. 2, SC 84, Paris 1962; Bd. 3, SC 85, Paris 1962 [Zach.].
–, Traité de Saint Esprit, Introduction, texte critique, traduction, notes et index par L. DOUTRELEAU, SC 386, Paris 1992 [Spir.].
–, De spiritu sancto – Über den Heiligen Geist, übersetzt und eingeleitet von H.J. SIEBEN, FC 78, Turnhout 2004 [Spir.].
Ps.-Didymus der Blinde, De trinitate, Buch 1, hg. und übers. v. J. HÖNSCHEID, BKP 44, Meisenheim 1975 [trin.].
–, De trinitate, Buch 2,1–7, hg. und übers. von I. SEILER, BKP 52, Meisenheim 1975 [trin.].

DIODOR VON TARSUS
R. ABRAMOWSKI, Der theologische Nachlaß des Diodor von Tarsus, ZNW 42 (1949) 19–69 [Frgm.].

DIOGNETBRIEF, in: A. LINDEMANN/H. PAULSEN, Die Apostolischen Väter. Griechisch-deutsche Parallelausgabe auf der Grundlage der Ausgaben von F.X. FUNK/K. BIHLMEYER und M. Whittaker mit Übersetzungen von M. DIBELIUS und D.-A. KOCH neu übersetzt und hg., Tübingen 1992, 304–323 [D.].

DIONYSIUS AREOPAGITA
Dionysius Areopagita, de coelesti hierarchia, G. HEIL (Hg.), in: Ders./A.M. RITTER (Hg.), Corpus Dionysiacum, Bd. 2: Pseudo-Dionysius Areopagita, de coelesti hierarchia, de ecclesiastica hierarchia, de mystica theologia, epistulae, PTS 36, Berlin–New York 1991, 5–59 [c.h.].
Dionysius Areopagita, de divinis nominibus, B.R. SUCHLA (Hg.), PTS 33, Berlin–New York 1990 [d.n.].

DIONYSIUS VON ALEXANDRIEN
Dionysius von Alexandrien, de promissionibus, in: Ders., Das erhaltene Werk, eingeleitet, übersetzt und mit Anmerkungen versehen v. W. BIENERT, BGL 2, Stuttgart 1972, 58–63 [prom.].
Dionysius von Alexandrien, epistulae, in: Ders., Das erhaltene Werk, eingeleitet, übersetzt und mit Anmerkungen versehen v. W. BIENERT, BGL 2, Stuttgart 1972, 27–58 [ep.].
(Ps.?)-Dionysius von Alexandrien, in Ecclesiasten, in: Ders., Das erhaltene Werk, eingeleitet, übersetzt und mit Anmerkungen versehen v. W. BIENERT, BGL 2, Stuttgart 1972, 87–95 [in Ecclesiasten].

DOCTRINA PATRUM de incarnatione Verbi, F. DIEKAMP (Hg.), Münster 1907 = 1981 [Doctr. Patr.].

DOROTHEUS VON GAZA, Doctrinae Diversae, übers. und eingel. v. J. PAULI, Bd. 1, FC 37/1, Freiburg u.a. 2000; Bd. 2, FC 37/2, Freiburg u.a. 2000 [Dd].

EGERIA, Itinerarium – Reisebericht. Mit Auszügen aus Petrus Diaconus, de locis sanctis – Die heiligen Stätten, übers. und eingel. v. G. RÖWEKAMP unter Mitarbeit von D. THÖNNES, FC 20, Freiburg u.a. 1995.

EPHRÄM, S. Ephraemi Syri commentarii in ep. D. Pauli nunc primum ex armenio in latinum sermonem a patribus Mekitharistis translati, Venedig 1893 [in Gal.].

EPIPHANIUS VON SALAMIS
–, Ancoratus, in: Epiphanius von Salamis, Ancoratus, Panarion haer. 1–33, K. HOLL (Hg.), GCS 25, Leipzig 1915, 1–149 [Anc.].
–, Ancoratus, Panarion haer. 1–33, K. HOLL (Hg.), GCS 25, Leipzig 1915; Panarion haer. 34–64, K. HOLL (Hg.), 2. Aufl., J. DUMMER (Hg.), GCS 31, Berlin 1980; Panarion haer. 65–80 [haer.].
–, De fide, K. HOLL (Hg.), 2. Aufl., J. DUMMER (Hg.), GCS 37, Berlin 1985, 496–526 [fid.].
–, The Panarion, Book I (Sects 1–46), transl. by F. WILLIAMS, NHS 35, Leiden u.a. 1987; Books II and III (Sects 47–80, de fide), transl. by F. WILLIAMS, NHS 36, Leiden–New York–Köln 1994 [haer.].

EPISTULA APOSTOLORUM
Epistula Apostolorum nach dem äthiopischen und koptischen Texte, H. DUENSING (Hg.), KlT 152, Bonn 1925 [EpAp.].
C.D.G. Müller, *Epistula Apostolorum*, in: W. SCHNEEMELCHER (Hg.), Neutestamentliche Apokryphen in deutscher Übersetzung, Bd. 1: Evangelien, Tübingen ⁵1987, 205–233 [EpAp.].

EPISTULA TITI (Ps.-Titus-Brief)
Epistula Titi de dispositione sanctimonii, PL.Suppl. 2, Paris 1960, 1522–1542 [EpTit.].

EPISTULAE IMPERATORUM PONTIFICUM aliorum inde ab a. CCCLXVII usque ad A. DLIII datae. Avellana quae dicitur collectio. Recensuit commentario critico instruxit indices adiecit O. GÜNTHER, Bd. 1: Prolegomena, Ep. 1–104, CSEL 35/1, Prag–Wien–Leipzig 1895; Bd. 2: Ep. 105–244, Appendices, Indices, Prag–Wien–Leipzig 1898 [ep.].

EUCHERIUS VON LYON
–, Instructiones, in: ders., Opera omnia, rec. et commentario critico instruxit C. WOTKE, CSEL 31, Prag–Wien–Leipzig 1894, 63–161 [instr.].

–, Liber formularum spiritualis intellegentiae, in: ders., Opera omnia, rec. et commentario critico instruxit C. WOTKE, CSEL 31, Prag–Wien–Leipzig 1894, 1–62 [form.].

EUGIPPIUS, Regula, ed. F. VILLEGAS/A. DE VOGÜÉ, CSEL 87, Wien 1976 [reg.].

EUNOMIUS VON CYZICUS
–, Apologia. Introduction, traduction et notes par B. SESBOÜE aved la collaboration pour le texte et l'itroduction critiques de G.-M. DE DURAN/L. DOUTRELEAU, SC 305, Paris 1983, 177–299.
–, Liber apologeticus, ed. R.P. VAGGIONE, The Extant Works, Oxford 1987, 1–75
–, Apologia Apologiae, ed. R.P. VAGGIONE, The Extant Works, Oxford 1987, 99–127.

EUSEBIUS VON ALEXANDRIEN
–, serm. in triduanam resurrectionem Domini nostri Jesu Christi, PG 61, 733 – 738 [serm. in triduanam resurrectionem Domini].
–, sermones, PG 86/1, 313 A – 462 A; 509 A – 536 B [serm.].

EUSEBIUS VON CÄSAREA
–, Eclogae propheticae, PG 22, 1021 A – 1261 C [ecl. proph.].
–, in Psalmos, PG 23 [Ps.].
–, Die Chronik des Hieronymus, R. HELM (Hg.), GCS 47, Berlin ²1956 [chron.].
–, Die Chronik aus dem Armenischen übersetzt, mit textkritischem Commentar, J. KARST (Hg.), GCS 20, Leipzig 1911 [chron. arm.].
–, Der Jesajakommentar, J. ZIEGLER (Hg.), GCS 57, Berlin 1975 [Is.].
–, demonstratio evangelica, I.A. HEIKEL (Hg.), GCS 23, Leipzig 1913 [d.e.].
–, Gegen Marcell, E. KLOSTERMANN/G.C. HANSEN (Hg.), GCS 14, Berlin ³1991, 1–58 [Marcell.].
–, Kirchliche Theologie, E. KLOSTERMANN (Hg.), GCS 14, Leipzig 1906, 59–182 [e.th.].
–, Die Theophanie. Die Griechischen Bruchstücke. Übersetzung der syrischen Überlieferungen, H. GRESSMANN (Hg.), GCS 11/2, Leipzig 1904 [theoph.].
–, Über die Märtyrer in Palästina, E. SCHWARTZ (Hg.), GCS 9/2, Leipzig 1908, 907–950 [m. P.].
–, Die Kirchengeschichte, E. SCHWARTZ (Hg.), die lateinische Übersetzung des Rufinus, T. MOMMSEN (Hg.), Bd. 1: Bücher I bis V, Leipzig 1903; Bd. 2: Bücher VI bis X, GCS 9/2, Leipzig 1908, 509–904; Bd. 3: Einleitungen, Übersichten und Register, Leipzig 1909 [h.e.].

EUSEBIUS VON EMESA
Eusebius von Emesa: É.M. BUYTAERT, Eusèbe d'Émèse, Discours conservés en latin, textes en partie inédits, Bd. 1: La collection de Troyes (Discours I à XVII), SSL 26, Louvain 1953; Bd. 2: La collection de Sirmond (Discours XVIII à XXIX), SSL 27, Leuven 1957 [hom.].
Eusebius von Emesa, Ex libris decem „in Galatas", in: É.M. BUYTAERT, L'héritage littéraire d'Eusèbe d'Émèse, Louvain 1949, 145*– 152* [in Gal.].

EUSEBIUS GALLICANUS, Collectio homiliarum, edidit FR. GLORIE, CCL 101/101 A, Turnhout 1970–1971 [hom.].

EUSTATHIUS VON ANTIOCHIEN, Opera quae supersunt omnia, ed. J.H. DECLERCK, CCG 51, Turnhout 2002.
Ps.-Eustathius von Antiochien, Commentarius in Hexaemeron, PG 18, 708 A –794 C [hex.].

EUTHALIUS DIACONUS
–, Actuum Apostolorum editio, PG 85, 628 A – 664 D [Ac.].
–, S. Pauli epistularum editio, PG 85, 693 A – 789 A. [ep. Paul.].

EUTHERIUS VON TYANA, ep. an Johannes von Antiochien, PG 84, 681 B – 684 C.

EUTROPIUS, epistulae, PL 80, 9 D – 20 A [ep.].

EVAGRIUS SCHOLASTICUS, historiae ecclesiasticae libri VI, PG 86/2, 2416 A – 2885 A [h.e.].

EVODIUS VON UZALA, de fide contra Manichaeos, rec. J. ZYCHA, CSEL 25/1, Prag–Wien–Leipzig 1892, 949–973 [fid.].

EXPOSITIO SYMBOLI QUICUNQUE, PG 28, 1581 A – 1604 A.

FACUNDUS VON HERMIANE, Pro defensione trium capitulorum Libri XII, in: Ders., Opera omnia, ed. J.-M. CLÉMENT/R. VANDER PLAETSE, CCL 90 A, Turnhout 1974, 1–398 [defens.].

FAUSTINUS VON ROM
Marcellinus und Faustinus, De confessione vera fidei et ostentatione sacrae communionis / Libellus precum, ed. O. GÜNTHER, CCL 69, Turnhout 1967, 359–392 [lib. prec.].

FAUSTUS VON RIEZ
–, De gratia libri duo, in: Faustus Reiensis, praeter sermones pseudo–Eusebianos opera accedent Rvricii epistulae recensuit, commentario critico instruxit prolegomena et indices adiecit A. ENGELBRECHT, CSEL 21, Prag–Wien–Leipzig 1891, 1–98 [grat.].
–, De Spiritu sancto libri duo, in: Faustus Reiensis, praeter sermones pseudo–Eusebianos opera accedunt Rvricii epistulae recensuit, commentario critico instruxit prolegomena et indices adiecit A. ENGELBRECHT, CSEL 21, Prag–Wien–Leipzig 1891, 99–157 [Spir.]
–, sermones, in: Faustus Reiensis, praeter sermones pseudo–Eusebianos opera accedunt Rvricii epistulae recensuit, commentario critico instruxit prolegomena et indices adiecit A. ENGELBRECHT, CSEL 21, Prag–Wien–Leipzig 1891, 221–347 [serm.].
–, epistulae, in: Faustus Reiensis, praeter sermones pseudo–Eusebianos opera accedunt Rvricii epistulae recensuit, commentario critico instruxit prolegomena et indices adiecit A. ENGELBRECHT, CSEL 21, Prag–Wien–Leipzig 1891, 159–220 [ep.].

FERRANDUS VON KARTHAGO, Epistulae et opuscula, PL 67, 887 C – 950 A [ep.].

FILASTRIUS, Diversarum hereseon liber, ed. F. HEYLEN, CCL 9, Turnhout 1957, 207–324.

FLAVIAN I. VON ANTIOCHIEN, de non anathematizandis vivis vel defunctis, PG 48, 945 – 952 [anath.].

FRAGMENTA THEOLOGICA ARRIANA e codice Bobiensi rescripto, in: Scripta Arriana Latina I, Collectio Veronensis, Scholia in Concilium Aquileiense, Fragmenta in Lucam rescripta, Fragmenta theologica rescripta, cura et studio R. GRYSON, CCL 87, Turnhout 1982, 227–265 [Fragmenta Theologica Arriana e codice Bobiensi rescripto].

FREERLOGION
J. JEREMIAS, Freer-Logion, in: W. SCHNEEMELCHER, Neutestamentliche Apokryphen in deutscher Übersetzung, Bd. 1: Evangelien, Tübingen ⁵1987, 204f.

FULGENTIUS VON RUSPE
–, Ad Iohannem et Venerium de ueritate praedestinationis et gratiae Dei libri II, cura et studio J. FRAIPONT, CCL 91 A, Turnhout 1968, 458–548 [praedest.].
–, Ad Trasamundum regem libri III, cura et studio J. FRAIPONT, CCL 91, Turnhout 1968, 95–185 [ad Tras.].
–, Ad Monimum, cura et studio J. FRAIPONT, CCL 91, Turnhout 1968, 1–64 [ad Monim.].
–, Contra Fabianum fragmenta, cura et studio J. FRAIPONT, CCL 91 A, Turnhout 1968, 763–866 [c. Fab.].
–, De fide ad Petrum seu de regula fidei, cura et studio J. FRAIPONT, CCL 91 A, Turnhout 1968, 709–760 [fid.].

–, Liber ad Scarilam de incarnatione filii Dei et vilium animalium auctore, cura et studio J. FRAIPONT, CCL 91, Turnhout 1968, 309–356 [inc.].
–, Epistulae asceticae et morales septem, cura et studio J. FRAIPONT, CCL 91, Turnhout 1968, 187–254 [ep.].
–, Epistula VIII seu Sancti Fulgentii episcopi epistula de fide ad Donatum, cura et studio J. FRAIPONT, CCL 91, Turnhout 1968, 255–273 [ep.].
–, Epistula XIV seu Sancti Fulgentii episcopi liber ad Ferrandum Diaconum de qvinqve qvaestionibvs, cura et studio J. FRAIPONT, CCL 91, Turnhout 1968, 387–444 [ep.].
–, Epistula VIII seu rescriptum episcoporum, cura et studio J. FRAIPONT, CCL 91 A, Turnhout 1968, 563–615 [ep.].
–, Lettres ascétiques et morales. Texte critique de J. FRAIPONT. Introduction, traduction et notes par D. BACHELET, SC 487, Paris 2004 [ep.].
–, Ad Euthymium de remissione peccatorum libri II, cura et studio J. FRAIPONT, CCL 91 A, Turnhout 1968, 647–707 [rem. pecc.].
–, Contra sermonem Fastidiosi Ariani, cura et studio J. FRAIPONT, CCL 91, Turnhout 1968, 283–308 [c. Fastid.].
–, Sermones, cura et studio J. FRAIPONT, CCL 91 A, 887–942 [serm.].

EPISTULA FUNDAMENTI
E. FELDMANN, Die *Epistula Fundamenti* der nordafrikanischen Manichäer. Versuch einer Rekonstruktion, Altenberge 1987 [epistula fundamenti].

GELASIUS I. VON ROM, adversus Pelagianam haeresim, PL 59, 116 D – 137 A.

GERMANUS VON KONSTANTINOPEL
–, Historia ecclesiastica et mystica contemplativa, PG 98, 383 B – 454 B [contempl.].
–, de vitae termino, PG 98, 89 A – 132 D [vit. term.].

PS.-GREGENTIUS, Homeritarum Leges, PG 86/1, 568 A – 620 C [leg. hom.].

GREGOR D. GR.
–, Expositiones in canticum canticorum, rec. P. VERBRAKEN, CCL 144, Turnhout 1963 [Cant.].
–, Homiliae in Evangelia – Evangelienhomilien, übers. und eingel. v. M. FIEDROWICZ, Bd. 1, FC 28/1, Freiburg u.a. 1997; Bd. 2, FC 28/2, Freiburg u.a. 1998 [in evang.].
–, in Ezechielem, Texte lat., introduction, traduction et notes par C. MOREL, ed. M. ADRIAEN/C. MOREL, Bd. 1 (Livre 1), SC 327, Paris 1986, Bd. 2 (Livre 2), SC 360, Paris 1990 [in Ezech.].
–, Règle pastorale, Introduction, notes et index par B. JUDIC/F. ROMEL/C. MOREL, Bd. 1, SC 381, Paris 1992; Bd. 2, SC 382, Paris 1992 [past.].

GREGOR THAUMATURGOS
–, Des Gregorios Thaumaturgos *Dankrede* an Origenes, P. KOETSCHAU (Hg.), SKDQ 1,9, Freiburg 1894 [pan. Or.].
–, *Remerciement* à Origène. Texte grec, introduction, traduction et notes par H. CROUZEL, SC 148, Paris 1969 [pan. Or.].

GREGOR VON ELVIRA, Tractatus Origenis, in: Ders., Quae supersunt, edidit V. BULHART, CCL 69, Turnhout 1967, 1–146 [tract.].

GREGOR VON NAZIANZ
–, Discours 1–2. Introduction, texte critique, traduction par J. BERNARDI, SC 247, Paris 1978 [or.].
–, Discours 32–37. Introduction, texte critique et notes par C. MORESCHINI, Traduction par P. GALLAY, SC 318, Paris 1985 [or.].
–, Discours 4–5 contre Julien. Introduction, texte critique, traduction par J. BERNARDI, SC 309, Paris 1983 [or.].

–, Lettres théologiques. Introduction, texte critique, traduction et notes par P. GALLAY, SC 208, Paris 1974 [ep.].
–, orationes theologicae – Theologische Reden, übers. und eingel. von H.J. SIEBEN, FC 22, Freiburg u.a. 1996 [or.].
–, Discours 20–23. Introduction, texte critique, traduction et notes par J. MOSSAY avec la collaboration de G. LAFONTAINE, SC 270, Paris 1980 [or.].
–, Discours 24–26. Introduction, texte critique, traduction et notes par J. MOSSAY avec la collaboration de G. LAFONTAINE, SC 284, Paris 1981 [or.].
–, Discours 38–41. Introduction, texte critique et notes par C. MORESCHINI, traduction par P. GALLAY, SC 358, Paris 1990 [or.].

GREGOR VON NYSSA
–, Traité de la virginité. Introduction, texte critique, traduction, commentaire et index de M. AUBINEAU, SC 119, Paris 1966 [virg.].
–, Ad Simplicium de fide, ed. F. MÜLLER, GNO 3/1, Leiden 1958, 59–67 [fid.].
–, Ad Theophilum adversus Apolinaristas, ed. F. MÜLLER, GNO 3/1, Leiden 1958, 117–128 [Thphl.].
–, Adversus Macedonias de Spiritu Sancto, ed. F. MÜLLER, GNO 3/1, Leiden 1958, 86–115 [Maced.].
–, Contra Eunomium, Libri I–II, ed. W. JÄGER, GNO 1, Leiden ²1960; Liber II, ed. W. JÄGER, GNO 2, Leiden ²1960, 1–311 [Eun.].
–, de beatitudinibus, ed. J.F. CALLAHAN, GNO 7/2, Leiden 1992, 75–170 [beat.].
–, La création de l'homme. Introduction et traduction par J. LAPLACE, notes par J. DANIELOU, Reimpr. de la première éd. revue et corrigée, SC 6, Paris 2002 [hom. opif.].
–, De perfectione, ed. W. JÄGER, GNO 8/1, Leiden 1952, 143–214 [perf.].
–, De vita Mosis ed. H. MUSURILLO, GNO 7/1, Leiden 1964 [v. Mos.].
–, epistulae, ed. G. PASQUALI, GNO 8/2, Leiden 1959 [ep.].
–, Homiliae in Ecclesiasten, ed. J. MCDONOUGH/P. ALEXANDER, GNO 5, Leiden 1962, 195–442 [hom. in Eccl.].
–, In Canticum Canticorum homiliae, Homilien zum Hohenlied, übers. und eingel. v. F. DÜNZL, Bd. 1–3, FC 16,1–3, Freiburg u.a. 1994 [Cant.].
–, In Canticum Canticorum, ed. H. LANGERBECK, GNO 6, Leiden 1960 [Cant.].
–, In illud tunc et ipse filius, ed. J.K. DOWNING, GNO 3/2, Leiden u.a. 1987, 1–28 [hom. in 1 Cor. 15,28).
–, In inscriptiones psalmorum, ed. J. MCDONOUGH, GNO 5, Leiden 1962, 1–175 [Pss. titt.].
–, Oratio catechetica, ed. E. MÜHLENBERG, GNO 3/4, Leiden–New York–Köln 1996 [or. catech.].
–, Oratio funebris in Flacillam imperatricem, ed. A. SPIRA, GNO 9, Leiden 1967, 473–490 [Flacill.].
–, Refutatio confessionis Eunomii, ed. W. JÄGER, GNO 2, Leiden 1960, 312–410 [ref. Eun.].
–, adversos eos qui castigationes aegre ferunt, PG 46, 307 A – 316 D [castig.].
–, in Christi resurrectionem oratio I, ed. E. Gebhardt, GNO 9, Leiden 1967, 163–177. 273–306 [res.].
–, Vita Macrinae, ed. V.W. CALLAHAN, GNO 8/,1, Leiden 1952, 345–414 [v. Macr.].

HADRIAN, Isagoge ad Sacram Scripturam, PG 98, 1273 A – 1312 B [introd.].

HESYCHIUS IM DORNBUSCHKLOSTER, ad Theodolum de temperantia et virtute (rec. longior), PG 93, 1480 D – 1544 D [temp.].

HIERONYMUS
–, Adversus Vigilantium, cura et studio J.-L. FEIERTAG, CCL 79 C, Turnhout 2005 [c. Vigil.].
–, Dialogus adversus Pelagianos, cura et studio C. MORESCHINI, CCL 80, Turnhout 1990 [adv. Pelag.].
–, Apologia contra Rufinum, cura et studio P. LARDET, CCL 79, Turnhout 1982 [adv. Rufin.].
–, Commentarius in Ecclesiasten, cura et studio M. ADRIAEN, CCL 72, Turnhout 1959 [in Eccles.].
–, Commentarioli in psalmos, cura et studio G. MORIN, CCL 72, Turnhout 1959 [in psalm.].
–, Commentariorum in Epistolam ad Galatas libri 3, cura et studio G. RASPANTI, CCL 77 A, Turnhout 2006 [in Gal.].

–, Commentariorum in Esaiam libri XVIII, cura et studio M. ADRIAEN, Bd. I: Libri I–XI, CCL 73, Turnhout 1963; Vol. II: Libri XII–XVIII, in Esaia parvula adbreviatio, CCL 73 A, Turnhout 1963 [in Is.].
–, contra Johannem, cura et studio J.-L. FEIERTAG, CCL 79 A, Turnhout 1999 [c. Joh.].
–, De virginitate Mariae adversus Helvidium, PL 23, 193 A – 216 B [virg. Mar.].
–, Epistulae, rec. I. HILBERG, Bd. 1, CSEL 54, Wien ²1996; Bd. 2, CSEL 55, Wien ²1996; Bd. 3, CSEL 56, Wien ²1996 [ep.].
–, Commentarii in prophetas minores, cura et studio M. ADRIAEN, CCL 76 / 76 A, Turnhout 1969 [in Am. etc.].
–, in Hieremiam Libri VI, cura et studio S. REITER, CCL 74, Turnhout 1960 [in Ier.].
–, Commentariorum in Hiezechielem Libri 14, cura et studio FR. GLORIE, CCL 75, Turnhout 1964 [in Ezech.].
–, Tractatus in psalmos, cura et studio G. MORIN/B. CAPELLE/J. FRAIPONT, CCL 78, Turnhout 1958, 501–559 [tract. in psalm.].
–, De Exodo, in Vigilia Paschae, in: S. Hieronymi Presbiteri tractatus sive Homiliae in Psalmos in Marci Evangelium aliaque varia argumenta, cura et studio G. MORIN, CCL 78, Turnhout ²1958, 536–541 [tract. 7].
Ps.-Hieronymus, in Epistolam ad Galatas, PL 30, 805 C – 824 B [in Gal.].

HILARIUS VON ARLES, Tractatus in septem ep. canonicas, in: Scriptores Hiberniae Minores Pars I, ed. R. E. McNally, CCL 108 B, Turnhout 1973, 53–124 [tract.].

HILARIUS VON POITIERS
–, Sur Matthieu, Bd. 1: Introduction, texte critique, traduction et notes par J. DOIGNON, SC 254, Paris 1978; Bd. 2: Texte critique, traduction, notes, index et appendice, SC 258, Paris 1979 [in Matth.].
–, Collectanea antiariana Parisina, rec. A. FEDER, CSEL 65, Wien 1916 [coll. antiar. Par.].
–, De trinitate, cura et studio P. SMULDERS, Bd. 1: Praefatio, libri I–VII, CCL 62, Turnhout 1979; Bd. 2: Libri VIII–XII, indices, CCL 62 A, Turnhout 1980 [trin.].
–, Liber II ad Constantium, rec. A. FEDER, CSEL 65, Wien 1916 [ad Const. 2].
–, Tractatus super psalmos, rec. et commentario critico instruxit A. ZINGERLE, CSEL 22, Prag–Wien–Leipzig 1891 [in psalm.].
–, Commentaire sur le pseaume 118. Introduction, texte critique, traduction et notes par M. MILHAU, Bd. 1, SC 344, Paris 1988; Bd. 2, SC 347, Paris 1988 [in psalm 118.].
–, Traité de Mystères, Introduction, texte critique, traduction et notes par J.-P. BRISSON, SC 19, Paris ²2005 [myst.].

HIPPOLYT VON ROM
–, Fragmenta in Psalmos, PG 10, 608 A – 615 A [fr. in Ps.].
–, Fragmente, hg. H. ACHELIS, GCS 1/2, Leipzig 1901 [Frgm.].
–, Refutatio omnium haeresium, M. MARCOVICH (Hg.), PTS 25, Berlin–New York 1986 [haer.].
–, demonstratio de Christo et antichristo, H. ACHELIS (Hg.), GCS Hippolyt I/2, Leipzig 1897, 1–47 [antichr.].
–, de benedictione Balaam, H. ACHELIS (Hg.), GCS 1/2, Leipzig 1901 [Bal.].
–, Commentaire sur Daniel. Texte établi et traduction par M. LEFEVRE, SC 14, Paris 1947 [Dan.].

HORMISDAS VON ROM, ep. ad Cäsarium, in: Cäsarius von Arles, oevres monastiques, Bd. 1, Oevres pour les monales, introduction, texte critique, traduction et notes par A. DE VOGÜE et J. COURREAU, SC 345, Paris 1988, 352–359.

HOROLOGIUM SINAITICUM
Livre d'heures du Siani (Sinaiticus graecus 864). Introduction, texte critique, traduction, notes et index par M. AJJOUB/J. PARAMEILLE, SC 486, Paris 2004 [horologium Sin.].

IGNATIUS VON ANTIOCHIEN
Die Briefe des Ignatius von Antiochien, in: A. LINDEMANN/H. PAULSEN, Die Apostolischen Väter. Griechisch-deutsche Parallelausgabe auf der Grundlage der Ausgaben von F.X. FUNK/K. BIHLMEYER und M. Whittaker mit Übersetzungen von M. DIBELIUS und D.-A. KOCH neu übersetzt und hg., Tübingen 1992, 176–241 [IgnEph etc.].

ILDEFONS VON TOLEDO, de cognitione baptismi, PL 96, 111 A – 172 C [bapt.].
Ps.-Ildefons von Toledo, de partu Virginis, PL 96, 207 A – 226 C.

INNOZENZ I., epistulae et decreta, PL 20, 463 – 612 [ep.].

INNOZENZ VON MARONIA, ep. ad Thomam presbyterum Thessalonicensem de collatione cum Severianis habita, ACO 4/2, 169–184 [ep.].

IRENÄUS VON LYON
–, Adversus Haereses. Gegen die Häresien, übers. und eingel. v. N. BROX, Bd. 1, FC 8/1, Freiburg u.a. 1993; Bd. 2, FC 8/2, Freiburg u.a. 1993; Bd. 3, FC 8/3, Freiburg u.a. 1995; Bd. 4, FC 8/4, Freiburg u.a. 1997; Bd. 5, FC 8/5, Freiburg u.a. 2001 [haer.].
–, Contre les hérésies. Éd. critique par A. ROUSSEAU/L. DOUTRELEAU, Bd. 1, Introduction, notes justificatives, tables, SC 263, Paris 1979; Bd. 2, texte et traduction, SC 264, Paris 1979 [haer.].
–, epideixis – Darlegung der apostolischen Verkündigung. übers. und eingel. v. N. BROX, Bd. 1, FC 8/1, Freiburg u.a. 1993, 21–97 [epid.].

ISAIAS ABBAS
Isaias Abbas, orationes, PG 40, 1105 B – 1206 A [or.].

ISIDOR VON SEVILLA
–, De ecclesiasticis officiis, ed. C. LAWSON, CCL 113, Turnhout 1989 [eccl. off.].
–, Quaestiones de veteri et novo Testamento, in: Scriptores Hiberniae minores, Bd. 1, R.E. MCNALLY, CCL 108 B, Turnhout 1973, 197–205 [quaest. test.].
–, In libros veteris ac novi Testamenti prooemia, PL 83, 155 B – 180 A [praef. test.].
(Ps.?)-Isidor, epistulae, PL 83, 893 D – 914 C [ep.].

JAKOBUSLITERATUR
Die (erste) Apokalypse des Jakobus (NHC V,3), übersetzt von I. SCHLETTERER /U.-K. PLISCH, GCS NF 12, Berlin 2003, 407–418 [NHC V,3].
Die (zweite) Apokalypse des Jakobus (NHC V,4), übersetzt von U.U. KAISER/U.-K. PLISCH, GCS NF 12, Berlin 2003, 419–432 [NHC V,4].
Der „Brief des Jakobus" (NHC I,2), übersetzt von J. HARTENSTEIN/U.-K. PLISCH, GCS NF 8, Berlin 2001, 11–26 [NHC I,2].

DAS ERSTE BUCH DES JEÛ, C. SCHMIDT (Hg.), in: Koptisch–gnostische Schriften, Bd. 1: Die Pistis Sophia. Die beiden Bücher des Jeû. Unbekanntes altgnostisches Werk, GCS 45, H.-M. SCHENKE (Hg.), Berlin ⁴1981, 257–302.

JOBIUS MONACHUS, De verbo incarnato, PG 103, 736 A – 829 B.

JOHANNES CASSIAN
–, De institutis coenobiorum et de octo principalium uitiorum remediis libri XII, rec. M. PETSCHENIG; editio altera supplementis aucta curante G. KREUZ, CSEL 17, Wien 2004, 1–231 [inst.].
–, De incarnatione Domini contra Nestorium libri VII, rec. M. PETSCHENIG; editio altera supplementis aucta curante G. KREUZ, CSEL 17, Wien 2004, 233–391 [c. Nest.].
–, collationes XXIIII, rec. M. PETSCHENIG; editio altera supplementis aucta curante G. KREUZ, CSEL 13, Wien 2004 [conl.].

JOHANNES CHRYSOSTOMUS
- –, à Théodore. Introduction, texte critique, traduction et notes par J. DUMORTIER, SC 117, Paris 1966 [Thdr.].
- –, de compunctione ad Stelechium libri duo, PG 47, 393 – 422 [compunct.].
- –, de eleemosyna, PG 51, 261 – 272 [eleem.].
- –, de verbis Apostoli, habentes eundem spiritum 2, PG 51, 281 – 290 [hom. 2 in 2 Cor 4:13].
- –, epistolae, PG 52, 529 – 760 [ep.].
- –, Lettres à Olympias. Introduction, texte critique, traduction et notes par A.-M. Malingrey, SC 13, Paris ²1968 [ep.Olymp.].
- –, expositio in Psalmos, PG 55, 35 – 498 [exp. in Ps.].
- –, homilia de laudibus S. Pauli apostoli 1, PG 50, 473 – 478 [laud. Paul.].
- –, homilia de laudibus S. Pauli apostoli 4, PG 50, 487 – 496 [laud. Paul.].
- –, homilia de Chanaanea, PG 52, 449 – 460 [Chan.].
- –, homilia 1 de sancta pentecoste, PG 50, 453 – 464 [pent.].
- –, homilia in sanctum pascha, PG 52, 765 – 772 [pasch.].
- –, homilia in Kalendas, PG 48, 953 – 962 [kal.].
- –, homiliae 25 in quaedam loca Novi Testamenti, PG 51, 17 – 388 [hom.].
- –, homiliae ad populum Antiochenum, PG 49, 15 – 222 [stat.]d.
- –, homiliae de poenitentia, PG 49, 277 – 350 [poenit.].
- –, homiliae de proditione Judae 1, PG 373 – 392 [prod. Iud.].
- –, homiliae in acta Apostolorum, PG 60, 13 – 384 [hom. in Ac.].
- –, homiliae in epistolam ad Philemonem, PG 62, 701 – 720 [hom. in Philm.].
- –, homiliae in epistolam ad Romanos, PG 60, 291 – 682 [hom. in Rom.].
- –, homiliae in epistolam ad Colossenses, PG 62, 299 – 392 [hom. in. Col.].
- –, homiliae in epistolam ad Hebraeos, PG 63, 9 – 236 [hom. in. Heb.].
- –, homiliae in epistolam ad Philippos, PG 62, 177 – 298 [hom. in. Phil.].
- –, homiliae in Genesim, PG 53, 21 – 54, 580 [hom. in. Gen.].
- –, homiliae in Joannem, PG 59, 23 – 482 [hom. in. Jo.].
- –, homiliae in Matthaeum, hom. 1–44, PG 57, hom. 45–90, PG 58 [hom. in Mt.]
- –, homiliae in primam epistolam ad Corinthos, PG 61, 9 – 382 [hom. in 1 Cor.].
- –, homiliae in principium actorum, PG 51, 65 – 112. [hom. in Ac. princ.].
- –, homiliae in secundam epistolam ad Corinthos, PG 61, 381 – 610 [hom. in 2 Cor.].
- –, In dictum Pauli, Oportet haereses esse, PG 51, 251 – 260.
- –, In Epistulam ad Galatas commentarius, PG 61, 611 – 682 [comm. in Gal.].
- –, In Illud, In Faciem ei restiti, PG 51, 371 – 388 [hom. in Gal 2,11–14].
- –, In illud, Paulus vocatus, PG 51, 143 – 156.
- –, In illud, Saulus adhuc spirans (Apg 9,1) 1, PG 51, 113 – 124 [hom. in Ac. 9,1].
- –, Orationes VIII adversus Iudaeos, PG 48, 843 – 942 [adv. Iud.].
- –, sermones in Genesim, PG 54, 581 – 630 [serm. in Gen.].
- –, La virginité. Texte et introduction critiques par H. MUSURILLO, introduction générale, traduction et notes par B. GRILLET, SC 125, Paris 1966 [virg.].
- (Ps.?)-Johannes Chrysostomus, homilia de perfecta caritate, PG 56, 279 – 290 [carit.].
- –, Encomium in S. Apostolum Paulum, PG 63, 839 – 848 [enc. Paul.].
- Ps.-Johannes Chrysostomus, homilia de confessione crucis, PG 52, 841 – 844.
- –, contra virginum corruptores, PG 60, 741 – 744 [virg. corrupt.].
- F. VON LILIENFELD u.a. (Hg.), Die göttliche Liturgie des Hl. Johannes Chrysostomus mit den besonderen Gebeten der Basilius-Liturgie im Anhang, Heft A, Erlangen ²2000.

JOHANNES CLIMACUS
- –, Scala Paradisi, PG 88, 632 A – 1164 D [scal.].
- –, Liber ad Pastorem PG 88, 1165 A – 1209 C [past.].

JOHANNES VON APAMEA, Dialogues et Traités, Introduction, traduction et notes par R. LAVENANT, SC 311, Paris 1984 [tractatus de mysterio dispensationis].

JOHANNES VON ANTIOCHIEN
Johannes von Antiochien, Epistula 1 ad Nestorium, ACO 1/1/1, 93–96 [ep.].

JOHANNES VON DAMASKUS
–, contra imaginum calumniatores orationes tres, B. KOTTER (Hg.), in: Ders. (Hg.), Die Schriften des Johannes von Damaskos, Bd. 3, PTS 17, Berlin–New York 1975 [imag.].
–, contra Nestorianos, B. KOTTER (Hg.), in: Ders. (Hg.), Die Schriften des Johannes von Damaskos, Bd. 4: Liber de haeresibus. Opera polemica, PTS 22, Berlin–New York 1981, 255–288 [haer. Nest.].
–, de duabus in Christo voluntatibus, B. KOTTER (Hg.), in: Ders. (Hg.), Die Schriften des Johannes von Damaskos, Bd. 4: Liber de haeresibus. Opera polemica, PTS 22, Berlin–New York 1981, 155–231.
–, expositio fidei, B. KOTTER (Hg.), in: Ders. (Hg.), Die Schriften des Johannes von Damaskos, Bd. 2, PTS 12, Berlin–New York 1973 [f.o.].
–, In Epistolam primam ad Corinthios, PG 95, 569 B – 705 C [in 1Cor.].
–, In Epistolam ad Romanos, PG 95, 441 A – 569 B [in Rom.].
–, In Epistolam ad Ephesios, PG 95, 821 B – 856 C [in Eph.].
–, In Epistolam ad Galatas, PG 95, 776 D – 821 B [in Gal.].
–, In dormitionem sanctae Dei genitricis Mariae orations tres, B. KOTTER (Hg.), in: Ders. (Hg.), Die Schriften des Johannes von Damaskos, Bd. 5: Opera homiletica et hagiographica, PTS 29, Berlin–New York 1988, 461–555 [hom. 8–10].
–, laudatio sancti Johannis Chrysostomi, B. KOTTER (Hg.), in: Ders. (Hg.), Die Schriften des Johannes von Damaskos, Bd. 5: Opera homiletica et hagiographica, PTS 29, Berlin–New York 1988, 349–370 [hom. 11].
–, oratio in sabbatum sanctum, B. KOTTER (Hg.), in: Ders. (Hg.), Die Schriften des Johannes von Damaskos, Bd. 5: Opera homiletica et hagiographica, PTS 29, Berlin–New York 1988, 111–146 [hom. 4].
–, Passio magni Martyris Artemii, B. KOTTER (Hg.), in: Ders. (Hg.), Die Schriften des Johannes von Damaskos, Bd. 5: Opera homiletica et hagiographica, PTS 29, Berlin–New York 1988, 183–245 [Artem.].
–, Sacra parallela, PG 95, 1041 A – 1588 A [parall.].
Ps.-Johannes von Damaskus, laudatio sanctae Martyris Anastasiae, B. KOTTER (Hg.), in: Ders. (Hg.), Die Schriften des Johannes von Damaskos, Bd. 5: Opera homiletica et hagiographica, PTS 29, Berlin–New York 1988, 279–303 [Anast.].

JOHANNES KARPATHUS, Capita hortatoria ad monachos in India, PG 85, 1837–1860 [cap. hort.].

JOHANNES MAXENTIUS
–, Dialogus conta Nestorianos, in: Maxentii alorumque Scytharum monachorum necnon Ioannis Tomitanae urbis episcopi opuscula, cura et studio Fr. GLORIE, CCL 85 A, Turnhout 1978, 49–110 [c. Nest.].
–, Responsio adversus epistulam Hormisdas, in: Maxentii aliorumque Scytharum monachorum necnon Ioannis Tomitanae urbis episcopi opuscula, cura et studio Fr. GLORIE, CCL 85 A, Turnhout 1978, 123–153 [adv. Horm.].

JULIAN DER ARIANER
Der Hiobkommentar des Arianers Julian, D. HAGEDORN (Hg.), PTS 14, Berlin–New York 1973 [Job.].

JULIAN POMERIUS, De vita contemplativa, PL 59, 415 A – 520 B [Pomer.].

JULIAN VON ECLANUM
–, Ad Turbantium Libri IV, ed. L. DE CONINCK, CCL 88, Turnhout 1977, 340–396 [ad Turb.].
–, Expositio libri Iob Tractatvs Prophetarum Osee Iohel et Amos, accedunt operum deperditorum fragmenta post A. BRUCKNER denvo collecta aucta ordinata auxiliante M.J. D'HONT ed. L. DE CONINCK, CCL 88, Turnhout 1977.

–, In Amos Prophetam, ed. L. DE CONINCK u. M.J. D'HONT, CCL 88, Turnhout 1977, 260–329 [Am.].
–, Libellus fidei, PL 48, 508 D – 526 B.

JULIAN VON TOLEDO
Julian von Toledo, ἀντικειμένων libri, PL 96, 595 A – 704 C [ant.].
Julian von Toledo, De comprobatione aetatis sextae, in. Opera, Bd. 1, cura et studio J.N. HILLGARTH, CCL 115, Turnhout 1976, 141–212 [comprob.].
Julian von Toledo, Prognosticon futuri saeculi, cura et studio J.N. HILLGARTH, CCL 115, Turnhout 1976, 9–126 [progn.].

PS.-JULIUS, de fide, bei H. LIETZMANN, Appolinaris von Laodicea und seine Schule, TU 1, Tübingen 1904, 310–318.

JUSTIN
–, Apologiae pro Christianis, M. MARCOVICH (Hg.), PTS 38, Berlin–New York 1994 [apol.].
–, Dialogus cum Tryphone, M. MARCOVICH (Hg.), PTS 47, Berlin–New York 1997 [dial.].
–, Dialogue avec Tryphon. Édition critique, traduction, commentaire, ed. Ph. BOBICHON, Par. 47/1–2, Fribourg 2003 [dial.].

JUSTINIAN, tractatus contra Monophysitas, PG 86, PG 86, 1104 A – 1146 C [Monoph.].

JUSTUS VON URGEL, In Canticum Canticorum Salomonis explicatio mystica, PL 67, 963 A – 994 B [in Cant.].

KALLIST VON ROM, epistulae, MPG 10, 121 A – 132 B [ep.].

KEPHALAIA
I. GARDNER, The Kephalaia of the Teacher. The edited Coptic Manichean Texts in Translation with Commentary, NHMS 37, Leiden 1995.

KORINTHERBRIEF, DRITTER
A.V. HARNACK, Apocrypha IV, Die apokryphen Briefe des Paulus an die Laodicener und Korinther, KlT 12, Berlin ²1931, 6–23 [3 Kor].

LAKTANZ, Institutions divines, Livre 1, Introduction, texte critique, traduction et notes par P. MONAT, SC 326, Paris 1986; Livre, Introduction, texte critique, traduction et notes par P. MONAT, SC 337, Paris 1987; Livre, Introduction, texte critique, traduction, notes et index par P. MONAT, SC 377, Paris 1992; Livre 5, tome 1, Introduction, texte critique, traduction et notes par P. MONAT, SC 204, Paris 1973; Livre 5, tome 2, commentaire et index par P. MONAT, SC 205, Paris 1973 [inst.].

LAODIZENERBRIEF
A.V. HARNACK, Apocrypha IV, Die apokryphen Briefe des Paulus an die Laodicener und Korinther, KlT 12, Berlin ²1931, 1–6 [Laod.].

LEO I.
–, Epistulae et decretales, PL 54, 691 A – 782 C [ep.].
–, ep. 11 ad Flavianum (nach epistularum collectio M), ACO 7/1/1, 10–20 [ep.].
–, Tractatus septem et nonaginta recensuit A. CHAVASSE, CCL 138; 138 A, Turnhout 1973 [tract.].

LEONTIUS VON KONSTANTINOPEL, homiliae quarum editionem curaverunt C. DATEMA et P. ALLEN, CCG 17, Turnhout 1987 [hom.].

LEONTIUS VON NEAPOLIS
–, sermo in Symeonem, PG 93, 1565 A – 1581 C [serm. in Sym.].

–, vita S. Symeonis, ed. A.J. FESTUGIÈRE/L. RYDÉN, Paris 1974, 55–104 [v. Sym.].

LUCIFER VON CAGLIARI

–, de non parcendo in deum delinquentibus, in: Lucifer von Cagliari, Opera quae supersunt, ad fidem duorum codicum qui adhuc extant necnon adhibitis ed. veteribus ed. G.F. DIERCKS, CCL 8, Turnhout 1978, 193–262 [non parc.].

–, de non conveniendo cum haereticis, in: Lucifer von Cagliari, Opera quae supersunt, ad fidem duorum codicum qui adhuc extant necnon adhibitis ed. veteribus ed. G.F. DIERCKS, CCL 8, Turnhout 1978, 163–192 [non conv.].

–, Quia absentem nemo debet iudicare nec damnare siue de Athanasio, in: Lucifer von Cagliari, Opera quae supersunt, ad fidem duorum codicum qui adhuc extant necnon adhibitis ed. veteribus ed. G.F. DIERCKS, CCL 8, Turnhout 1978, 1–132 [Athan.].

MANI-KODEX

Der Kölner Mani-Kodex. Über das Werden seines Leibes. Kritische Edition aufgrund der von A. HENRICHS und L. KOENEN besorgten Ersteidition, hg. und übersetzt von L. KOENEN und C. RÖMER. Abhandlungen der Rheinisch-Westfälischen Akademie der Wissenschaften. Papyrologica Coloniensia 14, Opladen 1988 [CMC].

M. STEIN, Manichaica Latina, Bd. 1: *epistula ad Menoch*, Abhandlungen der Nordrhein-Westfälischen Akademie der Wissenschaften, Sonderreihe Papyrologica Coloniensia 27,1, Opladen–Wiesbaden 1998.

M. STEIN, Manichaica Latina, Bd. 2: Manichaei *epistula fundamenti*. Text, Übersetzung, Erläuterungen, Abhandlungen der Nordrhein-Westfälischen Akademie der Wissenschaften, Sonderreihe Papyrologica Coloniensia 27,2, Paderborn u.a. 2002.

MARCELL VON ANCYRA

K. SEIBT, Die Theologie des Markell von Ankyra, AKG 59, Berlin–New York 1994 [Frgm.].

MARCUS EREMITA, Tractatus, PG 65, 905 A – 1140 C [tract.].

MARIUS MERCATOR, Commonitorium super nomine Coelestii, PL 48, 63 A – 108 B [comm.].

MARIUS VICTORINUS

–, Ad Candicum, rec. P. HENRY/P. HADOT, CSEL 83/1, Wien 1971, 15–48 [ad Candidum].
–, Adversus Arium, rec. P. HENRY/P. HADOT, CSEL 83/1, Wien 1971, 54–277 [adv. Arium].
–, Commentarius in epistulam ad Galatas, rec. F. GORI, CSEL 83/2, Wien 1971, 95–173 [in Gal.].

MAXIMINUS ARIANUS, Commentaria in Aquileiense, Paris, B. N., lat. 8907, ed. R. GRYSON, SC 267, 203–263.
(Ps.?)-Maximinus Arianus, contra haereticos, PLS 1, 728–731 [haer.].
–, sermones, PLS 1, 731–763 [serm.].

MAXIMUS CONFESSOR

–, Quaestiones ad Thalassium, Vol. I: Quaestiones I–LV, una cum Latina interpretatione Ioannis Scotti Eriugenae iuxta posita ediderunt C. LAGA et C. STEEL, CC.SG 7, Turnhout 1980; Vol. II: Quaestiones LVI–LXV una cum Latina interpretatione Ioannis Scotti Eriugenae iuxta posita ediderunt C. LAGA et C. STEEL, CC.SG 22, Turnhout 1990 [qu. Thal.].
–, Quaestiones et dubia, hg. J.H. DECLERCK, CCG 10, Turnhout 1982 [qu. dub.].
Maximus Confessor, capita de caritate, PG 90, 960–1080.
–, capita ducenta ad theologiam Deique Filii in carne dispensationem spectantia, PG 90, 1084–1176 [cap.].
–, relatio monitionis, in: Scripta saeculi VII vitam Maximi Confessoris illustrantia, una cum latina interpretatione Anastasii bibliothecarii iuxta posita ediderunt P. ALLEN et B. NEIL, CCG 39, Turnhout 1999, 1–51 [rel. mon.].

MELITON VON SARDES
–, Sur la paque et fragments. Introduction, texte critique, traduction et notes par O. PERLER, SC 123, Paris 1966, 1–213 [de passa].
–, Les Fragments de Méliton et d'Apollinaire de Hiérapolis, in: Méliton de Sardes, Sur la paque. Introduction, texte critique, traduction et notes par O. PERLER, SC 123, Paris 1966, 215–247 [Frgm.].

METHODIUS VON OLYMPUS
–, De cibis, N. BONWETSCH (Hg.), GCS 27, Leipzig 1917, 425–447.
–, De lepra, N. BONWETSCH (Hg.), GCS 27, Leipzig 1917, 449–474 [lepr.].
–, De resurrectione mortuorum, N. BONWETSCH (Hg.), GCS 27, Leipzig 1917, 217–424 [res.].
–, De sanguisuga, N. BONWETSCH (Hg.), GCS 27, Leipzig 1917, 475–489.
–, Le banquet, Introduction et texte critique par H. MUSURILLO, SC 95, Paris 1963 [symp.].

NAG-HAMMADI-CODICES
W.R. MURDOCK/G.W. MACRAE, The Apocalypse of Paul. In: D. M. PARROTT (Hg.), Nag Hammadi Codices V,2–5 and VI with Papyrus Berolinensis 8502, 1 and 4, NHS 11, Leiden 1979, 47–63.
B. LAYTON, Nag Hammadi Codex II,2–7 together with XIII,2*, Brit. Lib. Or.4926 (1), and P.Oxy. I, 654, 655, Vol. I, NHS 20, Leiden 1989.
B.A. PEARSON, (Hg.), The Nag Hammadi Codices IX and X, NHS 15, Leiden 1981.
B.A. PEARSON/S. GIVERSEN, NHC IX,3: The Testimony of Truth. In: B.A. PEARSON (Hg.), Nag Hammadi Codices IX and X, NHS 15, Leiden 1981, 101–203.
M. PEEL/J. ZANDEE, The Teachings of *Silvanus*. Introduction, Text and Notes by M. PEEL, Translation by M. PEEL and J. ZANDEE, in: B.A. PEARSON (Hg.), Nag Hammadi Codex VII, NHMS 30, Leiden–New York–Köln 1996, 249–369.
Die Lehre des *Silvanus*, übersetzt von H.-M. SCHENKE/W.-P. FUNK, GNCS NF 12, Berlin–New York 2003, 601–624.
G. RILEY, *Second Treatise* of the Great Seth, in: B.A. PEARSON (ed.), Nag Hammadi Codex VII, NHMS 30, Leiden–New York–Köln 1996, 129–199.

NESTORIUS, Sermones, PL 48, 757 A – 808 C [serm.].

(PS.?)-NICETAS VON REMESIANA, de Spiritus sancti potentia, PL 52, 853 A – 864 B [spir.].

NOVATIAN, de trinitate. In: Novatiani opera quae supersunt nunc primum in unum collecta ad fidem codicum qui adhuc extant necnon adhibitis editionibus veteribus edidit G.F. DIERCKS, CCL 4, Turnhout 1972, 1–78 [trin.].

OECUMENIUS VON TRIKKA, Commentarii in epistulam ad Galatas, in: K. STAAB, Pauluskommentare aus der griechischen Kirche, Münster 1933, 446–448 [Gal.].
Ps.-Oecumenius von Trikka, Commentarii in epistulam ad Galatas, PG 118, 1089 A – 1165 C [Gal.].

OLYMPIODOR
–, Kommentar zu Hiob, U. u. D. HAGEDORN (Hg.), PTS 24, Berlin–New York 1984 [comm. in Job.].
–, frgm. in Jeremiae lamentationes, PG 93, 725 A – 761 B [frgm. in Jer. lament.].

OPTATUS VON MILEVE, Traité contre les Donatistes, Bd. 1: Livres I et II, introduction, texte critique, traduction et notes par M. LABROUSSE, SC 412, Paris 1995; Bd. 2: livres III à VII, texte critique, traduction, notes et index par M. LABROUSSE, SC 413, Paris 1996 [c. Parmen.].

ORACULA SIBYLLINA
Sibyllinische Weissagungen, griechisch-deutsch. Auf der Grundlage der Ausgabe von A. KURFESS neu übers. und hg. v. J.-D. GAUGER, Düsseldorf–Zürich 1998 [or. Sibyll.].

ORIGENES
-, Homélies sur Jérémie, Bd.1: Homélies I–XI, traduction par P. HUSSON/P. NAUTIN, édition, introduction et notes par P. NAUTIN, SC 232, Paris 1976; Bd. 2: Homélies XII–XX et Homélies latines, traduction par P. HUSSON/P. NAUTIN, édition, introduction et notes par P. NAUTIN, SC 238, Paris 1977 [hom. in Jer.].
-, Homélies sur le Lévitique, Bd. 1: Homélies I–VII, texte latin, introduction, traduction et notes par M. BORRET, SC 286, Paris 1981; Bd. 2: Homélies VIII–XVI, texte latin, traduction, notes et index par M. BORRET, SC 287, Paris 1981 [hom. in Lev.].
-, Homélies sur les Juges, texte de la version latine de Rufin, introduction, traduction, notes et index par P. MESSIE/L. NEYRAND/M. BORRET, SC 389, Paris 1993 [hom. in Iud.].
-, Homélies sur les Nombres, text latin de W.A. BAEHRENS (G.C.S.), Nouvelle édition par L. DOUTRELEAU, Bd. 1: Homélies I–X, SC 415, Paris 1996; Bd. 2: Homélies XI–XIX, SC 442, Paris 1999; Bd. 3: Homélies XX–XXVIII, SC 461, Paris 2001 [hom. in Num.].
-, Commentaire sur le cantique des cantiques, texte de la version latine de Rufin, introduction, traduction et notes par L. BRESARD/H. CROUZEL, avec la collaboration de M. BORRET, SC 375/376, Paris 1991–1992 [comm. in Cant.].
-, Commentarii in epistulam ad Romanos – *Römerbrief*, übersetzt und eingeleitet von TH. HEITHER, Bd. 1: erstes und zweites Buch, FC 2/1, Freiburg u.a. 1990; Bd. 2: drittes und viertes Buch, FC 2/2, Freiburg u.a. 1992; Bd. 3: fünftes und sechstes Buch, FC 2/3, Freiburg u.a. 1993; Bd. 4: siebtes und achtes Buch, FC 2/4, Freiburg u.a. 1994; Bd. 5: neuntes und zehntes Buch, FC 2/5, Freiburg u.a. 1996; Bd. 6: Fragmente, FC 2/6, Freiburg u.a. 1999 [comm. in Rom.].
-, Contre Celse, introduction, texte critique, traduction et notes par M. BORRET, Bd. 1: Livres 1–2, SC 132, Paris 1967; Bd. 2: Livres 3–4, SC 136, Paris 1968; Bd. 3: Livres 5–6, SC 147, Paris 1969; Bd. 4: Livres 7–8, SC 150, Paris 1969; Bd. 5: Introduction générale, tables et index, SC 227, Paris 1976 [Cels.].
-, fragmenta in Ioannem, E. PREUSCHEN (Hg.), GCS 10, Leipzig 1903, 483–574 [Jo.].
-, fragmenta e catenis in Epistulam primam ad Corinthios, in: C. JENKINS, Origen on Corinthians, JThS 9 (1908) 232–247. 353–372. 500–514; JThS 10 (1909) 29–51 [comm. in 1 Cor.].
-, Fragmenta in Lucam, in: M. RAUER (Hg.), Die Homilien zu Lukas in der Übersetzung des Hieronymus und die griechischen Reste der Homilie und des Lukaskommentars, GCS 49, Berlin [2]1959, 223–336 [Frgm. in Lc.].
-, Commentaire sur Saint Jean, texte grec, avant-propos, traduction et notes par C. BLANC, Bd. 1: Livres 1–5, SC 120, Paris 1966; Bd. 2: Livres 6–10, SC 157, Paris 1970; Bd. 3: Buch 13, SC 222, Paris 1975; Bd. 4: Livres 19–20, SC 290, Paris 1982; Bd. 5: Livres 28, 32; SC 385, Paris 1992 [Jo.].
-, Homiliae in Isaiam, in: Origenes, Werke Bd. 8, Homilien zu Samuel I, zum Hohelied und zu den Propheten, Kommentar zum Hohelied in Rufins und Hieronymus' Übersetzungen, W.A. BAEHRENS (Hg.), GCS 33, Leipzig 1925, 242–289 [in Is.].
-, Die Schrift vom Gebet, P. KOETSCHAU (Hg.), GCS 3, Leipzig 1899, 295–403 [or.].
-, Homélies sur l'Exode, texte lat., introduction, traduction et notes par M. BORRET, SC 321, Paris 1985 [hom. in Ex.].
-, Homélies sur la Genèse, texte lat., introduction, traduction et notes par H. DE LUBAC/L. DOUTRELEAU, SC 7, Paris 1944 [hom. in Gen.].
-, Homélies sur Josué, introduction, traduction et notes par A. JAUBERT, SC 71, Paris 1960 [hom. in Jos.].
-, In Lucam Homiliae, Homilien zum Lukasevangelium, übers. u. eingel. von H.-J. SIEBEN, Bd. 1, FC 4/1, Freiburg u.a. 1991; Bd. 2, FC 4/2, Freiburg u.a. 1992 [in Lc.].
-, Homélies sur les psaumes 36–38, texte critique établi par E. PRINZIVALLI, SC 411, Paris 1995 [hom. in psalm.].
-, Homélies sur les Juges, texte de la version latine de Rufin, introduction, traduction, notes et index par P. MESSIE/L. NEYRAND/M. BORRET, SC 389, Paris 1993 [hom. in Iud.].
-, Homélies sur le Cantique des cantiques, introduction, traduction et notes de O. ROUSSEAU, SC 37bis, Paris 1953 [hom. in Cant.].
-, Die Schrift vom Martyrium, P. KOETSCHAU (Hg.), GCS 1, Leipzig 1899, 1–47 [mart.].

–, Matthäuserklärung, Bd. 1: Die griechisch erhaltenen Tomoi, E. KLOSTERMANN (Hg.), GCS 40, Leipzig 1935, U. TREU (Hg.), Berlin ²1968; Bd. 2: Die lateinische Übersetzung der commentariorum series, E. KLOSTERMANN (Hg.), GCS 38, Leipzig 1933, U. TREU (Hg.), Berlin ²1968; Bd. 3: Fragmente und Indices, 1. Hälfte, E. KLOSTERMANN (Hg.), GCS 41, Leipzig 1941, U. TREU (Hg.), Berlin ²1968 [comm. in Mt.].

–, Der Kommentar zum Evangelium nach *Mattäus*, eingel., übers. u. mit Anm. vers. von H.J. VOGT, Bd. 1, BGL 18, Stuttgart 1983; Bd. 2, BGL 30, Stuttgart 1990; Bd. 3, BGL 38, Stuttgart 1993 [comm. in Mt.].

–, Vier Bücher von den Prinzipien, hg., übers., mit kritischen und erläuternden Anmerkungen versehen von H. GÖRGEMANNS und H. KARPP, TdF 24, Darmstadt ³1993 [princ.].

Ps.-Origenes, selecta in Psalmos, PG 12, 1053 A – 1685 A [sel. in Ps.].

PACHOMIUS, Epistola ad universa monasteria, PL 23, 101 A – 102 A [ep. univ. mon.].

PACIANUS

–, De baptismo, in: Ders., Écrits, introduction, texte critique, commentaire et index par C. GRANADO, traduction par C. ÉPITALON et M. LESTIENNE, SC 410, Paris 1995, 148–165 [bapt.].

–, Epistulae, in: Ders., Écrits, introduction, texte critique, commentaire et index par C. GRANADO, traduction par C. ÉPITALON et M. LESTIENNE, SC 410, Paris 1995, 166–205 [ep.].

–, Paraenesis sive exhortatorius libellus ad paenitentiam, in: Ders., Écrits, introduction, texte critique, commentaire et index par C. GRANADO, traduction par C. ÉPITALON et M. LESTIENNE, SC 410, Paris 1995, 118–147. [paraen.]

PAMPHILUS VON CÄSAREA

–, apologia pro Origene, PG 17, 521 – 616 [apol. Orig.].

–, apologia pro Origene, Texte critique, traduction et notes par R. AMACKER, Bd. 1, SC 464, Paris 2002; Bd. 2, SC 465, Paris 2002 [apol. Orig.].

–, Apologia pro Origene – Apologie für Origenes, übers. und eingel. von G. RÖWEKAMP, FC 80, Turnhout 2005 [apol. Orig.].

PAULUSAPOKALYPSE

Die Apokalypse des Paulus (NHC V,2), übersetzt von U.-K. PLISCH, GCS NF 12, Berlin 2003, 399–405 [NHC V,2].

W.R. MURDOCK/G.W. MACRAE, The Apocalypse of Paul. In: D.M. PARROTT (Hg.), Nag Hammadi Codices V,2–5 and VI with Papyrus Berolinensis 8502, 1 and 4, NHS 11, Leiden 1979, 47–63.

PAULUS VON EMESA, homiliae, PG 77, 1433 A – 1444 C [hom.].

PAULUS VON NISIBIS

Paulus von Nisibis, disputatio cum Photino Manichaeo, PG 88, 529 A – 577 D [disp.].

PELAGIUS, Expositions of 13 Letters of St. Paul, ed. A. SOUTER, Bd. 1, 1922, Bd. 2, 1926 [in Gal. etc.].
(Ps.?)-Pelagius, de induratione cordis Pharaonis, PLS 1, 1506–1539 [ind.].

–, de libero arbitrio, PLS 1, 1539–1543 [lib. arb.].

Ps.-Pelagius, tractatus de divitiis, PLS 1, 1380–1418 [div.].

–, ep. de castitate, PLS 1, 1464–1505[cast.].

PELAGIUS I. VON ROM

–, epistulae, PLS 4, 1284–1312 [ep.].

–, in defensione trium Capitulorum, PLS 4, 1313–1369 [defens.].

PETRUSAPOKALYPSE

Die Apokalypse des Petrus (NHC VII,3), übers. v. H. HAVELAAR, GCS NF 12, Berlin 2003, 591–600 [NHC VII,3].

PETRUS CHRYSOLOGUS, Collectio Sermonum a Felice episcopo parata sermonibus extravagantibus adiectis cura et studio A. OLIVAR, CCL 24, Turnhout 1975; Pars II, CCL 24 A, Turnhout 1981; Pars III, CCL 24 B, Turnhout 1982 [serm.].

PHILIPPUSEVANGELIUM
H.M. SCHENKE, Das Evangelium nach Philippus, in: W. SCHNEEMELCHER (Hg.), Neutestamentliche Apokryphen, Bd. I., Evangelien, Tübingen ⁵1987, 148–173 [EvPhil.].

PHILO VON CARPASIA, Enarratio in Canticum Canticorum, PG 40, 27 A – 154 B [Cant.].

PHOEBADIUS, contra Arianos – Streitschrift gegen die Arianer, übers. und eingeleitet von J. ULRICH, FC 38, Freiburg 1999 [c. Ar.].

PIONIUS
The Martyrdom of Pionius the Presbyter and his Companions, in: H. MUSURILLO, The Acts of the Christian Martyrs, Oxford 1972, 136–167 [M.Pion.].

POLYCHRONIUS (?), Fragmenta in Jeremiam, PG 64, 740 B – 1037 A [comm. in Jer.].

POLYKARP
Der Polykarpbrief, in: A. LINDEMANN/H. PAULSEN, Die Apostolischen Väter. Griechisch-deutsche Parallelausgabe auf der Grundlage der Ausgaben von F.X. FUNK/K. BIHLMEYER und M. Whittaker mit Übersetzungen von M. DIBELIUS und D.-A. KOCH neu übersetzt und hg., Tübingen 1992, 242–257 [ep.].

PRAEDESTINATUS, sive praedestinatorum haeresis, et libri S. Augustino temere ascdripti refutatio. Tres in libros distribuita, PL 53, 587 B – 672 C [Praedestinatus].

PRIMASIUS VON HADRUMETUM, Commentarius in Apocalypsin, Cura et studio A.W. ADAMS, CCL 92, Turnhout 1985 [in Apoc.].

PRISCILLIAN
–, Canones in Pauli apostoli epistulas a Peregrino episcopi emendati, in: Priscilliani quae supersunt maxima partem nuper detexit adiectisqve commentariis critici set indicibvs primis edidit G. SCHEPSS, CSEL 18, Prag–Wien–Leipzig 1899, 110–147 [can.].
–, Tractatus, in: Priscilliani quae supersunt maxima partem nuper detexit adiectisqve commentariis critici set indicibvs primis edidit G. SCHEPSS, CSEL 18, Prag–Wien–Leipzig 1899, 3–106 [tract.].

PROCLUS VON KONSTANTINOPEL
–, epistolae, PG 65, 851 C – 886 B [ep.].
–, homiliae, PG 65, 680 C – 850 A [hom.].
–, hom. in sanctum apostolum Thomam, PG 59, 681 – 688 [hom. in Thomam].

PROSPER VON AQUITANIEN
–, Expositio psalmorum, cura et studio P. CALLENS, CCL 68 A, Turnhout 1972, 1–211 [in psalm.].
–, Liber sententiarum, cura et studio M. GASTALDO, CCL 68 A, Turnhout 1972, 213–365 [sent.].
–, De gratia dei et libero arbitrio contra collatorem, PL 51, 213 D – 276 A [c. coll.].
(Ps.?)-Prosper von Aquitanien, De vocatione omnium gentium, PL 51, 647 – 722 [vocat. gent.].

QUODVULTDEUS
–, De cantico nuouo, in: Opera Quodvultdeo Carthaginiensi episcopo tributa edidit R. BRAUN, CCL 60, Turnhout 1976, 379–392 [cant. nov.].
–, Liber promissionum et Praedicatorum Dei, in: Opera Quodvultdeo Carthaginiensi episcopo tributa edidit R. BRAUN, CCL 60, Turnhout 1976, 1–223 [prom.].

–, De simbolo 3, in: Opera Quodvultdeo Carthaginiensi episcopo tributa edidit R. BRAUN, CCL 60, Turnhout 1976, 349–363 [symb.].

REGULA MAGISTRI, Tome I (Prologue – ch. 10), introduction, texte, traduction et notes par Adalbert de VOGÜE, SC 105, Paris 1964; Tome II (ch. 11–95), texte, traduction et notes par Adalbert de VOGÜE, SC 106, Paris 1964 [mag.].

BRIEF AN RHEGINUS
Der „Brief an Rheginus" (NHC I,4). Die Abhandlung über die Auferstehung, übers. v. H.-M. SCHENKE, in: Ders./H.-G. BETHGE/U.U. KAISER (Hg.), Nag Hammadi Deutsch, Bd. 1, GCS NF 8, Berlin–New York 2001, 45–52 [NHC I,4].

RUFIN VON AQUILEIA
–, Apologia contra Hieronymum, in: Tyrannii Rvfini opera, recognovit M. SIMONETTI, CCL 20, Turnhout 1961, 29–123 [apol. adv. Hier.].
–, Expositio symboli, in: Tyrannii Rvfini opera, recognovit M. SIMONETTI, CCL 20, Turnhout 1961, 125–182 [symb.].
–, Prologvs in Apologeticum Pamphili Martyris pro Origene, in: Tyrannii Rvfini opera, recognovit M. SIMONETTI, CCL 20, Turnhout 1961, 231–234.

RUFINUS VON PALÄSTINA, Liber de fide, PL 21, 1123 A –1154 D [fid.].

RURICIUS VON LIMOGES, Epistularum libri dvo cvra et stvdio R. DEMEULENAERE, CCL 64, Turnhout 1985, 303–394 [ep.].

SALVIAN VON MARSEILLE
–, ad ecclesiam, in: Ders., Opera omnia, rec. et commentario critico instruxit F. PAULY, CSEL 8, Wien 1893, 224–316 [eccl.].
–, Epistulae, in: Ders., Opera omnia, rec. et commentario critico instruxit F. PAULY, CSEL 8, Wien 1893, 201–223 [ep.].
–, Lettres, in: Salvien de Marseille, Œuvres, Bd. 1: Les lettres, les livres de Timothée à l'Église, introduction, teste critique, traduction et notes v. G. LAGARRIGUE, SC 176, Paris 1971, 73–133 [ep.]
–, Les livres de Timothée à l'Église, in: Salvien de Marseille, Œuvres, Bd. 1: Les lettres, les livres de Timothée à l'Église, introduction, teste critique, traduction et notes v. G. LAGARRIGUE, SC 176, Paris 1971, 135–345 [eccl.].
–, de gubernatione dei, in: Ders., Opera omnia, rec. et commentario critico instruxit F. PAULY, CSEL 8, Wien 1893, 1–200 [gub.].

SCRIPTA ARRIANA Latina I, Collectio Veronensis, Scholia in Concilium Aquileiense, Fragmenta in Lucam rescripta, Fragmenta theologica rescripta, cura et studio R. GRYSON, CCL 87, Turnhout 1982.

SERMO ARRIANORUM, in: Augustinus, contra sermonem Arrianorum. Praecedit sermo Arrianorum, ed. M.J. SUDA, CSEL 92, Wien 2000, 33–45.

SETH
Der zweite Logos des großen Seth, übersetzt von S. PELLEGRINI, GCS NF 12, Berlin 2003, 569–590 [NHC VII,2].

SEVERIANUS VON GABALA, Expositio in epistulam ad Galatas, in: K. STAAB, Pauluskommentare aus der griechischen Kirche, Münster 1933, 298–304 [Gal.].

SOPHRONIUS VON JERUSALEM, Orationes, PG 87/3, 3201 A – 334 D [hom.].

TAJO VON SARAGOSSA, Sententiarum libri V, PL 80, 727 A – 990 A [sent.].

TERTULLIAN
–, de exhortatione castitatis, cura et studio A. KROYMANN, CCL 2, Turnhout 1954, 1013–1035 [castit.].
–, ad uxorem, cura et studio A. KROYMANN, CCL 1, Turnhout 1954, 371–394 [uxor.].
–, adversus Iudaeos, cura et studio A. KROYMANN, CCL 2, Turnhout 1954, 1337–1396 [adv. Iud.].
–, Adversus Marcionem, cura et studio A. KROYMANN, CCL 1, Turnhout 1954, 437–726 [adv. Marc.].
–, Adversus Praxean, ad fidem editionum A. KROYMANN/E. EVANS, CCL 2, Turnhout 1954, 1157–1205 [adv. Prax.].
–, adversus Valentinianos, cura et studio A. KROYMANN, CCL 2, Turnhout 1954, 751–778 [adv. Val.].
–, De anima, cura et studio J.H. WASZINK, CCL 2, Turnhout 1954, 779–869 [anim.].
–, De carne Christi, cura et studio A. KROYMANN, CCL 2, Turnhout 1954, 871–917 [carn.].
–, De cultu feminarum libri duo, cura et studio A. KROYMANN, CCL 1, Turnhout 1954, 341–370 [cult. fem.].
–, De exhortatione castitatis, cura et studio A. KROYMANN, CCL 2, Turnhout 1954, 1013–1035 [castit.].
–, De fuga in persecutione, cura et studio J.J. THIERRY, CCL 2, Turnhout 1954, 1133–1155 [fug.].
–, De idololatria, cura et studio A. REIFFERSCHEID/G. WISSOWA, CCL 2, Turnhout 1954, 1099–1124 [idol.].
–, De monogamia, cura et studio E. DEKKERS, CCL 2, Turnhout 1954, 1227–1253 [monog.].
–, De patientia, cura et studio J.G.PH. BORLEFFS, CCL 1, Turnhout 1954, 297–317 [patient.].
–, De praescriptione haereticorum, cura et studio R.F. REFOULE, CCL 1, Turnhout 1954, 185–224 [praescr.].
–, De pudicitia, cura et studio E. DEKKERS, CCL 2, Turnhout 1954, 1279–1330 [pudic.].
–, De resurrectione mortuorum, cura et studio J.G.Ph. BORLEFFS, CCL 2, Turnhout 1954, 919–1012 [resurr.].
–, De ieiunio adversus Psychicos, cura et studio A. REIFFERSCHEID/G. WISSOWA, CCL 2, Turnhout 1954, 1255–1277 [ieiun.].
–, De virginibus velandis, cura et studio E. DEKKERS, CCL 2, Turnhout 1954, 1207–1226 [virg. vel.].

TESTIMONIUM VERITATIS
Das Zeugnis der Wahrheit (NHC IX,3) – „Testimonium Veritatis", übersetzt von U.-K. PLISCH, GCS NF 12, Berlin 2003, 697–712 [NHC IX,3].

THEODOR VON MOPSUESTIA
–, in epistolas S. Pauli commentarii, the Latin version with the Greek fragm. in 2 vol. with an introduction, notes and indices by H.B. SWETE, Cambridge 1880–1882 [in Gal.].
–, Katechetische Homilien, übersetzt und eingeleitet von P. BRUNS, FC 17/1–2, Freiburg u.a. 1994–1995 [hom. cat.].

THEODORET VON CYRUS
–, Eranistes. Critical Text and Prolegomena by G.H. ETTLINGER, Oxford 1975 [eran.].
–, Religiosa historia, PG 82, 1284 A – 1496 D [h. rel.].
–, In divini Ezechielis prophetiam interpretatio, PG 81, 808 A – 1256 B [in Ez.].
–, Interpretatio in Canticum Canticorum, PG 81, 49 A – 214 B [Cant.].
–, Interpretatio epistolae ad Romanos, PG 82, 44 C – 226 C [in Rom.].
–, Interpretatio epistolae primae ad Corinthios, PG 82, 225 C – 376 A [in 1Cor.].
–, Interpretatio epistolae primae ad Timotheum, PG 82, 788 A – 829 C [in 1 Tim.].
–, Interpretatio epistolae ad Galatas, PG 82, 460 A – 504 D [in Gal.].
–, Interpretatio epistolae ad Hebraeos, PG 82, 673 B – 786 C [in Hebr.].
–, Interpretatio in psalmos, PG 80, 857 A – 1997 B [in Ps.].
–, In divini Jeremiae Prophetiam interpretatio, PG 81, 495 A – 760 B [in Jer.].
–, Quaestiones in octateuchum, PG 80, 76 A – 528 A [qu. Gen. etc.].

–, Commentaire sur Isaie, Bd. 1: (Sections 1–3) introduction, texte critique, traduction et notes par J.-N. GUINOT, SC 276, Paris 1980; Bd. 2: (Sections 4–13) texte critique, traduction et notes par J.-N. GUINOT, SC 295, Paris 1982; Bd. 3: (Sections 14–20) texte critique, traduction, notes et index par J.-N. GUINOT, SC 315, Paris 1984 [in Jes.].

–, Correspondance IV (collections conciliares), texte critique de E. SCHWARTZ, introduction, traduction, notes et index par Y. AZEMA, SC 429, Paris 1998 [ep.].

THEODOT VON ANCYRA
–, expositio simboli Nicaeni, PG 77, 1313 B – 1348 D [exp. Symb. Nic.].
–, homiliae, PG 77, 1349 A – 1432 D [hom.].

THOMASAKTEN
H.J.W. DRIJVERS, Thomasakten, in: W. SCHNEEMELCHER (Hg.), Neutestamentliche Apokryphen in deutscher Übersetzung, Bd. 2: Apostolisches, Apokalypsen und Verwandtes, Tübingen [5]1989, 289–367 [ActThom.].

THOMASEVANGELIUM
B. BLATZ, Das koptische Thomasevangelium, in: W. SCHNEEMELCHER (Hg.), Neutestamentliche Apokryphen, Bd. 1: Evangelien, Tübingen [5]1987, 93–113 [EvThom. copt.].

TIMOTHEUS, epistula ad Prosdocium, bei H. LIETZMANN, Apollinaris von Laodicea und seine Schule, Tübingen 1904, 283–286 [ad Prosdocium].

TITUS VON BOSTRA, Adversus Manichaeos libri tres, PG 18, 1069 A – 1264 A.

TRACTATUS TRIPARTITUS
Tractatus Tripartius (NHC I,5), übersetzt von H.-M. SCHENKE, GCS NF 8, Berlin 2001, 53–93 [NHC I,5].

TYCONIUS, Liber regularum, introduction, traduction et notes par J.-M. VERCRUYSSE, SC 488, Paris 2004 [reg.].

VALERIANUS VON CIMIEZ
–, Epistola ad monachos, PL 52, 755 D – 758 C [ep.].
–, Homiliae, PL 52, 691 C – 756 C [hom.].

VERECUNDUS VON JUNCA7, Commentarii svper cantica ecclesiastica, cura et studio R. DEMEULENAERE, CCL 93, Turnhout 1976, 1–203 [in cant.].

VIGILIUS VON ROM, acta pro damnatione trium capitulorum, editum a. 554, PL 69, 143 C – 178 C [acta].

VIGILIUS VON THAPSUS, contra Eutychetem libri V, PL 62, 95 B – 154 D [c. Eutych.].
Ps.-Vigilius von Thapsus, contra Varimadum, cura et studio B. SCHWANK, CCL 90, Turnhout 1961, 1–134 [c. Varid.].
VINZENZ VON LERINS, Commonitorium, cura et studio R. DEMEULENAERE, CCL 64, 145–195 [comm.].

ZENO VON VERONA, Tractatus, ed. B. LÖFSTEDT, CCL 22, Turnhout 1971 [tract.].

Sammelausgaben

BÖHLIG, A./LABIB, P., Koptisch-gnostische *Apokalypsen* aus Codex V von Nag Hammadi im Koptischen Museum zu Alt-Kairo, WZ (Halle) 1963.
EDWARDS, M., Galatians, Ephesians, Philippians, ACCS NT 8, Downers Grove 1999.
LINDEMANN, A./ PAULSEN, H., Die Apostolischen Väter. Griechisch-deutsche Parallelausgabe auf der Grundlage der Ausgaben von F.X. FUNK/K. BIHLMEYER u. M. WHITTAKER, mit Übersetzungen von M. DIBELIUS und D.-A. KOCH neu übersetzt, Tübingen 1992.
LIGHTFOOT, J.B., The Apostolic *Fathers*, Bd. 2: S. Ignatius, S. Polycarp. Revised Texts with Introduction, Notes, Dissertations, and Translations, London ²1889.
REUSS, J., Matthäuskommentare aus der griechischen Kirche. Aus Katenenhandschriften gesammelt und hg., TU 61, Berlin 1957.
SCHNEEMELCHER, W. (Hg.), Neutestamentliche Apokryphen in deutscher Übersetzung, Bd. 1: Evangelien, Tübingen ⁵1987; Bd. 2: Apostolisches, Apokalypsen und Verwandtes, Tübingen ⁵1989.
STAAB, K., Pauluskommentare aus der griechischen Kirche, NTA 15, Münster 1933 = 1984.
VOELKER, W. (Hg.), Quellen zur Geschichte der christlichen Gnosis, SQS NF 5, Tübingen 1932.

Hilfsmittel

BAUER, W., Griechisch-deutsches Wörterbuch zu den Schriften des Neuen Testaments und der frühchristlichen Literatur, hg. v. K. u. B. Aland, Berlin–New York ⁶1988.
HATCH, E./REDPATH, H.A., A Concordance to the Septuagint and the other Greek Versions of the Old Testament (Including the Apocryphal Books), 2Bd., Oxford 1897.
SIEBEN, H.J., *Kirchenväterhomilien* zum Neuen Testament, Instr. Patr. 22, Steenburg 1991.
STEPHANUS, H., Thesaurus Graecae Linguae, neubearb. v. C.B. Hase u.a., Paris 1831–1865 = Graz 1954.

Sekundärliteratur

HASLER, V., Gesetz und Evangelium in der Alten Kirche bis Origenes. Eine auslegungsgeschichtliche Untersuchung, Frankfurt (Main) –Zürich 1953.
HAUSCHILD, W.–D., Der Ertrag der neueren auslegungsgeschichtlichen Forschung für die Patristik, in: VF 16 (1971) 5–25.
HOFFMANN, R., Joseph, Marcion – On the restitution of Christianity, AARSR 46, 1984.
KANNENGIEBER, CH., Athanasius von Alexandrien als Exeget, FS E. DASSMANN, 336–343.
KARIG, W., Des C. Marius Victorinus Kommentare zu den paulinischen Briefen, Marburg 1924.
ALAND, B., Art. Marcion / Marcioniten, in: TRE 22 (1992) 89–101.
–, Die Rezeption des neutestamentlichen Textes in den ersten Jahrhunderten, in: SEVRIN, J.-M. (Hg.), The New Testament in Early Christianity, BEThL 86, Leuven 1989, 1–38.
ALEITH, E., Paulusverständnis in der alten Kirche, BZNW 18, Berlin 1937.
ANDERSON, G., *Celibacy* of Consummation in the Garden: Reflections on Early Jewish and Christian Interpetations of the Garden of Eden, HThR 82 (1989) 121–148.
BAARDA, T., Marcion's *Text* of Gal 1,1, in: VigChr 42 (1988) 236–256.
BAMMEL, C.P./ HAMMOND, N.G.L., Der Römerbrieftext des Rufin und seine Origenes-Übersetzung, VL.GLB 10, Freiburg 1994.
BAUER, J.B., Die Polykarpbriefe, KAV 5, Göttingen 1995.
BENJAMINS, H.S., *Eingeordnete Freiheit*. Freiheit und Vorsehung bei Origenes, SVigChr 28, Leiden 1994.
BERGER, K., Art. Abraham II. Im Frühjudentum und Neuen Testament, in: TRE 1 (1977) 372–382.

BETZ, H.D., Der *Galaterbrief*, München 1988.
BIERMANN, M., Art. *Macarius Magnes*, in: LACL³, 2002, 468f.
BÖHLIG, A., Art. *Manichäismus*, in: TRE 22 (1992) 25–45.
BRÄNDLE, R., Συγκατάβασις als hermeneutisches und ethisches Prinzip in der Paulusauslegung des Johannes Chrysostomus, in: SCHÖLLGEN, G. /SCHOLTEN, C. (Hg.), Stimuli. Exegese und ihre Hermeneutik in Antike und Christum, FS E. DASSMANN, JAC.E 23, Münster 1996, 297–307.
BRENNECKE, H.C., Art. *Hilarius* von Poitiers, in: TRE 15 (1986) 315–322.
BROX, N., *Juden und Heiden* bei Irenäus, in: MThZ 16 (1965) 89–106.
BULTMANN, R., Das *Problem* der Ethik bei Paulus, in: Ders., Exegetica, hg. v. E. DINKLER, Tübingen 1967, 36–54.
–, Die *Exegese* des Theodor von Mopsuestia, hg. v. H. FELD und K.H. SCHELKLE, Stuttgart u.a. 1984.
BURI, F., *Clemens* Alexandrinus und der paulinische Freiheitsbegriff, Zürich–Leipzig 1939.
COCCHINI, F., L'esegesi paolina di Teodoreto di Cirro, Annali di storia dell'esegesi 11 (1994) 511–522.
COMBES, G., Le prétendu mensonge de saint Paul, in: BAug 2, Paris 1948, 626–629.
COOPER, S. A., „*Narratio*" and „Exhortatio" in Galatians according to Marius Victorinus Rhetor, ZNW 91 (2000) 107–135.
CROUZEL, H., Origen, transl. by A.S. Worrall, San Francisco 1989.
DASSMANN, E., Der *Stachel* im Fleisch. Paulus in der frühchristlichen Literatur bis Irenäus, Münster 1979.
DE LUBAC, H., *Geist* aus der Geschichte. Das Schriftverständnis des Origenes, übertr. u. eingl. v. H.U. v. BALTHASAR, Einsiedeln 1968.
DECRET, F., *L'utilisation* des épitres de Paul chez les Manichéens d'Afrique, in: RIES, J. u.a. (Hg.), Le epistole paoline nei Manichei, i Donatisti e il primo Agostino, Sussidi Patristici 5, Rom 1989, 29–83.
DIDEBERG, X., Art. *Caritas*, AugL 1, 1986–1994, 730f.
DRECOLL, V., Die Entstehung der *Gnadenlehre* Augustins, BHTh 109, Tübingen 1999.
DUNN, J.D.G., Die neue *Paulus-Perspektive*. Paulus und das Gesetz, KuI 11, 1996, 34–45.
DÜNZL, F., *Pneuma*. Funktionen des theologischen Begriffs in frühchristlicher Literatur, JAC.E 30, Münster 2000.
EDWARDS, M., *Galatians*, Ephesians, Philippians, ACCS NT 8, Downers Grove 1999.
ERDT, W., Marius Victorinus Afer. Der erste lateinische *Pauluskommentator*, EHS.T 135, Frankfurt (Main) 1980.
ESTRADA-BARBIER, B., *Exégesis de San Juan Crisóstomo* à la ἀσθένεια en San Pablo, in: J.M. ASCIARO (Hg.), Biblia y Hermenéutica, Pamplona 1986, 655–666.
FELDMANN, E., Der Einfluß des Hortensius und des Manichäismus auf das Denken des jungen *Augustinus*, Diss. Münster 1975.
FERRARESE, G., Il concilio di Gerusalemme in Ireneo di Lione. Ricerche sulla storia dell'esegesi di Atti 15,1–29 (e Galati 2,1–10) nel II secolo, Brescia 1979 (TRSR 17).
FISCHER, B., Das Neue Testament in lateinischer Sprache: Die alten Übersetzungen des Neuen Testaments, in: K. ALAND (Hg.), Die alten Übersetzungen des Neuen Testaments, die Kirchenväterzitate und Lektionare. Der gegenwärtige Stand ihrer Erforschung und ihre Bedeutung für die griechische Textgeschichte, ANTT 5, Berlin 1972, 1–92.
FOLGADO, D., La interpretación patrística de la disputa antioquena (Gal 2,11ss), Diss. Univ. Salamanca 1954.
FREDE, H.J., Altlateinische Paulushandschriften, VL.AGLB 4, Freiburg 1964.
–, (Hg.), Epistulae ad Philippenses et *ad Colossenses*, VL 24/2, Freiburg 1966.
–, Bibelzitate bei den Kirchenvätern. Beobachtungen bei der Herausgabe der „Vetus Latina", in: La Bible et les Pères. Colloque de Strasbourg (1er–3 octobre 1969), Paris 1971, 79–96.
FÜRST, A., Augustins *Briefwechsel* mit Hieronymus, JAC.E 29, Münster 1999.
–, Origenes und Ephraem über Paulus' Konflikt mit Petrus (Gal 2,11/14), in: M. WACHT (Hg.), Panchaia, FS K. THRAEDE, JAC.E 22, Münster 1995, 121–130.
GEERLINGS, W., Das Verständnis von Gesetz im Galaterbriefkommentar des Ambrosiaster, in: Die Weltlichkeit des Glaubens in der Alten Kirche, FS U. WICKERT, hg. v. D. Wyrwa, BZNW 85, 1997, 101–113.

–, Art. *Ambrosiaster*, LACL³, 2002, 18f.

GRAUMANN, TH., *Christus* interpres. Die Einheit von Auslegung und Verkündigung in der Lukaserklärung des Ambrosius von Mailand, PTS 41, Berlin–New York 1994.

HADOT, P., *Porphyre* et Victorinus, 2 Bd., Études Augustiniennes 1–2, Paris 1966.

HAENDLER, G., Cyprians *Auslegung* zu Gal 2,11ff., in: ThLZ 97 (1972) 561–568.

–, Rez. HENNINGS, R., Der *Briefwechsel* zwischen Augustin und Hieronymus, ThLZ 120 (1995) 157–159.

HARL, M., *Origène* et la fonction du Verbe Incarné, PatSor 2, Paris 1958, 292–296.

HARNACK, A.V., *Marcion*. Das Evangelium vom fremden Gott. Eine Monographie zur Geschichte der katholischen Kirche, Leipzig 1921, ²1924.

HARRISON, G./BEDUHN, J., The *Authenticity* and Doctrine of (Ps.?) Mani's Letter to Menoch, in: MIRECKI, P./BEDUHN, J. (Hg.), The Light and the Darkness: Studies in Manichaeism and Its World, NHMS 50, Leiden–Boston–Köln 2001, 128–172.

HEATH, M., *John Chrysostom*, Rhetoric and Galatians, BI 12 (2004) 369–400.

HEINISCH, P., Der *Einfluß Philos* auf die älteste christliche Exegese (Barnabas, Justin und Clemens von Alexandrien). Ein Beitrag zur Geschichte der allegorisch-mystischen Schriftauslegung im christlichen Altertum, ATA 1/2, Münster 1908.

HENNINGS, R., Der *Briefwechsel* zwischen Augustinus und Hieronymus und ihr Streit um den Kanon des Alten Testaments und die Auslegung von Gal 2,11–14, SVigChr 21, Leiden–Köln–New York 1994.

HILL, R.C., *Theodoret's commentary* on Paul, EstB 58 (2000) 79–99.

HOFFMANN, A., *Erst einsehen dann glauben*. Die nordafrikanischen Manichäer zwischen Erkenntnisanspruch, Glaubensforderung und Glaubenskritik, in: VAN OORT, J./WERMELINGER, O./ WURST, G. (Hg.), Augustine and Manichaeism in the Latin West. Proceedings of the Fribourg-Utrecht Symposium of the International Association of Manichean Studies (IAMS), Nag Hammadi and Manichaean Studies 49, Leiden–Boston–Köln 2001, 67–112.

HÜBNER, R., Die *Einheit* des Leibes Christi bei Gregor von Nyssa. Untersuchungen zum Ursprung der „physischen" Erlösungslehre, Philosophia patrum 2, Leiden 1974.

JASCHKE, H.J., Art. *Irenäus von Lyon*, in: TRE 16 (1987) 258–268.

JEFFORD, C.N., The Didache in Context: Essays on Its Text, History and Transmission, NT.S 77, Leiden 1995.

KERSCHENSTEINER, J., Der altsyrische *Paulustext*. CSCO.Sub 37, Louvain 1970.

KIEFFER, R., *Foi* et justification à Antiochie. Interpretation d'un conflit (Gal 2,14–21), LDiv 111, Paris 1982.

KIRCHNER, D., Epistula Jacobi Apocrypha. Die zweite Schrift aus Nag-Hamadi-Codex I, neu hg., übers. und kommentiert, TU 136, Berlin 1989.

KOSCHORKE, K., Der gnostische Traktat „*Testimonium* Veritatis" aus dem Nag-Hammadi-Codex IX. Eine Übersetzung, in: ZNW 69 (1978) 91–111.

–, Die *Polemik* der Gnostiker gegen das kirchliche Christentum. Unter besonderer Berücksichtigung der Nag-Hammadi-Traktate „Apokalypse des Petrus" (NHC VII,3) und „Testimonium Veritatis" (NHC IX,3), NHS 12, Leiden 1978.

–, *Paulus* in den Nag-Hammadi-Texten. Ein Beitrag zur Geschichte der Paulusrezeption im frühen Christentum, in: ZThK 78 (1981) 177–205.

LA BONNADIERE, A.-M., „*Portez* le fardeau les uns des autres". Exégèse augustinienne de Gal 6,2, in: Didaskalia (Lissabon) 1 (1971) 201–215.

LAMIRANDE, E., *Jérusalem* céleste. Ancienne littérature chrétienne, in: DSp 8 (1974) 947–950.

LEVISON, J.R., *Portraits* of Adam in Early Judaism. From Sirach to 2 Baruch, JSPE.S 1, Sheffield 1988.

LIGHTFOOT, J.B., The *Apostolic Fathers*. Part I,1.2: S. Clement of Rome. A Revised Text with Introductions, Notes, Dissertations, and Translations, London–New York ²1890 (= 1973); Part II,1–3: S. Ignatius. S. Polycarp. Revised Texts with Introduction, Notes, Dissertations, and Translations, London–New York 1889.

LINDEMANN, A., Der Apostel *Paulus im 2. Jahrhundert*, in: SEVRIN, J.-M. (Hg.), The New Testament in Early Christiantiy. La réception des écrits néotestamentaires dans le christianisme primitif, BEThL 86, Leuven 1989, 39–67.

LINDEMANN, A., *Paulus im ältesten Christentum*. Das Bild des Apostels und die Rezeption der paulinischen Theologie in der frühchristlichen Literatur bis Marcion, BHTh 58, Tübingen 1979.

LOCHER, A., Formen der Textbehandlung im Kommentar des Marius Victorinus zum Galaterbrief, in: Silvae, FS E. ZINN, Tübingen 1970, 137–143.

LOCHER, G.F.D., Het *probleem* van het primaat van Petrus bij Augustinus naar aanleiding van zijn uitleg van Galaten 2:11–14, in: KeTh 35 (1984) 288–304.

LÖHR, W.A., Mündlichkeit und Schriftlichkeit im Christentum des 2. Jahrhunderts, in: G. SELLIN/F. VOUGA (Hg.), Logos und Buchstabe. Mündlichkeit und Schriftlichkeit im Judentum und Christentum der Antike, TANZ 20, Tübingen–Basel 1997, 211–230.

LOHSE, B., *Askese* und Mönchtum in der Antike und in der alten Kirche. Religion und Kultur der alten Mittelmeerwelt in Parallelforschungen 1, München–Wien 1969.

–, *Beobachtungen* zum Paulus-Kommentar des Marius Victorinus und zur Wiederentdeckung des Paulus in der lateinischen Theologie des vierten Jahrhunderts, in: A.M. RITTER (Hg.), Kerygma und Logos. Beiträge zu den geistesgeschichtlichen Beziehungen zwischen Antike und Christentum, FS C. ANDRESEN, Göttingen 1979, 351–366.

LOOFS, F., *Paulus von Samosata*. Eine Untersuchung zur altkirchlichen Literatur- und Dogmengeschichte, TU 44,5, Leipzig 1924.

LULL, D.J., „The *Law* was our pedagogue": A Study in Galatians 3:19–25, in: JBL 105 (1986) 481–498.

MARKSCHIES, C., *Valentinus Gnosticus?* Untersuchungen zur valentinianischen Gnosis mit einem Kommentar zu den Fragmenten Valentins, WUNT 65, Tübingen 1992.

MATEO-SECO, L.F., „*Envió Dios* a su hijo, nacido de mujer": Gálatas 4,4–5 en el pensamiento patrístico anterior al Concilio de Éfeso, in: ScrTh 32 (2000) 13–46.

MAY, G., Der *Streit* zwischen Petrus und Paulus in Antiochien bei Markion, in: Ders., Markion. Gesammelte Aufsätze, hg. v. K. GRESCHAT u.a., VIEG 68, Mainz 2005, 35–41.

MAYER, C., Art. *Abraham* IV., in: AugL 1, 1986–1994, 14–17.

MAYER, C., Art. *Caro – spiritus*, AugL 1, 1986–1994, 751–756.

MEES, M., Die *Zitate* aus dem Neuen Testament bei Clemens von Alexandrien, QVetChr 2, Bari 1970.

MEIJERING, E.P., Bemerkungen zu Tertullians Polemik gegen Marcion, in: VigChr 30 (1976) 81–108.

MEISER, M., Die *Reaktion* des Volkes auf Jesus. Eine redaktionskritische Studie zu den synoptischen Evangelien, BZNW 96, Berlin–New York 1998.

–, Neuzeitliche *Mythosdiskussion* und altkirchliche Schriftauslegung, in: NTS 56 (2006) 145–165.

MENARD, J.-É., L'Évangile selon *Thomas*, NHS 5, Leiden 1975.

MERK, O., Der *Beginn* der Paränese im Galaterbrief, jetzt in: Ders., Wissenschaftsgeschichte und Exegese. Gesammelte Aufsätze zum 65. Geburtstag, hg. v. GEBAUER, R. u.a., BZNW 95, Berlin–New York 1998, 238–259.

MICHL, J., *Die katholischen Briefe*, RNT, Regensburg ²1968.

MITCHELL, M.M., *Reading Rhetoric* with Patristic Exegetes: John Chrysostom on Galatians, in: Antiquity and Humanity, 2001, 333–355.

MOLITOR, J., Der *Paulustext* des hl. Ephräm, MBE 4, Rom 1938.

MÜLLER-ABELS, S., Der *Umgang* mit „schwierigen" Texten in der Apostelgeschichte, in: NICKLAS, T./TILLY, M. (Hg.), Die Apostelgeschichte als Kirchengeschichte: Text, Traditionen und antike Auslegungen, BZNW 120, Berlin–New York 2003, 347–371.

MUSSNER, F., Der *Galaterbrief*, HThK 9, Freiburg 1974.

NEUSCHÄFER, B., Art. *Didymus* der Blinde, LACL³, 2002, 168–170.

NIEDERWIMMER, K., Die Freiheit des Gnostikers nach dem Philippusevangelium – Eine Untersuchung zum Thema: Kirche und Gnosis, in: BÖCHER, O./HAACKER, K. (Hg.), Verborum Veritas, FS G. STÄHLIN, Wuppertal 1970, 361–374.

NOORMANN, R., *Irenäus* als Paulusinterpret. Zur Rezeption und Wirkung der paulinischen und deuteropaulinischen Briefe im Werk des Irenäus von Lyon, WUNT II 66, Tübingen 1994.

NORRIS, R.A. (JR.), Irenaeus' Use of Paul in the Polemic Against the Gnostics, in: BABCOCK, W.S. (Hg.), Paul and the Legacies of Paul, Dallas 1990, 79–98.337–340.

OVERBECK, F., Über die *Auffassung* des Streits des Paulus mit Petrus in Antiochien (Gal. 2,11ff.) bei den Kirchenvätern, Basel 1877 = Libelli 183, Darmstadt 1968.

PAGELS, E., The Gnostic *Paul*. Gnostic Exegesis of the Pauline Letters, Philadelphia 1975.
PAGET, J.C., Paul and the Epistle of Barnabas, in: NT 38 (1996) 359–381.
PEARSON, B.A., Nag-Hammadi-Codices IX and X, NHS 15, Leiden 1991.
PILHOFER, P., *PRESBUTERON KREITTON*. Der Altersbeweis der jüdischen und christlichen Apologeten und seine Vorgeschichte, WUNT II 39, Tübingen 1990.
PLUMER, E., The Influence of Marius Victorinus on Augustine's Commentary on Galatians, in: LIVINGSTONE, E.A. (Hg.), Studia Patristica (1997) 33, 221–228.
POLLASTRI, A., Sul rapporto tra cristiani e guide second il commento dell'Ambrosiaster ad alcuini polini (Gal 3,19b–20; 4,4; Rom 11,16.20.25–26.a; 15,11), in: Studi Storico-Religiosi 4 (1980) 313–327.
PRATSCHER, W., Schriftzitate im 2. Klemensbrief, in: SNTU A 22 (1997) 139–159.
RASPANTI, G., „Adgrediar *opus intemptatum*": L'„Ad Galatas" di Gerolamo e gli sviluppi del commentario biblico latino, Adamantius 10 (2004) 194–216.
RATHKE, H., *Ignatius* von Antiochien und die Paulusbriefe, TU 99, Berlin 1967.
REIJNERS, G.Q., Das *Wort vom Kreuz*. Kreuzes- und Erlösungssymbolik bei Origenes. Bonner Beiträge zur Kirchengeschichte 13, Köln–Wien 1983.
RIES, J., *Saint Paul* dans la formation de Mani, in: Ders. u.a. (Hg.), Le epistole paoline nei Manichei, i Donatisti e il primo Agostino, Sussidi Patristici 5, Rom 1989, 7–27.
RIZZERIO, L./*GROSSETESTE, R.*, Jean Chrysostome et l'„expositor graecus" (Théophylacte) dans le commentaire „super epistolam ad Galatas", in: RThAM 59 (1992) 166–209.
ROSE, E., Die manichäische *Christologie*, StOr 5, Wiesbaden 1979.
RÖWEKAMP, G., Art. Philippus-Literatur, LACL[3], 2002, 502–504.
RUTZENHÖFER, E., Contra Fortunatum Disputatio. Die Debatte mit Fortunatus, in: Aug. 42 (1992) 5–72.
SABOURIN, L., Rédemption sacrificielle. Une enquête exégètique, Studia 11, Bruges–Paris 1961.
SAMEK, L.E., Sull'interpretazione di alcuni testi della lettera ai Galati in Marcione e in Tertulliano, in: Aevum 46 (1972) 371–401.
SANDERS, E.P., *Paulus* und das palästinische Judentum. Ein Vergleich zweier Religionsstrukturen. Aus dem Amerikanischen von J. Wehnert, StUNT 17, Göttingen 1985.
SCHASKIN, M.A., The *Influence* of Origen upon St. Jerome's Commentary on Galatians, in: VigChr 24 (1970) 49–58.
SCHENKE, H.-M./FUNK, W.-P., Die Lehren des *Silvanus* (NHC VII,4) in: Nag Hammadi Deutsch, Bd. 2: NHC V,2–XIII,1, BG 1 und 4, eingeleitet und übersetzt von Mitgliedern des Berliner Arbeitskreises für Koptisch-Gnostische Schriften, hg. v. SCHENKE, H.-M./Bethge, H.-G./KAISER, U.U., GCS NF 12, Berlin–New York 2003 , 601–624.
SCHINDLER, A., Art. Baptismo (De-), in: AugL 1, 1986–1994, 573–582.
–, Art. Gnade B III/IV, in: RAC 11 (1981) 382–446.
SCHMID, U., *Marcion* und sein Apostolos: Rekonstruktion und historische Einordnung der marcionitischen Paulusbriefausgabe, ANTT 25, Berlin–New York 1995.
SCHMIDT, C./WAJNBERG, I., Gespräche Jesu, Leipzig 1919 = Hildesheim 1967.
SCHNEEMELCHER, W., *Paulus* in der griechischen Kirche des zweiten Jahrhunderts, in: ZKG 75 (1964) 1–20.
SCHNELLE, U., Die *Begründung* und die Gestaltung der Ethik bei Paulus, in: GEBAUER, R. u.a. (Hg.), Die bleibende Gegenwart des Evangeliums, FS O. MERK, MThSt 76, Marburg 2003, 109–131.
SCHOEDEL, W.R., *Die Briefe des Ignatius* von Antiochien. Ein Kommentar. Aus dem amerikanischen Englisch übers. v. G. KOESTER, München 1990.
SCHRECKENBERG, H., Die christlichen *Adversus-Judaeos-Texte* und ihr literarisches und historisches Umfeld (1.–11. Jh.), EHS 23/172, Frankfurt–Bern [4]1999.
SCHULZ–FLÜGEL, E., Art. *Tertullian*, LACL[3], 2002, 668–672.
SEIBEL, W., *Fleisch und Geist* beim hl. Ambrosius, MThS.S 14, München 1958.
SEIBT, K., Die Theologie des *Markell* von Ankyra, AKG 59, Berlin–New York 1994.
SOUTER, A., The Earliest Latin Commentaries on the Epistles of St. Paul, Oxford 1927.
STEMBERGER, G., *Einführung* in Talmud und Midrasch, München [8]1992.
STORY, G.L., The Valentinian (Gnostic) *Use* of the Letters of Paul, Evanston 1968.

STUDER, B., *Schola Christiana.* Die Theologie zwischen Nizäa und Chalcedon, Paderborn u.a. 1998.
TAUER, J., Neue *Orientierungen* zur Paulusexegese des Pelagius, in: Augustinianum 34 (1994) 313–358.
–, Zur *Bedeutung* der „intentio auctoris" in der Paulusexegese des Pelagius, in: Augustiniana 56 (2006) 261–297.
TAYLOR, R.E., Attitudes of the Fathers toward Practices of Jewish Christians, in: TU 79 (1961) 504–511.
THRAEDE, K., Art. *Jerusalem* II., in: RAC 17 (1996) 718–764.
TREMBLAY, R., La signification d'Abraham dans l'oeuvre d'Irénée de Lyon, in: Aug. 18 (1978) 435–457.
TREVIJANO ETCHEVERRÍA, R., *Gal 1,1–5 en Orígenes*, in: Tempus implendi promissa, F. S. Domingo Ramos-Lissón, hg. v. E. Reinhardt, Colección Historia de la Iglesia 33, Pamplona 2000, 483–505.
TREVIJANO ETCHEVERRIA, R., *La „plenitudo temporis"* (Gál 4,4): interpretaciones de Orígenes, In: TyV 43 (2002) 377–396.
ULRICH, J., Die *Anfänge* der abendländischen Rezeption des Nicänums, PTS 39, Berlin–New York 1994.
–, *Eusebius* von Caesarea und die Juden. Studien zur Rolle der Juden in der Theologie des Eusebius von Caesarea, PTS 49, Berlin–New York 1999.
VICIANO VIVES, A., Das *Bild* des Apostels Paulus im Kommentar zu den paulinischen Briefen des Theodoret von Kyros, in: Studia Patristica 25 (1993) 176–188. = dass. in: ZNW 83 (1992) 138–148.
–, *Theodoret* von Kyros als Interpret des Apostels Paulus, in: ThGl 80 (1990) 279–315.
VINZENT, M., *Pseudo-Athanasius*, contra Arianos IV, eine Schrift gegen Asterius von Kappadokien, Euseb von Cäsarea, Markell von Ankara, Photin von Sirmium, SVigChr 36, Leiden 1996.
VOIGTLÄNDER, H.-D., Der *Philosoph* und die Vielen. Die Bedeutung des Gegensatzes der unphilosophischen Menge zu den philosophen (und das Problem des argumentum e consensu omnium) im philosophischen Denken der Griechen bis auf Aristoteles, Wiesbaden 1980.
WANKE, D., Das *Kreuz* Christi bei Irenäus von Lyon, BZNW 99, Berlin–New York 2000.
WECHSLER, A., *Geschichtsbild* und Apostelstreit. Eine forschungsgeschichtliche und exegetische Studie über den antiochenischen Zwischenfall (Gal 2,11–14), BZNW 62, Berlin–New York 1991.
WEHR, L., *Petrus* und Paulus – Kontrahenten und Partner: Die beiden Apostel im Spiegel des Neuen Testaments, der Apostolischen Väter und früher Zeugnisse ihrer Verehrung, NTA NF 30, Münster 1996.
WILES, M.F., The *Divine Apostle*. The Interpretation of St. Paul's Epistles in the Early Church, Cambridge 1967.
WILLIAMS, R., Art. Origenes/Origenismus, in: TRE 25 (1995) 397–420.
WISCHMEYER, W., *Bemerkungen* zu den Paulusbriefkommentaren des C. Marius Victorinus, in: ZNW 63 (1972) 108–120.
ZAHN, TH., Der Brief des Paulus an die *Galater*, KNT 9, Leipzig ³1922.
–, Geschichte des Neutestamentlichen Kanons, 2 Bd., Leipzig 1889–1890.
ZEDDA, S., L'adozione a Figli di Dio e lo Spirito Santo. Storia dell'interpretatzione e teologia mistica de Gal 4,6b, AnBib 1, Roma 1952.
ZINCONE, S., *Giovanni Crisostomo*. Commento alla lettera ai Galati. Aspetti dottrinali, storici letterari, L'Aquila 1980.

Register

Bibelstellen

Genesis
1,28	18
2,2	200
2,22	181
3,14.17	137
3,19	132, 142
6,1–4	18
9,3–5	109
12,7f	148
15,13	150
15,5	177
15,6	110, 127, 131, 136
21,9f	228
22,18	147, 150
38	263
49,27	65
50,20	118

Exodus
6,12	240
12,18	236
12,40	150
18,24	83
19,5	248
20,1–17	260
20,4	165
20,12	188
20,17	266
25,22	155

Leviticus
19,18	294

Numeri
12,14	211
15,36	55
31,10f	299

Deuteronomium
6,4	216, 258
10,12	248
18,15.18	110, 157
19,21	262f
21,23	15, 136f, 142f
25,3	229
27,26	106, 131, 133
28,66	20, 139

Erstes Samuelbuch
15,29	80

Zweites Samuelbuch
6,6f	55

Zweites Makkabäerbuch
6; 7	137, 163
7,36	223

Psalmen
3,5	191
3,8	207
7,5	162
17,44	200
21,2	139
31,10	260
31,11	289
44,17	187
81,6f	165f, 189
83,3	269
88,5	176
102,5	212
113	175f
118,30	158
122,2	194
125,5	303
129,4	294f

Sprichwörter
8,22–31	318

Kohelet
2,24f	269

Jesaja
1,13	22

2,1–4	224	6,25	269
5,11f.15	304	7,3	292
12,1	159	7,18–20	66
40,5	104	9,9–13	67f
44,21	212	10,38	112, 315
53	136, 142	11,25f	32
54,1	225f	11,30	294
66,24	159f	12,8	183f
		12,36f	307f
Jeremia		16,18	77
4,3f	318	16,24	111, 114, 283, 312
13,13	117	18,15	294
13,17	196	18,18	145
		19,12	253
Ezechiel		19,27	206
18,11	291	20,1–16	69
20,10f	135	20,26–28	257
20,11	159	20,29–34	27
20,25	134, 159	21,43	90
33,11	212	22,18	90
		22,31	127
Daniel		23,15	311
10,8–17	24f, 181f	24,9–14	28
		28,19	145
Hosea			
2,11	22	*Markusevangelium*	
		2,21	233
Joel		9,37	126
3,1	191	10,17–22	119f
Amos		*Lukasevangelium*	
4,13	33, 123	2,21	234
5,21	22	3,6	272
7,10–17	70	3,8	176, 279f
		5,31	294
Micha		6,24–26	277
7,9	159	6,27	299
		9,62	197
Habakuk		10,1	98
2,4	136, 260	10,22	71
		10,30–35	306f
Matthäusevangelium		16,16	164, 233
5,5	303	17,32	197
5,7	302	20,38	27
5,16	81	22,42	141
5,17	244	23,43	130
5,21–48	274		
5,22	121, 206	*Johannesevangelium*	
5,27f	283	1,1	77
5,33–37	79	1,10	198
5,41	57	1,14	72f, 140f
5,44	113	3,13	34 185
5,45	306f	3,16	32
6,1	61	4,23	27, 263

4,24	239	7,12	132, 134
8,17	64	7,14	113, 138f, 214
8,34–36	229, 231	7,19	106
8,49	188	7,22f	106, 269
8,58	187	7,23	106, 254
10,30	172	8,2	110
13,34	294	8,3	106, 134
14,26	274	8,11	132
15,15	194	8,15	192, 242
15,16f	281	8,16	193
16,13	59	8,17	284
19,14	181	8,23	165, 189
20,23	145	8,26	268
		8,32	49, 117
Apostelgeschichte		9,3	138
9,15	70	9,5	187
9,20	95	9,6	320
9,26–28	73–75	9,16	246
10,14	94	11,25f	16f
10,34f	91, 95	12,1	264
10,38	170	12,14	113
10,48	95	13,8	244, 294
13,2	44–46	13,8–10	261
15,1–35	73–75	14,5	58
15,10	21		
16,3	87f, 100, 108, 163, 234, 251	*Erster Korintherbrief*	
16,4	58	2,6	48
17,1	95	2,8	78
20,15f	202	3,15	243
21,20f	83	4,15	209f
21,23f	110	4,21	289
21,26	88, 163	5,1–5	276
22,3	67	5,10	277
		5,13	248
Römerbrief		6,9–11	243
1,25	258	6,10	113
2,13	134	6,20	138f
2,16	187	7,7	203f
2,25	234	7,19	89, 234
3,20	318	8,3	201
3,23	134	9,14	299
3,28	243	9,19–22	81, 257
3,31	162	9,20	87, 99, 234
4,4f	105	9,21	275
4,15	165	9,22	113, 203
5,5	239	10,18	320
5,19	66	10,33	61
5,20	153, 158	11,2–16	23
6,3	284	11,12	181
6,6	115, 284	11,19	58
6,8	284	12,8–11	281
6,20–22	259	12,31	208
7,6	110	13,3	242
7,7–13	124	13,12	114, 189

15,3–5	216	3,7f	88
15,9f	238	3,21	284
15,28	315		
15,49	169	*Kolosserbrief*	
15,50	117f, 124, 264, 276, 321	2,8	198
		2,15	283
Zweiter Korintherbrief		2,18	277
3,4–6	238	3,1	224
3,7f.11	162	3,5f	111f, 115, 264, 284
3,17	286	3,9f	318
4,10	283	3,24	258
5,17	89, 284		
5,19	198	*Erster Thessalonicherbrief*	
6,14–16	269	4,9	105
11,2	215	5,23	267
11,27	321		
12,2–5	30, 64, 223	*Erster Timotheusbrief*	
		1,9	105, 274, 281
Galaterbrief		1,16	70
2,4f	232	2,4	193
2,19f	312	2,5	156
2,20	138f, 314	3,3	121
3,1	145f	4,1–5	277
3,5	272		
3,19	220	*Zweiter Timotheusbrief*	
3,24	183	2,8	148
4,4	216	2,11f	190
5,1	86, 89	2,24; 4,2	292
5,2	89, 100		
5,6	89, 130, 260	*Hebräerbrief*	
5,10	232	2,2	155
5,11	163	6,4–6	212
5,17	124, 244	10,1	164, 253
5,24	112	12,2	284
5,26	277	12,22	224
6,1f	206		
6,2	257	*Jakobusbrief*	
6,14	111, 114, 283f, 297	2,17	105
6,17	118	2,20	241, 243
Epheserbrief		*Erster Petrusbrief*	
2,14f	156	2,16	256
4,6	21	2,21	284
4,23	290		
5,21	57	*Erster Johannesbrief*	
		2,15	284
Philipperbrief		4,20	260
2,6–8	203, 257		
3,3	258	*Johannesoffenbarung*	
3,5	65	2,9	320
3,6	135, 153		

Antike Autoren

Aristoteles, Eth. Nic. 24, 207
Cicero, off. 306
Diogenes Laertios 53, 206
Epiktet, Diss. 24
Musonius, Diss. 267
Plato, Tht. 112
Plato, Tim. 26

Plutarch, Stoic. Rep. 28
Plutarch, Suav. viv. Epic. 268
Porphyrius 72, 97, 108, 121, 132
Tacitus, hist. 207
Terenz, Andria 207
Vergil, Buc. 181

Frühjüdische Autoren

Aristeasbrief 110
4 Makk 3,5 269
Josephus, c. Ap. 24, 26

Philo, Abr. 222
Philo, plant. 28
GenR 53,21,9 228

Antike Christliche Autoren

Ständig herangezogen und deshalb hier nicht registriert wurden die Galaterkommentare von EPHRÄM, AMBROSIASTER, AUGUSTINUS, HIERONYMUS, PELAGIUS, JOHANNES CHRYSOSTOMUS, THEODOR VON MOPSUESTIA, THEODORET VON CYRUS und JOHANNES VON DAMASKUS.

Acta Archelai 30f, 120
Acta S. Pamphili 223
Actus Vercellenses 15, 275
Adamantius, dial. 23, 57, 117f., 139f., 189, 321
Agapetus I., ep. 101, 108, 243
Alexander von Zypern, Barn. 74, 82
Ambrosiaster, in 1 Cor. 283
–, in Rom. 237, 283f.
–, qu. nov. test. app. 39, 87, 101, 106, 267, 276
–, quaest. test. 44, 301
Ambrosius, Abr. 105, 229, 269
–, bon. mort. 276
–, ep. 181, 183, 188, 229, 232, 256, 258, 317
–, fid. 44, 49, 141, 184, 196f., 267
–, hex. 117, 303
–, in Lc. 111, 117, 120, 122, 188, 215, 223, 229, 232, 267
–, in psalm. 106, 133, 295
–, in psalm. 118 112, 115, 119
–, incarn. 36, 185, 197
–, off. 292, 306
–, paenit. 108, 115, 275, 292
–, parad. 111f, 115, 280
–, sacr. 111f
Ambrosius, spir. 36, 49, 92, 104, 117, 174, 190f, 194, 227, 282, 286, 304

Ammonius von Alexandrien, Ac. 58, 74
–, c. haer. 58, 168, 209
–, rec. bapt. 168
Anastasius I. von Antiochien, serm. 314
Anastasius Sinaita, hod. 114, 141, 168
–, qu. et resp. 56, 251, 253, 292, 295, 304
–, monoph. 141
–, serm. imag. 3 282, 305
(Ps.?)–, hexaem. 280, 285, 304
Anonymus, dial. 168
Anonymus, lib. trin. 144, 286, 304
Anonymus, test. p. f. s. 144, 304
Antiochus im Sabaskloster, serm. 61, 83, 115, 124, 138, 306
Antipater von Bostra, Frgm. 141
Apollinaris von Laodizea, ep. Jov. 34, 59, 185
–, de unione 34, 185
Apponius, Cant. 162, 169, 172, 178, 223, 284, 316
Apringius von Beja, in Apoc. 94
Archidiaconus Anonymus Romanus, rec. paen. 291, 294
Aristides, apol. 15, 196, 201
Arnobius d. J., in psalm. 61, 314
Asterius von Amasea, hom. 42
Asterius, Frg. 32, 141

Athanasius, c. Ar. 47, 140, 171, 191, 192, 317
–, decr. 32
–, ep. Aeg. Lib. 259
–, ep. Epict. 140
–, ep. fest. 112, 161, 200, 275, 283
–, ep. Serap. 33, 112, 115, 123, 191, 211
–, inc. 143
–, v. Anton. 292
Ps.-Athanasius, de communi essentia Patris et Filii et Spiritus Sancti 34, 123
–, pasch. 169
–, pass. 315
–, proph. 121
–, qu. Ant. 234
–, renunt. 112, 115
–, sabb. 183
–, sermo contra omnes haereses 34
–, sermo in annuntiationem Deiparae 33, 185
–, syntag. 269
–, v. Syncl. 169
–, Apoll. 157
–, c. Ar. 33
–, dial. Trin. 33f, 44, 102, 174, 185, 197
–, inc. 33
–, inc. et c. Ar. 32, 44, 69, 175
–, Maced. dial. 33
–, (Eusebius von Vercelli?), trin. (CCL 9) 69, 157, 192, 259, 286
–, trin. et spir. 34 (PG 26) 44, 69
–, qu. Script. 115, 269, 283
Augustinus, acad. 270
–, adult. coniug. 235
–, adv. Iud. 80, 320
–, b. coniug. 182
–, b. vid. 61
–, bapt. 102, 218
–, beat. 270
–, c. Adim. 129f, 143, 253, 283
–, c. adv. leg. 127, 147, 150, 201, 244, 254
–, c. Don. 6/9 298
–, c. ep. Parm. 59, 148, 175, 294
–, c. ep. Pel. 134, 151, 154, 158, 220, 227, 243f
–, c. Faust. 31, 59, 64, 127, 132, 139, 154, 162, 167, 181, 200, 234, 243–245, 254
–, c. Fel. 31, 139
–, c. Fort. 231, 266
–, c. Iul. imp. 31, 189, 266, 272, 276, 300,
–, c. litt. Pet. 149, 277, 293, 298
–, c. Max. 34, 117, 174, 197
–, c. mend. 220, 290
–, c. s. Arrian. 184, 200
Augustinus, cat. rud. 129, 182
–, cath. fr. 52, 148, 149, 226, 277
–, civ. 80, 150, 169, 200, 215, 218, 223, 243f, 270, 276, 290, 297
–, conf. 270f
–, conl. Max. 32, 47, 140, 141, 200
–, cont. 281, 284
–, corrept. 193, 242
–, Cresc. 102, 148, 259
–, div. qu. 129, 147, 163, 215, 242, 243, 270, 278, 292–294
–, doctr. christ. 177
–, Dulc. qu. 243, 305
–, Emer. 211
–, en. Ps. 56, 70, 80, 85, 94, 116, 118, 130, 137, 143, 147–149, 158, 160, 170, 175f, 182, 193f, 200f, 209, 220, 224–226, 228, 233, 238, 243–245, 257, 259f, 270–272, 274, 284, 292f, 295, 297, 303, 305, 313–315, 320
–, ench. 201, 202, 223, 242–244, 270, 283
–, ep. 56, 61, 81, 100, 102, 106, 119, 127, 149, 158, 181, 201, 238f, 243f, 245, 252, 259, 261, 270, 272, 275, 277, 290, 298, 305, 314, 320
–, exp. prop. Rm. 284, 303
–, fid. et op. 243f
–, Fort. 31
–, gest. Pel. 119, 220, 243, 245
–, Gn. Litt. 200, 257, 271, 272, 289f
–, gr. et lib. arb. 119, 238, 244
–, gr. et pecc. or. 116, 158, 159, 243, 245
–, haer. 242
–, Io. ev. tr. 59, 117f, 149, 158, 182, 190, 192, 200, 228, 242f, 245, 260, 261, 281, 305, 315f
–, mend. 79, 89, 100, 234
–, nat. et gr. 119, 164, 238, 252, 271f, 274
–, nupt. et conc. 158, 220, 271
–, op. mon. 213, 299
–, pat. 244
–, pecc. mer. 49, 154, 158, 242
–, perf. iust. 119, 154, 164, 272
–, persev. 193, 245
–, qu. Deut. 242
–, qu. Ev. 299
–, retr. 270, 271
–, s. dom. m. 61, 79, 121, 173, 205, 257, 275
–, serm. 58, 61, 79, 86, 117–119, 158, 181, 204, 220, 226, 233, 264, 274, 284, 295, 314, 316
–, sermo Moguntinus 100, 106f
–, Simpl. 244, 245, 294
–, sol. 196f
Augustinus, spir. et litt. 105, 154, 159, 239, 243–245

Antike Christliche Autoren

–, tract. contra paganos 204
–, trin. 117, 155, 173, 185, 192, 201, 216, 243–245, 258, 314
–, un. bapt. 298
–, util. cred. 31, 237
–, util. ieiun. 271
Augustinus, virg. 116, 242
(Ps.?)-Augustinus, symb. cat. 182
Ps.-Augustinus (Cassiodor), liber de fide ad Petrum 185
–, c. Fulg. 108
–, haer. obiect. 49, 174, 197
Aurelianus von Arles, reg. mon. 314
Aurelianus von Arles, reg. virg. 314
Authentikos Logos 231

Bachiarius, repar. laps. 90
Barnabasbrief 14, 26
(Ps.?)-Basilius von Ancyra, virg. 115, 173, 264, 286
Basilius von Cäsarea, Asceticum Parvum 248, 257, 269
–, bapt. 60, 110–112, 115, 168, 171231, 236, 241, 269, 274, 277, 283, 306, 314f
–, ep. 102, 108, 241, 293, 314
–, Eun. 35, 197
–, fid. 56, 145
–, hex. 224
–, hom. 44, 112, 114, 163, 168, 200, 223, 231, 290, 296, 300
–, hom. in psalm. 7 115
–, hom. in psalm. 28 301
–, hom. in psalm. 61 301
–, ieiun. 268
–, moral. 52, 57, 60, 168, 204, 212, 229, 240, 262, 277, 279, 290
–, reg. brev. 57, 60, 248, 268f, 278, 287, 294, 319
–, reg. fus. 48, 60, 108, 204, 249, 257, 281
–, spir. 34, 36, 94, 155, 170, 185, 304
(Ps.)-Basilius von Cäsarea, in Jes. 72, 147, 154, 156, 168
–, inst. ascet. 204
Ps.-Basilius von Cäsarea, Eun. 34, 317f
Basilius von Seleukia, hom. 138
Beda Venerabilis, Act. 45, 75
–, Cant. 225, 273, 285
–, ep. cath. 129, 243, 256, 277, 302
–, Esd. et Neh. 285
–, hom. 171, 177, 192, 243, 260, 275, 289
–, Lc. 171, 176f, 258, 299, 314, 316
–, Mc. 78, 114, 171, 284f, 299, 314
–, princ. Gen. 72, 130, 177, 257, 316
–, Prov. 60, 171, 289, 301

–, retract. in Act. 75
–, Sam. 256, 285, 316
–, tab. 155, 171, 225, 285, 316
–, temp. rat. 150
–, Tob. 285
Benedikt von Nursia, reg. 174, 264, 278, 301, 306–308
Bonifatius, ep. 293
Budapester Anonymus, Gal. 46, 48, 69, 110

Capreolus, ep. 186
Carmen adversus Marcionitas 30, 57, 61, 153, 202
Cäsarius von Arles, reg. virg. 314
–, serm. 169, 202, 243, 260, 280, 293, 300, 302, 306–308
Cassiodor, compl. 41, 100, 261
–, in psalm. 45, 109, 270, 290, 294, 303, 313
Chromatius von Aquileia, serm. 112, 169
Chron. Pasch. 75, 82, 98
Clemens von Alexandrien, ecl. 191
–, exc. Thdot. 16f, 155, 167
–, Hypotyposen 98
–, paed. 24, 172, 177, 189, 207, 223, 286
–, prot. 25, 172, 196, 317
–, q.d.s. 119, 300
–, str. 24f, 27f, 60, 112, 114, 124, 128, 153, 172, 177, 189, 196, 201, 225, 231, 240, 256, 266f, 270, 282, 287, 292, 312, 317
Cod. München Clm 6329 184
Coll. Veron. 94, 147, 224, 229f
Commodianus, instr. 30, 300
Conc. Arausiacum II 119
Conc. Carth. 259
Cosmas, top. 153, 223f
Cyprian von Karthago, eleem. 29, 129, 306
–, ep. 29, 51f, 60, 90, 102, 127, 168, 207, 260, 290, 300f
–, Fort. 29, 167
–, hab. virg. 60, 283, 312
–, laps. 168, 300
–, orat. 267
–, patient. 168
–, sent. episc. 87 277
–, unit. eccl. 167, 168
Ps.-Cyprian von Karthago, centesima 67, 268
–, Iud. incred. 128
–, laud. mart. 312
–, singul. cler. 60, 292, 295
–, testim. 60, 127, 183, 260, 275, 292, 314
Cyrill von Alexandrien, ador. 61, 112, 150, 170, 174, 197, 212, 303f, 314
Cyrill von Alexandrien, apol. orient. 320
–, apol. Thds. 186, 199

–, apol. Thdt. 188
–, Arcad. 191, 197
–, Pulch. 194
–, Thds. 197
–, ep. 186, 192, 199, 321
–, fr. Ez. 134
–, fr. Mt. 304
–, glaph. 106, 115, 124, 127, 154, 164, 170, 173, 212, 215, 284, 318
–, hom. pasch. 49, 106, 112, 127, 142, 154f, 164, 186, 188, 212, 284, 301, 303, 306f
–, Is. 106, 124, 132, 210, 212, 225, 233, 263, 301, 303f
–, Lc. 60, 155, 188, 192, 284, 293, 304
–, Nest. 186
–, Ps. 200, 210, 233
–, schol. inc. 73
Ps.-Cyrill, ex. an. 298
Cyrill von Jerusalem, catech. 56, 161, 164, 181, 191, 226, 279, 316
Cyrill von Skythopolis, v. Euthym. 218

Defensor, lib. scint. 90, 208, 257, 264, 288, 290, 295, 305f
Der zweite Logos des großen Seth 231
Didymus der Blinde, Gen. 115
–, Spir. 35, 92f, 113, 265, 282
–, Zach. 111
(Ps.?)-Didymus der Blinde, Trin. 33, 35f, 69, 71, 102, 105, 125, 157, 170, 197, 230, 240, 282, 286, 289, 291, 293, 304
Diodor von Tarsus, Frgm. 186
Diognetbrief 15, 201, 292
Dionysius Areopagita, d.n. 116
–, c.h. 155
Dionysios von Alexandrien, prom. 30, 64
–, ep. 56, 94
(Ps.?)-Dionysius von Alexandrien, in Ecclesiasten 269
Doctr. Patr. 185, 187
Dorotheus von Gaza, Dd. 189, 194, 209, 264, 284, 314
Dritter Korintherbrief 15f, 52, 189, 321

Epiphanius von Salamis, anc. 34, 71, 94, 120, 123, 184, 186, 269, 302, 319
–, fid. 220, 227
–, haer. 16f, 31f, 66, 77f, 85f, 94, 108, 120, 132 134, 138–140, 155, 161, 164, 173, 218f, 231, 233, 276, 277, 286, 290, 308, 318
Epistula ad Menoch 31, 266
Epistula Fundamenti 31
Epistula Apostolorum 15, 66, 83, 93, 135

Epistula Jacobi apocrypha 137
Epistula ad Rheginum 167
Erster Clemensbrief 14
Eucherius von Lyon, form. 94, 224
–, instr. 207
Eugippius, reg. 257, 273
Eunomius, Liber Apologeticus 32, 47
Eusebius Gallicanus, hom. 273
Eusebius von Alexandrien, serm. 169, 201
–, serm. in triduanam resurrectionem Domini 137
Eusebius von Cäsarea, chron. 150
–, d.e. 140
–, e.th. 156, 163
–, ecl. proph. 137, 147, 200
–, h.e. 77f, 280
–, Is. 90, 120, 139, 162–164, 209f, 224, 301, 307
–, m. P. 223, 319
–, Marcell. 33, 41, 57, 64, 155f
–, Ps. 115f
–, Theophanie 112, 173
Eusebius von Emesa, hom. 66, 99, 115f, 138, 169
–, in Gal. 37, 46, 108, 120, 151, 155, 199, 203, 213
–, poenit. 120,
Ps.-Eustathius von Antiochien, hex. 150
Euthalius Diaconus, Ac. 42
–, ep. Paul. 255, 317
Eutherius von Tyana, ep. 108
Eutropius, ep. 61
Evodius von Uzala, fid. 181, 270
Expositio Symboli Quicunque 33, 185

Facundus von Hermiane, defens. 102, 273
Faustinus von Rom, lib. prec. 56, 108
Faustus von Riez, ep. 278
–, grat. 105, 130, 201, 246, 300, 305
–, serm. 293
–, spir. 44
Ferrandus, ep. 148, 260,
Filastrius, Diversarum hereseon liber 71
Flavian I. von Antiochien, anath. 56
Fragmenta Theologica Arriana e codice Bobiensi rescripto 32, 184
Fulgentius von Ruspe, ad Monim. 77, 148
–, ad Tras. 117, 184, 282
–, c. Fab. 193, 258, 314
–, c. Fastid. 185, 243
–, ep. 81, 154, 174, 185, 213, 241, 243, 257, 259, 273, 281, 304
Fulgentius von Ruspe, fid. 155, 278
–, inc. 49, 117, 184, 303

–, praedest. 241, 283, 303, 316
–, rem. pecc. 241, 278, 291, 306
–, serm. 308

Gelasius I. von Rom, ep. 231, 319
Gelasius I., adversus Pelagianam haeresim 272
Germanus, contempl. 292
–, vit. Term. 318
Ps.-Gregentius, leg. hom. 174
Gregor d. Gr., Cant. 107
–, in evang. 112, 276
–, in Ezech. 55, 98, 100, 121, 197, 293, 312, 317
–, past. 61, 100, 121, 292f
Gregor Thaumaturgos, pan. Or. 30
Gregor von Elvira, tract. 132, 148, 172, 215, 228, 276
Gregor von Nazianz, ep. 35, 140, 190, 249, 253, 294
–, or. 33–35, 62, 94, 96, 109, 114f, 117, 119, 121, 138, 141, 144, 163, 169, 172, 174, 191, 194, 223f, 286, 295, 317, 320
Gregor von Nyssa, beat. 114, 302, 315, 321
–, Cant. 72, 94, 114, 169, 173, 203, 213, 215, 223, 241, 275, 314, 321
–, castig. 229
–, hom. in Eccl. 212
–, ep. 212, 319
–, Eun. 35, 49, 140, 170, 213, 259, 269, 286
–, fid. 102, 140
–, Flacill. 169
–, hom. opif. 173
–, hom. in 1 Cor 15,28 113, 315
–, Maced. 33
–, or. catech. 295
–, perf. 114, 268
–, Pss. titt. 139
–, ref. Eun. 34, 140f, 156, 197
–, res. 223
–, Thphl. 143
–, virg. 112, 173, 231, 279, 286
–, v. Macr. 112, 143
–, v. Mos. 223, 269, 314

Hadrian, introd. 117
Hesychius im Dornbuschkloster, temp. 263
Hieronymus, adv. Pelag. 36, 100, 105, 119, 133, 158, 159, 207, 238, 269
–, adv. Rufin. 56, 83, 101, 321
–, c. Joh. 72
–, c. Vigil. 307
Hieronymus, ep. 13, 61, 99f, 111, 114
–, in Eccles. 225, 246

–, in Ez. 135, 170, 209, 211
–, in Ier. 39, 44, 61, 117, 137, 147, 210
–, in Is. 39, 100, 115, 129, 147, 160, 170, 210, 233, 225f, 231, 262, 298, 301, 308
–, in proph. min. 39, 115, 125, 246
–, tract. 7 207
–, tract. in psalm. 39, 269, 283
–, virg. Mar. 77
Ps.-Hieronymus, in Gal. 55, 60, 70
Hilarius von Arles, tract. in 1 Pt. 3,8 292
Hilarius von Poitiers, c. Const. 262
–, coll. antiar. Par. 58, 101, 120
–, in Matth. 252, 283
–, in psalm. 109, 115, 171, 182, 269, 275, 284, 303, 310, 319, 320
–, in psalm. 118 114, 182
–, myst. 147, 252
–, trin. 184, 319f
Hippolyt, antichr. 24
–, Bal. 25, 155f
–, Dan. 24f, 85, 150, 181f, 295
–, fr. in Ps. 275
–, Frgm. 25, 181
–, haer. 16–18, 25, 132, 173, 223, 236, 265
Hormisdas von Rom, ep. ad Caesarium 239
Horologium Sin. 298

Ignatiusbriefe 14, 245, 251, 312
Ildefons, bapt. 120, 163
Ps.-Ildefons, de partu Virginis 181
Innozenz I., ep. 119, 158, 238, 253, 272
Innozenz von Maronia, ep. 235
Irenäus von Lyon, epid. 20, 189
–, haer. 16, 19–21, 43, 50, 69, 73, 81f, 86, 92, 98, 119, 127f, 130, 138f, 154, 162, 180, 190, 196, 210, 225, 233, 274, 276f, 312
Isaias Abbas, or. 112, 169, 301, 320
Isidor von Sevilla, eccl. off. 244
Isidor von Sevilla, praef. test. 41
Isidor von Sevilla, quaest. test. 280
(Ps.?)-Isidor, ep. 192

Jakobusapokalypse I 17
Jakobusapokalypse II 17
Jakobusbrief, apokryph 17
Jobius, de verbo incarnato 44, 172
Johannes Cassian, c. Nest. 45, 186, 187
–, conl. 83, 110, 115, 117, 164, 202, 216, 234, 270, 273, 293, 308
–, inst. 96, 108, 115, 288, 314
Johannes Chrysostomus, adv. Iud. 37f, 237
–, Chan. 210
Johannes Chrysostomus, compunct. 316
–, eleem. 96

–, ep. 61
–, ep. Olymp. 298
–, exp. in Ps. 43, 170, 210, 314
–, hom. in Ac. 45, 72, 74f, 79, 96, 114
–, hom. in Ac. 9,1 62
–, hom. in Ac. princ. 202, 234
–, hom. in Col. 170, 174, 209
–, hom. in 1 Cor. 57, 93, 250, 251
–, hom. in 2 Cor. 205
–, hom. 2 in 2 Cor 4,13 214
–, hom. in Gal. 2,11–14 99
–, hom. in Gen. 112, 138, 233, 292
–, hom. in Hebr. 210, 212, 314
–, hom. in Jo. 138
–, hom. in Mt. 68, 70, 206, 214, 253, 314, 316
–, hom. in Rom. 41, 161, 173, 193, 204, 235, 243
–, In dictum Pauli, Oportet haereses esse 58
–, In illud, Paulus vocatus 235
–, kal. 201
–, laud. Paul. 69, 209
–, pasch. 170
–, pent. 191
–, Phil. 121
–, Phlm. 174
–, poenit. 209
–, prod. Iud. 188
–, serm. in Gen. 289, 292
–, stat. 314
–, Thdr. 212
–, virg. 204
(Ps.?)- Johannes Chrysostomus, carit. 260
–, enc. Paul. 77
Ps.-Johannes Chrysostomus, de confessione crucis homilia 314
–, virg. corrupt. 264
Johannes Climacus, past. 44
–, scal. 116, 212, 268
Johannes Maxentius, c. Nest. 45, 78
–, adv. Horm. 119
Johannes von Antiochien, ep. Nest. 186f
Johannes von Apamea, tractatus de mysterio dispensationis 187
Johannes von Damaskus, Artem. 321
–, f.o. 182, 187, 194, 198, 286, 295
–, haer. Nest. 45, 141, 187
–, hom. 170, 213, 223
–, imag. 165, 194, 198, 233
–, in 1 Cor. 37, 235
–, in Rom. 154, 165, 317
–, parall. 96, 246, 292, 298, 302
–, volunt. 187
Ps.-Johannes von Damaskus, Anast. 223
Johannes von Karpathus, cap. hort. 286, 289

Julian der Arianer, Job 155
Julian Pomerius, Pomer. 242, 293
Julian von Eclanum, ad Turb. 116
–, Am. 70
–, lib. fid. 298
Julian von Toledo, ant. 193, 234, 289
–, comprob. 71, 182
Ps.-Julius, de fide 34, 185
Justin, 1. apol 24
–, dial. 15, 128, 136f, 159
Justinian, Monoph. 185
Justus von Urgel, in Cant. 94, 311

Kallist von Rom, ep. 290
Kephalaia 31
Kerygma Petri 15
Kölner Mani-Kodex 64

Laktanz, inst. 268
Laodizenerbrief 14, 16, 43, 47
Lehre des Silvanus 167, 210
Leo I. von Rom, tract. 134, 147, 172, 182, 185, 193, 241, 314
Leo, ep. 108, 148, 175, 186
Leontius von Konstantinopel, hom. 111f, 114, 170, 224, 321
Leontius von Neapolis, serm. in Sym. 188
–, v. Sym. 298
Lucifer von Cagliari, Athan. 277
–, non conv. 246f, 249
–, non parc. 120

M.Pion. 211
Makarios Magnes, apocr. 97
Marcell, Frgm. 211, 224
Marcellinus, Libellus precum 108
Marcus Eremita, tract. 168, 302
Marius Mercator, comm. 132
Marius Victorinus, ad Candidum 184
–, adv. Arium 184
Maximinus Arianus, Commentaria in Aquileiense (Paris, B. N., lat. 8907) 102
(Ps.?)-Maximinus arianus, haer. 56
(Ps.?)-Maximinus arianus, serm. 109, 230, 262
Maximus Confessor, cap. 116
–, qu. dub. 110, 138, 253
–, qu. Thal. 138
–, rel. mon. 56
Meliton von Sardes, de passa 15
Methodius von Olympus, de cibis 183, 236
–, lepr. 283
Methodius von Olympus, res. 104
–, sanguisuga 30, 212

–, symp. 30, 149, 154, 197, 211, 268

Nestorius, serm. 78, 141, 186, 290
(Ps.?)-Nicetas von Remesiana, spir. 45, 191
Novatian, trin. 25f, 44, 64, 157, 184

Oecumenius von Trikka, Gal. 98
Ps.-Oecumenius von Trikka, Gal. 97, 106, 320
Olympiodor, comm. in Job. 301
–, frgm. in Jer. lament. 124
Optatus von Mileve, c. Parmen. 292
Or. Sibyll. 181
Origenes, Cels. 26, 28f, 48, 78, 86, 94, 99, 111, 131, 180, 201, 267f, 312
–, comm. in Cant. 66, 153, 179, 225, 229
–, comm. in 1 Cor. 267, 279, 313
–, comm. in Mt. 26–29, 96, 101, 103, 105, 111, 113f, 140, 178, 183, 217, 267, 279f, 286f, 312f
–, comm. in Rom. 27f, 51, 60f, 66, 73, 111–113, 115f, 119, 124, 128f, 138–140, 143, 146, 162, 177–179, 181, 183, 189, 194, 209, 211, 215, 218, 233f, 236, 243, 267f, 277, 280, 288f, 292, 302, 312, 314
–, Frgm. in Lc. 223, 279
–, hom. in Cant. 81
–, hom. in Ex. 26–28, 94, 108, 313
–, hom. in Gen. 27–29, 50, 214, 217, 279, 283
–, hom. in Is. 153
–, hom. in Iud. 48, 178, 231, 303, 312
–, hom. in Jer. 26, 155, 183, 196, 198, 207, 223–225, 300, 312, 314
–, hom. in Jos. 27f, 50, 110, 183, 188, 224, 245, 267, 283, 313
–, hom. in Lc. 27f, 115, 176, 181, 183, 279f, 292
–, hom. in Lev. 26, 115, 181, 189, 196, 198, 236, 267, 313
–, hom. in Num. 27, 50, 115, 121, 140, 159, 178f, 183, 211, 214, 223, 234, 240, 248, 267f, 279f, 296, 302, 313
–, in psalm. 126, 162, 178, 211, 301
–, Jo. 26, 28, 99, 101, 114f, 127, 178, 183, 188, 201, 263, 267, 303, 313, 319
–, mart. 114
–, or. 177, 267
–, princ. 25, 66, 113, 124, 162, 178, 183, 214, 224, 266–268, 276, 279
Ps.-Origenes, sel. in Ps. 139, 162, 191, 207, 223
Pachomius, ep. univ. mon. 307
Pacianus, bapt. 197
–, ep. 56, 145, 175, 290

–, paraen. 248
Pamphilus, apol. Orig. 27, 43f, 64, 147, 155, 181, 215, 319
Paulus von Emesa, hom. 186
Paulus von Nisibis, disp. 273
Paulusapokalypse 17, 68
Pelagius I. von Rom, ep. 253
–, defens. 108
Pelagius, in 2 Cor. 205
(Ps.?)-Pelagius, ind. 164
–, lib. arb. 264, 273f
Ps.-Pelagius, cast. 281
–, div. 294
Petrusapokalypse 16
Petrus Chrysologus, serm. 54, 115, 132, 134, 192, 213, 273
Philippusevangelium 16f, 177, 256, 276, 312
Philo von Carpasia, Cant. 94, 99, 321
Phoebadius, c. Ar. 56, 229
Polychronius (?), comm. in Jer. 70
Polykarp, ep. 14, 45, 83, 260, 300
Praedestinatus 113
Primasius, in Apoc. 284
Priscillian, can. 272
–, tract. 72, 108, 168, 250
Proclus von Konstantinopel, ep. 56, 69
–, hom. 314
–, hom. in Thomam 245
Prosper von Aquitanien, c. coll. 245, 318
–, in psalm. 70, 147, 158, 182, 244, 271f, 295
–, sent. 119
(Ps.?)-Prosper von Aquitanien, vocat. gent. 81, 242
Ps.-Titusbrief 15, 256, 270, 314
Pseudo-Clementinen 16, 71, 98

Quodvultdeus, cant. nov. 223
–, prom. 94, 119, 168, 181, 207
–, symb. 181

Regula Magistri 174, 291, 314
Rufin, apol. adv. Hier. 83, 250, 319
–, symb. 223
Rufinus von Palästina, fid. 184, 192
Ruricius von Limoges, ep. 172

Salvian von Marseille, eccl. 61, 296, 298,
–, ep. 270
–, gub. 210, 295
Sermo Arrianorum 184
Severianus von Gabala, Gal. 58
Sophronius von Jerusalem, hom. 93, 112
Symmachus von Rom, ep. 172

Tajo von Saragossa, sent. 61, 190
Tertullian, adv. Iud. 149
–, adv. Marc. 19, 21–23, 43, 55, 65, 73, 85f, 94, 104, 108, 127, 139, 167, 181, 191, 197, 214, 229, 321
–, adv. Prax. 44, 166
–, adv. Val. 16
–, anim. 254
–, carn. 22f, 180, 181, 321
–, castit. 23, 134, 280
–, cult. fem. 48
–, fug. 23, 138, 167
–, idol. 60, 231
–, ieiun. 23, 202
–, monog. 23f, 129, 167, 209, 266, 289
–, patient. 128, 138
–, praescr. 21f, 51f, 56, 64, 81, 98, 197, 246
–, pudic. 23, 67, 167, 300
–, resurr. 23, 72, 117, 128, 167, 266, 276, 305, 321
–, uxor. 154
–, virg. vel. 23, 60
Testimonium Veritatis 18, 56, 180
Theodor von Mopsuestia, hom. cat. 190, 223
Theodoret von Cyrus, Cant. 94, 112, 170, 225, 281
–, ep. 320
–, eran. 73, 78, 140, 215
–, h. rel. 115, 173
Theodoret von Cyrus, in 1 Cor. 37, 58

–, in Hebr. 187
–, in Jes. 76
–, in Ps. 112, 139, 155, 321
–, in Rom. 41f, 58, 129, 165
–, in 1 Tim. 121
–, qu. Gen. 220
–, qu. Num. 212
–, qu. Idc. 173
–, qu. Jos. 188
Theodot von Ancyra, exp. Symb. Nic. 187
–, hom. 85
Thomasakten 15
Thomasevangelium 17, 173
Timotheus, ad Prosdocium 34, 185
Titus von Bostra, Man. 31
Tractatus Tripartitus 18, 167, 171
Tyconius, reg. 153, 164, 172, 174

Valerianus von Cimiez, ep. 202
–, hom. 302
Verecundus von Junca, in cant. 208
Vigilius von Rom, acta 253
Vigilius von Thapsus, c. Eutych. 187
Ps.-Vigilius von Thapsus, c. Varimad. 49, 64, 117, 144, 184, 258, 304
Vinzenz von Lérins, comm. 52, 58f

Zeno von Verona, tract. 168, 197, 241f, 273
Zweiter Clemensbrief 14, 17
Zweiter Logos des Großen Seth 155

Moderne Autoren

Aland, B. 18
Altaner, B. 220

Baarda, T. 44
BeDuhn, J. 266
Benjamins, H.S. 28
Berchman, R.M. 113
Betz, H.D. 63, 261
Biermann, M. 108
Böhlig, A. 17
Brändle, R. 97
Brennecke, H.-C. 101
Brox, N. 20
Bultmann, R. 40, 43, 285
Buri, F. 24, 265f

Cocchini, F. 40
Cooper, St. 38

Crouzel, H. 30

Dassmann, E. 16, 20
De Lubac, H. 27, 183, 215, 313
Decret, F. 30
Dideberg, X. 242
Doutreleau, L. 21
Drecoll, V. 31, 167, 266
Drijvers, H.J.W. 15
Drobner, H. 13
Dunn, J.D.G. 106, 158
Dünzl, F. 114, 169, 191, 241, 265f, 275, 282, 285

Edwards, M. 240, 264
Erdt, W. 38
Estrada-Barbier, Bl. 204

Feldmann, E. 31, 271
Fingerle, A. 164
Frede, H.J. 13
Fuhrer, T. 40
Funk, W.-P. 210
Fürst, A. 97

Geerlings, W. 40, 88
Gori, F. 38
Graumann, Th. 120

Hadot, P. 38
Haendler, G. 90, 97
Harl, M. 29, 116
Harnack, A.v. 44, 72, 113, 180, 254
Harrison, G. 266
Heath, M. 38
Heinisch, P. 215
Heither, Th. 28, 189, 267
Hennings, R. 97, 100
Hill, R.J. 40
Hoffmann, A. 31
Hübner, R. 113, 315

Jaschke, H.J. 19

Kerschensteiner, J. 37
Kieffer, R. 86
Kloos, K. 171
Koetschau, P. 30
König, H. 284
Koschorke, K. 16–18, 180

La Bonnadière, A.-M., 293
Labib, P. 17
Levison, J.R. 28
Lightfoot, J.B. 14
Lindemann 14, 16f, 71, 80, 98, 251, 256
Locher, G.F.D. 97
Lohse, B. 38, 43, 165, 179

Malina, B.J. 297
Markschies, C. 18, 32, 231
Mateo-Seco, L.F. 179
Maxsein, A. 274
May, G. 18f, 57, 97f
Mayer, C. 148, 270f
Mees, M. 24
Ménard, J.-É. 17
Merk, O. 255
Michl, J. 14
Mitchell, M. 38
Molitor, J. 37
Müller, C.D.G. 66, 93

Müller-Abels, S. 75
Mußner, F. 97

Neuschäfer, B. 13
Niederwimmer, K. 17
Noormann, R. 19, 81, 86, 98, 179, 196, 276

Overbeck, F. 97

Pagels, E. 17, 167
Pearson, B. 18
Peel, M. 210
Pilhofer, P. 131
Pollmann, K. 153

Raspanti, G. 39
Rathke, H. 14
Reijners, G.Q. 109, 111, 311–313
Ries, J. 30, 68
Riley, G. 231
Ring, Th.G. 79, 90, 158, 202, 213, 271, 292
Rizzerio, L. 38
Rousseau, A. 21
Röwekamp, G. 17, 161, 165, 311
Rutzenhöfer, E. 271
Sanders, E.P. 195. 285
Schaskin, M.A. 39
Schenke, H.-M. 17, 210, 256
Schindler, A. 102
Schmid, U. 18, 134, 180
Schneemelcher, W. 14f, 43, 52, 189, 321
Schnelle, U. 285
Schoedel, W.R. 14
Schreckenberg, H. 131, 214
Schulz-Flügel, E. 23
Seibel, W. 267
Seibt, K. 33, 211, 224
Sieben, H.J. 13, 115
Stein, M. 31, 266
Stemberger, G. 27
Studer, B. 14
Swete, H.B. 57

Tauer, J. 40
Thraede, K. 222
Trevijano Etcheverría, R. 43, 179

Ulrich, J. 58, 215, 224

Viviano Vives, A. 37, 40, 77
Vogt, H.J. 26, 183
Voigtländer, H.-D. 60, 153

Wanke, D. 17, 20, 283

Wehr, L. 97
Wiles, M.F. 37
Williams, R. 31
Wischmeyer, W. 38

Zahn, Th. 152, 180
Zandee, J. 210
Zincone, S. 38

Sachregister

Affektenlehre 269
Altes Testament 26f, 31, 64f, 105f, 294
Anthropologie 28f, 31, 65f, 265–273, 276
Antike, positive Vorbilder 207, 307
Antike Judenpolemik 207
Antiorigenismus 39, 104, 286
Antipelagianismus 49, 105f, 119, 131, 153, 157–159, 164, 237–239, 243, 251f, 272f, 318
Apologetik 15, 48, 72, 94, 99
Apologetik, gegenüber dem Judentum 136f
Applikation 13f
Asketen 111, 173f, 284, 290, 304, 314
Astrologie 182, 197, 199f, 202, 261, 268
Augustinismus 300, 304

Bilderverehrung 198, 233
Buße 69, 175, 300

Chiliasmus 128
Christentumskritik, antike 72, 97, 99, 108, 113, 121, 132, 201, 254
Christologie, Einheit der Person Christi 20, 141, 186f, 194
Christologie, Leiblichkeit Christi 22
Christologie, Menschheit Christi 148, 157, 180, 185f
Christologie, menschlicher Verstand Christi 269
Christologie, Seele Christi 141, 273, 282
Christologie, Sündlosigkeit Christi 142, 181, 269

Disziplin, kirchliche 29, 52, 60, 172, 259, 300
Donatisten 52, 102, 148f, 226, 276f

Ebioniten 94, 190
Exegese, antike 36f, 95
Exegese, frühjüdische 36f, 95

Fastenpraxis 23, 231, 236, 268, 284
Fleisch 72, 117, 264, 266, 276, 321
Galatien 41f
Gegner des Paulus, ihre Argumentation 45f,

53, 55, 62, 76, 80, 91, 93, 126, 207, 237, 247, 249–251, 255, 287, 310
Geist und Fleisch 124, 265–273
Gesetz 49, 54, 65, 71, 85, 105f, 120, 124, 130f, 134f, 145, 151–154, 157–165, 236, 258, 261
Gnosis 16–18, 65–67, 127, 138, 162, 172, 180, 256, 265, 283, 289, 321

Heidentum, Abgrenzung davon 60, 176, 196f, 199, 201f
Heidentum, bei Christen 55, 301
Heiligenverehrung 194
Heiliger Geist, Gottgleichheit 71, 93, 102, 113, 144, 170, 174, 192, 211, 258, 264f, 282, 304, 318
Heiliger Geist, Subordination 47
Heilsgeschichte 23f, 54, 62, 178f, 181f, 318
Heilsökonomie 20, 140, 187
Hermeneutik 26f, 176f
Homerrezeption 36f, 95, 215

Jerusalem, Zerstörung 137, 198, 224, 229, 262, 298
Johannesoffenbarung 64
Judaisieren bei Christen 38, 102f, 107, 237, 253
Judentum, Abgrenzung davon 51, 53, 104f, 130, 132, 135, 137, 143, 158, 162f, 177, 182, 190, 195, 215, 220, 224, 226f, 229, 231, 252, 268, 320

Kardinaltugenden, theologische 260
Ketzertaufstreit 29, 90, 168, 259, 276f
Kindertaufe 49
Kreuzigungsstrafe 315f

Laster- und Tugendkatalog 277
Leib, menschlicher, Erlösungsfähigkeit 23, 118, 276
Liturgie, Verwendung des Galaterbriefes 117f, 161, 311
Lüge 99f, 234, 318
Luziferianer 101

Sachregister

Manichäer 30f, 68, 143, 153f, 164, 219, 237, 244, 266, 270–272
Marcion/Marcioniten 18f, 43, 55, 57, 65, 68, 81f, 85f, 92, 94, 98, 127, 134, 138–140, 181f, 197, 250f, 308, 321
Marienkult 218
Mariologie 77f, 181
Martyrium 44, 53, 109, 114, 138, 167, 230, 300
Mönchtum 61, 83, 96, 108, 115, 174, 218, 248, 257, 278, 286, 291, 299, 301, 307, 314
Monogamie 23, 129, 134, 280
Monotheletischer Streit 187, 282
Montanisten 23, 128, 167, 173, 202, 266, 280, 289, 300

Naassener 17, 223
Nazoräer 132, 233, 236
Nestorianer 45, 78, 141, 187, 194
Novatianer 145, 175, 211

Patripassianer 166
Paulus, Jerusalemreisen 73–77
Paulusforschung, New Perspective 106, 129, 158, 243, 246, 287
Pelagianer 105, 116, 119, 153f, 158f, 164, 219f, 227, 238f, 245, 252, 271f, 298, 318
Philosophie, griechische 24, 37, 56, 60, 114, 139, 153, 177, 231, 244, 254, 256, 266, 268f, 273f, 278, 280f, 289, 302
Perseveranz 274
Pneumatomachen 94
Priscillianisten 175
Proskriptionen 121
Purgatorium 277
Quartadezimianer 236
Quästionenliteratur 37

Reichtumskritik 61

Rhetorische Funktion einzelner Abschnitte 43, 45–48, 63, 67, 79f, 123, 126, 130, 145, 177, 203, 208, 213, 216, 235, 255, 257, 288, 309, 322
Römerbrief 39–41, 234

Schrifterklärung 13f
Schriftverständnis 124, 127, 214–216, 222, 224, 256, 263
Sexualverzicht 112, 169, 173, 264, 281, 304, 314
Sklaverei 174
Soteriologie 28, 49, 163
Stoa 269, 290
Taufe 167f, 170, 274
Textkritik, altkirchliche Diskussion 86–89, 133, 137, 246, 248, 256, 285
Trinitätslehre, Begriff Hypostase 174
Trinitätslehre, Begriff Natur 174, 197
Trinitätslehre, Gottheit Christi 32–36, 38f, 44, 45, 47, 50, 61, 92f, 113, 117, 138, 141, 156, 157, 170, 174, 184, 191f, 197, 258f, 318
Trinitätslehre, Subordination Christi 32, 47, 71, 113, 141, 148, 157, 184, 286, 318

Unsterblichkeitshoffnung 50, 166, 259, 264, 268

Valentinianer 16f, 50, 132, 196, 223
Völkerwanderungszeit 295

Weltdistanz 29, 48, 62, 67, 70, 111f, 114–116, 168, 256, 259, 282–284, 312–316
Willensfreiheit 66, 68f, 117, 128, 267f, 300

Zeremonialgesetz, alttestamentliches 23, 38, 42, 49, 53, 65, 104–106, 120, 124, 159, 165, 202f, 208, 230, 236f, 239, 258, 261

Novum Testamentum Patristicum (NTP)

Herausgegeben von Andreas Merkt und Tobias Nicklas

Die Frage nach der Schriftauslegung der Kirchenväter ist Ausdruck eines Paradigmenwechsels in den Bibelwissenschaften, der sich schon länger unter Stichworten wie »biblische Auslegung« oder »Rezeptionsästhetik« angebahnt hat. Wer sich dafür interessiert, wie die Kirchenväter einen bestimmten Vers oder eine Erzählung des Neuen Testaments ausgelegt haben, erhält mit dem NTP erstmals eine Hilfe an die Hand, die Spezialliteratur und Quellentexte aufgearbeitet hat.

Eine international und interkonfessionell besetzte Gruppe von Forschern hat es sich zum Ziel gesetzt, die Auslegung des Neuen Testaments in der altkirchlichen Literatur umfassend zu dokumentieren – und zwar Vers für Vers bzw. Abschnitt für Abschnitt. Dabei wird die Auslegungsgeschichte der ersten sechs Jahrhunderte referiert. Während jüngere Kommentare die patristische Exegese in der Regel nur exkursartig und selektiv berücksichtigen, kann das *Novum Testamentum Patristicum* eine echte Lücke füllen.

Die Bibel und ihre Auslegung haben nicht nur die christliche Religion beeinflusst, sondern einen ganzen Kulturkreis. Mit diesem Werk werden daher die tieferliegenden Verbindungen der christlichen und damit weitgehend der europäischen Literatur und Kunst erschlossen.

Erscheinungsweise:

2008: 1 Petrus,
Prof. Dr. A. Merkt, Regensburg

2009: Apokryphen,
Prof. Dr. T. Nicklas, Nijmegen/
Dr. J.-M. Roessli, Fribourg

2010: Matthäus 3–7,
Dr. J. Tloka, Wien

2011: Matthäus 1–2,
Dr. Th. R. Karmann, Regensburg

2011: 1 Korinther,
Prof. Dr. R. Roukema, Kampen

2012: Titus,
Prof. Dr. Dr. Th. Böhm, Freiburg

2012: 2 Thessalonicher,
Dott. Dr. S. Pellegrini, Berlin

2012: Iconographica,
PD Dr. J. Dresken-Weiland, Regensburg

2013: Offenbarung 1–11,
Prof. Dr. T. Nicklas, Nijmegen/
Prof. Dr. J. van Oort, Utrecht

Vandenhoeck & Ruprecht

Die Auswertung von Papyri wirft neues Licht auf 1 Kor.

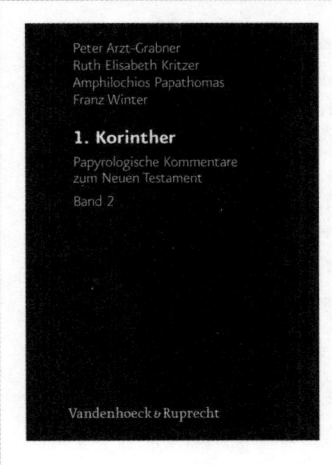

V&R

Peter Arzt-Grabner
Ruth Elisabeth Kritzer
Amphilochios Papathomas
Franz Winter

1. Korinther

Papyrologische Kommentare zum Neuen Testament
Band 2

Vandenhoeck & Ruprecht

Papyrologische Kommentare zum Neuen Testament, Band 2.
2006. 576 Seiten, Leinen
ISBN 978-3-525-51001-8

Peter Arzt-Grabner / Ruth Elisabeth Kritzer / Amphilochios Papathomas / Franz Winter
1. Korinther

Der Kommentar bietet eine Vers-für-Vers-Untersuchung des 1. Korintherbriefes auf dem Hintergrund von Papyri und Ostraka (Tonscherben). Diese Zeugnisse des privaten, amtlichen und religiösen Lebens, wie sie uns auf diesen Fragmenten erhalten sind, ermöglichen einen unmittelbaren Zugang zur Alltagswelt der Griechen und Römer.

Erstmals werden auf diesem Hintergrund die Sprache, die Textsorten und die Themen des authentischen Paulusbriefes untersucht. In Exkursen werden dem Leser Informationen zur zeitgeschichtlichen und sozialen Situation sowie zu Einzelthemen wie Ehe und Ehescheidung, Haartracht oder Götzenopfermahl dargeboten.

Durch die Auswertung des papyrologischen Materials gewähren uns die Autoren einen neuen Einblick in die Bedeutung einzelner Begriffe und Wendungen des Paulus.

Vandenhoeck & Ruprecht